Hans-Georg Wehling (Hrsg.)

Die deutschen Länder

Hans-Georg Wehling (Hrsg.)

Die deutschen Länder

Geschichte, Politik, Wirtschaft

3., aktualisierte Auflage

VS VERLAG FÜR SOZIALWISSENSCHAFTEN

VS Verlag für Sozialwissenschaften
Entstanden mit Beginn des Jahres 2004 aus den beiden Häusern
Leske+Budrich und Westdeutscher Verlag.
Die breite Basis für sozialwissenschaftliches Publizieren

Bibliografische Information Der Deutschen Bibliothek
Die Deutsche Bibliothek verzeichnet diese Publikation in der Deutschen Nationalbibliografie; detaillierte bibliografische Daten sind im Internet über <http://dnb.ddb.de> abrufbar.

Sonderauflage für die Landeszentralen für politische Bildung

1. Auflage Januar 2000 (Erschienen im Verlag Leske+Budrich)
2. Auflage Januar 2002 (Erschienen im Verlag Leske+Budrich)
3., aktualisierte Auflage Juli 2004

Der VS Verlag für Sozialwissenschaften ist ein Unternehmen von Springer Science+Business Media.
www.vs-verlag.de

Umschlaggestaltung: KünkelLopka Medienentwicklung, Heidelberg
Druck und buchbinderische Verarbeitung: MercedesDruck, Berlin
Gedruckt auf säurefreiem und chlorfrei gebleichtem Papier
Printed in Germany

ISBN 3-531-43229-X

Inhalt

Vorwort

Wenn die Bundesrepublik Deutschland und die ihr zugrunde liegende Verfassung, das Grundgesetz, auf mehr als 50 Jahre Bestehen zurückblicken können, zudem noch auf 50 gute, erfolgreiche Jahre, ist das auch für die dem Bund zugrunde liegenden Länder Anlass genug, inne zu halten und nachzudenken über die Verfassung, in der sich die Bundesrepublik befindet und wie die Zukunft zu gestalten ist. Das Ländern gemäße Thema ist hier das von Föderalismus und das der Länder selbst.

So werden in dieser Veröffentlichung im ersten Teil die 16 Bundesländer einzeln vorgestellt: nach geografischen Grundlagen, nach Geschichte und politisch wirksamen Traditionen, nach Wirtschaftsstruktur und wirtschaftlicher Bedeutung, nach ihren politischen Verhältnissen wie Verfassung, Parteien und Wahlen, Verwaltungsaufbau. Vorgelegt werden farbige Länderporträts, die man gerne liest, um sich zu informieren.

Im zweiten Teil dieser Veröffentlichung geht es um den deutschen Föderalismus in seiner spezifischen Ausprägung, in seiner gegenwärtigen Gestalt, seiner Entwicklung, seinen Problemen und Reformperspektiven.

Das föderale System des Bundesrepublik hat sich – durch Tradition und Verfassung begünstigt – zum spezifisch deutschen unitarischen Bundesstaat entwickelt, der in Kooperation einheitliche Problemlösungen für das gesamte Bundesgebiet zu verankern sucht, im Bemühen, die Vorteile von Einheitsstaat und Bundesstaat zu verbinden. Ergeben hat sich daraus jedoch ein System eher verwischter Verantwortlichkeiten und einer gewissen Immobilität.

Am ausgeprägtesten, am unverwechselbarsten zeigt sich der deutsche Föderalismus in der „Politikverflechtung", der zufolge die Kompetenzen in der Aufgabenwahrnehmung, stärker aber noch die Gesetzgebung und Gesetzesausführung zwischen Bund und Ländern aufgeteilt sind. Das schließt die Aufteilung der finanziellen Ressourcen, sowohl nach Aufkommen als auch Verteilung, mit ein. Wir haben es mit einem umfassenden Verbundsystem zu tun. Zugleich aber wirken die Länder in Gestalt der Länderexekutiven in die Politik des Bundes hinein, mit Hilfe des Bundesrates und der dort genehmigungspflichtigen Bundesgesetze. Die Grenzen von Regierung und Opposition verwischen sich dort, wenn nach der Verantwortung gefragt wird. Dem Föderalismus, namentlich wie er sich in der spezfisch deutschen Institution des

Bundesrates konkretisiert, wird eine „Mitschuld" an jenen aktuellen Schwierigkeiten zugeschrieben, die mit dem Wort „Reformstau" charakterisiert werden.

Die überkommene und im Staatsrechtsdenken fest verankerte Zuordnung der Außenpolitik zur Ebene des Gesamtstaates scheint von der Wirklichkeit überholt. In der Außenpolitik – besonders greifbar in der Europapolitik – wirken die Länder längst mit oder machen ihre eigene Außenpolitik– in Absprache mit dem Bund, aber auch nebenher und sogar in Konkurrenz.

Reformüberlegungen sind darauf gerichtet, klare Verantwortlichkeiten herzustellen und Konkurrenzverhältnisse zur Beförderung von Innovation und Reformen zu installieren. Doch alle Reformvorstöße müssen sich die Frage nach der Realisierbarkeit gefallen lassen: Geschichte ist nicht Vergangenheit, sondern immer auch höchst lebendige Gegenwart, die die vorhandenen Entscheidungsspielräume absteckt. Einmal betretene Entwicklungspfade sind nur unter großen Schwierigkeiten wieder zu verlassen.

Die Globalisierung der Wirtschaft wird nicht nur deutsche Industrieprodukte der weltweiten Konkurrenz aussetzen, auch das politische System, die Institutionen von Bund und Ländern werden sich zunehmend dem internationalen Konkurrenzdruck ausgesetzt sehen. Und das kann auch bedeuten: Ist der deutsche Föderalismus in seiner gegenwärtigen Form ein Standortvorteil oder ein Standortnachteil? Auch unter diesem Aspekt wird das Thema Reform des deutschen Föderalismus künftig diskutiert werden müssen.

Die Autorinnen und Autoren der Länderporträts sind, von einer Ausnahme abgesehen, innerhalb ihrer jeweiligen Landeszentrale jeweils für den Publikationssektor zuständig. Von daher stellt diese Publikation auch so etwas wie die Visitenkarte der Landeszentralen für politische Bildung dar, soweit es die Publikationsarbeit und die für sie Verantwortlichen betrifft. Die Beiträge sind aber genau so persönliche Meinungsäußerungen wie die der übrigen Autoren aus dem Bereich der Wissenschaft.

Die Publikation, die her vorgelegt wird, war bislang sehr erfolgreich: Es ist bereits die 3. Auflage, die in aktualisierter Form erscheint.

Stuttgart, im Oktober 2003 Hans-Georg Wehling

Reformbedürftiger Föderalismus in Deutschland?

Beteiligungsföderalismus versus Konkurrenzföderalismus

Hartmut Klatt

Föderalismus in Deutschland definiert sich, anders als beispielsweise in der Schweiz oder in den USA, vom Bund, nicht von den Ländern her. Entsprechend hat sich der deutsche Föderalismus zu einem Beteiligungsförderalismus entwickelt, innerhalb dessen immer mehr vom Bund her geregelt wird. Die Länder(regierungen) haben sich dafür entschädigen lassen: in Form verstärkter Mitsprache an der Bundespolitik auf dem Wege über den Bundesrat. Die Experimentierlust und das Innovationspotential, das im Wettbewerb der Länder um die besten Lösungen liegt, sind damit aufgegeben worden. Bislang schien es allerdings so, als ob Föderalismus in Deutschland nur akzeptiert würde, wenn Politik die Lebensverhältnisse so einheitlich wie in einem zentralistischen Staat zu ordnen in der Lage wäre. Doch der Versuch, beide Staatsprinzipien miteinander zu koppeln, hat zu beträchtlichen Nachteilen geführt, für die das Wort „Reformstau" in Mode gekommen ist. Vorstöße zur Veränderung des Föderalismus in Richtung Konkurrenzföderalismus kommen vor allem von jenen Bundesländern, die zu den Zahlerländern des Finanzausgleichs gehören. Auch sonst mehren sich die Stimmen, die sich für einen Konkurrenzföderalismus stark machen. Doch sind sie stark genug, eine Veränderung herbeizuführen?

Der Herausgeber

Föderalismus vom Bund her definiert

Das deutsche föderalstaatliche System definiert sich vom Bund her, nicht von den Ländern, obwohl die Länder als staatliche Teileinheiten eigentlich die Bausteine jeder Föderation bilden. In diesem Paradox liegt der entscheidende Unterschied des deutschen Föderalismus zur Bundesstaatlichkeit in der *Schweiz* und in den *USA* begründet. In der Schweiz bzw. in den Vereinigten Staaten leitet sich der Gesamtstaat nach wie vor, ungeachtet aller Zentralisierungs- und Unitarisierungstendenzen, von den Kantonen bzw. den Einzelstaaten ab. Genau gegenteilig sehen die Verhältnisse in der Bundesrepublik Deutschland aus, wenn man einzelne Befunde über die Ausprägung der bundesstaatlichen Ordnung hierzulande miteinander in Beziehung setzt.

Ein Axiom deutscher Politik, auch und gerade im föderalen Rahmen, ist seit jeher die *Einheitlichkeit der Lebensverhältnisse*. Aus Artikel 72 Absatz 2 des Grundgesetzes (GG) und Artikel 106 Absatz 3 Nr. 2 GG wird von einigen Vertretern der Staatsrechtslehre sogar ein entsprechender Verfassungsauftrag angenommen. Im Rahmen der *Verfassungsrevision* 1993/94 ist in Artikel 72 Absatz 2 GG auf Druck der Länder der Begriff der Einheitlichkeit durch den der *Gleichwertigkeit* ersetzt worden. Das soll den Bund daran hindern, weiterhin – unter Hinweis auf die Notwendigkeit bundeseinheitlicher Regelung durch Bundesgesetz – praktisch jede Materie der konkurrierenden Gesetzgebung beanspruchen zu können, zu Lasten der Länder. *Konrad Hesse* hat dies schon Anfang der 50er Jahre auf die einprägsame Formel vom „unitarischen Bundesstaat" gebracht. Damit ist keine Zentralisierung gemeint, sondern sie benennt den Sachverhalt, wonach der Inhalt der Politik weniger auf die territorial bezogene *Differenzierung* ausgerichtet ist als auf eine *Vereinheitlichung der Lebensverhältnisse*, d.h. auf eine Unitarisierung. Über diesen Befund gibt es sowohl bei den Praktikern wie bei den Wissenschaftlern keinen Streit, allenfalls über die *Gründe* für diese Tendenz, genauer gesagt über die *Initiatoren* der generellen Unitarisierungstendenz. Dabei gilt es zu berücksichtigen, daß nicht nur der Bund im Wege bundesweiter Regelungen Einheitlichkeit herstellen kann, sondern ebenso die Länder durch koordinierte Regelungen. Das haben sie in der Bildungspolitik und im Rundfunkwesen ausgiebig getan, um ihre Kompetenzen vor dem Zugriff des Bundes zu schützen.

Ein „verkappter Einheitsstaat"?

Pointiert könnte man schlußfolgern, daß der Bundesstaat in Deutschland (nur) unter der Voraussetzung akzeptiert wird, daß die Politik die Lebensverhältnisse so einheitlich wie in einem Zentralstaat ordnet. Dies hat einige Beobachter dazu veranlaßt, von der Bundesrepublik als einem „verkappten Einheitsstaat" (*Heidrun Abromeit*) zu sprechen. Mit dem Einheitlichkeitspostulat wird die ratio des Föderalismus, die auf dem Prinzip der *Differenzierung* zwischen den subnationalen Einheiten basiert, natürlich weit verfehlt. Im Grunde wird mit dem Axiom der Einheitlichkeit versucht, die Vorteile einer föderalen Staatsorganisation mit den positiven Elementen zentralisitisch organisierter Staaten zu kombinieren. Gerade am deutschen Beispiel wird je länger, desto deutlicher, daß eine solche Kombination verschiedener staatsorganisatorischer Elemente nicht ohne gravierende Nachteile zu haben ist. In letzter Zeit treten entsprechende Defizite (z.B. anstelle vertikaler Gewaltenteilung kumulierte staatliche Macht zu Lasten der Freiheitsrechte der Bürger/innen) immer stärker ins öffentliche Bewußtsein.

Der „Beteiligungsföderalismus“ wurde kontinuierlich ausgeweitet, mit Hilfe der Länder

Aufgrund ihrer unterschiedlichen Größe und Wirtschaftskraft waren die Länder praktisch seit 1949 bestrebt, ihren Einfluß auf die Bundespolitik durch Mitwirkungsrechte über den Bundesrat zu verstärken. Dieser Beteiligungsföderalismus sichert allen Ländern gleichermaßen, unabhängig von Größe und Finanzstärke, eine entsprechend der im Grundgesetz genau festgelegten Stimmenzahl ein gleiches *Mitwirkungspotential im Bundesrat.* Dieser Beteiligungsföderalismus wurde in der politischen Praxis kontinuierlich ausgeweitet, und zwar unter Zustimmung der Länder, also nicht gegen ihren Willen. Als Faktoren in diesem Prozeß sind vor allem zu nennen:

- Ausdehnung der *Zustimmungsbedürftigkeit von Bundesgesetzen* in der Periode der sozialliberalen Koaliton auf Initiative der damaligen Opposition im Bundestag, d.h. der CDU/CSU, sanktioniert durch die Rechtsprechung des Bundesverfassungsgerichts;
- *Finanzverfassungsreform von 1969*, mit der drei echte *Gemeinschaftsaufgaben* und *Mischfinanzierungen* verfassungsrechtlich fixiert wurden: Ausprägung des Bundesstaates als „kooperativer Föderalismus“, von dem Sozialwissenschaftler *Fritz W. Scharpf* präziser als „System der Politikverflechtung“ charakterisiert. Damit wurden weitere Politikbereiche vergemeinschaftet und die Eigenständigkeit der Länder nochmals erheblich eingeschränkt.

Dem steht das Wettbewerbsmodell gegenüber

Das diesem Beteiligungsföderalismus entgegengesetzte Wettbewerbsmodell, das zumindest partiell in der Schweiz und in den USA praktiziert wird, geht von der *Eigenständigkeit* der staatlichen Teileinheiten aus. Eigenständigkeit wird dabei nicht ausschließlich *staatsrechtlich* (d.h. unter dem Aspekt der Kompetenzen) definiert, sondern auch *ökonomisch* (d.h. unter dem Aspekt der Aufgabenerfüllung aus eigener Kraft). Die Kosten für die Wahrnehmung der staatlichen Aufgaben werden entweder vom Gesamtstaat oder von den Ländern getragen. Letztere müssen deshalb über gewisse autonome Rechte bei der Steuergesetzgebung und über eine angemessene, länderindividuell ausgestaltete Finanzausstattung zur Erfüllung der übertragenen Aufgaben verfügen. Der Wettbewerbsföderalismus geht von bestimmten Annahmen der Wirtschaftswissenschaften aus, daß nämlich das Konkurrenzprinzip vom wirtschaftlichen Bereich auf den politischen Sektor übertragen werden kann und daß Wettbewerb zwischen den staatlichen Einheiten zu mehr Innovation bzw. generell zu besseren Problemlösungen beiträgt, also einen entscheidenden Beitrag zur Modernisierung zu leisten vermag.

Das Modell des Wettbewerbsföderalismus wird inzwischen von einigen Akteuren im Bund-Länder-Verhältnis, so den Regierungschefs der finanzstarken Südländer, dem Ministerpräsidenten *Erwin Teufel* von Baden-Württemberg und seinem bayerischen Amtskollegen *Edmund Stoiber*, energisch verfochten. Zu der Umorientierung auf Länderseite haben einerseits die Auswirkungen der unterschiedlichen Mehrheiten im Bundesrat, andererseits die Folgen des Finanzausgleichs auf die jeweiligen Haushalte mit beigetragen. Die These von der Notwendigkeit eines wettbewerbsorientierten Föderalismus wird im Rahmen der aktuellen Reformdiskussion auch von führenden Wirtschaftsmanagern, einer Reihe von CDU- und SPD-Politikern sowie von der CSU und der FDP vertreten (siehe dazu weiter unten).

Eine Reform setzt selbstbewußte Länder als Motoren voraus

Das Konzept eines länderzentrierten Bundesstaates harrt immer noch der Umsetzung in die politische Praxis. Die Umbruchsituation im Zusammenhang mit dem Einigungsprozeß wurde für diese Zielsetzung nicht genutzt. Immerhin haben sich aber die Ministerpräsidenten (zunächst der alten, dann aller) Länder im Rahmen der deutschen Einheit erstmals auf ein Konzept verständigt, das dem Beteiligungsföderalismus entgegenwirken soll und das auf den Ländern als entscheidenden Faktoren im Bundesstaat aufbaut, sich also nicht primär vom Bund als Gesamtstaat ableitet. Dieses Konzept ist in dem sogenannten „Eckpunkte-Papier", beschlossen von der Ministerpräsidenten-Konferenz am 5. Juli 1990, zusammengefaßt worden. Auch durch die Verfassungsrevision 1993/94, die im Gefolge der deutschen Einheit erfolgte, gelang die politische Durchsetzung der wesentlichen Bestandteile des Konzepts nicht. Die Länder waren froh, wenigstens die Ausweitung ihrer legislativen Zuständigkeiten im Bereich der konkurrierenden und Rahmengesetzgebung gegen den Widerstand des Bundes realisiert zu haben. Für die Länder wird es in Zukunft darauf ankommen, ihr Erstgeburtsrecht wieder zurückzugewinnen und für dieses Ziel auch die kleinen und finanzschwachen Länder zu motivieren. Der Wettbewerbsföderalismus wird nur gegen mannigfachen Widerstand zu erreichen sein und setzt die Reformbereitschaft selbstbewußter Länder voraus. Die derzeitige schwierige Finanzlage und die ökonomische Strukturkrise verstärken dabei den Handlungsdruck.

Die Realisierung des Wettbewerbs ist an bestimmte Voraussetzungen gebunden

Für das Modell des Wettbewerbsföderalismus kann nicht nur die reine Theorie maßgebend sein, wie sie z.B. vom Kölner Nationalökonomen *Carl Christian von Weizsäcker* vertreten wird, sondern für ein entsprechendes funktionsfähiges Föderalismusmodell sind bestimmte Rahmenbedingungen notwendig. Sollten diese Voraussetzungen nicht oder nur höchst unzureichend gegeben sein, muß damit gerechnet werden, daß ein solches Modell eines föderalstaatlichen Systems der Zukunft scheitert.

1. *Zielsetzung* ist nicht die Einheitlichkeit der Lebensverhältnisse, sondern eine regional bezogene *Vielgestaltigkeit* bzw. Unterschiedlichkeit der Lebensverhältnisse gemäß den Präferenzen der jeweiligen (Teil-)Bevölkerung und sonstiger Adressaten (z.B. Wirtschaft mit Interesse an Rechtsklarheit und Rechtssicherheit, z.B. auch der steuerpflichtigen Bürger/innen). Ziel ist nicht eine Konkurrenz der Länder als staatlicher Teileinheiten um der Konkurrenz willen, es geht vielmehr um eine *Optimierung* staatlichen Handelns im Interesse der Menschen, um eine Modernisierung der einzelnen Länder, um politische und ökonomische Innovationen sowie um ortsnahe Problemlösungen. Voraussetzung für die Zielerreichung ist die Akzeptanz der nur *gleichwertigen* Lebensverhältnisse, der von Land zu Land ggf. unterschiedlich festgelegten staatlichen Leistungen bzw. Steuersätze.
2. Konkurrenz auf politischem und ökonomischem Feld zwischen unterschiedlich großen (Größe als doppeltes Kriterium verstanden: Fläche und Bevölkerungszahl) staatlichen Organisationseinheiten wird sich nur ausbilden können, wenn beim Start eine gewisse Chancengleichheit besteht (*Chancengleichheit* z.B. hinsichtlich der Wirtschafts- und Finanzkraft sowie der Finanzausstattung der einzelnen Länder). Im Rahmen des laufenden interregionalen Wettbewerbs wird sich eine solche, auch nur annähernde Chancengleichheit, wenn überhaupt, dann mit großen Schwierigkeiten einstellen. Die knapp 50jährige Entwicklung des Föderalismus in Deutschland weist aus, daß die wirtschaftsschwachen und finanzschwachen Länder nicht nur nicht den Anschluß an die wirtschafts- und finanzstarken Länder geschafft haben (einzige Ausnahme *Bayern*), sondern (u.U. weil sich die negativen Standortfaktoren summiert haben) eher noch einen größeren Rückstand als zu Beginn aufweisen – und dies trotz eines verfassungsrechtlich garantierten, sehr intensiven Finanzausgleichssystems.

So müßte der Wettbewerbsrahmen aussehen

Elemente eines solchen herzustellenden Wettbewerbsrahmens sind folgende:

– *Rückgabe von Kompetenzen* des Bundes an die Länder (Verlagerung einzelner gesetzgeberischer Materien auf die Länder). Für eine Stärkung der Eigenständigkeit aller Länder (sowohl der großen wie der kleinen) genügen Kompetenzen allein nicht; denn die mit den Kompetenzen i.d.R. verbundenen Aufgaben müssen auch *aus eigener Kraft*, d.h. ohne finanzielle Hilfe des Bundes oder der anderen Länder, zu erfüllen sein.

- Aufgabenverteilung zwischen Bund und Ländern unter strikter Wahrnehmung des *Konnexitätsprinzips* bei der Lastenverteilung. Nach der Finanzverfassung folgt die Ausgabenlast i.d.R. der Aufgabenlast im Verwaltungsvollzug. Dafür verantwortlich sind zum überwiegenden Teil die Länder. Wenn durch die Finanzierung bundesgesetzlich vorgeschriebener Aufgaben die Haushalte der Länder (und Kommunen) übermäßig belastet werden, dann sind die Eigenstaatlichkeit der Länder und damit das föderale System ernsthaft gefährdet.
- *Steuergesetzgebungsrecht* der Länder. Damit ist nicht unbedingt ein Steuerfindungsrecht gemeint, ausreichend wäre ein *Hebesatzrecht* der Länder zu einer der flexiblen und ertragreichen Steuerarten, z.B. der Einkommensteuer. Dies würde den Ländern nicht nur die Möglichkeit eröffnen, den Landeshaushalt auch auf der Einnahmenseite bestimmen zu können; variable Steuersätze wären überdies ein Instrument der *Strukturpolitik*, dabei muß die Gefahr der ruinösen interregionalen Konkurrenz um die Ansiedlung neuer Industrien als Risiko des Wettbewerbs allerdings mit einkalkuliert werden. Zugleich würde jedoch die Verantwortung der Regierungsmehrheit für ihre Politik gegenüber der Wählerschaft gestärkt, die Regierung könnte nicht mehr wie bisher die Verantwortung für negative Folgen ihrer Politik der anderen Ebene (also z.B. dem Bund) zuschieben.
- *Entflechtung von gemeinsamen Kompetenzen und Finanzen* des Bundes und der Länder, d.h. „Rückbau" (statt Ausbau) des kooperativen Föderalismus im Interesse der Selbständigkeit der Länder, bedeutet nicht die Etablierung eines „separativen Föderalismus", da weiterhin Formen der *Zusammenarbeit* zwischen den Akteuren der Bundesebene und jenen der föderalen Ebene zur Wahrnehmung der Interessen des Gesamtstaates existieren werden.
- Trennung der vergemeinschafteten Kompetenzen einschließlich der Gemeinschaftssteuern. Bei den Gemeinschaftssteuern Aufteilung der Zuständigkeit für die *Steuergesetzgebung* auf Bund und Länder, d.h. der Bund regelt die Bundessteuern gesetzlich, die Länder die Landessteuern.
- *Abschaffung der Mischfinanzierungen* nach Art. 104a IV GG und der Finanzhilfen des Bundes an die Länder. Das bisherige Aufkommen des Bundes für die Zuweisungen sollte den Ländern für eine bessere Finanzausstattung zur Verfügung gestellt werden.
- Eine Reform des Beteiligungsföderalismus setzt auch eine Neuordnung der *Zuständigkeiten des Bundesrates* voraus, d.h. konkret, die weitreichenden Mitwirkungsrechte des Bundesrates an der Bundesgesetzgebung müßten eingeschränkt werden, sonst würde das notwendige institutionelle Gleichgewicht zu Lasten des Bundes verschoben.

Fazit: Wettbewerbsföderalismus setzt eine institutionelle Totalreform voraus. Damit ist automatisch die Frage gestellt, wie eine solche umfassende staatliche Organisationsreform realistischerweise ins Werk gesetzt werden kann. Die Vision liegt nicht allzu fern, daß „kein Stein auf dem anderen bleiben wird“.

Reformchancen

Im aktuellen kooperativen Bundesstaat sind jedoch weder auf Bundesseite noch auf seiten der Länder entsprechende Reformenergien und -kräfte erkennbar, die eine Strukturreform des föderalstaatlichen Systems im Hinblick auf eine konsequente Wettbewerbsorientierung anstreben. Damit ist nicht gesagt, daß das neue Modell eines Wettbewerbsföderalismus in Wissenschaft, Politik und Wirtschaft nicht ernstzunehmende Befürworter gefunden hätte. Im Gegenteil: Neben dem bayerischen und baden-württembergischen Ministerpräsidenten hat sich auch die FDP mit ihren Spitzenpolitikern *Gerhardt* und *Graf Lambsdorff* für die Strukturierung des Föderalismus nach Wettbewerbsgesichtspunkten ausgesprochen. In einem Manifest der liberalen *Friedrich-Naumann*-Stiftung[1] haben Wissenschaftler wie der Kölner Finanzwissenschaftler *Karl-Heinrich Hansmeyer* und der Direktor des Instituts für Energiewirtschaft und Energierecht an der Universität Köln, *Carl Christian von Weizsäcker*, neben dem früheren Hamburger Bürgermeister *Klaus von Dohnanyi* und dem Vorstandsvorsitzenden der *Ludwig-Erhard-Stiftung*, dem früheren Staatssekretär im Wirtschaftsministerium *Otto Schlecht,* eine Reihe von Managern wie der Präsident des BDI, *Hans-Olaf Henkel*, für eine Erneuerung des Föderalismus im Sinne eines echten Wettbewerbsföderalismus votiert. Diese gewichtigen Stimmen können in der politischen Diskussion nicht mehr überhört werden. Aufgabe der Wissenschaft in diesem Stadium ist es, neben den Rahmenbedingungen auch die Konditionen der Umsetzung eines solchen radikal neuen Föderalismus-Modells zu analysieren. Immerhin wollen die Ministerpräsidenten von Bayern und Baden-Württemberg, *Stoiber* und *Teufel*, mit einer Änderung des Länderfinanzausgleichs einen Einstieg in die für notwendig erachtete Strukturreform erreichen. Die finanzschwachen Länder, die im Bundesrat über die Mehrheit verfügen, lehnen diese Pläne geschlossen ab. Ein Kompromiss ließe sich allenfalls bei einer ausreichend langen *Übergangsfrist* vom bisherigen zu einem geänderten neuen Ausgleichssystems finden.

Selbst wenn eine für beide Seiten akzeptable Änderung des Länderfinanzausgleichs zustande käme, wäre damit nur ein Einstieg in die große

---

1 Thesenpapier „Wider die Erstarrung in unserem Staat – für eine Erneuerung des Föderalismus“ vom 4. Februar 1998, veröffentlicht von der Friedrich-Naumann-Stiftung. Bonn 1998; vgl. dazu A. Ottand/E. Linnartz: Föderaler Wettbewerb statt Verteilungsstreit. Frankfurt 1998, eine Studie des Bonner Instituts für Wirtschaft und Gesellschaft (IWG) zu Länderneugliederung. Dokumentation „Zukunft des Föderalismus: Mehr Wettbewerb, weniger Solidarität?“ in: Gegenwartskunde H. 1/1998, S. 91-100.

Strukturreform erreicht. Wahrscheinlich werden deren Befürworter unter dem Aspekt der Realisierung des Modells eines effizienten Wettbewerbsföderalismus eher auf einen Strukturwandel in vielen kleinen Teilschritten als auf die große, alle Probleme gleichzeitig lösende Strukturreform setzen müssen. Der Handlungsdruck, der von den aktuellen wirtschaftlichen Schwierigkeiten (ökonomischer Strukturwandel; Massenarbeitslosigkeit) und den finanziellen Restriktionen aller öffentlichen Haushalte ausgeht und der Anpassung der institutionellen Strukturen an veränderte Umweltbedingungen erfordert, wird den notwendigen Reformprozeß des föderalen Systems befördern.

Baden-Württemberg

Nach Gestalt und Traditionen von großer Vielfalt

Hans-Georg Wehling

Die Nummer 3 in der Bundesrepublik

Baden-Württemberg ist das drittgrößte Bundesland: nach Fläche mit 35.752 qkm hinter Bayern und Niedersachsen als auch nach Einwohnern mit 10,6 Mio. hinter Nordrhein-Westfalen und Bayern. Auch der Wirtschaftsleistung nach steht der Südweststaat mit einem Bruttoinlandsprodukt von 302,54 Milliarden Euro (2000) auf Platz 3, nach Nordrhein-Westfalen und Bayern (zum Vergleich: das gesamte deutsche Bruttoinlandsprodukt macht gegenwärtig 2,063 Billionen Euro aus).

Das Land grenzt im Norden an Rheinland-Pfalz und Hessen, die längste Grenze hat es mit Bayern – vom Main bis ins Allgäu und zum Bodensee. Der Rhein bildet zugleich die deutsche Staatsgrenze zum Elsaß, nach Frankreich also. Im Süden grenzt Baden-Württemberg zudem an die Schweiz, mit einem teilweise vertrakten Grenzverlauf. So ist beispielsweise die Gemeinde Büsingen ganz von Schweizer Gebiet (Kanton Schaffhausen) umschlossen, sodaß diese Exklave zum Schweizer Zoll- und Währungsgebiet gehört. Büsingen, obwohl zum Landkreis Konstanz gehörig, hat sogar ein eigenes Autokennzeichen: BÜS.

Landschaftlich gesehen ist Baden-Württemberg ein äußerst abwechslungsreiches, vielgestaltiges Land, oft mit vielen kleinräumigen Unterteilungen. Geographen sprechen hier von Kleinkammrigkeit. Im Westen beginnt es mit dem Oberrheingraben, mit hoher Klimagunst zwischen Vogesen und Schwarzwald gelegen. Auch der Kaiserstuhl gehört dazu, mit den wärmsten Temperaturen in Deutschland (neben der Pfalz). Es ist das Land der Sonderkulturen, des Obstes und vor allem des Weins, der bis in die Ausläufer des Schwarzwaldes hier vorzüglich gedeiht. Nach Osten zu folgt der Schwarzwald mit dem höchsten Berg Baden-Württembergs, dem 1493 m hohen Feldberg. Zusammen mit dem Bodensee stellt der Schwarzwald nicht nur die baden-württembergische, sondern für viele Menschen – zusammen mit den bayerischen Alpen – die deutsche Ferienlandschaft schlechthin dar.

1) Soweit Land Baden-Württemberg.

Statistisches Landesamt Baden-Württemberg

Es folgen das Tafelgebirge der Schwäbischen Alb, rauh und steinig, von herber Schönheit, mit dem Hohenzollern bei Hechingen (855 m) als bekanntestem Berg und dem 1015 m hohen Lemberg bei Rottweil als höchster Erhebung.

Nach Süden zu und gegen Bayern im Osten schließen sich die Hügellandschaft Oberschwabens – ein klassisches Bauernland –, das obstreiche Bodenseevorland und der Bodensee sowie das württembergische Allgäu an, wie das willkürlich davon getrennte bayerische Allgäu das Land der Milchwirtschaft, wegen der idealen Kombination von hohen Niederschlägen und langer Sonnenscheindauer. Der Schwarze Grat bei Isny ist mit 1118 m die höchste Erhebung Württembergs.

Der Norden Baden-Württembergs ist gekennzeichnet durch Mittelgebirge wie Odenwald, Stromberg und Heuchelberg, Löwensteiner Berge und jenen Gebirgslandschaften, die man summarisch als Schwäbischen Wald bezeichnet. Die Hohenloher (Hoch-)Ebene und das Bauland schließen sich an. Zwischendurch finden sich immer wieder fruchtbare Gäulandschaften. Durchflossen werden diese Teile Baden-Württembergs vom Neckar und seinen Nebenflüssen, in deren Tälern Wein wächst. Im Nordosten dann grenzt Baden-Württemberg an den Main, dessen Nebenfluß, die Tauber, bei Wertheim mündet.

Der Neckar entspringt im Lande (bei Schwenningen), aber auch die Donau (in der Gegend von Donaueschingen). Bis Ulm ist er ein baden-württembergischer Fluß. Kurz vor der alten Grenze zwischen Baden und Württemberg im Raum Tuttlingen versickert die Donau, was von badischer Seite bis zum heutigen Tage so interpretiert wird, die Donau wende sich bewußt ab, um nicht ins Württembergische zu müssen. Tatsächlich taucht das Wasser denn auch nicht an späterer Stelle wieder als Donau auf, sondern im Aachtopf im badischen Bodenseehinterland. Mit dieser Bemerkung sind aber bereits Besonderheiten der politischen Kultur angesprochen.

Kleinkammrigkeit auch in historischer und politisch-kultureller Hinsicht

Der deutsche Südwesten war das klassische Land der Kleinstaaterei. Eine Unzahl kleiner und kleinster Territorien beherrschte die historische Landkarte bis zu den Zeiten *Napoleons*, also bis Anfang des 19. Jahrhunderts: weltliche und geistliche Territorien, Deutschordensgebiete und Ritterschaften sowie eine Vielzahl Freier Reichsstädte. Größere Gebiete umfaßten lediglich die Kurpfalz (Residenzstadt Heidelberg bzw. Mannheim), käseartig durchlöchert, das Herzogtum Württemberg, einigermaßen zusammenhängend im mittleren Neckarraum (Hauptstadt Stuttgart), sowie Österreich, sehr zersplittert vom Breisgau um Freiburg bis hin vor die Tore Tübingens (Rottenburg) und nach Oberschwaben. Bequem kann man heute bei einer Tageswanderung durch drei ehemals quasi-souveräne Gebiete laufen. Eine Folge davon ist eine entsprechend hohe Kulturdichte um die ehemaligen geistlichen und weltlichen Zentren herum: mit Kirchen und Klöstern, Schlössern, Residenzstädten und -dörfern. Diese kleinen Zentren waren gute Ansatzpunkte auch für die Wirtschaftsentwicklung, besonders im Falle der Reichsstädte. Das Konzept der Zentralen Orte von *Walter Christaller*, das überall heute der Landesplanung zugrunde liegt, ist nicht zufällig am Beispiel des deutschen Südwestens entwickelt worden.

Die ehemalige territoriale Zugehörigkeit ist keine bloße historische Reminiszenz, sondern nach wie vor von erheblicher Bedeutung, auch für die politische Kultur. Grenzen umschreiben die obrigkeitlichen Einwirkungsmöglichkeiten auf die ehemaligen Untertanen. Von besonderer Bedeutung ist dabei die *Konfession*, die festzulegen seit dem Augsburger Religionsfrieden von 1555 Sache des Landesherrn war. Die Konfession bestimmt bis zum heutigen Tag sehr stark das Verhalten der Menschen, das bekannteste Beispiel ist das Wahlverhalten. Die kurpfälzischen Gebiete im Norden, die weit in das heutige Rheinland-Pfalz hineinreichen, sind calvinistisch geprägt. Das bedeutendste protestantische Gebiet lutherischer Prägung war das Herzogtum Württemberg, eine Art Bollwerk des Protestantismus in den weitgehend katholischen Süden hinein. Die Landesherren bestimmten aber auch das *Erbrecht*: ob nur einer alles erbte (Anerbenrecht) oder ob der Besitz gleichmäßig unter alle Kinder aufgeteilt wurde (Realteilung). Die Kurpfalz und das Herzogtum Württemberg sind die klassischen Realteilungsgebiete, was man sich hier wegen der größeren Ertragskraft der Böden auch eher leisten konnte. In fast allen anderen Gebieten (Hohenlohe, Schwarzwald, Oberschwaben) galt das Anerbenrecht.

Napoleon nahm dann eine große Flurbereinigung im deutschen Südwesten vor, um starke Mittelstaaten als Vasallen (Württemberg) zu gewinnen oder um die französische Ostgrenze abzusichern (Baden). Als starker Kern bot sich Württemberg für eine solche Gebietserweiterung geradezu an, das moderne Baden ist im Grunde ein napoleonisches Kunstprodukt mit einem sehr kleinen namengebenden Ausgangsbestandteil. Württemberg wurde auf diese Weise zum Königreich befördert, Baden zum Großherzogtum.

Als Anachronismus überlebten zunächst lediglich die beiden kleinen Fürstentümer Hohenzollern-Sigmaringen und Hohenzollern-Hechingen, einfach deshalb, weil die damalige Fürstin von Sigmaringen, *Amalie Zephyrine*, bereits seit vielen Jahren in Paris lebte und eine enge Freundin von *Josephine Beauharnais* war, der Frau *Napoleons*. Die Revolution von 1848/49 überlebten die Fürstentümer nicht. Seit ihnen die eigenen Untertanen das Fürchten gelehrt hatten, dienten die Fürsten den entfernten protestantischen preußischen Verwandten ihre Herrschaft an, König *Friedrich Wilhelm IV.* nahm an, dankbar, nunmehr das Stammschloß seiner Vorfahren im Besitz zu haben. Bis nach dem Zweiten Weltkrieg lebten Hechingen und Sigmaringen als kleinste Landkreise Preußens fort, angeschlossen an die Rheinprovinz. Somit reichte Preußen jetzt bis ins Allgäu und bis in Sichtweite des Bodensees (Exklave Achberg).

Pläne, Baden und Württemberg miteinander zu vereinigen, hat es bereits in der Weimarer Republik gegeben. Für Hohenzollern kam eine Aufgabe seiner Existenz überhaupt nur im Rahmen einer Südweststaatslösung in Frage, zu tief war die Abneigung gegenüber dem benachbarten protestantischen Württemberg. Parteien und Verbände hatten teilweise in ihrer Organisationsbildung eine Südweststaatslösung schon vorwegenommen, auch die NSDAP.

Baden-Württemberg entstand erst 1952, und zwar unter großen Schwierigkeiten

Das Kriegsende 1945 teilte den südwestdeutschen Raum auf zwischen der amerikanischen Besatzungszone im Norden und der französischen im Süden. Der Grenzverlauf wurde durch die Autobahn Karlsruhe – Stuttgart – Ulm bestimmt, die die Amerikaner in ihrer Hand behalten wollten. Damit waren Baden und Württemberg jeweils zweigeteilt. Auf amerikanischer Seite entstanden so das Land Württemberg-Baden mit der Hauptstadt Stuttgart, auf französischer Württemberg-Hohenzollern (Hauptstadt Tübingen) und Baden (Hauptstadt Freiburg). Keines dieser Länder wollte so bestehen bleiben. Es stellte sich allerdings die Frage, ob man den Vorzustand wiederherstellen wollte (was mit Hohenzollern nicht ging, weil Preußen aufgehört hatte zu existieren) oder ob man gleich an eine große Südweststaatslösung gehen sollte. Lediglich (Süd-)Baden widersetzte sich energisch und immer wieder hinhaltend der großen Lösung, letztlich aus einer tiefen Abneigung gegen das als protestantisch und ungemein „schaffig" wahrgenommene Württemberg, unter dessen „Bevormundung" man nicht geraten wollte. Der entscheidende Schritt zur Bildung des neuen Südweststaates gelang mit der Verankerung des Art. 118 im neuen Grundgesetz der Bundesrepublik Deutschland, der abweichend von der komplizierten Prozedur des Art. 29 ein vereinfachtes Verfahren zur Länderneugliederung im Südwesten erlaubte. Strittig war die Prozedur für die im Ausführungsgesetz vorgesehene Volksabstimmung: Sollte die Abstimmung auf der Grundlage der bestehenden drei Länder stattfinden, mit der Aufteilung Württemberg-Badens in die Stimmbezirke Nordwürttemberg und Nordbaden, wobei dann der Südweststaat als zustande gekommen galt, wenn sich die Mehrheit in drei der vier Abstimmungsgebiete dafür entschied. Oder sollte die Abstimmung getrennt nach den früheren Ländern Baden und Württemberg stattfinden, dann hätte die Bevölkerung der beiden ehemaligen Länder mehrheitlich eine Neugliederung bejahen müssen. Entschieden hat sich der Bundesgesetzgeber für den ersten Modus, und das Ergebnis fiel entsprechend aus: Nordwürttemberg, Nordbaden und Württemberg-Hohenzollern sprachen sich mehrheitlich dafür, Südbaden dagegen aus. Damit war das neue Land am 25. April 1952 zustande gekommen. Gegner der Südweststaats-Lösung rechneten vor, daß eine Abstimmung nach den alten Ländern in Baden eine knappe Mehrheit gegen den Südweststaat ergeben hätte, sie ließen in der Folge keine Ruhe, bis das Bundesverfassungsgericht für den 7. Juni 1970 eine erneute Volksabstimmung ansetzte, die dann überwältigend für Baden-Württemberg ausfiel, sicherlich auch Ausdruck der Macht des Faktischen.

Unterschiedliche politische Kulturen standen im Wege

Der „Kampf um den Südweststaat" war Ausdruck von Antipathien, für die *Theodor Eschenburg* den Begriff des „Nächstenhasses" geprägt hat. Baden und Württemberg besitzen eine unterschiedliche politische Kultur, bedingt durch ihre unterschiedliche Lage im Raum, mehr noch durch ihre verschiedenartigen Traditionen. Das Rheintal ist ein Durchgangsland, offen für die vielfältigsten Einflüsse, die nicht zuletzt auch über den Rhein von Frankreich herüberkamen. So ist es kaum ein Zufall, daß 1848/49 in Baden die einzige erfolgreiche Revolution in Deutschland stattfand, genauso wenig, daß der Gourmetführer *Guide Michelin* für Baden mit Abstand die meisten Sterne aufweist. Die zu Baden gekommenen Territorien wiesen nicht die rigide, protestantisch inspirierte Arbeitserziehung wie in Altwürttemberg auf. In Baden kann man das Leben genießen, das fällt in Württemberg schwerer. Die Württemberger (meist als „Schwaben" bezeichnet) gelten dafür als tüchtiger, denen nicht nur die Bibel, sondern auch das Sparbuch heilig ist. Dagegen haben viele Badener eine ausgesprochene Phobie entwickelt, die auch nach 50 Jahren des Zusammenlebens immer wieder hervorbricht, nicht nur in der Unzahl gehässiger Schwabenwitze, denen auf der anderen Seite keine Badenerwitze entgegenstehen. Tief geprägt hat Baden im 19. Jahrhundert ein Kulturkampf zwischen (liberalem) Staat und (katholischer) Kirche, der dem preußischen vorausging und nirgendwo so heftig tobte wie hier. Protestantischer Monarch und seine liberale Beamtenschaft standen einer Bevölkerung gegenüber, die zu zwei Dritteln katholisch war. Die Protestanten und Liberalen konzentrierten sich eher in den Städten und im kurpfälzischen Raum. Vom Kulturkampf her sind in Baden die parteipolitischen Scheidelinien, ja Parteipolitik überhaupt und der Stil politischer Auseinandersetzung stärker ausgeprägt als in Württemberg, das einen Kulturkampf so gut wie nicht kannte.

Das Herzogtum *Württemberg* war im Vergleich zum badischen Raum ein eher abgekapseltes Gebiet, von Gebirgen umgeben. Die eingeschlossene Kessellage der Hauptstadt Stuttgart ist gleichsam symptomatisch. Fremde Ideen hatten es schwerer, hier einzudringen. Obrigkeitlich wurde hier, gestützt auf einen rigorosen Protestantismus, eine über Jahrhunderte währende Arbeitserziehung von Fleiß und Disziplin betrieben, die dem Land den Anstrich eines Überwachungsstaates gab. Träger waren nicht nur, nicht einmal in erster Linie, der Herzog selbst und seine Verwaltung, sondern vor allem die bürgerlichen Eliten, die untereinander verbunden waren durch Verwandtschaft, Ausbildung und Erziehung, ganz gleich ob sie in der Verwaltung, in der Kirche, im Erziehungswesen oder in der kommunalen Selbstverwaltung tätig waren. Es war ein eher egalitäres Land, gestützt auf den (durch die Realteilung bedingt) kleinen Besitz, die Oligarchie der bürgerlichen „Ehrbarkeit" hob sich wirtschaftlich kaum davon ab, Adel gab es in diesem Land überhaupt nicht. Angesichts der vielen kleinen selbständigen Existenzen, deren Grund und Boden keine großen Sprünge erlaubten, machten Fleiß und Disziplin durchaus Sinn, waren für jedermann einsehbar. Da man zumeist nicht von dem ausschließlich leben konnte, was die Landwirtschaft hergab, sah man sich ständig nach anderen Verdienstmöglichkeiten um. Flexibilität im Denken und Handeln sowie Erfindungsreichtum waren gefragt, um die eigene Lebenssituation zu verbessern. So entstand der schwäbische „Tüftler". Insgesamt waren das alles hervorragende Voraussetzungen für den Eintritt in die Industriegesellschaft, die hier jedoch später erst im großen Stil einsetzte: in erster Linie sicherlich auch wegen der fehlenden eigenen Energie- und Rohstoffquellen. Wegen fehlender Transportwege konnte auch die Kohle für den Betrieb von Dampfmaschinen erst vergleichsweise spät ins Land gelangen. Es gab aber eben auch mentale Hindernisse: Wer nur über einen kleinen Besitz verfügt, will ihn nicht gefährden, ist risikoscheu. Geld zu investieren, das man nicht selbst verdient, sondern ausgeliehen hatte, galt als unsolide und gefährlich. In Hinblick auf die Verbindung von Innovationsbereitschaft und Scheu vor strukturellen Neuerungen, die als Experimente wahrgenommen werden, läßt sich als Mentalitätsmerkmal – auch in bezug auf die Wirtschaftsgesinnung – für heute formulieren, zugespitzt natürlich: High Tech und CDU.

Doch Parteipolitik wird in Württemberg traditionell sehr klein geschrieben, erklärbar aus der egalitären Tradition und dem fehlenden Kulturkampf. So herrschen in den Gemeinderäten die Freien Wähler vor, die landesweit 43,2% (1999) der Sitze innehaben. Selbst in einer Großstadt wie Stuttgart sind sie vertreten. Daß mehr als die Hälfte aller Bürgermeister in Baden-Württemberg insgesamt parteilos ist, paßt ebenfalls ins Bild.

Unterhalb einer badischen und württembergischen regionalen politischen Kultur liegen viele andere politische Kulturen, die man sich als geologische Gemengelage vorzustellen hat, wobei frühere politische Grenzen die Schichten markieren. So weist in Württemberg das fränkische *Hohenlohe* eine ganz andere regionale politische Kultur auf, mit einem weniger rigorosen Protestantismus, mit einem großzügigeren Gehabe in diesem reichen Bauernland (Anerbengebiet), das früh schon seine Mastochsen bis Paris exportierte, mit seinem weit verzweigten Herrscherhaus, das einen beinahe täglich in Kontakt mit dessen Angehörigen brachte, woraus bis zum heutigen Tage sich ein Stil der „zweideutigen" Rede erhalten hat: Man sagt deutlich seine Meinung, aber hintenherum.

Oberschwaben, der südliche Teil Württembergs zwischen Donau und Bodensee, bayerischer und badischer Grenze, ist weitgehend ein katholisches Land, mit einem reichen, selbstbewußten Bauerntum, vielen Reichsstädten,

Abteien und weltlichen Herrschaften. Über die Jahrhunderte hinweg standen die Bauern selbstbewußt ihren Herren gegenüber, trotzten ihnen Herrschaftsverträge ab, die Rechte und Pflichten sauber von einander abgrenzen. Aus eigener Initiative setzten die Bauern den Prozeß der „Vereinödung" ingang, eine Reform der Agrarstruktur, die zu Aussiedlung und Arrondierung der Betriebe führte. So lag der Hof dann vielfach inmitten des eigenen Besitzes, was nicht nur betriebswirtschaftliche Vorteile brachte, sondern auch die Konflikte mit den Nachbarn minimierte. Eine Liberalität des Leben und Lebenlassens konnte sich so herausbilden, die sich deutlich vom Lebensstil im engeren, besitzmäßig verschlungenen Leben im altwürttembergischen Dorf mit seiner Realteilung unterschied. Als nach der Einverleibung ins Königreich Württemberg hier durch die neuen Beamten und Schulmeister der altwürttembergische *way of life* verbindlich gemacht werden sollte, bildete sich dagegen eine eigene oberschwäbische Mentalität heraus, deren einigendes Band die katholische Konfession als *das* Unterscheidungsmerkmal abgab, organisatorisch verstärkt durch das sich bildende katholische Vereins- und Verbandswesen einschließlich der katholischen Partei, des Zentrums, das hier nach dem Zweiten Weltkrieg erfolgreich von der CDU beerbt werden konnte.

Die Neugliederung der Verwaltung versuchte, die historischen Bestandteile zu verzahnen

Nach der Gründung des Südweststaates 1952 orientierte man sich bei der verwaltungsmäßigen Gliederung des Landes streng an der historischen Ausgangslage. Das Vorgängerland Baden wurde zum Regierungsbezirk Südbaden mit der Hauptstadt Freiburg, dessen Regierungspräsident konnte so zum Sachwalter südbadischer Belange in Stuttgart werden. Der badische Teil des Ausgangslandes Württemberg-Baden wurde zum Regierungsbezirk Karlsruhe, der bis nach Wertheim am Main sich erstreckte.Der württembergische Teil nannte sich Regierungsbezirk Nordwürttemberg mit der Hauptstadt Stuttgart. Und das Vorgängerland im Süden wurde zum Regierungsbezirk Südwürttemberg-Hohenzollern mit der Hauptstadt Tübingen. Der Zuständigkeitsbereich der Sonderbehörden wurde dem angepaßt (z.B. die Oberschulämter). Im Zuge der territorialen Verwaltungsreform der 60er Jahre wurden auch die Regierungsbezirke gleichmäßiger und „rationaler" zugeschnitten, zudem mit der politischen Absicht, die historischen Grenzen von Württemberg und Baden aufzuheben, die Ausgangsbestandteile miteinander zu verzahnen, um sie besser zusammenwachsen zu lassen – was freilich bis zum heutigen Tage nicht gelungen ist. Hohenzollern verschwand sogar völlig von der Verwaltungskarte. So nennen sich seitdem die Regierungsbezirke nur noch nach dem Verwaltungssitz: Stuttgart, Tübingen, Karlsruhe, Freiburg.

Die *Verbände* orientieren sich jedoch nach wie vor an den alten Grenzen, das gilt für die Tarifgebiete der Branchen, für die landwirtschaftlichen Verbände, aber auch für den Sport. Besonders zäh halten die *Kirchen* an den alten Grenzen von Baden und Württemberg fest. Auf evangelischer Seite hat das Gründe, die in der Kirchenordnung und Liturgie liegen, aber auch in der inhaltlichen Ausrichtung (Württemberg lutherisch mit starker pietistischer Akzentuierung); auf katholischer Seite bestehen die Unterschiede in der kirchenpolitischen Einordnung zwischen der Erzdiözese Freiburg und der Diözese Rottenburg-Stuttgart. Auch das umfangreiche und differenzierte kirchliche Vereinswesen ist somit organisatorisch nach wie vor am alten Gebietsstand orientiert. Das heißt: Badische Landeskirche (mit Bischofssitz in der alten badischen Hauptstadt Karlsruhe) für das alte Land Baden, Württembergische Landeskirche für das alte Land Württemberg einschließlich Hohenzollern (bis 1950 gehörte Hohenzollern zur Rheinischen Landeskirche innerhalb der Altpreußischen Union) bzw. Erzdiözese Freiburg für Baden und Hohenzollern sowie Bistum Rottenburg-Stuttgart für Württemberg. Mithin können die alten Länder Baden, Württemberg und Hohenzollern trennscharf nur noch auf den aktuellen kirchlichen Verwaltungskarten ausgemacht werden.

Die *Kreis- und Gemeindereform*, in Baden-Württemberg 1973 bzw. 1975 abgeschlossen, veränderte die Verwaltungskarte vollständig. Die Zahl der Landkreise wurde von 63 auf 35 verringert, die Zahl der Stadtkreise blieb mit neun konstant (Mannheim, Heidelberg, Karlsruhe, Baden-Baden, Pforzheim, Freiburg, Heilbronn, Stuttgart, Ulm). Die Zahl der selbständigen Gemeinden reduzierte sich auf ein Drittel, nämlich von 3384 auf 1111 (einschließlich des gemeindefreien Gebiets Gutsbezirk Münsingen). Diese kommunale Gebietsreform ignorierte völlig die historischen Zugehörigkeiten. In manchen Kreisgebieten vermischen sich nunmehr badische, württembergische und hohenzollerische Bestandteile. Manche neuen Gemeinden gar sind aus ehemals badischen und württembergischen Gemeinden zusammengesetzt. So wächst in der Gemeinde Eppingen sowohl Württemberger als auch Badischer Wein. Das markanteste Beispiel stellt jedoch Villingen-Schwenningen dar: Beide Städte, wiewohl benachbart, gehören ganz verschiedenartigen historischen und politisch-kulturellen Räumen (einschließlich Konfessionsverschiedenheit) an, bis zum heutigen Tage ist diese neue Stadt nicht recht zusammengewachsen.

Nach wie vor ist Baden-Württemberg ein Land der kleineren und mittleren Gemeinden: rund 80% haben bis zu 10.000 Einwohner. Dem stehen lediglich neun Großstädte mit über 100.000 Einwohnern gegenüber (das sind die genannten Stadtkreise außer Baden-Baden, hinzu kommt dafür Reutlingen). Setzt man die Großstadtgrenze erst bei 200.000 Einwohnern an – wofür zumindest nach der Gemeindereform einiges spricht –, dann kennt Baden-Württemberg mit Stuttgart, Mannheim, Karlsruhe und Freiburg nur vier Großstädte. Die Landeshauptstadt Stuttgart ist mit 583.000 Einwohnern die größte. Zur Bewältigung der Probleme im Stadt-Umland-Bereich, die insbesondere im Großraum Stuttgart drängend sind, ist 1994 eine dritte Ebene geschaffen worden: der *Verband Region Stuttgart*, bestehend aus Nachbarstädten und -kreisen. Die 80 Mitglieder der Verbandsversammlung werden zusammen mit den Gemeinde- und Kreisräten direkt gewählt. Strittig sind gegenwärtig noch der Status des Verbandes, Finanzausstattung (bislang im Umlageverfahren finanziert) sowie der Umfang der Kompetenzen.

Die Verfassung ist am Grundgesetz orientiert

Die Verfassung des neu gegründeten Landes Baden-Württemberg wurde am 11. 11. 1953 verabschiedet, also deutlich nach der Verabschiedung des Grundgesetzes. Entsprechend nimmt die Landesverfassung auf das Grundgesetz Bezug, verzichtet auf einen eigenen Grundrechtsteil und hat die Stellung des *Ministerpräsidenten* der des Bundeskanzlers nachempfunden, mit Richtlinienkompetenz und konstruktivem Mißtrauensvotum im Rahmen eines einkammerigen parlamentarischen Systems. In der Auswahl seiner Minister ist der Ministerpräsident rechtlich gesehen frei, er braucht allerdings für das Kabinett als solches die Zustimmung des Parlaments. Anders als der Bundesregierung können der *Landesregierung* auch Staatssekretäre und Staatsräte (ohne Geschäftsbereich) angehören, beide mit oder ohne Stimmrecht, wobei die Zahl der Staatssekretäre nicht mehr als ein Drittel der Zahl der Minister betragen darf. Seit 1972 sind Politische Staatssekretäre zur Entlastung der Minister hinzugekommen, die nicht Mitglied des Kabinetts sind (gleichwohl an dessen Sitzungen teilnehmen). Beamtete Staatssekretäre kennt Baden-Württemberg in der Regel nicht, höchster Beamter eines Ministeriums ist der Ministerialdirektor. Nur in Ausnahmefällen – wie im Staatsministerium, der Kanzlei des Ministerpräsidenten – wird der oberste Beamte in den Rang des Staatssekretärs erhoben. Mithin gibt es drei Kategorien von Staatssekretären: den mit Kabinettsrang (mit und ohne Stimmrecht), den Politischen Staatssekretär als Ministergehilfen und den Ministerialdirektor *de luxe*. Von der Möglichkeit, Staatssekretäre zu berufen, wird nicht zuletzt Gebrauch gemacht, um die Regierungsfraktion(en) zu disziplinieren. Minister müssen nicht Mitglied des Landtags sein, immer wieder wurde davon Gebrauch gemacht, qualifizierte Außenseiter zu berufen, jüngste Beispiele sind der Wissenschaftsminister und die Justizminsterin. Auffällig ist, daß immer wieder Bürgermeister in die Führungspositionen des Landes gekommen sind: so der gegenwärtige Ministerpräsident *Erwin Teufel* (wie schon sein Vorgänger *Lothar Späth*), Innenminister *Dr. Thomas Schäuble*, Finanzminister *Gerhard Stratthaus*, sowie der Minister für Ernährung und Ländlichen Raum *Willi Stächele*.

Der *Landtag* besteht aus 120 Mitgliedern, im Regelfall zumindest. 70 Abgeordnete werden in Einer-Wahlkreisen direkt gewählt, die übrigen werden entsprechend dem proportionalen Ergebnis ihrer Parteien aus dem Kreis der Wahlkreisbewerber genommen, die absolut die besten Stimmergebnisse erzielt hatten (Prinzip des „ehrenvollst Unterlegenen“). D.h. es gibt keine

Landeslisten – was den Parteien die Fraktionsplanung erschwert. Bei diesem Verfahren kann es Überhangmandate geben, wenn eine Partei mehr Kandidaten in der Direktwahl durchgebracht hat, als ihr vom Gesamtergebnis prozentual zustehen. Dafür erhalten die anderen Parteien dann Ausgleichsmandate, damit die Gesamtproportionen wieder stimmen. Auf diese Weise wächst der Landtag leicht über die Regelzahl hinaus, so nach der Wahl von 2001 auf 128 Mitglieder! Baden-Württemberg hält am Modell des Teilzeitparlamentariers fest, nur wenige Abgeordnete sind Berufspolitiker. Der sozialen Zusammensetzung nach sind ca. 60% Angehörige des öffentlichen Dienstes, ca. 20% sind Selbständige und Freiberufler, ca. 20% sind Angestellte. Der Akademikeranteil ist mit rund 70% sehr hoch, der Frauenanteil mit rund 21,8% gering, beides mit charakteristischen Abweichungen nach Fraktionen: So haben die GRÜNEN sowohl den höchsten Akademiker- als auch den höchsten Frauenanteil. Das hohe Durchschnittsalter (ca. 50 Jahre) macht deutlich, daß politische Karrieren langfristig angelegt werden müssen.

Bislang ist die Landesverfassung nur 18mal geändert worden (das Grundgesetz 43mal), teilweise zur Stärkung des Landtags. So wurde das Petitionsrecht verbessert (z.B. Aktenzugang auch ohne Einschaltung der jeweiligen Ministeriumsspitze, Art. 35a), Verwandlung des Notstandsrechts von der Stunde der Exekutive zur Stunde der Legislative (Art. 62), Stärkung der Untersuchungsausschüsse (z.B. striktes Verbot, den Untersuchungsgegenstand gegen den Willen der Minderheit abzuändern, Art. 34 und 35), Mitsprache des Landtags in Fragen der Europäischen Union (Stellungnahme des Landtags in Fragen von „herausragender politischer Bedeutung" und wenn „wesentliche Interessen des Landes unmittelbar" berührt werden; wenn dadurch die Gesetzgebung des Landes betroffen wird, „berücksichtigt die Landesregierung die Stellungnahme des Landtags", Art. 34a).

Die Verfassung Baden-Württembergs kennt auch *direktdemokratische* Elemente: So kann der Landtag durch Volksabstimmung aufgelöst werden, wenn ein Sechstel der Wahlberechtigten es verlangt und die Mehrheit der Stimmberechtigten dem beitritt (Art. 43). Bislang ist ein solcher Versuch erst einmal unternommen worden, und zwar von Gegnern der kommunalen Gebietsreform 1971; sie sind kläglich gescheitert. Seit 1974 gibt es zudem die Möglichkeit der Volksgesetzgebung (Art. 59/60): Ein Sechstel der Wahlberechtigten kann ein solches Volksbegehren einleiten. Macht der Landtag sich den entsprechenden Gesetzesentwurf nicht zu eigen, wird er in einer Volksabstimmung Gesetz, wenn die Mehrheit ein Drittel der Wahlberechtigten ausmacht. Auf Verlangen von einem Drittel der Landtagsmitglieder kann die Regierung ein bereits beschlossenes Gesetz zur Volksabstimmung vorlegen. Ähnliches gilt für ein Gesetz, das vom Landtag eingebracht worden ist. Bislang hat es in Baden-Württemberg jedoch keinen einzigen Fall von Volksgesetzgebung gegeben.

Das Schwergewicht der Parlamentsarbeit hat sich, wie in den anderen Ländern auch, auf die Verwaltungskontrolle verlagert, nachdem die großen landespolitischen Gesetzgebungsvorhaben wie Bildungsreform, kommunale Gebietsreform und Mediengesetzgebung abgeschlossen sind.

Die CDU als dominierende Partei

Für das Parteiensystem Baden-Württembergs ist charakteristisch: die Dominanz der CDU, die relative Schwäche der SPD trotz einer für sie günstigen Sozialstruktur (Arbeiter- und Protestantenanteil), eine vergleichsweise starke FDP (Baden-Württemberg gilt als „Stammland der Liberalen"), die frühe Behauptung der GRÜNEN (seit 1979 im Landtag).

Von *Dr. Reinhold Maier* (FDP/DVP), dem ersten Ministerpräsidenten, abgesehen, der eine Koalition gegen die CDU aus FDP/DVP, SPD und GB/BHE zustande gebracht hatte (1952/53), gehörten alle Ministerpräsidenten der CDU an: *Dr. Gebhard Müller* (1953-58), *Dr. Kurt Georg Kiesinger* (1958-1966), *Dr. Hans Filbinger* (1966-1978), *Lothar Späth* (1978-1991), *Erwin Teufel* (seit 1991). Von 1972 bis 1992 konnte die CDU sogar mit absoluter Mehrheit allein regieren. 1966 bis 1972 und dann wieder von 1992 bis 1996 kannte das Land eine Große Koalition, ansonsten regierte die CDU mit der FDP/DVP. Die immer wieder aufgetretene Notwendigkeit von Koalitionen hat verhindert, daß die Beamtenschaft ebenfalls dominiert ist.

Obwohl die CDU des Landtags fast immer Regierungsfraktion gewesen ist, hat sie sich zumindest in den letzten Jahrzehnten stets auch als Gegengewicht zur Regierung verstanden. Die Fraktionsführer seit *Lothar Späth* profilierten sich gegen den eigenen Ministerpräsidenten, um ihn ablösen zu können, wenn er in Schwierigkeiten geraten war.

Die Gewichte im Parteiensystem sind Ausfluß der politischen Kultur. In einem traditionell organisationsfeindlichen Gebiet wie Altwürttemberg, in dem persönliche Bindungen mehr zählen als straffe Organisation, zudem mit einem ausgeprägten religiösen Hintergrund, hat es eine zentralistische und organisationsgläubige Partei wie die SPD von vornherein schwer. Hinzu kommt die Skepsis eines Realteilungsgebietes gegen alle gesellschaftlichen Umgestaltungsansprüche. Ein Großteil der Arbeiter sind von Hause aus Arbeiterbauern und Pendler, die in ihrer dörflichen Umgebung sich nicht zuletzt von ihrem kleinen Besitz her definieren. So paßte die CDU besser zur politischen Kultur des Landes und konnte leichter die ursprünglich starken Liberalen beerben. Die SPD kommt bei Landtagswahlen im langfristigen Vergleich nicht über ein Drittel der Stimmen hinaus, mit gelegentlichen Abstürzen. Zu beachten ist, daß der badische Landesteil ein sehr viel „normaleres" Wahlverhalten zeigt, das sich viel stärker an den sozialstrukturellen Gegebenheiten (einschließlich Konfession) orientiert.

Starke Bürgermeister, mehr direkte Einwirkungsmöglichkeiten der Bürger

Die baden-württembergische Kommunalpolitik ist durch starke Bürgermeister gekennzeichnet sowie durch mehr direkte Beteiligungsmöglichkeiten der Bürger von Anfang an.

Die Macht des Bürgermeisters ist zunächst eine Folge der Kompetenzballung: Der Bürgermeister ist zugleich stimmberechtigter Vorsitzender des Gemeinderats und aller seiner Ausschüsse, Chef einer monokratisch strukturierten – also auf ihn zugespitzten – Verwaltung sowie Repräsentant und Rechtsvertreter der Gemeinde nach außen. Hinzu kommt die direkte Wahl des Bürgermeisters durch das Volk, die unabhängig von der Ratswahl stattfinden muß. Die Amtsperiode beträgt acht Jahre, ist also bedeutend länger als die des Rates mit fünf Jahren. Kandidieren dürfen zudem nur Einzelpersonen, Parteienvorschläge sind ungültig. Kein Wunder, daß die Hälfte aller Bürgermeister parteilos ist, die anderen haben ein eher instrumentelles Verhältnis zu den Parteien. Mit ansteigender Gemeindegröße erhöht sich der Anteil der Parteimitglieder, vor allem weil sie im Wahlkampf auf die organisatorische und finanzielle Unterstützung durch Parteien angewiesen sind. Es kommt aber durchaus vor, daß Kandidaten einer Minderheitspartei am Ort zu Bürgermeistern gewählt werden, weil sie als Persönlichkeit überzeugen oder weil die Wähler ein Gegengewicht haben wollen (auch im Sinne einer „Filzbremse").

Regieren können Bürgermeister einer Minderheitspartei nicht zuletzt deshalb, weil die Gemeinderäte ein differenzierteres Parteiensystem als bei Bundestags- und Landtagswahlen aufweisen bzw. weil sie weitgehend ihren Honoratiorencharakter wahren konnten. In einer Stadt wie Reutlingen z.B. – mit 106.000 Einwohnern eine der neun Großstädte des Landes –, die bei Bundes- und Landtagswahlen mehrheitlich CDU wählt, umfaßte der Gemeinderat Mitglieder folgender acht Gruppierungen: CDU und eine Abspaltung der CDU, SPD und eine Abspaltung der SPD, Freie Wähler, GRÜNE, Freie Frauenliste, FDP. Das kommunale Wahlrecht, das die Möglichkeiten zur Stimmenhäufung (kumulieren) und zum Listenwechsel (panaschieren) zuläßt, begünstigt die Profilierung Einzelner und prämiert Abspaltungen. Die Wähler kumulieren und panaschieren vorzugsweise solche Kandidaten, die in der Gemeinde etwas sind und etwas gelten. Das sind die Angehörigen angesehener Familien und Berufe, aber auch Vereinsvorsitzende. Parteifunktionäre, die keine weiteren Qualifikationen vorzuweisen haben, werden nicht gewählt. Die Listenmacher von Parteien und Wählervereinigungen wissen das und nominieren ihrerseits im Konkurrenzkampf vorzugsweise allseits bekannte und beliebte Persönlichkeiten als Stimmenfänger, so daß der genannte Effekt sich verdoppelt. Auch in Gemeinden, in denen nur die Bundestagsparteien vertreten sind, ist dieses Auswahlverhalten schon bei Aufstellung der Listen zu beobachten, weil die Gefahr einer weiteren Konkurrenz potentiell immer vorhanden ist. Mit solchen Gemeinderäten kann auch ein parteiloser Bürgermeister oder einer der Minderheitspartei am Ort in der Regel mühelos kooperieren.

Die starke Stellung des Bürgermeisters schafft klare Verantwortlichkeiten. Er kann sich hinter niemanden verstecken, und er muß Leistung erbringen, will er wiedergewählt werden. Die Bürger wählen in der Regel gelernte Verwaltungsfachleute (zu 89%!), die aber mehr aufweisen müssen: Bürgernähe und die Fähigkeit, Konzeptionen für die Zukunft der Gemeinde zu entwickeln. Unter den rund 1030 hauptamtlichen Bürgermeistern befinden sich lediglich 21 Frauen, deren erste 1990 gewählt worden ist (Beate Weber als Oberbürgermeisterin von Heidelberg), nicht zuletzt ein Ausdruck überkommener Rollenvorstellungen.

Über Jahrzehnte hinweg war Baden-Württemberg neben Bayern das einzige Land, das den volksgewählten Bürgermeister kannte. Inzwischen sind alle Flächenstaaten diesem Beispiel gefolgt. Bis in die neunziger Jahre war Baden-Württemberg sogar das einzige Bundesland, das das Instrument von Bürgerbegehren und Bürgerentscheid kannte, mit dessen Hilfe sich die Bürgerschaft jederzeit direkt in die Kommunalpolitik einmischen kann, und zwar entscheidend. Von dieser Möglichkeit wird allerdings nur selten Gebrauch gemacht, sicherlich auch eine Folge der restriktiven Regelungen (z.B. reicht bei der Abstimmung nicht die Mehrheit aus, sie muß gleichzeitig 30% der Abstimmungsberechtigten ausmachen). Übersehen werden sollte jedoch nicht, daß die Existenz des Instruments allein schon Kommunalpolitik verbessern mag, weil es die gewählten Vertreter zwingt, nah am Bürger zu entscheiden, um keinen Bürgerentscheid heraufzubeschwören. – Auch im Fall von Bürgerbegehren und Bürgerentscheid sind inzwischen alle Flächenstaaten dem baden-württembergischen Beispiel gefolgt, allerdings zum Teil mit großzügigeren Regelungen, was das Zustimmungsquorum und die Entscheidungsgegenstände angeht.

Der Reichtum des Landes sind nicht Bodenschätze und Energiequellen, sondern seine Menschen

Über nennenswerte Bodenschätze und Energiequellen verfügt das Land nicht. Erst die Transportierbarkeit von Energie (Kohle per Schiff und Bahn; Elektrizität) machte in Baden-Württemberg eine Industrialisierung möglich, in Baden früher (Rhein), in Württemberg später. Den wirtschaftlichen Reichtum Baden-Württembergs machen jedoch seine Menschen aus, durch ihren hohen Ausbildungsstand, mehr noch durch ihre Arbeitsmentalität, die wiederum Ausfluß einer spezifischen politischen Kultur ist. Die Industriestruktur ist entsprechend dezentralisiert, zugespitzt formuliert: Jedes Dorf hat sein „Fabrikle“. Die Produktpalette ist ausgesprochen vielfältig, bestimmt durch Knowhow, Erfindungs- und Einfallsreichtum, Innovaton. Baden-Württemberg steht nicht zufällig an der Spitze bei den Patentanmeldungen in Deutschland. An erster Stelle der Wirtschaftsstruktur rangiert das produzierende Gewerbe mit den Branchen Maschinenbau, Fahrzeugbau (*Daimler-Chrysler*, *Porsche*, *Audi*) einschließlich Zulieferer (Bosch, ZF = Zahnradfabrik Friedrichshafen), Elektrotechnik. Knapp die Hälfte der Wertschöpfung im Lande wird hier erbracht, und jeder zweite Erwerbstätige ist hier beschäftigt. An zweiter Stelle folgt die Verbrauchsgüterindustrie mit Textil, Holz- und Kunststoffverarbeitung. Schwach vertreten ist der Dienstleistungsbereich. Politiker beklagten immer wieder, daß keine deutsche Großbank ihren Sitz im Lande hat, und kein Ministerpräsident wird müde, sich um Bankenfusionen im Lande zu bemühen. Die Schwierigkeiten liegen auch hier in den Gegensätzen zwischen den Landesteilen (soll die neue Großbank ihren Sitz im Badischen oder Württembergischen haben?). Inzwischen jedoch hat die Politik eine Fusion landes- und gemeindeeigener Banken zur *Landesbank Baden-Württemberg* zustande gebracht, die am 1.1.1999 ins Leben trat.

Die Landwirtschaft ist – wie überall in Deutschland – nur noch von geringer wirtschaftlicher Bedeutung, auch wenn sie das Bild des Landes immer noch stark prägt und im Bereich der Sonderkulturen Erhebliches zur Bekanntheit des Landes beiträgt: Badischer und Württemberger Wein, Schwetzinger und Bruchsaler Spargel, Obst und Obstbrände (Schwarzwälder Kirsch), Sauerkraut (von den Fildern oberhalb Stuttgarts), Tettnanger Hopfen, Allgäuer Käse.

Mit der Branchenstruktur allein wäre die Wirtschaft des Landes jedoch nur sehr unvollkommen beschrieben. Eine Fülle von Markenprodukten, weit in der Welt bekannt, kommt aus dem Land. Gerade die für das Land so typischen mittelständischen Betriebe, häufig im Familienbesitz und vom Erfindungsreichtum ihrer Besitzer lebend, sind es, die sich mit ihren Produkten einen Namen gemacht haben: so etwa Reisebusse von *Neoplan* und *Setra*, Wohnwagen von *Dethleffs* und *Hymer*, Baumaschinen, Kräne, aber auch Kühlschränke von *Liebherr*, *Bizerba*-Waagen, *Grohe*-Sanitärarmaturen, *Hartmann*-Watte, *Triumpf*-Miederwaren und Wäsche, *Boss*-Anzüge, *Salamander*-Schuhe, *Junghans*-Uhren, *Steiff*-Tiere, *Märklin*-Modelleisenbahnen und -Baukästen, UHU-Alleskleber, WMF-Bestecke, aber auch Sauerkonserven und Senf von *Hengstenberg*. *Maggi* und *Knorr* sind allerdings Töchter Schweizer Konzerne. Viele kleine, dem breiten Publikum unbekannte, aber für die Produktion unverzichtbare Produkte kommen aus dem Land, oftmals mit einer monopolartigen Stellung. So etwa im Bereich der Meß- und Regeltechnik. Und wer hätte gedacht, daß nahezu alle Jeanshosen der Welt Lederetiketten tragen, die aus Isny im Allgäu (oder dessen nordamerikanischem Tochterunternehmen) stammen?

Monostrukturen kennt also die Wirtschaft Baden-Württembergs nicht, dementsprechend ist sie nicht allzu konjunkturabhängig, wenngleich inzwischen vom Fahrzeugbau sehr viele Arbeitsplätze abhängen. Die Arbeitslosigkeit ist entsprechend gering (4,9%). Sehr hoch ist die Exportabhängigkeit. Der Ausländeranteil betrug 2002 12,2%.

Hochschullandschaft Baden-Württemberg

Baden-Württemberg bietet eine profilierte Hochschullandschaft, der Rohstoffarmut und der Exportorientierung durchaus angemessen. 64 Hochschulen, darunter 10 Universitäten, von denen drei – Heidelberg (die älteste deutsche Universität überhaupt, 1386 gegründet), Freiburg, Tübingen – zu den ältesten und angesehensten in Deutschland gehören, 32 allgemeine Fachhochschulen, 7 Verwaltungsfachhochschulen, 6 Pädagogische Hochschulen, 8 Kunsthochschulen, 1 Theologische Hochschule. Zwei private Universitäten kommen hinzu. Des weiteren gibt es als Einrichtungen des tertiären Bildungssektors acht Berufsakademien, die in besonderer Weise Studium und Berufspraxis miteinander verknüpfen (außer Baden-Württemberg nur noch in Berlin und Sachsen). In der Bildungspolitik allgemein, in der Schulpolitik im besonderen, gehört Baden-Württemberg mit Bayern zusammen zu den eher konservativen Ländern. Seit eh und je besteht hier Zentralabitur. Inzwischen kann man hier das Abitur bereits nach acht Jahren machen.

Die immense Kulturdichte ist auch eine Folge der historischen Zersplitterung

Die dezentrale Struktur des Landes als Erbe der historischen Zersplitterung hat eine immense Kulturdichte zur Folge. Das betrifft nicht nur das vorzeigbare Erbe in Form von Baudenkmalen aller Stilrichtungen: Klöster, Kirchen, Schlösser, liebevoll gepflegte Stadtensembles. Die vielen Zentren des Landes bieten viel, auch in Form kultureller Veranstaltungen. Das betrifft insbesondere die große Zahl alter Reichsstädte im Lande. Schlösser und Kirchen sind Veranstaltungsorte für Konzerte und Festspiele. Daß bis zur Gründung des Südweststaates 1952 zwei überkommene Hauptstädte bestanden, nämlich Karlsruhe und Stuttgart, hat dazu geführt, daß bestimmte staatliche Kultureinrichtungen doppelt vorhanden sind: Landesbibliothek, Landesmuseum, Staatsgalerie (Stuttgart) bzw. Staatliche Kunsthalle (Karlsruhe), Staatstheater und Staatsoper. Die Stuttgarter Staatsoper wurde von Kritikern 2002 zum fünften Mal in Folge zum „Opernhaus des Jahres“ gewählt. Das Ballett gilt als eines der besten der Welt, mit einer hohen Beliebtheit: für eher „verdruckte“, pietistisch geprägte Altwürttemberger eine Form von Erotik, die man (und natürlich auch frau) sich gestatten kann, weil sie „Kunscht“ ist (Erotik „helinge“ sozusagen). – Kommunale Theater als Ausfluß bürgerlichen Selbstbewußtseins kommen hinzu, von denen nicht zuletzt das Nationaltheater Mannheim eine große Tradition besitzt.

Eine vielfältige Medienlandschaft

Auch in Hinblick auf die Auflagen der Tageszeitungen nimmt Baden-Württemberg nach Nordrhein-Westfalen und Bayern den dritten Platz ein. 50% der Haushalte werden damit erreicht. Doch die Zeitungslandschaft ist hier ausgesprochen zersplittert. So gibt es insgesamt 17 publizistischen Einheiten mit 64 selbständigen Zeitungsverlagen. Typisch ist die mittelgroße Heimatzeitung. Lediglich neun Zeitungen haben eine Auflage von über 125.000 Exemplaren. Der Größe nach sind das die *Schwäbische Zeitung* (Leutkirch im Allgäu), *Mannheimer Morgen*, *Badische Zeitung* (Freiburg), *Badische Neuesten Nachrichten* (Karlsruhe), *Stuttgarter Zeitung*, *Schwarzwälder Bote* (Oberndorf am Neckar), *Südkurier* (Konstanz). Hinzu kommen die beiden Mantellieferanten *Südwestpresse* (Ulm) und *Stuttgarter Nachrichten*, die damit die höchsten Auflagen im Land insgesamt innehaben. In der Landeshauptstadt Stuttgart konkurrieren die Stuttgarter Zeitung und die Stuttgarter Nachrichten miteinander, die aus dem selben Verlag kommen und eine gemeinsame Anzeigen- und Vertriebsabteilung haben. Ansonsten sind lokale und regionale Monopole für das Land charakteristisch. Typisch für Baden-Württemberg ist, daß es keine „Landeszeitung" gibt (wie etwa in Bayern die *Süddeutsche Zeitung*), die überall verbreitet, vielleicht sogar tonangebend wäre. Auffällig ist, daß die Zeitungen sich ziemlich genau an die alten Landesgrenzen zwischen Baden und Württemberg als ihrem Verbreitungsgebiet halten. Wo eine Gemeinde nach der kommunalen Gebietsreform aus badischen und württembergischen Ortsteilen zusammengesetzt ist wie Villingen-Schwenningen, wird im einen Stadtteil die badische Zeitung, im anderen die württembergische vorwiegend gelesen.

In der öffentlich-rechtlichen Rundfunklandschaft spiegelten sich bis 1998 die alten Besatzungsverhältnissen nach 1945 bzw. die Länderaufteilung vor der Gründung Baden-Württembergs wieder: Die ehemalige amerikanische Zone (Nordwürttemberg, Nordbaden) war das Sendegebiet des *Süddeutschen Rundfunks* Stuttgart (SDR), für die französische Zone (Südbaden, Südwürttemberg-Hohenzollern) war der *Südwestfunk* Baden-Baden (SWF) zuständig, als Zweiländer-Anstalt zudem auch für Rheinland-Pfalz. Nach vielen Anläufen von Seiten der Politik ist es inzwischen gelungen, zum 1. Januar 1998 eine einheitliche Zweiländer-Anstalt durch Staatsvertrag zu gründen, deren Sendegebiet ganz Baden-Württemberg und Rheinland-Pfalz umfaßt. Sie ist am 30. August 1998 als *Südwestrundfunk* (SWR) auf Sendung gegangen. Nach dem *Westdeutschen Rundfunk* ist der SWR damit, gemessen sowohl an den Gesamtaufwendungen als auch der Zahl der Beschäftigten, die zweitgrößte Anstalt innerhalb der ARD.

Im Bereich des privaten Hörfunks gibt es in Baden-Württemberg drei Bereichssender (*Radio Regenbogen*, *Antenne 1/Antenne RT 4, Radio 7*), 15 Lokalsender und 14 nichtkommerzielle (z.B. *Uni Welle* der Universität Tübingen) Veranstalter. Hinzu kommen fünf private Fernsehanbieter.

Baden-Württemberg ist mit weitem Abstand das Fachpresseland Nr. 1 in Deutschland (mit einem Umsatz von 45,7%). Sowohl der Zahl der Verlage (472 = 17%) als auch den erwirtschafteten Umsätzen (29,5%) nach ist Baden-Württemberg auch das Buchland Nr. 1. Mehr als jedes fünfte neue Buch kommt aus Baden-Württemberg. Im Multimedia Bereich nimmt das Land vor Hessen, der Schweiz und Bayern – gemessen an Umsatz, Pro-Kopf-Umsatz und Wachstum – den ersten Platz im deutschsprachigen Raum ein.

Das Wappen

Das Drei-Löwen-Wappen ist dem Wappen der Staufer nachempfunden, die bis 1268 Herzöge Schwabens waren.

Die zwei mittleren Wappen der Wappenkrone repräsentieren die beiden früheren Staaten: Baden mit rotem Schrägbalken auf goldenem Grund und Württemberg mit drei übereinanderliegenden Hirschstangen. Des weiteren sind noch der „Fränkische Rechen“ zu sehen, der „Zollernschild“ für die ehemals hohenzollerischen Gebiete, der goldene Löwe der Kurpfalz und der österreichische „Brückenschild“. Der Hirsch ist Schildhalter früherer württembergischer, der Greif badischer Staatswappen.

Das kleine Landeswappen zeigt nur das Drei-Löwenschild. Anstatt der Wappenkrone ist eine goldene Blattkrone, auch „Volkskrone“ genannt, zu sehen.

Da von Monarchenkronen älterer Staatswappen eindeutig verschieden, soll sie die Volkssouveränität symbolisieren.

Literaturhinweise

Hans-Georg Wehling/Angelika Hauser-Hauswirth/Fred Ludwig Sepaintner (Hrsg.): Baden-Württemberg. Vielfalt und Stärke der Regionen, Leinfelden-Echterdingen 2002.

Schriften zur politischen Landeskunde Baden-Württembergs. Bd. 1-31. Hgg. von der Landeszentrale für politische Bildung Baden-Württemberg. Insbes.: Baden-Württemberg. Eine politische Landeskunde. (Schriften zur politischen Landeskunde Baden-Württembergs,1). Stuttgart 1996.

Taschenbuch Baden-Württemberg. Gesetze – Daten – Analysen. Hg. von der Landeszentrale für politische Bildung Baden-Württemberg in Verbindung mit dem Statistischen Landesamt Baden-Württemberg. Neuausgabe. Stuttgart 1999.

Freistaat Bayern

Ein Fünftel Deutschlands

Peter März

Das alpenländische Klischee

Bayern, das räumlich größte deutsche Land, macht mit seinem Staatsgebiet von 70.554 km^2 19,8% am Territorium der Bundesrepublik aus, indes nicht einmal 1% an der Fläche Europas insgesamt. Das bayerische Staatsgebiet ist in sieben Regierungsbezirke (zu den Bezirken als kommunale Selbstverwaltungskörperschaften vgl. im Teil kommunale Verhältnisse), 25 kreisfreie Städte, 71 Landkreise und insgesamt 2.056 (Stand 1997) Gemeinden eingeteilt. Die Bevölkerungszahl hat 1996/97 erstmals in der bayerischen Geschichte die Zahl von 12 Millionen überschritten. Ende 2001 betrug sie ca. 12.330.000. Die aktuelle Bevölkerungsentwicklung im Land ist, bei auch hier gegebenen Geburtendefiziten, vor allem durch Wanderungsgewinne geprägt.

Von Bayern wird häufig ein rein alpenländisches Klischee mit eisgepanzerten Bergspitzen, Almen und Wilderern, Lederhosen und Dirndln, einem melodischen Zusammenklang von Jodeln und Kuhglocken vermittelt. Dabei gehört in Wirklichkeit nur ein schmaler Streifen des bayerischen Staatsgebietes zum Bereich der nördlichen Kalkalpen, mit der Zugspitze als höchstem Berg der Bundesrepublik, die mit 2.963 m Seehöhe noch nicht die für Hochgebirgsverhältnisse spektakuläre Grenze von 3.000 m erreicht. Für das klassische Altbayern ist vielmehr ebenso wie die Alpen selbst das sich nördlich anschließende Voralpenland mit einer sehr mannigfachen, gewellten und von Seen durchzogenen Landschaft typisch, so das als Naherholungsgebiet für den Münchner Ballungsraum besonders beliebte Fünf-Seen-Land südlich der Landeshauptstadt um Starnberger- und Ammersee. Weiter nach Norden schließen sich die Schotterebene, in der München liegt, und das bewegte Hügelland der Holledau (Hopfenanbau!) an, bevor man schließlich die das Land teilende Donau erreicht, an deren Lauf durch Bayern die drei es in seiner Mitte mit strukturierenden Städte Ingolstadt, Regensburg und Passau liegen.

Die beiden südlichen bayerischen Stämme, Schwaben und Altbayern, dehnen sich mit ihrer Mundart über die Donau nach Norden aus, das Altbayerische prägt in Gestalt des Oberpfälzischen den bayerischen Osten bis weit nach Norden.

Kreisfreie Städte und Landkreise Bayerns
Stand: 31. Dezember 2000
CD 39401/Sg25
Bayerisches Landesamt für Statistik und Datenverarbeitung

Scheidelinien und Verbindungslinien

Bayern wird nicht nur durch die Donau geteilt, sondern nördlich von ihr auch durch zwei weitere Scheidelinien:

Durch die Grenze des früheren römischen Imperiums, die ihren dramatisch sichtbaren Ausdruck im Limes fand – bei Weißenburg erreichte er den heutigen mittelfränkischen Raum – und durch die europäische Wasserscheide zwischen Rhein- und Donaugebiet, die sich über die Höhenlinien der schwäbischen und fränkischen Alb hinzieht. Diese sehr wichtige Grenzlinie trennt das wasserreiche Süd- vom wasserarmen Nordbayern. Durch das große Projekt der Überleitung von Donauwasser in den mittelfränkischen Raum und die Anlage des sogenannten mittelfränkischen Seengebietes rund 50 km südwestlich von Nürnberg wurde hier in den 80er und 90er Jahren ein Ausgleich geschaffen – auch mit positiven Folgen für die touristische Anziehungskraft dieses relativ strukturarmen Gebietes.

Nordbayern ist ein insgesamt vielfach gegliederter Raum, gewissermaßen die verbindende Klammer zwischen dem westlichen Mitteleuropa – die Region um Aschaffenburg westlich des Spessarts ist bereits auf den Rhein-Main-Ballungsraum hin orientiert – und dem östlichen Mitteleuropa: Die sich an die fränkischen Gebiete nach Osten anschließende Oberpfalz und die Mittelgebirgslandschaften Niederbayerns nördlich der Donau – der „Bayerische Wald“ – sind, dem böhmischen Becken benachbart, schon auf Kontinentaleuropa und seine sehr rauhen klimatischen Verhältnisse hin bezogen. Nach Norden grenzt Nordbayern mit Frankenwald und Fichtelgebirge, im Westen in der Rhön, an das klassische thüringisch-sächsische Mitteldeutschland.

Aus dem Württembergischen setzt sich erst eher nach Osten, dann nach Norden umbiegend die geologisch junge Mittelgebirgsschwelle der Alb fort, auf bayerischem Gebiet freilich nicht mehr die Höhenlagen wie in Baden-Württemberg erreichend.

Das Land der Bayern, Franken, Schwaben und Sudetendeutschen

In der historischen Retrospektive ist das Land Bayern alt und jung zugleich:

Alt im Zusammenhang mit der Territorialbildung des frühen bayerischen Stammesherzogtums, die letztlich bis in die Zeit der Völkerwanderung zurückgeht, jung insofern, als das heutige Bayern als Staat räumlich und administrativ ein Geschöpf der napoleonischen Ära und der damals vollzogenen großen territorialen Flurbereinigung auf deutschem Boden ist.

Bayern stellt sich zunächst dar als ein Siedlungsgebiet von Altbayern – im Süden, Südosten und Nordosten –, Schwaben, also Alemannen, im Südwesten und Franken im Norden und Nordwesten. Seit den 50er Jahren unseres Jahrhunderts werden ferner die nach dem Zweiten Weltkrieg aus Böhmen und Mähren vertriebenen Sudetendeutschen, von denen mehr als eine Million in Bayern eine neue Heimat fand, als vierter bayerischer Stamm angesehen.

Die Geschichte der Bayern, Franken und Schwaben bis zu den französischen Revolutionskriegen unterscheidet sich gravierend:

Während aus dem ursprünglichen bayerischen Stammesherzogtum einer der großen deutschen Territorialstaaten hervorging – seit 1180 unter den Wittelsbachern –, der ein relativ kompaktes Herrschaftsgebiet auszuformen vermochte, setzte sich im schwäbischen und fränkischen Bereich schon seit dem 12. Jahrhundert eine außerordentliche räumliche Zersplitterung durch. Eine bis heute spürbare positive Folgewirkung ist allerdings die Vielzahl an Residenzen und früheren Reichsstädten, die bis heute die kulturelle Topographie des Landes entscheidend mitprägt. Große Bedeutung gewannen die Hochstifte – die weltlichen Herrschaftsgebiete der Bistümer – Bamberg und Würzburg im Fränkischen, Augsburg im Schwäbischen, ferner die Hohenzollernschen Markgrafschaften Ansbach und Bayreuth und schließlich die beiden mittelalterlichen Metropolen im oberdeutschen Bereich Augsburg und Nürnberg:

Beide hatten im Alten Reich herausragende Bedeutung als Gewerbe- und vor allem Fernhandelsstädte an den Verbindungen von Nordeuropa nach Oberitalien bzw. vom Westen in den böhmisch-polnischen, mittelosteuropäischen Raum; die politische Rolle Nürnbergs war vor allem seit der goldenen Bulle Kaiser Karls IV. enorm gewachsen, so als Ort, wo die Reichskleinodien aufbewahrt wurden und wo neu gewählte Kaiser ihren ersten Reichstag abzuhalten hatten. Augsburg stand im Zenit seiner Macht, als die *Fugger* die Wahl Kaiser Karls V. 1519 in entscheidendem Maße finanzierten.

Die Territorial- und Städtelandschaft im Fränkischen und Schwäbischen verlor freilich seit dem Dreißigjährigen Krieg wesentlich an Bedeutung und geriet in den Windschatten größerer politischer Entwicklungen.

Die Folgen von Reformation und Gegenreformation

Eine für Bayern wichtige Trennungslinie ergab sich im Gefolge von Reformation und Gegenreformation:

Während die wittelsbachischen Territorien durchgängig katholisch blieben bzw. es dank einer energischen Politik der Herzöge wieder wurden, stellte sich in Schwaben und vor allem Franken eine dauerhafte konfessionelle Spaltung ein: Die Reichsstädte wurden in der Regel evangelisch – Augsburg und Regensburg allerdings ‚paritätisch' –, die weltlichen Fürstentümer, insbesondere die beiden Markgrafschaften, ebenfalls. Hingegen behauptete sich auf dem Gebiet der Hochstifte das katholische Bekenntnis. Die so geschaffenen Trennungslinien sind zwar durch immer wieder neu gezogene politische Grenzen bis hin zu den Gebietsreformen der 70er Jahre des 20. Jahrhunderts scheinbar überlagert. Ihre enorme Bedeutung machte sich aber gerade bei den Wahlen in der Weimarer Republik bemerkbar, als im katholischen Bereich bis zuletzt die Bayerische Volkspartei dominierend blieb, in den evangelischen Räumen hingegen – entsprechend der auch sonst in Deutschland anzutreffenden Wahlsoziologie – das deutschnationale Moment stark war und schließlich die NSDAP in hier ländlichen und kleinstädtischen Milieus außerordentliche Wahlerfolge hatte.

Nach dem Stand der Volkszählung 1987 waren von damals 10,9 Millionen Bewohnern Bayerns 7,3 Millionen katholisch und 2,6 Millionen evangelisch.

Das moderne „Staatsbayern" entstand zwischen dem Frieden von Lunéville 1801 und dem Wiener Kongress 1814/15: Nun konnten die Fürsten, die linksrheinische Gebiete an das revolutionäre Frankreich verloren hatten, wie Kurfürst *Max Joseph*, der aus der wittelsbachischen Nebenlinie Zweibrücken-Birkenfeld stammte, sich rechtsrheinisch entschädigen. Bayern gewann durch den *Reichsdeputationshauptschluss* von 1803 vor allem in Franken und Schwaben eine Fülle von Reichsstädten, weltlichen Territorien und Adelsherrschaften (Reichsritter und Reichsgrafen) sowie Klöstern und Hochstiften. Der Wiener Kongress brachte schließlich den Erwerb des heutigen unterfränkischen Gebiets und der linksrheinischen Pfalz (allerdings gingen das kurzfristig gewonnene Tirol und Salzburg wieder verloren), die zu einer der später acht Kreise (moderne Terminologie: Regierungsbezirke) wurde und 1945/46 im Land Rheinland-Pfalz aufging. Von diesem Verlust abgesehen hat Bayern seine territoriale Integrität seitdem uneingeschränkt gewahrt, sieht man zudem von geringfügigen Gebietseinbußen in der Rhön nach dem an der Seite Österreichs 1866 gegen Preußen verlorenen Krieg ab. Bayerns letzter territorialer Zugewinn war 1920 nach einer Volksabstimmung das bis dahin thüringische Coburg mit seinem Umland.

Die Formierung zum modernen Staatswesen durch Montgelas

Ausdruck des Aufstiegs Bayerns zu einem Staat von Rang war 1806 die Erhebung zum Königreich. Die Formierung zum modernen Staatswesen oblag dem „allmächtigen Minister" *Maximilian Graf von Montgelas,* der bis 1817 eine wirksame Staatsverwaltung mit hochqualifizierter Beamtenschaft, Zentralregierung und Fachministerien schuf, das Rechtswesen neu ordnete und eine Wirtschaftsreform durchführte (Vereinheitlichung der Maße und Zölle, Abschaffung der Grundherrschaft und der Zünfte). Mit der Konstitution von 1808 und insbesondere der Verfassung von 1818 vollzog Bayern zugleich den, wenn auch erst allmählich spürbar werdenden Übergang vom Absolutismus zu einem konstitutionellen Staatswesen mit Parlament und Teilhabe der Volksvertretung an der Gesetzgebung. In zahlreichen Zwischenschritten erfolgte eine immer weitergehende Öffnung und Egalisierung des Wahlrechts bis zum Beginn des 20. Jahrhunderts.

Innerhalb der deutschen Staatenwelt des 19. Jahrhunderts betrieb Bayern über längere Phasen eine relativ liberale Politik, allerdings nicht selten von reaktionären Rückschlägen unterbrochen wie bei der Verfolgung der Exponenten des *Hambacher Festes* 1832 in der bayerischen Pfalz, der ersten liberal-demokratischen Volks- und Massenversammlung auf deutschem Boden. Bayern war Mitglied des 1834 gegründeten *Deutschen Zollvereins* und versuchte innerhalb des Deutschen Bundes gegenüber den beiden Großmächten Preußen und Österreich eine Trias-Politik der mittleren und kleineren Staaten zu organisieren, die allerdings scheiterte. Im deutschen Hegemonialkrieg von 1866 auf der Seite der unterlegenen österreichischen Partei musste Bayern danach ein geheimes Schutz- und Trutzbündnis mit Preußen abschließen. Die in Bayern noch lange wirkungsmächtige katholisch-großdeutsche Orientierung vermochte nicht, das Land aus dem Krieg von 1870/71 gegen Frankreich herauszuhalten. Im Sog der bismarckschen Politik setzte sich die liberal-nationale Orientierung durch. Bayern trat dem am 18. Januar 1871 proklamierten deutschen Kaiserreich bei, wusste sich allerdings wichtige Reservatrechte zu erhalten, so eigene Post, Eisenbahn und Militär in Friedenszeiten, ferner ein weitgehendes Gesandtschaftsrecht und den Vorsitz im Auswärtigen Ausschuss des Bundesrates. Eine liberal-zweckrational orientierte „aufgeklärte" Beamtenschaft steuerte das Land nunmehr auf dem Kurs der bismarckschen Reichspolitik, sodass die bayerische Politik auch den Kulturkampf gegenüber der katholischen Kirche weitgehend mittrug. Während das Bürgertum – der Adel spielte in Bayern nicht die Rolle wie im ostelbischen Preußen – diesen Kurs weitgehend akzeptierte, ja sich schließlich in beachtlichem Maße mit der wilhelminischen Weltpolitik identifizierte, blieb die bäuerlich-katholisch orientierte Mehrheit im Landtag, vertreten durch die *Patriotenpartei*, später das *Zentrum* skeptisch; am linken Rand des politischen Spektrums entwickelte sich seit etwa den 80er Jahren des 19. Jahrhunderts die Sozialdemokratie in Bayern, angesichts der unterdurchschnittlichen Industrialisierung des Landes freilich relativ schwach und vor allem auf die Industriezentren wie Augsburg, Nürnberg, Nordostoberfranken und Ludwigshafen beschränkt.

Trotz allen bayerischen eigenständigen Selbstbewusstseins trat das Land – zumindest in den großen Städten – mit dem gleichen Hurra-Patriotismus in den Ersten Weltkrieg ein wie das Kaiserreich insgesamt.

Angesichts der hohen Verluste an Menschenleben und der immer kritischeren Versorgungslage orientierte sich die politische Stimmung unter den breiten Massen zusehends nach links. Zugleich wurden antipreußische Affekte immer lebendiger.

Bürgerkrieg und Räterepublik

Am 7. November 1918 musste König *Ludwig III.* aus München fliehen, am folgenden Tag wurde durch den Unabhängigen Sozialdemokraten (USPD) *Kurt Eisner* der Freistaat Bayern proklamiert. Eisner avancierte zum Ministerpräsidenten eines Koalitionskabinetts aus USPD und SPD. Seine Partei, die den Rätegedanken verfocht, erlitt bei den Wahlen zur Bayerischen Verfassunggebenden Nationalversammlung vom 12. Januar 1919 eine vernichtende Niederlage (2,5%). Auf dem Weg zur Parlamentseröffnung, bei der er seinen Rücktritt bekannt geben wollte, wurde *Eisner* am 21. Februar 1919 ermordet. In der Folge kam es in Bayern zu einer Bürgerkriegsentwicklung:

Die neue legale Regierung unter dem sozialdemokratischen Ministerpräsidenten *Hoffmann* musste nach Bamberg ausweichen, in München etablierte sich eine Räterepublik unter zunächst sozialistisch-anarchistischen, dann kommunistischen Vorzeichen. Sie wurde Anfang Mai 1919 von „Weißen" Truppen niedergeschlagen, wobei es auf beiden Seiten zu blutigen Exzessen kam, vor allem durch die Sieger, die in der Landeshauptstadt grausame Vergeltung an ihren Gegnern übten. Im August 1919 erhielt Bayern seine erste, republikanische, die „Bamberger Verfassung". Sie entfaltete vor allem deshalb eine nur geringe prägende Kraft, da im unitarischen Bundesstaat der Weimarer Republik die Kompetenzen der Länder gegenüber dem Bismarckreich stark beschnitten waren. Hinzu kam die Entwicklung der Länder zu „Kostgängern des Reiches" infolge der Erzbergerschen Finanzreform. Diese Entwicklungen führten auch zu einer parteipolitischen Entfremdung:

Die am 12. November 1918 in Regensburg gegründete Bayerische Volkspartei, die für das katholisch-bürgerliche und ländliche Lager im Land stand, geriet in Gegensätze zum *Zentrum* im Reich und verfolgte einen dezidiert föderalistisch-konservativen Kurs. 1920 verließ sie die Fraktionsgemeinschaft mit dem *Zentrum* im Reichstag.

Im selben Jahr wurde die SPD aus der Regierung in Bayern verdrängt. Bis zum Ende der Weimarer Republik regierten im Land nur mehr rein bürgerliche Kabinette.

Die Weimarer Republik und der Nationalsozialismus in Bayern

Das Krisenjahr 1923 brachte in Bayern eine besondere Konfrontation:

Die Rechtsentwicklung in Wehrverbänden, Geheimorganisationen (*Organisation Consul* mit Fememorden) und erstarkender NSDAP unter *Adolf Hitler* und mit dem Aushängeschild General *Ludendorff* kulminierte: Gegen die als links, ‚judenhörig' und den Siegermächten des Ersten Weltkrieges willfährig denunzierte Reichsregierung formierten sich zweierlei Kräfte:

Eine auf bayerische Selbstständigkeit bedachte, gouvernemental-monarchistische Richtung mit nationalistischer Prägung unter Generalstaatskommissar *von Kahr*, die die in Bayern stationierten Teile der Reichswehr der Staatsregierung unterstellte, und die „Völkischen“ mit den Nationalsozialisten unter *Adolf Hitler* an der Spitze, für die die Eroberung der Macht in München das Sprungbrett zum Staatsstreich im Reich darstellen sollte. Beide Richtungen, deren gemeinsamer Nenner die Aversionen gegen Berlin waren, kooperierten zeitweise. Der „Hitler-Putsch“ vom 8. und 9. November 1923 auch gegen die etablierten rechten Kräfte im Land wurde freilich zum Fiasko, wenn auch zum geringen Teil aufgewogen durch den Prozess gegen *Adolf Hitler* und seine Mitverschworenen Anfang 1924, der zur juristischen Farce geriet und zum Vehikel für den späteren Wiederaufstieg des „Führers“ wurde.

Galt Bayern in den Anfangsjahren der Weimarer Republik insgesamt als eine „Ordnungszelle“ im Reich mit einem teilweise extrem rechten politischen Milieu, so kam es doch in den Folgejahren zu einer Konsolidierung der Verhältnisse. Die Landespolitik konzentrierte sich vor allem darauf, den Spielraum der Länder wieder über das in der Weimarer Verfassung zugestandene Maß hinaus zu erweitern.

In den letzten Jahren der Weimarer Republik rückten unter dem Druck der extremistischen Bedrohungen, vor allem des Anwachsens der NSDAP, *Zentrum* und *Bayerische Volkspartei* wieder näher zusammen. Insbesondere nach dem „Preußen-Schlag“ der Reichsregierung vom 20. Juli 1932, dem Staatsstreich gegen die legale preußische Regierung aus *Zentrum* und SPD, bemühte sich die Bayerische Staatsregierung, eine Abwehrfront der Länder gegen drohende Berliner Willkürakte aufzubauen.

Nach der nationalsozialistischen Machtergreifung vom 30. Januar 1933 konnte sich auch Bayern dem von der Reichsebene ausgehenden Druck nicht lange widersetzen: Reichsinnenminister Frick übertrug am 9. März 1933 dem nationalsozialistischen General *Franz Ritter von Epp* die vollziehende Gewalt in München. Die Regierung *Held* wurde aus dem Amt gejagt. Alle Bemühungen, durch die Wiedererrichtung der Monarchie im Land bzw. durch eine Zusammenarbeit von BVP und SPD ein Abwehrbollwerk zu errichten, hatten sich als zu spät, zu zaghaft oder zu schwach erwiesen. Festzuhalten bleibt freilich, dass Bayern trotz der Gründung der NSDAP auf seinem Boden, der hier so lange starken rechtsradikalen Tendenzen und der Tatsache, dass nicht wenige Exponenten des Regimes von hier stammten, in seiner Wahlsoziologie kein Land mit Spitzenwerten für die NSDAP war:

Im katholisch-ländlichen Milieu wie in den Industriebereichen hatte sie hier bis zuletzt nur relativ begrenzte Wahlerfolge. In den folgenden Jahren der Diktatur hielt sich in diesen Zonen lange resistentes Verhalten. Zugleich aber kamen große Teile der bayerischen Gesellschaft mit antisemitischen Prägungen und oft geradezu vorauseilendem Gehorsam den Judenverfolgungen des Regimes gewissermaßen entgegen.

Am 22. März 1933 wurde in Dachau das erste große und auf Dauer angelegte Konzentrationslager auf deutschem Boden errichtet, am 28. April

1933 versammelte sich der neu zusammengesetzte Bayerische Landtag zur Annahme eines eigenen Ermächtigungsgesetzes für das Land, gegen das nur die SPD stimmte. Die gleichzeitig laufenden verschiedenen Gleichschaltungsmaßnahmen beraubten Bayern, das zur Verwaltungsprovinz wurde, seiner Eigenstaatlichkeit. Zu den spektakulärsten Akteuren nationalsozialistischer Machtausübung avancierten nunmehr die Gauleiter, außerhalb Bayerns am bekanntesten der „Frankenführer" *Julius Streicher*, Herausgeber des antisemitischen Hetzblattes *Der Stürmer*. In München, als „Hauptstadt der Bewegung" etikettiert, residierte die Reichsleitung der NSDAP, die mittelalterliche Metropole Nürnberg, „Schatzkästlein" des Heiligen Römischen Reiches, wurde zur „Stadt der Reichsparteitage" (vgl. dazu die Eröffnung des Dokumentationszentrums Reichsparteitagsgelände Nürnberg am 4. 11. 2001 in Nürnberg). Hier wurden auch 1935 die „Nürnberger Gesetze" verkündet, zentraler Einschnitt in der Geschichte von Verfolgung und Vernichtung der Juden. In den Rang einer Art nationalsozialistischer Weihestätte stiegen die von Hitler häufig besuchten Bayreuther Festspiele auf. Ouvertüre zum großen Propagandaerfolg der Olympischen Spiele 1936 in Berlin waren die Winterspiele von Februar dieses Jahres in Garmisch-Partenkirchen.

Die zugleich bekannteste und menschlich berührendste Widerstandsgruppe auf bayerischem Boden war die *Weiße Rose* um die *Geschwister Scholl*, deren Exponenten in den ersten Monaten des Jahres 1943 hingerichtet wurden. Aufstieg, Niedergang und Verbrechen der nationalsozialistischen Herrschaft, zumal die Vernichtung des Judentums in Bayern, vollzogen sich weitgehend nach dem für ganz Deutschland geltenden Ablauf.

Der föderalistische Staat als Ziel bayerischer Nachkriegspolitik

Am 26. Mai 1945 setzte die US-Militärregierung den letzten Vorsitzenden der BVP, *Fritz Schäffer,* als ersten – vorläufigen – Nachkriegsministerpräsidenten in Bayern ein. Am 28. September 1945 wurde er durch den Sozialdemokraten *Wilhelm Hoegner* ersetzt. Nach der Wiederkonstituierung politischen Lebens auf kommunaler Ebene (Gemeinde- und Kreistagswahlen) wurde für Bayern eine neue Verfassung geschaffen: Am 30. Juni 1946 wählte die Bevölkerung des Landes eine verfassungsgebende Landesversammlung, in der die CSU mit 58% der Stimmen eine starke Mehrheit besaß.

Am 8. Dezember 1946 trat die durch Plebiszit eine Woche zuvor mit großer Mehrheit gebilligte Verfassung (Inhalt und Änderungen s.u.) in Kraft. Nach monatelangen, teilweise erbitterten Auseinandersetzungen war es dabei nicht zur Verankerung eines eigenen bayerischen Staatspräsidenten gekommen; seine Funktion wäre es vor allem gewesen, den Selbstbehauptungswillen des Landes gegenüber einer wiederhergestellten deutschen Staatlichkeit gewissermaßen auch protokollarisch zum Ausdruck zu bringen.

Danach bemühte sich die bayerische Politik – sowohl die CSU als auch der *Hoegner*-Flügel in der SPD – um eine möglichst föderalistische Prägung des sich seit Frühjahr 1948 abzeichnenden deutschen Weststaates. Obwohl hier durchaus Erfolge gelangen (Einrichtung des Bundesrates, Mischverfassung im Bereich des Finanzwesens) lehnte der Bayerische Landtag am 19./20. Mai 1949 das Grundgesetz ab, da es den einschlägigen Wünschen nicht genüge, erkannte aber seine Rechtsverbindlichkeit an, da ihm mehr als zwei Drittel der Landtage zustimmten.

In der Folge nahm der Freistaat trotz seiner föderalistischen Wächterrolle in der Bundesrepublik zugleich eine besondere Sensibilität in gesamtdeutschen Fragen für sich in Anspruch: Spektakulärster Ausdruck dieser Orientierung ist die auf eine bayerische Klage hin erstrittene Entscheidung des Bundesverfassungsgerichts vom 31. Juli 1973 zum Grundlagenvertrag zwischen Bundesrepublik und DDR, in der trotz formaler Billigung des Vertrages klassische staatsrechtliche Positionen wie das Festhalten an einer gemeinsamen deutschen Staatsangehörigkeit „festgeklopft" wurden. Unmittelbare Bedeutung gewann das Urteil vor allem im Prozess der deutschen Wiedervereinigung 1989/90, da die hier formulierten Rechtsgrundlagen den Beitritt der DDR zum Geltungsbereich des Grundgesetzes nach Art. 23 GG (alt) möglich machten. Als weitere zentrale Komponente in der bayerischen Politik nach außen trat seit Ende der 70er Jahre vor allem das Bemühen in Erscheinung, im Bereich der Europäischen Gemeinschaft eine regionale Politik zu initiieren und zu bündeln, die dem Gedanken der Subsidiarität, des Wirkens der Kräfte von unten nach oben, verpflichtet ist (s.u.).

In der parteipolitischen Landschaft Bayerns verlor die CSU nach ihren großen Wahlerfolgen von 1946 angesichts innerer Zerstrittenheit zwischen einem eher radikal föderalistischen und einem eher liberalen Flügel und wegen des Erstarkens der Bayernpartei an Gewicht: Sie musste sowohl bei der Bundestagswahl 1949 wie bei der Landtagswahl 1950 erhebliche Einbußen erleiden. Trotz Stimmengewinnen bei der Landtagswahl 1954 wurde sie durch die Verständigung sämtlicher anderer Parteien im Parlament auf die so genannte „Viererkoalition" unter *Wilhelm Hoegner* in die Opposition „verbannt". Diese Koalition brach nach der Bundestagswahl 1957 auseinander. Seitdem ist die CSU die führende Regierungspartei, seit 1962 mit der absoluten Mehrheit der Mandate im Landtag, seit 1970 (56,4%) auch mit der absoluten Mehrheit der Stimmen (zu den soziologischen und politisch-strategischen Gründen dieser Entwicklung s.u. im Abschnitt „Dominierende Stellung der CSU").

Zuletzt hat die Landtagswahl vom 13. September 1998 die parteipolitischen Kräfteverhältnisse im Land bestätigt.

Vom Agrarland zum High-Tech-Land

Allgemein gilt Bayern als früheres Agrarland, das sich zur technologischen Avantgarde entwickelt hat. Dieses nicht ganz falsche Bild bedarf der Differenzierung:

Die strukturellen Prozesse des 19. Jahrhunderts – Industrialisierung und Bevölkerungszunahme – erfassten Bayern nicht mit voller Wucht wie etwa Sachsen, das Ruhrgebiet oder den Berliner Raum. Das Land blieb eher agrarisch bestimmt, wobei die kleinräumige bäuerliche Landwirtschaft dominierte. Allerdings hatten die beiden Großstädte Nürnberg und Augsburg mit ihrer alten Gewerbetradition vollen Anteil an der Industrialisierung, vor allem im Metall- und Elektrobereich. Die Residenzstadt München war zwar eher ein Ort höfischen und kulturellen Lebens, konnte aber etwa im Lokomotivbau mithalten. In der Oberpfalz gab es eine alte schwerindustrielle Tradition, im nordöstlichen Oberfranken konzentrierte sich die Porzellanindustrie, das unterfränkische Schweinfurt wurde zum Zentrum der europäischen Kugellagerindustrie; die sich überschlagende Entwicklung Ludwigshafens in der bayerischen Pfalz dank der Expansion der Chemie (BASF) wies nach der Wende vom 19. zum 20. Jahrhundert schon auf den Übergang zu neuen industriellen Leitsektoren hin. Die Zwischenkriegszeit brachte in Bayern eine beschleunigte Entwicklung in der Elektrizitätsversorgung, vor allem durch den Ausbau von Wasserkraftwerken im Alpenbereich (Walchensee-Kraftwerk) wie in Gestalt von Staustufen an Donau und Main. Damals wurde auch bereits das Konzept für den neuen Main-Donau-Kanal festgelegt, den ersten hatte König *Ludwig I.* in den 40er Jahren des 19. Jahrhunderts anlegen lassen.

Der eigentliche *take off* Bayerns zum *High-Tech*-Land fand seit den 60er Jahren des 20. Jahrhunderts statt. Positive Rahmenbedingungen schufen die Zuwanderung von Flüchtlingen und Heimatvertriebenen, vor allem der Sudetendeutschen aus Böhmen und Mähren, die ebenso kompetent wie hochmotiviert waren, der Ausbau des Verkehrs- und Energienetzes vor allem durch neue Autobahnen und die Ölraffinerien bei Ingolstadt, die ihr Öl über Pipelines von Mittelmeerhäfen beziehen, dazu die Errichtung von Kernkraftwerken, die heute knapp 70% zur bayerischen Stromversorgung beisteuern. Ein wesentlicher Faktor war die Verlagerung von Unternehmen und Unternehmensführungen aus den früheren deutschen Ostgebieten bzw. aus der sowjetischen Besatzungszone, namentlich des Hauses *Siemens*, das seine Forschungskapazitäten wie die Unternehmensleitung auf Erlangen und München konzentrierte.

Der weitere Ausbau der Verkehrsinfrastruktur brachte 1992 die Eröffnung des Main-Donau-Kanals und im selben Jahr des Flughafens München II Franz Josef Strauß, der sehr bald nach Frankfurt zum zweiten deutschen Luftkreuz avancierte. Im industriellen Bereich weist Bayern, vor allem Südbayern, heute eine hohe Konzentration von modernsten Fertigungen im Bereich des Fahrzeugbaus (München, Ingolstadt, Regensburg), der Elektronik

(München, Erlangen), der Chemie sowie der Luft- und Raumfahrt auf. In jüngster Zeit spielt die Biotechnologie eine zunehmende Rolle. Auch wo es sich um relativ „alte" bzw. ausgereifte Branchen wie bei der Automobilindustrie handelt, profitiert die betreffende Herstellung, weil Spitzenprodukte angeboten werden, in die modernste Komponenten integriert sind, wie etwa Elektronik und Aluminium in die Fahrzeuge von Audi und BMW. Insgesamt ist heute zweifellos ein weiterer Vorzug der bayerischen Industrie, dass sie dank der Modernität ihrer Branchen relativ wenig umweltbelastend produziert.

Keine Nachtwächterrolle für den Staat

Die Wirtschaftspolitik verstand sich in Bayern zwar traditionell als marktwirtschaftlich, sah dabei den Staat aber nicht in einer Nachtwächterrolle. Staatliche Anstrengungen sollten z.B. Rahmenbedingungen im Bereich von Bildung, Ausbildung und Forschung optimieren, Existenzgründern helfen, Technologietransfer forcieren, die Infrastruktur verbessern und die Genehmigungswege verkürzen. Aus dieser Sicht galt es auch, ein kreatives kulturelles Klima zu schaffen, in dem Innovationen gedeihen können. Für diesen Weg steht ein dichtes Netz an Fachhochschulen, Fraunhofer-Instituten und ähnlichen Einrichtungen. Vor allem hat der Freistaat Bayern in den letzten Jahren („Offensive Zukunft Bayern") durch umfangreiche Privatisierungen von Staatsbesitz – in der Legislaturperiode von 1994–1998 über 5 Mrd. DM – Freiräume geschaffen, um die Zukunftsfähigkeit des Landes zu entwickeln. Dieser Weg wurde auch in den Folgejahren fortgesetzt. Die so frei gewordenen Gelder flossen forciert in Forschung, Bildung und Ausbildung. Z.B. gelingt es am Universitätsstandort Erlangen, die Medizintechnik beschleunigt zu entwickeln. Hohe Summen kommen aber auch dem Kulturstaat Bayern zugute:

So entstanden finanziert aus Privatisierungserlösen als staatliche Einrichtungen in München eine *Pinakothek der Moderne,* in Nürnberg ein *Museum für Kunst und Design* (im April 2000 eingeweiht), in Schweinfurt ein Museum für die Malerei des 19. Jahrhunderts, in Bernried am Starnberger See ein Museum für die Sammlungen von Lothar-Günther Buchheim (im Frühjahr 2001 eingeweiht). Sie komplettieren den Museumsstandort Bayern, für den hier nur beispielhaft die *Alte* wie die *Neue Pinakothek* in München, das *Germanische Nationalmuseum* in Nürnberg und das *Mainfränkische Museum* in Würzburg genannt seien.

Die stärker in Nordbayern konzentrierten klassischen Industrien in der Metallverarbeitung haben in den letzten Jahren die Folgen von Globalisierung und Verdrängungswettbewerb deutlicher zu spüren bekommen. Dies schlägt sich auch in den Arbeitslosenzahlen, etwa in der mittelfränkischen Industrieregion oder in Schweinfurt (Kugellagerherstellung), nieder. Sie liegen hier über den südbayerischen Werten, die teilweise Vollbeschäftigung anzeigen – zugleich allerdings immer noch unter dem westdeutschen Mittel. Zudem lassen die in Deutschland mittlerweile seit Jahren anhaltenden Stagnationstendenzen bzw. sogar Rezessionserscheinungen Bayern nunmehr insgesamt nicht mehr unberührt. Nicht nur sind auch die Arbeitslosenzahlen in Bayern auch auf das ganze Land bezogen gestiegen (Juni 2003: 6,4%, zum Vergleich Nordrhein-Westfalen 9,8%), sondern auch die Steuereinkünfte des Staates entwickelten sich in jüngster Zeit deutlich ungünstig. Im Sinne einer nachhaltigen Entwicklung lehnt die Staatsregierung gleichwohl eine Erhöhung der Neuverschuldung ab und strebt sogar deren Reduzierung bis etwa 2005 auf Null an. Bereits jetzt – Stand 2003 – beträgt die Nettokreditaufnahme im bayerischen Staatshaushalt weniger als 10% der nordrhein-westfälischen. Diese Fiskalpolitik trägt vor allem dazu bei, die Schuldendienstquote im Staatshaushalt langfristig niedrig und so Investitionsspielräume hoch zu halten. Bei allen auch hier geltenden Belastungen geht Bayern so mit einem deutlichen Vorteil in den Standortwettbewerb der Länder untereinander in den nächsten Jahren.

Dem Kampf gegen die Arbeitslosigkeit diente auch der im Juni 1996 zwischen Staatsregierung, Arbeitgebern und Gewerkschaften geschlossene „Beschäftigungspakt Bayern", in den die staatliche Seite rd. 2 Mrd. DM aus Privatisierungserlösen einbrachte. Über dem High-Tech-Standort Bayern wird gerne vergessen, welche Rolle hier Dienstleistungen in einem breiten Spektrum spielen: Nach Frankfurt am Main wird wohl in der Landeshauptstadt an der Isar am meisten Geld im Bundesgebiet „umgeschlagen", dank der hier bestehenden Konzentration an Versicherungen (Allianz nunmehr unter Einschluss der Dresdner Bank) wie auch an Banken. Für den Wettbewerb mit den Großbanken mit ihren Stammhäusern am Main steht die vor kurzem aus einer Fusion hervorgegangene *Hypo Vereinsbank*. Konzentriert finden sich in München darüber hinaus herkömmliche und neue Medien (Magazin *Focus, Pro Sieben* usw.) wie eine Vielzahl an Filmproduktionen, sodass die Straßenzüge der Landeshauptstadt dem deutschen Fernsehpublikum vor allem aus Krimiserien vertraut werden.

Trotz Strukturwandels blieb die Landwirtschaft im Seelenhaushalt der Menschen verankert

Bei allem relativen Bedeutungsverlust der Landwirtschaft angesichts dieser modernen strukturellen Entwicklungen ist sie doch im Seelenhaushalt der Menschen verankert geblieben. Das hat auch politische Folgen: Landwirtschaftspolitik ist ein zentrales Stück Landespolitik. Nimmt man im Übrigen den ganzen Bereich von Zulieferung und Versorgung, Weiterverarbeitung und Handel hinzu, dann ist die Landwirtschaft in Bayern auch nach wie vor ein namhafter volkswirtschaftlicher Faktor, z.B. im Export wie von Milchprodukten nach Oberitalien. Und für die Psyche des Landes gilt – vielleicht vergleichbar den Lebensverhältnissen in Frankreich –, dass viele Menschen in Bayern zwar Städter geworden sind, aber einen Teil ihrer Seele auf dem Land gelassen haben. Vor diesem Hintergrund ist die Landespolitik vor allem bemüht, gegenüber den Strategien der EU die Möglichkeit zur Förderung sensibler, kleinräumiger Strukturen zu erhalten. Nach wie vor verfügen die bayerischen Höfe nur über unterdurchschnittlich große Flächen und arbeiten unter topographischen (Hoch- und Mittelgebirge) und klimatischen Verhältnissen, die im EU- wie im Weltmarktvergleich ungünstig sind. Eine Vielzahl von Programmen soll dazu beitragen, trotz dieser Ausgangsbedingungen sicherzustellen, dass das Land nicht versteppt und verödet: Kulturlandschaftsprogramme, Urlaub auf dem Bauernhof, Dorferneuerung, aber auch eine faire Preispolitik.

Die bayerische Gesellschaft unterliegt den seit Jahrzehnten für ganz Westeuropa typischen Wanderungsprozessen und Wandlungsbedingungen. Gleichwohl sind nicht nur Wahlergebnisse ein Indikator, dass sie sich ein eigenes Gepräge – mittlerweile über die innerbayerischen Stammesgrenzen hinweg – und ein spezifisches Verständnis von sich selbst bewahrt hat. Offenkundig verbinden sich Leistungsfähigkeit und Leistungswilligkeit – hier dokumentiert sich das bei allen politischen Auseinandersetzungen unbestrittene überdurchschnittliche Qualitätsprofil des bayerischen Bildungswesens – mit dem Festhalten an sozialen Bauformen und Gemeinschaften. Diese Synthese gewährleistet auch unter permanentem Modernisierungsdruck ein überdurchschnittliches Maß an Stabilität.

Besonderheiten der Bayerischen Verfassung

Die Bayerische Verfassung vom 8. Dezember 1946 – am 1. Dezember 1946 durch Plebiszit gebilligt – zeichnet sich durch mehrere Besonderheiten aus:

Zur Zeit einer fehlenden gesamtdeutschen Staatlichkeit abgefasst, regelt sie die Gesamtheit staatlichen Lebens und macht zugleich in ihrem Art. 178 darauf aufmerksam, dass Bayern eine künftige nationale Staatlichkeit nicht voraussetzungslos akzeptieren werde:

„Bayern wird einem künftigen deutschen demokratischen Bundesstaat beitreten. Er soll auf einem freiwilligen Zusammenschluss der deutschen Einzelstaaten beruhen, deren staatsrechtliches Eigenleben zu sichern ist."

Mit insgesamt 188 Artikeln in der durchgehenden Zählung, dazu mehreren Einfügungen (z.B. Art. 111a Rundfunkfreiheit aus dem Jahre 1973) ist diese Verfassung außerordentlich umfangreich. Typisch für die frühe Nachkriegszeit ist ferner der umfangreiche Hauptteil über Wirtschaft und Arbeit (Art. 151 bis Art. 177 BV). Ein Spezifikum ist schließlich auch der zweite Hauptteil „Grundrechte und Grundpflichten" (Art. 98 bis Art. 123 BV), wobei in Art. 100 zweieinhalb Jahre vor dem Grundgesetz bereits die „Würde der menschlichen Persönlichkeit" hervorgehoben wird. Die maßgebliche inhaltliche Beschreibung des Staatszwecks enthält Art. 3 Abs. 1 BV: „Bayern ist ein Rechts-, Kultur- und Sozialstaat. Er dient dem Gemeinwohl."

Gerade die Kulturstaatlichkeit Bayerns wird im Blick auf die Staatsqualität der Länder im Bundesstaat immer wieder hervorgehoben.

Das politische System des Freistaates Bayern

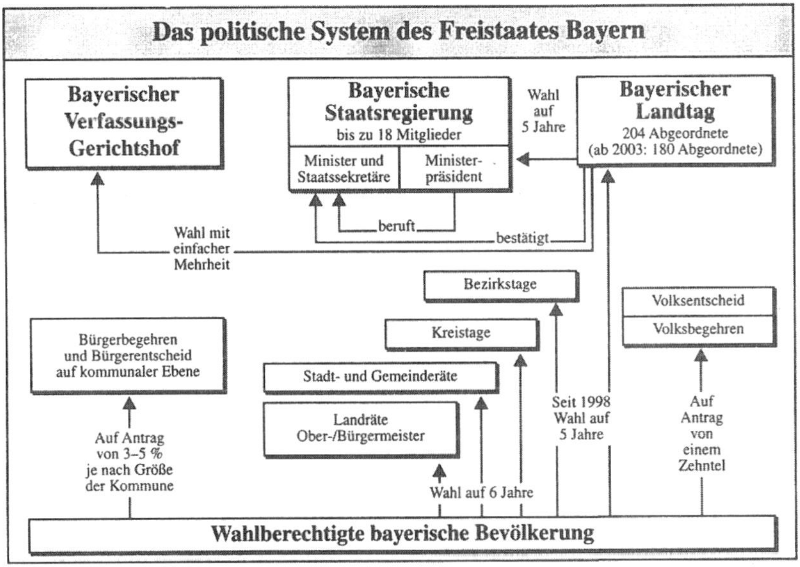

Schließlich sei noch auf die Sprache der Verfassung hingewiesen. Mit einem heute gewiss nicht mehr wiederholbaren, zugleich aber nicht antiquiert anmutenden Pathos beschreibt sie die Abgrenzung zur totalitären nationalsozialistischen Vergangenheit und die Aufgaben des Staates wie die Rechte seiner Bürger. Kennzeichnend für dieses Selbstverständnis ist insbesondere die Präambel, die den Nationalsozialismus als „eine Staats- und Gesellschaftsordnung ohne Gott, ohne Gewissen und ohne Achtung vor der Würde des Menschen" beschreibt.

Die Bayerische Verfassung von 1946 kennt ursprünglich vier Staatsorgane: Landtag, Senat, Staatsregierung und Verfassungsgerichtshof.

Der Landtag

Bei der Landtagswahl vom 21. September 2003 wurden in Bayern erstmals 180 Abgeordnete – zuvor 204 – in den Landtag gewählt, von ihnen 92 in Stimmkreisen direkt und 88 in den Wahlkreisen (Regierungsbezirken) auf Listen. Bereits seit den umfassenden Verfassungsänderungen von 1998 beträgt die Legislaturperiode des Landtages fünf, zuvor vier, Jahre.

Die Abgeordneten werden nach einem stark personalisierten Wahlrecht gewählt, das außerhalb Bayerns gerne als kompliziert beschrieben wird, zugleich aber vor allem das Moment der Entscheidung für bestimmte Persönlichkeiten betont.

Bei der Ermittlung des Gesamtergebnisses, d.h. der auf die einzelnen Parteien und Fraktionen entfallenden Mandatszahl, werden im Gegensatz zur Bundestagswahl Erst- und Zweitstimmen zusammengezählt. Daher ist ein Stimmensplitting bei der Wahl zum Bayerischen Landtag auch unüblich.

Nach dem *Hare/Niemeyer*-System wird auf der Ebene jedes Wahlkreises, d.h. Regierungsbezirks, die den jeweiligen Parteien nach der Addition von Erst- und Zweitstimmen zustehende Mandatszahl ermittelt. Davon werden die dann durch ihre Stimmkreisbewerber mit den Erststimmen individuell gewonnenen Sitze abgezogen. Wichtig ist nun, dass die Zweitstimmen, auch hier ein Gegensatz zur Bundestagswahl, nicht für die Liste einer Partei abgegeben werden, sondern für den Bewerber einer Partei auf der jeweiligen Wahlkreisliste. Bewerber, die sowohl im Stimmkreis als auch auf der Wahlkreisliste kandidieren und im Stimmkreis unterlegen sind, bringen ihre dort errungenen Stimmen nun gewissermaßen mit und erhalten sie bei der Festlegung, welche Kandidaten aus den Wahlkreislisten ins Parlament einziehen, angerechnet. Ähnlich wie bei Kommunalwahlen (s.u.) können also besonders angesehene Kandidaten auf Wahlkreislisten nach vorn gewählt werden. Im übrigen gilt die in Deutschland übliche 5%-Klausel.

Der Landtag hat die in parlamentarischen Systemen klassischen Zuständigkeiten: Wahl des Ministerpräsidenten, Bestätigung der weiteren Regierungsmitglieder, Entscheidung über die Gesetzgebung, wobei verfassungsändernde Gesetze einer Zustimmung von zwei Dritteln der Mitglieder bedürfen und danach noch einem Volksentscheid unterworfen werden müssen, ferner Budgetrecht, Kontrolle von Regierung und Verwaltung. Wie in den deutschen Landesparlamenten üblich, hat vor allem die Betreuung der Bürgerinnen und Bürger durch die Abgeordneten an Bedeutung gewonnen. Die Verfassungsänderungen vom Februar 1998 haben in einer Reihe von Punkten die Stellung des Parlaments gestärkt: Die parlamentarische Opposition wird in ihrer Bedeutung hervorgehoben und ihr der „Anspruch auf eine zur Erfüllung ihrer besonderen Aufgaben erforderliche Ausstattung“ (Art. 16a BV) zuerkannt. Der Landtag kann nunmehr auf Antrag eines Fünftels seiner Mitglieder Enquete-Kommissionen einrichten (Art. 25a BV), der Landesbeauftragte für Datenschutz wird vom Parlament gewählt (Art. 33a BV), ebenso der Präsident des Rechnungshofes (Art. 80 Abs. 2 BV).

Der Senat: Unikat bis zum 31. Dezember 1999

Der Senat, die zweite parlamentarische Kammer, war eine sonst nirgendwo in Deutschland anzutreffende bayerische Besonderheit. Beim Volksentscheid vom 8. Februar 1998 erhielt der Gesetzentwurf des Volksbegehrens „Schlanker Staat ohne Senat“ mit der Forderung, den Senatsteil der Bayerischen Verfassung ersatzlos zu streichen (Art. 34–42 BV), die Mehrheit gegenüber dem Gesetzentwurf des Landtags, der eine Reform dieses Verfassungsorgans vorsah. Der Senat bezweifelte die Rechtmäßigkeit dieses Volksentscheides und strengte dagegen eine Klage vor dem Bayerischen Verfassungsgerichtshof an, die am 17. September 1999 abgewiesen wurde. Danach stellte dieses Verfassungsorgan zum Jahreswechsel 1999/2000 seine Tätigkeit ein.

Der Senat setzte sich aus 60 Mitgliedern zusammen, die von den dazu berechtigten Körperschaften und Verbänden gewählt, im Falle der Religionsgemeinschaften bestimmt wurden. Die Senatsmitglieder wurden auf 6 Jahre berufen, ihr Mindestalter betrug 40 Jahre. Der Senat hatte folgende Kompetenzen:

Er durfte wie Landtag und Staatsregierung Gesetzesvorlagen einbringen, gutachtliche Stellungnahmen zu Gesetzesvorlagen der Staatsregierung abgeben – wohl seine, wenn auch oft eher verborgen geleistete, so doch wirksamste Tätigkeit – und Einwendungen gegen vom Parlament bereits beschlossene Gesetze erheben. Hier hatte er allerdings nur ein suspensives Veto; ein Gesetz definitiv verändern oder aufheben konnte er nicht. Ferner musste dem Senat Gelegenheit zur Stellungnahme bei Organ- und Popularklagen gegeben werden, die vor dem Verfassungsgerichtshof verhandelt werden.

Die Staatsregierung

Die Staatsregierung besteht aus dem Ministerpräsidenten und – nach der Verfassungsänderung vom Februar 1998 – bis zu 17 Staatsministern und Staatssekretären. Letztere sind in Bayern also keine Laufbahnbeamte, sondern Regierungsmitglieder. Der Ministerpräsident muss das 40. Lebensjahr beendet haben. Er wird vom neu gewählten Landtag entsprechend der auf fünf Jahre verlängerten Legislaturperiode gleichfalls für fünf Jahre gewählt. Zur Ablösung des Ministerpräsidenten heißt es in Art. 44 Abs. 3 BV, er müsse „zurücktreten, wenn die politischen Verhältnisse ein vertrauensvolles Zusammenarbeiten zwischen ihm und dem Landtag unmöglich machen.“

Der Ministerpräsident beruft und entlässt mit Zustimmung des Parlaments die Staatsminister und Staatssekretäre (Art. 45 BV). Er führt den Vorsitz in der Staatsregierung, leitet ihre Geschäfte und bestimmt die Richtlinien der Politik (Art. 47 BV).

Die Staatsminister führen ihre Geschäftsbereiche selbstständig. Besondere Bedeutung hat die Zuständigkeit des Ministerpräsidenten nach Art. 49 BV,

Zahl und Abgrenzung der Geschäftsbereiche (Staatsministerien) zu bestimmen. Dazu ist die Bestätigung des Landtages notwendig.

Die Regierungsneubildung in Bayern vom 14. Oktober 2003 brachte hier u.a. die Eingliederung des bisherigen Verbraucherschutzministeriums in das Umweltministerium („Staatsministerium für Umwelt, Gesundheit und Verbraucherschutz"), die Zuordnung der Bereiche Landesplanung und Raumordnung aus dem Umweltministerium wie der Informations- und Kommunikationstechnologien aus der Staatskanzlei in das nunmehrige Staatsministerium für „Wirtschaft, Infrastruktur, Verkehr und Technologie" und schließlich die ausdrückliche Zuweisung des Bereichs Verwaltungsreform, neben den Bundesangelegenheiten, an den Leiter der bayerischen Staatskanzlei im Ministerrang.

Der Verfassungsgerichtshof

Dieses Oberste Bayerische Gericht für staatsrechtliche Fragen besteht aus dem Präsidenten (bis 31. 10. 2001 mit Frau *Holzhaid* einer Präsidentin, seitdem mit Frau *Huther*, gleichfalls einer Nachfolgerin), 22 berufsrichterlichen Mitgliedern und 15 weiteren (nicht berufsrichterlichen) Mitgliedern. Präsident und Berufsrichter werden vom Landtag mit einfacher Mehrheit auf die Dauer von 8 Jahren gewählt, die nichtberufsrichterlichen Mitglieder – die aber auch die Befähigung zum Richteramt haben oder Lehrer der Rechtswissenschaft an einer bayerischen Universität sein sollen – vom jeweils neuen Landtag für die Dauer der laufenden Legislaturperiode.

Der Verfassungsgerichtshof entscheidet z.B. über Anklagen gegen Minister und Abgeordnete (Art. 61 BV). In der Praxis haben aber vor allem Bedeutung seine Zuständigkeit bei Organstreitigkeiten zwischen den oberen Staatsorganen (Art. 64 BV), bei Popularklagen (Art. 98 BV), bei denen jedermann geltend machen kann, dass eine Rechtsvorschrift des bayerischen Landesrechts gegen Grundrechte der Verfassung verstößt, und bei Verfassungsbeschwerden (Art. 120 BV). Danach kann „jeder Bewohner Bayerns, der sich durch eine Behörde in seinen verfassungsmäßigen Rechten verletzt fühlt, (...) den Schutz des Bayerischen Verfassungsgerichtshofes anrufen". In diesem Fall muss aber der Rechtsweg erschöpft sein. Insbesondere die sogenannte Popularklage ist eine bayerische Besonderheit.

Die scharfe Waffe der „Volksgesetzgebung" ...

Die Volksgesetzgebung ist eine scharfe und in Bayern durchaus wirkungsvolle Waffe, um entweder Landtagsmehrheit und Regierung zu einer Kursänderung zu zwingen, damit sie eine Niederlage vermeiden, oder gegen sie in der „offenen Feldschlacht" des Volksentscheides eine gesetzliche Regelung durchzusetzen, die den Intentionen der Parlamentsmehrheit entgegenläuft. Das Gesetzgebungsverfahren zu Volksbegehren und Volksentscheid beginnt nach dem Abschluss eines Zulassungsverfahrens, das von mindestens 25.000 Bürgern unterstützt werden muss. Dann können sich alle wahlberechtigten Bürgerinnen und Bürger innerhalb von 14 Tagen durch Eintragung für ein Volksbegehren aussprechen. Für seinen Erfolg sind die Unterschriften von mindestens einem Zehntel der in Bayern Stimmberechtigten, also rund 900.000 Stimmen, notwendig. Das erfolgreiche Volksbegehren wird vom Ministerpräsidenten namens der Staatsregierung dem Landtag unterbreitet. Letzterer hat nun drei Möglichkeiten: Er kann den aus dem Volksbegehren hervorgegangenen Gesetzentwurf unverändert annehmen; dann wird dieser als Gesetz verabschiedet.

Er kann den im Volksbegehren zugrunde liegende Gesetzentwurf ablehnen. In diesem Fall kommt es zum Volksentscheid. Die Mehrheit der Abstimmenden entscheidet dann darüber, ob der Entwurf zum Gesetz wird. (Anders wird es sich bei künftigen verfassungsändernden Volksbegehren verhalten. Hier hat der Bayerische Verfassungsgerichtshof in seinem Urteil vom 17. September 1999 entschieden, dass der Gesetzgeber hier nunmehr ein Quorum einführen muss. Künftig werden 25% der Abstimmungsberechtigten einer derartigen Vorlage zustimmen müssen, damit sie wirksam werden kann.)

Der Landtag kann aber auch (mit seiner Mehrheit) einen eigenen Gesetzentwurf einbringen. In diesem Fall wird beim Volksentscheid zwischen dem aus dem Volksbegehren hervorgegangenen Gesetzentwurf und dem Gesetzentwurf des Landtags entschieden. In der Vergangenheit hat sich etwa beim Volksentscheid in der Frage der Abfall-Entsorgung 1991 der Gesetzentwurf des Landtags gegen den des Volksbegehrens durchgesetzt, im Falle von kommunalem Bürgerbegehren und Bürgerentscheid obsiegte 1995 der Entwurf des Volksbegehrens gegen den der Landtagsmehrheit; ebenso verhielt es sich 1998 in der Frage Abschaffung oder Reform des Senats (s.o.).

Eine besondere Konstellation gab es beim Volksentscheid zur Christlichen Gemeinschaftsschule 1968: Dabei lagen dem Volk drei Alternativen vor: Ein ursprünglicher CSU-Entwurf, der 8,5% erhielt, ein ursprünglicher Entwurf von SPD und FDP, auf den 13,5% entfielen, und ferner ein Entwurf des Bayerischen Landtages, auf den man sich schließlich in einem politischen Kompromiss verständigt hatte. Er obsiegte mit 66,3% der abgegebenen Stimmen.

Volksentscheide sind in Bayern auch ohne vorangegangene Volksgesetzgebung notwendig, wenn der Landtag zuvor mit der notwendigen Zweidrittelmehrheit eine Verfassungsänderung beschlossen hat (s.o.). Solche Fälle waren die Herabsetzung des Wahlalters 1970 und der Volksentscheid zur Verankerung des Umweltschutzes in der Bayerischen Verfassung 1984. Zusammen mit der Landtagswahl am 21. September 2003 wurden durch Volksentscheid einige weitere Verfassungsänderungen gebilligt, die zuvor im Landtag einvernehmlich verabschiedet worden waren. Politisch am bedeutsamsten ist dabei die Einführung des Konnexitätsprinzips (Neufassung Art. 83 Abs. 3 BV): Danach muss der Staat nunmehr einen finanziellen Ausgleich herstellen, wenn er den Gemeinden neue Aufgaben überträgt und diese zu einer Mehrbelastung führen.

... brachte die umfangreichsten Änderungen der Bayerischen Verfassung

Am 8. Februar 1998 hatten die Stimmberechtigten in Bayern über drei Volksentscheide zu votieren, die die umfangreichsten Änderungen in der Bayerischen Verfassung seit 1946 brachten.

Zwei dieser Volksentscheide gingen auf Landtagsgesetze zurück, wobei in einem Fall – Weiterentwicklung im Bereich der Grundrechte und Staatsziele – alle drei Fraktionen im Landtag das Gesetz trugen, im anderen – Reform von Landtag und Staatsregierung – CSU- und SPD-Fraktion.

Beim dritten Volksentscheid über Bestand oder Reform des Senats kam es zur Kampfabstimmung zwischen dem Volksbegehren „Schlanker Staat ohne Senat", das sich durchsetzte, und dem „Senatsreformgesetz", hinter dem die Landtagsmehrheit der CSU stand.

Die beiden von Regierungspartei und Opposition – in einem Fall zur Gänze, in einem anderen Fall teilweise – getragenen Gesetze fanden die Billigung des Volksentscheides.

Die im Bereich von Landtag und Staatsregierung getroffenen Neuregelungen wurden ebenso wie die Abschaffung des Senats bereits dargestellt.

Im Bereich der Grundrechte und Staatsziele sind, von eher redaktionellen Änderungen abgesehen, folgende Ergänzungen hervorzuheben:

- Das für die bayerische Position geradezu klassische Bekenntnis zu einem geeinten Europa, das „dem Grundsatz der Subsidiarität verpflichtet ist, die Eigenständigkeit der Regionen wahrt und ihre Mitwirkung an europäischen Entscheidungen sichert" (Art. 3a BV, vgl. auch Ausführungen zur Thematik im letzten Abschnitt dieses Beitrages).
- Die Betonung des staatlichen Eintretens für „die tatsächliche Durchsetzung der Gleichberechtigung von Frauen und Männern" (Art. 118 Abs. 2 BV).
- Das Verbot der Benachteiligung von Behinderten sowie das staatliche Gebot, „sich für gleichwertige Lebensbedingungen von Menschen mit und ohne Behinderung" einzusetzen (Art. 118a BV).
- Achtung und Schutz von Tieren als Lebewesen und Mitgeschöpfen (Art. 141 Abs. 1 BV).

In der Summe wird man sagen können, dass die neuen bzw. neu gefassten Grundrechts- und Staatszielformulierungen der Verfassungsentwicklung der 80er und 90er Jahre folgen, wie sie etwa auch einige der Grundgesetzänderungen vom Oktober 1994 mit sich brachten, so Art. 3 Abs. 2 GG (staatlicher Einsatz für die Gleichberechtigung von Frauen und Männern), sowie die Ergänzung von Abs. 3 desselben Artikels (keine Benachteiligung von Behinderten).

Mit der Neueinführung bzw. Ausweitung von Staatszielbestimmungen wird ein Trend erkennbar, die staatlichen Politiken noch dezidierter auf eine humanitäre Richtung festzulegen.

Landes- und Bundespolitik

Die Bundestagswahl vom 22. September 2002 und die Landtagswahl in Bayern fast auf den Tag genau ein Jahr später – am 21. September 2003 – haben zu bemerkenswert aussagekräftigen Ergebnissen hinsichtlich der jeweils gegebenen Kräfteverhältnisse geführt: Mit dem bayerischen Ministerpräsidenten Stoiber als Kanzlerkandidat der CDU/CSU wurde bei der Bundestagswahl zwischen Main und Alpen ein außerordentlicher Mobilisierungsgrad erreicht. Die CSU kam hier auf über 58%. Davon kontrastierte das eher mäßige Ergebnis der CDU insbesondere in Nordwestdeutschland wie im Bereich der neuen Länder. Ein spiegelbildliches Bild ergab sich für die SPD. Im Saldo lag sie dann schließlich im Bundesgebiet insgesamt um 6.000 Stimmen vor CDU/CSU; der hier nahezu gegebene Gleichstand verdeckt aber die Fragmentierung der deutschen Wählerlandschaft bei der Bundestagswahl 2002, wie sie in dieser Form weitgehend eine Neuerscheinung darstellte. Die darauf folgenden Landtagswahlen in Bayern stellten – darin waren sich alle Kommentatoren einig – insbesondere auch eine Antwort des bayerischen Elektorats auf die Entwicklung im Bund dar. Sie waren Ausdruck der Unzufriedenheit vor allem mit der sozialdemokratischen Komponente der rot-grünen Bundesregierung in Berlin sowie Ausdruck der nochmals gestiegenen Identifikation mit der CSU als dominierendem Faktor in Bayern mit einem bundespolitischen, gegen die amtierende Regierung in Berlin gerichteten Auftrag. Hinzu trat eine außerordentlich niedrige Wahlbeteiligung von nur mehr 57,3%, die vor allem die SPD hart traf: Sie verlor, in absoluten Zahlen, rund 40% ihrer Stimmen und sank von 3.501.900 Stimmen (Erst- und Zweitstimmen nach dem bayerischen Wahlsystem jeweils addiert) auf 2.010.661 ab. Offenkundig hatten die von der Regierung Schröder in periodischen Abständen angekündigten sozialpolitischen Umbau- und Kürzungsmaßnahmen, in der Wahrnehmung vielfach ohne die Perspektive schlüssig zu Ende geführter Lösungen, zu einer tiefen Verunsicherung im sozialdemokratischen Wählermilieu und in der Konsequenz zu massenhaftem Fernbleiben von der Wahlurne, in geringerem Umfang auch zu Wählerwanderungen, geführt, die CSU wie Bündnis 90/Die Grünen zu Gute kamen. Die CSU ihrerseits hatte ihre Kampagne zur Bundestagswahl 2002 insofern fokussiert fortführen können, als nunmehr Diskrepanzen zwischen guten Daten in München und ungünstigen Daten in Berlin, ohne dass dies jetzt bei einer reinen ‚Bayernwahl' als Schulmeisterei gegenüber dem restlichen Bundesgebiet interpretiert werden konnte, ganz im Mittelpunkt des eigenen Wahlkampfes standen. In der Konsequenz ist die CSU auf Landesebene in Bayern mehr als drei Mal so stark wie die SPD. Mit dem Unterschreiten der 20%-Grenze – nunmehr 19,6% – erfuhr letztere auch eine psychologisch tief wirkende Niederlage. Ihr Charakter als Volkspartei im Lande ist, insbesondere in den ballungsraumfernen Räumen, wo sie kaum mehr über Landtagsabgeordnete als Ansprechpartner verfügt, nahezu nicht mehr gegeben. Die CSU überwand bei einem allerdings leichten Rückgang gleichfalls an Stimmen in absoluten Zahlen (von 6.447.764 auf 6.213.024) zwei psychologisch ebenfalls ungemein bedeutsame Schwellen: Sie erreichte das zweite Mal in der Geschichte bayerischer Landtagswahlen einen Stimmenanteil von mehr als 60%, jetzt 60,7%, und sie errang im Landtag mit 123 von 180 Abgeordneten die Zweidrittelmehrheit der Mandate. Auch wenn dies konstitutiv sehr viel weniger bedeutet, als vielfach gemutmaßt wurde, stellt dies doch einen politisch-psychologischen Triumph dar. In absoluten Zahlen war Bündnis 90/Die Grünen der einzige Gewinner der Landtagswahl (von 692.456 auf 792.254 Stimmen). Damit erreichte die Partei 7,7% der Stimmen, ihr bisher bestes Ergebnis in Bayern. Einigermaßen beachtlich schnitten noch die Freien Wähler (4,0%) ab, während die FDP wiederum ihren Charakter als Splitterpartei im bayerischen Kräftespiel mit nur mehr 2,6% bestätigte. Offenkundig spielt sie politisch-kulturell im Bewusstsein der bayerischen Wählerinnen und Wähler auf Landesebene keine Rolle, bei den Bundestagswahlen liegen ihre Ergebnisse traditionell erheblich besser.

Phänomenal am Wahlsieg der CSU war insbesondere, dass sie bei allen Bevölkerungsgruppen, nach Lebensalter wie Geschlecht und sozialer Ausrichtung, jeweils die absolute Mehrheit der Stimmen erreichte. Ihr Charakter als Identifikationsfaktor im Lande wurde insbesondere durch überproportionale Gewinne in Franken, wo es ja dem altbayerischen Bereich gegenüber mitunter nach wie vor bestimmte Distanzierungen gibt, bestätigt. Offenkundig ist es jetzt das Bestreben der CSU-Führung, den unbestreitbaren Wahltriumph vom 21. September 2003 für das eigene politisch-operative Handeln auf Bundesebene nutzbar zu machen. Umgekehrt wird die SPD auch und gerade in Berlin nicht umhin kommen, sich Gedanken über eine nachhaltige Stärkung ihres bayerischen Landesverbandes zu machen. Sein Abgleiten in eine strukturelle Diasporasituation beschädigt schließlich mittel- und langfristig auch die Stärke der SPD als Bundespartei. Offenkundig war schon vor der Landtagswahl von führenden Exponenten der SPD in Bayern mangelnde Unterstützung durch die Parteispitze in Berlin beklagt worden. Die Tatsache, dass die SPD in Bayern derzeit mit zwei Ministern – Bundesinnenminister Schily und Bundesfamilienministerin Schmidt – im Berliner Kabinett vertreten ist, trug zur Mobilisierungsfähigkeit der Landespartei jedenfalls erkennbar wenig bei.

Was die am 14. Oktober 2003 neu gebildete bayerische Staatsregierung anlangt, weist die Koinzidenz von Namen und Aufgabenstellungen klar auch über interne Landespolitik hinaus auf strategische Zielsetzungen hin: Zwei Schwergewichte im neuen Kabinett, die auch traditionell eng mit Ministerpräsident Stoiber kooperieren, haben hier wesentliche Aufgaben erhalten: Wirtschaftsminister Wiesheu den auch bundes- und europapolitisch so gewichtigen Bereich der Informations- und Kommunikationstechnologie, der Leiter der Staatskanzlei, Erwin Huber, mit – neben der Zuständigkeit für Verwaltungsreformen – den Bundesangelegenheiten. Schon als früherer Generalsekretär der CSU ist Erwin Huber mit den Kooperations- und Abstimmungsprozessen in der Bundespolitik, zwischen den Schwesterparteien CSU und CDU wie im jetzt Berliner Wechselspiel von Regierung und Opposition, intim vertraut. Dass die Politik gerade der großen Länder zu einem erheblichen Teil auch Bundespolitik ist, nicht nur über die formalen Mitgestaltungsansprüche im Bundesrat und ggf. im Vermittlungsausschuss, wird an dieser Konstellation eindrucksvoll deutlich.

Bayerische Landtagswahlen seit 1946
Stimmenanteile ausgewählter Parteien in Prozent

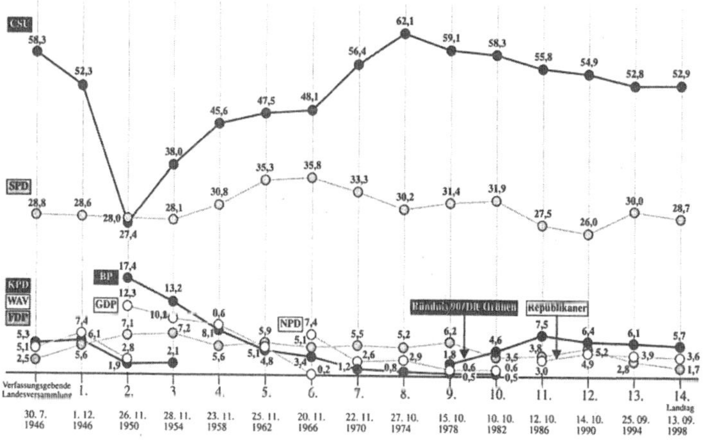

1 1998 vorläufig
2 Bayernpartei 1950 bis 1966 17,9, 13,2, 8,1, 4,8 bzw. 3,4 Prozent, 1970 bis 1994 zwischen 0,4 und 1,3 Prozent, 1998 0,7 Prozent.
3 BHE-DG: Deutscher Gemeinschaftsblock der Heimatvertriebenen und Entrechteten, 1954 und 1958 GB/BHE, 1962 und 1966 GDP (1950 bis 1966 12,3, 10,2, 8,8, 5,1 bzw. 01 Prozent).
4 Wirtschaftliche Aufbauvereinigung (1946: 7,4, 1950: 2,8 Prozent)
5 KPD 1946 bis 1954: 6,1, 1,9 bzw. 2,1 Prozent.
6 NPD 1968: 7,4, 1970: 2,9 von 1974 bis 1986 zwischen 0,5 und 1,1 Prozent, 1994 und 1998 0,1 bzw. 0,2 Prozent.
7 ÖDP: 1982 bis 1998 0,4, 0,7, 1,7, 2,1 bzw. 1,8 Prozent.
8 REP: 1986 bis 1998 3,0, 4,9, 3,9 bzw. 3,6 Prozent.

Quelle: Statistisches Bundesamt; AP.

Die neue Staatsregierung weist auch in einer anderen Hinsicht das Zusammenspiel verschiedener Ebenen aus: Bemerkenswert viele Staatsministerinnen und Staatsminister sind zugleich Bezirksvorsitzende der CSU, verfügen also über außerordentlich starke Positionen in den regionalen Gliederungen der Partei: Staatsminister Huber (Staatskanzlei) in Niederbayern, Innenminister Beckstein in Nürnberg/Fürth, Kultusministerin Hohlmeier in München, Staatsminister Schnappauf in Oberfranken und schließlich auch der neue CSU-Fraktionsvorsitzende im Landtag Hermann in Mittelfranken.

Seit Jahrzehnten dominierende Stellung der CSU

Die bei der Landtagswahl vom 21. September 2003 bestätigte dominierende Stellung der CSU in Bayern stellt keine sich durch die gesamte Nachkriegszeit ziehende Konstante dar:

Zwar wurde die CSU wie die CDU als überkonfessionell ausgerichtete, zugleich bürgerlich, sozial und marktwirtschaftlich orientierte Volkspartei gegründet und sprengte damit von vornherein die konfessionellen Grenzen, in denen die *Bayerische Volkspartei* agiert hatte. Heftige innerparteiliche Konflikte zwischen einem liberalen-konservativ-national orientierten Flügel (*Müller*) und einer stark föderalistisch-katholisch orientierten Gruppierung (*Schäffer, Hundhammer*) sowie das Erstarken der radikal-föderalistisch bis separatistisch orientierten *Bayernpartei* führten aber zum Verlust ihrer ursprünglich gegebenen Mehrheitsfähigkeit und zu schweren Niederlagen bei der Bundestagswahl 1949 wie der Landtagswahl 1950 (Absturz von 52,3% auf 28,0%). In der Folge regenerierte sich die CSU dank eines Modernisierungskurses, den vor allem die Ministerpräsidenten *Ehard* und *Seidel* (1955 bis 1961 auch Parteivorsitzender) wie die Parteivorsitzenden bzw. Generalsekretäre *Strauß* (Parteivorsitzender 1961–1988) und *Zimmermann* vorantrieben. Die Partei öffnete sich für das liberale, evangelische und Arbeitnehmermilieu wie für Heimatvertriebene.

Der eigentliche *take off* von einer zwischen 45% und 50% liegenden Partei zur eindeutigen Dominanz erfolgte im Zusammenhang mit der Bildung der sozialliberalen Koalition 1969 in Bonn: Bei der Landtagswahl 1970 schoss die CSU auf 56,4%, bei der Landtagswahl 1974 auf den bisherigen absoluten Spitzenwert von 62,1% der Stimmen empor. Offenkundig gelang es ihr gerade im Zeichen gegensätzlicher Regierungskonstellationen in Bonn und München, sich als Ausdruck gesamtbayerischer Selbstbehauptung zu profilieren. Von da an sank ihr Stimmenanteil leicht kontinuierlich, ohne dass aber die Mehrheitsfähigkeit je in Gefahr geriet. Bei der Landtagswahl 1998 gelang erstmals wieder ein geringer Anstieg von 1994: 52,8% auf jetzt 52,9%. Die Bundestagswahl 2002 brachte dann der CSU in Bayern mit nahezu 60% einen Wahltriumph, der sich bei der Landtagswahl vom 21. September 2003 mit 60,7% fortsetzte.

SPD: Strukturelle Schwächen, namhafte historische Persönlichkeiten

Die traditionelle große Oppositionspartei in Bayern, die SPD, agiert unter anderen Bedingungen, da sie als Teil einer Bundespartei nicht dasselbe Maß an Unabhängigkeit wie die CSU besitzt. Sie hat in den letzten Jahren diese Diskrepanz unter anderem durch eine Änderung ihrer Organisationsstrukturen und die Schaffung eines eigenen SPD-Landesverbandes zu beheben versucht.

Die SPD „startete" bei den ersten Bayerischen Landtagswahlen nach dem Krieg mit Werten, die dem 1998 Erreichten (28,7%) verblüffend ähneln: 1946: 28,6%, 1950: 28,0%. Wohl entsprechend dem für die SPD im ganzen Bundesgebiet seit Beginn der 60er Jahre immer positiveren Trend steigerte sie sich bis auf den Höchstwert von 35,8% bei der Landtagswahl 1966. Nicht zuletzt der Aufstieg der Grünen (1982: 4,6%, 1986: 7,5%) reduzierte ersichtlich die SPD-Anteile bis auf den Tiefstwert von 26,0% im Jahre 1990. Vor allem dem motivierenden Auftreten ihrer damaligen Spitzenkandidatin *Renate Schmidt* (Landesvorsitzende seit 1991) verdankte die Partei 1994 ein Zwischenhoch auf 30,0%. Renate Schmidt gab im Jahr 2000 ihre beiden Spitzenämter – die somit wieder getrennt wurden – an Wolfgang Hoderlein (Landesvorsitz) und Franz Maget (Vorsitz der Landtagsfraktion) ab. Diese mit unbestreitbar hohem Einsatz kämpfende Doppelspitze erlitt dann bei der Landtagswahl vom 21. September 2003 mit nur noch 19,6% eine verheerende Niederlage. Wolfgang Hoderlein gab am Tag nach der Wahl seinen Rücktritt vom Amt des Parteivorsitzenden bekannt. Die Frage, wie sich die SPD in Bayern an der Spitze personell positionieren wird, scheint derzeit offen. Klar ist nur, dass Franz Maget weiter ein hohes Maß an Verantwortung tragen wird. Wichtiger als Personalien dürfte für die SPD in Bayern aber der Erhalt ihres Charakters als Volkspartei sein. Sie erreichte bei der jüngsten Landtagswahl in einer Reihe von Stimmkreisen nur knapp über 10% und ist derzeit auf Landesebene, auf Kommunalebene ist das Bild deutlich differenzierter, kaum fähig, sowohl gesellschaftliche Eliten als auch breitere Schichten der Bevölkerung an sich zu binden. Aus diesem strukturellen Dilemma wieder herauszufinden, wird größter und langfristiger Anstrengung bedürfen.

Die SPD hat zur bayerischen Nachkriegsgeschichte mit bedeutungsvollen Persönlichkeiten beigetragen, an ihrer Spitze der zweimalige Ministerpräsident *Wilhelm Hoegner* (1945/46 und 1954/57), dessen Erfolg aber nicht zuletzt daran litt, dass seine ausgeprägt bayerisch-föderalistische Haltung in den ersten Jahren nach dem Krieg mit unitarischen Tendenzen in der SPD auf nationaler Ebene kollidierte, insbesondere beim Parteivorsitzenden *Kurt Schumacher*. Persönlichkeiten von besonderem Rang waren vor allem auch die Landesvorsitzenden *Waldemar von Knoeringen* (1947–1969), ein ausgesprochener Intellektueller, der besonderen Wert auf die Erwachsenenbildung legte, und *Hans-Jochen Vogel* (1972–1977), der in der weiteren Folge zum SPD-Bundesvorsitzenden avancierte und viele Jahre als Münchner Oberbürgermeister eine völlig unangefochtene Position innehatte. Freilich ist es der SPD bis heute in Bayern bei Landtagswahlen nicht gelungen, ähnlich wie die CSU eine Bindung an das gesamte gesellschaftliche Gefüge zu entwickeln.

Für beide große Parteien in Bayern gilt aber zugleich, dass sie sich keineswegs mehr in hergebrachten Wählermilieus bewegen, auf deren Zuspruch sie sich fest verlassen können. Bei der CSU hat längst eine Nivellierung zwischen ihren Anteilen in Altbayern wie in Franken und Schwaben stattgefunden, auch das Gefälle zwischen Stadt und Land wie zwischen den beiden Konfessionen ist bei beiden Parteien geringer geworden, wenn es auch im katholischen Bereich die CSU noch etwas stärker als im evangelischen ist.

Vor allem Kommunalwahlen bieten zugleich immer wieder Beispiele dafür, dass gerade in Bayern nach Persönlichkeiten gewählt wird – ebenso wie der CSU-Sieg bei der Landtagswahl 1998 in hohem Maße Ausdruck einer *Stoiber*-Wahl war.

Die Kommunalwahlen zeigen zugleich, dass die Parteien ihre Wähler jeweils neu durch Leistung für sich gewinnen bzw. bei einem unbefriedigenden Erfolgskatalog Niederlagen akzeptieren müssen.

So brachten die Kommunalwahlen 1996 in Bayern den für die CSU frappierenden Erfolg, dass sie die Ämter der Oberbürgermeister in den drei Großstädten des mittelfränkischen Ballungsraumes Nürnberg, Fürth und Erlangen erobern konnte – der klassischen SPD-Hochburg in Bayern. Jedenfalls Erlangen konnte sie bei der Kommunalwahl 2002 behaupten; in Nürnberg, das nun wieder einen SPD-Oberbürgermeister hat, blieb die CSU stärkste Partei im Stadtrat. Umgekehrt regierte etwa im vermeintlich tiefschwarzen niederbayerischen Passau von 1990 bis 2002 ein Sozialdemokrat als Oberbürgermeister, der durch eine besonders innovative Kommunalpolitik auf sich aufmerksam machte. Auch die Hauptstadt der Oberpfalz, Regensburg, hatte von 1990 bis 1996 eine SPD-Oberbürgermeisterin.

Die Liberalen und die Grünen haben es hier schwer

Bayern ist, anders als etwa Südwestdeutschland, kein klassisches Land des parteipolitischen Liberalismus. Die Liberalen in Gestalt der FDP haben es zugleich in der Nachkriegszeit in Bayern überdurchschnittlich schwer gehabt, sodass auch die Diskrepanz zwischen ihren Ergebnissen bei der Landtags- und der Bundestagswahl besonders groß wurde. Zuletzt verfehlte sie bei der Landtagswahl vom 21. September 2003 mit 2,6% wiederum deutlich den Einzug in das Maximilianeum, während sie bei der Bundestagswahl zuvor in Bayern immerhin 4,5% erzielt hatte. Zwar hat auch die FDP in Bayern Persönlichkeiten von bundesweiter Resonanz hervorgebracht, wie vor allem ihren langjährigen Bundesvorsitzenden *Thomas Dehler* oder auch *Hildegard Hamm-Brücher,* die mit ihrer Profilierung als „progressiv“ insbesondere den emanzipatorischen Vorstellungen der 70er Jahre entsprach. Es ist der FDP in

Bayern aber nie gelungen, in den Rang eines als unverzichtbar geltenden parteipolitischen Faktors aufzusteigen. Da sie im Freistaat zumindest seit den sechziger Jahren für Koalitionsbildungen ersichtlich nicht gebraucht wurde und wird, wird sie hier gerade in Zeiten starker Polarisierung zum marginalen Faktor.

Auch die *Grünen* bzw. *Bündnis 90/Die Grünen* taten sich in Bayern lange schwerer als etwa zumindest lange Zeit in Baden-Württemberg mit dem ihnen traditionell eher gewogenen Milieu in dessen Universitätsstädten: Einmal beansprucht die regierende CSU für sich selbst, seit langem Umweltpartei zu sein, zum anderen gibt es hier mit der *Ökologisch-Demokratischen Partei* (ÖDP) eine relativ starke wertkonservative Konkurrenz, und schließlich hatten die Grünen in Bayern gerade in den letzten Jahren nicht zuletzt durch innerparteiliche Konflikte auf sich aufmerksam gemacht. So zeigten ihre Wahlergebnisse seit dem erstmaligen Einzug in den Landtag 1986 (7,5%) eine leicht fallende Tendenz bis auf 5,7% (1998). Die Grünen interpretieren allerdings ihr Wahlergebnis vom 21. September 2003 als einen spektakulären Wendepunkt: Erkennbar profitierten sie von der Niederlage der SPD, die ihnen auch deutliche Wanderungsgewinne einbrachte, und steigerten ihren Stimmenanteil auf 7,7%. Sie verdanken dieses Resultat gewiss auch einer deutlich konturierten Oppositionspolitik, die sich neben der SPD im Bayerischen Landtag Gehör zu verschaffen wusste.

Nicht zuletzt dank der Profilierung der CSU als klassische Vertretung bayerischer Interessen wie Ausdruck bayerischen Selbstwertgefühls hat die *Bayernpartei* bald an Bedeutung verloren. Seit 1970 ist sie nicht mehr im Landesparlament vertreten.

Genugtuung herrscht in Bayern vor allem darüber, dass extremistische Parteien seit Jahrzehnten nicht mehr in den Landtag einziehen konnten. Zuletzt gelang dies der NPD 1966. Aber der seit den 90er Jahren im Bundesgebiet auftretende, gewissermaßen jüngere Extremismus, tat sich in Bayern – von einzelnen Protest-ergebnissen abgesehen – mit seinen überdurchschnittlich stabilen soziokulturellen Lebensbedingungen relativ schwer, was freilich nicht heißt, dass das Land grundsätzlich frei von dieser Gefahr wäre.

Die Gemeinden

Die Ersten Bürgermeister bzw. Oberbürgermeister (in den kreisfreien Städten und sogenannten Großen Kreisstädten) wie die Landräte werden unmittelbar von der wahlberechtigten Bevölkerung bestimmt; wenn im ersten Wahlgang kein Kandidat die absolute Mehrheit erreicht, wird ein zweiter notwendig, an dem die beiden Kandidaten mit den höchsten Stimmenzahlen teilnehmen. Bei den Wahlen zu den Gemeinde- und Kreistagen gelten die Grundsätze des Panaschierens und Kumulierens: Das heißt, dass der Wähler sich nicht nur für einzelne Listen entscheiden muss, sondern einzelnen Kandidaten auf den jeweiligen Listen bis zu drei Stimmen geben kann, wobei er seine Stimmen insgesamt – entsprechend der Zahl der Mandate in der jeweiligen kommunalen Vertretung – auch auf Kandidaten aus verschiedenen Listen verteilen kann. Auf diese Weise können besonders beliebte, angesehene oder lokal verankerte Kandidaten weit nach vorne gewählt werden. Alle kommunalen Mandatsträger in den Gemeinden und Kreisen werden für 6 Jahre gewählt. Andere Regelungen gelten für die Bezirkstage (s.u.).

Eine starke Stellung haben in Bayern traditionell neben den politischen Parteien Wählergruppen. Von ihnen werden ca. 30% der kommunalen Mandate im Land gestellt. Naturgemäß ist ihre Position in kleineren Gemeinden stärker als in den großen Städten, wo eher die Politisierung nach parteipolitischen Orientierungen greift.

Die Gemeinderäte sind ebenso wie die Kreistage keine Parlamente im Sinne der klassischen Gewaltenteilung. Vielmehr sind Gemeinderat und Bürgermeister gleichberechtigte Organe, die die Gemeinde gemeinsam und nach unterschiedlichen Zuständigkeiten verwalten. Dabei erfüllen auch die Gemeinderäte exekutive und legislative Funktionen, so etwa Beschlüsse über einzelne Bauprojekte. Eine ausgesprochen starke Stellung hat in Bayern der Erste Bürgermeister bzw. Oberbürgermeister wie der Landrat. Der Bürgermeister ist in Gemeinden bis zu 5.000 Einwohnern in der Regel ehrenamtlich tätig, sofern der Gemeinderat nichts Anderes bestimmt, in Gemeinden von 5.000 bis 10.000 Einwohnern hauptamtlich (Wahlbeamter), sofern der Gemeinderat auch hier nichts Gegenteiliges bestimmt, in Gemeinden mit über 10.000 Einwohnern muss der Bürgermeister berufsmäßig tätig sein. Er hat Sitz und Stimme im Gemeinderat, übt hier zugleich den Vorsitz aus und legt die Tagesordnung fest, wobei er natürlich Anträge aus dem Gemeinderat berücksichtigen muss. Konkret bedeutet dies etwa, dass in einem Gemeinderat (Stadtrat) bei einer Stadt von 25.000 Einwohnern mit 30 Mitgliedern insgesamt 31 Stimmen abgegeben werden können. Der Bürgermeister ist zugleich Chef der kommunalen Verwaltung mit allen sich daraus ergebenden dienstrechtlichen Zuständigkeiten; Entscheidungen von geringerer Bedeutung kann er selbst treffen.

Bei der Abstimmung im Gemeinderat kann nur mit Ja und Nein votiert werden, Enthaltung ist nicht zulässig. Eine bayerische Besonderheit ist die Verwaltungsgemeinschaft. Dank ihr haben zahlreiche kleine Gemeinden die in Bayern wie im übrigen Bundesgebiet in den 70er und 80er Jahren durchgeführte Gebietsreform überlebt. Die Mitgliedsgemeinden bleiben eigenständig, sie unterhalten aber in der Verwaltungsgemeinschaft gemeinsam eine Verwaltungsstelle, deren Personal ihnen zuarbeitet. Für Angelegenheiten, die alle Mitgliedsgemeinden betreffen, ist eine Gemeinschaftsversammlung zuständig.

Auf der Landkreisebene sei noch auf eine weitere Spezialität hingewiesen: Hier bestehen das Landratsamt als staatliche Behörde wie der Landkreis als kommunale Selbstverwaltungseinrichtung. Der Landrat ist Behördenleiter des Landratsamtes. Damit kann sein Handeln je nach Materie entweder dem Landkreis oder dem Freistaat Bayern zugerechnet werden.

Die Bezirke als dritte kommunale Ebene

Bayern zeichnet sich durch die Besonderheit einer dritten kommunalen Ebene, der Bezirke, aus. Die Bezirke sind territorial deckungsgleich mit den Regierungsbezirken als staatlichen Verwaltungsgliederungen auf der mittleren Ebene zwischen Staatsregierung bzw. Landesämtern und Landratsämtern bzw. kreisfreien Städten. Die Bezirke tragen auch, was gerade außerhalb Bayerns mitunter zur Verwirrung führt, die gleichen Namen wie die Regierungsbezirke, so z.B. Mittelfranken oder Oberfranken. Sie sind aber kommunale Selbstverwaltungskörperschaften mit eigenen Aufgaben. Ihr Vertretungsorgan ist der Bezirkstag. Die Zahl seiner Mitglieder entspricht der Zahl der Landtagsabgeordneten, die jeweils aus dem entsprechenden Wahlkreis (Regierungsbezirk) gewählt werden, so z.B. bis einschließlich 1998 in Mittelfranken 28, in Oberbayern 65, insgesamt 204. Mit den infolge der Änderungen der Bayerischen Verfassung im Februar 1998 auch für den Landtag in Kraft getretenen Neuregelungen ergeben sich folgerichtig auch hier Anpassungen: Die Bezirkstage werden nunmehr für fünf Jahre gewählt, so jetzt von 1998 bis 2003, die Gesamtzahl ihrer Mitglieder in Bayern muss bei der Bezirkstagswahl 2003 erstmals auf 180 reduziert werden. Die Bezirkstage werden nicht nur zum gleichen Zeitpunkt wie der Landtag gewählt, sondern – im Gegensatz zu Gemeinderäten und Kreistagen – auch nach den Regularien für die Landtagswahl (s.o.). So werden Kandidaten für die Bezirkstage in einzelnen Stimmkreisen – oft entsprechend den Landkreisgrenzen – aufgestellt, daneben gibt es auch hier Wahlkreislisten.

Der Bezirkstag wählt in seiner ersten Sitzung aus seiner Mitte den Bezirkstagspräsidenten. Dieser ist im Gegensatz zum Landrat und Oberbürgermeister wie Ersten Bürgermeister in den größeren Gemeinden ehrenamtlich tätig, erhält aber eine angemessene Aufwandsentschädigung. Grundsätzlich gilt, dass die Bezirke kommunale Aufgaben wahrnehmen, die die Möglichkeiten der Landkreise und kreisfreien Städte übersteigen. Das gilt etwa für Spezialkrankenhäuser, regionale Museen, die der Heimat- und Denkmalpflege dienen, und bestimmte Bereiche der beruflichen Bildung. Analog zur Kreisumlage, die die Gemeinden entrichten müssen, erhalten die Bezirke von den Kreisen und kreisfreien Städten eine Bezirksumlage. Klar ist auch, dass Bezirk und Regierungsbezirk, auch wenn sie unterschiedliche Funktionen erfüllen, nicht wie Fremdkörper nebeneinander bestehen können. Zwischen der Verwaltung des Bezirkes und dem Regierungsbezirk als staatlicher Verwaltungsebene besteht ein Verwaltungsverbund. Der von der Staatsregierung für den Regierungsbezirk ernannte Regierungspräsident kann an allen Sitzungen des Bezirkstages und seiner Ausschüsse teilnehmen, zugleich können diese sein Erscheinen auch verlangen. Über Funktion und weitere Entwicklung der Bezirke wird gegenwärtig eine intensive Diskussion geführt. Dabei geht es insbesondere um ein eindeutiges Aufgabenprofil. Die Institution als solche dürfte aber nicht zur Disposition stehen.

Bürgerbegehren und Bürgerentscheid

Jungen Datums ist die plebiszitäre Komponente auf Gemeinde- und Kreisebene in Bayern, die Einrichtung von Bürgerbegehren und Bürgerentscheid. Beim Volksentscheid vom 1. Oktober 1995 setzte sich eine Mehrheit von 57,8% der an der Abstimmung Beteiligten für den Gesetzentwurf eines entsprechenden Volksbegehrens und gegen den alternativen Gesetzentwurf der von der CSU getragenen Landtagsmehrheit durch. Damit trat am 1. November 1995 im Freistaat Bayern eine entsprechende gesetzliche Neuregelung in Kraft, die als die weitestgehende im Bundesgebiet anzusehen war: Danach kannte der Bürgerentscheid in Bayern kein Quorum. Die Mehrheit der Abstimmenden setzte sich durch, ungeachtet der Tatsache, wie hoch der Anteil der Abstimmenden an den Abstimmungsberechtigten war. Es kam hinzu, dass der Bürgerentscheid mit der Wirkung eines Gemeinderatsbeschlusses (bzw. Kreistagsbeschlusses) eine Bindungswirkung von drei Jahren hatte: Innerhalb dieser Frist konnte er nur durch einen anderen Bürgerentscheid geändert werden. Zwar ist die Haushaltssatzung vom Bürgerentscheid ausgenommen, doch muss das ihn tragende Bürgerbegehren – anders als ein kostenwirksamer Antrag eines Gemeinderates – keinen Deckungsvorschlag enthalten.

Damit es zum Bürgerentscheid kommt, bedarf es eines Bürgerbegehrens. Die Anzahl der Gemeindebürger, die es unterstützen müssen, variiert je nach Größe von z.B. in Gemeinden bis zu 10.000 Einwohnern 10% der Wahlberechtigten und bis zu 3% in Städten über 500.000 Einwohnern.

Der Bayerische Verfassungsgerichtshof hat darin mit Urteil vom 29. August 1997 das Gesetz über Bürgerbegehren und Bürgerentscheid in einigen Punkten für verfassungswidrig erklärt und dem Gesetzgeber aufgetragen, bis zum 1. Januar 2000 eine Neuregelung zu treffen.

Der Verfassungsgerichtshof rügte vor allem, dass der Verzicht auf ein Beteiligungs- und Zustimmungsquorum beim Bürgerentscheid in Kombination mit der Bindungswirkung von dessen Resultat mit einer Dauer von drei Jahren zu einer verfassungswidrigen Beeinträchtigung des Kernbereichs der Selbstverwaltung der Gemeinden und Landkreise führe. Den kommunalen Vertretungen würden die Hände gebunden. Politisch geht es hier auch um die oft geäußerte Vermutung, ohne Quorum könnten Minderheiten ihre nicht unbedingt mit dem Gemeinwohl kompatiblen Anliegen durchsetzen. Schon am 26. März 1999 trat eine vom Landtag beschlossene gesetzliche Neuregelung in Kraft, die der Entscheidung des Verfassungsgerichtshofes Rechnung trug.

Sie reduzierte unter anderem die dreijährige Bindungswirkung eines Bürgerentscheides auf ein Jahr und führte nunmehr auch das Quorum auf kommunaler Ebene ein: Danach kann ein Bürgerentscheid nur dann ein gültiges Ergebnis haben, wenn die Zahl der Zustimmenden – je nach Gemeindegröße – mindestens 20% bis 10% der Stimmberechtigten beträgt. Neu ist nunmehr auch die Einrichtung eines „Bürgerantrages". Danach kann mindestens 1% der Gemeindeeinwohner den Gemeinderat zwingen, eine bestimmte Angelegenheit zu behandeln.

Gegen diese von der CSU-Mehrheit im bayerischen Parlament durchgesetzten Änderungen hatten SPD und Bündnis 90/Die Grünen im Landtag einen Gegenentwurf vertreten, der identisch mit einer Neufassung der Initiative „Mehr Demokratie in Bayern" war. Diese Neufassung suchte die „Urfassung" von Bürgerbegehren und Bürgerentscheid aus dem Jahr 1995 durch ergänzende Änderungen der Bayerischen Verfassung gewissermaßen zu retten, welche der genannten Entscheidung der Verfassungsgerichtshofes die Grundlage entziehen sollten. Der Bayerische Verfassungsgerichtshof erklärte am 13. April 2000 den Entwurf eines entsprechenden neuen Volksbegehrens für unzulässig, da dadurch Minderheiten begünstigt würden und die Wirksamkeit der kommunalen Selbstverwaltung gefährdet werde. Es blieb somit bei den gesetzlichen Neuregelungen vom März 1999.

Insgesamt gab es in Bayern von Oktober 1995 bis Ende 2000 über 1.100 Verfahren zu Bürgerbegehren und 508 Bürgerentscheide; bei letzteren betrug die ‚Erfolgsquote' im Sinne der Antragsteller rund 50%.

Beziehungen nach außen

Bayern, wiewohl seit 1871 in den deutschen Nationalstaat integriert und damit ohne staatliche Souveränität, hat sich nie auf eine reine Binnenrolle beschränkt. So erregte in den 20er Jahren Aufsehen, als in München die faschistische Italienisierungspolitik in Südtirol heftig kritisiert wurde, in einer Intensität, die Reichsaußenminister Stresemann als irritierend empfand.

Für das heutige Bayern gilt, dass seine Haltung wie sein Aktionsradius nach außen auf verschiedene Bezugsobjekte gerichtet sind:

- Die Kooperation wie den Wettbewerb mit anderen deutschen Ländern und die Position gegenüber dem Bund.
- Die Rolle der deutschen Länder und zumal des Freistaates Bayern in der Europäischen Union.
- Die regionale Zusammenarbeit Bayerns mit seiner europäischen Nachbarschaft.

Bayern und der Föderalismus in Deutschland

Im Blick auf den innerdeutschen Föderalismus ist für Bayern heute wesentlich, dass die Teilung der Staatsgewalt in Deutschland auf zwei Ebenen – Bund und Länder – wieder stärker profiliert und mehr Wettbewerbsföderalismus unter den Ländern möglich wird. Diese Position, auch innerdeutsch vom Gedanken der Subsidiarität getragen, richtet sich gegen die Vermengung von Aufgaben und Finanzierungen, wie sie insbesondere durch die Große Koalition in Bonn 1966 bis 1969 eingerichtet wurde, u.a. durch die Gemeinschaftsaufgaben nach Art. 91a GG. Die Prioritätensetzung auf die Förderung von Eigenleistung und Wettbewerb war auch das leitende Motiv für die Klage Bayerns und Baden-Württembergs, der Hessen mit einer inhaltlich ähnlich begründeten Klage folgte, vor dem Bundesverfassungsgericht gegen den Länderfinanzausgleich in der bestehenden Form. Dabei wurde von Seiten der Bayerischen Staatsregierung immer wieder betont, dass es hier nicht um ein sich Ausklinken aus der Solidarität mit den 1990 beigetretenen neuen Ländern ging, da hier historisch bedingte Nachteile weiterhin ausgeglichen werden müssten. Im Gegensatz dazu habe das bayerische Beispiel aber gerade im Vergleich mit einigen Westländern bewiesen, dass man sich durch Eigenanstrengung, wenn man es nur wolle, vom Nehmer- zum Geberland entwickeln könne. Solche Eigenanstrengungen müssten gerade von den Westländern erwartet werden, deren Wirtschaftsstruktur durch sogenannte „alte" Industrien geprägt sei. Vor diesem Hintergrund sah sich die Bayerische Staatsregierung durch die Entscheidung des Bundesverfassungsgerichts vom November 1999 auf ihre oben genannte Klage im Wesentlichen bestätigt: Denn hier wurde von Bund und Ländern nunmehr verlangt, für den Gesamtbereich ihrer Finanzbeziehungen neue, transparente und faire Kriterien zu entwickeln. Die im Anschluss daran von den Ministerpräsidenten im Jahr 2001 abgesprochenen Neuregelungen, die gewisse finanzielle Verbesserungen für die „Geberländer" bringen, wurden von bayerischer Seite als befriedigend bzw. als positiver Ansatz empfunden.

Insgesamt hat der Prozess der Wiedervereinigung Deutschlands zu einem gerade auch von Bayern aus induzierten intensiveren Nachdenken über Wesen und Inhalte des deutschen Föderalismus geführt. Auf der ersten gesamtdeutschen Ministerpräsidentenkonferenz nach der Wiedervereinigung am 20./21. Dezember 1990 hoben die Regierungschefs der deutschen Länder in ihrer „Münchner Erklärung" hervor, dass Föderalismus und Subsidiarität tragende Prinzipien bei der weiteren Entwicklung Deutschlands wie der europäischen Integration sein müssten. In der Folge dieser Feststellungen sind gerade die von Bayern vorangetriebenen Änderungen des Grundgesetzes zu sehen, die 1994 in Kraft traten, zumal im Bereich der konkurrierenden Gesetzgebung (Art. 72 GG). Hier ist nunmehr von gleichwertigen, nicht gleichen Lebensverhältnissen im Bundesgebiet die Rede; zugleich wird die Möglichkeit eröffnet, dass Landesrecht Bundesrecht ersetzen kann.

Vor allem die seit Herbst 1998 gravierend veränderte politische Gesamtlandschaft in Deutschland mit gegensätzlichen Regierungskonstellationen in München und Bonn respektive Berlin lässt es aber – um sich zurückhaltend auszudrücken – gleichwohl nicht einfach erscheinen, mehr Wettbewerbsföderalismus in der Form durchzusetzen, dass Transfers von prosperierenden und zugleich durch die Union regierten Ländern zugunsten solcher, die entsprechend der Konstellation im Bund regiert werden, reduziert werden. Zudem wird von Seiten der Bayerischen Staatsregierung über Benachteiligung bei Investitionsentscheidungen durch die Ebene des Bundes (Verkehrswege, militärische Einrichtungen) geklagt. Was im Hinblick auf ‚große' Lösungen bei der Entwicklung des deutschen Föderalismus die im Herbst 2003 von Bund und Ländern dazu eingesetzte Kommission leisten kann, bleibt abzuwarten.

Bayern – Anwalt für regionale Gestaltungsspielräume

Die bayerische Sensibilität für die Einschränkung regionaler Gestaltungsspielräume durch die europäische Integration ist keine Entdeckung der letzten Jahre. Hier liegt vielmehr eine Kontinuität vor, die sich bis in die Regierungszeit von Ministerpräsident Strauß in den 80er Jahren zurückverfolgen lässt. Dabei wurde damals schon immer deutlicher, dass mit Zustimmung des Bundes zunehmend Kompetenzen an die Europäische Gemeinschaft abgegeben wurden, bei denen es sich innerdeutsch um Ländermaterien handelte. Bayern ist dagegen sogar den Weg der Klage vor dem Bundesverfassungsgericht gegangen, wie durchaus mit Erfolg bei der Fernsehrichtlinie der Europäischen Gemeinschaft. Wesentliche Streitpunkte in diesen Auseinandersetzungen im Dreieck zwischen Ländern, Bund und Brüssel sind seit längerem die Regionalförderung und die Agrarpolitik.

Institutionell und vertragsrechtlich ist es gerade nach den Initiativen der bayerischen Politik in den letzten 10 Jahren gelungen, auf der europäischen Ebene einiges zu Gunsten der Länderanliegen zu bewegen: Voraussetzungen waren u.a. die Einrichtung einer eigenen Vertretung des Freistaates Bayern bei der EG in Brüssel und die Einrichtung der Konferenz „Europa der Regionen" seit 1989. U.a. mit diesen Vehikeln gelang es, die Kommission in Brüssel erst einmal stärker für die Spezifik der Staatlichkeit der deutschen Länder zu sensibilisieren. Ein Prestigeerfolg auf diesem Weg war es, dass Kommissionspräsident *Delors* am 1. Februar 1991 eine Rede im Bayerischen Landtag hielt.

Was haben nun die beiden entscheidenden vertragsrechtlichen Weiterentwicklungen der Integration, der Vertrag von Maastricht aus dem Jahr 1991 und der Vertrag von Amsterdam 1997, gebracht?

Die Einrichtung des Ausschusses der Regionen, die Möglichkeit des Auftretens von Länderministern im Ministerrat, wenn es um Ländermaterien geht, und die deutliche Verankerung des Subsidiaritätsprinzips im Amsterdam-Vertrag schreibt sich gerade auch Bayern auf seine Fahnen. Allerdings scheint vor allem die Wirksamkeit des Ausschusses der Regionen, um es zurückhaltend auszudrücken, noch ausbaufähig. Ob schließlich der Vertrag von Nizza aus dem Jahr 2000 positive Wirkungen zeitigen wird, bleibt abzuwarten. Mittelfristig wird es zudem vor allem darauf ankommen, welche konstitutiven Wirkungen die im Juni 2003 vorgelegten Ergebnisse des EU-Verfassungskonvents haben. Dabei wird es im Wesentlichen um die Präzision bei der Abgrenzung von Zuständigkeiten gehen. Historischer Eckpfeiler der gestärkten europapolitischen Position der Länder ist zugleich der 1992 neu gefasste Art. 23 des Grundgesetzes. Er regelt die Mitwirkung der Länder an der Europapolitik des Bundes und gibt ihren Auffassungen eine maßgebliche Position, wenn es um Ländermaterien geht.

Seit der Regierungsbildung der Staatsregierung vom 14. Oktober 2003 werden die Themen der „internationalen" Politik durch Staatsminister Sinner in der Staatskanzlei wahrgenommen: Er ist für Fragen der europäischen Integration wie für regionale Beziehungen zuständig. Die Weiterführung dieses Tätigkeitsbereiches innerhalb der Staatskanzlei weist die zentrale Bedeutung aus, die nach Auffassung von Ministerpräsident Stoiber selbst der Europapolitik zukommt. Bayern vertritt dabei bereits seit Jahrzehnten vehement den Gedanken der Subsidiarität, der nicht als bloß rhetorisches Postulat, sondern als verbindliche inhaltliche Norm gesehen wird.

Grenzüberschreitende Beziehungen

Wie auch andere deutsche Länder hat Bayern historisch gewachsene grenzüberschreitende historische Bindungen und Beziehungen in sein unmittelbares Umfeld, die in bestimmter Weise dichter sein können als zu anderen Teilen des Bundesgebietes. Erinnert sei an die enge ökonomische Verflechtung mit Oberitalien oder auch an die freilich von Sensibilitäten und problematischen historischen Reminiszenzen (u.a. Tiroler Volksaufstand 1809 gegen Bayern und Franzosen) nicht freie Beziehung mit dem stammverwandten Österreich, dessen Kernland ja bis 1156 Teil des bayerischen Herzogtums war. Zur Optimierung der kulturellen und infrastrukturellen Zusammenarbeit wirkt Bayern in der 1972 gegründeten Arbeitsgemeinschaft Alpenländer, der 1978 gegründeten Arbeitsgemeinschaft Adria, der im gleichen Jahr eingerichteten Internationalen Bodenseekonferenz und der aus dem Jahr 1990 rührenden Arbeitsgemeinschaft Donauländer mit. Ein zentrales Anliegen für den Freistaat Bayern ist die durchgreifende Verbesserung der Verkehrsanbindung zu Oberitalien über den Brenner. Bei den Beziehungen zwischen Bayern und der tschechischen Republik bleibt die Frage der Bewertung von Verfolgung und Vertreibung der Sudetendeutschen nach dem Zweiten Weltkrieg, die ja vor allem im Freistaat eine neue Heimat gefunden haben, ein wichtiger, aus Sicht der Bayerischen Staatsregierung bislang nicht befriedigend geklärter

Punkt (insbesondere Thema „Benes-Dekrete"). Meinungsverschiedenheiten bestehen hier weiterhin hinsichtlich Sicherheitsstandard und Betrieb des Kernkraftwerkes Temelin. Zugleich hat sich mit der Tschechischen Republik in Bereichen wie Tourismus und Kooperation der mittelständischen Wirtschaft bereits Zusammenarbeit auf einem beachtlichen Niveau herausgebildet.

Wie an den Außengrenzen anderer deutscher Länder auch gibt es grenzüberschreitende Zusammenarbeit in Gestalt der sogenannten „Euregios" z.B. die „Euregio Egrensis", die „Euregio Bayerischer Wald/Böhmerwald", die „Inn-Salzach-Euregio" und die „Euregio Salzburg-Berchtesgadener Land-Traunstein".

Das Wappen

Das Herzschild des großen *bayerischen Staatswappens* zeigt silber- und blaufarbene Schrägrauten (Wecken), die schon seit dem 13. Jahrhundert von den Wittelsbachern geführt worden waren. Auf dem viergeteilten Schild repräsentiert der goldene Löwe die altbayerisch-oberpfälzischen Bezirke, der „fränkische Rechen" die drei fränkischen Regierungsbezirke Bayerns. Unten links steht der blaue Panther als Symbol Niederbayerns und für den schwäbischen Teil das Drei-Löwen-Wappen der Staufer.

Die beiden Löwen sind in Bayern seit dem 14. Jahrhundert als Schildhalter verwendet worden. Auf dem Schild liegt die Volkskrone, die die Volkssouveränität versinnbildlicht.

Als *kleines Staatswappen* wird das Rautenwappen mit Volkskrone verwendet.

Literaturhinweise

Geschichte des modernen Bayern. Königreich und Freistaat, A 95, Bayerische Landeszentrale für politische Bildungsarbeit, München 1994 (gegenwärtig vergriffen).

Peter Kitzeder: Gemeinde, Landkreis, Bezirk, Bürger und Kommunen in Bayern, 3. Aufl., A 98, Bayerische Landeszentrale für politische Bildungsarbeit, München 1997

Peter Jakob Kock: Der Bayerische Landtag. Eine Chronik, Bamberg 1991

Alf Mintzel: Die CSU-Hegemonie in Bayern, München 1998

Rainer A. Roth: Freistaat Bayern. Politische Landeskunde, 3. Aufl., A 92 Bayerische Landeszentrale für politische Bildungsarbeit, München 2000

Max Spindler (Hg.): Handbuch der Bayerischen Geschichte, 4 Bde., München 1967/75, Teil 19. und 20. Jahrhundert in Neubearbeitung.

Thomas Schlemmer: Aufbruch, Krise und Erneuerung. Die Christlich-Soziale-Union 1945 bis 1995, München 1998

Berlin

Bundesland und wieder Hauptstadt

Hansjoachim Hoffmann

Randlage oder „Mythos Berlin"?

Berlin – an Fläche (889 Quadratkilometer) und Einwohnerzahl (3,38 Millionen) die größte Stadt Deutschlands, unter den Ländern nach diesen Kriterien an vierzehnter und an achter Stelle – liegt annähernd gleich weit entfernt von Harz, Ostseeküste und Erzgebirge mitten im östlichen Teil der Norddeutschen Tiefebene. Bereits seit dem Ende des Ersten, noch deutlicher nach dem Ende des Zweiten Weltkrieges nimmt Berlin innerhalb Deutschlands geographisch eine Randlage ein. Abseits der beiden zent-raleuropäischen Streifen mit hoher Bevölkerungsdichte und großer Städtezahl, der dominierenden Rheinachse und der (Neben-) Achse Ruhrgebiet/Dresden, bildet Berlin mit dem engeren Umland eine eigene punktuelle Siedlungskonzentration. Die Entfernung von den Dichtezonen wird durch eine gewisse Ost/West-Mittellage ausgeglichen: Warschau und München sind knapp 500 Kilometer, Paris und Riga etwa 900 Kilometer Luftlinie entfernt.

Der geologisch von der Eiszeit geprägte Berliner Raum mit zahlreichen Überresten der Schmelzwasserrinnen und geringen Höhenunterschieden bedurfte zwar der Inwertsetzung durch den Menschen, war jedoch der Ausbreitung von Siedlungen und Verkehrswegen nach allen Seiten günstig. Heute überdeckt die Stadt das Spreetal und die angrenzenden Landschaften, allerdings in sehr unterschiedlicher Intensität, die von der Innenstadt zu den Gebieten außerhalb des S-Bahn-Ringes deutlich abnimmt. Charakteristisch für Berlin ist, dass sich innerhalb des Stadtgebietes größere Wasser- oder Grünflächen erhalten haben, ein Viertel der Gesamtfläche der Stadt. Die Nord-Süd-Ausdehnung Berlins beträgt heute achtunddreißig Kilometer, die von Osten nach Westen fünfundvierzig, was ungefähr der Entfernung Duisburg-Dortmund gleichkommt. Auf der Fläche Berlins hätten die Flächen von München, Stuttgart und Frankfurt am Main bequem zusammen Platz.

Auf die Frage nach der Bedeutung dieser Agglomeration im nationalen und internationalen Leben werden gern – meist unter Berufung auf die zwanziger Jahre – Begriffe wie „Metropole“ und „Weltstadt“ verwendet. Manche Untersuchungen der letzten Zeit sprechen jedoch von der „überschätzten Metropole“: Berlin hätte bis in die Zeit zwischen den Kriegen, mit Ausnahme der politischen Leitungsfunktionen und ihres Umfeldes, gegenüber anderen wichtigen deutschen Städten nie dominiert. Auch und gerade in den „Goldenen Zwanzigern“, als die internationale Ächtung des Deutschen Reiches nach dem Ersten Weltkrieg lange andauerte, habe Berlin nie den prägenden Rang von Paris (Kultur) und London (Finanzen) erreichen können. Vom „Mythos Berlin“ wird gesprochen, der im Grunde erst nachträglich entstanden sei, als verklärender Rückblick. Wie dem auch sei, eine unbestrittene Metropolenstellung Berlins, auf die man sich nur zu berufen brauchte, als die Behinderungen der Teilung fielen, gibt es ebenso wenig wie einen glatten Übergang von der Symbolfunktion in den Trennungsjahren zur realen Hauptstadt des vereinten Deutschland.

„Es gibt keine natürlichen Hauptstädte. Hauptstädte werden durch politische Entscheidungen geschaffen.“ Dieses Urteil des Politikwissenschaftlers *Klaus von Beyme* erwies im Fall Berlins erneut seine Richtigkeit. Das knappe Ergebnis der entscheidenden Abstimmung des Bundestages am 20. Juni 1991 (dreihundert-achtunddreißig Abgeordnete – vor allem aus CDU, FDP, PDS und Bündnis 90/Grüne – für Berlin, dreihundertzwanzig für Bonn) ist mittlerweile zwar schon Geschichte, es gibt aber zu denken, dass die regionale Herkunft und das Alter sich als ausschlaggebender erwiesen als die Parteizugehörigkeit: Abgeordnete aus dem Westen und Süden stimmten eher für Bonn, aus dem Norden und Osten eher für Berlin; ältere Abgeordnete neigten zu Berlin, jüngere zu Bonn. Seitdem befindet sich die Stadt inmitten eines tiefgreifenden Wandels, in dem sich die bekannten Sicherheiten und Gewissheiten auflösen, während die neuen Konturen sich noch festigen müssen.

Von der Residenzstadt Brandenburg-Preußens zur Hauptstadt des Deutschen Reiches

Als Berlin, die Hauptstadt Preußens, 1871 zur Hauptstadt des Deutschen Reiches wurde, hatte es reichlich hundert Jahre hinter sich, in denen es als Stadt von europäischer Bedeutung gelten konnte. Seine Anfänge waren dagegen eher bescheiden.

Berlin entstand gegen Ende des 12. Jahrhunderts – inmitten eines Jahrzehnte zuvor noch slawisch beherrschten und wenig besiedelten Gebietes – als eine der vielen deutschen Siedlerstädte östlich der Elbe, abgelegen von den politischen und wirtschaftlichen Schwerpunkten zwischen Rhein, Weser und Donau. Die Askanier, Landesherren der Mark Brandenburg und als Kurfürsten Mitglieder des Gremiums, das den deutschen König wählte, gründeten die Doppelstadt Berlin-Cölln an einem ausbaufähigen Spreeübergang. Größere Bedeutung erhielt Berlin allerdings erst im 15. Jahrhundert als Residenzstadt der Hohenzollern (Belehnung 1415), freilich verbunden mit dem Ende städtischer Bürgerautonomie.

Die Entwicklung der Stadt spiegelte nunmehr die Entwicklung der Landesherrschaft wieder, die von hier aus regierte. Mit dem Aufstieg des sich aus dem Kurfürstentum Brandenburg entwickelnden Königreiches Preußen zur europäischen Großmacht und zur Vormacht in Deutschland wuchs auch Berlin. War die Stadt von Siedlern aus dem Vorharz und vom Niederrhein gegründet worden, kamen mit den Hohenzollern fränkische Hofbeamte, im ausgehenden 17. und beginnenden 18. Jahrhundert in mehreren Wellen religiöse Flüchtlinge aus Frankreich, Wallonien, Böhmen, Salzburg und Piemont. Besonders die durch landesherrliche Privilegien gestützten Hugenotten wirkten als geistige und gewerbliche Avantgarde. Um 1700 war jeder fünfte Berliner Einwohner französischer Herkunft. Als *Napoleon* den preußischen Staat besiegt hatte und ein Wiederaufstieg nur durch tiefgreifende Reformen in der kommunalen Selbstverwaltung, in der rechtlichen Stellung der Bauern und des Gewerbes sowie im Bildungswesen zu erreichen war, wirkten Männer in entscheidenden Positionen, die, ohne gebürtige Preußen zu sein, in den preußischen Staatsdienst getreten waren. Auch Anwerbung von Arbeitern gab es seit dem 18. Jahrhundert. Während der Industrialisierung kam der beachtliche Zuzug vor allem aus den preußischen Ostprovinzen.

Im 18. und frühem 19. Jahrhundert war Berlin durch die barocke Stadtplanung und durch das vergrößerte Stadtschloss, durch das von *Friedrich II.* geplante Forum an der Repräsentationstraße Unter den Linden sowie durch das im klassizistischen Stil ausgebaute Brandenburger Tor und die Bauten *Karl Friedrich Schinkels* zu einer Stadtgestalt gelangt, die trotz aller Wechselfälle bis heute erkennbar bleibt. Die 1810 gegründete Universität gab Berlin – mit ihrer Verbindung von Forschung und Lehre – einen geistigen Mittelpunkt. Ende des 18. Jahrhunderts hatte Berlin hundertsiebzigtausend Einwohner. Die Zahl stieg bis zur Märzrevolution von 1848 auf vierhunderttausend, um sich bis zur Reichsgründung (mit Eingemeindungen) zu verdoppeln. Ursache war die durch die Gewerbefreiheit begünstigte Industrialisierung.

Nach dem Scheitern der Revolution von 1848/49 blieb die preußische Regierung unter Ministerpräsident von *Bismarck* auch im Verfassungskonflikt siegreich. Den Liberalen gelang es nicht, die Rechte des Parlaments durchzusetzen, in einer konstitutionellen Monarchie den Staatshaushalt zu bestimmen. So wurde die Einheit Deutschlands nicht, wie von den Patrioten 1848 erhofft, vom Volk, sondern von „oben" – zum Teil mit kriegerischen Mitteln – erschaffen. Das Deutsche Reich wurde gegründet als eine Versammlung souveräner Bundesstaaten, der der König von Preußen als Deutscher Kaiser (Primus inter Pares) vorstand. Berlin war nunmehr die Hauptstadt Preußens und des Reiches, ohne dass die anderen Residenzstädte ihre Ansprüche als Zentren der jeweiligen Bundesmitglieder aufgaben.

Fünfundsiebzig Jahre Hauptstadt in drei Staatsformen

Die neue Hauptstadt mußte ebenso in die neue Rolle hinein wachsen wie das Deutsche Reich. Immerhin überstand sie den Wechsel dreier Staatsformen. Erst die vom Reich herbeigeführte totale Niederlage stellte Berlin vor neue Herausforderungen.

Im Reichstag, in dem das gleiche und geheime Wahlrecht galt, stellte die SPD seit 1893 fünf der sechs Berliner Reichstagsabgeordneten. Das „rote“ Berlin stand in der gesamten Kaiserzeit in einer gewissen Spannung zu Preußen und dem Reich. Erst die neue republikanische Ordnung ermöglichte es 1920 der knappen Mehrheit von SPD und USPD in der Verfassunggebenden Preußischen Landesversammlung, das Gesetz über die Bildung einer neuen Stadtgemeinde Berlin durchzusetzen, die jetzt den Umfang erreichte, der auch heute noch (mit kleineren Korrekturen) gilt.

Die Stadt war bis zum Ersten Weltkrieg im engeren Stadtgebiet auf über zwei Millionen, im Gebiet von 1920 auf 3,7 Millionen Einwohner gewachsen. Bald galt das „Steinerne Berlin“ innerhalb des späteren S-Bahn-Ringes als „Stadt der Mietskasernen“. In der Ausdehnung folgte die Stadt dem alten Drang nach Westen. Dort und im Süden waren neue Großstädte mit qualitätvolleren Wohnungen und Vororte nach englischem Vorbild mit ländlichen Villenkolonien entstanden. Mit der Prachtstraße Kurfürstendamm hatte sich im Westen eine zweite City entwickelt. Schon damals sprach man von den „zwei Städten Berlin“, der „Stadt der Arbeit“ im Osten und Norden und dem „Festsaal der Residenz“ im Westen und Südwesten.

Das „jüdische“ Berlin

Im Großraum Berlin wuchs das größte städtische Wirtschaftszentrum des Reiches zur größten Industriestadt des Kontinents und zum ersten Finanzplatz Deutschlands. Die Elektroindustrie überflügelte den Maschinenbau. Städtische Betriebe für Verkehr und Versorgung und Gemeinnützige Wohnungsunternehmen suchten in den zwanziger Jahren neue Lösungen für die Verbindung von wirtschaftlichen und sozialen Aufgaben. Der Begriff der „Goldenen Zwanziger“ Berlins bezog sich aber vor allem auf die kulturelle Vielseitigkeit, die Lebendigkeit und die geistige Faszinationskraft der Stadt, die sich unter der republikanischen Staatsform voll entwickeln konnten. 1925 lebte mit hundertfünfundsiebzigtausend ein Drittel aller deutschen Juden in Berlin. Die Stadt, die sich zu einem Zentrum jüdischen Lebens entwickelte, zog sie an und sie machten Berlin anziehend. Doch der Glanz war gefährdet. Der „Asphaltdschungel der Metropole“ galt denjenigen, die den verlorenen Krieg nicht verwinden konnten und die in Demokratie, Kritik und künstlerischer Freiheit den Ursprung allen Übels sahen, als Symbol des Verfalls. Wer in Deutschland gegen die Republik war, bezog meist auch Stellung gegen die

Hauptstadt und richtete seine Ressentiments verstärkt gegen das jüdische Berlin.

Der Weg ins Verderben

Schon 1918/19 beim Übergang vom Kaiserreich zur Republik hatte Berlin die Rolle eines „symbolischen Ortes“ übernommen, an dem – an herausragenden und möglichst gleichbleibenden Stellen – Entscheidungen für den Gesamtstaat zeichenhaft sichtbar wurden. Das Maschinengewehr auf dem Brandenburger Tor, die Ausrufung der demokratischen Republik vom Fenster des Reichstages und der sozialistischen Republik vom Balkon des Schlosses (9. November 1918), die Bilder des Bürgerkriegs aus der Berliner Innenstadt von 1919 und 1920, in denen sich die Demokratie behauptete, schließlich auch die Bilder der Straßenkämpfe ab 1929, die zu ihrem Untergang beitrugen, signalisierten die Situation, aber auch die Rolle Berlins bei Sicherung und Gewinnung der Macht. Die nationalsozialistische Diktatur begann mit einer Fülle inszenierter Bilder: vom Fackelzug durch das Brandenburger Tor, über den Reichstagsbrand und den „Tag der Arbeit“ auf dem Tempelhofer Feld, der das Ende der Gewerkschaften brachte, bis hin zur Bücherverbrennung. Die zunehmende Verfolgung der Juden wurde im Pogrom vom 9. November 1938 drohend sichtbar.

Ende der dreißiger Jahre war die Hauptstadt Deutschlands zur Zentrale des nationalsozialistischen Terrorregimes geworden, das sich nach dem Kriegsbeginn über Europa ausbreitete. Nach dem Lauf der Dinge zog hier eine Funktion die andere nach sich. Ein besonders starkes nationalsozialistisches Potential in Berlin selbst war dafür nicht erforderlich. Die Wahlergebnisse der Weimarer Zeit sprechen gegen eine „Nazi-Hochburg“ in Berlin. War es eine Hochburg des Widerstandes? Schon aus technischen Gründen mußte der militärische Widerstand (20. Juli 1944) seinen Schwerpunkt in Berlin haben. Während der ganzen Zeit der Diktatur gab es eine vielfältig motivierte, wenn auch meist isolierte und schnell wieder unterdrückte Widerstandstätigkeit in Berlin. Trotz mancher Hilfe und auch Protestaktionen in Einzelfällen gab es keinen größeren Widerstand gegen die Deportation jüdischer Mitbürger in die Vernichtungslager im Osten, die am 18. Oktober 1941 begann und der mindestens fünfzigtausend Berliner Juden zum Opfer fielen. Am Kriegsende war die Stadt – nach jahrelangem Bombenkrieg und traumatischer Endkampfphase – eine Trümmerwüste.

Ein Symbol der Einheit in der Zeit der Teilung

Berlin fand sich 1945 innerhalb des alliierten Besatzungssystems als besonderes, in vier Sektoren geteiltes Gebiet wieder. Aus dem Machtzentrum des besiegten und nicht mehr handlungsfähigen Deutschen Reiches war ein Symbol des gemeinsamen Triumphes der Alliierten geworden. Von der Hauptstadt aus sollte ein Alliierter Kontrollrat „die Deutschland als Ganzes betreffenden Angelegenheiten" regeln. Ihm unterstand die Alliierte Kommandantur Berlin. Das System war auf Zusammenarbeit angelegt, aber mit den unterschiedlichen gesellschaftspolitischen Vorstellungen in Ost und West war die entscheidende Bruchlinie der Nachkriegsentwicklung schon vorgezeichnet. Berlin, inmitten der sowjetischen Zone gelegen, geriet in schwierige Situationen. Die Anwesenheit der vier Großmächte in der Stadt machte sie um bevorzugten Konfliktfeld. Als die Berliner in den Gesamtberliner Wahlen am 20. Oktober 1946 dem kommunistischen System (SED 19,8; SPD 48,7 Prozent) eine Absage erteilten, standen die Besatzungsmächte vor grundsätzlichen Entscheidungen.

Die Absicht der Sowjets, 1948/49 mit Hilfe einer Blockade der Zugangswege in die Westsektoren die Westalliierten aus der Stadt zu vertreiben und die Bildung eines westdeutschen Staates zu verhindern, schlug fehl. Die Westalliierten blieben in Berlin, organisierten die Luftbrücke, und die deutsche Bevölkerung hielt zu ihnen. Seitdem war Berlin (West) ein Symbol der Freiheit, mit starker gefühlsmäßiger Bindung, besonders an die Amerikaner, wie die Berlin-Krise von 1958-1962 (Chruschtschow-Ultimatum, Mauerbau) und der anschließende Kennedy-Besuch zeigte. Der Preis für die Freiheit der Westsektoren war die Teilung Berlins. War in den fünfziger Jahren Berlin der Ort, an dem sich Menschen aus Ost und West noch verhältnismäßig komplikationslos treffen konnten, war mit dem Mauerbau 1961 die Trennung komplett.

Ost-Berlin wurde Hauptstadt der DDR. Auf den Stadtplänen verschwand „Westberlin" als weiße Fläche. „Konzentrationsraum mit Leitungsfunktionen höchster Hierarchie" für Staat und Partei, Wirtschaft und Kulturelles, so beschrieb 1988 ein DDR-Wissenschaftler die Funktionen Ost-Berlins. In den siebziger und achtziger Jahren stieg die Bevölkerung, besonders der Anteil der gut ausgebildeten achtzehn- bis fünfunddreißigjährigen. Für die anderen DDR-Bezirke hatte die besser versorgte Hauptstadt Anziehungskraft.

Die Verträge Anfang der siebziger Jahre (unter anderem Grundlagenvertrag Bundesrepublik/DDR und Viermächte-Abkommen über Berlin) brachten nach der langen direkten Bedrohung für den Westteil der Stadt eine gewisse Beruhigung, konnten allerdings die räumlich-politische Isolierung nicht aufheben und ließen die Frage nach der langfristigen Lebensfähigkeit unter diesen Bedingungen offen. Die für die Stadt notwendigen Zuzüge kamen jetzt verstärkt aus dem Ausland, vorwiegend aus der Türkei. Eine „Subventionsmentalität" bemächtigte sich der Halbstadt. Andererseits konnte das isolierte Berlin (West), gerade in seiner isolierten und absurden Lage, noch immer als Symbol der Einheit gelten.

Als die Zeit gekommen war, beteiligte sich die Bevölkerung Ost-Berlins – mit einer gewissen Verzögerung gegenüber den Vorgängen in Leipzig -

tatkräftig an der Auflösung der DDR: Bürgerrechtsgruppen nutzten die Freiräume in den Kirchen. Die Demonstrationen im Oktober 1989 beschränkten sich noch vorwiegend auf das Umfeld ihrer Sympatisanten. Erst im November sprang der Funke auf die breite Masse der Bevölkerung über. Sie erzwang am 9. November an den Grenzübergängen die Öffnung der Mauer, die vom Regime so nicht vorgesehen war, und entzogen ihm die Machtgrundlage. Bei den ersten freien Wahlen in der DDR am 18. März 1990 zeigten allerdings die Berliner Ergebnisse bemerkenswerte Abweichungen gegenüber den in der DDR insgesamt erzielten. So erreichte die von der CDU geführte *Allianz für Deutschland* in Ost-Berlin einen Anteil von 21,8 Prozent der Stimmen (DDR insgesamt 48 Prozent), die gerade erst in *Partei des Demokratischen Sozialismus* (PDS) umbenannte SED kam auf 30,2 Prozent (16,4), die SPD erhielt 34,9 Prozent (21,4). Die Milieus der ehemaligen Machtzentrale der SED und ihres Kaderapparats sollten sich als verhältnismäßig stabil erweisen. Die Teilung der Parteienlandschaft im vereinten Berlin kündigte sich an.

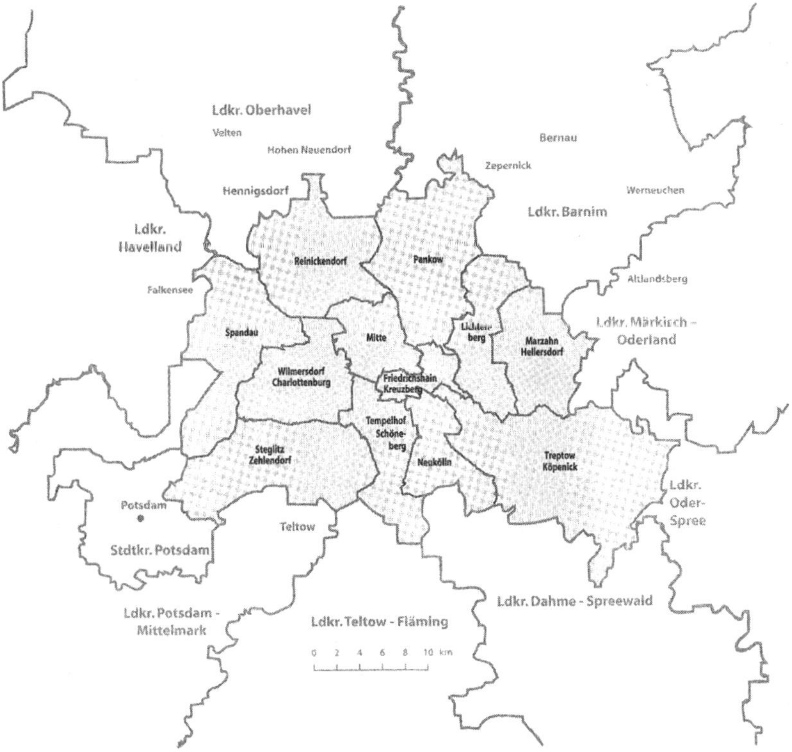

Berlin – altes und zugleich neues Land in der Bundesrepublik

Seit 1990 ist Berlin das einzige alte und neue Land der Bundesrepublik. Rechtssystem, Verwaltung und Polizei wurden vereinheitlicht, Schulen und Wissenschaftsbetrieb nach neuen Vorgaben einander angeglichen. Die getrennten Telefon-, Versorgungs- und Verkehrsnetze zusammenzuschließen und modernen Erfordernissen entsprechend auszubauen, erforderte einen zweistelligen Milliardenaufwand. 1993 wurde der durchgehende U-Bahn-Verkehr in Stadtmitte eröffnet, 2003 war – nach mehrfachen Terminverschiebungen – auch der S-Bahn-Ring wieder geschlossen. Befanden sich Bahnhöfe, Gleise und fahrendes Material der DDR-Reichsbahn im vernachlässigten Zustand, so sind jetzt beispielsweise die Gleisanlagen der Berliner Stadtbahn und Bahnhöfe wie Friedrichstraße, Alexanderplatz und Ostbahnhof vollständig erneuert. Der neue zentrale Lehrter Bahnhof und ein Nord-Süd-Tunnel (der auch der innerstädtischen Straßenverbindung dient) befinden sich im Bau. Ein dichtes Netz von IC-, ICE- und Regional- Zügen, ausgebaute Autobahnen und der internationale Luftverkehr sichern die regionalen und für Berlin in seiner Lage besonders wichtigen überregionalen Verbindungen.

Die Lebensverhältnisse hatten sich schon Mitte der neunziger Jahre (was Einkommen und Ausstattung der Haushalte betrafen) einander angeglichen. Die stärkere Erwerbsbeteiligung der Mitglieder von Ost-Haushalten spielte dabei eine Rolle. Die Infrastruktur der Ost-Bezirke ist dank jahrelanger Bevorzugung weitgehend angeglichen, teilweise hat sie den Westen überholt. Das „neue Berlin“ findet im Bezirk Mitte und damit überwiegend im ehemaligen Osten statt. Es ist nicht mehr ohne weiteres und dann nicht an den gleichen Kriterien erkennbar, in welchem (ehemaligen) Teil der Stadt man sich befindet. Meinungsumfragen, in denen nach der Zufriedenheit mit der Lebenssituation gefragt wird, ergeben in beiden Teilen eine Stimmungslage, die Veränderungen zwar begrüßt, aber gleichzeitig mißtrauisch prüft, ob durch sie nicht eigene Interessen gefährdet werden. Verlustängste suchen ihre politischen Absicherungen. Dem entspricht auch, dass die Medienlandschaft, soweit sie Grundinformationen betrifft, sich noch uneinheitlich darstellt. So können die großen Berliner Abonnementszeitungen, „Der Tagesspiegel“ und die „Berliner Morgenpost“ im Westen, die „Berliner Zeitung“ im Osten, trotz großer Anstrengungen ihren Herkunftsbereich nur allmählich überschreiten. Bei den Zeitschriften, mit Ausnahme der politischen Blätter, ist das anders.

Berlin hatte schon immer seine Stadtteile. Man war eher „Spandauer“ und „Köpenicker“ als Berliner. Auch in der Innenstadt hing man an seinem „Kiez“, der gewohnten näheren Umgebung, die vom täglichen Umgang bekannt war. So gesehen trennte die Mauer gewissermaßen zwei „Groß-Kietze“, und die Umgewöhnung fielt schwer. Manche „Wessis“ kamen nach Osten über den Alexanderplatz kaum hinaus, mancher „Ossi“ kannte im Westen kaum mehr als den Kurfürstendamm. Zunehmend trafen und treffen sich jedoch beide Seiten in den neuen (und alten) Sportstätten oder den Einkaufs- und Vergnügungsarealen wie am Potsdamer Platz.

Die unterschiedlichen Lebensräume Berlins werden nicht mehr vom Gegensatz Ost/West, sondern stärker von sozialen Differenzierungen geprägt. Viele Ost-Bezirke gehören zu den Aufstiegsbezirken, die im Durchschnittseinkommen bereits den Westteil übertreffen. In ihm macht die Sozialforschung auch den überwiegenden Teil der „Verlierer"-Bezirke aus.

Die Fusion von Berlin und Brandenburg scheiterte

Einige Versuche, mit Anstößen von außen die Strukturschwierigkeiten zu beseitigen, scheiterten. 1993 erhielt nicht Berlin, sondern Sydney die Olympischen Spiele des Jahres 2000 zugesprochen. Vergeblich hatte man auf den alten internationalen Berlin-Bonus gehofft. 1996 lehnten in einer Volksabstimmung die Brandenburger und Ost-Berliner mit Mehrheit den Staatsvertrag über die Fusion der Länder Berlin und Brandenburg ab, der bereits in beiden Parlamenten die verfassungsändernde Mehrheit erhalten hatte. So blieb man lieber beim „Eigenen" und wollte nicht „Ein Land für alle", wie der Slogan der Fusionskampagne gelautet hatte. Inzwischen bemühen sich beide Länder mit einem Koordinierungsrat, einer gemeinsamen Landesplanungsabteilung und einer Reihe von Staatsverträgen die Probleme zu lösen, die sich aus dem Nebeneinander von hochverdichtetem Ballungsraum (Berlin und engeres Umland) und den unverhältnismäßig dünn besiedelten ländlichen Gebieten Brandenburgs ergeben. Trotz aller Kooperation sind aber beide Länder „Ausland" füreinander, und Berlin beklagt lebhaft seine Verluste an Bevölkerung (und Steuereinnahmen !) durch Umzüge in das Brandenburger „Umland".

Die gemeinsamen Vorhaben der beiden Länder sind auch gegenwärtig nicht vom Glück begünstigt. So scheiterte schließlich das Vorhaben, die Berliner Flughäfen in einer privaten Holding zusammen zu fassen und vor allem Schönefeld zu einem Grossflughafen Berlin-Brandenburg-International auszubauen. Investoren und öffentliche Hand konnten sich nicht über die Risikoaufteilung einigen. So will letztere trotz aller Finanznöte den Flughafen in Eigenregie bauen. Immerhin konnten 2003 der Ostdeutsche Rundfunk Brandenburg und der Sender Freies Berlin zu einem gemeinsamen Sender vereinigt werden.

Inzwischen wird ein neuer Zeitplan für die Ländervereinigung diskutiert: 2006 erneute Volksabstimmung, bis 2009 praktische Durchführung der Fusion und Neuwahl eines gemeinsamen Landtages. Was über den Schuldenstand beider Länder bekannt wird, erhöht nicht die Beliebtheit der Fusion. Andererseits kann nur die Fusion Verwaltungskosten nachhaltig mindern.

„Metropole in der Krise"?

Im Herbst 1999 ist der Umzug von Parlament und Regierung erfolgt. Mit den Machtzentralen verbundene Einrichtungen – wie Botschaften, Stiftungen, Parteien, Verbände und Medieneinrichtungen – sind ebenfalls umgezogen oder werden folgen. Das ist mehr als bloße „Zuwanderung", die sich im Übrigen zahlenmäßig in Grenzen hält, sondern ein Zuwachs an Bedeutung. Berlin ist wieder politische Metropole. Ist es – mit Blick auf den wirtschaftlichen Bereich – „eine Metropole in der Krise", wie jüngst formuliert wurde? Die Stadt hat noch schwierige Jahre vor sich. Die Wirtschaftsstruktur ist im Umbruch, die realen Auswirkungen des Hauptstadtumzuges beginnen sich erst zu entfalten. Dass Berlin in dieser komplexen Übergangssituation ernsthaft bemüht ist, Wege in die Zukunft zu finden, beweisen die (zum Teil mit Verfassungsänderungen verbundenen) strukturellen Sparmaßnahmen in Haushalt und Verwaltung, die seit 1996 die Politik der Landesregierung bestimmen. Wieweit sich bei der strikten Sparpolitik innovative Potentiale (vgl. Teilbereiche Wissenschaft) noch gezielt fördern lassen, muß sich erweisen. Die Auflösung der Großen Koalition und die Neuwahlen im Jahr 2001 hatten ihre Ursachen vor allem in dem notwendigen Wettstreit um die Lösung der Finanzkrise.

Mit den Merkmalen hanseatischer Senatsverfassung

Am 23. November 1995 trat die überarbeitete „Verfassung von Berlin" in Kraft. Sie ist die erste in ganz Berlin geltende Verfassung, die auf einer Abstimmung der Bevölkerung beruht und weder von einem Staat erlassen war noch einer besatzungsrechtlichen Genehmigung bedurfte. Im Plenum des Abgeordnetenhauses wurde ausdrücklich darauf hingewiesen, dass es sich um eine Fortschreibung der bewährten Verfassung vom 1. Oktober 1950 handele analog der Verfassungsdebatte in anderen, insbesondere in den neuen Ländern. Die Verfassung von 1950 aber galt de facto nur in West-Berlin und hier nur unter einigen alliierten Vorbehalten, die im Interesse der Stadt und unbeschadet aller engen Bindungen an den Bund sichern sollten, daß Berlin „während der Übergangsperiode" keine der „Eigenschaften eines zwölften Landes" besitzen sollte. Ein 1948 bereits fertiggestellter und in Stadtverordnetenversammlung und Magistrat verabschiedeter Verfassungsentwurf war von der SED abgelehnt worden und schließlich am Veto der Sowjets in der Alliierten Kommandantur gescheitert, die sich vor allem gegen den Status Berlins als Land und alle Garantien demokratischer Gewaltenteilung, besonders durch eine unabhängige Justiz, wandten. Es ist aus dieser Vorgeschichte zu erklären, wenn die Verfassung von 1950 einen ausführlichen Grundrechtsteil erhielt, der nun in der 95er Verfassung durch gesellschaftspolitische Staatsziele (als Richtpunkte staatlichen Handelns) erweitert wurde. Mit Fördermaßnahmen und Diskriminierungsschutz wurden 1995 die Möglichkeiten einer Landesverfassung genutzt, innovativ auf gesellschaftliche Veränderungen einzugehen. Anstoß dazu gab die erste freigewählte Stadtverordnetenversammlung im Ostteil Berlins, die noch 1990 eine eigene Verfassung verabschiedet hatte, die jedoch nicht mehr in Kraft trat.

Als Berlin nach dem Zweiten Weltkrieg den Charakter eines Landes erhielt, änderte sich die Bezeichnung der Stadtspitze: Aus dem Magistrat und der Stadtverordnetenversammlung einer Komune wurden, in Anlehnung an die Traditionen der norddeutschen Stadtstaaten, der Senat und das Abgeordnetenhaus. Zugleich wurden auch die Merkmale der hanseatischen Senatsverfassung übernommen, die in Berlin noch immer gelten, während Hamburg den Empfehlungen einer Stadtstaatenkommission zur Änderung und damit zur Angleichung an andere Länderverfassungen gefolgt ist.

Die starke Stellung des Abgeordnetenhauses

Das bedeutet eine starke Stellung des Abgeordnetenhauses gegenüber dem Senat. Nicht nur der Regierende Bürgermeister als Spitze des Senats, sondern auch jedes Senatsmitglied wird durch das Abgeordnetenhaus gewählt, das dem Senat insgesamt und jedem seiner Mitglieder einzeln das Vertrauen entziehen kann. Der Berliner Regierungschef bildet also kein Kabinett und läßt es nicht *in corpore* bestätigen. Er kann Gefahr laufen, dass, wie geschehen, ein von ihm vorgeschlagener Kandidat durchfällt. Der Regierende Bürgermeister bedarf für seine Richtlinien der Regierungspolitik der Zustimmung des Abgeordnetenhauses. Er überwacht deren Einhaltung und kann von den Senatsmitgliedern Auskunft verlangen und im Konfliktfall einen Senatsbeschluß herbeiführen. Er kann aber einem Senatsmitglied, das in seinem Geschäftsbereich weitgehend selbständig ist, weder Weisungen erteilen noch es entlassen, es sei denn, er gewinnt das Abgeordnetenhaus, diesem das Misstrauen auszusprechen. Die Höchstzahl der Senatsmitglieder ist durch Verfassungsänderungen von sechzehn Senatoren plus einem Bürgermeister auf acht Senatoren (einschließlich zwei Bürgermeistern) herabgesetzt worden.

Das Berliner Abgeordnetenhaus ist ein Teilzeitparlament. Die Mandatsträger sind also nicht gezwungen, zugunsten des Mandats ihren Beruf völlig aufzugeben, es sei denn, sie sind von der Vorschrift über die Unvereinbarkeit von Amt und Mandat betroffen. Bei der stadtstaatentypischen engen Verflechtung von staatlichen und kommunalen Aufgaben sind hier die Grenzen nicht leicht zu ziehen und haben, zum Beispiel bei den Regelungen für Lehrer, schon mehrmals gewechselt.

Über den reinen Gesetzgebungsvorgang und die üblichen parlamentarischen Anfragen hinaus sind die Einflüsse der Mehrheitsfraktionen des Parlaments auf die Exekutive erheblich. In Berlin ist es üblich geworden, dass die Vorsitzenden der Mehrheitsfraktionen an Senatssitzungen teilnehmen und dass viele Fragen des Senats- und Verwaltungshandelns in Koalitionsschüssen und Arbeitskreisen, in denen Regierungs- und Parlamentsmitglieder sitzen, vorbesprochen werden.

Seit 1992 besitzt Berlin einen Verfassungsgerichtshof, was vorher wegen des alliierten Sonderstatus nicht möglich war. Es entscheidet durch Auslegung der Verfassung unter anderem bei Streitigkeiten über den Umfang der Rechte und Pflichten eines Obersten Landesorgans oder gleichgestellter Beteiligter, wozu auch die Bezirke gehören, bei Zweifeln über die Vereinbarkeit von Landesrecht mit der Verfassung, auch in einem konkreten Rechtsfall.

Das konfliktträchtige Verhältnis von Gesamtstadt und Bezirken

Als 1920 aus Berlin und sieben weiteren Städten, neunundfünfzig Landgemeinden und siebenundzwanzig Gutsbezirken die einheitlich verwaltete Stadtgemeinde Berlin mit fast vier Millionen Einwohnern entstand, versuchte man durch die Bildung von Bezirken den Widerstand zu mindern und die Grundlage für bürgernahe Selbstverwaltungseinheiten zu schaffen. Die Akzeptanz war unterschiedlich, wenn es sich um gewachsene Einheiten wie vorher selbständige Städte oder um Zusammenfassungen von Gutsbezirken und Gemeinden handelte. Die anfängliche Zahl von zwanzig Bezirken erhöhte sich zu DDR-Zeiten nach den umfangreichen Neubaumaßmahmen in Ost-Berlin auf dreiundzwanzig.

Berlin, in den Nachkriegsverfassungen als Land und Stadt bezeichnet, blieb Einheitsgemeinde. Weil die Bezirke zwar Selbstverwaltungseinheiten Berlins – ausgestattet mit Bürgermeistern und parlamentsähnlichen Bezirksverordnetenversammlungen –, aber keine selbständigen Gebietskörperschaften mit entsprechender Rechtsfähigkeit sind, handelt es sich bei den Bezirksverwaltungen um Teile der Landesverwaltung. Aus dieser komplexen Lage ergeben sich Spannungen zwischen Zentralisierung und Dezentralisierung. Fragen der Zweistufigkeit und der Kompetenzzuweisung sind daher seit 1920 in Bewegung.

1998 wurde, begleitet durch eine erneute Verfassungsänderung, ein neuer An-lauf zur Modernisierung gemacht, charakterisiert durch eine Verminderung der Zahl der Bezirke auf zwölf (seit 2001 wirksam), Kompetenzerweiterung der Bezirke (Beispiel Globalhaushalt) und, wie man hofft, genauere Ausweisung der den Hauptverwaltungen verbliebenen Aufgaben, nämlich vor allem „Leitungsaufgaben (Planung, Grundsatzangelegenheiten, Steuerung, Aufsicht)“ sowie ein Eingriffsrecht in bezirkliche Entscheidungen, wobei Begriffe wie „dringendes Gesamtinteresse Berlins“ und „Belange Berlins als Bundeshauptstadt“ auftauchen. Das Thema Hauptverwaltung und Bezirke wird die Stadt wohl weiter beschäftigen.

Wahlen und Parteien

In der Geschichte Berlins nach dem Zweiten Weltkrieg – von der unmittelbaren Nachkriegszeit über die Spaltung der Stadt bis zu ihrer unverhofften Einigung – spielten freie und geheime Wahlen eine eminente Rolle. Wahlakte wie in ganz Berlin 1946 und nachher im Westteil in der Zeit der offenen Bedrohung waren markante Zeichen der Opposition gegen den Kommunismus. An diesen fundamentalen Entscheidungen nahm die Bevölkerung ungewöhnlich zahlreich teil (Spitzenwerte 1946: 92,3 und 1958: 92,9 Prozent). Daß im Ostteil der Stadt zwischen 1946 und 1990 keine freien Wahlen stattfinden konnten, war der kennzeichnende Ausdruck dafür, dass ohne Rücksicht auf den Willen der Bevölkerung eine bestimmte politische und gesellschafliche Ordnung durchgesetzt werden sollte, die die Staatspartei SED als „historisch gesetzmäßig" definierte.

Für die Wahlen zum Abgeordnetenhaus gilt seit 1958 ein personalisiertes Verhältniswahlrecht, verbunden mit einer Fünfprozent-Klausel. Danach erfolgt die Verteilung der Sitze proportional zu den abgegebenen Stimmen, die Personalauswahl nach dem Mehrheitsprinzip. Zu diesem Zweck werden für 60 Prozent der Sitze Wahlkreise (zur Zeit 78) mit Direktmandaten eingerichtet. Da neben den entstehenden Überhangmandaten auch Ausgleichsmandate vergeben werden, konnten aus den 200 vorgesehenen Mindestsitzen leicht 241 werden (12. Wahlperiode). Die Zahl der Mindestsitze ist deshalb auf 130 herabgesetzt worden, das ergab nach dem Ausgleich 161 Sitze (14. Wahlperiode). Für die Wahl der Bezirksverordnetenversammlungen gilt das reine Verhältniswahlrecht, verbunden mit einer 1999 erstmals geltenden Dreiprozent-Klausel. Seit 1990 nehmen die Berliner direkt an den Wahlen zum Deutschen Bundestag und zum Europaparlament teil.

Die Parteien der Nachkriegszeit waren nach den Vorstellungen der Sowjetischen Militäradministration in Deutschland (SMAD) in den „Block", zeitweilig „Einheitsfront" genannt, der „antifaschistisch-demokratischen Parteien" gewissenmaßen „hineingegründet" worden. 1948 sahen die Landesverbände von CDU und LDP (später FDP) keine politische Wirkungsmöglichkeit mehr im Ostsektor – die SPD war 1946 mit der KPD ohnehin zur SED zwangsverschmolzen worden –, so dass sie sich von den verbliebenen Organisationen ihrer Parteien im sowjetischen Machtbereich trennten. Dort entwickelten sich CDU und LDP mit den kommunistischen Neugründungen *Bauernpartei* und *Nationaldemokratische Partei* zu Blockparteien, die als „Transmissionsriemen" des SED-Regimes wirkten und die Vorherrschaft der SED beim „Aufbau des Sozialismus" vorbehaltlos anerkannten. Bei Wahlen traten die Parteien mit einer „Einheitsliste" bei vorgegebener Sitzverteilung auf, zusätzlich wurden die Ergebnisse gefälscht.

Im Westteil der Stadt erreichten SPD, CDU und FDP während der Zeit der offenen Bedrohung bis Anfang der siebziger Jahre in freien Wahlen stets die Zustimmung von mehr als achtzig Prozent der Wahlberechtigten. Ursache war der breite gesellschaftliche Konsens, die Freiheit des Westteils erhalten zu wollen. Der enge Zusammenhalt begann sich bereits gegen Ende der sechziger Jahre („Achtundsechziger") zu lockern. Die Tendenz verstärkte sich, als 1971 das Viermächte-Abkommen über Berlin die Lage entspannte und die isolierte Halbstadt sich zu einem Zentrum alternativer Bewegungen entwickelte.

Die SPD galt, gestützt auf die Tradition der deutschen Arbeiterbewegung, infolge ihres Widerstandes gegen die Kommunisten lange Zeit als die „Berlin-Partei". Mit *Ernst Reuter* und *Willy Brandt* stellte sie zwei charismatische Regierende Bürgermeister und führte bis 1981 den Senat. Nach dem Mauerbau erhielt die SPD für ihre langfristige Perspektive eines „Wandels durch Annäherung" im Rahmen der neuen Ostpolitik die Zustimmung der Bevölkerung. Gleichzeitig verstärkte die Auseinandersetzung über die „*Außerparlamentarische Opposition*" den Riss zwischen dem linken und dem rechten Flügel der Partei. Von 1967 bis 1981 sank ihr Stimmenanteil von 56,9 auf 38,3 Prozent.

Die CDU, anfangs nur knapp vor der FDP zweitstärkste Partei, hatte ihre Schwerpunkte in den südwestlichen Bezirken. Sie verlor die Unterstützung, als nach dem Mauerbau neue Konzepte gefragt waren. Die schien in Berlin und dann in Bonn die SPD *Brandts* zu bieten. 1963 ging die CDU für fast zwei Jahrzehnte voller politischer und gesellschaftlicher Veränderungen in die Opposition, wobei ihr Stimmenanteil bis 1981 von 28,8 auf 48,0 Prozent wuchs. 1981 übernahm sie – inzwischen für einen flexibleren Umgang mit der DDR eintretend und für viele einen Ausweg aus der Krise der SPD bietend – unter *Richard von Weizsäcker* die Führung des Senats. Angesichts empfundener „alternativer Unsicherheiten" war das auch eine bürgerliche Gegenreaktion.

Die FDP, die 1950 als Nachklang der Oppositionsrolle in der späten Sowjetzone noch knapp ein Viertel der Wählerstimmen erhalten hatte, verlor in Berlin schnell den Status einer größeren Partei und diente wie im Bund bei Regierungsbildungen als „Funktionspartei", vor allem in der Bezirken ständig von der Fünfprozent-Klausel bedroht. Die SED, nach dem Mauerbau SEW genannt, wobei das W für „Westberlin" stand, beteiligte sich ab 1954 wieder an den Wahlen. Ihr Stimmenanteil lag in den achtziger Jahren unter einem Prozent.

Die erstaunlichste Veränderung im Parteiensystem war die Gründung der *Alternativen Liste für Demokratie und Umweltschutz* (AL), die 1979 nach monatelangen Diskussionen in Bürgerinitiativen, Wählergemeinschaften und meist kleinen linken Gruppierungen erfolgte. Die AL verstand sich anfangs als Anti-Partei, basisbewußt und hierarchiefrei. Mit ihr wurde die Alternativbewegung aber selbst Bestandteil des Parteiensystems und gewöhnte sich daran, ihr Ziele im Rahmen des Parlaments zu verfolgen. Bald hatten die Mitglieder der AL Erfahrungen in der Exekutive als Bezirksstadträte und 1989/90 für zwanzig Monate als Koalitionspartner in einem rot-grünen Senat. Nach der Vereinigung wurde die AL zum Berliner Landesverband von *Bündnis 90/Die Grünen*.

Nachwirkung der Teilung in der Parteienlandschaft

Das Ergebnis der Abgeordnetenhauswahlen von 1999 bestätigte die bereits 1995 deutliche Tendenz: Die geeinte Stadt erwies sich erneut als politisch gespalten: in den Westbezirken von der CDU (Berlin insgesamt 40,8, im Westen 49,1; im Osten 27,1 Prozent), in den Ostbezirken von der PDS (17,7 ; 4,3; 39,4 Prozent). bestimmt. Beide ehemaligen Stadthälften haben ihre „Volkspartei“: Die CDU als die West-Partei, die im Osten langsam Boden gewinnt, die PDS als die Ost-Partei, die sich (sehr) langsam in den Westen vorschiebt. Der Versuch der SPD, in beiden Stadthälften etwa gleich präsent zu sein, war vorerst missglückt. Erneut erreichte sie 1999 wie schon 1995 ein Wahlergebnis (22,4; 25,1; 17,8), das als das schlechteste der Nachkriegszeit bezeichnet werden musste. Um so enttäuschender, als sich bei der Bundestagswahl ein Jahr zuvor ein deutlicher Aufwärtstrend erkennen ließ. Bündnis 90/Grüne, in Berlin noch eher fundamentalistisch auftretend, hatte ebenfalls Rückgänge (9,9; 12,2; 6,4) zu verzeichnen und blieb wiederum im Osten deutlich schwächer als im Westen. Die FDP konnte nur auf der Bezirksebene dank der hier auf drei Prozent verminderten Sperrklausel einige Mandate erringen

Die Mitgliederzahlen der Parteien zeigten 1999 – zehn Jahre nach dem Mauerfall – ebenfalls grundlegende teilungsbedingte Differenzen. Die CDU meldete im Westen 12.522, im Osten 2.350 Mitglieder. Für die SPD lauteten die Zahlen 17.454 (W) und 2.970 (O), für die PDS 484 (W) und 15.680 (O), für Bündnis 90/Grüne 2664 (W) und 750 (O), für die FDP 2.238 (W) und 620 (O). Hinter der politischen Spaltung verbergen sich Gegensätze in Grunderfahrungen. In den Westbezirken sind die Zeiten der Bedrohung noch nicht vergessen. Koalitionen mit der PDS galten bei vielen als tabu. Das aber bewirkte, dass CDU und SPD gegenseitig auf die (nicht mehr so) Grosse Koalition angewiesen waren. Die zähen Koalitionsberatungen 1995 und 1999 ließen erkennen, wie unwillig die schwer angeschlagene SPD sich an diesem Modell beteiligte. In den Ostbezirken hat die PDS das mehr oder weniger diffuse Unbehagen an den „Wessis da oben“ um sich gesammelt. Fast vergessen ist, dass es sich um die zwar umgetaufte, aber nicht aufgelöste SED handelt. Ob sich die PDS stärker als Regional- und Nostalgiepartei (gestützt auf die Reste der alten Apparate) oder auf mittlere Sicht als reformsozialistische Regierungspartei im Wartestand empfinden solle, war ihr selbst bis vor kurzem noch unklar. Bündnis 90/Die Grünen hofften im Wahljahr 1999 vergeblich auf eine Wiederbelebung der rot-grünen Koalition von 1989, inzwischen mit sich im Streit, ob man dabei gegebenenfalls auch eine Zusammenarbeit mit der PDS eingehen sollte. Bei alledem sind die Reste der Bürgerrechtsbewegung der DDR nur noch schwer aufzufinden.

Im Frühjahr 2001 kam diese Konstellation, die man bis zum Ende der Legislaturperiode für sicher hielt, ins Wanken. Aus der latenten Führungskrise wurde auf dem Umweg über eine Bankenkrise eine Regierungskrise. Der mehrheitlich landeseigene Bankenkonzern der Landesbank hatte im Immobilienbereich hohe Verluste erwirtschaftet und benötigte vier Milliarden DM zur Sanierung. Dieser Zuschuß und der Ausfall der Einnahmen trafen den ohnehin schwer belasteten Berliner Landeshaushalt. Vorstandssprecher der für Immobilienkredite zuständigen Konzerntochter BerlinHyp war der starke Mann der CDU, der Fraktionsvorsitzende Klaus Landowsky, der, wie sich nun zeigte, in eine Spendenaffäre verwickelt war. Sein zögerlicher Rücktritt und die Entschlossenheit der SPD, ihre Chancen ohne Rücksicht auf das PDS-Tabu zu nutzen, riss die Große Koalition in den Abgrund: Das Misstrauensvotum gegen den Regierenden Bürgermeister Eberhard Diepgen wurde von SPD, Bündnis 90/Grünen und der PDS unterstützt, der Fraktionsvorsitzende der SPD Klaus Wowereit am 16. Juni 2001 zum neuen Regierenden Bürgermeister gewählt. Der neue „Übergangssenat" von SPD und Bündnis 90/Grüne galt als von der PDS geduldet. Das Abgeordnetenhaus löste sich mit Zustimmung der CDU auf und einigte sich auf den 21. Oktober als neuen Wahltermin. Im Wahlkampf spielte der Streit um Banken, Haushaltskrise und Schuldzuweisungen keine so große Rolle.wie zu erwarten. Im Vordergrund stand die Auseinandersetzung um die PDS und eine etwaige Regierungsbeteiligung.

Zum rot-roten Senat

Wie gründlich die Berliner politische Szene in Bewegung geraten war, zeigte sich am Abend des 21. Oktober 2001. Die SPD erreichte 29,7 Prozent der Zweitstimmen (1999:22,4 Prozent), die CDU 23,7 Prozent (vorher 40,8 Prozent), die PDS 22,6 Prozent (vorher 17,7 Prozent), Bündnis 90/Grüne 9,1 Prozent (vorher 9,9 Prozent), die FDP 9,9 Prozent (vorher 2,2 Prozent). Die Teilung der Parteienlandschaft blieb bestehen. Sie konnte sogar in einigen Aspekten als verstärkt gelten. Allein die SPD kam ihrem alten Ziel, in West und Ost etwa ausgeglichen vertreten zu sein, mit 33,7 Prozent West und 23,2 Prozent Ost nahe. Die CDU hatte ihr schlechtestes Wahlergebnis seit 1948 und verlor im Westen (jetzt 30,8 Prozent) den Status der stärksten Partei sowie im Osten (nur noch 12,4 Prozent) die Hälfte ihrer Stimmanteile. Der PDS gelang die Ausdehnung nach Westen nur begrenzt (6,9 Prozent). Sie verstärkte jedoch ihre Position als die bei weitem stärkste Partei im Osten (47,6 Prozent). Bündnis 90/Grüne (West 11,1; Ost 5,9 Prozent) und FDP (West 12,8, Ost 5,2 Prozent) erwiesen sich erneut als Parteien mit Westschwerpunkt und mit begrenzter Anziehungskraft.

Alles musste nun auf die Koalitionsbildung ankommen. Die SPD, jetzt stärkste Partei, hatte bereits im Wahlkampf eine Koalition mit der CDU strikt abgelehnt. Blieben, da Duldungsmodelle ebenfalls ausgeschlossen wurden, die Koalitionen SPD-PDS („rot-rot") oder SPD-Bündnis 90/Grüne-FDP („Ampel"), die beide ihre Probleme hatten. Galt die Ampel als inhomogen, war eine Koalition mit der PDS durch deren Vergangenheit und politisches Verhalten in der Gegenwart belastet. Andererseits erschien die PDS verstärkt als Interessenvertretung des Ostteils. Das von Wowereit verkündete Ziel, einen stabilen und entscheidungsfähigen Senat zu bilden, war angesichts dieser Lage nicht leicht zu erreichen.

Am 17. Januar 2002 wählte das Abgeordnetenhaus mit den Stimmen von SPD und PDS einen rot-roten Senat. Einige Jahren, ja Monate zuvor, wäre eine solche Konstellation unvorstellbar gewesen. Jetzt sahen beide Seiten entscheidende Vorteile: Die SPD wolte sich von der lähmenden und - wie die Wahlergebnisse in der Zeit der Großen Koalition zeigen – letztlich auflösenden Bindung an die CDU befreien. Noch größer war der Gewinn für die PDS: Sie erhielt mit dem Eintrittsbillett in die Regierung den Unbedenklichkeitsschein für ihre politischen Aktivitäten und die offizielle Anerkennung als demokratische und eben koalitions- und regiierungsfähige Partei. Für eine disziplinierte Partei wie die PDS reichte gegenüber den Mitgliedern und Delegierten ein Hinweis auf die neu gewonnene politische Aktionsfähigkeit. Bedenken der SPD-Seite wurden durch die Koalitionsvereinbarung beschwichtigt: Ausführlich wurden Totalitarismus und Menschenverachtung der SED und dem von ihr gestützten politischen System zugeschrieben, Zwangsvereinigung, 17. Juni, Mauerbau, Grenzregime, Unrechtsstaat und Unterdrückung werden ebenso genannt wie das „große historische Verdienst" der Ostdeutschen (und damit auch der PDS) an der Überwindung dieses Systems. Als Zukunftsziele wurden vor allem die Konsolidierung des Haushalts (Beispiel: Reduzierung der Nettoneuverschuldung auf Null bis zum Jahr 2009) und ein Abschied von der Subventionsmentalität angeführt.

Die Bildung des neuen Senats schien also ohne Sollbruchstellen auszukommen. Von den neun Mitgliedern stellt drei die PDS. Nur eines von ihnen hat seine politischen und administrativen Erfahrungen in der DDR gewonnen. Die anderen beiden haben ihren beruflichen und politischen Werdegang im Westen absolviert, sind also als politische Vertretung des Ostens nur begrenzt geeignet. Auch hier ist ein pragmatisches Grundmuster zu erkennen: Als der beliebte ehemalige SED-Politiker Gysi seinen Senatorenposten zurückgab, wurde er schnell durch den bisherigen Fraktionsvorsitzenden Wolf (früher AL) ersetzt.

Strukturwandel und Zukunftspotenziale

Die Berliner Wirtschaft befindet sich in den meisten Bereichen noch immer in einem tiefgreifenden Strukturwandel, der durch die besonderen Belastungen der Vergangenheit im Wirtschaftsraum Berlin länger anhält als erwartet. Betroffen davon sind viele Arbeitsplätze und ein großer Teil der Einnahmequellen der Stadt.

Vor dem Krieg waren in der wichtigsten Industriestadt Deutschlands 48 Prozent der mehr als 2,2 Millionen Erwerbstätigen im produzierenden Gewerbe, 46 Prozent in den öffentlichen Dienstleistungen, Handel und Verkehr beschäftigt. Beide Werte lagen erheblich über dem Reichsdurchschnittt. Kriegszerstörungen und Demontagen brachten im produzierenden Gewebe im Westteil einen Kapazitätsverlust von 80 Prozent, im Ostteil von 50 Prozent. Der Wiederaufbau geriet bald in den Strudel der Teilung, aus dem jede der beiden Stadthälften mit unterschiedlichen Bedingungen und Entwicklungen hervorging.

Die Wirtschaft des Westteils wurde ebenso wie der Landeshaushalt vom Bund subventioniert. Die Wirtschaftssubventionen sollten die Nachteile ausgleichen, denen Unternehmen und Arbeitnehmer in der politisch-geographisch isolierten Teilstadt ausgesetzt waren. Dabei verdeckten sie eine Strukturkrise. Die Vorstände, Entwicklungs- und Marketingabteilungen, die ab 1945 die Stadt verlassen hatten, kamen nicht zurück. West-Berlin geriet zur „verlängerten Werkbank". Unter den Dienstleistungen überwog der Öffentliche Dienst. Sein Anteil an den Beschäftigten lag Ende der achtziger Jahre mit 20 Prozent etwa doppelt so hoch wie in westdeutschen Ballungszentren. Die Bundesbehörden, zum Ausgleich für verlorene Hauptstadtfunktionen in der Stadt angesiedelt, waren ihr zweitgrößter Arbeitgeber.

Ost-Berlin besaß als Hauptstadt des zentralisierten Staates DDR insoweit bessere Standortbedingungen. Jedoch ergaben sich aus den Folgen des ideologisch bestimmten, bürokratisierten Wirtschaftssystems riesige Belastungen, die sich nach dem Ende der DDR voll bemerkbar machten. Die Industrie, insbesondere die großen monopolartig arbeitenden Kombinate, erwiesen sich als nicht wettbewerbsfähig, die „nichtproduzierenden Bereiche" als personell überbesetzt. Viele Arbeitsplätze waren an die Besonderheiten von Machtapparat und Wirtschaftssystem gebunden.

Der drastische Subventionsabbau im Westen und der Verlust der Absatzmärkte im Osten, in beiden Teilen der Stadt verbunden mit einem rapiden Abbau des verarbeitenden Gewerbes, die „Abwicklung" der ehemaligen Staats- und Parteiapparate der DDR und vieler personalintensiver Einrichtungen, der dann der „Stellenabbau" im Westen folgte, sind Merkmale des strukturellen Wandlungsprozesses, dem die Stadt noch immer unterworfen ist. Von 1991 bis 1999 sank die Zahl der Arbeitsplätze im verarbeitenden Gewerbe im Westen um 43,2, im Osten um 79,9 Prozent, in absoluten Zahlen entfielen in jedem Teil der Stadt rund 74.000 Arbeitsplätze. Auch zu Beginn des neuen Jahrzehnts gingen die Beschäftigungszahlen – wenn auch moderater – weiter zurück. Die Zahlen würden noch deutlicher ausfallen, wenn nicht das teilweise florierende Verlagsgewerbe hier mitzählen würde. Im Dienstleistungsbereich insgesamt nahm die Zahl der Beschäftigten zu. Die Bruttowertschöpfung betrug Mitte der neunziger Jahre 23,0 Mio. Euro, und stieg auf 28,6 im Jahr 2002. In jüngster Zeit führt die Medienkonzentration in der Hauptstadt zur Gründung von anpassungsfähigen und vernetzten Kleinbetrieben, die Zuarbeit leisten, mit Sitz inmitten von innerstädtischen Wohngebieten.

Wie sehr der internationale Wettbewerb das Wirtschaftsgeschehen beeinflußt, wird am Beispiel des Baugewerbes deutlich. Obgleich sich Berlin zur „größten Baustelle Europas" entwickelte und ein Bauvolumen von über dreißig Milliarden DM im Jahr erreicht hatte, sanken Leistung und Arbeitsplatzangebot der Berliner Baufirmen, während importierte Bauleistungen, insbesondere auch aus Staaten der Europäischen Union, anstiegen. Im Quartalsbericht I/03 der Deutschen Bundesbank Hauptverwaltung Berlin werden die Folgen einer neunjährigen Krise des Bauhauptgewerbes beschrieben: Drei von vier Arbeitsplätzen sind entfallen. Das Niveau der Baugenehmigungen und –fertigstellungen im Wohnungsbau erreicht nur mehr ein Achtel der Werte von Mitte der neunziger Jahre. Im gewerblichen und industriellen Bau brachen im Jahresvergleich 2002/2003 mit minus 35 Prozent die Auftragseingänge regelrecht ein.

Dass Berlin heute in der Entwicklung des Bruttoinlandsproduktes und der Beschäftigung einen der letzten Plätze unter den deutschen Ländern einnimmt, charakterisiert die besonderen Schwierigkeiten. In der Arbeitslosenstatistik steht der inzwischen durch lebhaften Pendlerverkehr kräftig durchmischte Arbeitsmarkt Berlin-Brandenburg nicht positiver da als der Durchschnitt der neuen Länder.

Berlin ist keine Wirtschaftsmetropole, das beweist schon die negative Bilanz der „Kontrollbeziehungen": Über Berliner Arbeitsplätze wird zumeist in München, Frankfurt am Main oder im Ruhrgebiet entschieden.

Berlins Zukunftspotentiale sind dennoch erheblich. Die geographische Randlage wird mehr als bisher kompensiert werden durch den inneren und äußeren Ausbau der Europäischen Union einschließlich ihrer Verbindungen zu den östlichen Reformstaaten. Ziel der vom Strukturfonds der EU unterstützten Wirtschaftspolitik ist es, Berlin zum europäischen Dienstleistungszentrum mit industriellem Kern zu entwickeln. Anfänge sind sichtbar in den Bauten großer Firmen wie *DaimlerChrysler* (*Debis*) und *Sony* und in der Verlegung von Unternehmenszentralen, wie zum Beispiel der *Deutschen Bahn AG*, nach Berlin. Eine Studie des *Deutschen Instituts für Wirtschaftsforschung* sieht für die Stadt „bald wieder (den) Anschluß an den gesamtwirtschaftlichen Wachstumspfad" voraus und zählt dabei sowohl auf das produktionsnahe als auch auf das konsumorientierte Dienstleistungsgewerbe als expansiver Bereich der Berliner Wirtschaft. „Für die Wirtschaftspolitik in Berlin heißt das", so schließt der Bericht, „dass sie die schwierige Aufgabe zu lösen hat, in einer Umbruchszeit (bis 2010 veranschlagt !) und bei knappen Mitteln zukunftsträchtige Akzente zu setzen."

Der Zustand der Landeskasse: in der Tat sehr ungünstig

Der Zustand der Landeskasse ist in der Tat sehr ungünstig. Die Ursachen der Finanzkrise sind vielfältig: das abrupte Ende der Bundeszuschüsse für West-Berlin, die vorher mehr als fünfzig Prozent der Ausgaben deckten, die überkommenen strukturellen Schwächen des Berliner Haushalts mit aufgeblähter Verwaltung und kostspieliger Infrastruktur sowie der einigungsbedingten Ausweitung der Personalkosten und Institutionen, bei denen es unter anderem um den sozialen Frieden in der Stadt ging, vor allem aber das Ausbleiben des erhofften wirtschaftlichen Aufschwungs. Von alten Subventionsmentalitäten in beiden Teilen der Stadt befangen, stiegen Schulden und Zinsbelastung. Finanzsenator Sarrazin stellte am 9. Mai 2003 im „Tagesspiegel" fest: „Berlins Finanzproblem lässt sich in zwei Zahlen fassen. Wir nehmen pro Einwohner 25 Prozent mehr ein, geben aber 49 Prozent mehr aus als der Durchschnitt der deutschen Länder und Gemeinden. Die gewaltige Schuldenlast von 47,5 Milliarden Euro (Ende 2002) und die horrende Neuverschuldung von vier bis fünf Milliarden Euro jährlich sind nur die Folge des anhaltenden Ungleichgewichts zwischen Eingaben und Ausgaben, aber nicht die Ursache der Krise."

Auf den Vorwurf, die Senatspolitik des strengen Sparens sei konzeptionlos, nannte Sarrazin als die Eckwerte seiner Konzeption: am 1. Juli 2003: Wir müssen die Gesamtausgaben auf das Maß kürzen, das wir uns leisten können, sonst führt der Aufwuchs der Zinsausgaben (zur Zeit 2,5 Milliarden Euro) das Land in die Armutsfalle. Wir müssen die Produktivität unserer Ausgaben erhöhen. Nicht der größere Input, sondern der beste Output ist entscheidend. Wenn wir auf einigen Gebieten besondere Akzente setzen wollen, müssen wir auf anderen Gebieten bescheidener sein als andere Bundesländer."

1996 wurde mit langfristigen gesetzlichen Vorgaben für Sparmaßnahmen und Privatisierungen begonnen Die Konsolidierung des Haushalts erwies sich jedoch als schwieriges und langfristiges Unternehmen. Noch immer liegt das Steueraufkommen pro Kopf der Bevölkerung erheblich unter dem anderer Ballungszentren. Viele der strukturellen Maßnahmen (zum Beispiel bei den Personalkosten und den Konsumtiven Sachausgaben) bringen den politischen Ärger sofort, werden aber erst allmählich wirksam. Besonders umstritten ist die Veräußerung von Landesvermögen wie dem Stromversorger Bewag und dem Gasverteiler Gasag sowie Anteilen an den Berliner Wasserbetrieben. Mit dem Verkauf von im Eigentum des Landes Berlin befindlichen Grundstücken und Wohnungsbaugesellschaften kam der Senat angesichts von Überkapazitäten und Preisverfall nur schwer voran. Dass Berlin den (langwierigen und nicht immer erfolgreichen) Weg geht, Vermögen im größeren Umfang zu veräußern, beweist die Ernsthaftigkeit der finanziellen Notlage. In der Banken- und Regierungskrise von 2001 wird vielfach ein Zeichen für eine mögliche strukturelle Überforderung des Landes Berlin gesehen. Am 5. November 2002 hat der Senat offiziell erklärt, Berlin befinde sich in einer extremen Haushaltsnotlage, aus der es sich aus eigener Kraft nicht befreien könne. Erwartet wird, dass der Bund dem Land Berlin Mittel „zur Sanierung des Haushalts" als „Sonderbedarf-Ergänzungszuweisungen" zukommen lässt . Da der Bund nicht zahlen will, wird er sich mit Berlin vor dem Bundesverfassungsgericht wiederfinden. Glaubwürdig vertreten kann Berlin seine Ansprüche nur, wenn das Land seine öffentlichen Ausgaben an die der anderen Bundesländer und Kommunen anpasst.

Städtebau Ost – Städtebau West

Wer sich durch die Stadt bewegt, kann im Osten wie im Westen die einzelnen Etappen des Berliner Baugeschehens nach dem Zweiten Weltkrieg erkennen und sie als Folge unterschiedlicher Antworten auf die Frage nach der Gestaltung einer lebenswerten Stadt identifizieren.

In *Ost-Berlin* endete das DDR-Baugeschehen mit den *Großsiedlungsbau am Stadtrand* in industrieller Fertigung. Ziel war die Erfüllung des SED-Programms „*Einheit von Wirtschafts- und Sozialpolitik*", in dem der Wohnungsbau eine zentrale Stelle einnahm. Die Größe der neuen Siedlungen übertraf die westlicher Stadtrandsiedlungen bei weitem. Insgesamt zählt man 273.000 in Plattenbauweise errichtete Wohnungen im Ostteil der Stadt. Sicherlich boten die neuen Viertel mit ihren Komfortwohnungen sozialen Fortschritt, aber beeinträchtigt durch die Monotonie der Großanlagen und zunehmend auch durch bauliche Mängel.

Die *Mietskasernenviertel der Innenstadt* wurden dagegen dem zunehmenden Verfall überlassen. Im alten Kerngebiet von Berlin und Cölln hatte – nach dem Abriss der Schlossruine und der verbliebenen Altstadtreste – der Wiederaufbau der sechziger und siebziger Jahre ohnehin tiefe Spuren hinterlassen. Das „Sozialistische" an diesem Städtebau machte sich in der großzügigen Flächennutzung für Gebäudeumfeld und überdimensionierte Straßen, in der Mißachtung alter Stadtgrundrisse und in der Konzentration von Handels- und Versorgungseinrichtungen bemerkbar. Die großdimensionalen und locker gruppierten Neubauten bieten jedoch meist keine erlebbaren Stadträume. Heute wird darüber gestritten, ob es sich hier um eine Art Naherholungsgebiet oder um schlichte Stadtbrache handelt. Demgegenüber konnten die in den fünfziger Jahren errichtete Stalinallee noch als städtebauliches Angebot eigener Art gelten: dem sozialistischen Realismus Moskauer Herkunft folgend in der Form eines geschlossenen Straßenzuges mit Boulevard-Charakter und mit Anklängen an Berliner Bauformen des Klassizismus, „Arbeiterpaläste", die die Vorzüge der künftigen sozialistischen Gesellschaft darstellen sollten, anstelle eines weitgehend zerstörten Mietskasernenviertels. Erst gegen Ende der DDR wandte man sich erneut der Innenstadt zu mit der Rekonstruktion des Gendarmenmarktes und der Mischung aus historisierendem Plattenbau, alten Häusern und deren Kopien im Nikolaiviertel.

Das *westliche* Gegenstück zur Stalinallee war der Wiederaufbau des Hansaviertels am Rande des Tiergartens, der im Rahmen einer Internationalen Bauausstellung 1957 mit Beteiligung einer Weltelite von Architekten erfolgte. Die Moderne trat hier als „kosmopolitische Veranstaltung der Demokratie auf die Bühne". „Jedes Haus eine Diva" hieß es in einer damaligen Senatsbroschüre. In dieser kostspieligen Form wurde der Wohnungsbau in beiden Teilen nicht fortgesetzt.

Im Westen, bis in die siebziger Jahre dem Osten im Wohnungsbau weit voraus, war die Hinwendung zur Innenstadt früher erfolgt. In den sechziger Jahren galt international noch die Doktrin der zukunftsgerechten Stadt: Großsiedlungen am Stadtrand, Kahlschlagsanierung in den Innenstadtbezirken und rücksichtsloser Autobahnbau. So sollte zum Beispiel das Märkische Viertel in Reinickendorf (16.000 Wohnungen) durch „vertikale Verdichtung“ in markanten Formen ein modernes Stadtgefühl erzeugen. Bei den Sanierungsvorhaben sollten Altbauviertel der Mietskasernenzeit abgeräumt und durch Neubauten ersetzt werden. Aber in den siebziger Jahren stellte man sich weltweit die Frage, ob man den richtigen Weg gegangen sei. Was eben noch als funktional, modern und sozial gepriesen wurde, galt plötzlich als monoton und stadtzerstörend, als Betonbrutalität und Autofetischismus, als Ursache für individuelle Unzufriedenheit und gesellschaftliche Konflikte. Erneut gab es eine Internationale Bauausstellung, „kritische Stadterneuerung“ (Wiederherstellung der alten Blockstrukturen) und „behutsame Sanierung“ (Aufwertung alter Stadtquartiere mit Berücksichtigung der Bewohnerinteressen) lauteten jetzt die Devisen. Man wandte sich der „Europäischen Stadt“ mit ihren Werten zu.

Mit der Vereinigung wurden gewissermaßen die Karten neu verteilt. Ideologische und zum Teil auch ökonomische Zwänge der DDR sind entfallen. Die Altbau- und Plattenbauwohnbestände der Ostbezirke werden gleichermaßen saniert. Der Aufwand ist hoch (von 1992 bis 1998 8,7 Milliarden DM allein für 2/3 des Plattenbausanierungsprogramms), aber die Gleichwertigkeit der Lebensverhältnisse sollte hergestellt werden und die soziale Mischung und die Wohnzufriedenheit sollen erhalten bleiben. Verführt durch zu optimistische Bevölkerungsprognosen (1991: Zuwachs um 1,6 Millionen im nächsten Jahrzehnt, tatsächlich eingetroffen: Stagnation) förderte das Land Berlin den Wohnungsneubau, zum Teil in Konkurrenz mit Brandenburg. Inzwischen übersteigen die Kosten dieser Programme die Finanzkraft Berlins. Seit Mitte der neunziger Jahre zieht sich Berlin aus der öffentlichen Förderung des Mietwohnungsbau zurück. Anfang 2003 beschloss der Senat auch die Anschlussförderung im sozialen Wohnungsbau zu streichen. Betroffen waren 15.000 Sozialwohnungen und deren Investoren.. Der Konflikt ging vor Gericht weiter: Wäre hier im Falle von Existenzbedrohungen Vertrauensschutz zu beachten ? Ohnehin wird eine „Entmischung“ oder „Ghettoisierung“ befürchtet, zum Beispiel durch Abwanderung des Mittelstandes in die Grüngürtel des Umlands.

Wenn von Berlin als der „größten Baustelle Europas“ die Rede ist, wird an die Mitte der Stadt zu beiden Seiten der ehemaligen Mauer gedacht. Im Spreebogen entstand mit dem umgebauten Reichstag und den dazugehörigen Bürogebäuden sowie mit dem Neubau des Bundeskanzleramtes der Parlamentssitz und der Kern des Regierungsviertels, wobei die Ministerien sanierte und gegebenenfalls erweiterte Altbauten und in Einzelfällen gemietete Gebäude nutzen. Die High-tech-Kuppel des Reichstages und das ebenso leicht wie eindrucksvoll wirkende Kanzleramt sind inzwischen neue Wahrzeichen der Hauptstadt Berlin geworden. Private Investoren bauten in den Quartieren der Friedrichsstadt im Rahmen städtebaulicher Vorgaben wie Blockrandbebauung, „Berliner Traufhöhe" von zweiundzwanzig Metern und steinerne Fassaden sowie am Potsdamer Platz in neuen Formen und mit größeren Gebäudehöhen.

Mit ihrem „Planwerk Innenstadt" stellte inzwischen die Berliner Stadtentwicklungsverwaltung eine größere Verdichtung der inneren Stadt zur Diskussion, da erst deren weitere Belebung und Inwertsetzung die gewünschte Ausgewogenheit der Stadtstruktur schaffen kann. Neubauten sollen die sozialistische Leere füllen. Nicht an reine Bürohäuser ist gedacht, sondern – aufbauend auf dem Vorzug räumlicher Dichte – an einen (spätmodernen) Mix von Funktionen wie Wohnungen, Unterhaltungseinrichtungen, inszenierte Einkaufswelten sowie überregional operierende Dienstleistungsunternehmen.

„Alles doppelt": in Wissenschaft ...

„Alles doppelt", konnte ausrufen, wer nach der Einigung auf die wissenschaftlichen – und auf die künstlerischen – Institutionen Berlins blickte. Nach der Vereinigung der Stadt war auch auf diesem Gebiet das, was getrennt gewachsen war, den neuen Anforderungen entsprechend zu ordnen. Das betraf, wie sich bald herausstellen sollte, beide Teile der Stadt. Die Fülle der Institutionen bot zugleich Chancen einer institutionellen Vielfalt und Belastungen finanzieller und administrativer Art. Der Prozeß der Umstrukturierung ist bis heute noch nicht abgeschlossen..

Im Westteil hatten die gemeinsamen Anstrengungen von Bund und Land dem Ziel gegolten, die Stadt zu einem Zentrum von Wissenschaft, Forschung und Kunst auszubauen, um ein Gegengewicht zu der politisch und wirtschaftlich isolierten Lage im geteilten Deutschland zu bieten. Das gelang in einem gewissen Umfang. Ende der achtziger Jahre zählten die West-Berliner Hochschulen und Fachhochschulen zusammen über hunderttausend Studierende. Gemessen am Bevölkerungsanteil an der Bundesrepublik hatte Berlin doppelt soviele Studierende aufgenommen. Durch zahlreiche außeruniversitäre Neugründungen wuchs West-Berlin wieder zu einem Forschungsstandort von internationaler Bedeutung heran.

Der politische Anspruch, Hauptstadt der DDR zu sein, und der zentralistische Charakter des Staates hatten in Ost-Berlin zu einer ungewöhnlichen Konzentration von Wissenschaftseinrichtungen geführt. Die *Humboldt-Universität* war die größte der DDR. An ihr und fünf weiteren Hochschulen lernten Ende der achtziger Jahre rund fünfundzwanzigtausend Studierende. Die *Akademie der Wissenschaften* beschäftigte als eine Art Forschungskombinat allein in Berlin zwanzigtausend Mitarbeiter. Hinzu kamen andere Akademien, unter ihnen auch dem Zentralkomitee der SED unterstellte Institutionen des ideologischen Lenkungsapparates.

Nachdem Empfehlungen des Wissenschaftsrates, unter anderem für Struktur- und Berufungskommissionen an Hochschulen und für die Auflösung der Akademie der Wissenschaften, vom Land Berlin übernommen worden waren, bilanzierte 1995 eine Senatsbroschüre für das vereinigte Berlin siebzehn staatliche und private Hochschulen sowie rund zweihundertzwanzig staatliche und private Forschungseinrichtungen. Dazu gehören die Großforschungseinrichtungen *Hahn-Meitner-Institut* (West) und *Max-Delbrück-Zentrum* (Ost) sowie *Max-Planck-* und *Fraunhofer-Institute* mit ihren Außenstellen, zum Teil neu gegründet. Inzwischen ist deutlich geworden, dass die kritische Finanzlage deutlichere Einschnitte erfordert.. In Einzelverträgen, abgeschlossen vom Senat mit den einzelnen Hochschulen, wurden die reduzierten Zuschüsse (nach Abzug der Sparraten) garantiert, während die Hochschulen selbst sich zur Ausarbeitung von Strukturplänen verpflichten, die das Profil der jeweiligen Hochschule und ihre Stellung im Gesamtgefüge der Berliner Hochschulen beschreiben. Die ab 2002 und 2005 geltenden Anschlußverträge zeigten, dass die Hochschulen nicht völlig vom Druck der allgemeinen Sparpolitik befreit waren und nun mit weniger Zuschüssen als ursprünglich zugesagt rechnen müssen.

Im Forschungsbereich konzentrieren sich die Probleme besonders deutlich bei dem Wissenschafts- und Wirtschaftsstandort Adlershof. Dort sollen in einer „integrierten Landschaft aus Wissenschaft, Wirtschaft und Lehre“ innovative Wirtschaftsunternehmen mit den Instituten der mathematisch-naturwissenschaftlichen Fakultäten der Humboldt-Universität zusammenarbeiten, die von der Stadtmitte kostenaufwendig auf das neue Gelände zu verlegen sind. Der Senat hat trotz seines Sparkurses die Planungen bestätigt, denn sollte es gelingen, in der Lehre ein zukunftsträchtiges und qualitätvolles Angebot zu sichern und in der Forschung Vielfalt und Anwendungsbezogenheit in enger Verbindung mit entsprechenden Firmen weiter zu stärken, so kann – das ist die Überlegung – Berlin seine Chancen als ein Schwerpunkt des Transfers von Wissenschaft und Forschung nutzen, die sich mit der bevorstehenden Osterweiterung der Europäischen Union beträchtlich verbessern werden. Der Wissenschafts- und Technologiepark verzeichnet ein kontinuierliches Wachstum. 90 Prozent der Unternehmen kooperieren mit mindestens einem Partner, 60 Prozent mit drei und mehr Partnern am Standort. Im September 2002 schrieb die FAZ: „Berlin-Adlershof ist eines der erfolgreichsten wirtschaftlichen und wissenschaftlichen Aufbauprojekte im Osten Deutschlands. Es kann sich darüber hinaus für die Länder Osteuropas als Modellfall empfehlen.“ Dennoch ist der Fortgang der Arbeiten weiter von der finanziellen Lage der Stadt abhängig.

... wie auch Kultur

„Drei Opernhäuser, über 150 Theater und Bühnen, rund 170 Museen und Sammlungen, über 300 private und kommunale Galerien, mehr als 250 öffentliche Bibliotheken, 130 Kinos sowie zahlreiche andere kulturelle Einrichtungen" zählt eine Veröffentlichung aus dem Jahr 1996 auf. Die Statistik nennt für die Bühnen aller Art knapp drei Millionen Besucher in einer Spielzeit, für die Gesamtheit der Museen und Ausstellungen jährlich über sechs Millionen. Nicht oder nur zum Teil einbezogen sind die über vierhundert Freien Gruppen mit ihren Performances, Kleingalerien und Off-Off-Bühnen in alten Kneipen, Läden und Hinterhöfen, in denen manche das eigentlich Unverwechselbare des Berliner kulturellen Lebens sehen.

Wer in eines der Programm- oder Stadtmagazine blickt, findet täglich rund hundert Bühnenaufführungen, jeweils um ein Dutzend „klassische" Konzerte, dazu Lesungen und Kabarettvorstellungen, ein halbes Hundert Jazz-, Folk- und Rockveranstaltungen und über zweihundert zeitlich befristete Ausstellungen in Museen und Galerien, wieder die freie und sehr freie Szene nur zum Teil einbezogen. Hinter den imponierenden Zahlen dieses Angebots finden wir sowohl die geballte Macht des überkommenen Kulturpotentials der „beiden Berlins" als auch Neues, von der Aufbruchsstimmung der veränderten Situation Getragenes. Noch klingt das alte Spannungsfeld zweier „kultureller Identitäten" nach, löst sich aber in der Pluralität der Angebote und der Nachfrage, von kritischer und zustimmender Teilhabe.

Inzwischen ist ein Jahrzehnt des Zusammenwachsens vorbei. Aber noch immer ist, was man die kulturelle Infrastruktur nennen könnte, in Bewegung. Möglichst alle Institutionen sollen erhalten bleiben, lautet die Devise. Kann sie auch bei beispielsweise drei Opernhäusern, zwei weiteren Musikbühnen (inzwischen privatisiert) und fünf zusätzlichen großen Konzertorchestern sowie einer Vielzahl von Chören gelten? Auf die Frage, wieviel Theater Berlin brauche, antwortete ein prominenter Intendant, so viele überleben können, aber unverwechselbar müßten sie sein. Die Suche nach Profil, deren Zwang heilsam sein kann, dauert an. Geschlossen wurden bisher vorwiegend West-Berliner Theater. Immerhin wurde in letzter Zeit die Bereitschaft des Bundes deutlicher, Berlin in seinen kulturellen Hauptstadtaufgaben angemessen zu unterstützen.

Die „Stiftung Preußischer Kulturbesitz" – Beispiel eines lebendigen Föderalismus?

Am Tage der Vereinigung übernahm die *Stiftung Preußischer Kulturbesitz* die Ost-Berliner Staatlichen Museen und ihre Mitarbeiter und legte die einzelnen Museumsinstitute wieder zusammen.

Seitdem gibt es eine einheitliche Strukturplanung. Bund und Länder tragen – durch Finanzierungsabkommen bekräftigt – gemeinsame Verantwortung für die größte und bedeutendste Kultureinrichtung Deutschlands, die als eindrucksvolles Beispiel für einen lebendigen Föderalismus gilt. Zur Stiftung gehören die sechzehn wiedervereinigten staatlichen Museen – der größte Museumskomplex Europas –, die zwei Häuser der Staatsbibliothek sowie eine Reihe weiterer Einrichtungen. Beim Publikum besondere Beachtung fanden die Eröffnung des Museums der Gegenwart im alten Hamburger Bahnhof als drittem Haus der Nationalgalerie und der Gemäldegalerie (Alte Meister) im jetzt zentraler gelegenen Kulturforum. 1999 wurde die Museumsinsel in die UNESCO-Liste des Weltkulturerbes aufgenommen. Die neuen Perspektiv-Pläne sehen jetzt vor, die abendländische Kunstgeschichte (einschließlich der ärchäologischen Monumente) auf oder in der Nähe der Museumsinsel und die moderne Kunst im Kulturforum zusammenzufassen. Gerade beim Ausbau der Museumsinsel machte sich die Finanznot des Landes Berlin, das einen Anteil von fünfzig Prozent der auf über eine Milliarde Euro geschätzten Kosten tragen sollte, verzögernd bemerkbar. Seit 2003 hat der Bund die Gesamtheit der Investitions- d.h. Bau-Kosten übernommen.. Bei den anderen laufenden Kosten bleibt es bei der bisherigen Aufteilung zwischen Bund und Ländern.

Unter der vielfältigen Berliner Museumslandschaft treten Einrichtungen hervor, die Berlin als Ort totalitärer Geschichte erfahrbar machen: das *Jüdische Museum* – dessen ungewöhnlicher Neubau (Architekt *Daniel Libeskind*) die Katastrophe der Ermordung von Millionen Juden architektonisch spüren läßt – und die bedeutenden Gedenkstätten: von der *Topographie des Terrors*, den Gedenkstätten Deutscher Widerstand und *Haus der Wannseekonferenz* bis zur *Stasi-Zentrale* in der Normannenstraße. In unmittelbarer Nähe des Brandenburges Tores wird die Gedenkstätte für die ermordeten Juden Europas errichtet.

Es spricht für die zunehmende Anziehungskraft Berlins, wenn private Kunstsammlungen wie die von *Ernst Marx* (Hamburger Bahnhof) und *Heinz Berggruen* (Picasso und seine Zeit) in der Stadt eine Bleibe gefunden haben. Verlage, Galerien, Kunstmessen und Auktionshäuser sind zurückgekehrt, haben Depandancen eröffnet oder sind neu gegründet worden. Die Fernsehanstalten ARD und ZDF haben Hauptstadtstudios eröffnet; der private Nachrichtensender ntv sendet von hier; SAT 1 hat seine Zentrale nach Berlin verlegt. Das kommerzielle Entertainment modernen Stils mit Musical-Bühnen und Multiplex-Kinos und ist zum Beispiel auch in den Arealen am Potsdamer Platz zu finden. Dorthin sind auch die Internationalen Filmfestspiele umgezogen.

Den geballten Investorenträumen gegenüber wirkt die alternative Kulturszene mit ihren neuen Schwerpunkten Spandauer Vorstadt und Prenzlauer Berg fast konventionell. Sie ist ohnehin von ihrem Anspruch her ständig in Bewegung, kämpft aber um Erhalt und Ausbau ihrer soziokulturellen Institutionen in Halbruinen und ehemaligen Brauereigebäuden, die den freien Gruppen Rückhalt geben. sollen.

Alles in allem können die citynahen Räume und die Innenstadt als bedeutender Produktionsstandort für Kulturindustrien (neben den Bühnen zum

Beispiel Verlage, Druckereien, Musikproduktion, Tonstudios) bezeichnet werden, wobei die Mischung von Wohnen und Arbeiten und die Vielfalt der Produktionsaktivitäten eine besondere Rolle spielt. In der „Medienstadt Babelsberg" (am Stadtrand) sind bedeutende Produktions- und Nachbearbeitungskapazitäten konzentriert. In den Kultur- und Medienbereichen ist Berlin dabei, sich zu einer Dienstleistungsmetropole zu entwickeln.

Berlin erlebt die „mentalen deutschdeutschen Dissonanzen", wie das Problem einmal benannt wurde, am eigenen Leibe. Entscheidend wird sein, ob die Stadt auf Dauer gesehen die Kraft findet, diese Dissonanzen zu überwinden. Die Aussichten sind nicht ungünstig. Vergleicht man die gegenwärtige Lage Berlins mit der jüngsten Vergangenheit, so ist Optimismus am Platz: Die bis zum Schluß latente Gefährdung der „Frontstadt" Berlin (West) ist ebenso überwunden wie der Zustand der halben Hauptstadt Berlin (Ost), deren Grenzanlagen nach West aller Welt krass vor Augen führten, in welchem Maße das Regime der DDR deren Bewohnern grundlegende Menschenrechte wie Freizügigkeit und Selbstbestimmung beschnitten hatte. Demgegenüber besitzt, trotz aller gegenwärtigen Probleme, die vereinigte Stadt alle Chancen für eine vielversprechende und gesicherte Entwicklung.

Hoffnung gibt die jetzt auch im wörtlichen Sinne vorhandene Offenheit der Stadt. Wenn es gelingt, Qualität, Kreativität und Innovationskraft zu verbinden, könnte Berlin einer der großen europäischen „Umschlagplätze" werden, auf denen sich vielfältige Formen des städtischen Lebens überzeugend und faszinierend darstellen, gegenseitig beeinflussen und verändernd entwickeln.

Brandenburg

Vom Kernland Preußens zum größten der neuen Länder

Werner Künzel

Großes Land, dünn besiedelt

Unter den neuen Ländern hat Brandenburg das ausgedehnteste Territorium. Mit 29.477 km^2 (Stand: 31.12.2001) steht es der Fläche nach unter allen Bundesländern an fünfter Stelle. Es grenzt an die Bundesländer Sachsen (Grenzlänge 244 km), Sachsen-Anhalt (370 km), Niedersachsen (29,5 km) und Mecklenburg-Vorpommern (441 km). Das Land Berlin wird von Brandenburg vollständig umschlossen (234 km). Von den Ländern, die an Polen grenzen, besitzt Brandenburg mit der längs der Flüsse Oder und Lausitzer Neiße sich erstreckenden Grenze (252 km) die längste.

Brandenburgs geografische Gestalt als Teil der Norddeutschen Tiefebene bildete sich während der Eiszeit, deren gewaltige Eisschichten das Land zwischen Elbe und Oder glätteten, während die Ablagerungen der Endmoränen Erhebungen bildeten. So entstanden einander abwechselnde Hügellandschaften und Ebenen mit weiten Wäldern. Der in der Lausitz gelegene Kutschenberg ist mit 201 m der höchste Berg Brandenburgs. Brandenburgs reizvolle Landschaft wird durch viele eiszeitliche Seen, weite Ketten schmaler Rinnenseen, Flüsse und Wälder geprägt. Die bekanntesten Seen sind der Ruppiner See, der Werbellinsee, der Scharmützelsee und der durch Theodor Fontanes Roman bekannte Stechlin. Die bedeutendsten Flüsse sind die Oder und die Havel mit ihren Nebenflüssen.

Im Gegensatz zu seiner großen territorialen Ausdehnung gehört Brandenburg zu den Ländern mit geringer Bevölkerungsdichte. Sie beträgt 88 Pers./km^2. Unter den neuen Ländern wie auch im gesamtdeutschen Maßstab rangiert Brandenburg damit vor Mecklenburg-Vorpommern an vorletzter Stelle. Die nach 1990 infolge Abwanderung und Geburtenrückgang stetig zurückgegangene Bevölkerungszahl wuchs in den letzten Jahren wieder an:

Jahr	Bevölkerungszahl gesamt	männlich	Weiblich
1990	2.578.312	1.246.460	1.331.852
1994	2.536.747	1.242.804	1.293.943
2000	2.601.962	1.283.432	1.318.530

Der größere Teil der Bevölkerung ist im ländlichen Raum ansässig. Wenngleich infolge der soeben vollzogenen Strukturreform (s. u.) größere Gemeinden entstanden, bilden kleine dörfliche Gemeinschaften das Lebensumfeld der meisten Brandenburger. Mit Stand vom 31.12.2000, also unmittelbar bevor die Mehrzahl der kleinen Gemeinden zu Ortsteilen wurden, war fast jeder zehnte Brandenburger Bürger einer Gemeinde mit weniger als 500 Einwohnern. Mit 861 von insgesamt 1.479 Gemeinden war dies weit über die Hälfte. Die Einwohnerzahl von 414 Gemeinden betrug zwischen 500 und 2000.

Aktuell (Stand 31.12.2001) beträgt die Einwohnerzahl von nur 24 Städten über 20.000. Lediglich in zwei Städten übersteigt die Bevölkerungszahl die Grenze von hunderttausend: in der Landeshauptstadt Potsdam (130.435 Einwohner) und in Cottbus (105 954). Und neben diesen beiden gibt es nur zwei Städte, deren Einwohnerzahl die fünfzigtausend erreicht: die kreisfreien Städte Brandenburg a.d. Havel (76.351) und Frankfurt (Oder) (70.309). Deutlich über dem Landesdurchschnitt liegt der engere Verflechtungsraum Berlin-Brandenburg. Auf einer Fläche von 4.448 km^2 leben hier 954.091 Menschen. Dies entspricht einer Bevölkerungsdichte von 215 Personen je km^2.

Der Anteil der Ausländer an der Gesamtbevölkerung nimmt zwar kontinuierlich zu, bleibt aber mit 1,9% (Ende 2000) immer noch beträchtlich unter dem Bundesdurchschnitt, der Ende zur gleichen Zeit 8,9% betrug..

500 Jahre Hohenzollernherrschaft

Brandenburgs Geschichte unterscheidet sich in mancherlei Hinsicht von der anderer Bundesländer. Das verfassungsrechtlich „neue" Land Brandenburg gehört in die Reihe der historisch „alten" Länder, deren Existenz auf die Errichtung von Territorialherrschaften im 12. Jahrhundert zurückgeht, nachdem sich die alten Stammesherzogtümer aufgelöst hatten. Seine Geschichte war von seinen Anfängen bis in die Gegenwart von engen Beziehungen zwischen Deutschen und Slawen geprägt. Entscheidend für die Geschichte des Landes war, daß es zur Keimzelle des Königreichs Preußen wurde, das seit dem 18. Jahrhundert Deutschlands Geschichte dominierte.

Seit dem 7. Jahrhundert war Brandenburgs Territorium slawisch besiedelt. Der Versuch der ottonischen Herrscher *Heinrich I.* und *Otto I.*, die Gebiete zwischen Elbe und Havel dem deutschen Reich einzuverleiben, scheiterte im großen Slawenaufstand 983. Erst 150 Jahre später gelang im Zuge der deutschen Ostkolonisation dem Askanier *Albrecht dem Bären* die dauerhafte Unterwerfung der Slawen; seit 1157 nannte er sich – den Namen der slawischen Havelfestung auf das ganze Land übertragend – Markgraf von Brandenburg. Albrechts Nachfolger dehnten in der Folgezeit ihr Gebiet bis weit östlich der Oder, der später so genannten Neumark, aus und besiedelten es mit deutschen und flämischen Kolonisten. Über 100 Städte wurden gegründet. Macht und politischer Einfluß Brandenburgs wuchsen. 1252 übte Markgraf Johann das Kurrecht aus. Die Goldene Bulle von 1356 bestätigte Brandenburg als eines der sieben Kurfürstentümer. Die alteingesessene slawische Bevölkerung vermischte sich rasch mit den deutschen Zuwanderern. Nur im Süden Brandenburgs – im Spreewald und der Lausitz – bewahrten die Sorben (Wenden) bis heute ihre slawische Sprache und Kultur.

Nach dem Aussterben der brandenburgischen Linie der Askanier traten Wittelsbacher und Luxemburger ihr Erbe an. Sie regierten fern der Mark, die im Innern in Anarchie versank und schutzlos den Nachbarn preisgegeben war. Dies sollte sich erst ändern, nachdem Kaiser *Sigismund* 1415 seinen Vertrauten, den Burggrafen *Friedrich von Nürnberg* mit der Mark Brandenburg belehnte. Damit begann die über fünf Jahrhunderte währende Herrschaft der Hohenzollerndynastie über das Land. In den nächsten Jahrhunderten machten die Hohenzollern Brandenburg, das zum Kernland des Königreichs Preußen mit den mit ihrem Namen verbundenen vielgeschmähten „preußischen Militarismus" und den gepriesenen „preußischen Tugenden" wurde, zu einer Großmacht von europäischem Rang.

Drei Faktoren markierten diesen Prozeß.

1. Durch glückliche *Erbschaften* (1614 Erwerb des Herzogtums Kleve und der Grafschaften Mark und Ravensberg, 1618 Eintreten des Erbfalls im Herzogtum Preußen) erstreckten sich die Territorien der Hohenzollern vom Rhein im Westen bis jenseits der Reichsgrenzen im Osten. Diese vorerst noch lediglich durch dynastische Personalunion miteinander verbundenen Länder territorial abzurunden, war ein zentrales politisches Ziel der Hohenzollern, die ihrem Staat immer neue Eroberungen einverleibten (u.a. 1648 Hinterpommern, Minden und Halberstadt, 1680 Magdeburg, 1742 Schlesien, 1772 Westpreußen).
2. Wie kaum ein zweites deutsches Fürstentum hatte Brandenburg im Dreißigjährigen Krieg zu leiden. *Militärisch* schwach, lavierte es zwischen Kaiserlichen und Schweden und war der Willkür beider Blöcke ohnmächtig ausgesetzt. Das geplagte Land wurde von der Pest heimgesucht. Als 1648 der langersehnte Frieden kam, war Brandenburgs Bevölkerung auf fast die Hälfte reduziert. Der „Große Kurfürst" *Friedrich Wilhelm* (1640-1688) setzte deshalb die Bildung eines stehenden Heeres durch, das von seinem Enkel, dem „Soldatenkönig" *Friedrich Wilhelm I.* (1713-1740), zu einer der schlagkräftigsten europäischen Armeen ausgebaut wurde. Zugleich förderten die Brandenburger Herrscher den wirtschaftlichen Ausbau des Landes. Sie ließen Straßen und Kanäle anlegen. Handwerk, das Manufakturwesen und der Handel er-

blühten. Sümpfe wurden trockengelegt. Die Residenzen Berlin und Potsdam erhielten repräsentative Bauten. Der „Große Kurfürst" rief im Potsdamer Edikt (1685) verfolgte französische Hugenotten ins Land. *Friedrich II.* (1740-1786) siedelte Böhmen, Holländer, Pfälzer und Salzburger an. 60.000 Menschen zog diese „Peuplierung" nach Brandenburg

3. Mit der Installierung eines *Verwaltungsapparates*, dessen Aufgaben und Kompetenzen sich über die Mark hinaus auf alle erworbenen Territorien erstreckten, wurde ein Prozeß staatlicher Vereinheitlichung von oben eingeleitet. Aus dem Kurfürstentum Brandenburg entstand 1701 das Königreich Preußen. Brandenburg nahm in diesem Staatsgefüge schließlich seit 1815 nur noch die Position einer von zehn Provinzen ein. Diese erhielt auch neue Grenzen. Die Altmark wurde der neuen preußischen Provinz Sachsen angegliedert, dafür wurde Brandenburg um die vom Königreich Sachsen abgetretenen Gebiete um Belzig und Jüterbog und die Niederlausitz vergrößert.

Im 19. Jahrhundert, besonders in seiner 2. Hälfte, setzte ein starker wirtschaftlicher Boom ein. In den „Gründerjahren" expandierten Kapital, Industrie und Banken. Der Brandenburger Kurfürst und preußische König wurde 1871 auch Deutscher Kaiser, bis in der Revolution 1918 die Hohenzollernherrschaft endete.

Nach der Machtübernahme der Nazionalsozialisten wurden im Zuge der „Gleichschaltung" die Selbstverwaltungsinstanzen der Provinz entmachtet. Der „Tag von Potsdam" symbolisierte die Unterordnung des gesamten Staatswesens unter die NSDAP. Politische Gegner, Juden, Sinti und Roma, Homosexuelle und andere wurden zu Tausenden in den Konzentrationslagern Sachsenhausen und Ravensbrück gequält und umgebracht.

Unsägliche Leiden brachte der Zweite Weltkrieg über das Land. Beim Bombenangriff auf Potsdam am 14. April 1945 kamen 3.500 Menschen ums Leben. Insbesondere der Versuch, in letzter Minute Berlin zu verteidigen, forderte schwere Opfer. Allein in der Kesselschlacht bei Halbe starben 60.000 Menschen. Große Teile der Provinz waren zerstört.

Bis zum Ende des Zweiten Weltkrieges bestand der formell erst durch das Gesetz Nr. 46 des Alliierten Kontrollrats vom 25. Februar 1947 aufgelöste Staat Preußen. Aus seiner Konkursmasse entstand durch Befehl der sowjetischen Besatzungsmacht vom 9. Juli 1945 – vorerst als Provinz bezeichnet – das Land Brandenburg, das seine östlich der Oder gelegenen Teile an Polen verlor. Wieder gab es Internierungslager, in denen politisch Andersdenkende zu Tausenden umkamen. Das neue Land sollte nicht lange Bestand haben. Nachdem ihm die Zentralisierungspolitik der SED grundlegende Entscheidungskompetenzen entzog, wurde es schließlich im Juli 1952 gänzlich liquidiert. Aus ihm gingen mit territorialen Veränderungen die Bezirke Potsdam, Frankfurt/Oder und Cottbus hervor.

Erst mit der Wiederherstellung der deutschen Einheit am 3. Oktober 1990 entstand das Land Brandenburg erneut.

Die Landesverfassung ist erkennbar vom Runden Tisch geprägt

Noch bevor sich das neue Land Brandenburg juristisch konstituierte, setzte die Diskussion um eine Landesverfassung ein. Engagiert geführte Debatten entspannen sich um solche Probleme wie das Für und Wider sozialer Staatszielbestimmungen, die Einbeziehung direktdemokratischer Verfahren in die Gesetzgebung, den Umfang des Grundrechtskatalogs oder die Regelung des Umweltschutzes. Zu den verschiedenen Entwürfen gingen Hunderte von Vorschlägen ein. Gegenentwürfe wurden vorgelegt. Einige lehnten die entstehende Verfassung als „Weg in eine andere Republik" ab und drohten mit Verfassungsklage. Die Brandenburger Bürger jedoch gaben der neuen Verfassung im Referendum vom 14. Juni 1992 eine eindeutige Legitimation. Zwar lag die Abstimmungsbeteiligung lediglich bei 47,93%; die Zustimmungsquote aber betrug 94,04%.

Die *Landesverfassung* Brandenburgs nahm die Traditionen demokratischer Verfassungsentwicklung in sich auf. Regelungen im Grundrechtskatalog, in den parlamentarischen Arbeitsstrukturen, der Rechtsstellung von Abgeordneten, der richterlichen Unabhängigkeit usw. lassen sich in Inhalt und teilweise sogar im Wortlaut bis auf die *„Paulskirchen"-Verfassung* von 1849 zurückführen. Darüber hinaus reflektiert die Verfassung die Impulse der bundesweiten Diskussionen, wie sie sich auch in anderen neueren Landesverfassungen niedergeschlagen haben. Unverkennbar hat aber auch das Rechtsverständnis von DDR-Bürgerbewegungen vielfach Brandenburgs Verfassungsschöpfern die Feder geführt. So entstammt die Formulierung zur Würde im Sterben oder zur schützenden Toleranz sexueller Identität nahezu wörtlich der Verfassung des *Zentralen Runden Tisches*. Darüber hinaus werden wichtige Staatszielbestimmungen formuliert, die – wenngleich juristisch nicht einklagbar – der Landespolitik bestimmte Schwerpunkte vorgeben. So hat der Staat „im Rahmen seiner Kräfte für die Verwirklichung des Rechts auf eine angemessene Wohnung" sowie „durch eine Politik der Vollbeschäftigung und Arbeitsförderung für die Verwirklichung des Rechts auf Arbeit zu sorgen".

Breiten Raum nimmt der Schutz der natürlichen Lebensgrundlagen ein. Verschiedene in der Verfassung geregelte Politikbereiche sind ökologischen Zielsetzungen unterworfen. Ein eigener Verfassungsartikel ist dem Recht des sorbischen (wendischen) Volkes auf Schutz, Erhaltung und Pflege seiner nationalen Identität und der Gewährleistung seines angestammten Siedlungsgebietes gewidmet.

Bei der in der Verfassung benannten Aufgabe, eine friedliche Zusammenarbeit mit anderen Völkern anzustreben, wird der polnische Nachbar ausdrücklich hervorgehoben. Dieser Verpflichtung ist das Land seitdem mit einer Vielzahl grenzüberschreitender Aktivitäten nachgekommen. So sind Brandenburger Kommunalgemeinschaften an den Euro-Regionen Pomerania, Pro Europa Viadrina und Spree-Neiße-Bober beteiligt.

Der *Landtag* besteht aus 88 Abgeordneten. Sie werden auf fünf Jahre gewählt. Wahlberechtigt sind alle Bürger Brandenburgs, die das 18. Lebensjahr vollendet haben. Bei der Sitzverteilung werden nur jene Parteien, politische Vereinigungen oder Listenverbindungen berücksichtigt, die mindestens fünf Prozent der gültigen Zweitstimmen oder mindestens in einem Wahlkreis ein Direktmandat errungen haben. Diese Sperrklausel gilt nicht für politische Vertretungen der Sorben. Der Landtag besitzt das Recht der Selbstauflösung. Er kann auch durch den Ministerpräsidenten nach gescheiterter Vertrauensfrage sowie durch einen Volksentscheid mit erhöhten Quoren aufgelöst werden. Zu den verfassungsrechtlichen Besonderheiten in der Stellung des Landtags gehören, daß die Opposition ein von der Verfassung garantiertes Recht auf Chancengleichheit besitzt und daß die Immunität der Abgeordneten erst auf Verlangen des Landtags hergestellt wird.

An die Wahlperiode des Landtags ist die Amtszeit der *Landesregierung* gebunden. Der Landtag wählt den Ministerpräsidenten, der die Richtlinien der Regierungspolitik bestimmt und die Minister ernennt und entläßt. Die Landesregierung ist verpflichtet, den Landtag über die Vorbereitung von Gesetzen und Verordnungen, über Grundsatzfragen von Raumordnung und Standortplanung, die Durchführung von Großvorhaben sowie über die Zusammenarbeit mit Bund, den anderen Ländern, den Europäischen Gemeinschaften und anderen Staaten frühzeitig und vollständig zu unterrichten.

Die Landesverfassung garantiert eine unabhängige Rechtspflege. Nachdem für eine Übergangszeit die Gerichtsstruktur der DDR bestehen blieb, wurde in den Jahren 1991 bis 1993 mit einer Vielzahl von Maßnahmen die Justiz den rechtsstaatlichen Anforderungen angepaßt. Es entstanden eigenständige *Arbeits-, Sozial- und Verwaltungsgerichte* sowie das *Finanzgericht* des Landes Brandenburg. Mit dem 1. Dezember 1993 war die strukturelle Neuordnung der ordentlichen Gerichtsbarkeit mit Amts- und Landgerichten sowie dem Brandenburgischen Oberlandesgericht abgeschlossen. Seit Oktober 1993 ist auch ein eigenes *Landesverfassungsgericht* tätig.

Ein schwieriges Problem bei der Umstellung der Gerichtsbarkeit war die Aufgabe, das Vertrauen der Bürger in die neue Rechtspflege zu sichern. Dabei galt es, einerseits die Justiz politisch und moralisch Belasteter zu entledigen, andererseits aber einer übermäßigen westdeutschen Überfremdung vorzubeugen. Deshalb wurden von dem auf der Grundlage der Landesverfassung gebildeten Richterwahlausschuß alle Richter und Staatsanwälte, die an DDR-Gerichten tätig gewesen waren und ihren Beruf weiter ausüben wollten, auf ihre persönliche und fachliche Eignung überprüft. Von 242 Richtern, die einen Antrag auf Übernahme gestellt hatten, wurden schließlich 128 (53%) übernommen, von 166 Staatsanwälten 101 (61%).

Die Brandenburger machen regen Gebrauch von direktdemokratischen Verfahren

Die parlamentarische Gesetzgebung wird durch ein dreistufiges direktdemokratisches Verfahren (*Volksinitiative, Volksbegehren, Volksentscheid*) ergänzt. Die verlangten Quoren – 20.000 Einwohner (ca. 1%) bei der Volksinitiative, 80.000 Wahlberechtigte (ca. 4%) beim Volksbegehren – sind die niedrigsten aller deutschen Bundesländer. Verfassungsrechtlich nicht unumstritten ist das Beteiligungsrecht aller Einwohner – also nicht nur der wahlberechtigten Deutschen – bei der Volksinitiative. Der Erfolg eines Volksentscheids verlangt die Zustimmung der Mehrheit der Abstimmenden, mindestens jedoch 25% der Stimmberechtigten. Bei Verfassungsänderungen und Landtagsauflösungen gelten höhere Quoren. 22 Volksinitiativen, 5 Volksbegehren und 2 Volksentscheide seit Inkrafttreten der Landesverfassung zeigen, in welch hohem Maße die Brandenburger die Möglichkeiten plebiszitärer Demokratie angenommen haben.

Drei größere Parteien

Während der Wendezeit bildeten sich in Brandenburg zahlreiche Parteien neu bzw. um. Im November 1989 wurde – wenige Wochen nach der noch unter konspirativen Umständen erfolgten Gründung der Sozialdemokratischen Partei Deutschlands in der DDR deren provisorischer Bezirksverband Brandenburg gegründet. Die Partei genießt – nicht zuletzt dank des Ansehens des langjährigen Ministerpräsidenten *Manfred Stolpe* – Popularität, verfügt aber über eine vergleichsweise geringe Mitgliederzahl.

Die CDU entstand durch Fusion der DDR-Blockparteien *Christlich-Demokratische Union* (CDU) und *Demokratische Bauernpartei Deutschlands* (DBD) und der Bürgerbewegung *Demokratischer Aufbruch*. Die durch diesen Zusammenschluß gewonnene Mitgliederstärke konnte sie jedoch nicht halten. Führungskämpfe, Ost-West-Rivalitäten, innerparteiliche Konflikte zwischen Neumitgliedern und „Blockflöten" wurden mühsam überwunden. Seit Ende der neunziger Jahre konsolidierte sich Brandenburgs CDU zu einer stabilen politischen Kraft und liegt in der Bürgergunst mit der SPD etwa gleichauf..

Die aus den SED-Bezirksorganisationen hervorgegangene PDS ist trotz rückläufiger Zahlen die mitgliederstärkste Partei. In einigen Kommunalparlamenten stellt sie die stärkste Fraktion.

Kompliziert verlief die Entwicklung des Landesverbandes von *Bündnis 90/ Die Grünen*. Zur ersten Landtagswahl hatten die Grünen und die aus den Bürgerbewegungen *Neues Forum, Demokratie Jetzt* und *Initiative für Frieden und Menschenrechte* bestehende Listenverbindung Bündnis 90 getrennt kandidiert. Dem 1991 gegründeten Landesverband Bündnis 90 traten nicht alle Mitglieder der Bürgerbewegungen bei. Der bundesweite Zusammenschluß von *Bündnis 90* und *Die Grünen* löste in Brandenburg parteiinterne Kontroversen aus. In deren Folge traten Mitglieder und Abgeordnete aus der Partei aus und gründeten das Bürgerbündnis, das aber nach dem Mißerfolg bei der Landtagswahl 1994 zerfiel; einige seiner Mitglieder fanden in der CDU eine politische Heimat.

In einer komplizierten Situation befindet sich auch die FDP, die in Brandenburg aus den früheren Blockparteien *Liberal-Demokratische Partei Deutschlands* (LDPD) und *National-Demokratische Partei Deutschlands* (NDPD) sowie den Neugründungen *Deutsche Forumpartei* (DFP) und Ost-FDP hervorgegangen ist. Die 5%-Hürde konnte die Partei bei den letzten Landtagswahlen nicht überwinden.

Die bisherigen Wahlergebnisse in Brandenburg sind sowohl Spiegelbild innerparteilicher Entwicklungen als auch der Popularität der einzelnen Parteien und der sie repräsentierenden Persönlichkeiten. Bei allen nach 1990 stattgefundenen Wahlen dominierte die SPD. Ständige Stimmengewinne konnte die PDS verbuchen – bei den Landtagswahlen 1990 bildete sie gemeinsam mit dem *Demokratischen Frauenbund Deutschlands, Die Nelken, Freie Deutsche Jugend* und Marxistische Jugendvereinigung *Junge Linke* die *Linke Liste* –, während die Ergebnisse von FDP und *Grüne/Bündnis 90* unter dem Bundesdurchschnitt blieben.

Wahl	% der Stimmen (Landes- und Bundestagswahlen: Zweitstimme)					
	SPD	CDU	PDS	F.D.P.	Bü90/Grüne	Sonstige
Landtagswahl 14.10.1990	38,24	29,40	13,41	6,63	6,42 2,84	3,06
Bundestagswahl 2.12.1990	32,90	36,28	11,03	9,74	6,63	3,41
Kommunalwahl 5.12.1993	34,50	20,56	21,19	7,09	4,19	12,47
Landtagswahl 11.9.1994	54,14	18,72	18,71	2,20	2,89	3,34
Bundestagswahl 16.10.1994	45,05	28,12	19,28	2,62	2,89	2,03
Bundestagswahl 27.9.1998	43,50	20,78	20,30	2,85	3,62	8,95
Kommunalwahl 27.9.1998 (Kreise und kreisfreie Städte)	38,97	21,42	21,62	4,14	4,13	9,70
Landtagswahl 5.9.1999	39,33	26,55	23,34	1,86	1,94	6,99

Im Landtag der Wahlperiode 1990-1994 stellte die SPD die stärkste Fraktion. Von den 88 Sitzen fielen 36 auf die SPD, 27 auf die CDU, 13 auf PDS/*Linke Liste* und je 6 auf F.D.P. und Bündnis 90. SPD, F.D.P. und Bündnis 90 gingen die so genannte „Ampelkoalition“ ein. Der von Ministerpräsident *Manfred Stolpe* (SPD) geführten Regierung gehörten fünf SPD-Minister an, je zwei Minister wurden von F.D.P. und Bündnis 90 gestellt; ein Minister war parteilos. Im 1999 gewählten Landtag sind – wie auch schon seit 1994 – nur noch drei Fraktionen vertreten. Mit 37 Sitzen verfügt die SPD über die Mehrheit. Die CDU stellt 25 Abgeordnete, die PDS 22. Erstmals gehört mit 5 Abgeordneten die Deutsche Volksunion (DVU) dem Landtag an. Das dritte Stolpe-Kabinett ist eine von SPD und CDU gebildete Koalition. Die SPD stellt fünf Minister (Finanzen – Arbeit, Soziales, Gesundheit und Frauen – Landwirtschaft, Umweltschutz und Raumordnung – Bildung, Jugend und Sport – Stadtentwicklung, Wohnen und Verkehr). Vier Minister wurden von der CDU benannt (Inneres – Justiz und Europaangelegenheiten – Wirtschaft – Wissenschaft, Forschung und Kultur). Seit Juni 2002 ist Matthias Platzek Ministerpräsident das Landes Brandenburg.

Brandenburger wollten keine Fusion mit Berlin

Von besonderer Art sind die Beziehungen zwischen den Ländern Brandenburg und Berlin. Sie bilden nicht nur, indem Brandenburg das Land Berlin vollständig umschließt, ein geografisches Spezifikum, sondern haben auch weit zurückreichende historische Hintergründe. Die heutige Bundeshauptstadt Berlin übertraf bis ins 15. Jahrhundert hinein – bis 1709 als noch getrennte Städte Berlin und Cölln – an Größe, Wirtschaftskraft und politischer Bedeutung andere märkische Städte kaum. Erst mit der ständigen Verlegung der kurfürstlichen Residenz und aller wichtigen Verwaltungsbehörden in die Stadt gewann sie eine exponierte Stellung. Die aufblühende Industrie im vorigen Jahrhundert zog viele Tausende Arbeitssuchende in die Stadt, deren Grenzen nun immer mehr ausgedehnt wurden. Zahlreiche umliegende Orte wurden nach Berlin eingemeindet. Dies führte schon damals zu Konflikten und Einsprüchen betroffener Kommunen. Aber auch die Berliner Behörden wehrten sich vorerst gegen die von der preußischen Regierung favorisierte Einverleibung der großen Nachbarorte in die Stadt. Sie fürchteten übermäßige finanzielle Belastungen. Man entschied sich vorerst dafür, Berlin aus dem Provinzialverband Brandenburg herauszulösen (1881), zugleich aber eine intensive grenzüberschreitende Regionalpolitik über kommunale Grenzen hinweg zu sichern. So ermöglichte die Ausdehnung der Berliner Bauordnung 1887 auf das Umland die Errichtung von Mietskasernen außerhalb der Hauptstadt. Seit 1899 umfaßte eine einheitliche Gerichts- und Polizeiorganisation Berlin und die Nachbarstädte. Höhepunkt dieser Entwicklung war die Gründung des *Zweckverbandes für Groß-Berlin* im Juli 1911. Dieser umfaßte 374 Einzelgemeinden mit 4,1 Millionen Einwohnern. Er sah seine Aufgabe vor allem in der Abstimmung und Zentralisierung gemeinsamer Aufgaben in Verkehrswesen, Bebauung und Erhaltung von Grünflächen. Einer seiner größten Erfolge war der „Dauerwaldvertrag“ 1915; durch den Ankauf riesiger Waldflächen vom preußischen Staat wurden diese bis zum heutigen Tag der Bauspekulation entzogen.

Nach langen Debatten in staatlichen und kommunalen Gremien beschloß die *Preußische Landesversammlung* 1920 mit der knappen Mehrheit von 164 gegen 148 Stimmen die Bildung von Groß-Berlin. 7 Brandenburger Städte, 59 Landgemeinden und 27 Gutsbezirke wurden der Hauptstadt einverleibt.

Nach dem Zweiten Weltkrieg gehörten Brandenburg und der Westteil der geteilten Hauptstadt gegensätzlichen politischen Blöcken an. Ost-Berlin wurde als „Hauptstadt der DDR“ in materieller Versorgung, Baukapazitäten und kultureller Ausstattung dem provinziellen Umland deutlich vorgezogen. Trotz vielfacher menschlicher Bindungen, die auch Blockade und Mauer nicht zu zerstören vermochten, bauten sich Ressentiments zwischen Berlin und der „Zone“ auf. Mit der Herstellung der deutschen Einheit verschwanden sie nicht über Nacht, sondern erfuhren – besonders wegen mancherlei nicht erwarteter Begleiterscheinungen des Einigungsprozesses – eher noch eine Vertiefung. Unter diesen Umständen begannen die beiden Länder, die Empfehlung des Einigungsvertrages über die Schaffung eines einheitlichen Bundeslandes Berlin-Brandenburg in die Tat umzusetzen. In den folgenden Jahren wurden die notwendigen vertraglichen Regelungen zwischen beiden Ländern erarbeitet. Eine Grundgesetzänderung ermöglichte ein vereinfachtes Verfahren; ein Bundesgesetz sicherte die finanziellen Voraussetzungen für die Länderfusion. Alle großen Parteien bis auf die PDS favorisierten den Zusammenschluß. Um so größer war die Enttäuschung bei den Politikern, als sich die Brandenburger verweigerten. Bei der Volksabstimmung am 5. Mai 1996 gaben 1.299.424 ihre Stimme ab. 814.936 votierten gegen ein gemeinsames Bundesland. Der von der Politik eingeschlagene Weg lautet seitdem: Kooperation statt Fusion. Mit verschiedenen gemeinsamen Gremien koordinieren beide Landesregierungen die Zusammenarbeit, um ein teures Nebeneinander zu vermeiden und die regionale Wirtschaft zu stärken. In ca. 60 vertraglichen Vereinbarungen, z.B. zum Verkehrsverbund und zum gegenseitigen Schulbesuch, sind wichtige Bereiche des Zusammenlebens von Metropole und „flachem Land“ geregelt. Mit der Bildung von Koalitionsregierungen zwischen SPD und CDU in beiden Ländern Ende 1999 wurden die politischen Grundlagen für die Zusammenarbeit zwischen Berlin und Brandenburg neu bestimmt und auch die Fusion beider Länder als „langfristiges Ziel der Zusammenarbeit“ wieder aufgegriffen. Führende Politik benannten als Wunschtermin das Jahr 2009.

Kommunalverfassung mit Bürgernähe

Brandenburgs Verwaltungsaufbau ist zweistufig mit obersten (Ministerien) und oberen (Landesoberbehörden) Landesbehörden auf der ersten und Landesunterbehörden mit regional begrenzten Zuständigkeiten auf der zweiten

Ebene. Die Entscheidung, auf Regierungsbezirke als Mittelinstanz zu verzichten, ergab sich aus der geringen Bevölkerungszahl; zugleich sollte durch Konzentration von Verwaltungsaufgaben auf der unteren Ebene ein Höchstmaß an Bürgernähe erreicht werden.

So ist Brandenburgs Kommunalverfassung durch eine Vielzahl von Regelungen gekennzeichnet, die auf mittelbar, vielfach auch auf unmittelbar demokratische Weise die Bürger in die kommunale Willensbildung einbeziehen.

Das Schwergewicht kommunaler Entscheidungs- und Kontrollbefugnis liegt bei der gewählten Vertretung. Sie ist für alle Angelegenheiten der Gemeinde zuständig und kontrolliert die Durchführung ihrer Entscheidungen durch den Bürgermeister. Dieser wird durch die Bürger direkt gewählt und hat eine starke Position im Verhältnis der Kommunalorgane zueinander. Die Wahlperiode dauert bei den ehrenamtlichen Bürgermeistern amtsangehöriger Gemeinden (zu den Ämtern siehe unten!) fünf Jahre, bei den hauptamtlichen Bürgermeistern amtsfreier Gemeinden sowie in den amtsangehörigen Gemeinden, die die Geschäfte des Amtes führen, acht Jahre. Relativiert wird die einflußreiche Stellung des Bürgermeisters durch das Recht der Gemeindevertretung, ihm Geschäfte der laufenden Verwaltung zu entziehen, und durch die Möglichkeit des Wahlvolkes, den Bürgermeister auf dem Weg des Bürgerentscheids abzuwählen. Von dieser Möglichkeit haben die Bürger vielfach Gebrauch gemacht, auch in der Landeshauptstadt Potsdam.

Das aktive und passive Wahlrecht besitzen Deutsche im Sinne des Grundgesetzes sowie alle Bürger der Europäischen Union. Die Wählbarkeit setzt voraus, daß der Kandidat seit mindestens drei Monaten seinen Wohnsitz im Wahlgebiet hat. Ein Versuch, das Wahlalter auf 16 Jahre herabzusetzen, scheiterte, so daß das Wahlrecht nach wie vor das Mindestalter von 18 Jahren voraussetzt. Jeder Wähler kann die ihm verfügbaren drei Stimmen beliebig kumulieren und panaschieren.

Neben dem Wahlrecht zu den kommunalen Vertretungen und zum Bürgermeister weist die Brandenburger Kommunalverfassung eine Fülle weiterer demokratischer Mitwirkungsmöglichkeiten auf. So kann über Bürgerbegehren und Bürgerentscheid unmittelbar über gemeindliche Belange entschieden werden. Ferner können die Einwohner – d.h. nicht nur Wahlberechtigte, sondern alle in der Gemeinde Wohnenden, also auch Ausländer – ihren Willen in einer Einwohnerversammlung oder über einen Einwohnerantrag formulieren. Dieser ist zwar für die kommunale Vertretung nicht verbindlich; die Gemeindevertretung muß sich aber damit innerhalb von drei Monaten befassen. Als weitere demokratische Elemente enthält die Kommunalverfassung das Petitionsrecht in kommunalen Angelegenheiten, das Teilnahmerecht jedes Einwohners an den öffentlichen Sitzungen der Vertretung und ihrer Ausschüsse, wobei die Öffentlichkeit die Regel ist, Einwohnerfragestunden als Bestandteil der Vertretersitzungen und die frühzeitige Unterrichtung der Einwohner über Ziele, Zwecke und Auswirkungen wichtiger Planungen und Vorhaben.

Eine Vielzahl durchgeführter Bürgerbegehren zeigt, daß die Brandenburger mit den demokratischen Elementen der Kommunalverfassung verantwortungsbewußt umgehen und daß sich Befürchtungen über deren möglichen Mißbrauch als unbegründet erwiesen haben.

Die Wiedereinführung der kommunalen Selbstverwaltung nach dem Zusammenbruch der DDR war mit der Notwendigkeit verbunden, größere und ökonomisch leistungsfähigere Regionaleinheiten zu bilden, als sie aus dem zentralistischen Verwaltungsaufbau überkommen waren. Die 1992/93 durchgeführte Kreisgebietsreform reduzierte deshalb die Zahl der Landkreise von 38 auf 14 und die der kreisfreien Städte von 6 auf 4. Die neue Kreisstruktur ist durch acht Sektoralkreise gekennzeichnet, die an Berlin grenzen und sich bis auf eine Ausnahme bis an die Landesgrenze erstrecken.

Vom Amt zur Einheitsgemeinde

Ähnlich wie auf Kreis- verhielt es sich auf Gemeindeebene. Die vielen kleinen und Kleinstgemeinden, von denen einige erst im Zuge der Wende erneut kommunale Eigenständigkeit erlangt hatten, waren nicht fähig, Rechte und Pflichten der kommunalen Selbstverwaltung wahrzunehmen. Nach den Erfahrungen der alten Länder betraf dies 9 von 10 Brandenburger Gemeinden. Die Suche nach Alternativen führte zu der Entscheidung, auf eine Gemeindegebietsreform im großen Stil vorerst zu verzichten und die Existenz politisch und juristisch selbständiger – auch sehr kleiner – Gemeinden beizubehalten. Statt dessen sollten mehrere kleinere Gemeinden gemeinsame Verwaltungseinheiten einrichten. Aus den geschichtlichen Erfahrungen Preußens, aber auch der Praxis des vergleichbar dünn besiedelten Landes Schleswig-Holstein erwuchs die Einführung der Amtsverfassung. Dem Amt angehörige Gemeinden verzichteten auf eine eigene Verwaltung. Statt dessen übertrugen sie die ihnen obliegenden Verwaltungsaufgaben auf das Amt. Nach wie vor verblieb die Entscheidungsbefugnis über die Selbstverwaltungsaufgaben bei der einzelnen Gemeinde, während deren Vollzug in der Zuständigkeit des Amtes lag.

Auch nach der Ämterbildung gab es immer noch in großer Zahl kleine, zumeist finanzschwache Gemeinden. Wenngleich etliche von den Möglichkeiten freiwilliger Gebietsneugliederungen Gebrauch gemacht hatten, gab mit Stand vom 31.12.2000 immer noch 1.974 Gemeinden. Von ihnen hatten 856 (58%) weniger als 500 Einwohner. Gerade diesen verblieben kaum finanzielle Handlungsspielräume. Zwar hatte sich in den Ämtern eine oft enge Kooperation zwischen den Gemeinden entwickelt, Selbstverwaltungsaufgaben waren auf das Amt und in großem Umfang auch auf Zweckverbände mit eigener Verwaltung übertragen worden. Dies aber hatte zu doppelten und teuren Verwaltungsstrukturen geführt. Neben diesen wirtschaftlichen waren auch politische Probleme zu konstatieren. So war bei den letzten Kommunalwahlen 1998 in den kleinen Gemeinden wenig Bereitschaft, demokratische Verantwortung zu übernehmen, offenbar geworden. In rund einem Drittel dieser Gemeinden gab es gerade einmal soviel Bewerber, wie Mandate in den Gemeindevertretungen zu vergeben waren, so dass die Wähler nicht mehr die Möglichkeit hatten, sich zwischen mehreren Kandidaten zu entscheiden.. In elf Gemeinden – davon in neun mit weniger als 500 Einwohnern – konnte wegen fehlender Bewerber keine Gemeindevertretung gewählt werden. In 152 Gemeinden (davon 128 unter 500 Einwohner) war niemand bereit, um das Bürgermeisteramt zu kandidieren; in 63% aller Gemeinden gab es nur einen Bewerber.

Diese Problemhäufung hatte dazu geführt, dass der Landtag schon zu einem sehr frühen Zeitpunkt eine Enquetekommission „Gemeindegebietsreform im Land Brandenburg" eingesetzt hatte, die kommunalen Reformbedarf konstatiert und neue Strukturmodelle vorgeschlagen hatte. Am 11.7.2000 beschloss die Landesregierung Leitlinien für die Entwicklung der Gemeindestruktur „Starke Gemeinden für Brandenburg". Diese gaben den Kommunen auf, sich für neue effektive und leistungsstarke Formen der kommunalen Selbstverwaltung zu entscheiden. Am geeignetsten wurde das Modell der amtsfreien Gemeinden möglichst in den Grenzen der bestehenden Ämter gewertet. Amtsfreie Gemeinden sollten mindestens 5.000 Einwohner haben, in dicht besiedelten Gebieten möglichst mehr. Als örtliche Verwaltungseinheit sollte das Amt dort weiter erhalten bleiben, wo die Bedingungen nicht für die Bildung einer amtsfreien Gemeinde sprächen. Die Verwaltungs- und Leistungskraft kleiner Ämter sollte durch deren Zusammenschluss zu größeren gestärkt werden. Auch innerhalb der Ämter sollte auf den Zusammenschluss kleiner Gemeinden zu leistungsfähigeren größeren hingewirkt werden. Amtsangehörige Gemeinden sollten künftig nicht weniger als 500 Einwohner haben. Die Gemeindestrukturreform sollte möglichst durch freiwillige Zusammenschlüsse umgesetzt werden.

Am 16.3.2001 trat auf der Grundlage der „Leitlinien" das Gesetz zur Reform der Gemeindestruktur und zur Stärkung der Verwaltungskraft der Gemeinden in Kraft. Es orientiert auf die Bildung leistungsstarker großer Gemeinden bei gleichzeitiger Erhaltung der dörflichen Identität. Die bisherigen Ortsnamen bleiben erhalten. In den Ortsteilen amtsfreier Gemeinden waren ein Ortsbürgermeister und ggf. ein Ortsbeirat mit begrenztem Budget- und Entscheidungsrecht zu wählen. Die Modifizierung des Kommunalwahlgesetzes bestimmte im Interesse einer möglichst ausgewogenen Repräsentanz der Ortsteile in der Gemeindevertretung. die erhebliche Absenkung der Mindesteinwohnerzahl kommunaler Wahlkreise von 2.501 auf 501.

Die Reaktion der Kommunen auf die Leitlinien wies ein sehr ambivalentes Bild auf. Im Sommer 2001 setzte eine Welle kommunaler Zusammenschlüsse ein. Andererseits wehrte sich eine Reihe von Gemeinden verbissen gegen die Gemeindestrukturreform; einige reichten Klagen vor dem Landesverfassungsgericht ein. Mit der Annahme von sechs Neugliederungsgesetzen wurde die Reform abgeschlossen. Mit der Wahl der neuen kommunalen Verantwortungsträger am 26.10.2003 wird sich Zahl der Gemeinden von 1479 vor Beginn der Reform auf 422, die der Ämter von 152 auf 54 verringert haben. Die Zahl der kreisfreien Städte und der Landkreise bleibt unberührt. Eine Reihe von Verfahren vor dem Landsverfassungsgericht ist noch anhängig.

Wirtschaftlich geprägt von der Nähe zu Berlin und dem hohen Anteil der Landwirtschaft

Brandenburgs Wirtschaft ist von zwei Umständen geprägt: der Nähe zu Berlin mit der damit verbundenen Abhängigkeit von der dortigen ökonomischen Entwicklung und dem hohen Anteil der Landwirtschaft. Die im 19. Jahrhundert entstandenen industriellen Zentren kennzeichnen noch heute die ökonomische Struktur des Landes: das Niederlausitzer Braunkohlerevier, Metallverarbeitung in Brandenburg an der Havel, optische Industrie in Rathenow und Maschinenbau in Eberswalde; in den ersten Jahrzehnten der DDR kamen der neuerrichtete Stahlstandort Eisenhüttenstadt sowie der Fahrzeugbau in Ludwigsfelde hinzu.

Die wirtschaftliche Umstrukturierung von Plan- auf Marktwirtschaft war von einer Reihe ungünstiger Faktoren begleitet, die sich in Brandenburg in besonderem Maße negativ auswirkten. Veraltete Produktionskapazitäten, niedrige Arbeitsproduktivität und mangelnde Infrastruktur trafen besonders die Regionen, in denen einzelne Industriezweige vorherrschten. Die Dominanz des Kohlebergbaus, der noch 1991 mehr als ein Viertel der gesamten nicht landwirtschaftlichen Produktion ausmachte, und der Landwirtschaft, zweier Wirtschaftsbereiche mit beträchtlicher Arbeitsintensität und hohen Beschäftigtenzahlen, hatte hier besonders negative Folgen. Ferner fiel der Wandlungsprozeß in Ostdeutschland zusammen mit globalen Strukturveränderungen und dem Ausfall traditioneller Wirtschaftsbeziehungen mit den osteuropäischen Märkten. Die mit dieser Entwicklung verbundenen Betriebsstillegungen und hohen Arbeitslosenzahlen kennzeichnen noch immer Brandenburgs Wirtschaft.

In den letzten Jahren aber wies sie ein kontinuierliches Wachstum auf. Innerhalb eines Jahrzehnt konnte der Produktivitätsrückstand gegenüber den alten Bundesländern erheblich abgebaut werden.. Während die *Produktivität* der Brandenburger Wirtschaft 1993 nur halb so hoch war wie die der westdeutschen Unternehmen, erreichte die Arbeitsproduktivität 2002 fast 86% des Niveaus der alten Bundesländer. Allerdings verringerte sich der Produktivitätsrückstand in den letzten Jahren nur langsam.

Insbesondere in der zweiten Hälfte der 90er Jahre wuchs das *Bruttoinlandsprodukt* beständig. 1998 verzeichnete das Land mit einem Plus von 3,2% zum vierten Mal in Folge den höchsten Zuwachs am Bruttoinlandprodukt unter den neuen Ländern. 2001 und 2002 lag es dagegen vor allem infolge gravierender Strukturumbrüche jeweils knapp unter dem Vorjahrsniveau. Zwischen den einzelnen Branchen gibt es beträchtliche Wachstumsunterschiede.

Der *Außenhandel* expandierte jahrelang insbesondere dank der raschen Westorientierung beim Export und der Wiederbelebung des Osthandels (mit Ausnahme der GUS):

Jahr	Ausfuhr (in TDM)	Einfuhr (in TDM)
1996	4.331.898	6.844.810
1997	5.751.020	7.901.243
1998	6.573.212	7.266.304
1999	6.238.368	7.764.633

Jedoch zeigte sich in den Jahren 2001 und 2002 auch in den Exportwerten eine rückläufige Tendenz.

Die insgesamt positive Wirtschaftsentwicklung fand keine Resonanz auf dem Arbeitsmarkt. In den letzten Jahren wuchs die Arbeitslosenquote kontinuierlich. Sie betrug im Juni 2003 18,6% und lag damit fast doppelt so hoch wie der Bundesdurchschnitt. Am höchsten war sie an der Peripherie des Landes. Im Raum Prenzlau in der Uckermark betrug sie 27%. Die hohe *Arbeitslosigkeit* ist ein großes wirtschaftliches und gesellschaftliches Problem für das Land.

Die Zahl der in der *Landwirtschaft* Beschäftigten sank im Zuge der Auflösung der LPG im Zeitraum von 1990 bis 1992 auf etwa ein Fünftel. Die landwirtschaftlich genutzte Fläche sank um etwa 15%. Deshalb weisen die vorwiegend landwirtschaftlich geprägten Regionen in den nördlichen Landesteilen heute die höchste Arbeitslosenquote auf. Bäuerliche Familienbetriebe werden durch das Land bevorzugt gefördert. So konnte seit 1993 der rückläufige Trend gestoppt werden; die Beschäftigung entwickelte sich stabil. Derzeit gibt es rund 7000 landwirtschaftliche Betriebe. Ihre Größenstruktur weicht deutlich von der der alten Bundesländer ab. Während dort meist kleinere und mittlere Familienbetriebe das Bild des Dorfes prägen, bearbeiten in Brandenburg ca. 750 Betriebe mit einer Betriebsfläche von jeweils über 500 Hektar etwa 70% der landwirtschaftlichen Fläche. Ihre Arbeitsproduktivität liegt teilweise über dem Bundesdurchschnitt. Der Zuwachs in der Bruttowertschöpfung liegt in der Landwirtschaft fast dreimal so hoch wie in der gesamten Wirtschaft.

Wirtschaftspolitische Entscheidungen werden auch von dem verfassungsrechtlich gebotenen *Schutz der natürlichen Lebensgrundlagen* dominiert. Im unteren Odertal wird er auch grenzüberschreitend betrieben. Mit Stand vom 31.12.2001 gibt es 331 Naturschutzgebiete, die 5,1% der Landesfläche einnehmen. Über 32,2% der Landesfläche erstrecken sich 112 Landschaftsschutzgebiete.

Als Wirtschaftszweig gewann der *Fremdenverkehr* an Bedeutung. Brandenburg besitzt eine Reihe touristischer Sehenswürdigkeiten, die weit über die Grenzen des Landes hinaus berühmt sind. Hauptattraktionen sind Park und *Schloß Sanssouci* und der im Siedlungsgebiet der Wenden liegende *Spreewald.* Aber auch *Schloß Rheinsberg* mit seinem Wald- und Seengebiet, die Schorfheide, die Märkische Schweiz, die Zisterzienserklöster Chorin, Lehnin oder Zinna, das BUGA-Gelände in Potsdam und viele andere Ziele locken jährlich viele Tausende von Gästen an. Das Land favorisiert einen naturverbundenen Tourismus. Der Erfolg dieses Konzepts erwies sich in steigenden Gästezahlen von 2,14 Millionen (1995) auf 3,12 Millionen (2001). Mit einer durchschnittlichen Bettenauslastung von 34,5% (2001) sind aber die Kapazitäten noch längst nicht ausgeschöpft. 2002 zeigten sich sogar Anzeichen von Stagnation.

Besonderheiten in Bildung und Kultur

Brandenburgs *Schulen* sind nach Schul- und nach Jahrgangsstufen gegliedert. Die Jahrgangsstufen 1 bis 6 bilden die in der Grundschule unterrichtete Primarstufe. Hier wird eine grundlegende Bildung vermittelt, die zum weiterführenden Lernen in der Sekundarstufe I befähigen soll. Diese umfasst die Jahrgangsstufen 7 bis 10. Als Schulformen existieren die Gesamtschule, das Gymnasium und die Realschule. Alle darauf folgenden Jahrgangsstufen umfasst die Sekundarstufe II. In ihr wird der Bildungsgang der gymnasialen Oberstufe in den Jahrgängen 11 bis 13 an Gymnasien, Gesamtschulen und Oberstufenzentren geführt, an letzteren werden außerdem die Bildungsgänge der Berufsschule, der Berufsfachschule und der Fachoberschule geführt. Gegenwärtig werden zwei Modellversuche durchgeführt, das Abitur bereits nach zwölf Jahren zu erreichen. Die staatlichen Schulen werden durch ein Angebot an Schulen in freier Trägerschaft ergänzt. Abnehmende Schülerzahlen (1995: 406.423; 2001: 314.894) erforderten bereits in den letzten Jahren, Schulen zu schließen. Die Zahl der allgemeinbildenden Schulen sank von 1.205 im Jahr 1995 auf 1.052 im Jahr 2001. Dieser Trend, der in der Vergangenheit vor allem die Grundschulen betraf, wird nun – vor allem im ländlichen Bereich – auch die Sekundarstufe I erfassen. Hier geht man von einem Rückgang der Schülerzahlen von ca. 141.000 im Schuljahr 2002/03 auf 62.000 im Schuljahr 2008/09 aus. Die Schließung weiterer Schulen wird nicht zu vermeiden sein.

Ein bekanntes Markenzeichen von Brandenburgs Bildungswesen ist das Schulfach LER (*Lebensgestaltung-Ethik-Religionskunde*). Seine schrittweise Einführung als ordentliches Lehrfach trennt die Schüler nicht nach Konfessionen. Es verfolgt das Ziel, Informationen über Religionen und Weltanschauungen gemeinsam mit allgemeinen ethischen Grundsätzen zu vermitteln, ohne an die Stelle eines von Kirchen oder Religionsgemeinschaften verantworteten Religionsunterrichts zu treten. Viele Schüler finden das Fach LER interessant und es ist insgesamt breit akzeptiert. Gleichwohl warfen Kritiker dem Fach vor, durch staatlichen Weltanschauungsunterricht die Ausgrenzung der Kirche aus der Schule zu begünstigen. Ein Verfahren vor dem Bundesverfassungsgericht endete mit einem Kompromiss. Das Fach LER bleibt erhalten. Schüler können sich vom LER-Unterricht befreien lassen, wenn sie regelmäßig am Religionsunterricht teilnehmen; sie können aber auch beide Fächer besuchen. Der Religionsunterricht bleibt in der Verantwortung der Kirchen und Religionsgemeinschaften und wurde aufgewertet.

Die Debatten um dieses Schulfach erhielten auch deshalb eine spezifische Dimension, weil der überwiegende Teil von Brandenburgs Bevölkerung keiner *Konfession* angehört. Nach vielen Kirchenaustritten in der Nach-Wende-Zeit ist nur etwa jeder vierte Brandenburger konfessionell gebunden, davon gehört der größte Teil (20% der Bevölkerung) der evangelischen Kirche in Berlin-Brandenburg an. Einige grenznahen Regionen sind traditionell benachbarten Landeskirchen zugeordnet. Ca. 4% der Bevölkerung gehört der katholischen Kirche an (Erzbistum Berlin, Bistum Görlitz). Seit 1991 gibt es in Brandenburg wieder jüdisches Gemeindeleben.

Drei *Universitäten* gibt es in Brandenburg: die Universität Potsdam, die Technische Universität Cottbus und Europa-Universität Viadrina (Frankfurt/Oder). Letztere weist nicht nur die reichsten Traditionen auf (Gründung 1506, Verlegung nach Breslau 1811, Neugründung 1992), als akademische Einrichtung mit Brückenfunktion zwischen Ost und West wirkt sie auch weit über die Landesgrenzen hinaus. Sie ist insbesondere auf die Förderung der deutsch-polnischen Zusammenarbeit ausgerichtet und wird dabei von der Europäischen Union unterstützt. In allen Studiengängen werden 30% polnische Studenten aufgenommen. Die Hochschule für Film und Fernsehen in Potsdam-Babelsberg ist die einzige künstlerische Hochschule des Landes. Außerdem bilden sieben Fachhochschulen Studenten aus. Derzeit studieren etwa 36 800 junge Menschen in Brandenburg

Neben diesen Lehr- und Forschungseinrichtungen sind in Brandenburg *wissenschaftliche Institutionen* von nationalem und internationalem Rang tätig, darunter drei Max-Planck-Institute und vier Einrichtungen der Fraunhofer-Gesellschaft. Besondere Erwähnung verdient das Geo-Forschungszentrum, das als weltweit erste Einrichtung alle Disziplinen der Wissenschaften der Erde zum Forschungsgegenstand „System Erde“ in einem fachübergreifenden Forschungsverbund zusammenfaßt.

Vielgestaltig ist Brandenburgs *Kulturlandschaft*, die von reichen Traditionen geprägt ist. Sechs Theater, rund 350 Museen, 160 öffentliche Bibliotheken, viele Gedenkstätten, Orchester und Chöre, etwa 23.000 Bodendenkmale und rund 10.000 Baudenkmale befinden sich auf Brandenburger Territorium. Im ländlichen Raum stehen über 500 Schlösser und Herrenhäuser. Gerade auf kulturellem Gebiet kooperiert das Land eng mit Berlin. Die Brandenburger im Berliner Umland nutzen die Angebote der Hauptstadt. Die Potsdamer Schlösser und Gärten, seit 1990 auf der UNESCO-Liste des Weltkulturerbes, werden von der Stiftung Preußische Schlösser und Gärten Berlin-Brandenburg verwaltet.

Ein besonderes Gepräge erhält Brandenburgs Kulturlandschaft durch die sorbischen Einflüsse. Eigene Vereine, das Sorbische Nationalensemble, ein sorbischer Verlag, das deutsch-sorbische Volkstheater, Museen und andere Einrichtungen sichern den Erhalt der Traditionen im deutsch-sorbischen Siedlungsgebiet. Im grenznahen Raum an Oder und Neiße haben sich vielfältige Beziehungen deutsch-polnischer Zusammenarbeit herausgebildet.

Eine beachtliche Entwicklung hat Brandenburg als Medienstandort genommen. Die Filmstadt Potsdam-Babelsberg, wo seit 1912 Filme produziert werden, hat Unsicherheiten der Wendezeit überstanden und behauptet sich erfolgreich im internationalen Wettbewerb. Der ostdeutsche Rundfunk Brandenburg (ORB) hat mehrere Hörfunk- und ein eigenes Fernsehprogramm entwickelt. Seit Mai 2003 bildet er mit dem Berliner Sender SFB die gemeinsame Sendeanstalt RBB für die Region Berlin-Brandenburg. Im Bereich der Print-Medien nehmen die drei ehemaligen SED-Bezirkszeitungen, die nach 1989 von westdeutschen Unternehmungen aufgekauft wurden, eine bedeutende Position den Zeitungsmarkt ein.

Das Wappen

Erstmals wurde nach heutigem Kenntnisstand der märkische Adler in einem markgräflichen Wappen 1170 verwandt. Es wird vermutet, daß er sich vom Wappen des kaiserlichen Lehnsherrn ableitet. In der Folge nahmen mehr als 50 vom Markgrafen gegründete Städte den Adler in ihr Stadtwappen auf. Nach etlichen Veränderungen (Ergänzung des Wappens um die kurfürstlichen Insignien Kurhut, Zepter und Schwert 1824 und um den Erzkämmererstab 1864) und nach der gänzlichen Abschaffung des Adlerwappens 1945 kehrte der Landtag des wiedererstandenen Landes Brandenburg 1991 zur jahrhundertealten Tradition des roten Adlers zurück.

Literaturhinweise

Christiane Büchner/Jochen Franzke, Das Land Brandenburg. Kleine politische Landeskunde, Potsdam 2002

Ingo Materna und Wolfgang Ribbe (Hrsg.), Brandenburgische Geschichte, Berlin 1995

Friedrich Beck/Eckart Henning (Hrsg.), Brandenburgisches Biographisches Lexikon, Potsdam 2002

Handbuch der Verfassung des Landes Brandenburg Helmut Simon, Dietrich Franke und Michael Sachs (Hrsg.), Stuttgart 1997

Hasso Lieber/Steffen Johann Iwers/Martina Ernst, Verfassung des Landes Brandenburg, Wiesbaden 2003

Michael Nierhaus, Kommunalrecht für das Land Brandenburg. Kompendium für Studium, Ausbildung und Fortbildung, Baden-Baden 2003

Wirtschaftsatlas Brandenburg regional, hgg. vom Brandenburgischen Wirtschaftsinstitut, Potsdam 1995

Die Freie Hansestadt Bremen – Ein Bundesland – Zwei Städte

Michael Scherer

Das Bundesland Bremen, offiziell die Freie Hansestadt Bremen, ist das kleinste Land der Bundesrepublik Deutschland und besteht aus den Städten Bremen und Bremerhaven. Nicht ohne Stolz verteidigen die Bewohnerinnen und Bewohner dieses Bundeslandes bei vielen Gelegenheiten ihre traditionsreiche und immer wieder angefeindete und bedrohte Selbstständigkeit, für die der Bremer Schlüssel als Wappen des Bundeslandes das Symbol ist. Bremen – der Schlüssel zur Welt.

Geografie und politisches System

Die Freie Hansestadt Bremen ist 404 Quadratkilometer groß und macht damit gerade 0,16 Prozent der Gesamtfläche der Bundesrepublik Deutschland aus. Das Bundesland umfasst drei Gebietskörperschaften mit jeweils eigenem Etat, die beiden Stadtgemeinden Bremen und Bremerhaven sowie das Land Bremen. Die Stadt Bremen liegt 8° 48' 30“ Länge östlich von Greenwich und 53° 04' 38“ nördlicher Breite, Bremerhaven 8° 34' 48“ Länge östlich von Greenwich und 53° 32' 45“ nördlicher Breite. Im Nordwesten der Bundesrepublik Deutschland an der Küste und nahe der Küste der Nordsee gelegen, wird das Bundesland ganz wesentlich maritim geprägt. Häfen und Handel, weltweite Verbindungen und Aufgeschlossenheit gegenüber Neuem machen die besondere Atmosphäre in diesem kleinsten Bundesland aus.

Die Landesregierung mit dem offiziellen Titel „Senat der Freien Hansestadt Bremen“ ist zugleich die Regierung der Stadtgemeinde Bremen, während Bremerhaven einen eigenen Magistrat hat, der von einer Stadtverordnetenversammlung gewählt wird und an dessen Spitze ein Oberbürgermeister steht.

Das Landesparlament heißt Bremische Bürgerschaft (Landtag) und bestand ursprünglich aus 100 Abgeordneten, 80 aus Bremen und 20 aus Bremerhaben. Die 80 Abgeordneten aus der Stadt Bremen bildeten die Stadtbürgerschaft als kommunale Vertretung. Mit der Bürgerschaftswahl vom 25. Mai 2003 hat die Bürgerschaft die Zahl der Abgeordneten auf 83 verringert. Die 67 Abgeordneten aus der Stadt Bremen bilden seitdem auch die Stadtbürgerschaft. Aus Bremerhaven kommen seither nur noch 16 Abgeordnete.

Die Bürgerschaft (Landtag) wählt die Mitglieder des Senats, die aus ihrer Mitte in geheimer Wahl zwei Bürgermeister wählen, einen davon zum Präsidenten des Senats, der damit die Funktion eines Ministerpräsidenten wahrnimmt.

Zur Sicherstellung einer bürgernahen Verwaltung dienen 17 Ortsämter und 22 stadtteilbezogene Beiräte als direkt gewählte Verwaltungsausschüsse mit Mitwirkungs-, Beratungs- und Anhörungsrechten.

Bremen und Bremerhaven liegen rund 65 Kilometer voneinander getrennt und werden durch den Fluss Weser verbunden. Zwischen beiden Städten liegt niedersächsisches Gebiet. Die Lage in der norddeutschen Tiefebene sorgt dafür, dass keine besonderen landschaftlichen Reize für das Bundesland Bremen zu benennen sind. Allerdings schätzen es die Bremerinnen und Bremen sehr hoch ein, dass sie in sehr kurzer Zeit von ihren jeweiligen Stadtmittelpunkten aus „im Grünen" sind – auch wenn es dann rasch bereits im niedersächsischen Umland ist. Besonders an den wenigen sonnigen Wochenenden sind die Deichstraßen an den Flüssen rund um Bremen voll von Spaziergängern, Radlern, Radrennfahrern und Skatern, was dann nicht ohne gegenseitige Rücksichten erträglich ist. Die geografische Höhe des Landes gravitiert um 0,00 NN. Die höchste Erhebung ist der Weyerberg in Worpswede – im niedersächsischen Umland. Somit besteht das Bundesland Bremen Bremen im Wesentlichen aus urbanen Strukturen mit nahe gelegenem reizvollen Umland.

Insgesamt leben im Bundesland Bremen rund 661.300 Menschen (2002), davon 543.500 in Bremen und 117.800 in Bremerhaven. 316.700 Bewohner des Bundeslandes sind männlichen Geschlechts, 344.600 sind Frauen. Im Bundesland leben 81.850 Ausländer. Es gibt in Bremen 355.800 Haushalte, mehr als 49 Prozent davon sind Single-Haushalte, ein Drittel besteht aus zwei Personen. Während Angehörige der Altersgruppe unter 40 Jahren in der Regel zur Miete wohnt, sind rund 40 Prozent der über 40-jährigen Bremerinnen und Bremer Eigentümer ihrer Wohnung, wobei ein Drittel aller Bremer Wohnungen in Ein- und Zweifamilienhäusern liegt.

Ständiger Kampf um Selbstständigkeit

Die Selbstständigkeit innerhalb einer politischen Gemeinschaft beherrscht wie kein anderes Thema die geschichtliche Entwicklung Bremens. Am Anfang stand die Siedlung Bremen am Ufer des Flusses Weser. Im Jahre 787 unter Karl dem Großen zum Bischofssitz erhoben, entwickelte sich aus der

Marktsiedlung die Stadt Bremen, der 965 aus der Hand Kaiser Ottos I. das Marktprivileg mit Marktzoll, Münzrecht und Marktgericht verliehen wurde. Im Jahre 1035 fand erstmals ein großer Herbstmarkt statt, der seitdem als so genannter Freimarkt alljährlich abgehalten wird und inzwischen das älteste Volksfest Deutschlands ist. Ein verbrieftes eigenes Stadtrecht erhielt Bremen mit der so genannten Barbarossa-Urkunde durch Kaiser Friedrich I. im Jahre 1186, die den Weg von der landesherrlichen Bischofsstadt zur freien Reichsstadt eröffnete. Unter anderem regelte diese Urkunde, dass, wer Jahr und Tag in der Stadt gewohnt hatte, „frei" und keinem Landesherrn außerhalb Bremens mehr untertan war.

Anfang des 13. Jahrhunderts bildete sich in Bremen ein Rat mit einem Bürgermeister an der Spitze, der dem geistlichen Stadtherrn, dem Erzbischof, zunehmend das Herrschaftsrecht bestritt. Symbol dieses Freiheitswillens wurde der 1404 auf dem Marktplatz und in Richtung des erzbischöflichen Domes errichtete steinerne Roland, Ritter Kaiser Karls, der zur Unterstreichung der städtischen Forderungen 1512 ein Schild erhielt mit der Umschrift „Freiheit tu ich Euch offenbar, die Karl der Große und mancher Fürst fürwahr, dieser Stadt gegeben hat. Dafür danket Gott – das ist mein Rat". Bremen gab sich ein eigenes Stadtrecht, das als so genannte „Eintracht" in der Fassung von 1433 jahrhundertelang die Grundlage einer bremischen Verfassung bildete. Ein weiteres Symbol für Bremens Freiheitsdrang war in den Jahren 1405 bis 1410 der Bau des Rathauses, dessen Fassade die Skulpturen des Kaisers und der sieben Kurfürsten schmücken.

Bereits 1358 war Bremen dem mächtigen Städtebund der Hanse beigetreten. Bremen hatte zwar formal noch nicht den Status einer unmittelbar freien Reichsstadt, wurde aber bereits ab 1461 vom Kaiser zu den Reichstagen geladen. Kaiserliche Privilegien aus den Jahren 1541 und 1542, die unter anderem Hoheitsrechte zur Regelung der Schifffahrt oder das Recht, goldene und silberne Münzen zu schlagen, sicherten, vertieften Bremens Unabhängigkeit vom erzbischöflichen Landesherrn. Dieser war in der Stadt inzwischen auf den Dombezirk eingeschränkt und verlegte seine Residenz nach Bremervörde im nichtbremischen Umland.

Das „Linzer Diplom" von 1646

Doch dauerte es noch mehr als einhundert Jahre, bis Bremen durch das Linzer Diplom im Jahre 1646, gegen Ende des Dreißigjährigen Krieges, endlich aus der Hand Kaiser Ferdinands III. die Reichsunmittelbarkeit bestätigt wurde. Wichtiger als Sitz und Stimme beim Reichstag war die abgesicherte Freiheit für Handel und Schifffahrt. Ein weiterer Vorteil für die wirtschaftliche Entwicklung Bremen war die geringe Besteuerung in Friedenszeiten. Dagegen zahlte Bremen 100.000 Gulden an den Kaiser und musste sich verpflichten, für das Reichsheer 16 Reiter und 32 Fußknechte zu stellen. Wie es heißt, sollen die aus der Kaufmannsstadt entsandten Söldner aber immer ein wenig zu spät auf den Schlachtfeldern erschienen sein.

In den folgenden Jahrhunderten war Bremens Freiheit nie ungefährdet, konnte aber doch immer wieder bewahrt werden. 1741 erkämpfte sich Bremen die volle Landeshoheit im Stader Vergleich. Mit der Auflösung des alten deutschen Kaiserreiches im Jahre 1806 wurde Bremen ein selbstständiger und souveräner Freistaat, der sich Freie Hansestadt nannte. Doch schon 1810 endete diese Freiheit, als die Hansestädte dem französischen Kaiserreich einverleibt werden und Bremen Hauptort des „Departements der Weser-Mündungen" wurde. Nach der Befreiung drei Jahre später vereinigte sich die Freie Hansestadt Bremen auf dem Wiener Kongress mit den Fürsten und den anderen freien Städten im Jahre 1815 zum Deutschen Bund, dessen Bundesakte Bremen eine eigene auswärtige Politik zugestand. Eine Folge dieser Freiheit war die Erschließung der überseeischen Märkte durch Handels-, Schifffahrts- und Freundschaftsverträge, abgeschlossen durch bremische oder hanseatische Gesandte und Kaufleute, die dabei nicht nur Bremens Interessen vertraten, sondern Deutschlands.

Zur Sicherung der wirtschaftlichen Lebensgrundlagen Bremens gehörte auch die Verfügung über seeschifftiefes Wasser, die durch die Versandung der Weser immer wieder gefährdet war. Zur Lösung dieses Problems kaufte Bremen unter dem Bürgermeister Johann Smidt ein Stück Land an der Wesermündung von Hannover und ließ dort 1827 einen Hafen mit Zugang zum offenen Meer bauen. Mit Bremerhaven, 1851 zur Stadt erhoben, trat neben Bremen ein zweites städtisches Gebilde, womit die noch heute bestehenden Strukturen des Landes Bremen geschaffen wurden.

1867 trat Bremen dem Norddeutschen Bund bei und verlor damit die völkerrechtliche Souveränität, gewann dafür aber die Eigenständigkeit im Bundesstaat und dieselbe staatsrechtliche Stellung wie die hanseatischen Schwesterstädte. Mit der Gründung des neuen Deutschen Reiches im Jahre 1871 trat Bremen als Freie Hansestadt dem Bundesstaat bei und war im Bundesrat mit voller Einzelstimme vertreten. Aber erst 1888 erfolgte die volle wirtschaftliche Integration in das übrige Deutschland und der Beitritt zum Zollverein, nachdem Bremen ein Freihafen garantiert und damit ein wesentlicher Bereich der bremischen Wirtschaft abgesichert worden war.

Diesem Ziel diente auch Ende des 19. Jahrhunderts die Korrektion der Unter- und der Außenweser sowie der Bau und Ausbau der stadtbremischen Häfen. Diese Maßnahmen waren Leistungen, die weit gehend von Bremen selbst finanziert wurden, auch wenn sie der Gesamtwirtschaft des Deutschen Reiches dienten und dem gesamten Hinterland per Bahn und Schiff den Zugang zum Welthandel erschlossen. Besondere Bedeutung im Seehandel hatten Produkte wie Kaffee, Wolle, Baumwolle und Tabak. Nicht zuletzt reisten auch die aus ganz Europa stammenden Auswanderer mit Ziel Nordamerika über Bremen und Bremerhaven – ein durchaus lohnendes Geschäft.

Neben Handel und Schifffahrt konnte Bremen erst spät neue Wirtschaftsschwerpunkte setzen. Noch 1888 betrug der Anteil von Arbeitern an der Gesamtbevölkerung von rund 170.000 Einwohnern lediglich 5,2 Prozent. Dies änderte sich erst Anfang des 20. Jahrhunderts, als im Zuge der Entwicklung des 1857 gegründetren „Norddeutschen Lloyd" zur größten deutschen Reederei auch moderne Industriebetriebe der Metall- und Maschinenbaubranche entstanden.

Acht-Klassen-Wahlrecht bis 1919

In der Revolution des Jahres 1848 war in Bremen unter anderem ein gleiches Wahlrecht durchgesetzt worden, das aber nur wenige Jahre Bestand hatte. In einem konservativen Gegenschlag war 1854 eine Verfassung durchgesetzt worden, die das Wahlrecht in acht Klassen aufteilte und an ein Bürgerrecht band, das gegen eine nicht unerhebliche Gebühr von 16.50 Mark durch die Ableistung des Bürgereides erst erworben werden konnte. Den einzelnen Wahlklassen, die durch Berufszugehörigkeit, Bildung oder auch Wohnsitz definiert wurden, war eine bestimmte Anzahl von Bürgerschaftsmandaten zugeordnet, sodass eine konservative Mehrheit im Parlament garantiert war. Die eigentliche Macht übte der Senat aus, dessen Mitglieder auf Lebenszeit gewählt wurden und dessen Wahl so kompliziert geregelt war, dass gegen den Willen dieses Gremiums kein Senator gewählt werden konnte.

Diese Verhältnisse änderten sich erst am Ende des Ersten Weltkrieges, nachdem am 6. November 1918 die von Kiel ausgehende Matrosenrevolte auch Bremen erreicht hatte. Der Arbeiter- und Soldatenrat übernahm die Macht und setzte am 14. November 1918 Senat und Bürgerschaft ab. Am 10. Januar 1919 wurde die Bremer Räterepublik ausgerufen, die aber schon am 4. Februar 1919 durch den Einsatz von Reichstruppen blutig niedergeworfen wurde. Eine aus fünf Mitgliedern der Mehrheitssozialdemokratie bestehende Regierung verwaltete provisorisch die politische Macht in Bremen und amtierte bis zum 10. April 1919, als ein auf Grund der Wahlen zur Bremer Nationalversammlung aus Mehrheitssozialdemokraten und zwei bürgerlichen Parteien gebildeter Senat die Regierungsgeschäfte in Bremen übernahm. Die in der Nationalversammlung erarbeitete Verfassung trat am 18. Mai 1920 in Kraft und sah eine Bürgerschaft aus 120 Abgeordneten vor, die in allgemeiner und gleicher Wahl auf Grund von Parteilisten auf drei Jahre gewählt wurde. Mit der Verabschiedung der Bremer Landesverfassung hatte die parlamentarische Demokratie auch in Bremen Einzug gehalten.

Bremen im Nationalsozialismus

Welche politische Bedeutung die Ernennung Adolf Hitlers zum Reichskanzler am 30. Januar 1933 hatte und welche Folgen dies nach sich ziehen würde, wurde auch in Bremen zunächst nicht erkannt. Auf Grund des Bürgerschaftswahlergebnisses vom November 1927 wurde Bremen seit dem April 1928 von einem Senat der „großen Koalition" aus je drei Senatoren der DDP und der DVP sowie aus fünf Senatoren der SPD regiert. Auch nach den Bürgerschaftswahlen vom 30. November 1930 blieb diese Senatskoalition im Amt, wenn auch parlamentarisch geschwächt und auch nur halbherzig von den sie tragenden Parteien gewollt. So war dann im Frühjahr 1933 nach der Reichstagsauflösung am 1. Februar 1933 und der Festsetzung von Neuwahlen zum Reichstag am 5. März 1933 eine ungewisse Lage auch in Bremen vorhanden. Die Beeinträchtigungen im Wahlkampf, Presse- und Versammlungsverbote, schließlich die Folgen des Reichstagsbrandes führten zu Verunsicherungen. Am Tag der Reichstagswahl am 5. März 1933 war Bremen das einzige Land, in dem noch so genannte „Marxisten" in der Landesregierung saßen. Auch wenn die Wahlergebnisse für die Parteien der Reichsregierung, insbesondere die der NSDAP, weit unter dem Reichsdurchschnitt blieben, forderten die bremischen Nationalsozialisten den Rücktritt des Senats und die Neuwahl der Bürgerschaft, wobei sie unverhohlen mit dem Eingreifen der Reichsbehörden drohten.

Bereits am Tag darauf erfolgte die Machtübernahme der Nationalsozialisten in Bremen im Zuge eines geschickt geplanten Zusammenspiels der Bremer Parteiführer und des Reichsministeriums des Inneren in Berlin. Als der Senat gegen die Stimmen der sozialdemokratischen Senatoren beschloss, am Rathaus die schwarz-weiß-rote Fahne zu hissen, traten die drei Senatoren der SPD zurück. Noch am selben Tage wurde durch Reichsinnenminister Frick ein Reichskommissar für die Polizei mit weit gehenden Befugnissen eingesetzt. Nur wenige Tage später wurde der noch bestehende Rumpf-Senat durch einen aus sechs Nationalsozialisten und drei Deutschnationalen bestehenden kommissarischen Senats nach den Vorstellungen der Reichsregierung ersetzt.

Die Bremische Bürgerschaft hatte sich ebenfalls aufgelöst und Neuwahlen angesetzt, die aber Ende März unter Berufung auf die Verordnung zum Schutz von Volk und Staat vom 28. Februar 1933 abgesetzt wurden. Eine Neubildung der Bürgerschaft wurde nach den Ergebnissen der Reichstagswahl vorgenommen. Die Eröffnungssitzung am 28. April 1933 war zugleich die erste und auch letzte Zusammenkunft. Schließlich wurde Bremens Parlament am 14. Oktober 1933 aufgelöst, auch die letzten Befugnisse gingen auf den Senat über. Zu diesem Zeitpunkt hatte Bremen bereits seine Selbstständigkeit verloren, nachdem der oldenburgische Ministerpräsident am 5. Mai 1933 zum Reichsstatthalter in Bremen und Oldenburg ernannt worden war.

Bremen im Jahre 1945

1945, am Ende des Zweiten Weltkrieges und des nationalsozialistischen „Dritten Reiches", lag Bremen in Schutt und Trümmern. Am 27. April 1945 zogen britische Truppen in Bremen ein, die aber schon nach wenigen Wochen verabredungsgemäß der amerikanischen Besatzungsmacht Platz machten, die damit Zugriff auf die Hafenanlagen hatte, um ihren Nachschub nach Süddeutschland abwickeln zu können.

Die erste Zeit nach dem Ende des nationalsozialistischen Regimes war geprägt von der Notwendigkeit, die Versorgungslage der Bevölkerung zu verbessern, aber auch vom Wiederaufbau einer eigenständigen Verwaltung. Schon im August 1945 wurde der ehemalige sozialdemokratische Wohlfahrtssenator Wilhelm Kaisen von der amerikanischen Militärregierung zum Bürgermeister und Präsidenten des Senats gemacht. Dem aus Sozialdemokraten, Bürgerlich-Liberalen und Kommunisten bestehenden Senat wurde im April 1946 ein erstes ebenfalls noch ernanntes bremisches Parlament an die Seite gestellt. Zu den Hauptaufgaben dieser Gremien gehörte neben dem materiellen auch der staatliche Neuaufbau, insbesondere die Sicherung der Ländereigenschaft und die Festschreibung einer Landesverfassung. Mit der Ausrufung des Landes Bremen am 21. Januar 1947, bestehend aus Bremen, Bremerhaven und Wesermünde, wurde dieses Ziel erreicht. Unter dem Namen Bremerhaven vereinigten sich dann am 7. Februar 1947 die beiden Städte Bremerhaven und Wesermünde.

Die Landesverfassung

Die ersten freien Bürgerschaftswahlen fanden am 12. Oktober 1947 zugleich mit einer Volksabstimmung über die Verfassung statt. Am 21. Oktober 1947 trat mit der Verkündung die „Landesverfassung der Freien Hansestadt Bremen" in Kraft. Gegenüber dem gut eineinhalb Jahre später erst entwickelten Bonner Grundgesetz enthielt die Bremer Landesverfassung Besonderheiten, die sich aus der liberalen Tradition und den politischen Auffassungen der Zeit ergeben. Die Bremer Landesverfassung hat – in der Tradition der ersten umfassenden demokratischen Verfassung Bremens aus dem Jahre 1920 – den 1947 einzigartigen Versuch gemacht, das Bild einer gerechten und insbesondere den Menschenrechten und der sozialen Gerechtigkeit verpflichteten Gesellschaftsordnung zu entwerfen. Dort stellte schon Artikel 1 der Bremer Landesverfassung die Maxime künftigen und dauerhaften Handelns politischer Herrschaft klar mit der Formulierung: „Gesetzgebung, Verwaltung und Rechtsprechung sind an die Gebote der Sittlichkeit und Menschlichkeit gebunden."

Zur Wirtschaftsordnung ging die Bremer Verfassung weit über das hinaus, was später im Grundgesetz festgeschrieben wurde. Zwar war das Eigentum auch in der Bremer Verfassung gesichert. Außerdem aber wurde der Staat verpflichtet, „die Wirtschaft zu fördern, eine sinnvolle Lenkung der Erzeugung, der Verarbeitung und des Warenverkehrs durch Gesetz zu schaffen, jedermann einen gerechten Anteil an dem wirtschaftlichen Ertrag aller Arbeit zu sichern und ihn vor Ausbeutung zu schützen". Neben der sittlichen Verpflichtung zur Arbeit schreibt die Landesverfassung auch ein Recht auf Arbeit ebenso fest wie die Pflicht zum Widerstand, wenn „die in der Verfassung festgelegten Menschenrechte durch die öffentliche Gewalt verfassungswidrig angetastet werden", so heißt es in Artikel 19.

Langjährige SPD-Dominanz in Bremen

Bereits seit der ersten Bürgerschaftswahl im Oktober 1947 war die Sozialdemokratische Partei Deutschlands die stärkste Kraft im Bundesland Bremen. Der erste Regierungschef war Wilhelm Kaisen, der auch bei absoluten Mehrheiten für die SPD in Bremen immer wieder Koalitionsregierungen vorstand, um so ein Bündnis von „Arbeiterschaft und Kaufmannschaft" zum Wohle der Interessen des Bundeslandes Bremen zu bilden. So bestand von 1947 bis 1951 eine Koalition von SPD und Freidemokraten und von 1951 bis 1959 ein Senat aus SPD, FDP und Christlich-Demokratischer Union (CDU). Das seit 1959 nur noch aus SPD und FDP bestehende Bündnis wurde von der FDP 1971 noch vor der Bürgerschaftswahl wegen gravierender Meinungsunterschiede aufgekündigt. Entscheidender Konflikt war die Gründung der Bremer Universität im Herbst 1971 mit den damit verbundenen inhaltlichen Zielsetzungen, die auf neue Strukturen der universitären Hierarchien hinauslief. Seitdem regierten die Sozialdemokraten in Bremen allein, bestätigt durch die Wahlerfolge der nächsten Wahlen. Wilhelm Kaisen trat im Sommer 1965 zurück und überließ dem langjährigen Bildungssenator Willy Dehnkamp sein Amt, der nach einer Wahlschlappe im Jahre 1967 von Hans Koschnick abgelöst wurde.

Wirtschaftlicher Wiederaufbau

Zu Beginn der Fünfzigerjahre – nach dem Ende der Demontagen, der Freigabe der bremischen Häfen, dem Beginn einer neuen Werftindustrie in Bremen, der Unterstützung durch den Marschallplan und die Währungsreform – war die bremische Wirtschaftsstruktur auf Handel, Häfen, den Schiffbau und die Fischwirtschaft – mit dem Schwerpunkt in Bremerhaven – ausgerichtet. In den folgenden Jahren kamen Flugzeug- und Automobilbau, beispielsweise der inzwischen schon legendäre „Borgward", hinzu, wenig später auch die Stahlindustrie mit der Ansiedlung der sogenannnten „Hütte am Meer" des Klöckner-Konzerns. Bremen bot damit viele neue Arbeitsplätze. Zusätzlich waren Bremens politische Instanzen auch bereit, in die städtische Infrastruktur zu investieren. So wurden die Theater ausgebaut, eine neue Stadthalle als Ort von Massenveranstaltungen wie dem „Sechs-Tage-Rennen" wurden errichtet, Freizeitangebote, soziale Dienstleistungen und Bildungseinrichtungen wurden großzügig unterstützt. Das Land Bremen gab in diese Bereiche viel Geld und war auch bereit, sich für diese Zielsetzungen zu verschulden. Und dennoch waren die Bemühungen vergeblich, auf Dauer Firmen und Menschen im bremischen Stadtgebiet zu halten. Die Randgemeinden im niedersächsischen Umland waren für viele attraktiver, sodass Arbeitsplätze und Steuerzahler Bremen mit ihren Abgaben verließen. Die neue Steuerregelung nach dem Wohnsitzprinzip führte zu massiven Einnahmeverlusten für das Bundesland Bremen, das bis zur Finanzreform von 1969 Geberland im Länderfinanzausgleich gewesen ist.

Wirtschaftliche Strukturveränderungen und Probleme

1961 brach der Borgward-Konzern zusammen. Die bremische Automobilindustrie war damit erst einmal am Ende, nachdem die zuständigen Banken nicht mehr bereit gewesen waren, die für die Fortsetzung der Automobil-Produktion notwendigen Kredite zu gewähren. Der Senat der Freien Hansestadt Bremen sah sich nicht in der Lage, hier mit den notwendigen finanziellen Mitteln einzuspringen. Zwar gelang es, die im Autobereich tätigen Arbeiter zum größten Teil wieder in feste Arbeitsplätze zu integrieren, doch deutete sich damit bereits an, dass die bremische Wirtschaftsstruktur verbreitert werden musste. In dieser turbulenten Zeit der Wirtschaftskrise in der Mitte der Sechzigerjahre griff nicht nur die Arbeitslosigkeit um sich, sondern es schwanden auch die politischen stabilen Verhältnisse. Während die so genannten Studentenunruhen und die Außerparlamentarische Opposition von sich reden machten, formierten sich auf dem rechten politischen Sektor neue Kräfte. Die rechtsradikale Nationaldemokratische Partei NPD zog nach den Bürgerschaftswahlen des Jahres 1967 in das Bremer Landesparlament ein, während in Bonn kurz darauf aus CDU/CSU und SPD unter Kurt-Georg Kiesinger und Willy Brandt die große Koalition gebildet wurde.

In Bremens regierender Sozialdemokratie, das Bundesland Bremen prägend, vollzog sich in dieser Zeit auch der Generationenwechsel. Eine neue Nachwuchsriege bildete sich heraus und machte ihre Ansprüche geltend.

Umbrüche in den siebziger und achtziger Jahren

Im Herbst 1971 wurde nach langen Jahren der Planung die Universität Bremen gegründet, um die es handfeste Auseinandersetzungen gab. Die Regierungskoalition aus SPD und F.D.P. zerbrach wenige Monate vor den Bürgerschaftswahlen 1971 wegen eines Konfliktes im Senat um diese neue Universität, die bundesweit auf lange Zeit als „rote Kaderschmiede“ bezeichnet wurde.

Die Ansiedlung der Universität hatte beträchtliche Folgen für die soziokulturelle Entwicklung Bremens. Studentische Wohn- und Lebensformen veränderten ganze Stadtteile, kulturelle Anstöße wirkten auf eingefahrene Strukturen und lösten auch politische Entwicklungen aus. So wurde Bremen nicht nur ein Schwerpunkt der Umweltschutz- und Anti-Atomkraft-Bewegung, sondern auch Ausgangspunkt der parlamentarischen „grünen“ Karriere. Bereits zur Bürgerschaftswahl 1979 kandidierte die „Bremer Grüne Liste“ (BGL), gegründet von ehemaligen SPD-Mitgliedern, und zog als erste grüne Gruppe in ein Landesparlament ein.

Inzwischen lernen rund 26.000 Studierende an den Hochschulen des Landes Bremen, davon 17.000 an der Universität Bremen, beinahe 6.500 an der Hochschule Bremen und fast 1.300 an der Hochschule Bremerhaven.

Eine wichtige Rolle nahm die Universität auch in der Umstrukturierung der wirtschaftlichen Substanz in Bremen ein. Mit den Weltwirtschaftskrisen seit der Mitte der Siebzigerjahre wurde Bremen wegen des hohen Anteils an Krisenbranchen schwer belastet. Fischwirtschaft, Stahl und vor allem der Werftenbereich mussten erhebliche Einbrüche mit gravierenden Auswirkungen hinnehmen. Das Bundesland Bremen wurde die Region mit der höchsten Arbeitslosigkeit der Bundesrepublik Deutschland. Die Bemühungen des Senats der Freien Hansestadt Bremen, durch staatliche Eingriffe diese Situation zu verbessern, führten zu einer immensen Verschuldung, die Bremen in eine extreme Haushaltsnotlage brachte.

Die im Jahre 1978 beginnende Mercedes-Benz-Ansiedlung sorgte für eine in den nächsten Jahren expandierende neue Automobilindustrie mit entscheidenden Auswirkungen auf den bremischen Arbeitsmarkt. Auch die Neubelebung der Luftfahrtindustrie durch den Airbus und der Ausbau der Raumfahrtindustrie erbrachten neue Arbeitsplätze in Bremen. Doch der spektakuläre Zusammenbruch der Großwerft AG „Weser“ durch den Krupp-Konzern im Jahre 1983 nur wenige Tage vor der Bürgerschaftswahl, der die Grenzen staatlichen Handelns deutlich machte, bedeutete einen industriellen Einbruch, der langwährende Konsequenzen nach sich zog.

Trotz der Schließung dieser Werft gewann die Sozialdemokratische Partei mit Hans Koschnick als Spitzenkandidat die Wahlen mit absoluter Mehrheit. Im Sommer 1985 trat der seit 1967 amtierende Präsident des Senats Hans Koschnick zurück. Nach einer intensiven Auseinandersetzung innerhalb der regierenden Sozialdemokratie zwischen den beiden Nachfolgekandidaten Sozialsenator Dr. Henning Scherf und Klaus Wedemeier setzte sich Wedemeier als Vorsitzender der SPD-Bürgerschaftsfraktion durch.

Die schwierige Lage Bremens setzte beim neuen Präsidenten des Senats und Bürgermeister Wedemeier die Schwerpunkte der aktuellen Politik mit den Themen „Haushaltssanierung“ und „Politik trotz finanzieller Einschränkungen". Vor dem Bundesverfassungsgericht gelang es, die Interessen des Bundeslandes um einen gerechten Finanzausgleich erfolgreich durchzusetzen und Sanierungshilfen aus dem Bundeshaushalt in erheblicher Höhe zu erwirken.

Das Thema Länderfinanzausgleich war und ist auch ein immer wieder auftauchendes Problem für Radio Bremen, den kleinsten deutschen Hörfunk- und Fernsehsender, der als Landesrundfunkanstalt vier Hörprogramme ausstrahlt. Das Zweite Deutsche Fernsehen (ZDF) unterhält ein eigenes Landesstudio. Im Bereich der Printmedien dominiert die Bremer Tageszeitungen AG mit dem „Weser-Kurier" den Markt. Diverse überregionale Zeitungen berichten durch Korrespondenten aus dem Bundesland. Die „Tageszeitung" (taz) hat in Bremen eine eigene Lokalredaktion.

1987 konnte Wedemeier als Chef einer SPD-Alleinregierung mit einem beeindruckenden Ergebnis bei der Bürgerschaftswahl die absolute Mehrheit verteidigen. Als Wermutstropfen dieser Wahl galt der Erfolg der rechtsextremen DVU, die in das Bremer Parlament einziehen konnte.

Die Ansiedlung und der Ausbau zukunftsträchtiger Forschungs- und Wirtschaftszweige vor allem des High Tech-Sektors wie Luft- und Raumfahrtindustrie, moderner Automobilbau, Mikroelektronik und Umwelttechnologie, maritime Geowissenschaften und Produktionstechnik diente in der Ära Wedemeier der Umstrukturierung des Standortes Bundesland Bremen. Insbesondere die Umsteuerungen bei der Universität hin zu Natur- und Ingenieurwissenschaften zog die Gründung wichtiger Großforschungseinrichtungen nach sich. Die Institute für Meeres- und Polarforschung, für Raumfahrttechnologie, für Angewandte Strahltechnik, um nur einige Beispiele aufzuführen, dienen sowohl dem Ausbau der Wissenschafts- als auch der Wirtschaftsstruktur. Bei allen Erfolgen auf diesem Gebiet war dennoch die Gefährdung der Eigenständigkeit des Bundeslandes als bremisches Dauerthema auch in der Regierungszeit Wedemeiers ständig präsent.

Eine nicht unerhebliche Bedeutung für die wirtschaftliche Entwicklung und Sicherung von Arbeitsplätzen kommt dem so genannten Standortfaktor Freizeit und Erholung zu. Neben den bereits genannten Naherholungsangeboten im Bremer Umland spielen auch die vielfältigen kulturellen Aktivitäten eine wichtige Rolle. Neben einer bunten und freien Kulturszene gibt es die institutionalisierten Kulturbereiche Theater, Musik und Museen mit überregionaler Ausstrahlung. Das Bremer Theater hat sich trotz vieler Bedrohungen immer wieder zu neuen Höchstleistungen aufgeschwungen und gilt insbesondere in der Sparte des Tanztheaters als stilbildend. Das Deutsche Schifffahrtsmuseum in Bremerhaven gehört zu den meistbesuchten Museen der Bundesrepublik. Auch das Übersee-Museum, die Bremer Kunsthalle und das Neue Museum Weserburg präsentieren überragende Angebote.

Die neunziger Jahre

Die Wahl zur Bremischen Bürgerschaft im Jahre 1991 erbrachte beachtliche Verluste der Sozialdemokratischen Partei, die daraufhin unter dem amtierenden Präsidenten Klaus Wedemeier in eine so genannte „Ampelkoalition" aus SPD, Grünen und Freien Demokraten führte. Die ungewöhnliche Konstellation brachte erhebliche Friktionen im Regierungshandeln, die bis hin zu „Lähmungserscheinungen" in der Entscheidungsfindung führte. Umweltpolitische Kontroversen um die Anmeldung bremischer Gebiete als von der Europäischen Union als geschützt ausgewiesene Gebiete führten schließlich im Frühjahr 1995 zur Aufkündigung der Drei-Parteien-Koalition und zu Neuwahlen, die im Mai 1995 für die SPD zu einem Desaster wurden. Dazu beigetragen hatte auch das Antreten einer neugegründeten Partei mit dem Namen „Arbeit für Bremen/ Bremerhaven" (AfB), die sich entscheidend aus ehemaligen SPD-Mitgliedern und SPD-Sympathisanten zusammensetzte, die aus Enttäuschung über die Lähmung der SPD in der „Ampel" zu einer eher konservativ angehauchten neuen Partei sich aufrafften und auf Anhieb bei der Wahl des Jahres 1995 erfolgreich waren.

Vom Sommer 1995 bis zum Frühjahr 1999 wurde das Bundesland Bremen von einer gleichstarken „Großen Koalition" aus SPD und CDU regiert, wobei die SPD mit Henning Scherf den Präsidenten des Senats einer aus acht Senatoren bestehenden Regierung stellte. Auch dieser Senat hatte mit erheblichen wirtschaftlichen Problemen zu kämpfen, wofür der Zusammenbruch des letzten bremischen Werftbetriebes, des Vulkan-Konzern, Ende 1995 stand. Zum seit Jahren betriebenen Schuldenabbau und zur Haushaltskonsolidierung durch Ausgabenkürzungen einerseits und Einnahmeverbesserung andererseits gab es in Bremens Politik keine Alternative.

Die Bürgerschaftswahl am 6. Juni 1999 bestätigte die „Große Koalition" eindrucksvoll; sowohl SPD als auch CDU konnten Stimmen hinzugewinnen. Die Sozialdemokraten erholten sich von 33,39 Prozent im Jahre 1995 auf 42,55 Prozent, die CDU stieg von 32,61 auf 37,09 Prozent. Beide Parteien bildeten zusammen einen aus sieben Mitgliedern bestehenden Senat mit vier SPD-Senatoren und drei CDU-Senatoren. Die F.D.P., die bereits 1995 mit 3,37 Prozent nicht mehr im Bremer Landtag vertreten war, verpasste erneut deutlich mit nur noch 2,52 Prozent den Einzug in die Bürgerschaft. Verlierer der Wahl waren auch die Gruppe „Arbeit für Bremen", die mit 2,44 Prozent (1995: 10,67 Prozent) nicht mehr ins Parlament kam, und die „Grünen", die von 13,06 auf 8,96 Prozent sanken, also mehr als vier Prozent der Stimmen verloren, und damit als einzige Oppositionsfraktion einer erdrückenden Koalitionsmehrheit von beinahe 90 Prozent der Mandate gegenüberstanden.

Vorrangiges Ziel der Legislaturperiode von 1999 bis 2003 war wiederum die Fortführung der Sanierung des bremischen Landeshaushalts durch Sparmaßnahmen einerseits, die sinnvolle Verwendung der Sonderzuweisungen und der Zuschüsse aus dem Bundesfinanzausgleich andererseits. Angesichts der zeitlich befristeten Sanierungszuweisungen entschied sich die bremische Landesregierung für eine Investitionsstrategie mit dem Ziel, durch eine gezielte Ansiedlungspolitik zukünftige höhere Steuereinnahmen für das Land zu sichern. Gleichzeitig wurden große Anstrengungen unternommen, vielfältige Restaurierungen und Verschönerungen in Gang zu setzen, nicht zuletzt mit dem Ziel, Bremen auch touristisch attraktiver zu gestalten. Die beiden Spitzenrepräsentanten der Großen Koalition, der Präsident des Senats Dr. Henning Scherf von der Sozialdemokratischen Partei und der Bürgermeister Hartmut Perschau von der CDU als Finanzsenator, waren bei allen politischen Unterschieden glaubwürdige Vertreter dieser politischen Ausrichtung, die in der bremischen Bevölkerung überwiegend Unterstützung fand.

Zwar wurden auch kritische Stimmen laut, die von einem „Kuschelkurs" ohne langfristige Perspektive für ein Überleben Bremens als eigenständiges Land der Bundesrepublik Deutschland sprachen, zumal sich einige Investitionsprojekte als ausgesprochen schwierig erwiesen. Doch der in Bremen überaus beliebte Henning Scherf konnte kritische Anmerkungen immer wieder beruhigen und harmonisieren.

Bei der Bürgerschaftswahl am 25. Mai 2003 nach einem von allen als undramatisch wahrgenommenem Wahlkampf gelang es dem amtierenden Präsidenten des Senats, gegen den Bundestrend einen Erfolg für die SPD zu erringen. Mit 42,32 Prozent wurde die SPD bei unwesentlichen Verlusten wieder die stärkste Partei, während die CDU mit 29,76 Prozent einen Verlust von 7,33 Prozent zu verkraften hatte. Die FDP verpasste mit 4,21 Prozent der Stimmen erneut den Einzug in das Bremer Landesparlament. Mit 7,10 Prozent im Wahlbereich Bremerhaven gelang der Deutschen Volksunion (DVU) wiederum der Einzug in die auf 83 Abgeordnete reduzierte Bremische Bürgerschaft. Deutlich zulegen konnte hingegen Bündnis 90/ Die Grünen, die auf 12,80 Prozent kamen. Die Freien Demokraten konnten wie die rechtsradikale DVU nur in Bremerhaven mehr als fünf Prozent der Stimmen erringen. Beide Parteien sind so mit jeweils einem Mandat im Landtag vertreten.

Henning Scherf war im Wahlkampf mit der eindeutigen und in der SPD eher ungeliebten Option angetreten, die Große Koalition bei einem entsprechenden Wahlergebnis fortsetzen zu wollen. Auch wenn SPD und „Grüne" nach dem 25. Mai 2003 mit zusammen 55,12 Prozent eine sichere rot-grüne Koalition hätten bilden können, setzte sich der Wahlsieger Henning Scherf in der SPD durch. Anfang Juli 2003 wurde in Bremen erneut eine Große Koalition aus SPD und CDU gewählt, deren erklärtes Ziel die Fortführung des Sanierungskurses ist. Wieder besteht der Senat aus sieben Mitgliedern, diesmal allerdings nur aus drei SPD- und drei CDU-Senatoren sowie einem parteilosen Finanzsenator, der aus Bremerhaven stammt und als der SPD nahe stehend gilt.

Hatte bereits die Besonderheit der beiden getrennt zu wertenden Wahlbereiche Bremen und Bremerhaven dazu geführt, dass die DVU durch ihren Erfolg in Bremerhaven im Bremer Landesparlament vertreten war und ist, so ergab das Wahlergebnis vom 25. Mai 2003 eine weitere und nie bisher vorgekommene Spezialität. Da die Bürgerinnen und Bürger der Europäischen Union mit einem überproportionalen Anteil im Wahlbereich Bremen die „Grünen“ gewählt haben, stellen diese in der Stadtbürgerschaft elf Abgeordnete, im Landtag hingegen nur zehn – zu Lasten der SPD, die im Landtag 40 Abgeordnete hat, in der Stadtbürgerschaft als kommunalem Parlament jedoch auf das letzte Mandat verzichten muss. Ein in dieser Frage vorgebrachter Einspruch muss noch geklärt werden.

Freie und Hansestadt Hamburg „Metropole des Nordens“

Daniel Tilgner

Geografie und Bevölkerung

Das Land Hamburg liegt beiderseits der Unterelbe, ca. 110 km vor ihrer Mündung in die Nordsee. Geteilt in Norder- und Süderelbe führt der Fluss durch das *Stromspaltungsgebiet* der tief liegenden *Marschlandschaft* im Urstromtal der Elbe. Es entstand im Zuge des Gletscherabschmelzens nach den letzten Eiszeiten. Der nördliche Arm nimmt auf dem Gebiet der Hamburger Innenstadt die von der höher gelegenen und älteren *Geestlandschaft* kommenden Nebenflüsse Alster (mit Wandse) und Bille auf. Die Gesamtfläche des Stadtstaates umfasst 755,26 qkm, inkl. der Insel Neuwerk, die zusammen mit zwei kleineren Nebeninseln Hamburgs 7,626 qkm großer Vorposten nahe Cuxhaven an der linken Elbmündung ist, gelegen im Nationalpark Hamburgisches Wattenmeer (117 qkm, gegr. 1990). Die höchste natürliche Erhebung liegt mit 116 m ü. NN in den Harburger Bergen in Neugraben-Fischbek, das höchste Bauwerk ist der Fernsehturm („Heinrich-Hertz-Turm“, 278 m) in St. Pauli, überragt nur noch von einem NDR-Sendemast in Billwerder (304 m).

In Hamburg leben 1.736.563 Menschen (Nov. 2003), im Durchschnitt 2.271 je qkm, ca. 17% sind älter als 65 Jahre, im Dezember 2003 waren 85.058 Personen als erwerbslos gemeldet (Arbeitslosenquote 9,7%), 15% haben ausländische Staatsangehörigkeiten.

Politik, Gebietsverwaltung und politische Mitwirkung

Die Landesregierung der Freien und Hansestadt Hamburg obliegt dem *Senat*. An seiner Spitze steht der *Erste Bürgermeister* (im Range eines Ministerpräsidenten), seit 1996 durch Änderung der Hamburgischen Landesverfassung (von 1952) mit verbriefter Richtlinienkompetenz ausgestattet. Er wird mit einfacher Mehrheit von den 121 Mitgliedern der *Hamburgischen Bürgerschaft* gewählt, dem Landesparlament, das die von ihm benannten Senatoren und Senatorinnen im Amt bestätigt. Die Senatoren und Senatorinnen stehen den Verwaltungsbehörden als „Präsides“ vor und mit Bürgern und Bürgerinnen besetzte „Deputationen“ ihnen in der Leitung beratend zur Seite. Bei der Bürgerschaftswahl im Februar 2004 entfielen 30,5% auf die SPD (41 Sitze), 47,2% auf die CDU (63 Sitze), 12,3 % auf Grüne/GAL (17 Sitze). Die Wahlbeteiligung betrug 68,7%. Ole von Beust (CDU, geb. 1955, Rechtsanwalt) führt als Erster Bürgermeister einen von der CDU gebildeten Senat mit neun weiteren Mitgliedern.

Die Gebietsverwaltung unterscheidet nicht zwischen Stadt und Land, Hamburg ist eine *Einheitsgemeinde* mit 180 Ortsteilen, die zu *sieben Bezirken* gehören (Hamburg-Mitte, Altona, Eimsbüttel, Hamburg-Nord, Wandsbek, Bergedorf, Harburg). Die Bezirksämter erledigen alle Bezirksangelegenheiten selbst, sofern der Senat nicht Entscheidungen an sich zieht oder eine Hamburger Fachbehörde mit der Durchführung betraut. Die Bezirke ihrerseits können Aufgaben an die von einem oder mehreren Ortsteilen gebildeten

Ortsamtsgebiete delegieren. Die im Kernbereich der Bezirke gelegenen Ortsteile bilden je ein „Kerngebiet", das vom Bezirksamt direkt verwaltet wird. In Hamburg gibt es insgesamt 15 Ortsamtsgebiete und 7 Kerngebiete. Ein oder mehrere Ortsteile bilden ferner die zumeist historisch gewachsenen *104 Hamburger Stadtteile*. Sie sind die wichtigsten sozialgeografischen Gliederungsmerkmale der Stadt, jedoch ohne verwaltungstechnische und kommunalpolitische Bedeutung.

Regionalausschüsse und *Bezirksversammlungen* geben allen Bürgerinnen und Bürgern Möglichkeiten zur Mitwirkung an der politischen Willensbildung für die Belange ihres direkten und näheren Wohnumfelds, und die Bürgerschaft bietet dies für ganz Hamburg, denn als einzige deutsche Verfassung kennt die hamburgische noch die Vereinbarkeit von Berufstätigkeit und Wahrnehmung der Aufgaben eines Parlamentariers („Feierabendparlament"). Ferner gibt es seit 1998 auf Bezirksebene das zweistufige politische Instrument *Bürgerbegehren/Bürgerentscheid* mit dem sich Wahlberechtigte eines Bezirks zu einer Mehrheit finden können, um im Kompetenzrahmen der Bezirksversammlung Beschlüsse des Bezirksamtes plebiszitär zu erwirken oder bereits getroffene Entscheidungen zu Fall bringen.

Wirtschaft

Hamburgs Großmarkt ist der bedeutendste Deutschlands. 787.000 t Obst und Gemüse und Blumen im Wert von 102 Mio. € wurden 2003 gehandelt. Doch die Zahlen dokumentieren nicht Hamburger Agrarproduktion sondern internationalen Umschlag. 2003 waren nur noch 5300 Hamburgerinnen und Hamburger in landwirtschaftlichen Betrieben erwerbstätig (inkl. Forstwirtschaft und Fischzucht). Dabei gehört eines der größten deutschen Obstanbaugebiete, das *Alte Land*, mit seiner *Dritten Meile* zum Bezirk Harburg, und im Bezirk Bergedorf liegen die fruchtbaren *Vier- und Marschlande* mit vielen Blumenzucht- und Gemüseanbaubetrieben.

Finanzierung, Vermietung und Unternehmensdienstleistung prägen mit 38% den größten Bereich hamburgischer *Bruttowertschöpfung von 68,6 Mrd. €* (2003), gefolgt von Handel, Gastgewerbe und Verkehr (27%), Öffentliche und private Dienstleister (18%) und den produzierenden Bereichen (17%). Die enorme Dynamik des *Wirtschaftszentrums Hamburg* zeigt sich allein daran, dass das Bruttoinlandsprodukt in Bezug auf jeden der 1.032.100 Hamburger Erwerbstätigen etwa 50% über dem deutschen Durchschnitt liegt. Das Bruttoinlandsprodukt hat sich 2002 mit 70,8 Mrd. € gegenüber dem Vorjahr um 0,4% verringert (unter Ausschaltung von Preissteigerungen).

Etwa 310.000 Menschen pendeln täglich zur Arbeit bei den rund 90.000 in Hamburg tätigen Unternehmen mit ihren insgesamt 1,04 Millionen Erwerbstätigen nach Hamburg ein. Jede zehnte der 500 umsatzstärksten deutschen Firmen hat ihren Sitz in Hamburg. Weltweit bekannte Namen sind

Airbus, Beiersdorf, Hapag Lloyd, Olympus, Otto Versand und Tchibo, aber auch viele mittelständische Unternehmen agieren als „global player".

Mit mehr als 11.300 Firmen und insgesamt rund 70.000 Beschäftigten ist Hamburg ein *Zentrum der Medienwirtschaft* und die deutsche Pressestadt ohnehin: Fast jede zweite in Deutschland verkaufte Zeitung oder Zeitschrift stammt aus einem Hamburger Verlagshaus und ebenso 17 der 20 auflagenstärksten Zeitschriften.

Noch länger als die „Zeitungsstadt Hamburg" gibt es den *Banken- und Versicherungsplatz Hamburg*. 1558 wurde die Börse gegründet, 1619 die Hamburger Bank, die 1676 gebildete Hamburger Feuerkasse (seit 1997 zur Kieler Provinzial gehörend) ist die älteste noch bestehende Sachversicherung der Welt. Heute arbeiten 140 Kreditinstitute mit ca. 26.000 Angestellten in Hamburg, darunter 50 Auslandsbanken. Die 1827 gegründete Hamburger Sparkasse ist die mit Abstand größte deutsche Sparkasse (180 Filialen, Bilanzsumme 2003: 31.594 Mrd. €), für fast die Hälfte der Hamburger ist die „Haspa" Hauptbank.

Der Hamburger Hafen

„Hamburg, das Tor zur Welt" – diese selbstbewusste Formulierung diente bereits in den 1920er Jahren zur Hamburg-Werbung – ist natürlich auf den Hafen gemünzt. Zwar ist seine Bedeutung für die Wirtschaft und vor allem als Arbeitgeber stark zurückgegangen, aber noch immer ist die Stadt ohne ihn nicht denkbar: Über 74 km² Fläche nimmt er ein und empfing 2003 insgesamt 11.500 Schiffe für einen *Güterumschlag von 106.5 Mio. t.*

Hamburgs Hafengeschichte beginnt mit einer kleinen Schiffslände unterhalb der Hammaburg, und einem Kai in der mittelalterlichen Stadtmitte nahe der Trostbrücke. Von hier wanderte der Hafen vor die Alstermündung in den Binnenhafen („Bei dem Neuen Krahn") in den Niederhafen und breitete sich schließlich seit dem letzten Drittel des 19. Jh. im Stromspaltungsgebiet aus. Nach und nach verdrängten künstlich angelegte Hafenbecken und Industriegebiete die alte Elbinsellandschaft. Der Auftragsrückgang der Werften und die Zurückdrängung des handarbeitsintensiven Stückgutumschlags durch den Containerverkehr seit Ende der 1960er Jahre veränderten das Bild des Hafens entscheidend. Strömten in den 1930er Jahren täglich noch mehr als 60.000 Arbeiter an die Kais und Helgen, sind es heute trotz stetig steigenden Umschlags nur noch rund 5.000. Insgesamt hängen am Hamburger Hafen rund 145.000 Arbeitsplätze. 2003 wurden 6,1 *Mio. Container* gelöscht und geladen, die mehr als die Hälfte des Gesamtumschlags ausmachten. Der Rest verteilt sich auf Saug- und Greifergut, Flüssigladung und konventionelles Stückgut.

Die Metropolregion

Die Landesregierungen von Hamburg, Niedersachsen und Schleswig-Holstein beschlossen 1991 die Verstärkung der Zusammenarbeit in der Metropolregion Hamburg. Neben dem Land Hamburg gehören dazu die schleswig-holsteinischen Kreise Herzogtum Lauenburg, Pinneberg, Segeberg, Steinburg, Stormarn und vom Kreis Dithmarschen der Wirtschaftsraum Brunsbüttel sowie die niedersächsischen Landkreise Cuxhaven, Harburg, Lüchow-Dannenberg, Lüneburg, Rotenburg (Wümme), Soltau-Fallingbostel, Stade und Uelzen (insgesamt 18.000 qkm und 4,1 Mio. Bewohner).

Aktuelle Grundlage der Zusammenarbeit ist das *Regionale Entwicklungskonzept (REK)* 2000, das die ökonomische, soziale und ökologische Funktions- und Zukunftsfähigkeit der Metropolregion stärken soll. Auf allen Ebenen gilt es, die Kooperation zu verbessern. In der *Regionalkonferenz* sind seit 1997 die Länderparlamente, die Kammern, Gewerkschaften und Verbände vertreten. Steuerungsorgan der Metropolregion ist der *Lenkungsausschuss*, der *Planungsrat* leistet die programmatische und planerische Vorarbeit.

Tourismus

Von der Jugendherberge auf dem Stintfang bis zum Kempinski Hotel Atlantic an der Außenalster stellen 274 Hamburger Betriebe 30.802 Betten zur Verfügung (2003), 2002 meldeten sie dem Statistischen Landesamt 5.406542 Übernachtungen, was eine *Steigerung von 6,5%* gegenüber dem Vorjahr bedeutet.

Möglichkeiten, die Schönheit Hamburgs zu bestaunen, gibt es viele. Die „Große Hafenrundfahrt“, die „Historische Fleetfahrt“ oder eine Tour mit den Schiffen der Alstertouristik auf dem Wasserweg bis weit in die Vier- und Marschlande, eine Stadtrundfahrt per Doppelstockbus oder mit der „Hummelbahn“ auf der Straße oder zu Fuß in Gruppen geführt, oder es geht in Eigenregie mit Stadtplan und Reiseführer in der Hand zu den erklärten Sehenswürdigkeiten und vielen großen und kleinen Museen bis zum *unvermeidlichen Reeperbahnbummel* bei Nacht, der auf seine Art übrigens auch sonntagmorgens sehr beeindruckend sein kann. Aber bunt und lebendig ist es dann nur noch auf dem floh-, blumen- und katerfrühstücklastigen *Hamburger Fischmarkt* bei der 1982-84 aufwändig restaurierten Altonaer Fischauktionshalle (5-9.30 Uhr). Wer anschließend immer noch nicht genug hat, bucht einen Rundflug im Wasserflugzeug über die Stadt mit Start und Landung auf der Elbe vor dem Niederhafen.

Er ist eigentlich so ganz und gar nicht geheim, aber dennoch ein viel zu selten gegebener Tipp: die *Fahrt mit der U3* von Barmbek bis Rathausmarkt. Auf dem 1912 in Betrieb genommenen Viadukt rollt man vorbei am Stadtpark, dann an den in wilhelminischen Zeiten üppig ausgestatteten Etagenhäusern Harvestehudes, sieht typischen Wohnungsbau der 1930er Jahre in Rotklinker und beständig weiter viel Grün. Nach den unterirdischen Stationen „Schlump“, „Sternschanze“, „Feldstraße“ und „St. Pauli“ geht es bei den St.-Pauli-Landungsbrücken wieder zurück ans Tageslicht und entlang des Hafenrandes mit bestmöglicher Aussicht auf Norderelbe und Niederhafen, bevor nach „Baumwall“ und „Rödingsmarkt“ der Zug in einer schönen S-Kurve und wie seit fast 100 Jahren noch immer herrlich quietschend unter den Adolphsplatz zum „Rathausmarkt“ einfährt.

Kultur

Ein großes Stück Hamburger Kultur bekommt jeder Besucher, wenn er offen dafür ist und es wünscht, mit ein bisschen „Schangs“ (frz. chance, Glück) bald nach der Ankunft gratis und dann „oohne Ende, sach ich dir“: das regelmäßig in *norddeutscher Unaufgeregtheit* vorgetragene und gelegentlich mit feinem Humor durchsetzte Hochdeutsch der Stadt und ihrer Umgebung. Niederdeutsch ist nur noch sehr selten und in den ländlichen Stadtteilen zu hören. Das Holsteiner Platt gilt in Hamburg als „offiziell“ und wird auch am seit 1902 bestehenden Ohnsorg-Theater gesprochen.

Hamburg kann auf eine lange Schauspiel-, Opern- und Konzerttradition zurückblicken, 1678 begann die erste deutsche Bürgeroper, 1765 das erste Schauspielhaus in deutschen Landen. Neben den bundesweit bekannten staatlichen Häusern „Deutsches Schauspielhaus“, „Thalia Theater“ und der „Hamburgischen Staatsoper“ sowie John Neumeiers „Ballettzentrum“ in Hamm-Nord hat die Stadt mit mehreren Musicalhäusern, der großen „Musikhalle“ und vielen privaten Bühnen und Kleinstspielstätten insgesamt *33 Theater* zu bieten. Die Zahl von rund 30.000 Mitgliedern des Hamburger Volksbühne e.V. zeigt die Popularität der Hamburger Theaterlandschaft. Das „Philharmonische Orchester“, das „NDR-Sinfonie-Orchester“ und die „Hamburger Symphoniker“ sind *renommierte Klangkörper*, und durch die „Color Line Arena“ kann Hamburg seit 2003 gleich neben dem als „AOL-Arena“ firmierenden „Volksparkstadion“, welches 55.000 Zuschauerinnen und Zuschauer fasst, auch die entsprechende Halle für internationale Publikumsmagneten der Popmusik und andere Veranstaltungen bereitstellen (15.759 Plätze, bei Eishockey 12.759). 29 Hamburger Kinos bespielen zusammen 96 Leinwände.

Die *sieben großen Hamburger Museen* (Hamburger Kunsthalle, Museum für Kunst und Gewerbe, Hamburgisches Museum für Völkerkunde, Museum für Hamburgische Geschichte, Altonaer Museum, Helms-Museum – Hamburger Museum für Archäologie und die Geschichte Harburgs, Museum der Arbeit) samt ihrer Außenstellen (KZ-Gedenkstätte Neuengamme, Speicherstadtmuseum u.a.) bestehen seit 1999 als Stiftungen öffentlichen Rechts und müssen zu ihrer Förderung von jährlich ca. 10 Mio. € (ab 2003) weitere Mittel selbst erwirtschaften. Daneben gibt es etwa *40 öffentliche und privat ge-*

führte Museen, Schausammlungen und Ausstellungssorte großer Bandbreite sowie traditionsreiche Einrichtungen wie den Hamburger Kunstverein und die Freie Akademie der Künste mit Sitz im Kunsthaus in der umgebauten Markthalle, zahlreiche Galerien und Sondereinrichtungen wie das Deutsche Zollmuseum, 1992 gegründet und unterhalten vom Bundesfinanzministerium.

Ein Stück Hamburger Kultur und Tradition ist auch ein ausgeprägtes *Stifter- und Mäzenatentum*. Hamburg ist mit mehr als 850 Stiftungen die Nr. 1 in Deutschland. Großzügige Kaufleute vergangener Tage finanzierten Einrichtungen und Gebäude, die noch heute das Stadtbild verschönern wie die Musikhalle (1904-08, Ferdinand und Sophie Laeisz) oder das Gebäude für das Allgemeine Vorlesungswesen (1909-10, Edmund Siemers), das 1919 zum Hauptgebäude der Universität Hamburg wurde. Dessen neue Flügelbauten sind Schenkungen dieser Zeit, und auch die Deichtorhallen, der Erweiterungsbau des Museums für Kunst und Gewerbe und das Bucerius Kunstforum sind Zeichen segensreichen Allgemeinsinns Hamburger Unternehmer.

Bildung

Mit der Universität Hamburg (gegr. 1919, 34.901 Studierende), der Technischen Universität Hamburg-Harburg (gegr. 1978, 3933) und der Universität der Bundeswehr Hamburg (gegr. 1973, 1872) ist Hamburg *Standort dreier Universitäten*. Ferner bietet die Stadt eine Musik- und eine Kunsthochschule, die große Hochschule für Angewandte Wissenschaften (vormals Fachhochschule Hamburg, 11.730) und die 1948 als Hochschule für Wirtschaft und Politik (HWP) gegründete Hamburger Universität für Wirtschaft und Politik, eine bedeutende Einrichtung für Studierende des zweiten Bildungswegs mit 2137 Studierenden. Insgesamt zählt Hamburg ca. 60.271 Studierende, 47% davon stammen aus Hamburg.

260 Bibliotheken in Hamburg halten rund 17 Mio. Bände vor und mehr als 60.000 laufende Zeitschriften. Die hamburgische Vergangenheit wird wissenschaftlich an der Universität Hamburg erforscht, die Quellen liegen vor allem im *Staatsarchiv Hamburg*, das mit Sitz in Wandsbek bald 30 Regalkilometer Akten verwaltet und für die Erforschung aufbereitet. Hier hat mit dem 1839 gegründeten Verein für Hamburgische Geschichte auch einer der größten deutschen Geschichtsvereine seinen Sitz.

Hamburg beheimatet zahlreiche akademische und privatwirtschaftliche Forschungsinstitute, darunter mit dem DESY (Deutsches Elektronen Synchrotron) im Stadtteil Bahrenfeld eines der weltweit bedeutendsten Zentren für die Erforschung der Elementarteilchenphysik. Der Erziehungswissenschaft widmet sich seit 1951 ferner das UNESCO-Institut für Pädagogik, sodass Hamburg mit dem 1994 errichteten Internationalen Seegerichtshof *Sitz zweier UNO-Einrichtungen* ist.

Verkehr und Wohnen

In Hamburg waren am Jahresbeginn 2004 insgesamt 836.001 Pkw zugelassen, und mit Lkw, Motorrädern und Anhängern ergibt sich die Zahl von 960.406 Kfz mit „HH“ im Kennzeichen. Sie können in Hamburg insgesamt 3936 km Straßen befahren, 82 davon als BAB. 535 Mio. Fahrgäste wurden 2003 im Hamburger ÖPNV befördert, Hamburg Airport zählte 127.310 gewerbliche Starts und Landungen sowie 9.4 *Mio. Fluggäste*.

In 48,5% der rund 927.000 Haushalte der Stadt lebt nur eine Person, und dennoch ist Hamburg längst nicht deutsche „Single-Hauptstadt“, sondern rangiert mit seinem Anteil hinter Hannover, München und Frankfurt a.M. an vierter Stelle. Insgesamt gibt es rund 867.000 Wohnungen, und die durchschnittliche Wohnfläche beträgt 35,7 m².

Sport und Freizeit

In einer Millionenstadt gibt es kaum einen Sport, der nicht betrieben werden könnte. Der Hamburger Sportbund, mit rund 500.000 Mitgliedern die größte Personenvereinigung der Stadt, zählt 788 Vereine und mit der HT 16 (Hamburger Turnerschaft von 1816) darunter den ältesten bestehenden der Welt. Doch gibt es mit Rudern, Reiten, Polo, Hockey, Tennis und Segeln sechs Sportarten mit besonderer *Hamburg-Tradition*, die sich in langen Club-Geschichten widerspiegelt. Der *Fußball*, schon in 1870er Jahren in das anglophile Hamburg gelangt, spielt daneben seine eigene große Rolle in der Stadt. Langes Bestehen und kontinuierlich überregionale Erstklassigkeit machen den HSV (1919 durch Zusammenschluss älterer Clubs entstanden) zur Nr.1 in der Stadt, gefolgt von den „Kiezkickern“ des FC St. Pauli. Im Amateurbereich sind Namen wie Altona 93, Bergedorf 85, SC Sperber und SC Victoria seit Generationen feste Größen, und viele Fußballvereine haben ihre Wurzeln im stark verbreiteten Arbeitersport um die Wende des 19./20. Jahrhunderts.

Gleich zweimal wird in Hamburg im Zeichen der olympischen Ringe trainiert, im Olympia-Stützpunkt für den Schwimmsport in Dulsberg (eröff. 1988) und im Allermöher „Wasserpark Dove-Elbe“ das Leistungszentrum für Ruder- und Kanusportler (eröff. 1986).

215.000 Straßenbäume, viele Grünanlagen, zahlreiche kleine und diverse große Parks begründen Hamburgs Ruf, *eine besonders grüne Metropole* zu sein. Tatsächlich sind 15% Grün- und Erholungsflächen. Auch der *Ohlsdorfer Friedhof* (eröff. 1877) steuert mit 400 Hektar seinen attraktiven Teil dazu bei und ebenso *Hagenbecks Tierpark* (gegr. 1874, in Stellingen 1907 eröff.). Wirklich unvergleichlich präsentiert sich Hamburg aber durch seinen Wasserreichtum. *Außen- und Binnenalster* sind zwei besondere Kleinode der Stadt. Der schöne Anblick, Geübten reicht schon die Vorbeifahrt in S- oder Fernbahn für einige Sekunden echter Entspannung, und eine immer angenehm leichte bis frische Brise machen sie zum eigentlichen, zum „nassen Herzen" Hamburgs. Gern wird in der Stadt auf die Zahl von *2.302 Brücken* verwiesen (mehr als Amsterdam oder Venedig) und die vielen Möglichkeiten, sich am Wasser aufzuhalten. Besonders schön ist auch der *Elbwanderweg* von Othmarschen flussabwärts, bis hinter der Landesgrenze und nach Wedel grüner Deich und Schafherden das Bild bestimmen.

Geschichte

Die Archäologie kennt Zeugnisse menschlicher Siedlungen im Hamburger Raum schon aus der Älteren Steinzeit (vor 13.000 Jahren) und belegt eine *kleine sächsische Wohnanlage* aus dem 7./8. Jh. auf dem heutigen Domplatz. Die historische Wissenschaft nimmt den Faden an dieser Stelle mit der schriftlich nachgewiesenen fränkischen Befestigung *Hammaburg* aus dem frühen 9. Jh. auf. Die Anlage liegt überschwemmungsfrei auf dem westlich der Petrikirche auslaufenden Höhensporn und misst 100 x 100 Meter. Ludwig der Fromme erklärt sie zum Bistumssitz, ein hölzerner Dom entsteht. 845 wird dies Ur-Hamburg samt der neben ihm gewachsenen Handwerker- und Kaufmannssiedlung durch Wikinger zerstört. Bischof Ansgar verlegt den Sitz des Bistums nach Bremen, aber die wieder aufgebaute Siedlung wird im 11. Jh. Zweitsitz des Bischofs, beheimatet ein Domkapitel und einen neuen Dom. Graf Adolf III. siedelt Ende des 12. Jh. auf der anderen Seite der Alsterschleife rund 50 Schiffer und Kaufleute an. Die 1265 entstandene Gründungsurkunde sichert ihnen freie Schifffahrt auf der Elbe und weitere kaiserlich verbriefte Rechte zu. Sie ist auf den 8. Mai 1189 rückdatiert, weshalb Jahrhunderte später diese Zahl als Gründungsjahr des Hamburger Hafens und zum *Hafengeburtstag* auserkoren wurde. 1216 erfolgt die Vereinigung der erzbischöflichen und der gräflichen Siedlung zu einem Hamburg, dessen alleinige Stadtherren bald die Schauenburger Grafen werden. Die gute Lage an der Alsterfurt des alten Überlandweges und der Elbe als Wasserstraße lässt die Stadt zu einem *aufstrebenden Handelsplatz* werden. Er profitiert von Lübecks Ostseehandel und der Übertragung des breiten Warenkanons in den Nordseeraum. Bier wird wichtigstes Exportgut. Im 13. Jahrhundert schließt sich Hamburg der Hanse an, verfolgt aber seit dem späten 15. Jh. zunehmend eigene Ziele. 4-5.000 Menschen leben um 1300 in der Stadt. Sie wächst in ihr Umland hinein und erwirbt zur strategischen Sicherung ihres Handels nahes und entferntes Landgebiet. 1460 gelangt Hamburg zusammen mit Schleswig-Holstein in das Hoheitsgebiet der dänischen Krone, kann aber jetzt und später seine Handlungsfreiheit weitgehend behaupten, auch indem es um seinen Anspruch kämpft, *freie Stadt* des Deutschen Reiches zu sein. 1768 erkennt Dänemark dies im *Gottorper Vertrag* an. Zu dieser Zeit hat Hamburg seinen Handel auf überseeische Gebiete ausgeweitet und ist auf rund 100.000 Einwohner angewachsen.

Der *weltweite Zug der Kaufleute* bereitet in der Stadt zugleich den Boden für ein weltoffen-freisinniges Denken, und das seit der Reformation (1529) „gut lutherische" und im 17. Jh. von heftigen Bürgerunruhen erschütterte Hamburg wird zu einem *Zentrum der Aufklärung*.

Von französischen Truppen besetzt, haben Bevölkerung und Handel 1806-13/14 stark zu leiden, bevor Hamburg als *Mitglied des Deutschen Bundes* seit 1815 allmählich neuen Aufschwung erlebt, auch wenn viele fortschrittliche Neuerungen und bürgerliche Freiheiten der „Franzosenzeit" zugunsten der alten Ratsvorherrschaft wieder abgeschafft werden. Als nach dem Verlust eines Großteils der Stadt im *Großen Brand* von 1842 Hamburg neu aufgebaut wird, fruchten auch z.T. lang zurückgedrängte Reformbestrebungen. 1859 tritt erstmals eine *gewählte Bürgerschaft* zusammen und im Jahr darauf eine neue Verfassung in Kraft. Mit dem 1888 vollzogenen *Zollanschluss* an das Deutsche Reich beginnt Hamburgs rasche Entwicklung als Industriestadt mit einer Million Einwohner (1910). Mittlerweile hat sich die Sozialdemokratie zur starken politischen Kraft entwickelt und kann auf Grundlage der *demokratischen Verfassung* von 1921 die hamburgische Politik mitgestalten. 1933 übernehmen die Nationalsozialisten die Macht. In den *Konzentrationslagern Fuhlsbüttel* und *Neuengamme* werden politische Gegner unter unmenschlichen Bedingungen inhaftiert, und allein in Neuengamme und den mehr als 80 Außenlagern kommen 55.000 Menschen zu Tode. An die 8000 Hamburger Juden werden verschleppt und ermordet. Dem Mordprogramm der „Euthanasie" fallen geistig Behinderte, u.a. aus den großen *Alsterdorfer Anstalten,* zum Opfer.

Zur Schaffung eines einheitlichen Verwaltungs- und Wirtschaftsraumes verfügt das *Groß-Hamburg-Gesetz* 1937 die Eingemeindung der preußischen Städte Altona, Harburg-Wilhelmsburg und Wandsbek nach Hamburg.

Hitler will einen „NS-Mustergau" schaffen und Hamburg zur „Führerstadt" ausbauen. Die gigantomanischen Pläne gehen in den *Luftangriffen* – besonders im Sommer 1943 – unter, bei denen nur 20% des Wohnungsbestandes von 1939 unversehrt bleiben. Insgesamt fordert der Luftkrieg *45.000 Tote*. 43 Mio. t. Trümmer bedecken das Stadtgebiet, fast 70% der Bewohner verlieren teilweise oder vollständig ihren Besitz. Am 3.5.1945 kapituliert die Stadt, und *britische Truppen besetzen die Stadt*.

Außer der Zeit des „Hamburg-Blocks" (1953-57), einem Bündnis der bürgerlichen Parteien CDU, FDP und DP sowie des „Blocks der Heimatvertriebenen und Entrechteten „(BHE) stellen in der Nachkriegszeit Sozialdemokraten bis 2001 den Ersten Bürgermeister. Im Februar 1962 kommt es mit der Überschwemmung der Elbinseln (insbesondere von Wilhelmsburg) und weiten Teilen der Innenstadt zur *Flutkatastrophe*, bei der mehr als 300 Menschen den Tod finden. 1974 wird die *Köhlbrandbrücke* fertig gestellt und im Jahr darauf der *Neue Elbtunnel*, dessen vierte Röhre 2002 in Betrieb geht (Das 380t schwere Schneidrad des Schildvortriebs ist im Museum der Arbeit ausgestellt). Mit der deutschen Wiedervereinigung wird Hamburg aus seiner wirtschaftsgeografischen Randlage befreit und erhält die Chance, sich elbaufwärts und im Ostseeraum zu engagieren. Die große Herausforderung der heutigen Stadtentwicklung ist die Umplanung von 100 ha innenstadtnahen Hafengebietes in Hamburg-Altstadt und Klostertor für den Bau der *HafenCity*, wodurch Hamburgs Innenstadt ans Elbufer zurückkehren kann.

Hamburg unterhält *Städtepartnerschaften* mit St. Petersburg (geschlossen 1957), Marseille (1958), Shanghai (1986), Dresden (1987), León und Osaka (1989), Prag (1990) und Chicago (1994). Schon seit 1930 besteht eine *Patenschaft* mit dem polnischen Kreis Marienburg.

Farben, Wappen, Flaggen, Logo

Die verfassungsgemäßen Hamburger *Landesfarben* sind weiß-rot. Das *Landeswappen* zeigt eine weiße dreitürmige Burg auf rotem Schild. Die Kuppel ist von einem Kreuz bekrönt, das wie die beiden Sterne auf den historischen Mariendom verweist. Feste Mauern und das geschlossene Tor symbolisieren Wehrhaftigkeit sowie die beanspruchte Freiheit, nur denjenigen einzulassen, der den Interessen der Stadt nicht entgegenwirke. Schon aus dem 12./13. Jahrhundert sind Abbildungen mit diesen Elementen überliefert, seit 1834 sind Gestalt und Farbgebung in heutiger Form gesetzlich festgelegt. Im *Großen Landeswappen* halten zwei Löwen das von einer Helmzier bekrönte Wappen. Hamburg führt drei Flaggen als staatliche Hoheitszeichen: *Landesflagge* (rot mit weißer Burg), *Admiralitätsflagge* (Landesflagge mit Anker), *Staatsflagge* (rot, mit Großem Landeswappen auf weißem Grund).1998 entwarf der Hamburger Designer Peter Schmidt eine mit geöffnetem Tor auf einer stilisierten Welle stehende Hamburger Burg, die seither von der Verwaltung als offizielles Logo genutzt wird.

Literatur

Hans Wilhelm Eckardt: Von der privilegierten Herrschaft zur parlamentarischen Demokratie, 2. überarb. Aufl. Privilegien und Parlament (Hamburg 1980), Landeszentrale für politische Bildung Hamburg 2002

Hamburger Sparkasse (Hg.): Hamburg von Altona bis Zollenspieker. Das Haspa-Handbuch für alle Stadtteile der Hansestadt, Hamburg 2002

Hermann Hipp: Freie und Hansestadt Hamburg (= DuMont Kunst-Reiseführer), 3. Aufl., Köln 1996

Werner Jochmann, Hans-Dieter Loose (Hg.): Hamburg. Geschichte der Stadt und ihrer Bewohner, 2 Bde. Hamburg 1982/86

Franklin Kopitzsch, Daniel Tilgner (Hg.): Hamburg-Lexikon, 2. durchgesehene Aufl., Hamburg 2000

Helga Kutz-Bauer, Gerhard Fuchs: Kommunalpolitik in Hamburg. In: Andreas Kost, Hans-Georg Wehling (Hg.): Kommunalpolitik in den deutschen Ländern. Eine Einführung, Wiesbaden 2003, S. 120-130

Ilse Möller: Hamburg. Perthes Länderprofile, 2. völlig neu bearbeitete Aufl., Gotha und Stuttgart 1999

Ernst Christian Schütt: Chronik Hamburg, 2. Aufl. Die Chronik Hamburgs (Dortmund 1991), Gütersloh und München 1997

Theo Sommer: Hamburg. Weltstadt im Wellengang der Zeiten. Mit einem Geleitwort von Helmuth Schmidt, Hamburg 2004

Statistisches Landesamt der Freien und Hansestadt Hamburg (Hg.): Hamburg. Ein Stadt

Hessen

Drei Hessen unter einem Hut

Elisabeth Abendroth

Historisch, nicht geographisch abgegrenzt

Hessen, mit 21.114 qkm eines der kleineren Bundesländer, im Herzen Europas und nach der Wiedervereinigung 1989 im Zentrum Deutschlands gelegen, ist in seiner heutigen politischen Grenzziehung nach dem Zweiten Weltkrieg durch die Proklamation Nr. 2 der US-Militäradministration am 19. September 1945 entstanden. Es grenzt im Westen an die Bundesländer Rheinland-Pfalz und Nordrhein-Westfalen, im Norden an Niedersachsen, im Osten an Thüringen, im Südosten an Bayern und im Süden an Baden-Württemberg. Der Grenzverlauf Hessens orientiert sich kaum an geographischen Gegebenheiten, wie etwa im Norden streckenweise an der Weser oder im Osten zum Teil am Lauf der Werra. Ansonsten zieht sich die Landesgrenze im Westen mitten durch das Rheinische Schiefergebirge, im Südosten zerschneidet sie den Odenwald und den Spessart und im Süden zerteilt sie den Wirtschaftsraum des Rhein-Neckar-Dreiecks.

Hessen ist ein Mittelgebirgsland. Die Vielfältigkeit seiner Landschaften hat Geschichte und Gegenwart geprägt. Das alte, erzreiche, schroff konturierte Rheinische Schiefergebirge an Lahn, Dill und Sieg im Westen ist durch einen mehrere Hundertmillionnen Jahre dauernden Abtragungsprozess entstanden. Die ersten Besiedlungshinweise reichen bis in die Bronzezeit zurück und die dortigen Eisenerzvorkommen wurden bereits in vorchristlicher Zeit ausgebeutet. Ortsnamen in dieser Gegend wie Silberberg und Goldhausen deuten darauf hin, dass auch edlere Metalle gefunden worden sind. Für Osthessen charakteristisch sind geologisch viel jüngere Buntsandsteinformationen, zum Teil bewaldete, weitgespannte Plateaulandschaften, die durch ihre mineralarmen Böden die Nutzung durch den Menschen erschweren, historisch eine dünn besiedelte, arme Gegend. Prägend für das geographische Bild Hessens sind die Vulkanberglandschaften – die älteren wie der Vordere Odenwald und der Vordere Spessart – sind die Folge einer starken Hebung am Rande des Oberrheingrabens, und die wesentlich jüngeren Basaltberge des Westerwalds, der Hohen

Rhön, des Hohen Meißners, des Kaufunger Walds und des Knülls sind das Ergebnis vulkanischer Tätigkeit vor ca. 50 Millionen Jahren. Die größte zusammenhängende Basaltberglandschaft ist der Vogelsberg, hessischer Teil eines riesigen europäischen Grabens aus dem Tertiär, der im Rhonetal in Ostfrankreich beginnt, sich über den Oberrheingraben fortsetzt, Hessen in nordöstlicher Richtung durchzieht und im Mjösengraben in Skandinavien endet. Der hessische Teil dieser Tertiärlandschaft ist durch mehrere beckenartige Senken gegliedert, die Wetterau, das Gießener Becken, das Amöneburger Becken, das Schwalmbecken, das Fritzlar-Waberner Becken und die Kasseler Becken.

Dieser „Westhessischen Senke" steht die „Osthessische Senke" von der Hanau-Seligenstädter Gegend, dem Kinzigtal, dem Fuldaer, dem Hersfelder, dem Bebraer Becken bis zum Werratal und dem Leinegraben gegenüber. Diese Senkenzonen mit ihren dort abgelagerten Lößböden wurden zu den ersten Besiedlungsgebieten. So verweisen beispielhaft die ältesten menschlichen Spuren in Münzenberg und in der Wetterau auf die Altsteinzeit. Zum anderen boten sich diese Zonen als Durchgangsstraßen für Völkerwanderungen an, Straßen, die überall in Hessen ihre Spuren hinterließen. So ist Hessen das Land mit den meisten vor- und frühgeschichtlichen Festungsanlagen, deren Überreste zum Teil noch heute zu besichtigen sind, wie der jüngst durch sensationelle Funde aus keltischer Zeit bekannt gewordene Glauberg bei Büdingen, der Christenberg bei Marburg und der Büraberg bei Fritzlar. Auch in der Römerzeit wurde Hessen zum Durchgangs- und Kriegsschauplatz, lebendig durch die Erinnerung an die Chattenkriege. Reste des Limes im Taunus und im Odenwald zeugen von der römischen Tradition, die neben vielen anderen Prägungen, auch den Weinbau an die Bergstraße und in den Rheingau brachte.

Vom „populus Hassiorum" zu „Greater Hesse"

Im Jahre 738 wird erstmals ein *„populus Hassiorum"* (Volk der Hessen) in einem Sendschreiben von *Papst Gregor III.* an den heiligen *Bonifatius* erwähnt. Gemeint waren vor allem die Bewohner der Gegend um Fritzlar und des Kasseler Beckens. Wo jedoch „die" ursprünglichen Hessen angesiedelt waren und woher sie kamen ist bis heute wissenschaftlich kontrovers und ungeklärt. Erst seit dem Karolingischen Zeitalter ist Genaueres über die Territorialstruktur im Gebiet des heutigen Hessen überliefert. Die zu Beginn der Karolingerherrschaft gegründeten Benediktinerabteien Fulda, wo *Bonifatius* begraben liegt, Hersfeld und Lorsch an der Bergstraße waren wichtige Stützpunkte der Königsmacht, von denen äußerst bedeutsame kulturelle und ökonomische Entwicklungsimpulse ausgingen. Unter Karl dem Großen avancierte das ehemals römische Rhein-Main-Gebiet mit den Kaiserpfalzen um Mainz und Worms zum Machtzentrum des Frankenreiches, während Nordhessen zum Aufmarschgebiet für die Sachsenfeldzüge wurde. Nach der

Reichsteilung unter Karls Enkeln wählte *Ludwig der Deutsche* Frankfurt als Hauptstadt seines Reichsteils. Die Namen der karolingischen Verwaltungseinheiten, der „Gaue“ sind über Jahrhunderte überliefert: „Königssundergau“ um Wiesbaden, „Rhein-Maingau“, damals südlich des Mains, „Niddagau“ und „Wettereiba“ im Limesgebiet, „Lahngau“ um Marburg und „Hessengau“ mit dem Mittelpunkt Maden bei Gudensberg.

Als bedeutendste unter den hessischen Grafen vereinten Ende des 9. Jahrhunderts die Konradiner mit dem Lahn-, Hessen- und Rheingau sowie der Wetterau fast das gesamte Gebiet des heutigen Hessen unter ihrer Herrschaft. Die Kirchen ihrer Stiftsgründungen in Limburg, Weilburg und Wetzlar sind überkommene Zeugnisse ihrer Macht. Zu Beginn des 12. Jahrhunderts erheiratete *Ludwig von Thüringen* das in Urkunden als *„terra Hassia“* (hessische Erde) bezeichnete, durch Städteneugründungen geprägte Gebiet um Kassel und Marburg. Sein Nachkomme *Ludwig III.* nannte sich 1189 erstmals *„rector Hassiae“* (Fürst von Hessen). Im 12. Jahrhundert verstetigte sich auch Frankfurts Aufstieg zur bedeutenden Stadt der Kaiserkrönungen und Messen. 1152 empfing *Barbarossa* dort die Königskrone. Das durch die befestigten Reichsstädte Gelnhausen, Friedberg und Wetzlar gesicherte Rhein-Main-Gebiet wurde zum ökonomischen, kulturellen und politischen Zentrum des Reiches. 1240 verlieh Kaiser *Friedrich II.* der Stadt Frankfurt das Messeprivileg und legte damit den Grundstein für die bis heute andauernde Rolle der Stadt am Main als Wirtschafts- und Finanzmetropole. Bedeutender als Frankfurt war damals Marburg. Zum Grab der 1231 verstorbenen und später heiliggesprochenen *Elisabeth von Thüringen* strömten Pilgerscharen aus dem ganzen Reich. 1248 ließ Elisabeths Tochter *Sophie von Brabant* ihren kleinen Sohn *Heinrich* zum „neuen Herrn des Landes Hessen“ ausrufen. Das Marburger Schloss wurde zum kulturellen und politischen Zentrum der neuen Landgrafschaft, die die durch das Gebiet der Grafen von Ziegenhain und Nidda räumlich voneinander getrennten Regionen um Kassel, Eschwege und Rotenburg, Marburg, Alsfeld und die Stadt Gießen umfasste. Daneben behaupteten sich die Fürstenfamilien der Hanauer, Isenburger, Solmser, der Katzenelnbogener und der Lauenburg-Nassauer, die über mehrere Generationen die Mainzer Bischöfe stellten, und der Schenken von Erbach im Odenwald. Landgraf *Ludwig der Friedfertige* erlangte auf dynastischem Wege das Erbe der Ziegenhainer und die Lehnshoheit über die Grafschaft Waldeck und führte so 1459 Ober- und Niederhessen zusammen. 1479 kam die Grafschaft Katzenelnbogen mit St. Goar, Rheinfels, Darmstadt, Groß-Gerau, Zwingenberg und Reinheim hinzu.

Einer der bekanntesten Landgrafen: Philipp der Großmütige

Nicht zu Unrecht ist Ludwigs Nachkomme *Philipp der Großmütige* bis heute einer der bekanntesten Landgrafen von Hessen geblieben. Als Anhänger

Martin Luthers war er einer der profiliertesten Befürworter der Reformationsbewegung. Ab 1526 finanzierte er mit dem Vermögen der aufgehobenen Stifte und Klöster den Neuaufbau vorbildlicher Schulen, Landeshospitäler und Einrichtungen der Armenpflege sowie die Gründung der ersten evangelischen Universität in Marburg. Obwohl das „Marburger Religionsgespräch" von 1529, bei dem die Reformatoren *Luther, Zwingli* und *Melanchton* um die Grundfragen ihrer neuen Zeit rangen, ohne theologischen Konsens endete, kam es im damals hessischen Schmalkalden zum Zusammenschluss der Waldecker, der Nassauer Grafen und der freien Reichsstadt Frankfurt mit der Landgrafschaft Hessen zum Evangelischen Bund. Im Schmalkaldischen Krieg wurden die Territorien der Verbündeten verwüstet. Landgraf Philipp musste lange Jahre in kaiserlicher Gefangenschaft verbringen. Nach Philipps Tod 1567 wurde das mühsam geeinte Land an seine vier Söhne verteilt. Trotz der zunächst weiterhin gemeinschaftlich betriebenen Einrichtungen wie Universität, Samthofgericht und Landtag wurden schon in der nächsten Generation die Teilgrafschaften zu selbständigen politischen Einheiten, die sich als Hessen-Kassel und Hessen-Darmstadt im *Dreißigjährigen Krieg* als Gegner gegenüberstanden. Geblieben sind die bis heute bestehende evangelische Prägung vieler hessischer Regionen, die reformierte Verwaltung, die erste nichtkatholische Universität und die damals wegweisenden Bildungs- und Sozialeinrichtungen.

Im *Westfälischen Frieden* von 1648, der den Dreißigjährigen Krieg beendete, wurde das in Schutt und Asche liegende Land neu aufgeteilt. Das Prinzip *„cuius regio – eius religio*" (= wessen Herrschaft – dessen Religion) etablierte teilweise neue religiöse Grenzen, die oft bis in unsere Tage spätere administrative Ordnungen überdauern sollten. Hersfeld kam endgültig zu Hessen-Kassel und wurde lutherisch, das benachbarte Fulda blieb katholisch. Das entvölkerte Hessen-Kassel und die Regionen um Homburg und Darmstadt wurden zum Einwanderungsland für Menschen aus den Alpenländern, für Wallonen und für französische Hugenotten.

Das 18. Jahrhundert war auch im Hessischen eine Glanzzeit des Barock. In diese Zeit fallen die Neugestaltung der Fuldaer Abtresidenz, die Schlossbauten im nassauischen Weilburg, in Wiesbaden-Biebrich, in Hanau-Philippsruhe und auf der Kasseler Wilhelmshöhe sowie der aus Geldmangel unvollendet gebliebene Neubau der Darmstädter Residenz. Auch durch das fürstliche Gebaren in diesem Jahrhundert des Absolutismus wurde Hessen zum Auswanderungsland. Unzählige Menschen folgten den Werbern *Maria Theresias von Österreich* nach Ungarn oder der Zarin *Katharina von Russland* an die Wolga. Im amerikanischen Unabhängigkeitskrieg wurden Regimenter aus Hessen-Kassel, Waldeck und Hanau an die Engländer „vermietet".

Die territoriale Neuordnung im Gefolge Napoleons

Die *Französische Revolution* wirkte auch nachhaltig auf Hessen. Die napoleonische Herrschaft gliederte durch die Rheinbundakte von 1806 und durch die Aufhebung kirchlicher Territorien und die Angliederung bisher unabhängiger Grafschaften, Fürstentümer, Reichsstädte und Reichsritterschaften an die neuformierten Bundesstaaten das Hessische völlig neu. Gewinner dieser Umgestaltungen waren die nun zum Großherzogtum avancierte Landgrafschaft Hessen-Darmstadt, das neu geschaffene Herzogtum Hessen-Nassau aber auch *Landgraf Philipp von Hessen-Kassel*, der jedoch 1806 von Napoleon exiliert wurde. Kassel war anschließend für einige Jahre Hauptstadt des vom jüngsten Bruder *Napoleons*, *Jérome*, regierten Königreichs „Westphalen". Hessische Untertanen waren napoleonische Zwangssoldaten bei den Feldzügen in Spanien und Russland. Die Bevölkerung partizipierte durch den „*Code Napoléon*" an einer der zentralen Errungenschaften der Französischen Revolution: Gleichheit vor dem Gesetz. Nach *Napoleons* Niederlagen bei Leipzig und Waterloo wurden auf dem Wiener Kongress und auf dem Frankfurter Bundestag die hessischen Landschaften wieder neu verteilt. Die abermals erstandene Freie Reichsstadt Frankfurt, das Kurfürstentum Hessen, das Großherzogtum Darmstadt, das Herzogtum Nassau und die neu geschaffene Grafschaft Hessen-Homburg erhielten teilweise neue Grenzen. Der aus dem Exil heimgekehrte Kurfürst von Hessen-Kassel erhielt das katholische Fulda. Und Hessen-Darmstadt wurde mit der Eingliederung von linksrheinischen Gebieten um Mainz, Worms und Alzey zum „Großherzogtum von Hessen und bei Rhein".

Büchner: Krieg den Palästen, Friede den Hütten

Die durch die Französische Revolution und die in den Befreiungskriegen mobilisierten Prinzipien und Hoffnungen auf Freiheit und Gleichheit, Überwindung der Kleinstaaterei, Rechtssicherheit und Gewerbefreiheit waren nicht zu unterdrücken. Im Herbst 1814 wurde unter Mitwirkung des *Freiherrn vom Stein* der freilich in seinen Mitwirkungsrechten sehr eingeschränkte Nassauische Landtag gewählt. Dieser und weitere in den folgenden Jahren entstehenden hessischen Landtage und Verfassungen blieben zunächst überwiegend auf administrative Neuerungen beschränkt. Der Kampf um eine zeitgemäße politische Verfassung und soziale Unruhen im Gefolge der langsam einsetzenden Industrialisierung politisierten im Hessenland. Im Herbst 1830 gab es Bauernunruhen im Hanauischen und in Oberhessen. Der Gießener Pfarrer *Ludwig Weidig* und der aus Goddelau im Ried stammende Student *Georg Büchner* erklärten im *Hessischen Landboten* den Palästen den Krieg. Seit Beginn des Eisenbahnbaus, verstärkt in den 1840-er Jahren, wurden die vielen Grenzen immer mehr zum Hemmnis für Mobilität und ökonomischen Fortschritt. Als die europäische Revolutionswelle im März 1848 Hessen erreichte, forderten die revolutionären Hanauer „Drei Hessen unter einem Hut". Und eine in Darmstadt verteilte „Karte von Deutschland mit naturgemäßer Einteilung in 16 Herzogtümer" zeigte ein geeintes Hessen, das das Großherzogtum Darmstadt, Kurhessen-Kassel und Nassau, nicht aber das linksrheinische Rheinhessen einschloss und damit dem heutigen Territorium des Landes Hessen glich.

Frankfurter Paulskirche

Die demokratische Revolution von 1848/49 brachte mit der Paulskirchenversammlung das erste demokratisch legitimierte gesamtdeutsche Parlament nach Frankfurt. Nach dessen Scheitern mussten einige der hessischen Protagonisten dieser Bewegung von ihren Ämtern zurücktreten (z.B. der nassauische Minister *August Hergenhahn*). Andere retteten sich ins Exil (z.B. der Hanauer Turner August Schärttner). Manche zahlten mit ihrem Leben. (z.B. der in Rastatt von preußischen Soldaten füsilierte Wiesbadener *Georg Böning*). Viele Errungenschaften der Demokratisierung wurden von den Siegern annulliert. Aber der Abschluss der Agrarreform, die weitgehende Beseitigung der Feudalprivilegien, und beispielsweise die Öffentlichkeit der Strafverfahren vor dem Geschworenengericht blieben. Und die Sieger realisierten auch die Einheit, freilich auf ihre Weise. Im Sommer 1866 folgte dem preußischen Einmarsch der Zusammenschluss der annektierten Gebiete von Kurhessen, Nassau, Bad Homburg und Frankfurt zur preußischen Provinz Hessen-Nassau. Als formal unabhängiges, aber in seinen Rechten stark eingeschränktes „Hessen" verblieb nur noch Hessen-Darmstadt, das mit der Darmstädter *Künstlerkolonie* und der *Mathildenhöhe* die ihm verbliebene Restsouveränität immerhin zu einer auf größerer Liberalität gründenden kulturellen Blüte nutzte. Mit *Jugendstil* und *Wandervogel* erlebte auch das „Hessische" eine Renaissance.

Im letzten Drittel des 19. Jahrhunderts entstanden in Hessen die ersten Organisationen der Arbeiterbewegung. Einer ihrer herausragenden frühen Vertreter war ein Neffe des „Vormärzlers" *Ludwig Weidig*, der aus Gießen stammende Mitbegründer der deutschen Sozialdemokratie *Wilhelm Liebknecht*.

Mit der deutschen Kapitulation nach dem ersten großen Krieg im 20. Jahrhundert und der November-Revolution von 1918/19 waren neue Voraussetzungen für eine Neuordnung Hessens gegeben. Schon wenige Wochen nach Kriegsende wurde ein *Freistaat Großhessen* propagiert, der das einstige Nassau, Frankfurt und Waldeck einschließen sollte. Die neugebildete Landesregierung des *Volksstaates Hessen* in Darmstadt unter dem Sozialdemokraten *Carl Ulrich* setzte dem vor allem in Kassel, Marburg und Gießen propagierten Konzept des *Hessischen Volksbundes* eine auf den Wirtschaftsraum Rhein-Main als Zentrum gründende „Rheinfranken"-Lösung mit dem früheren Großherzogtum

Darmstadt, der bayerischen Pfalz, Aschaffenburg und der Südhälfte von Hessen-Nassau entgegen.

Ab 1931 stellte die NSdAP die stärkste Fraktion im Darmstädter Landtag. Die SPD-Regierung blieb zunächst weiter geschäftsführend im Amt, musste jedoch nach der nationalsozialistischen Machtübernahme im Reich am 5. März 1933 weichen. Der sozialdemokratische hessische Innenminister *Wilhelm Leuschner*, die kommunistische Frankfurter Künstlerin *Elisabeth Schumacher*, der im Nordhessischen beheimatete Legationsrat im Auswärtigen Amt *Adam von Trott zu Solz und* der in Wiesbaden-Biebrich geborene Generaloberst *Ludwig Beck* gingen in den Widerstand und wurden ermordet – mit ihnen zahlreiche „politisch" und „rassisch" Verfolgte, vor allem jüdische Bürgerinnen und Bürger, die die Geschichte Hessens zuvor entscheidend mit geprägt hatten, in Hessen lebende Sinti und Roma, Homosexuelle, geistig und körperlich Benachteiligte und Kranke. Der Religionsphilosoph *Martin Buber*, die Gesellschaftswissenschaftler *Erich Fromm*, *Theodor W. Adorno* und *Max Horkheimer* der Komponist *Paul Hindemith* und der Maler *Max Beckmann* mussten das Land verlassen.

In der Zeit der nationalsozialistischen Herrschaft gab es einen „Gau Hessen-Nassau" mit Sitz in Frankfurt, der den Weimarer Volksstaat Hessen umfasste. Nordhessen bildete den eigenen „Gau Kurhessen". Mit der Berufung des Prinzen *Philipp von Hessen* zum Kasseler Oberpräsidenten versuchten die Nationalsozialisten an die Tradition des alten Kurfürstentums anzuknüpfen. Der Frankfurter NS-Gauleiter *Jakob Sprenger* galt als „Führer der Landesregierung in Hessen". Sein Plan der Vereinigung des ehemaligen Volksstaates mit der Provinz Nassau zum „Reichsgau Rhein-Main" wurde nicht mehr in die Tat umgesetzt. Die US-Armee überquerte am 23. März 1945 bei Oppenheim den Rhein, eroberte Südhessen und am 4. April die „Festung Kassel". Große Teile Hessens lagen in Schutt und Asche.

Der von den Amerikanern initiierte Neuaufbau einer demokratischen Verwaltung vollzog sich zunächst innerhalb der alten territorialen Strukturen: *Ludwig Bergsträsser* verwaltete die provisorische Regierung in Darmstadt, in Kassel und Wiesbaden wurden Oberpräsidenten bestellt. Letztlich entschied der amerikanische Militärgouverneur *Lucius D. Clay* über das „neue" Hessen. Am 19. September 1945 proklamierte US-General *Eisenhower*, dessen Vorfahren aus dem Odenwald stammen, „Greater Hesse", Hessen in seinen heutigen Grenzen.

Die älteste deutsche Nachkriegsverfassung

Kriegsfolgen, Zerstörung und Mangel waren die prägenden Probleme in den Jahren nach 1945. Trotzdem „war Hessen 1949 ein stabiles Glied des Weststaates und hatte das wirtschaftliche und politische Fundament für eine erfolgreiche Aufwärtsentwicklung gelegt", so der Spezialist für die hessische

Nachkriegsgeschichte *Walter Mühlhausen*. Dazu hatte beigetragen, dass die hessische Politik in der Zeit nach 1945 überwiegend auf einem breiten Konsens aller wichtigen politischen Kräfte im Lande basierte. Der Aufbau demokratischer Strukturen erfolgte unter der Ägide der US-Militäradministration „von unten nach oben". Im Januar 1946 gab es bereits die ersten Wahlen in Gemeinden unter 20.000 Einwohnern. Im April 1946 wählten die Hessen ihre ersten Kreistage, im Mai in neun kreisfreien Städten ihre ersten Stadtparlamente. Die wieder zugelassene SPD erzielte bei all diesen Wahlen große Erfolge, die sie möglichst rasch auf Landesebene wiederholen wollte. Aber erst am 30. Juni 1946 fanden die ersten landesweiten Wahlen zur *Verfassunggebenden Landesversammlung* statt. Bei einer Wahlbeteiligung von 71% erzielte die SPD 44,3%, die CDU 37,3%, die KPD 9,7% und die LDP 6%. Bereits dieses erste Wahlergebnis signalisiert drei kommende Jahrzehnte mit stabilen sozialdemokratischen Mehrheiten.

Trotz harter Auseinandersetzungen einigten sich SPD und CDU in der Verfassunggebenden Landesversammlung über die Grundprinzipien des neu entstehenden Bundeslandes. Besonders schwierig war die Debatte über den Staatsaufbau – die CDU konnte sich mit ihrer Forderung nach einem parlamentarischen Zweikammersystem nicht durchsetzen. Die Sozialisierung war für die SPD ein zentraler Punkt der gesellschaftlichen Neuordnung. In zweiter Lesung verabschiedete die Landesversammlung am 30. September 1946 den historischen Hessischen Verfassungskompromiss, der in Artikel 41 Sozialisierungen vorsieht, und zwar in den Bereichen Bergbau, Eisen und Stahl, Energie und Verkehr, aber nicht, wie ursprünglich von der SPD gefordert, auch in der chemischen Industrie. Dieser von der Liberaldemokratischen Partei und der KPD nicht mitgetragene Kompromiss wurde durch die weitgehende Übereinstimmung der beiden großen Parteien im gesamten Bereich der zentralen Wirtschafts- und Sozialordnung ermöglicht, die, basierend auf der Anerkennung der Würde und Persönlichkeit des Menschen auch in der Ökonomie, das Recht auf Arbeit, den Achtstundentag, einen zwölftägigen Mindesturlaub, das Streikrecht sowie ein einheitliches Arbeitsrecht für Arbeiter, Angestellte und Beamte proklamiert, wobei die Aussperrung untersagt bleibt. Der Kompromiss kam dadurch zustande, dass die hessische CDU damals – anfangs unter dem Einfluss von *Eugen Kogon, Walter Dirks* und den *Frankfurter Heften* – im politischen Spektrum eher links anzusiedeln gewesen ist. Die zeitliche Nähe der Erfahrungen mit dem Nationalsozialismus, die viele der (nur vier!) Mütter und Väter der Hessischen Verfassung geprägt hat, ist sicherlich ebenfalls dafür verantwortlich, dass die getroffenen sozialen Normgebungen viel weiter gingen als in späteren Länderverfassungen oder im Grundgesetz für die alte Bundesrepublik Deutschland. Die US-Militäradministration bestand auf einer gesonderten Abstimmung über den Sozialisierungsartikel im Plebiszit. Am 1. Dezember 1946 wurde die Hessische Verfassung als älteste deutsche Nachkriegsverfassung mit 76,4% für die Gesamtfassung und mit 72% Stimmenanteil für den Sozialisierungsartikel 41 von den hessischen Bürgerinnen und Bürgern angenommen. Gleichzeitig fanden die ersten Wahlen zum Hessischen Landtag statt, aus denen die SPD als stärkste Partei hervorging.

Der von den US-Behörden eingesetzten Allparteienregierung unter dem parteilosen Rechtswissenschaftler *Karl Geiler* folgte eine SPD/CDU-Koalition unter dem Darmstädter Sozialdemokraten *Christian Stock*, dessen Kabinett sehr pragmatisch an der Bewältigung der prekären Versorgungslage, der schrecklichen Wohnungsnot, des wirtschaftlichen Wiederaufbaus, der Integration großer Flüchtlingsströme, der Bekämpfung der Naziideologie und des allgemeinen Neubeginns arbeitete.

Hessen war insofern privilegiert, da hier die wichtigsten überzonalen Gremien angesiedelt waren. Bereits durch die Wahl des IG-Farben-Gebäudes in Frankfurt zu ihrem Hauptquartier hatten die US-Amerikaner einen Schwerpunkt auf Frankfurt gelegt. Hier residierten auch der Wirtschaftsrat für das vereinigte Wirtschaftsgebiet der westlichen Alliierten, die bizonalen Verwaltungen und schließlich die *Bank deutscher Länder*. Frankfurt konnte damit an seine historische Bedeutung anknüpfen. Sitz der Landeshauptstadt wurde aber das nahe Wiesbaden, das von den Verwüstungen des Krieges weit weniger heimgesucht war.

„Hessen vorn" – gesellschaftlicher Strukturwandel und Identitätsbildung

Nach der Gründung der Bundesrepublik Deutschland 1949 erhielt die politische Kultur Hessens ein neues Gewicht. In der Landtagswahl von 1950 erreichte die SPD die absolute Mehrheit der Landtagssitze. *Georg August Zinn*, Mitglied des Parlamentarischen Rates und bereits damals ein anerkannter Landespolitiker, wurde zum Hessischen Ministerpräsidenten gewählt. *Zinn* war nicht nur der Kandidat der „Nordhessen", sondern auch der des SPD-Parteivorsitzenden *Kurt Schumacher*, der sich von ihm ein hessisches Gegengewicht zu *Konrad Adenauers* Bonner Regierung erhoffte. Diese Hoffnung wurde in den folgenden Jahren doppelt realisiert: Zum einen engagierte sich die Regierung Zinn mehrfach durch Initiativen im Bundesrat oder bei Verfassungsklagen. Die spektakulärste war die erfolgreiche Klage gegen das von Bundeskanzler *Adenauer* geplante Staatsfernsehen mit dem Ergebnis, dass das ZDF 1961 nur durch Staatsvertrag der Länder gegründet werden konnte. Zum anderen wurde Hessen durch die Art, wie es die drängenden Probleme der Nachkriegszeit löste, zum beispielhaft empfundenen sozialhuman geprägten und erfolgreichen Bundesland.

Der sozialdemokratische Wahlslogan von 1962 „Hessen vorn" steht leitmotivisch für die gesamte Ära *Zinn*. Bereits in seiner ersten Regierungserklärung verkündete Zinn 1951 den „Hessenplan", der die Förderung des Wohnungsbaus, die Integration der über eine Million in Hessen lebenden Flüchtlinge sowie die Verbesserung der Infrastruktur und die Förderung von Industrieansiedlungen in den strukturschwachen Regionen zum Ziel hatte. Der Wohnungsbau stieg in Hessen für die kommenden zwanzig Jahre auf 50.000 Einheiten, davon 20.000 Sozialwohnungen jährlich. Viele Vertriebene konnten aus Behelfsheimen oder Untermiete in eigene Wohnungen umziehen. Dies war auch die Grundlage für *Zinns* spätere zwölfjährige Kooperation mit dem ursprünglich mit der FDP verbundenen *Bund Heimatvertriebener und Entrechteter* (BHE). Das Land vergab umfangreiche Kredite an mittelständische Unternehmen, vor allem Flüchtlingsbetriebe, die sich in traditionell strukturschwachen Gebieten ansiedelten und dort für neue Arbeitsplätze sorgten. Darüber hinaus flossen große Summen in die Verbesserung der Infrastruktur in den teilungsbedingt abgeschnittenen Randregionen, besonders an der Grenze zur früheren DDR. Auch industrielle Großprojekte konnte *Zinn* aufgrund seiner guten Wirtschaftskontakte ins Land holen: das Volkswagenwerk in Baunatal, das Chemiefaserwerk der *Hoechst AG* in Bad Hersfeld und die – damals noch von allen gesellschaftlichen Kräften akzeptierte – Atomindustrie nach Hanau. Hessen erzielte überproportional steigende wirtschaftliche Wachstumsraten und wurde zum führenden Geberland im bundesweiten Länderfinanzausgleich, eine Position, die es bis heute innehat.

Sozialdemokratische Reformpolitik in Hessen

Georg August Zinn warb für wichtige Reformvorhaben hoch qualifizierte Spezialisten aus anderen Ländern ab, zum Beispiel den Bildungspolitiker *Ernst Schütte*, den Sozialpolitiker *Heinrich Hemsath* und von 1967 bis 1969 die Vorkämpferin für die Gesamtschule, *Hildegard Hamm-Brücher*.

Wichtiger Schwerpunkt war ihm Struktur und Regionalpolitik. Mit Ausnahme der ökonomisch weit entwickelten Rhein-Main-Region, des Lahn-Dill-Gebiets und des Kasseler Raums bestand das Land Hessen damals vor allem aus Agrarregionen, die historisch gesehen stets Notstandsgebiete waren. Mit Investitionsprogrammen für Aussiedlerhöfe, für Dorfgemeinschaftshäuser und für ländliche Mittelpunktsschulen zur Schaffung von Chancengleichheit im Bildungssektor – ein Hauptanliegen der Landespolitik – lag Hessen im Bundesvergleich tatsächlich „vorn".

Die unstreitbaren Erfolge förderten Entstehung und Herausbildung eines hessischen Gemeinschaftsgefühls. Ausdruck hierfür waren und sind die seit 1961 regelmäßig begangenen Hessentage, die zum Symbol hessischer Identitätsbildung geworden sind.

Ein Spezifikum hessischer Landespolitik bestand im Versuch, staatliches Handeln in Form integrativer Planung zu bündeln. Die verschiedenen Einzelpläne, die dem ersten „Hessenplan" von 1951 folgten, widmeten sich, wie beispielsweise der Hessische Sozialplan für alte Menschen, der Hessische Jugendplan und das Rot-Weiße Sportförderungsprogramm, sozialen und kulturellen Aufgaben. Alle Planungen wurden 1965 im „Großen Hessenplan“ zusammengefasst, der Handlungsperspektiven für die nächsten zehn Jahre entwickelte. Mit Ablauf der dynamischen Aufbauzeit – durchschnittliche jährliche Wirtschaftswachstumsraten von 5,5% war man gewohnt – musste die Planungseuphorie Mitte der 70er Jahre den rückläufigen finanziellen Möglichkeiten des Landes angepasst werden.

In seiner langen Regierungszeit ist *Georg August Zinn* zum „Landesvater“ des jungen, alten Landes Hessen geworden. Als 1969 der Gießener *Albert Oswald* die Regierungsgeschäfte übernahm, hatte sich die politische Landschaft verändert. Die Studentenbewegung drängte auf umfassendere und schnellere Reformen gerade bezüglich einer Erhöhung der in Hessen im Vergleich zu anderen Ländern bereits überdurchschnittlichen Ausgaben für Schulen und Hochschulen. Die sozialliberale Regierung *Oswald* räumte in einem neuen Hochschulgesetz allen Hochschulmitgliedern größere Mitwirkungsrechte ein und gründete mit der *Gesamthochschule Kassel* eine Universität neuen Typs. Damit rief sie ebenso konservative Kritiker auf den Plan wie mit dem Ausbau der Gesamtschulen und mit dem Versuch des Hessischen Kultusministers *Ludwig von Friedeburg*, die Lehrinhalte für Deutsch und Gesellschaftslehre in „Rahmenrichtlinien“ neu zu formulieren. Die Schulpolitik wurde zum Hauptstreitpunkt der hessischen Landespolitik. Da die zunehmenden Bildungsausgaben mit einer das Land benachteiligenden Reform des Länderfinanzausgleichs einherging, bemühte sich die Regierung *Oswald* um eine Effektivierung der Verwaltung – wegweisend beispielsweise durch die von einem Datenschutzgesetz begleitete Gründung der *Hessischen Landeszentrale für Datenverarbeitung* im Jahre 1970.

Parallel dazu verlief eine umfassende Gebietsreform, die 2682 Gemeinden zu 421 neuen Großgemeinden zusammenfasste, ein Prozess, der vor Ort erheblichen Verdruss auslöste, wie z.B. die beabsichtigte Zusammenlegung der altehrwürdigen Städte Gießen und Wetzlar zu einem kommunalen Kunstgebilde namens „Lahn“, ein Vorhaben, das von der nachfolgenden Regierung *Börner* zurückgenommen wurde. Die umstrittenen Reformen dieser Zeit ermöglichten es dem hessischen CDU-Vorsitzenden *Alfred Dregger*, seine Partei zu einem zentral wichtigen landespolitischen Faktor zu gestalten. Zwischen 1966 und 1974 erhöhte die CDU ihren Stimmenanteil von 26,4% auf 47,5%.

Biblis und Startbahn West: Arbeitsplätze versus Umweltschutz

1976 trat *Albert Oswald* als Ministerpräsident zurück. Seinem Nachfolger, dem Kasselaner *Holger Börner*, waren die Schaffung neuer Arbeitsplätze und die Sicherung der Energieversorgung angelegen. *Börner* sah es als notwendig an, das Atomkraftwerk Biblis auszubauen, ein entsprechendes Werk in Borken anzusiedeln und einen Standort in Hessen für die Wiederaufbereitung von nuklearem Brennstoff zu finden. Gegen breiten Protest aus der Bevölkerung engagierte sich die sozialliberale Landesregierung für den Bau einer zusätzlichen Startbahn am Frankfurter Flughafen unter Hinweis auf die Notwendigkeit der Sicherung von Arbeitsplätzen in der Rhein-Main-Region. Die sich formierende Umweltbewegung und die hessische Partei der *Grünen* gingen aus diesem Konflikt gestärkt hervor. Die *Grünen* zogen bei den Landtagswahlen 1982 mit 8,0% in das Parlament ein und tolerierten nach der Wende der FDP aus dem sozialliberalen Lager zur CDU eine sozialdemokratische Minderheitenregierung mit politisch instabilen „hessischen Verhältnissen" wie es bald sprichwörtlich heißen sollte. 1985 kam es zur ersten rotgrünen Regierungskoalition auf Landesebene in der Bundesrepublik mit *Joseph Fischer* als erstem grünen Minister, zuständig für das Umweltressort.

Im April 1987 wurde erstmals in der hessischen Nachkriegsgeschichte eine SPD-geführte Regierung durch eine CDU/FDP-Koalition unter dem ehemaligen Frankfurter Oberbürgermeister *Walter Wallmann* abgelöst. Ministerpräsident *Wallmann* erkannte rasch, dass die deutsche Vereinigung 1989 die Möglichkeit barg, Hessen aus seiner früheren Randlage wieder ins „Herz Deutschlands" zurückzuführen. Seine Regierung legte ein 250 Millionen Mark schweres Hilfsprogramm für Thüringen auf. Dadurch wurden sehr frühzeitig vielfältige hessen-thüringische Behördenkooperationen ermöglicht, die das Land Hessen zum Protagonisten des „Wiederaufbaus Ost" werden ließ.

In *Wallmanns* Ägide fiel auch die Schaffung der Voraussetzungen dafür, dass Frankfurt am Main heute die *Europäische Zentralbank* beherbergt und damit seinem historisch begründeten Spitznamen in Finanzkreisen als „Mainhattan" gerecht wurde und diese Tradition als Metropole europäischen Formats in das kommende Jahrtausend tragen wird.

Von 1991 bis 1999 wurde Hessen wieder von einer rot-grünen Koalition unter Leitung des früheren Oberbürgermeisters von Kassel und späteren Bundesfinanzministers, *Hans Eichel,* geführt. Seine Regierung war mit den tiefgreifenden ökonomischen und gesellschaftlichen Umbrüchen am Ende des vergangenen Jahrhunderts konfrontiert, denen sie mit ihrer „sozialökologischen Reformpolitik" gerecht zu werden suchte. Schwerpunkte in der ersten Legislaturperiode waren eine bildungspolitische Offensive – u.a. mit der Kürzung der Lehrerarbeitszeit um eine Wochenstunde und der Aufstockung der Kindergartenförderung –, die Ausweitung der Mitbestimmung im öffentlichen Dienst, ein Programm für Langzeitarbeitslose, der Einstieg in die zweigeteilte Polizeilaufbahn und die Kürzung der Straßenbaumittel, die als erste Umorientierung in der Verkehrspolitik galt. Die schwerste Krise hatte die Regierung mit der Lotto-Affäre 1994 zu bestehen, in deren Folge SPD-Finanzministerin Annette Fugmann-Heesing zurücktrat.

Hessen
Landkreise

1995 konnte sich die rot-grüne Mehrheit bei der Landtagswahl noch einmal durchsetzen. Die Politik der Landesregierung war in der Legislaturperiode 1995 bis 1999 allerdings von einer deutlichen Begrenzung des Finanzspielraums geprägt, um die Neuverschuldung einzudämmen – mit spürbaren Folgen für die Hochschul- und Schulpolitik. So konnten viele Lehrerstellen nicht mehr besetzt werden, die Unterrichtsausfälle nahmen zu – und die Lehrerarbeitszeit wurde wieder erhöht. Akzentsetzungen dieser Legislaturperiode lagen bei positiven Signalen für die digitale Wirtschaft – durch Sicherung der Infrastruktur und der Rahmenbedingungen der Online-Arbeitsplätze sowie durch die Förderung innovativer Projekte –, in einem vor allem für die Grünen schmerzhaften Paradigmenwechsel in der Haltung zur Biotechnologie und in ersten Schritten einer umfassenden Modernisierung der Verwaltung. 1995/96 nutzte die rotgrüne Landesregierung den 50. Geburtstag des Bundeslandes und 1998 das 150. Jubiläum des Paulskirchenparlaments zur „gesamthessischen“, demokratischen Identitätsstiftung im noch immer eher lokal und regional geprägten Hessen, mentalitätsgeschichtlich durchaus anknüpfend an Leitmotiv und Selbstverständnis aus der landesväterlichen Ära *Zinn*: „Hessen vorn“.

Mit Auseinandersetzungen um eine neuerliche Erweiterung des Frankfurter Flughafens sah sich auch die rotgrüne Regierung unter Ministerpräsident Hans Eichel konfrontiert. Die Güterabwägung Arbeitsplätze versus Ökologie delegierte die Regierung Eichel an ein politisch innovatives Mediationsverfahren, in dem Umweltbeauftragte, Anrainergemeinden, Vertreter der Wirtschaft und der Flughafengesellschaft um einen Kompromiss rangen. (Die Bürgerinitiativen gegen den Flughafenausbau weigerten sich allerdings, an dem Verfahren teilzunehmen.)

Eine neue Ära: Die Regierung Roland Koch

Zu einem tragfähigen Ergebnis kamen die Flughafen-Mediatoren allerdings erst unter der aus der Landtagswahl im Februar 1999 hervorgegangenen, neuen CDU-FDP-Regierung unter Leitung von Ministerpräsident *Roland Koch* (CDU). Bei dieser Landtagswahl spielte die umstrittene Unterschriftenkampagne der hessischen CDU gegen die von der (1998 ins Amt gelangten) rotgrünen Bundesregierung geplante, doppelte Staatsbürgerschaft eine entscheidende Rolle. Ihre schwerste Krise, die CDU-Parteispendenaffäre, in deren Verlauf der Leiter der Hessischen Staatskanzlei, Franz-Josef Jung zurücktrat, hatte die Regierung Koch direkt nach ihrem Amtsantritt zu überstehen. Eine entscheidende Rolle bei der Bewältigung dieser Krise spielte die stellvertretende Ministerpräsidentin und Wissenschafts- und Kunstministerin Ruth Wagner.

Zu den Schwerpunkten der christlich-liberalen Koalition gehörten die Innere Sicherheit und die Bildungspolitik. Nach eigenen Angaben stellte die schwarz-gelbe Landesregierung in ihrer ersten Legislaturperiode 2.900 neue Lehrer ein. Mit dem „Hochschulpakt" und einer kräftigen Aufstockung der in Hessen im Vergleich mit anderen Bundesländern relativ niedrigen Kulturausgaben setzte sie neue Akzente. Sie führte Videoüberwachung und Rasterfahndung ein, stattete die Polizei mit Autos und Computern aus, stellte Hilfspolizisten ein und investierte in den Straßenbau. Dabei wurde eine Neuverschuldung in Kauf genommen. Ministerpräsident Koch trat darüber hinaus bundespolitisch in Erscheinung durch die Vorlage eines Offensiv-Gesetzes und seine ablehnende Haltung zum Zuwanderungsgesetz.

In der Landtagswahl im Februar 2003 gelang der hessischen CDU mit ihrem besten Ergebnis seit 1949 ein historischer Sieg. Zum ersten Mal in der hessischen Nachkriegsgeschichte wurde ein Ministerpräsident aus ihren Reihen im Amt bestätigt. Die SPD stürzte auf 29,1 Prozent der Stimmen ab. Mit knapp 49 Prozent der Stimmen erreichte die CDU im traditionell „roten" Hessen erstmals die absolute Mehrheit der Sitze im Hessischen Landtag. Die FDP entschied, sich bei dieser Konstellation nicht weiter an der Regierung zu beteiligen.

In ihre zweite Legislaturperiode startete die Regierung Roland Koch mit einem Paradigmenwechsel. Aufgrund massiv sinkender Steuereinnahmen verordnete sie dem Land ein rigoroses Sparprogramm mit Einschränkungen in allen Bereichen, insbesondere bei den Sozial- und Bildungsausgaben. Gemeinsam mit dem nordrhein-westfälischen Ministerpräsidenten Peer Steinbrück (SPD) erarbeitete Ministerpräsident Koch ein Programm zu einem umfassenden Subventionsabbau für Bund. Länder und Gemeinden.

Verwaltungs-, Wirtschafts- und Bevölkerungsstruktur

Wie die äußeren wurden auch die inneren Grenzen Hessens im Laufe seiner jüngeren Geschichte oft verschoben. Heute besteht das Land aus 21 Landkreisen und 5 kreisfreien Städten. Verwaltungsreformen haben im Nachkriegshessen eine lange Tradition (seit 1947), deren nachhaltigstes Ergebnis ab 1972 die bereits erwähnte kommunale Gebietsreform war. Auch die mittlere Verwaltungsebene wurde dadurch reformiert. Zu den bestehenden Regierungsbezirken Darmstadt und Kassel wurde ein weiterer Regierungsbezirk Gießen gebildet, der eine neue Region „Mittelhessen", bestehend aus den Landkreisen Lahn-Dill, Marburg-Biedenkopf, Gießen, Limburg-Weilburg und Vogelsbergkreis schaffen sollte. Die Veränderungen der Verwaltungsgliederung sind Reflex auf die Modernisierungsprozesse in der Wirtschafts- und Bevölkerungsstruktur. Nordhessen ist letztlich seit dem späten 18. Jahrhundert trotz aller Bemühungen gerade des dynamischen Gesamtlandes in der zweiten Hälfte des 20. Jahrhunderts der Modernisierungsverlierer geblieben. Alle bevölkerungsmäßigen Wanderbewegungen gingen zu Lasten der nordhessischen Region. Auch heute noch liegt die Bevölkerungsdichte in den nord-, mittel- und osthessischen Regionen um die Hälfte niedriger als im Landesdurchschnitt und bis zum Siebenfachen unter den hochentwickelten Regionen Südhessens.

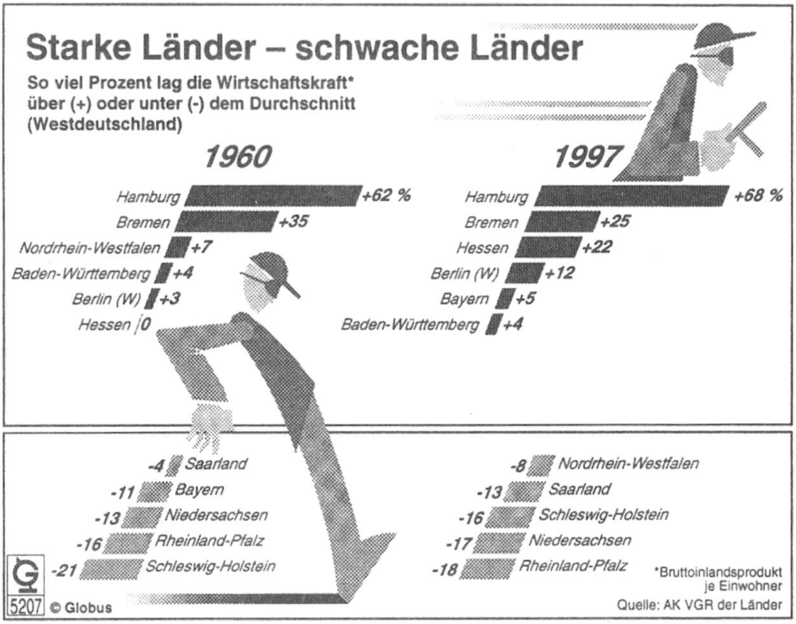

Wirtschaftstarke Rhein-Main-Region

Im Rhein-Main-Gebiet mit seinem Zentrum Frankfurt am Main, in der Region „Mainhattan“ genannt, multikulturell durch seinen hohen Ausländeranteil an der Wohnbevölkerung und seiner beeindruckenden Skyline von Bankentürmen ist die Wirtschaftskraft Hessens konzentriert. In der Rhein-Main-Region leben fast zwei Drittel der 6,1 Millionen Einwohner Hessens. Sie erwirtschaftet über 10 Prozent des gesamten deutschen Bruttoinlandsprodukts. 430 Geldinstitute haben sich in der monetären Hauptstadt Europas, dem Sitz der *Deutschen Bundesbank* und der *Europäischen Zentralbank* niedergelassen. Frankfurts Börse liegt auf Platz vier der Weltrangliste. 70.000 Beschäftigte arbeiten am Ufer des Mains im Bankenwesen. Zudem ist Frankfurt mit großen Fachmessen z. B. *Premiere, Ambiente, Heimtextil, Interstoff, Achema*, der *Internationalen Automobilausstellung* und der historisch bedeutsamen *Internationalen Buchmesse* seit alters her die deutsche Messestadt schlechthin. Zu Börse und Banken kommen Finanzdienste, Versicherungen, Werbeagenturen, Unternehmensberatungen, Wirtschaftsprüfer, Anwaltskanzleien und Servicefirmen, bedeutende Buch- und Presseverlage wie die literarisch und wissenschaftlich renommierten Häuser *Suhrkamp, S. Fischer* und *Campus*, Zeitschriften und Zeitungen, mit der *Frankfurter Allgemeinen Zeitung* und der *Frankfurter Rundschau* unter ihnen zwei überregional hoch angesehene Tageszeitungen, Nachrichtenagenturen und Telekommunikationsunternehmen. Der *Hessische Rundfunk* mit seinen zahlreichen Hörfunk- und Fernsehprogrammen hat seinen Hauptsitz in Frankfurt am Main. In den vergangenen Jahren wurde das Rhein-Main-Gebiet auch zu einem europäischen Zentrum der filmischen Postproduktion. Die Welt kommt durch das „Tor zur Welt", den Flughafen, nach Frankfurt. Mit 60.000 Beschäftigten ist die FAG-Betriebsgesellschaft der größte Arbeitgeber Hessens. Auch das verarbeitende Gewerbe ist mit u. a. *Aventis* und der mit ihr verbundenen *Hoechst AG*, mit *E. Merck* und *Wella* in Darmstadt, mit *Opel* in Rüsselsheim, mit *Heraeus* in Hanau und *Linde* in Wiesbaden gut vertreten. Branchenvielfalt und Polyzentrismus kennzeichnen die Rhein-Main-Region, von deren ökonomischer Potenz zunehmend auch andere hessische Regionen profitieren. Bedeutend ist Südhessen auch als Wissenschaftsstandort mit den Universitäten in Frankfurt und in Darmstadt (unter anderem auch Sitz des weltweit führenden *Fraunhofer-Instituts für Graphische Datenverarbeitung),* den Fachhochschulen Frankfurt und Wiesbaden, zahlreichen angeschlossenen und assoziierten Forschungsinstituten sowie den Max-Planck-Instituten. Zahlreiche in Südhessen ansässige Unternehmen engagieren sich mäzenatisch in Forschung und Lehre.

Mit dem Pfund seiner außergewöhnlichen Hochschuldichte, mit dem innovativen *Know-how* seiner Universitäten können auch die ökonomisch traditionell schwächeren Regionen Nord- und Mittelhessen wuchern. Mittelhessen besitzt mit dem Lahn Dill Gebiet und den Städten Gießen, Marburg und Wetzlar ein eigenständiges Profil als Industrie-, Wissenschafts- und Technologiestandort. In die Kooperation Wirtschaft-Wissenschaft sind zum Beispiel das *Gießener Transferzentrum* und das Wetzlarer *Institut für Mikrostrukturtechnologie und Optoelektronik* eingebunden, Hier liegen wichtige Standorte der zukunftsweisenden Biotechnologie. In Marburg entstand das *Software-Center.* Die traditionelle Industrieregion Nordhessen setzt im Raum Kassel und Bad Hersfeld zukunftsorientierte Schwerpunkte in den Bereichen von Mobilitätswirtschaft, Fahrzeugbau und Logistik. Die Universität Gesamthochschule Kassel (GHK), die seit ihrer Gründung die Kooperation mit der Praxis auf ihre Fahnen geschrieben hat, konnte internationale Reputation insbesondere in zukunftsweisenden Umwelttechnologien erwerben. Bedeutende nordhessische Firmen wie etwa der weltweit aktive Medizinproduktekonzern B. Braun Melsungen AG, die Kasseler Wintershall AG, eines der ältesten deutschen Mineralöl- und Erdgasunternehmen, und VW Baunatal, profitieren vom Knowhow der GHK und engagieren sich mäzenatisch für die Hochschule.

Die Leistungsfähigkeit der hessischen Wirtschaft resultiert aus ihrer großen Vielfalt: der Anteil der kleinen und mittleren Unternehmen liegt bei über 85 Prozent. Viele dieser Firmen sind mit innovativen Technologien auf dem Weltmarkt präsent. Die meisten der über 350.000 hessischen Unternehmen und Betriebe sind im Dienstleistungssektor tätig. Umsatzstärkste Industriebranche in Hessen ist die chemische Industrie, gefolgt von Maschinenbau, Automobilindustrie und Elektrotechnik.

Ein Streifzug durch die hessische Kulturszene

Dass Hessen seit mehr als zwanzig Jahren zu den wirtschaftsstärksten Bundesländern gehört, ist bekannt. Weniger bekannt ist die Vielfalt der polyzentrischen hessischen Kulturszene. Neben den dreispartigen *Hessischen Staatstheatern* in den ehemaligen Residenzstädten Kassel, Darmstadt und Wiesbaden (die beiden letzteren mit renommierten Musiktheatern), neben dem *Schauspiel Frankfurt* und der *Oper Frankfurt* (unter ihrem Intendanten Bernd Loebe wurde sie 2003 Oper des Jahres) sowie den Stadttheatern in den Universitätsstädten Marburg und Gießen gibt es unzählige private Bühnen und freie Theatergruppen in allen hessischen Städten. Zu den vier A-Orchestern Musiktheater ist das *Radiosymphonieorchester* des Hessischen Rundfunks zu nennen. Zahlreiche Ensembles, unter ihnen das weltbekannte *Ensemble Modern* widmen sich der zeitgenössischen Musik. Mit William Forsythe und seinem Ballett verfügt Hessen über ein international herausragendes Tanztheater.

Zahlreiche Veranstaltungsorte präsentieren Musik- und Theaterprogramme, von der international renommierten *Alten Oper Frankfurt* über das *Künstlerhaus Mousonturm* und das Weltmusikzentrum *Brotfabrik* in Frankfurt am Main, über das Soziokulturzentrum *Bessunger Knabenschule* in Darmstadt bis zum *Kulturbahnhof* in Kassel. Hessen verfügt über eine weit über seine Grenzen hinaus bekannte Kleinkunst- und Kabarettszene. Ihre bekanntesten Protagonisten sind der verstorbene *Matthias Belz* und das Multitalent *Michael Quast*. Der weltbekannte Posaunist *Albert Mangelsdorff* steht für die „europäische Jazzhauptstadt" Frankfurt am Main mit ihrem *Deutschen Jazzfestival*, für das *Deutsche Jazzinstitut in Darmstadt* und für eine hoch differenzierte hessische Jazz- und Popularmusik-Szene überall in Hessen.

Hessen ist ein Literaturland. Von den zahlreichen Verlagen und von der Internationalen Buchmesse war schon die Rede. Während der Buchmesse wird alljährlich einer der wichtigsten Literaturpreise der Welt verliehen, der Friedenspreis des Deutschen Buchhandels. Den bedeutendsten deutschen Literaturpreis, den Georg Büchner-Preis verleiht alljährlich die Deutsche Akademie für Sprache und Dichtung in Darmstadt. Dort hat auch das deutsche PEN-Zentrum seinen Sitz. Die Literaturhäuser in Frankfurt, Darmstadt und Wiesbaden, das Hessische Literaturbüro und zahlreiche andere Literaturzentren präsentieren in ihren Lesungen vornehmlich Neuerscheinungen, während die zahlreichen Bibliotheken, allen voran die *Deutsche Bibliothek* in Frankfurt am Main, sich vornehmlich der Pflege des literarischen Erbes widmen. Da verwundert es nicht, dass viele zeitgenössische Autoren in Hessen wohnen, unter ihnen *Robert Gernhardt*, *Peter Härtling*, *Bodo Kirchhoff* und die Jugendbuchautorin *Gudrun Pausewang*. Das *Freie Deutsche Hochstift* und das *Goethehaus* in Frankfurt am Main sowie das *Brüder-Grimm-Museum* in Kassel erinnern an die berühmtesten hessischen Autoren: *Johann Wolfgang v. Goethe* und die *Gebrüder Grimm*.

Hessen ist ein Land der Bildenden Kunst: Darmstadt mit seinem Landesmuseum (einem der letzten Universalmuseen), seinem Jugendstilensemble mit der Kunsthalle Mathildenhöhe, das Museum Wiesbaden mit seiner berühmten Jawlenski-Sammlung und seinen Präsentationen zeitgenössischer Kunst, Kassel, einer der bedeutendsten deutschen Museumsstandorte mit seinem Ensemble Barockpark und Museum Schloss Wilhelmshöhe mit seiner Sammlung alter Meister, und mit der weltweit bekanntesten Präsentation zeitgenössischer Kunst, der *documenta,* schließlich das Frankfurter Museumsufer mit dem *Deutschen Architekturmuseum* und dem *Deutschen Filmmuseum*, das *Museum für Moderne Kunst*, die *Schirn Kunsthalle* und das Städel. Dazu kommen zahlreiche kleinere Museen überall in der Region – und ebenso zahlreiche Galerien. in Kassel, in Offenbach und an der Frankfurter Städelschule wird der künstlerische Nachwuchs ausgebildet.

Zahlreiche Festspiele und Festivals laden Kulturliebhaber ein: von den *Wiesbadener Maifestspielen* über die *Bad Hersfelder Festspiele,* die *Bad Arolser Barockfestspiele* und das *Rheingau-Musikfestival* bis zu den regionalen *Kultursommern.* Gemeinsam ist allen hessischen Kulturschaffenden, dass sie sich mit immer leerer werdenden öffentlichen Kassen konfrontiert sehen und deshalb viele von ihnen dazu übergehen müssen, private Sponsoren und Mäzene für ihre Sache zu begeistern. Gemeinsam ist ihnen, dass sie unter schwieriger werdenden Bedingungen einen unverzichtbaren Beitrag zur politischen Kultur und Lebensqualität in Hessen und zur hessischen Identitätsfindung leisten.

Das Wappen

Der neunmal silbern und rot geteilte, steigende Löwe Hessens gleicht dem Wappentier Thüringens. Denn 1247, als Hessen und Thüringen geteilt wurden, behielten beide Territorien den Löwen als Wappentier bei. So wurde der Löwe auch 1920 vom Volksstaat Hessen übernommen, ebenso wie 1948 vom neugegründeten Land Hessen.

Literaturhinweise

Bauer, Gerd; Boehncke, Heiner; Sarkowicz, Hans, Die Geschichte Hessens. Von der Steinzeit bis zum Neubeginn nach 1945, Frankfurt 2002

Berg-Schlosser, Dirk; Fack, Alexander; Noetzel, Thomas (Hrsg.) Parteien und Wahlen in Hessen 1946-1994. Marburg 1994

Böhme, Klaus; Mühlhausen Walter (Hrsg.) Hessische Streiflichter. Frankfurt am Main 1995

Handbuch der deutschen Bundesländer. Frankfurt am Main 1997, S. 269 ff.

Heidenreich, Bernd; Schacht, Konrad (Hrsg.) Hessen. Eine politische Landeskunde. Stuttgart 1993

Heidenreich, Bernd; Schacht, Konrad (Hrsg.) Hessen. Gesellschaft und Politik. Stuttgart 1995

Heidenreich, Bernd; Schacht, Konrad (Hrsg.) Hessen. Wahlen und Politik 1946 – 1995. Stuttgart 1995

Heidenreich, Bernd; Böhme Klaus (Hrsg.) Hessen. Verfassung und Politik. Stuttgart 1997

Koch-Arzberger, Claudia; Hohmann, Eckart (Hrsg.) Hessen im Wandel. Wiesbaden 1996

Lilge, Herbert. Hessen in Geschichte und Gegenwart. Stuttgart 1992

Sarkowicz, Hans (Hrsg.) Stadtluft macht frei. Hessische Stadtporträts. Leinfelden 1993

Schiller, Theo; von Winter, Thomas Hessen. In: Hartmann, Jürgen (Hrsg.)

Mecklenburg-Vorpommern

Gemeinsamkeiten trotz unterschiedlicher Geschichte

Heinrich-Christian Kuhn

Mecklenburg-Vorpommern ist nach der Fläche zwar sechstgrößtes Bundesland (23.170 qkm), nach der Einwohnerzahl jedoch das viertkleinste (1,8 Mio). Weniger Einwohner haben das Saarland, Hamburg und Bremen. Nur durchschnittlich 78 Einwohner kommen auf den qkm.

Die Nordgrenze bildet die Ostsee. Auf Grund vieler Bodden und Haffs misst die Gesamtküste immerhin 1.712 km, die Länge der Außenküste dagegen beträgt nur ein gutes Viertel davon (354 km). Der Küste vorgelagert sind 62 Inseln und Inselchen, darunter Rügen als Deutschlands größte Insel mit 930 km^2 Fläche.

Im Süden grenzt Brandenburg an Mecklenburg-Vorpommern (375 km), im Westen Schleswig-Holstein (137 km) und Niedersachsen (94 km).

Die Ostgrenze des Landes mit Polen ist zugleich deutsche (und noch) EU-Außengrenze. Dies ist eine Landgrenze. Hierin unterscheidet sie sich von denen Brandenburgs und Sachsens, die Flussgrenzen sind (Oder und Neiße). Darin sehen die Menschen beiderseits der Grenze eine große Chance, zusammenzukommen, weil keine kostspieligen Brückenbauten nötig sind. Es gibt einen regen kleinen Grenzverkehr und vielfältige Kontakte beiderseits der Grenze.

Die größte Nord-Süd-Entfernung beträgt 157 km, die größte Ost-West-Entfernung 254 km.

Mecklenburg-Vorpommern gehört naturräumlich zur Großregion „Mitteleuropa" und hier wieder ausschließlich zu dessen Tieflandsbereich. Die 200-m-Höhenlinie wird nirgends erreicht: Die höchsten Erhebungen liegen im Bereich des Helpter Berges (im Landkreis Mecklenburg-Strelitz) bei 179 m und der Ruhner Berge (Landkreis Parchim) bei 177 m über NN.

Im Zuge der eiszeitlichen Überformungen und nacheiszeitlichen Naturraumentwicklung entstanden ebene, wellige und kuppige Platten, Hügelgebiete, Becken, Niederungen und Seen. Das „Rückgrat" des Landes bilden die Hügelzüge der „Pommerschen Hauptendmoräne", die von Litauen kommend ab

Feldberg ganz Mecklenburg-Vorpommern in südöstlich-nordwestlicher Richtung durchzieht. Nördlich von Lübeck erreicht diese Hügelzone Schleswig-Holstein. In Mecklenburg-Vorpommern bildet sie die Wasserscheide zwischen Ost- und Nordsee.

An der Ostsee wurden durch die Tätigkeit des Meeres Steil- und Flachküsten geschaffen. Die eiszeitliche Entstehung und die Eigenschaften der Oberflächensedimente prägen die naturräumliche Ausstattung. Heidesandgebiete, Niederungen, Grund- und Endmoränen und Seenbecken (darunter die Müritz als größter deutscher Binnensee) prägen eine abwechslungsreiche Landschaft.

Wesentlichen Einfluss auf das Klima haben die Westwinde mit ihren maritimen Luftmassen und relativer Unbeständigkeit. Dennoch ist sowohl von West nach Ost als auch von Nord nach Süd eine allmähliche Klimaveränderung in Richtung zunehmender Kontinentalität erkennbar.

Das Land Mecklenburg-Vorpommern wird erst im Juni 1945 durch eine Verfügung der sowjetischen Militäradministration errichtet, indem Westvorpommern Mecklenburg angegliedert wird. Im Februar 1947 mit Auflösung des Staates Preußen wird der Name „Vorpommern“ aus der Landesbezeichnung gestrichen.

Wiedergegründet wird das 1952 aufgelöste Land erst am 3. Oktober 1990, mit dem Vollzug der deutschen Einheit. Bis 1945 nahmen beide Landesteile eine eigene Entwicklung.

1000 Jahre Mecklenburg

Im Jahr 1995 feierte das Bundesland (auch der vorpommersche Teil) die erste urkundliche Erwähnung Mecklenburgs. 995 ließ in „Michelenburg“ (große Burg) während eines Kriegszuges gegen die Obotriten Otto III. eine Schenkungsurkunde ausstellen.

Die Mecklenburger blicken mit Stolz auf ihre slawische Herkunft. Als 1918 Großherzog Friedrich Franz IV. seinen Thronverzicht erklärt, endet die Herrschaft der obotritischen Dynastie, die bis auf ihren Gründer Niklot (1131-1160) zurückgeht. Es ist die älteste slawische Dynastie. Das Bewusstsein slawischer Wurzeln gehört zur mecklenburgischen Identität.

Seit dem 7. Jahrhundert prägt die slawische Besiedlung das Land. Die Slawen errichten an schwer zugänglichen Stellen Burgen als Verteidigungsanlagen und verbanden sie zu einem ausgezeichneten System kleinerer, überschaubarer Stützpunkte von weitreichender historischer Wirkung. Der Sitz der Obotritenfürsten (Michelenburg = Mecklenburg) gab dem Land den Namen.

Mit der Konfrontation des Sachsenherzogs Heinrich des Löwen und des Obotritenfürsten Niklot beginnt die Entwicklung Mecklenburgs zu einem mittelalterlichen Territorialstaat. Heinrich der Löwe rückte 1160 mit seinem Heer nach Mecklenburg ein und tötete den Obotritenfürsten Niklot in der

Nähe der Burg Werle im Kampf. Heinrich der Löwe war zwar der Sieger, aber Niklot nicht der Besiegte. Sein Sohn Pribislaw, der inzwischen zum Christentum übergetreten war, erhielt den größten Teil der Obotritenherrschaft als sächsisches Lehen.

Heinrich der Löwe gründete zur Besiegelung des von ihm eingeleiteten Prozesses 1160 als erstes deutsches rechtlich verfasstes Gemeinwesen auf mecklenburgischem Boden die Stadt Schwerin, die seither die Reiterfigur des sächsischen Herzogs in ihrem Siegel führt, und stattete sie mit lübischem Recht aus. Schwerin wurde zum westlichen Einfallstor nach Mecklenburg. Die alte obotritische Grenzburg auf der Insel im Schweriner See wurde zum Grafensitz, in die Stadt wurde der Bischofssitz aus der Ortschaft Mecklenburg verlegt und somit die Dreigliederung von Feudalsitz, Bürgeransiedlung und kirchlichem Zentrum konstituiert. Dem tatenfreudigen und machtbewussten Sachsenherzog trat eine weitere Gründergestalt an die Seite: Berno, der Zisterziensermönch aus dem Weserkloster Amelungsborn. Ihn setzte Heinrich zum ersten Bischof von Schwerin ein und ließ ihn 1171 einen der Vorgängerbauten des heutigen hochgotischen Domes in Schwerin weihen. Im gleichen Jahr siedelte Berno zwölf Zisterziensermönche aus seinem Heimatkloster in Althof nach Doberan an. Doberan wurde zu einem der wichtigsten christlichen Zentren in dem sich wandelnden Land.

Die mecklenburgische Kirchenorganisation wurde seit dem 13. Jahrhundert begründet und ist – wenn auch in wechselnder Gestalt – bis heute erkennbar. Die äußerlich sichtbare Seite dieser Organisation, das dichte Netz gotischer Backsteinkirchen, gehört bis heute zu den besonderen mecklenburgischen Kennzeichen.

Deutsche Ministeriale, Dienstleute im Hof- und Verwaltungsdienst, erhielten seit der zweiten Hälfte des 12. Jahrhunderts Landgüter zum Lehen mit dem Auftrag, Mecklenburg zu kolonisieren und nach ihren Erfahrungen umzugestalten. Im 13. Jahrhundert strömten einige Zehntausend Siedler vor allem aus Niedersachsen und Westfalen ins Land.

Die mecklenburgische Raumordnung zeigt bis heute die Wege der Gründer und Mönche, der Lokatoren und Siedler, die das Land mit einem Raster von Ortschaften überzogen. In Verbindung mit dem alten System der slawischen Burgbezirke war diese Ordnung auf Dezentralisierung angelegt.

Die Bauern erhielten steuerfreie Hufen als Lehnsgut und siedelten vor allem im Bereich der schweren Böden nördlich des Landrückens. Auf diese Siedlungen deuten Ortsnamen mit der Endung „-hagen“ hin. Der Ackerbau bei den slawischen Stämmen war unterentwickelt, wurde durch Jahrhunderte nur mit hölzernem Pflug betrieben, wies geringe Erträge auf und führte nicht zu Wohlstand und Steuer- oder Tributpotential für eventuelle Lehnsherren. Mit den deutschen Sied-lern wurde auch die Dreifelderwirtschaft mit fortentwickelter landwirtschaftlicher Technik eingeführt. Die Dörfer wurden großflächig und planmäßig angelegt und die slawischen Bevölkerungsteile in die Besiedlung einbezogen.

Im Südwesten Mecklenburgs (Griese Gegend) blieben noch für längere Zeit slawische Siedlungsräume erhalten.

Seit dem 13. Jahrhundert wurden zahlreiche Städte als zentrale Orte für das Umland vor allem durch die Territorialherren gegründet. Die Küstenstädte (Rostock 1218, Wismar 1229, Stralsund 1239, Greifswald 1250) übernahmen das lübische Stadtrecht zur Demonstration ihrer Stellung als Freihandelsplätze mit Zollfreiheit, Münz- und Stapelrecht und weitgehender eigener Gerichtsbarkeit.

Zu weiterer Entwicklung und Machtfülle in Mecklenburg und Vorpommern trug vor allem der Städtebund der Hanse bei, dem alle bedeutenden Küstenstädte angehörten. Hanse steht für Urbanität, für intakte Kommunikation nach innen und außen. Im Jahre 1280 bildeten Rostock und Wismar mit Lübeck und Hamburg den Kern des Bündnisses der „wendischen Städte". Die pommerschen Städte Stralsund, Greifswald, Stettin, Demmin und Anklam schlossen sich an. Die Küstenstädte unterhielten bedeutende Handelsflotten. Unter der Flagge von Stralsund fuhren zur Blütezeit der Hanse um 1400 mehr als 300 Schiffe.

Aus der Verbindung von Hansegeist und Bildungsbedürfnis entstand im Jahre 1419 die Universität Rostock. Sie zog Studenten vor allem aus dem skandinavischen Raum und aus den Niederlanden an. Auf Initiative des Bürgermeisters Heinrich Rubenow wurde 1456 eine Universität auch in Greifswald gegründet, die sich rasch zu einem wichtigen geistigen Mittelpunkt des Herzogstums Pommern entwickelte.

In Mecklenburg griffen kirchenreformatorische Prozesse im zweiten Viertel des 16. Jahrhunderts schnell um sich, besonders in den größeren, gesellschaftlich differenzierten Städten an der Küste. Seit 1531 fanden in allen Kirchen Rostocks lutherische Gottesdienste statt. 1540 hielt die Reformation auch im Bistum Schwerin Einzug.

Auf dem Landtag, der Versammlung der mecklenburgischen Stände in Sternberg, wurde 1549 das evangelische Glaubensbekenntnis für das ganze Land Mecklenburg als verbindlich erklärt.

Das Erwachen bürgerlichen Selbstbewusstseins führte zu kultureller Blüte. Auch in Mecklenburg entwickelten sich Ansätze von Humanismus und Renaissance.

Ein erster Schlossumbau in Schwerin sowie fürstliche Bauten in Wismar, Gadebusch und Güstrow zeugen von renaissancistischem Formempfinden.

Die Blüte von Reformation, Humanismus und Renaissance wurde durch den Dreißigjährigen Krieg alsbald geknickt, und über Mecklenburg, das an den Streitigkeiten nicht eigentlich beteiligt war, ging die erste große Walze eines Krieges, der das Land nahezu auslöschte und seine Entwicklung auf Jahrzehnte unterbrach. Dabei hatte es zunächst nach Glanz und Aufschwung ausgesehen, als Wallenstein, der 1628 das Land besetzt und 1629 als erbliches Lehen vom Kaiser erhalten hatte, auf Schloss Güstrow eine Hofhaltung entfaltete, die selbst am Kaiserhof ihresgleichen suchte. Er trennte Verwaltung und Justiz, schuf ein Kabinett aus vier Räten und förderte Handel und Gewerbe.

Doch dann wurde das Land mit aller Brutalität und Grausamkeit in das Gemetzel der Nachbarn einbezogen und selbst zum Kriegsschauplatz zwischen Schweden und Kaiserlichen. Die Eroberung und Zerstörung von Neubrandenburg im Jahre 1631 bezeichnet den Gipfel an Wunden und Schmerzen, die dem Land zugefügt wurden.

Der Dreißigjährige Krieg hinterließ ein zerstörtes und verwüstetes Land, dessen Einwohnerzahl auf weniger als ein Drittel dezimiert worden war. Schweden beanspruchte und erhielt auch Wismar, die Insel Poel sowie das Amt Neukloster und konnte somit seine Herrschaft im Ostseeraum ausbauen.

Den Gewinn aus dem Bevölkerungsrückgang zog der Stand der Grundbesitzer, die Ritterschaft. In einem Gesetz von 1654 wurde ihnen das Recht zugebilligt, ihre Untertanen in Knecht- und Leibeigenschaft zu halten und über ihren Aufenthalt und Familienstand zu entscheiden. Brachliegendes Land wurde zu den großen Gütern gelegt. Die Ritterschaft wurde immer mächtiger.

Mecklenburg wurde auch in die Nachfolgekämpfe des Dreißigjährigen Krieges, so in den Nordischen Krieg (1713-1717), einbezogen. Herzog Carl Leopold (1713 bis 1747) baute mit russischer Hilfe ein stehendes Heer auf, um ein absolutistisches Regime gegen die Ritterschaft zu errichten, was ihm jedoch misslang. Im Landesgrundgesetzlichen Erbvergleich (1755), der ersten „Verfassung" Mecklenburgs, der Magna Charta der mecklenburgischen Ritterschaft, muss der Landesherr der Ritterschaft ihre Rechte auf unumschränkte Herrschaft über ihre Untertanen und das unheilvolle „Bauernlegen" gesetzlich verbriefen.

Seit der Landesteilung 1701 gab es zwei mecklenburgische Territorialstaaten, Mecklenburg-Schwerin und Mecklenburg-Strelitz, und jedes dieser Gebiete nahm eine durchaus eigene Entwicklung. Trotz aller Schäden und Verluste brachte auch das 18. Jahrhundert noch einmal eine bescheidene, liebenswürdige Blüte hervor, Zeugnisse einer Feudalkultur mit Schlössern, Herrensitzen und Parkanlagen, die zu einem weiteren Charakteristikum der Gebiete von Mecklenburg wurden. Im Herzogtum Strelitz wurde Neustrelitz als neue Residenz planmäßig angelegt.

Im letzten Drittel des 18. Jahrhunderts wurde unter Herzog Friedrich Ludwigslust als Residenz des Herzogtums Mecklenburg-Schwerin gegründet und zu einer einmaligen spätbarocken Stadtanlage mit Schloss, Kirche und weiträumigen, von Wasserläufen durchzogenen Parkflächen ausgebaut.

Die napoleonischen Kriege zogen auch Mecklenburg stark in Mitleidenschaft und raubten das Land aus.

Die Beschlüsse des Wiener Kongresses erhoben die beiden mecklenburgischen Herzöge in den Rang von Großherzögen. Im Jahre 1816 wurde Mecklenburg Mitglied des Deutschen Bundes. Die Aufhebung der Leibeigenschaft 1820 führte in der Folgezeit zum Anwachsen sozialer Spannungen und zu einer lawinenartigen Auswanderungsbewegung vor allem nach Nordamerika. Die ungelösten sozialen Probleme auf dem Lande hemmten die politische und gesellschaftliche Entwicklung.

Die gesellschaftlichen Bewegungen im Zusammenhang mit der Märzrevolution von 1848 hinterließen in Mecklenburg trotz revolutionärer Aufbrüche keine bleibenden Spuren. Zwar hatte Großherzog Friedrich Franz II. unter dem Druck der Volksmassen die Umwandlung Mecklenburgs in einen konstitutionellen Staat versprochen, und im April 1848 waren Vertreter aller Schichten des Volkes in Güstrow zusammengetreten, um über die Repräsentativverfassung ohne ständische Gruppierungen zu beraten, aber im September 1850 wurde die alte ständische Verfassung wieder bestätigt.

Im Jahre 1867 wurde die in Berlin proklamierte Verfassung des Norddeutschen Bundes auch für beide Mecklenburg verbindlich. Nachdem Mecklenburg-Schwerin und Mecklenburg-Strelitz 1870 dem Deutschen Zollverein beigetreten waren, wurden sie 1871 mit einer Einwohnerzahl von 360.000 Gliedstaaten des Deutschen Reiches.

Die nach der Jahrhundertmitte beginnende Industrialisierung wirkte sich vor allem in der Landwirtschaft aus und führte zur Beschäftigung zahlreicher ausländischer, vor allem polnischer Saisonarbeiter auf den mecklenburgischen Gütern und führte zu einer Verschärfung der sozialen Situation.

Mit dem Ende des Ersten Weltkrieges wurde die Ständeherrschaft in Konsequenz der Novemberrevolution 1918 abgeschafft und der Großherzog zur Abdankung veranlasst, beide Mecklenburg wurden zu Republiken. Der Zwergstaat Mecklenburg-Strelitz behielt trotz der geringen Einwohnerzahl von 110.000 seine Eigenständigkeit. In beiden Landtagen stellten die Sozialdemokraten die stärkste Fraktion. Wichtigste Aufgaben waren eine Verwaltungs- und Agrarreform, soziale Probleme und die Entstaatlichung der Kirche.

Überschuldete und unrentabel gewordene Gutsbetriebe wurden aufgesiedelt und an Siedler auch aus Westfalen, Oldenburg und dem Emsland vergeben.

Die NSDAP erhielt 1932 eine knappe absolute Mehrheit, so dass die Einführung der NS-Diktatur 1933 ohne nennenswerten Widerstand vor sich ging. Ein Staatsminister als Verwaltungsbeamter in besonderer Position genügte für ganz Mecklenburg. Am 13. Oktober 1934 wurden die beiden mecklenburgischen Staaten auf Anordnung des Reiches zusammengeschlossen. Aus dem relativ eigenständigen Land wurde der Gau Mecklenburg, eine wichtige Ernährungsbasis des Deutschen Reiches. Die Macht lag seit 1934 in den Händen des Reichsstatthalters Friedrich Hildebrandt.

Der Zweite Weltkrieg bezog auch Mecklenburg in Luftangriffe (besonders Rostock und Wismar), Kampfhandlungen und in die totale Niederlage des Deutschen Reiches ein.

Die letzten Kriegswochen waren gekennzeichnet durch die deutsche Rückwärtsverteidigung vor allem seitens der SS und durch die sowjetischen

Kampf- und Vergeltungsmaßnahmen, denen vor allem Städte in Ostmecklenburg zum Opfer fielen. Am Störkanal östlich von Schwerin stießen im Mai 1945 amerikanische und sowjetische Truppen aufeinander, Westmecklenburg mit Schwerin und Wismar stand bis Juli 1945 unter amerikanisch-englischer Besatzungshoheit.

Pommern

Auch in Pommern siedelten seit dem 6. Jahrhundert westslawische Volksstämme. Zu Beginn des 13. Jahrhunderts erobert Polenherzog Boleslaw III. Pommern. Der Begründer der pommerschen Dynastie der Greifen Wartislaw I. dehnt die Herrschaft bis ins Peenegebiet aus.

Zur Christianisierung wendet sich Boleslaw an Bischof Otto von Bamberg, der in enger Beziehung zum polnischen Herrscherhaus steht. Die Missionsreisen von 1224 und 1228 sind erfolgreich, und er legt die Voraussetzungen für die kirchliche Organisation. Die Christianisierung Rügens gelingt erst 1168, als die Dänen die Insel erobern.

Wie in Mecklenburg erfolgt die deutsche Siedlungsbewegung aus dem Niederrhein, Westfalen und Niedersachsen entlang der Küste. In die südlichen und östlichen Gebiete Pommerns gelangen Siedler auf dem Landweg aus Niedersachsen, Brandenburg, Obersachsen und Thüringen. Nur wenige Jahre später als in Mecklenburg folgen hier Bistums- und Stadtgründungen. Die Hanse prägt das Leben und die Beziehungen der Küstenstädte und der Städte im Binnenland. Erstmals wird hier eine gemeinsame Identität an der Ostseeküste greifbar. Im Hansebund fanden die Städte und Kaufleute eine gemeinsame Organisation, die bis ins 17. Jahrhundert von Bedeutung war.

1295 kommt es zur Teilung des Herzogtums in Pommern-Wolgast, das 1325 das Fürstentum Rügen erwirbt, und Pommern-Stettin. Speziell Pommern-Wolgast wird in den folgenden 200 Jahren mehrfach geteilt. Polen, Dänemark, der Kaiser und Brandenburg wechseln in der Lehnshoheit ab und machen ihre Ansprüche geltend.

Erst 1478 eint Herzog Bogislaw X. ganz Pommern unter seiner Herrschaft. 1493 kann Pommern im Vertrag von Pyritz Brandenburg zur Aufgabe der Ansprüche auf Lehnshoheit bewegen. Allerdings bleibt der Anspruch für den Fall bestehen, dass das Greifengeschlecht keinen männlichen Nachfolger habe, dies tritt 140 Jahre später auch ein.

1534 wird das reformatorische Bekenntnis eingeführt. Maßgeblichen Anteil an der neuen Kirchenordnung hat Johannes Bugenhagen (1485-1558).

Im ersten Nordischen Krieg (1563-1570) bleibt Pommern offiziell neutral, doch versorgen die pommerschen Städte die Schweden mit Waffen und Proviant. Hier beginnt die Interessengemeinschaft mit Schweden, die auch völkerrechtlich ab 1648 fixiert wird, als Vorpommern für fast 200 Jahre an Schweden fällt, während Brandenburg Hinterpommern erhält.

1625 gelingt es Herzog Bogislaw XIV. nochmals, die Einheit Pommerns herzustellen. Doch schon 2 Jahre später besetzt Wallenstein Pommern, 1630 folgen die Schweden und 1637 erlischt mit Bogislaws Tod das Greifengeschlecht. Brandenburg meldet sofort seine Ansprüche auf Pommern aus dem Vertrag von Pyritz an. 1679 besetzt es die östliche Odermündung, 1719 Usedom, Wollin, Demmin, Stettin und Anklam (Preußisch-Vorpommern). Trotz verschiedener militärischer Erfolge kann Preußen Schwedisch-Vorpommern erst 1815 seinem Gebiet einverleiben. Auf dem Wiener Kongress wird dem Abkauf des Gebietes für 3,5 Mio Taler von Schweden zugestimmt.

Während der napoleonischen Besetzung Pommerns bereitete sich ein neues, gesamtnorddeutsches Lebensgefühl vor. Mecklenburg und Pommern hatten als Operationsfeld für die Lützowschen und Schillschen Freischaren einen hervorragenden Anteil an den Freiheitskriegen. In Schwedisch-Pommern hatte sich inzwischen ein Verinnerlichungspotential entwickelt, das seinesgleichen sucht. Es prägte sich aus in Ernst Moritz Arndts Worten vom Gott, der Eisen wachsen ließ und keine Knechte wollte, in den Landschaftsräumen von Caspar David Friedrich und den hoffnungsvollen Gestalten von Philipp Otto Runge. Hier wird ein neues Lebensgefühl auf der Grundlage einer voll ausgebildeten norddeutschen Identität, in der auch die Idee des gemeinsamen deutschen Vaterlandes bereits fest verankert ist, sichtbar.

1815 wird Pommern preußische Provinz. Es folgt ein bedeutender Modernisierungsschub: Reformen in Verwaltung und Bildungswesen, Sozialreformen, Förderung von Handel, Gewerbe, Verkehrswesen. Der Provinz Pommern stehen ein unmittelbar dem preußischen Innenminister unterstellter Oberpräsident und Regierungspräsident vor. Die neue Verwaltungsstruktur drängt erheblich den Einfluss der Stände zurück.

Die revolutionären Ereignisse des März 1848 fanden in Pommern geringen Nachklang. Die Wahlen zur Nationalversammlung und zum preußischen Abgeordnetenhaus gewannen – anders als in den beiden Mecklenburg – die Konservativen. Auch in späteren Wahlen zum Reichstag und zum Preußischen Abgeordnetenhaus siegten regelmäßig konservative Politiker. (Und wenn man die Wahlen zum Landtag und Bundestag im September 1998 heranzieht, glaubt man sich bestätigt, Pommern sei von Natur aus konservativ.)

Die Gründung des Landes Mecklenburg-Vorpommern

Nachdem nach Kriegsende 1945 Hinterpommern und Stettin ins polnische Staatsgebiet eingegliedert worden waren, wurde Vorpommern Mecklenburg angegliedert und die Sowjetische Militäradministration in Deutschland (SMAD) gründete das Land Mecklenburg-Vorpommern.

Schon im Verlauf des Zweiten Weltkrieges hatte eine große Wanderungsbewegung eingesetzt und zum starken Anstieg der Bevölkerungszahl in Mecklenburg und Vorpommern geführt. Vor allem aus Hamburg, Berlin und dem

Ruhrgebiet waren Ausgebombte und Evakuierte ins Land gekommen. Seit Anfang 1945 folgten Flüchtlingsströme aus dem Osten, die bis weit in die 50er Jahre anhielten. Die Bevölkerungszahl verdoppelte sich innerhalb kürzester Zeit. Der Anteil der Flüchtlinge und Vertriebenen lag in Mecklenburg und Vorpommern bei etwa 40% der Gesamtbevölkerung. Das industriell wenig entwickelte Land bot außerhalb der Landwirtschaft kaum Arbeits- und Entwicklungsmöglichkeiten, und die Bevölkerungsbewegung ging in Richtung Westen kontinuierlich weiter.

Das Ergebnis der Landtagswahl vom Oktober 1946, der die Zwangsvereinigung von KPD und SPD vorausgegangen war, (SED 49,5%, CDU 34,1%, LDP 12,5%, VdgB 3,95%) diente fortan als Verteilerschlüssel aller folgenden Wahlen.

Mit der Bodenreform von 1945/46 wurden alle Güter über 100 ha Fläche entschädigungslos enteignet und zu zwei Dritteln als Neubauernstellen an ehemalige Landarbeiter, Flüchtlinge und Vertriebene übereignet. Diese agrarische Umstrukturierung betraf 54% der landwirtschaftlichen Nutzfläche. 80 Güter mit einer Fläche von etwa 60.000 ha wurden zum „Volkseigentum" (Volkseigenes Gut, VEG) erklärt und vom Staat zur Saat- und Viehzucht sowie als Landwirtschaftsschulen genutzt. Von 1952 bis 1960 wurden zwangsweise die selbständigen Bauern in Landwirtschaftliche Produktionsgenossenschaften (LPG) eingegliedert. Diese Kollektivierung war nach den Intentionen der SED die Vorstufe zum geplanten „Sieg des Sozialismus auf dem Lande".

Im Jahr 1947 wurde eine neue Landesverfassung in Kraft gesetzt, und im gleichen Jahr erfolgt die Unterstellung des Landes unter die (ost-)deutsche Wirtschaftskommission und somit die Einführung eines zentralistischen Prinzips. Die Politik richtete sich nach einem für die gesamte sowjetische Besatzungszone verbindlichen einheitlichen Themenplan, der nach Gründung der DDR 1949 ohne Schwierigkeiten in die neue zentralistische Regie überführt werden konnte, die ausschließlich in den Händen der SED lag.

Das 1952 von der Volkskammer der DDR verabschiedete „Gesetz über die weitere Demokratisierung des Aufbaus und der Arbeitsweise der staatlichen Organe in den Ländern der Deutschen Demokratischen Republik" beendete die Eigenständigkeit der Länder.

Das Land Mecklenburg(-Vorpommern) wurde in die Bezirke Rostock, Schwerin und Neubrandenburg aufgeteilt, die Bezirke Schwerin und Neubrandenburg wurden um Landkreise des ehemaligen Landes Brandenburg erweitert. Jeder Bezirk erhielt ein „Parlament" (Bezirkstag) auf der Basis der eingefrorenen und administrativ angepassten Wahlergebnisse von 1946, in dem die von der Volkskammer gefassten Beschlüsse und die zum Gesetz erhobenen Volkswirtschaftspläne an die Gegebenheiten der Bezirke angepasst wurden. Die neuen Bezirksstädte nahmen an Bedeutung und Einwohnerzahl zu.

Der Bezirk Rostock mit seiner überdimensionalen Ausdehnung von der Lübecker Bucht bis zum Oderhaff entsprach in seiner homogenen Strukturierung als maritime Wirtschaftsregion und attraktives Tourismus- und Erholungsgebiet ganz und gar den Interessen einer eigenständigen DDR. Rostock zählte zu ihren wichtigsten Städten. Zum Aufbau der Industrie, insbesondere im Raum Rostock, kamen zahlreiche Arbeitskräfte aus dem Süden der DDR in den Nordbezirk. Zentralistisch wurde das Land industrialisiert. Bei der Ansiedlung von Industrie spielten die Erfordernisse der DDR die Hauptrolle: Die Werften lieferten Schiffe an die Sowjetunion (anfangs Reparationsleistungen) und produzierten für die Kriegsmarine, Ansiedlung von Rüstungsindustrie (Neubrandenburg) und Zulieferern, daneben entstanden Betriebe, die landwirtschaftliche Produkte verarbeiteten.

Am 26. Mai 1952 wurde auch entlang der Demarkationslinie zwischen Mecklenburg und der Bundesrepublik Deutschland eine 5-km-Sperrzone errichtet. In mehreren Aktionen wurden als politisch unzuverlässig geltende Bewohner ausgewiesen.

Seit Beginn der 80er Jahre verschärften sich die wirtschaftlichen und gesellschaftlichen Widersprüche in der DDR in ständig zunehmendem Tempo und drängten nach Veränderungen.

Die erste Großdemonstration mit der Forderung nach umfassenden Reformen in der DDR fand am 2.10.1989 in Leipzig statt und hatte eine auslösende Wirkung auch auf die mecklenburgischen Bezirksstädte. Diese Großdemonstrationen erzwangen die Wende in der DDR und mit der Auflösung der Bezirke und nach den ersten freien Wahlen seit über einem halben Jahrhundert auch die Wiedereinführung der föderalistischen Struktur durch die Neuerrichtung des Landes Mecklenburg-Vorpommern als Bundesland der Bundesrepublik Deutschland.

Wirklichen Widerspruch gegen die Wiederbegründung eines gemeinsamen Bundeslandes Mecklenburg-Vorpommern gab es weder 1990 noch später, auch wenn einige wenige Pommern, die zumeist nicht in Vorpommern lebten, aufriefen, sich einem gemeinsamen Bundesland zu widersetzen und öffentlich erklärten, die Vorpommern hätten eher gemeinsame Wurzeln mit Brandenburg. Allerdings wurden diese Gedanken beim Gesetz zum großen Landeswappen mit herangezogen. So zeigt dieses heute auf geviertteiltem Wappenschild neben den beiden mecklenburgischen Stierköpfen und dem pommerschen roten Greif den roten brandenburgischen Adler, um „die enge historische Verbindung zu Brandenburg“ zu dokumentieren.

Copyright: Statistisches Landesamt Mecklenburg-Vorpommern

Echte Spannungen aber zwischen Mecklenburg und Vorpommern gibt es nicht. Und wenn gelegentlich die Vorpommern ihre Zurücksetzung im gemeinsamen Bundesland beklagen wegen angeblich zu großer Ferne zur Landeshauptstadt und damit nicht genügender Förderung des Landesteils, so haben die Maßnahmen der Landesregierung in den letzten 8 Jahren dieses Argument ad absurdum geführt. Die Menschen in beiden Landesteilen sind auf dem Weg, ihre gemeinsame Identität zu finden.

Parteien in Mecklenburg-Vorpommern

Am 14. Oktober 1990 fanden die ersten Landtagswahlen nach der deutschen Vereinigung statt. Die CDU erhielt 38,3% der Stimmen, die SPD 27,0%, die PDS 15,7% und die F.D.P. 5,5%. Der Einzug der Grünen in den Landtag scheiterte mit 4,2%. Mit nur 1 Stimme Mehrheit wurde eine Koalitionsregierung aus CDU und F.D.P. schon am 27. Oktober 1990 gebildet.

Die Mehrheit der Bürger und Bürgerinnen war stolz, dass hier die Regierungsbildung als erste in den neuen Bundesländern gelang. Man meinte damit das Bismarck-Wort, wonach in Mecklenburg alles 50 Jahre später käme, widerlegt zu haben und blickte zu optimistisch in eine Zukunft, die schnellen Anschluss an das Lebensniveau der alten Bundesländer bringe.

Doch die nach zentralistisch-planwirtschaftlichen Vorgaben gegründeten Betriebe waren für die Marktwirtschaft nicht gerüstet. Sprunghaft stieg die Arbeitslosigkeit an. Bis Mitte 1991 hatten sich die Arbeitsplätze in der Landwirtschaft um knapp 110.000 verringert (von 180.000 auf 71.400). Als dann zu Jahresbeginn 1992 die Arbeitslosenquote über 17% lag und die Zukunft der Werften gefährdet war, rollte eine massive Streikwelle gegen die Landesregierung an. Das ursprüngliche Konzept der Landesregierung, keine Verbundlösung bei der Werftenprivatisierung anzustreben, wurde abgelehnt. Ministerpräsident Dr. Alfred Gomolka trat auf dem Höhepunkt der Werftenkrise zurück. Die Regierungskrise konnte jedoch mit der Wahl von Dr. Berndt Seite zum neuen Ministerpräsidenten nach nur 3 Tagen überwunden werden. Die neue Landesregierung beugte sich dem Druck von Streikenden und Gewerkschaften und wählte die Verbundlösung. (4 Jahre später in der 2. Werftenkrise erwies sich, dass diese Entscheidung falsch war.)

Nach der Landtagswahl vom 16. Oktober 1994 bildeten CDU (37,7%) und SPD (29,5%) eine Koalitionsregierung. Als einzige Oppositionspartei verblieb die PDS im Landtag mit 22,7% Zweitstimmen. Grüne (3,7%) und F.D.P. (3,8%) scheiterten an der 5%-Klausel.

Auf dem Höhepunkt der 2. Werftenkrise („Vulkanpleite“) im Frühjahr 1996 schien die Koalition zu zerbrechen. Massiver Druck aus Bonn verhinderte eine SPD-PDS-Koalition. Bis zum Ende der Legislatur stellten CDU und SPD die Landesregierung, obwohl die Gemeinsamkeiten aufgebraucht waren und die Koalitionäre im Landtag mehrmals unterschiedlich und gegeneinander abstimmten.

Im Ergebnis der Landtagswahlen vom 27. September 1998 (SPD = 34,3%, CDU = 30,2%, PDS = 24,4%, Bündnis 90/Die GRÜNEN = 2,7%, F.D.P. = 1,6%) konstituierte sich eine SPD-PDS-Landesregierung unter Ministerpräsident Dr. *Harald Ringstorff* als erste im vereinten Deutschland. Diese erste rot-rote Regierungskoalition überstand anders als die Vorgängerregierungen ohne Skandale und Aufregung die gesamte Legislatur. Die folgenden Landtagswahlen am 22. September 2002 bestätigten erneut die rot-rote Koalition. Allerdings wurde die Arbeit der Regierungspartner vom Wähler unterschiedlich beurteilt: Die PDS verlor ein Drittel ihrer Stimmen und sackte auf 16,4% ab, die SPD dagegen errang ein überzeugendes Ergebnis mit 40,6% – allerdings profitierte die SPD vom Bundestrend und der Stimmung nach der Elbeflut. Die rot-rote Koalition wurde fortgesetzt, allerdings funktionierte sie nicht mehr so geräuschlos wie bisher, der Ton zwischen den Koalitionären ist rauer geworden. (Die Ergebnisse der anderen Parteien: CDU 31,4%, F.D.P. 4,8%, Grune 2,6%)

Während es bis zum Herbest 2002 schien, als würden auf absehbare Zeit im Landtag von Mecklenburg-Vorpommern nur SPD, CDU und PDS vertreten, gibt es Anzeichen dafür, dass die zukünftige politische Landschaft bunter würde. Die Landesverbände von F.D.P. und Bündnis 90/Die GRÜNEN haben zwar weiterhin nur wenige Hundert Mitglieder. Aber schon zur letzten

Wahl legten die Liberalen kräftig zu und verfehlten knapp die 5%-Grenze, gegenwärtige Umfragen sehen GRÜNE und F.D.P. bei über 5%.

Kreise und Kommunen

Als das Land Mecklenburg-Vorpommern am 3. Oktober 1990 wiederbegründet wurde, gab es 6 kreisfreie Städte (größte: Rostock mit 221.000 Einwohnern) sowie 1.117 kreisangehörige Städte und Gemeinden in 31 Landkreisen. Über 90% der Gemeinden zählten weniger als 2.500 Einwohner, über 50% weniger als 500 Einwohner. Die Landkreise umfassten im Durchschnitt 40.000 Einwohner, in der kleinsten Kreisstadt Sternberg lebten knapp 5.000 Menschen.

Die Reform der Gemeindeverwaltungsstruktur wurde erforderlich, weil die örtlichen Verwaltungen in zahlreichen kleineren Gemeinden den fachlichen Ansprüchen nicht mehr gerecht wurden, gleichwohl aber große Anteile der Finanzkraft beanspruchten.

Man entschied sich dennoch bewusst für die historisch gewachsene Gemeindestruktur und Erhaltung der Selbstverwaltung in den Gemeinden. Gebündelt wurden lediglich die Verwaltungen in etwa 120 Ämtern auf der Grundlage der Amtsordnung von 1992. Etwa 5.800 Einwohner gehören zu einem Amt. Die amtsangehörigen Gemeinden behalten uneingeschränkt ihre eigene Rechtspersönlichkeit sowie Beschluss- und Entscheidungsverantwortung in Angelegenheiten des eigenen Wirkungskreises. Die Ämter sind lediglich mit der verwaltungstechnischen Vorbereitung und Durchführung dieser Aufgaben befasst.

Aus den ehemaligen 31 Landkreisen wurden 1994 12 neue Landkreise mit durchschnittlich 100.000 Einwohnern gebildet. Dabei wurde sich nicht an die historische Grenze zwischen den Landesteilen gehalten. Keiner der dafür angeführten Gründe ist einleuchtend. Die Aufregung hierüber hat jedoch sicher die Suche nach gemeinsamer Landesidentität von Vorpommern und Mecklenburg nicht gefördert.

Direktwahlen für Bürgermeister, Oberbürgermeister und Landräte wurde erst mit der Kommunalwahl 1999 eingeführt.

Die Landesverfassung

Die Verfassung vom 23. Mai 1993 ist nicht die erste demokratische Verfassung in Mecklenburg-Vorpommern. 1919 und 1920 gaben sich die beiden mecklenburgischen Freistaaten eine Verfassung, für Pommern galt ab 1920 die preußische Verfassung. 1947 beschloss der damalige Landtag eine Verfassung für Mecklenburg-Vorpommern. Entgegen dem Wunsch von sowjetischer Besatzungsmacht und SED enthielt sie neben Staatsorganisationsvorschriften auch die Grundrechte. Ihre Aufnahme konnten CDU und LDP gegen Besatzungsmacht und SED durchsetzen, mussten aber dafür in Kauf nehmen, dass bereits deutliche Ansätze für eine sozialistische und zentralistische Entwicklung fixiert wurden. Diese Verfassung galt bis zur Auflösung der Landes am 25. Juli 1952.

Im November 1990 setzte der Landtag eine „Kommission für die Erarbeitung der Landesverfassung“ ein. Mitglieder der Verfassungskommission waren nicht nur Abgeordnete des Landtags, sondern auch vier von den Fraktionen (je Fraktion einer) benannte Sachverständige sowie ein Mitglied der Partei Die GRÜNEN, ein Mitglied der Bürgerbewegung, ein Mitglied der Arbeitsgruppe „Vorläufige Verfassung“ der „Runden Tische“ der Bezirke Rostock, Schwerin und Neubrandenburg aus der Wendezeit der DDR und ein Mitglied des Regionalausschusses.

Vorangestellt ist der Verfassung eine Präambel, die als Auslegungs- und Orientierungshilfe für das Verständnis der Verfassung gedacht ist und deutlich macht, dass die Verfassung an die Werte und Zielvorstellungen der friedlichen Revolution an 1989 anknüpft. Sie bekennt sich zu den Grundrechten der Würde und Freiheit des Menschen als Rechten, die ihm von Natur aus zustehen und die der Staat deshalb zu schützen hat. Auch die Formulierung der Grundrechte und Staatsziele atmet den Geist der friedlichen Revolution von 1989/90. So ist in Artikel 3 etwa formuliert: „Parteien und *Bürgerbewegungen* wirken bei der politischen Willensbildung des Volkes mit.“ Artikel 11 legt das Land fest auf die Mitwirkung an der Verwirklichung der europäischen Integration und Förderung der grenzüberschreitenden Zusammenarbeit speziell im Ostseeraum, die auch intensiv mit Polen und den baltischen Staaten gepflegt wird.

In Artikel 20 wird die Zahl der Landtagsabgeordneten auf „mindestens 71“ festgelegt. Überhang- oder Ausgleichmandate sind möglich. Gebrauch davon wurde bisher nicht gemacht. Nach dem Wahlgesetz vom Dezember 1993 werden 36 Mandate durch die Erststimme vergeben, 35 durch Verhältniswahl aus den Landeslisten der Parteien.

Volksinitiative, Volksbegehren und Volksentscheid sind als direktdemokratische Elemente in den Artikeln 59 und 60 der Landesverfassung verankert. Eine Volksinitiative muss von mindestens 15.000 Wahlberechtigten (etwa 1%) unterzeichnet sein, ein Volksbegehren von 140000. Haushalts-, Abgaben- und Besoldungsgesetze können nicht Gegenstand eines Volksbegehrens sein. Ein Gesetzesentwurf ist durch Volksentscheid angenommen, wenn die Mehrheit der Abstimmenden, mindestens aber ein Drittel der Wahlberechtigten zugestimmt hat. (Ausnahme: Verfassungsänderungen sind nur mit Zweidrittelmehrheit bzw. Hälfte der Wahlberechtigten möglich.)

Die Verfassung wurde am 14. Mai 1993 in namentlicher Abstimmung mit den Gegenstimmen der PDS vom Landtag beschlossen und trat am 23. Mai 1993 vorläufig in Kraft. Am 12. Juni 1994 stimmten die Bürgerinnen und Bürger über die Annahme der Verfassung in einem Volksentscheid ab.

60,1% votierten für die Verfassung (Wahlbeteiligung: 65%). Mit Beendigung der ersten Wahlperiode im Oktober 1994 trat sie endgültig in Kraft.

Der schwierige Weg in die Marktwirtschaft – nicht selbsttragender Aufschwung

1990 stand Mecklenburg-Vorpommern vor besonderen Herausforderungen beim Übergang von einer sozialistischen Planwirtschaft zu marktwirtschaftlichen Verhältnissen. Schwerpunkte der Wirtschaftsstruktur waren Land- und Ernährungswirtschaft und Schiffbau. Diese Monostruktur prägt noch heute die Wirtschaft und auf ihr basiert ihre Krisenanfälligkeit. Von ehemals 6 Werften, die fast ausschließlich für die Sowjetunion produzierten, konnten 4 erfolgreich privatisiert, umstrukturiert und modernisiert werden: Aker MTW Wismar, die Kvaerner Warnow Werft, die zur A.P. Möller-Gruppe gehörende Volkswerft Stralsund und die Peene-Werft. Mit ihnen verfügt Mecklenburg-Vorpommern heute über die modernsten und wettbewerbsfähigsten Werften in Europa. Die Auftragsbücher sind voll, es könnten mehr Schiffe gebaut werden; dem stehen jedoch die EU-Kapazitätsbegrenzungen entgegen. Die Menschen in Mecklenburg-Vorpommern sind stolz darauf, dass hier gebaute Schiffe weltweit geschätzt werden; aber mit Wehmut und Erbitterung nehmen sie zur Kenntnis, wieviele Arbeitsplätze gerade im Schiffbau seit 1990 im Zuge der Modernisierung und Umstrukturierung verloren gingen.

Zu Zeiten des geschlossenen sozialistischen Wirtschaftssystems war Rostock nicht nur für die DDR, sondern auch Ungarn und die ehemalige CSSR das „Tor zur Welt". Heute sind Rostock und die anderen Ostseehäfen „nur" noch für die Schiffahrt auf der Ostsee von Bedeutung, die deutschen Überseehäfen sind Hamburg und Bremen. Die Hafenwirtschaft konnte trotz zunehmendem Waren- und Personenverkehr zwischen den Ostseeanrainern die Verluste nicht kompensieren.

In den 13 Jahren seit der deutschen Einheit ist es bisher nicht gelungen, die wirtschaftlichen Monostrukturen zu durchbrechen. Viel wurde bisher in den Ausbau der Infrastruktur investiert, neue und tragfähige Produktionen konnten jedoch nicht angesiedelt werden. Ein selbsttragender Aufschwung zeichnet sich bisher nicht ab, und so schwankt die Stimmung zwischen Resignation („Armenhaus Deutschlands") und Euphorie („Bayern des Nordens").

Mecklenburg-Vorpommern – ein attraktives Urlaubsziel

Mecklenburg-Vorpommerns Attraktivität für Urlaub und Freizeit liegt zum einen in dem gesunden naturräumlichen Potential, der landschaftlichen Ausstattung, dem Klima an den Küsten- und Boddengewässern und seinem reichen interessanten kulturgeschichtlichen Erbe.

Wesentliche Grundlage des touristischen Angebots im Land ist die natürliche Attraktivität und Erholungseignung vieler mecklenburgisch-vorpommerscher Landschaften, die in ihrer Kombination und Weitläufigkeit diesem Land eine herausragende Position geben: den Gewässern (Küsten-, Bodden- und Binnengewässern mit der ihnen eigenen Schönheit und ihrer Eignung zum Baden und vielfältigen Wassersport) sowie dem relativ stark bewegten Relief in Verbindung mit abwechslungsreicher Bewaldung und Vegetation und weiten Blicken in großräumig unzerschnittene und schwach besiedelte Landschaften.

Mecklenburg-Vorpommern blickt auf eine mehr als 200jährige Tradition im Fremdenverkehr zurück. Nach Gründung des ersten deutschen Seebades Heiligendamm im Jahre 1793 entwickelten sich bald weitere Seebäder entlang der mecklenburgischen und vorpommerschen Ostseeküste. Schon früh bildeten sich auch Ansätze zum Fremdenverkehr abseits der Küste, insbesondere im Bereich der Mecklenburgischen Seenplatte.

Die Gründerjahre und die Jahrhundertwende hinterließen ihre Spuren bis heute in der typischen Bäderarchitektur der Hotels und Pensionen entlang der Ostseeküste.

Seit 1990 ist es gelungen, die Beherbergungskapazitäten qualitativ und quantitativ auszubauen. Waren es bis 1990 jährlich 1.168.000 Gästeübernachtungen in teils maroden Unterkünften und auf einfachen Zeltplätzen, so stehen dem heute 11 Mio. in komfortablen Beherbergungsstätten gegenüber. Um witterungsunabhängig zu werden, sind Freizeit- und Erholungsmöglichkeiten geschaffen und ausgebaut worden, die saisonverlängernd wirken. Mecklenburg-Vorpommern belegt nach Bayern heute den 2. Platz unter den deutschen Urlaubsländern.

Die Hochschullandschaft in Mecklenburg-Vopommern

Die beiden Universitäten des Landes in Rostock (knapp 10.000 Studenten) und Greifswald (etwa 5.500) haben 600 Jahre europäische Universitätsgeschichte mitgeschrieben. Wenn sie auch 1990 manchen Nachholbedarf durch über 50jährige Abschottung zu DDR-Zeiten hatten und erhebliche Mittel für Anschaffungen nötig waren, sind es heute moderne Universitäten, an denen sich auch zunehmend Studentinnen und Studenten der alten Bundesländer immatrikulieren lassen.

Zwei Universitäten für ein kleines Bundesland mit geringem Steueraufkommen sind eine große finanzielle Belastung. Doch jegliche Pläne der Landesregierung, Schwerpunkte an den beiden Universitäten zu setzen und nicht jeden Fachbereich an beiden Standorten vorzuhalten, scheinen am aufgeregten Protest der Studenten und des Lehrkörpers zu scheitern. Neben universitären Gründen gegen die Schließung von Fachbereichen wird auch das Argument ins Feld geführt, man dürfe in keinem Landesteil eine Universität beschneiden, dies störe das Zusammenwachsen von Mecklenburg und Vorpommern.

Daneben gibt es in Rostock die Hochschule für Musik und Theater (300 Studenten), 3 Fachhochschulen in Neubrandenburg, Stralsund und Wismar mit zusammen 5.400 Studierenden und die Fachhochschule für öffentliche Verwaltung und Rechtspflege Güstrow (700 Studenten). Mit 21.000 Studenten und einem Hochschulpersonalbestand von 12.000 Personen ist somit Mecklenburg-Vorpommern ein angemessener Hochschulstandort.

Die Forschung der Universitäten und qualifiziertes Personal müssen zukünftig direkt auf die Wirtschaft des Landes wirken. Dazu wurden Projekte und Partnerschaften gerade in der letzten Zeit initiiert.

Medienlandschaft in Mecklenburg-Vorpommern

Auf die Frage, wo heute im Lande noch am deutlichsten alte DDR-Strukturen fassbar sind, muss man auf die Presselandschaft verweisen. Die Hauptverbreitungsgebiete der drei Zeitungen im Land mit Regionalbezug (Schweriner Volkszeitung, Ostsee-Zeitung, Nordkurier) entsprechen in etwa den ehemaligen DDR-Bezirken Schwerin, Rostock und Neubrandenburg. Diese Zeitungen, die aus den SED-Bezirkszeitungen hervorgingen, verzeichneten nicht etwa wie das SED-Zentralorgan Neues Deutschland massive Abonnenteneinbrüche, sondern konnten eher zulegen. Falsch wäre es jedoch, aus diesem treuen Abonnentenstamm Ostalgie abzuleiten. Diese Regionalzeitungen (heute gehören sie Burda und Springer) infomieren aus und für die Region. Und sie weisen darauf hin, dass zwischen 1952 und 1990 doch eine gewisse Identifikation der Menschen mit „ihrem" DDR-Bezirk als gemeinsamem Lebensraum wuchs.

Versuche von Zeitungsneugründungen nach der Wende, etwa dem Mecklenburger Aufbruch sind mangels Nachfrage gescheitert.

Artikel 36 des Einigungsvertrages bestimmte, dass bis zum 31. Dezember 1991 die alte Rundfunk- und Fernsehstruktur aufzulösen und in Anstalten des öffentlichen Rechts einzelner oder mehrerer Länder zu überführen seien. Wie die Länder Sachsen, Thüringen und Sachsen-Anhalt sich für den MDR entschieden, war für Berlin, Brandenburg und Mecklenburg-Vorpommern eine gemeinsame Anstalt angedacht. Doch die Mehrheit hier wünschte sich den NDR. Sicher führte parteipolitisches Kalkül die Debatten im Landtag. Aber die Mehrheit der Menschen im Land votierte auch für den NDR, weil man gesamtnorddeutsch fühlte und zudem so seine Abneigung gegen Berlin (Ost) dokumentieren konnte. Mecklenburg-Vorpommern trat somit zum 1. Januar 1992 dem NDR-Staatsvertrag bei. Damit ist der NDR die einzige öffentlich-rechtliche Rundfunkanstalt, die die Grenze zwischen alten und neuen Bundesländern überschreitet. Doch heute, 7 Jahre nach der Entscheidung für den NDR, scheint diese ost-west-übergreifende Anstalt in Frage gestellt zu werden. Im Zuge einer (auch politisch motivierten) Ostalgie werden die Stimmen laut, die im Zuge einer Kultivierung von DDR-Identität ein Ende dieser „grenzübergreifenden" Rundfunkanstalt wünschen. Die Programmdirektoren haben sicher die Chance vertan, die gemeinsame Rundfunk- und Fernsehlandschaft in den Dienst der inneren Einheit Deutschlands zu stellen.

Daneben gibt es mit Antenne MV und Ostseewelle zwei landesweite private Rundfunkanstalten.

Niedersachsen

Zwischen Ems und Elbe, zwischen Harz und Meer

Peter Hoffmann

Das zweitgrößte Bundesland

Niedersachsen erstreckt sich auf einer Fläche von 47.609 qkm von der Nordsee bis zum Harz und Weserbergland und vom Emsland bis zur Elbe. Es ist mit einem Anteil von 13,3% der Fläche der Bundesrepublik Deutschland das zweitgrößte und mit seinen 7,9 Millionen Einwohnern das viertgrößte unter den 16 Bundesländern, von denen es mit den beiden Stadtstaaten Hamburg und Bremen sowie mit Hessen, Nordrhein-Westfalen, Schleswig-Holstein, Mecklenburg-Vorpommern, Brandenburg, Sachsen-Anhalt und Thüringen gemeinsame Grenzen hat. Die Grenze zum Nachbarland Niederlande verläuft über 189 km durch schwach besiedelte Moor- und Marschgebiete (Bourtanger Moor).

Das industrie- und städtearme Tiefland läßt in weiten Teilen des Landes die Zahl der Einwohner zum Teil unter 80 je Quadratkilometer sinken, und so nimmt Niedersachsen unter den Bundesländern vor Mecklenburg-Vorpommern, Brandenburg und Sachsen-Anhalt die 13. Position hinsichtlich der Bevölkerungsdichte ein.

Die Mannigfaltigkeit der physisch-geographischen Verhältnisse seiner fünf natürlichen Großlandschaften unterscheidet Niedersachsen von anderen deutschen Landesteilen. So umschließt es von Norden nach Süden auf einer Entfernung von 290 km und einem Höhenunterschied von rund 1.000 m die Küstenlandschaft, den Geeströcken, die Lößbördenzone, das Berg- und Hügelland und den Harz.

Die *Flüsse*, unter ihnen Ems, Weser und Elbe, durchziehen das Land von Süden nach Norden bzw. Nordwest und sind wichtige Wasserstraßen, die das deutsche Binnenland mit der Nordsee und ihren Hafenplätzen verbinden.

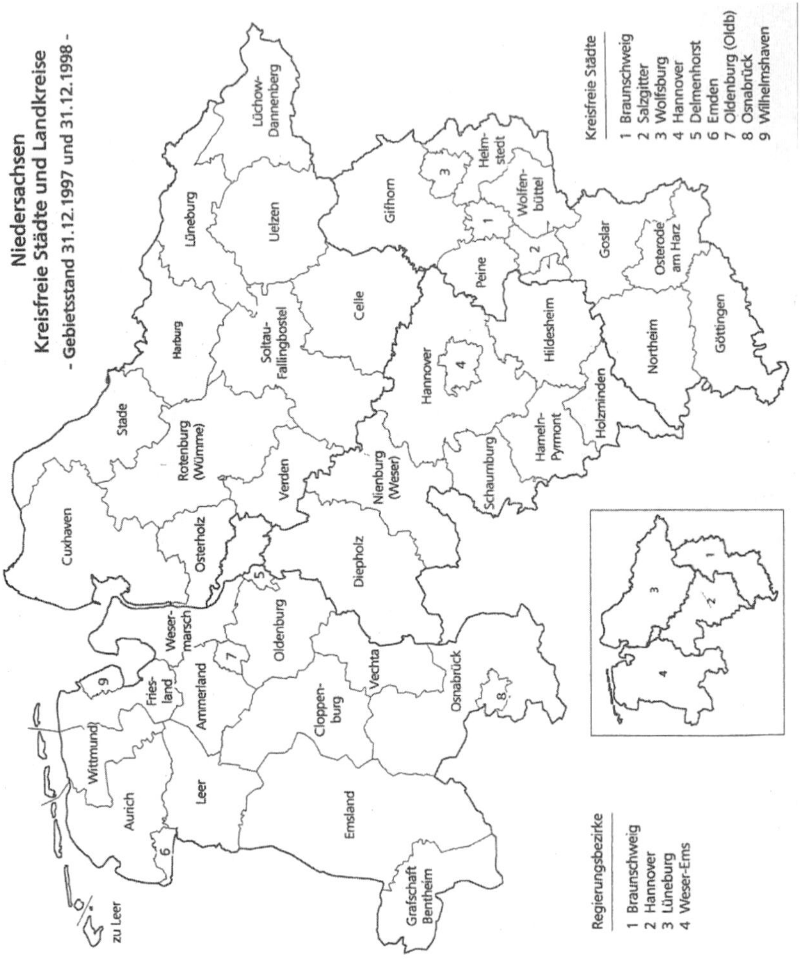
Niedersachsen
Kreisfreie Städte und Landkreise
- Gebietsstand 31.12.1997 und 31.12.1998 -
Lüchow-Dannenberg
Lüneburg
Uelzen
Gifhorn
Helm-stedt
Wolfen-büttel
Goslar
Osterode am Harz
Göttingen
Northeim
Holzminden
Hildesheim
Peine
Celle
Harburg
Soltau-Fallingbostel
Hannover
Hameln-Pyrmont
Schaumburg
Nienburg (Weser)
Verden
Rotenburg (Wümme)
Stade
Cuxhaven
Osterholz
Diepholz
Oldenburg
Weser-marsch
Ammerland
Fries-land
Wittmund
Aurich
Leer
Emsland
Cloppen-burg
Vechta
Osnabrück
Grafschaft Bentheim
zu Leer
Kreisfreie Städte
1 Braunschweig
2 Salzgitter
3 Wolfsburg
4 Hannover
5 Delmenhorst
6 Emden
7 Oldenburg (Oldb)
8 Osnabrück
9 Wilhelmshaven
Regierungsbezirke
1 Braunschweig
2 Hannover
3 Lüneburg
4 Weser-Ems

Der 300 km langen Nordsee-Festlandsküste sind die sieben Ostfriesischen Inseln vorgelagert, von See und Wind aufgebaute Sandablagerungen, deren Klima und Vegetation von der Meeresnähe bestimmt werden. Zwischen den Inseln und der Festlandsküste liegt das Wattenmeer, das zweimal täglich überflutet wird. Küstenschutz und Deichbau bedürfen hier besonderer Aufmerksamkeit und Sorgfalt, um das „Land hinterm Deich", von denen Teile wie das Freepsumer Meer und der Wynhamster Kolk bis zu 2,3m unter dem Meeresspiegel liegen, vor „Land unter" zu bewahren.

Entlang der unter dem Einfluß der Gezeiten stehenden Unterläufe von Ems, Weser und Elbe zieht sich die ebene und waldlose Marschlandschaft weit ins Binnenland hinein. Die anschließende Geest, ein 100 bis 170 km breites Altmoränengebiet, das von eiszeitlichen und nacheiszeitlichen Sand- und Kiesablagerungen geformt wurde und zum Teil von Niederungs- und Hochmooren bedeckt ist, erstreckt sich bis zum Bergvorland. Der schmale Streifen des Bergvorlandes mit seiner geringen Höhenlage und nur wenigen größeren Erhebungen ist durch Lößdecken mit fruchtbaren, schwarzerdeähnlichen Böden sowie zahlreichen wertvollen Bodenschätzen wie Erdgas und Erdöl, Stein- und Kalisalze, Eisenerze und Kohle sowie Ton- und Kalklagerstätten gekennzeichnet.

Das vielgestaltige Relief des Berg- und Hügellandes im Süden bildet den Übergang des Norddeutschen Tieflandes zu den deutschen Mittelgebirgen. Aus ihnen steigt als geschlossener Gebirgskörper der Harz auf, dessen westlicher Bereich, der Oberharz, zum größten Teil in Niedersachsen liegt. Hier bieten die Abhänge von Wurmberg (971m), Bruchberg (927m) und Achtermann (926m) ein viel genutztes Wintersportgelände.

Diese naturlandschaftliche Gliederung bestimmt die Verteilung der Bevölkerung, die Standorte der Industrie und des Bergbaus, die Anlage des Verkehrsnetzes sowie die Struktur der Land- und Forstwirtschaft. So finden sich neben nahezu unberührten Heide- und Moorflächen Verdichtungsräume mit moderner Industrie und großstädtische Zentren. Von den neun Bevölkerungsschwerpunkten liegen mit Ausnahme von Oldenburg und Wilhelmshaven die übrigen sieben – Landeshauptstadt Hannover, Braunschweig, Osnabrück, Göttingen, Hildesheim, Wolfsburg und Salzgitter – im südlichen Drittel des Landes.

Schon immer ist Niedersachsen wegen seiner geographischen Lage und der Anordnung seiner Großlandschaften ein wichtiges Durchgangsland innerhalb Deutschlands und Europas gewesen. Durch die deutsche Teilung vorübergehend in eine Randlage gedrängt, ist Niedersachsen nach der Öffnung der Grenze wieder in seine zentrale Lage zwischen Nordeuropa und dem mittel- und westeuropäischen Raum gerückt.

Sachsenkriege, Sachsenkönige und der Zerfall des Herzogtums

Das Land Niedersachsen umfaßt weitestgehend die Stammesgebiete der Sachsen und Friesen. Vom 2. bis 7. Jahrhundert dehnten die Sachsen ihre Herrschaft in Nordwestdeutschland aus. Erst unter *Karl dem Großen* gelang es in äußerst langwierigen und grausamen Kriegszügen (Sachsenkriege 772-804), den Widerstand der Sachsen zu brechen, sie ins Frankenreich einzugliedern und einer Zwangsmissionierung zu unterwerfen. Erstaunlicherweise stellten die spät eingegliederten Sachsen bereits von 919 bis 1024 mit den Ottonen das Königsgeschlecht im ostfränkischen Reich. Auch unter anderen Herzögen blieb das Herzogtum Sachsen ein einheitliches Gebilde. Der Zerfall und regionale Sonderentwicklungen setzten erst mit dem Sturz *Heinrichs des Löwen* 1180 ein. Fortan existierten drei territoriale Einheiten auf dem Boden des ehemaligen Stammesherzogtums: Sachsen wurde in zwei Herzogtümer geteilt, während *Heinrich der Löwe* seine Eigengüter zwischen Oberweser und Niederelbe behielt.

An der Küste bewahrten die Friesen seit dem frühen Mittelalter ihre Selbständigkeit. 1235 gründete *Kaiser Friedrich II.* das Herzogtum Braunschweig-Lüneburg für die Nachkommen *Heinrichs des Löwen* und um 1300 wurde die Bezeichnung „Niedersachsen" zum erstenmal für das Gebiet von der Schelde bis zur Elbe verwendet. Um ihren Anspruch auf das gesamte Gebiet des alten Herzogtums Sachsen zu unterstreichen, übernahmen die Welfen 1361 das weiße Sachsenroß in rotem Felde in ihr Wappen, das im Volk irrtümlicherweise für das Wappen des alten Stammesherzogtums gehalten wurde.

Mit dem Niedersächsischen Reichskreis entstand 1512 eine für das deutsche Wahlkaisertum wichtige staatsrechtliche Einheit und 180 Jahre später wurde der Herzog des Fürstentums „Braunschweig-Lüneburg des calenbergischen Teils", *Ernst-August von Hannover*, zum Kurfürsten ernannt. Durch seine Heirat mit *Sophie von der Pfalz*, der einzigen protestantischen Enkelin König *Jakobs I.* von England, wurde ihr Sohn 1714 als *Georg I.* englischer König. Damit begann eine bis 1837 dauernde Personalunion zwischen England und Hannover, jedoch keine staatsrechtliche Verbindung.

Im 18. Jahrhundert erwarb das Kurfürstentum die Herzogtümer Bremen und Verden sowie das Land Hadeln, im Westen die Grafschaft Bentheim und Osnabrück, und der *Wiener Kongreß* brachte dem nunmehr zum „Königreich Hannover" erhobenen Land ab 1814 Ostfriesland, Hildesheim, Goslar, das Untereichsfeld und das Emsland. Dadurch stieg das Königreich Hannover zur dominierenden Macht im Nordwesten Deutschlands auf, bis es 1866 von Preußen annektiert wurde. Obwohl der Wille und das Bemühen um Wiederherstellung der Unabhängigkeit („Welfenbewegung") ungebrochen fortlebten, blieb Hannover auch nach 1918 preußische Provinz, während Braunschweig, Oldenburg und Schaumburg-Lippe als eigene Länder weiterexistierten.

Aus Hannoveranern, Braunschweigern, Oldenburgern, Friesen und Schaumburg-Lippern werden Niedersachsen

Nach dem Ende des Zweiten Weltkriegs und der Besetzung Deutschlands durch die Alliierten gehörte der niedersächsische Raum zum Zuständigkeitsbereich der *britischen Besatzungsmacht*. Diese stellte zunächst die ehemaligen Länder Braunschweig, Oldenburg und Schaumburg-Lippe wieder her und ernannte dort Landtage, in Schaumburg einen Landesrat. Im August 1946 erhielt nach Auflösung des Landes Preußen auch dessen ehemalige Provinz Hannover den Status eines Landes und einen ernannten Landtag.

Der im Herbst 1945 von der Besatzungsmacht ins Leben gerufene Gebietsrat Niedersachsen diente der Zusammenarbeit und Abstimmung des Verwaltungshandelns in den drei großen staatlichen Gebietskörperschaften. An ihn erging auch die Aufforderung der britischen Militärregierung, Vorschläge zur Neugliederung der britischen Besatzungszone zu erarbeiten. Mit dieser Aufgabe wurde zusätzlich der im Februar 1946 gegründete Zonenbeirat beauftragt, ein Beratungsorgan der britischen Militärregierung zur Koordinierung der Politik der Landesregierungen, das keine gesetzgeberischen Befugnisse besaß. Er bildete einen Sonderausschuß, der Vorschläge über den Neuaufbau der Länder in der britischen Zone Deutschlands machen sollte .

Während die Ministerpräsidenten von Braunschweig und Oldenburg ihre Länder erhalten wissen wollten, trat der hannoversche Ministerpräsident *Hinrich Wilhelm Kopf* in einer Denkschrift entschieden für die Schaffung eines Landes Niedersachsen ein. Es gelang ihm, den Zonenbeirat mehrheitlich von seiner Konzeption zu überzeugen, die eine Dreiteilung der britischen Zone in drei Flächenstaaten (Niedersachsen, Nordrhein-Westfalen und Schleswig-Holstein) vorsah, dazu zwei Stadtstaaten (Bremen und Hamburg). General Robertson, der britische Militärgouverneur, stimmte diesem Vorschlag von *Kopf* zu.

Der insbesondere von Oldenburg ausgehende Widerstand gegen ein „Groß-Niedersachsen" blieb erfolglos. Mit der Verordnung Nr. 55 vom 8. November 1946 entstand rückwirkend zum 1.11.1946 das neue Land Niedersachsen, das aus dem Zusammenschluß der Länder Hannover, Braunschweig, Oldenburg und Schaumburg-Lippe hervorging. Der am 9. Dezember 1946 erstmals in Hannover zusammengetretene Landtag, dessen Mitglieder zunächst ernannt worden waren, wurde wenige Monate später durch den demokratisch gewählten ersten Landtag (20. 4. 1947) abgelöst. Aus diesen Wahlen ging der Sozialdemokrat *Hinrich Wilhelm Kopf* als Sieger hervor, und er wurde der erste Ministerpräsident des neuen Landes Niedersachsen.

Die Herausforderungen waren gewaltig, und zunächst hatte die Lösung der drückendsten Alltagsprobleme Vorrang. Entmutigten Menschen wieder Hoffnung zu geben, war sicher psychologisch besonders schwierig. Und so sollte es noch Jahre dauern, bis die Wirtschaft sich allmählich von den Kriegsfolgen erholte. Besonders bedeutend war die Zuwanderung und die

Integration von rund zwei Millionen Vertriebenen und Flüchtlingen aus dem Osten, die ab 1944 eine neue, z.T. auch nur vorübergehende Bleibe in Niedersachsen suchten. Die Verhältnisse in Niedersachsen konsolidierten sich in den fünfziger Jahren, obwohl das Land unter seiner langen Grenze zur DDR und den damit verbundenen Problemen besonders zu leiden hatte. Der „Zonenrand" bot den Menschen im Gegensatz zu anderen Teilen des Landes kaum eine Arbeits- und Einkommensperspektive. So blieb oftmals als Ausweg nur die Abwanderung.

Wandel und Kontinuität nach der Wiedervereinigung

Nicht nur für das Zonengrenzgebiet, sondern für das gesamte Land wurden der Fall der Berliner Mauer und die Öffnung der Innerdeutschen Grenze sowie die anschließende Wiedervereinigung zu einer großen Herausforderung, aber auch zu einer neuen Chance. Als ehemaliges Grenzland sah sich Niedersachsen finanziell und personell gefordert, seinem Nachbar- und Partnerland Sachsen-Anhalt beim Neuaufbau bis zur Grenze seiner Leistungsfähigkeit zu helfen.

Mit der Einheit entfiel auch die Grundlage für die „Vorläufige Niedersächsische Verfassung", und im Jahr 1993 verabschiedete der Niedersächsische Landtag eine *Neue Verfassung*. In diesem Dokument sind als Staatsziele u.a. Regelungen über den Schutz der natürlichen Lebensgrundlagen und über die Grund- und Menschenrechte mit Hervorhebung der Gleichberechtigung von Frauen und Männern aufgenommen. Artikel 72 der Niedersächsischen Verfassung verpflichtet den Staat, die kulturellen und historischen Belange der ehemaligen Landesgliederungen des neugeschaffenen Niedersachsen zu wahren und zu fördern.

Typisch für Niedersachsen ist die Einheit in der Vielfalt, die durch gegenseitiges Respektieren bei einem gleichzeitig gleichberechtigten Nebeneinander regional unterschiedlicher Mentalitäten von Heidjern, Ostfriesen, Oldenburgern und Ammerländern, protestantischen „Welfen" aus Hannover, Braunschweig und Celle, katholischen Landwirten aus dem Oldenburger Münsterland, VW-Arbeitern aus Wolfsburg oder Salzgitter und Wissenschaftlern aus Göttingen gekennzeichnet ist. Sie alle wahren ihre Eigenständigkeit und Identität und wirken gleichzeitig in einem Netzwerk vielfältiger Austausch- und Kooperationsbeziehungen zusammen.

Niedersachsentage, die im jährlichen Wechsel von einer anderen Stadt ausgerichtet werden, sollen dazu beitragen, das „Niedersachsengefühl" der 7,9 Millionen Einwohner, von denen 6,0 Prozent Ausländerinnen und Ausländer sind, zu stärken. Seit den sechziger Jahren sind viele Menschen auf der Suche nach einem Arbeitsplatz nach Niedersachsen gekommen, denen später deren Familienangehörigen folgten. In jüngerer Zeit kommen Menschen, die vor Bürgerkrieg, Verfolgung und wirtschaftlicher Not in ihren Heimatländern fliehen, sowie deutschstämmige Aussiedler, vor allem aus Republiken der ehemaligen Sowjetunion. Die Rußlanddeutschen haben sich vorwiegend in wenigen Ortschaften niedergelassen. Altbürger und Gemeindeverwaltungen sehen sich hier vor die schwierige Aufgabe gestellt, die Neubürger möglichst konfliktfrei zu integrieren.

Vom Agrar- zum Industrieland

Die Wirtschaft Niedersachsens ist einem sehr dynamischen Strukturwandel von den produzierenden zu den dienstleistenden Bereichen unterworfen. Obwohl weite Teile des Landes zum ländlichen Raum gehören, wurden 2000 nur noch 2,1% der wirtschaftlichen Leistung in der Land- und Forstwirtschaft erwirtschaftet, während das Produzierende Gewerbe mit 31,1%, Handel, Gastgewerbe und Verkehr mit 17,5% und der Dienstleistungsbereich mit 49,4% zur Bruttowertschöpfung von 322 Mrd. DM beitrugen. Von den sozialversicherungspflichtig Beschäftigten in Niedersachsen waren 1999 1,3% in der Landwirtschaft, 36,2% im Produzierenden Gewerbe, 24,2% im Handel, Gastgewerbe und Verkehr sowie 38,3% im Dienstleistungsbereich tätig. Die Zahl der Arbeitslosen, die traditionell über dem Bundesdurchschnitt liegt, ist vor allem in den Küstenstädten Emden und Wilhelmshaven sowie in den östlichen Landesteilen sehr hoch.

Die niedersächsische Wirtschaft ist heute durch eine starke Konzentration auf den Straßenfahrzeugbau gekennzeichnet, bei dem VW und seinen Zulieferern die Schlüsselstellung zukommt. Während 1945 kaum einer an den Erfolg des Volkswagens glauben wollte und die englische Industrie sogar die Übernahme des VW-Werks in Wolfsburg ablehnte, entwickelte sich der „Käfer“ später zum weltweit meistgebauten Personenwagen und bestimmte maßgeblich die wirtschaftliche Entwicklung Niedersachsens. Über 50 Millionen Volkswagen wurden bis heute in Niedersachsen gebaut, mehr Autos als in jedem anderen Bundesland.

Basis der übrigen vielfältigen industriellen Produktion sind die zahlreichen Rohstoffe wie Erdöl und Erdgas, Kali und Salz, Gips, Sand und Kies, Braunkohle und Torf in Niedersachsen, die in gleicher Häufung in keinem anderen Bundesland zu finden sind. Inzwischen sind zwar fast alle Eisen-, Silber- und Kohlenminen erschöpft, doch das Erdgas aus Niedersachsen deckt ein Fünftel des Verbrauchs in der Bundesrepublik.

Aber auch eine hochproduktive und intensive Landwirtschaft sowie das mit ihr eng verbundene Ernährungsgewerbe spielen eine wichtige Rolle. So finden sich zwei von zehn Kühen, drei von zehn Schweinen und vier von zehn Hühnern der Bundesrepublik in Niedersachsen, und das „Alte Land“ an der Elbe schmückt sich mit dem Namen „größtes Obstanbaugebiet in Europa“. In knapp 60.000 landwirtschaftlichen Betrieben beackern 122.520 Landwirte einschließlich ihrer mitarbeitenden Familienangehörigen eine Fläche von 2,7 Millionen ha, die 57% des Landes bedecken. Rund 4,4 Milliarden Euro haben Niedersachsens Landwirte im Jahr 2002 erwirtschaftet. Damit war Niedersachsen mit einem Anteil von 18,3 % an der wirtschaftlichen Gesamtleistung dieser Branche vor Bayern und Nordrhein-Westfalen das Agrarland Nr. 1 in Deutschland. Fast die Hälfte aller in Deutschland geernteten Kartoffeln und des produzierten Geflügelfleisches sowie jedes dritte Ei und jedes dritte Schlachtschwein kommen aus Niedersachsen. Bei der Produktion von Rind- und Kalbfleisch, von Butter sowie Zucker liegt der niedersächsische Anteil jeweils bei mehr als 20 Prozent. Die offensichtlichste Veränderung in der Bodennutzung ist jedoch der in der Landschaft sichtbare Rückgang der Grünlandflächen, die Ausdehnung des Mais- und Rapsanbaus sowie die in den letzten Jahren häufigeren Bracheflächen (5% der landwirtschaftlich genutzten Fläche).

Urlauber, Messebesucher und Transitreisende – mehr oder weniger willkommen

Der Tourismus, ebenfalls ein bedeutender Wirtschaftsfaktor, ist vor allem an der Küste, im Harz, in der Lüneburger Heide und in den 48 anerkannten Kurorten und Heilbädern bestimmend.

Im internationalen Verkehr hat Niedersachsen die Funktion einer Drehscheibe übernommen, wo sich die von Skandinavien kommenden Nord-Süd-Linien mit den an Bedeutung schnell wachsenden Ost-West-Verkehrsachsen kreuzen.

Verkehrsknotenpunkt ist hier insbesondere die Region Hannover, die über einen leistungsfähigen internationalen Flughafen verfügt. Darüber hinaus gehört Hannover zu einem der führenden Messestandorte in Europa, dessen Ruf vor allem in der weltgrößten Industrieschau Hannover-Messe und durch die CeBIT begründet ist. Verbesserungen in der Verkehrsinfrastruktur hat die *Expo 2000* gebracht. Seitdem profitieren davon in erster Linie die vielen Berufstätigen, die täglich mit dem Auto oder dem öffentlichen Nahverkehr zwischen ihrem Heim im Grünen und ihrem Arbeitsplatz in der City pendeln müssen.

Es wird regiert und verwaltet

Seit Gründung des Landes Niedersachsen bis Mitte der 70er Jahre bestimmten, bis auf ein kurzes Zwischenspiel einer bürgerlichen Regierung unter dem Ministerpräsidenten *Heinrich Hellwege* von der Deutschen Partei in den Jahren 1955 bis 1959, die Sozialdemokraten die Landespolitik. Erst 1976 gelang es den Christdemokraten überraschend, anläßlich der Wahl eines Nachfolgers für den zurückgetretenen Ministerpräsidenten *Alfred Kubel* ihren Kandidaten

Ernst Albrecht in das Amt des Landesvaters zu bringen. Bis zu den Landtagswahlen 1990 regierte die CDU teils alleine, teils in einer Koalition mit der FDP das Land. Zwischen Wende und Deutscher Einheit ging dann im Frühsommer 1990 die Regierungsverantwortung an eine rot-grüne Regierungskoalition unter Ministerpräsident *Gerhard Schröder* über, der bereits vier Jahre später mit der SPD die Mehrheit an Sitzen im Landtag gewann und seinen Koalitionspartner gemeinsam mit den Christdemokraten bis heute auf die Oppositionsbänke verwies. Nach der Wahl von *Gerhard Schröder* im Herbst 1998 zum Bundeskanzler wurde sein bisheriger Stellvertreter *Gerhard Glogowski* neuer Ministerpräsident. Bereits ein Jahr später trat er zurück, und *Sigmar Gabriel* folgte ihm nach. Bei der Landtagswahl im Februar 2003 verlor die SPD ihre Spitzenposition an die CDU, die nunmehr gemeinsam mit der FDP unter Ministerpräsident Christian Wulff die Regierung stellt.

Die niedersächsische Landesverwaltung hat ihre tiefgreifendste Veränderung durch die *Verwaltungs- und Gebietsreform* in der Zeit von 1965 bis 1980 erfahren. In einem Stufenbau gliedert sie sich in die Oberstufe (Oberste Landesbehörden), die Mittel- und die Unterstufe (Ortsstufe). Außerdem gehören die so genannten Einrichtungen des Landes dazu.

In der Oberstufe der Verwaltung nehmen die ressortweise gegliederten obersten Landesbehörden die zentralen Programm-, Leitungs- und Lenkungsaufgaben wahr. In Niedersachsen sind dies die neun Ministerien und der Niedersächsische Ministerpräsident (Staatskanzlei). Eine weitere oberste Landesbehörde ist der Niedersächsische Landesrechnungshof in Hildesheim, der die gesamte Haushalts- und Wirtschaftsführung des Landes überwacht und prüft, den Landtag und die Landesregierung berät sowie gutachterlich Stellung nimmt und das Ergebnis seiner Prüfung der jährlichen Haushaltsrechnung in Bemerkungen und einer Denkschrift zusammenfaßt. Ebenso ist der Präsident des Niedersächsichen Landtags oberste Landesbehörde, soweit es sich um die in Art. 18 Abs. 3 der Niedersächsischen Verfassung genannten Aufgaben handelt (z.B. Chef der Landtagsverwaltung).

Einigen obersten Landesbehörden sind Beauftragte zugeordnet, so z.B dem Innenministerium der unabhängige Niedersächsische Datenbeauftragte.

Zur Mittelstufe der Verwaltung gehören insbesondere die Bezirksregierungen, deren Zahl durch das Reformgesetz vom 28. Juli 1977 von 8 auf 4 reduziert wurde. Diese so genannten Mittelbehörden nehmen für ihren Bezirk die mittelinstanzlichen Aufgaben der allgemeinen Landesverwaltung wahr und sorgen für einen einheitlichen Verwaltungsvollzug. Bei den Regierungen der niedersächsischen Bezirke Hannover (2,1 Mill. Einwohner), Braunschweig (1,7 Mill. Einwohner), Lüneburg (1,6 Mill. Einwohner) und Weser-Ems (2,3 Mill. Einwohner), die im Ländervergleich den größten Aufgabenbestand haben, sind grundsätzlich alle Zweige der Landesverwaltung gebündelt. Diese 4 Bezirksregierungen will die seit März 2003 amtierende CDU-FDP-Landesregierung bis spätestens 2008 auflösen und einen Teil der dort bislang erledigten Aufgaben auf die Kommunen bzw. auf neue Landesämter übertragen.

Weitere Landesbehörden der Mittelstufe sind u.a. das Justizvollzugsamt des Landes Niedersachsen in Celle, die Klosterkammer in Hannover, das Landeskriminalamt Niedersachsen in Hannover, das Landessozialamt Niedersachsen in Hildesheim, das Landesversorgungsamt Niedersachsen in Hannover, das Niedersächsische Landesamt für Ökologie in Hildesheim, das Oberbergamt In Clausthal-Zellerfeld. Hier handelt es sich zum Teil um Landesoberbehörden (zuständig für das gesamte Land, eigener Unterbau), zum Teil um zentrale Landesämter (zuständig für das gesamte Land, aber ohne nachgeordnete Behörden).

Auf der Ortsstufe gibt es staatliche Sonderbehörden, die erstinstanzliche Verwaltungsaufgaben wahrnehmen. Zu ihnen gehören u.a. die Ämter für Agrarstruktur, die Bergämter, die Chemischen Untersuchungsämter, die Domänenämter, die Eichämter, die Hafenämter, die Klosterforst- und -rentämter, die Polizeidirektionen und die Staatliche Moorverwaltung in Meppen.

Zur Landesverwaltung gehören neben den Behörden auch die so genannten Einrichtungen des Landes, die keine durch Verwaltungsakte nach außen wirkende Tätigkeiten wahrnehmen. Zu ihnen zählen u.a. das *Studieninstitut der allgemeinen Verwaltung des Landes Niedersachsen* in Bad Münder und das *Niedersächsische Landesgestüt* in Celle.

Die Kommunalpolitik sorgt für Bürgernähe

Unterhalb der Bezirksebene ist Niedersachsen in 9 *kreisfreie Städte* und 38 *Landkreise* eingeteilt. Einer von diesen, der westniedersächsische Landkreis Emsland ist mit einer Fläche von 2.880 km2 sogar größer als das Saarland (2.570 km^2). Zu den kreisfreien Städten gehören Braunschweig, Delmenhorst, Emden, Hannover, Oldenburg, Osnabrück, Salzgitter, Wilhelmshaven und Wolfsburg. Göttingen als Universitätsstadt ist zwar kreisangehörig, hat aber einen besonderen Status, der sie weitgehend mit einer kreisfreien Stadt gleichstellt.

Weitere „große selbständige Städte“ wie Celle, Cuxhaven, Goslar, Hameln, Hildesheim, Lingen und Lüneburg sind „Landkreisgemeinden“, die jedoch eine besondere Stellung haben, da sie auch die sonst den Landkreisen vorbehaltenen Aufgaben des „übertragenen Wirkungskreises“ als staatliche Unterbehörde wahrnehmen. Dies gilt auch für die „selbständigen Städte und Gemeinden“, zu denen Gemeinden mit mehr als 30.000 Einwohnern und solche Gemeinden gehören, denen die Landesregierung auf eigenen Antrag diesen Status zuerkannt hat.

Niedersachsen hat 285 *Einheitsgemeinden* mit ca. 1.600 Ortschaften. 744 weitere Gemeinden haben sich zu einer der 142 *‚Samtgemeinden‘* zusammengeschlossen, um ihre Verwaltung kostensparend gemeinsam zu organisieren. Durch die Schaffung von Einheits- und Samtgemeinden hat sich die Zahl der Gemeindeverwaltungseinheiten von über 4.000 auf 417 reduziert.

Aufgabe der 1.029 Gemeinden und Städte in Niedersachsen ist es, Einrichtungen bereitzustellen, die für das menschliche (Zusammen-)Leben unverzichtbar sind. Dabei übernehmen die Kommunen gem. der Niedersächsischen Gemeindeordnung (NGO) einen Teil der Aufgaben in eigener Verantwortung, den anderen Teil führen sie auf Weisung des Bundes und des Landes aus.

Einschneidende Änderungen in den niedersächsischen Landkreisen, Städten und Gemeinden brachte die *Reform der Kommunalverfassung*, die der Niedersächsische Landtag am 6. März 1996 verabschiedet hat. Die wichtigste Veränderung brachte dabei die Einführung der so genannten Eingleisigkeit, d.h. die kommunalen Spitzenämter (Bürgermeister, Landrat und Hauptverwaltungsbeamter) wurden zusammengelegt. Nunmehr werden die künftigen Kommunalchefs durch die Wahlberechtigten der Kreise, Städte und Gemeinden direkt gewählt. Hauptamtliche Landrätin oder Landrat bzw. Bürgermeisterin oder Bürgermeister kann nunmehr jede Bundesbürgerin oder jeder Bundesbürger werden, die oder der seit mindestens einem Jahr Deutscher oder Bürger eines EU-Staates und zwischen 23 und 64 Jahren ist.

Kandidaten können durch Parteien, Wählergruppen oder Einzelpersonen nominiert werden. Gewählt ist, wer in einem Kreis, einer Stadt oder Samtgemeinde über 50 Prozent der Stimmen erhält. Erreicht niemand im ersten Wahlgang die absolute Mehrheit, findet 14 Tage später eine Stichwahl zwischen den beiden Bewerbern mit den meisten Stimmen statt. In diesem Wahlgang reicht die einfache Mehrheit.

Besondere Qualifikationen – etwa im Verwaltungsbereich – sind nicht erforderlich. Wenn ein neu gewählter Amtsinhaber nicht die Befähigung zum gehobenen oder höheren Verwaltungsdienst besitzt, muß ein leitender Beamter über eine entsprechende Qualifikation verfügen.

Die ersten hauptamtlichen Bürgermeisterinnen und Bürgermeister sowie Landrätinnen und Landräte wurden in Niedersachsen anläßlich der Kommunalwahlen am 15. September 1996 gewählt. Grundsätzlich sind ab dem 31. Oktober 1997 ausscheidende Hauptverwaltungsbeamte nach und nach durch direkt gewählte Nachfolger zu ersetzen.

Im Oktober 1995 hatte der Niedersächsische Landtag bereits die Herabsetzung des *Wahlalters* auf 16 Jahre beschlossen. Um darüber hinaus die Mitwirkungsrechte der Bürger in der Kommunalpolitik zu erweitern, wurden mit der neuen Niedersächsischen Gemeinde- (NGO) und Landkreisordnung (NLO) ergänzend zum bisherigen Bürgerantrag weitere Möglichkeiten geschaffen.

- Jede Bürgerin oder jeder Bürger kann sich – allein oder mit anderen – mit Anregungen und Beschwerden schriftlich an den Rat oder Kreistag wenden.
- Personen ab dem 14. Lebensjahr haben das Recht, allein oder mit mehreren eine Angelegenheit per Einwohnerantrag an ihren örtlich zuständigen

Gemeinderat oder Kreistag heranzutragen, soweit diese dafür sachlich zuständig sind.

- Bürgerinnen und Bürger haben die Möglichkeit, durch Bürgerentscheid über eine Angelegenheit selbst zu entscheiden, falls der Rat bzw. der Kreistag zuvor nicht vollständig oder wesentlich im Sinne des Bürgerbegehrens einen Entschluß gefaßt hat. Der betreffende Sachverhalt muß im Bürgerentscheid so gefaßt sein, daß über ihn mit „Ja" oder „Nein" abgestimmt werden kann.

Bisher haben allerdings die Bürgerinnen und Bürger in Niedersachsen ihre neuen Mitwirkungsrechte nur begrenzt genutzt.

Hochschulen und Schulen – Partner im Bildungsprozeß

Das niedersächsische *Hochschulsystem* gliedert sich in Universitäten, künstlerisch-wissenschaftliche Hochschulen und Fachhochschulen.

Während die Universitäten und künstlerisch-wissenschaftlichen Hochschulen ihre zentrale Aufgabe gleichermaßen in Lehre und Forschung haben, liegt bei den Fachhochschulen der Schwerpunkt in der praxisnahen Ausbildung. Daneben nehmen sie mehr und mehr Aufgaben in der angewandten Forschung und Entwicklung wahr.

Schwerpunkte der Forschung in Niedersachsen sind die Umweltforschung (Technische Universität Braunschweig, Technische Universität Clausthal, Fachhochschule in Wilhelmshaven, Fachhochschule Nordostniedersachsen und Fachhochschule Braunschweig/Wolfenbüttel, die Energieforschung (Universität Oldenburg, Deutsches Windenergie-Institut in Wilhelmshaven).

Modernste Verkehrstechnik wird auf der Versuchsstrecke der Magnetschwebebahn *Transrapid* bei Lathen im Emsland erprobt.

Das niedersächsische *Schulwesen* ist in die Schulformen Grundschule, Orientierungsstufe, Hauptschule, Realschule, Gymnasium, Gesamtschule, Abendgymnasium, Kolleg, Sonderschule und Berufsbildende Schule gegliedert. Neben den „Regel"-Schulen in öffentlicher Hand sind einige in freier, die meisten von ihnen als Konkordatsschulen in kirchlicher Trägerschaft. Die Integrierten Gesamtschulen wurden mit der Schulgesetznovelle von 1993 den Schulen im dreigliedrigen System gleichgestellt. Diese Schulform muß vom Schulträger im Rahmen seiner Leistungsfähigkeit angeboten werden, wenn eine genügend große Zahl von Eltern es wollen.

Die Orientierungsstufe wurde durch die CDU-FDP-Landesregierung abgeschafft.

Kultur – geliebt und gepflegt

Die *Kulturszene* ist durch die landschaftliche Weite sowie die teils dünne und ungleichmäßige Besiedlung geprägt. Deshalb haben sich alle Landesregierungen bemüht, die Ungleichgewichte zwischen städtischem und ländlichem Raum durch finanzielle Zuwendungen zu mindern. Während die Großstädte Hannover, Braunschweig, Oldenburg, Osnabrück, Hildesheim und Göttingen über kulturelle Zentren mit traditionellen Kulturinstituten verfügen, unterhalten auch einige der mittleren Städte Theater mit eigenem Ensemble oder Theaterbauten für Gastspiele, so daß Niedersachsen eines der besten flächendeckenden Theaterangebote in Deutschland aufweist. Kulturelles Zentrum ist die Landeshauptstadt mit der *Landesgalerie*, dem *Sprengel-* und dem *Kestnermuseum*, dem *Niedersächsischen Staatsorchester* und der *Radio-Philharmonie Hannover des NDR* sowie den Festwochen in Herrenhausen. Auf dem flachen Lande wirken Landschaften und Landschaftsverbände, Heimat- und Künstlerverbände sowie Kunstvereine als freie Träger kultureller Aufgaben. Die Interessen dieser Kultur- und Heimatpfleger nimmt als Dachverband auf Landesebene der *Niedersächsische Heimatbund* wahr, während sich das *Institut für niederdeutsche Sprache* in Bremen der Förderung der niederdeutschen Sprache in allen vier norddeutschen Ländern gemeinsam widmet.

Das Netz der fast 300 Museen und Sammlungen ist in allen Regionen dichter geworden, und international beachtetete große Ausstellungen im Hildesheimer *Roemer-Pelizaeus-Museum* und im *Landesmuseum Braunschweig* sowie kleinere zur Lokal- und Regionalgeschichte haben in den letzten Jahren immer mehr Besucher angelockt. Darüber hinaus ist Niedersachsen mit dem Dom und der Kirche St. Michael in Hildesheim sowie dem industriehistorisch bedeutsamen Erzbergwerk Rammelsberg und der Altstadt von Goslar in der UNESCO-Liste des Weltkulturerbes vertreten.

Ob öffentlich oder privat – an Medien mangelt es nicht

Der öffentliche und private Rundfunk sowie das Fernsehen sind seit den 80er Jahren zunehmend regionalisiert worden. Träger der privaten Rundfunkanstalten *Funk und Fernsehen Nordwestdeutschlands* (ffn) und *Antenne Das Radio* sind in erster Linie niedersächsische Verleger sowie der *Holtzbrinck*-Verlag. Sie wollen mit Hilfe der Werbung ihre ökonomische Existenz im Prozeß der Pressekonzentration sichern und Verluste bei der Werbung in ihren Druckerzeugnissen ausgleichen. Die Kontrolle über die privaten Sender übt die niedersächsische Landesmedienanstalt aus, die auch an der Zulassung neuer Sender, unter ihnen auch nichtkommerzieller, beteiligt ist.

Vierzehn Offene Kanäle und nichtkommerzielle Lokalradios, unter ihnen *Offener Kanal Oldenburg* und *Radio Okerwelle*, repräsentieren inzwischen in Niedersachsen die dritte Säule im dualen deutschen Rundfunksystem. Gemäß dem 1993 novellierten Niedersächsischen Rundfunkgesetz, das die Rechtsgrundlage für die alternativen Medienprojekte liefert, sind im Regelfalle eingetragene und gemeinnützige Vereine Träger des „Rundfunks der dritten Art".

Die *Zeitungslandschaft* ist in Niedersachsen bis heute von einer Vielfalt wie in kaum einem anderen Bundesland geprägt. Besonders charakteristisch ist der lokale Facettenreichtum, um den sich immer noch 56 Verlage mit einer Reihe so genannter Heimatzeitungen bemühen.

Die in Niedersachsen erscheinenden Zeitungen, die noch als publizistische Einheiten den gesamten redaktionellen Teil selbst erarbeiten, sind auf gut zehn zurückgegangen. Insgesamt werden ca. 130 Zeitungen in einer Gesamtauflage von knapp 2 Millionen Exemplaren herausgegeben. An diesen haben die kleineren Verlage, deren Auflage 30.000 Exemplare nicht übersteigt, einen Anteil von 30%. Den Rest teilen die zwölf größten Abonnementszeitungen des Landes unter sich auf. Unter ihnen ist die *Hannoversche Allgemeine Zeitung* nicht nur die klare Marktführerin in der Landeshauptstadt Hannover sondern auch niedersachsenweit. Noch besteht für die niedersächsischen Zeitungsverleger, die sich größtenteils im Verband der *Nordwestdeutschen Zeitungsverleger* zusammengeschlossen haben, trotz der zahlreichen Konzentrationsbewegungen und der schwer zu überwindenden Hürden des Marktzutritts kein Grund, sorgenvoll in die Zukunft zu schauen.

Die Kirchen als Integrationskraft

Die Integration und die Vermischung der ehemals streng getrennten Lebensweisen von „Alteinwohnern" und „Neubürgern" erweisen sich beispielhaft in den religiösen Verhältnissen des Landes. Vor dem Zweiten Weitkrieg lebten die Katholiken vorrangig im Oldenburger Münsterland (Raum Emsland, Vechta, Cloppenburg), im Eichsfeld und in der Region Hildesheim, die calvinistisch reformierten Christen konzentrierten sich in Ostfriesland und die übrigen Gebiete waren von Lutheranern besiedelt. Diese religiöse Dreiteilung hat sich nach 1944 zum Teil aufgelöst, da alle Regionen infolge der Migrationsströme in religiöser Hinsicht zunehmend „durchmischt" wurden.

In Niedersachsen gibt es vier *evangelisch-lutherische Landeskirchen*, die von Braunschweig, Hannover, Oldenburg und Schaumburg-Lippe, sowie die *Evangelisch-Reformierte in Nordwestdeutschland* (zusammen ca. 5 Millionen Mitglieder), die gemeinsam in der *Konföderation Evangelischer Kirchen in Niedersachsen* zusammengeschlossen sind und alle als Gliedkirchen der *Evangelischen Kirche in Deutschland* (EKD) angehören. Ihre Zentrale, das Kirchenamt, befindet sich in Hannover. Die römisch-katholischen Kirchenmitglieder (ca. 1,5 Millionen) gehören zu den Bistümern Hildesheim, Münster, Osnabrück, sowie in den Grenzgebieten auch zu Fulda und Paderborn.

Seine Beziehungen zu den evangelischen Kirchen hat das Land Niedersachsen durch den *Loccumer Vertrag* von 1955 (ergänzt 1965), die zur römisch-katholischen Kirche durch ein Konkordat von 1965 geregelt. Dank dieses Konkordats ist bisher die Existenz der kleinen Hochschule Vechta, die aus einer Lehrerausbildungsstätte mit dem Schwerpunkt in katholischer Religionslehre hervorgegangen ist, trotz immer wieder aufkommender Schließungspläne ungefährdet.

Während 1939 noch 78,6% der Menschen, die auf dem Territorium des heutigen Niedersachsen lebten, evangelischen Kirchen zuzurechnen waren, 16,4% sich zum Katholizismus bekannten und nur knapp 5% anderen oder keiner Kirche angehörten, sank bis Ende der achtziger Jahre der Anteil der Protestanten auf 66,1%, während der der Katholiken auf 19,6% anstieg und sich gleichzeitig 12,9% keiner Religion mehr zurechnen. Die Zuwanderung aus der Türkei hat zahlreiche Moslems nach Niedersachsen gebracht, die mittlerweile 1,4% der Bevölkerung stellen. Evangelische Freikirchen, der Landesverband der Jüdischen Gemeinden und die Griechisch-Orthodoxe Metropolie sind weitere kleinere Religionsgemeinschaften, die als Körperschaften des öffentlichen Rechts anerkannt sind.

Das Wappen

Obwohl ihr Wappentier ein Löwe war, übernahmen die Welfen Mitte des 14. Jahrhunderts das „Sachsenroß" in ihre Wappen, das der Volksglaube dem alten Stammesherzogtum der Sachsen zuschrieb (obwohl zu dieser Zeit noch gar keine Wappen geführt wurden). Damit sollten welfische Anspruchsrechte auf alle Gebiete des „alten Sachsens" unterstrichen werden. Als altes Volkssymbol ist das „Sachsenroß" somit im Unterschied zu den meisten deutschen Länderwappen nicht dynastischen Ursprungs.

Literaturhinweise

Korte, Heinrich/Rebe, Bernd: Verfassung und Verwaltung des Landes Niedersachsen. Göttingen 1986.

Kuss, Horst; Mütter, Bernd (Hg.): Geschichte Niedersachsens – neu entdeckt. Braunschweig 1996.

Seedorf, Hans-Heinrich/Meyer, Hans-Heinrich: Landeskunde Niedersachsen. Natur- und Kulturgeschichte eines Bundeslandes. Band 1: Historische Grundlagen und naturräumliche Ausstattung. Neumünster 1992.

Seedorf, Hans-Heinrich/Meyer, Hans-Heinrich: Landeskunde Niedersachsen. Natur- und Kulturgeschichte eines Bundeslandes. Band 2: Niedersachsen als Wirtschafts- und Kulturraum. Neumünster 1996.

Nordrhein-Westfalen

Vom Land aus der Retorte zum „Wir-Gefühl"

Andreas Kost

Das am dichtesten besiedelte Bundesland

Nordrhein-Westfalen ist mit 18 Mio. Einwohnern das bevölkerungsreichste und am dichtesten besiedelte, mit einer Fläche von 34.075 qkm aber nur das viertgrößte Flächenland der Bundesrepublik Deutschland. In Nordrhein-Westfalen leben 523 Menschen auf einem Quadratkilometer, während es im gesamten Bundesgebiet nur durchschnittlich 228 sind. Innerhalb von NRW bestehen zusätzlich große Ungleichgewichte in der Bevölkerungsverteilung. Im Landesteil Nordrhein leben ca. 9,5 Mio. Menschen, d.h. knapp 53% der Bevölkerung auf nur 37% der Fläche – in Westfalen verteilen sich ca. 8,5 Mio. (47%) auf 63% der Fläche. Einem stark urbanisierten Rheinland steht ein Westfalen gegenüber, in dem es neben den städtischen Verdichtungsräumen auch größere ländliche Gebiete gibt.

Geographisch liegt Nordrhein-Westfalen im Westen Deutschlands und weist gemeinsame Grenzen mit den Bundesländern Niedersachsen (im Norden und Osten) sowie Hessen und Rheinland-Pfalz (im Süden) auf. Äußere Landesgrenzen bestehen im Westen zu den Niederlanden und zu Belgien. Die Landesfarben sind Grün-Weiß-Rot, und die Landeshauptstadt ist Düsseldorf (ca. 570.000 Einwohner).

Die Bevölkerung Nordrhein-Westfalens kann als sehr heterogen bezeichnet werden, da sie nicht nur durch das (ehemals preußische) Rheinland und Westfalen geprägt ist, sondern auch durch eine langjährige Integration verschiedener Generationen von Zuwanderern. Dazu zählen insbesondere Polen, die während der Industrialisierung ins Ruhrgebiet einwanderten, Flüchtlinge und Vertriebene des Zweiten Weltkriegs und ausländische Arbeitskräfte unterschiedlicher Nationalitäten, die vor allem in den 1950er und 1960er Jahren als „Gastarbeiter" nach NRW kamen. Der Bevölkerungsanteil der Ausländer liegt deutlich über dem Bundesdurchschnitt von etwa 8% und erreicht im Ruhrgebiet und in großstädtischen Ballungsgebieten überdurchschnittliche Werte. In Städten wie Köln, Düsseldorf und Duisburg ist der Ausländeranteil mit fast 20% der Gesamtbevölkerung besonders hoch. Fast zwei Drittel der erwachsenen Ausländer in NRW lebt schon seit mehr als zehn Jahren im Land, die Hälfte sogar schon seit über 20 Jahren. Als Herkunftsland der ausländischen Bevölkerung steht die Türkei mit einem Anteil von 35% an erster Stelle; es folgt das ehemalige Jugoslawien (14%) vor Italien (8%) und Griechenland (6%). Ob die Bevölkerungsstruktur sich unter dem Einfluss der Zuwanderung entscheidend verändert, ist noch nicht genau ersichtlich, aber durchaus möglich. Jedenfalls ist die Gesellschaft in Nordrhein-Westfalen in den letzten Jahren – wie im übrigen Bundesgebiet – deutlich gealtert. Die älteren Menschen (ab 65) stellen mittlerweile einen fast ebenso großen Bevölkerungsanteil wie die Kinder und Jugendlichen dar, nämlich jeweils knapp ein Fünftel. Insgesamt verteilt sich die Bevölkerung Nordrhein-Westfalens auf rund 8,3 Mio. Privathaushalte. In den Städten und Gemeinden verteilen sich die Haushalte dabei am häufigsten auf nur eine Person (36%) oder auf zwei Personen (34%).

Landesamt für Datenverarbeitung und Statistik NRW, Düsseldorf 2001

Heute zählt man in Nordrhein-Westfalen insgesamt 396 Gemeinden, darunter 23 kreisfreie Städte und nur drei Dörfer (Gemeinden mit weniger als 5.000 Einwohnern). 207 Gemeinden können als Städte bezeichnet werden, insofern man als Grenze 20.000 und mehr Einwohner zugrunde legt. Unter diesen befinden sich 30 Großstädte mit über 100.000 Einwohnern – eine Größenordnung, die nicht annähernd in einem anderen Bundesland erreicht wird. Die größte Stadt ist Köln mit ca. 1 Mio. Einwohner. Im Westen des Landes gibt es mehr Großstädte als im Osten, der stärker durch Mittelstädte geprägt ist. Diese ungleiche räumliche Verteilung geht auf unterschiedliche ökonomische Bedingungen in den beiden Landesteilen zurück. Dies liegt nicht nur daran, dass der westliche Teil früher besiedelt wurde, sondern er ist gleichzeitig auch die Wiege der deutschen Industrialisierung im frühen 19. Jahrhundert.

Entstanden aus Teilen des Landes Preußen

Nordrhein-Westfalen ist auf den Trümmern des verlorenen Zweiten Weltkriegs entstanden. So verfügte die Britische Militärregierung in ihrer Besatzungszone mit Verordnung vom 23.8.1946 die Auflösung der Provinzen des ehemaligen Landes Preußen[1] und die Neugestaltung selbständiger Länder. Auf diese Weise bildete sich im Jahre 1946 aus den nördlichen Teilen der ehemaligen Rheinprovinz und aus der Provinz Westfalen das neue Land Nordrhein-Westfalen. Für die Entscheidung der Briten waren wohl zwei Gründe maßgeblich:

- Erstens gab es Bestrebungen der damaligen Alliiertenregierungen der Sowjetunion und Frankreichs zur Internationalisierung des Ruhrgebiets und
- Zweitens sollte das dicht besiedelte Ruhrgebiet mit ländlichen Ergänzungsräumen zu einem Bundesland zusammengeschlossen werden.

Das Territorium wurde dann Anfang 1947 durch die Eingliederung des Landes Lippe-Detmold erweitert. Eine der ältesten deutschen Kulturlandschaften, der niederrheinisch-westfälische Raum, wurde somit erstmalig zu einem gemeinsamen Staatsgebilde zusammengefügt.

Eine Besonderheit bleibt jedoch, dass das neue Bundesland Nordrhein-Westfalen ohne historisches Vorbild war. Die in ihm „künstlich" zusammen-

1 Auf dem Wiener Kongress 1815 wurden das Rheinland und Westfalen Preußen zugesprochen. Damit kamen beide als Provinzen in den preußischen Staatsverband. Diesen Gebietsstand behielten die preußischen Westprovinzen bis zum Ersten Weltkrieg bei. Der Versailler Friedensvertrag führte dann dazu, daß das Gebiet Eupen-Malmedy an Belgien fiel, und aus der Rheinprovinz und der bayerischen Pfalz wurde das Saargebiet herausgelöst, das im Auftrag des Völkerbundes von Frankreich verwaltet wurde.

geschlossenen Teilregionen waren und sind einerseits Landschaften von ausgeprägter traditioneller Eigenart, andererseits sind sie seit langer Zeit kulturell und wirtschaftlich eng miteinander verbunden. Als Sinnbild steht dafür das Landeswappen mit Ross, Rhein und Rose, welches an die regionalen Wurzeln Nordrhein-Westfalens erinnert und gleichzeitig die Einheit der verschiedenen Landesteile symbolisiert. Ohnehin waren die Beziehungen zwischen dem Rheinland und Westfalen immer sehr eng gewesen. Das sich seit dem 19. Jahrhundert zu einer eigenständigen Industrielandschaft entwickelte Ruhrgebiet wurde schließlich zur verbindenden „Regionalklammer" der rheinischen und westfälischen Gebietsteile. Das heutige NRW geriet allerdings nach der Bildung des deutschen Nationalstaates im 19. Jahrhundert in eine Randlage im äußeren Westen des Reiches. Dies führte zu erheblichen politischen, wirtschaftlichen und kulturellen Auswirkungen. Galten doch die Rheinländer des Preußen als „unsichere Kantonisten", die das Gespenst einer „rheinischen Sezession" heraufbeschworen, und die überwiegend katholische Bevölkerung des Rheinlands und Westfalens stand sowieso überwiegend in einem kulturellen und politischen Gegensatz zum protestantisch geprägten Preußentum.

Heute nimmt Nordrhein-Westfalen einen zentralen Platz ein und ist längst nicht mehr das „Land aus der Retorte", als das es in seinen Anfangszeiten bezeichnet wurde, sondern hat im Laufe der Jahre, nicht zuletzt durch eine gezielte Öffentlichkeitsarbeit verschiedener Träger (Parteien, Medien, Universitäten, Archive, Landeszentrale für politische Bildung), zu einem gemeinsamen Landesbewußtsein geführt, das in dem Motto „Wir in Nordrhein-Westfalen" sich deutlich widerspiegelt und dennoch die nach wie vor bestehende Vielfalt an Identitäten und Identifikationsmöglichkeiten im Land betont.

Ein allgemeines Landesbewusstsein musste erst geschaffen werden

Auch in Nordrhein-Westfalen haben sich zwei Dimensionen von politischer Kultur als besonders relevant erwiesen. Das Streben nach einer einheitlichen, von anderen Bundesländern, aber auch anderen Ebenen (Nation, Region, Gemeinde), unterscheidbaren Soziokultur war anfangs kaum auszumachen. Darunter fallen die verinnerlichten Lebensweisen, Werte und Maßstäbe für das Zusammenleben von Gruppen, die den Rahmen für politisches Handeln bilden. Als zweites kommt eine subjektiv bewusste Deutungskultur hinzu, welche die landesspezifischen Mentalitäten sichtbar macht. Hierzu zählt man insbesondere die Verdeutlichung durch Symbole, die bei kulturellen Aktivitäten vergegenständlicht werden, damit sich ein „Wir-Bewusstsein" entwikkeln kann.

Die beiden ehemaligen preußischen Westprovinzen Westfalen und Rheinland sind im heutigen Bundesland Nordrhein-Westfalen Nachbarn, die sich in ihren Soziokulturen durchaus unterscheiden. Den *Westfalen* wird ein eher an sachlichen Leistungen und weniger an Kompromissen orientiertes

Politikverständnis nachgesagt. Dem *Rheinland* wird wiederum ein stärker an den Menschen und an Aushandlungsprozessen ausgerichtetes Verständnis von Politik zugeschrieben. Diese unterschiedlichen Deutungskulturen lassen sich tatsächlich anhand von Sprache, Brauchtum und alltäglichen Lebensweisen der Menschen identifizieren.

Das Ruhrgebiet wird in der Außenbetrachtung häufig als Einheit gesehen. Soziokulturell ist es jedoch in mehrere konfessionelle und soziale Milieus gespalten. Die Existenz verschiedener Subkulturen und das Fehlen einer breiten bürgerlichen Trägerschicht hat dazu geführt, daß sich nur ansatzweise eine Deutungskultur herausbilden konnte.

Die Förderung eines allgemeinen Landesbewusstseins durch Landesregierung und Landesparlament geschieht unter anderem mit Hilfe politischer Symbole, um grundlegende Elemente der politischen Kultur zu verdeutlichen. Aber auch die Herstellung einer kollektiven Identität mit dem Bundesland und einer Identifikation mit dem politischen System fällt in diesen Rahmen. Insbesondere die 1953 gesetzlich festgelegten Landesfarben, die Landesflagge und das Landeswappen sind nunmehr weit verbreitet und stehen als durchaus beliebte Sinnbilder für die drei Landesteile als auch für deren Integration. Dagegen scheiterte die Schaffung eines großen Staatswappens und die Komposition einer Landeshymne. Eine besondere Rolle spielen neben der Symbolstiftung noch Aktivitäten der Landespolitik in der Kulturförderung, wie z.B. der *Große Kunstpreis* und der *Förderpreis des Landes Nordrhein-Westfalens* sowie die *Kunstsammlung Nordrhein-Westfalen.* So gibt es eine pluralistische und pragmatische Deutungskultur in Nordrhein-Westfalen, welche die Vielfalt der Soziokulturen widerspiegelt und weiterhin auch kleinräumige Lebenswelten (siehe Ruhrgebiet) toleriert.

Wirtschaftlicher Strukturwandel

Die Wirtschaftsstruktur[2] Nordrhein-Westfalens wird durch einen beachtlichen und manchmal schmerzhaften Strukturwandel geprägt. Das Land an Rhein und Ruhr gilt als das industrielle Herz Deutschlands, was traditionell vor allem durch die Förderung und die Produktion von Kohle und Stahl begründet war. Allein 1970 trug das Produzierende Gewerbe (Energie- und Wasserversorgung, Bergbau, Verarbeitendes Gewerbe, Baugewerbe) noch ca. 56% zur Bruttowertschöpfung des Landes bei. Die Folgen der Kohle- und Stahlkrise mit einem in Mitleidenschaft gezogenen Arbeitsmarkt leiteten einen sich verändernden Prozess ein, der im Jahre 2000 nur noch 33% des Pro-

2 Die Wirtschaftsstruktur eines Landes setzt sich aus seiner Bruttowertschöpfung nach Sektoren und Branchen zusammen, d.h. nach dem Wert der produzierten Güter und Dienstleistungen abzüglich des darin enthaltenen Wertes der von anderen Wirtschaftseinheiten bezogenen Produkte.

duzierenden Gewerbes auswies. Der Beitrag der Dienstleistungsunternehmen sowie der öffentlichen Dienstleistungen an der wirtschaftlichen Gesamtleistung stieg dagegen im gleichen Zeitraum von 16% auf 42%. Hinzu kommen 23%, die auf den Handel, das Gastgewerbe und den Verkehr entfallen.

Die Modernisierung der nordrhein-westfälischen Wirtschaft wird nicht *gegen* die Industrie, sondern *mit* und *in* ihr vorangetrieben. Nach wie vor sind Wirtschaftsleistung und Arbeitsmarkt in hohem Maß vom industriellen Pulsschlag abhängig. Unter dem Druck des internationalen Wettbewerbs war die Industrielandschaft in Nordrhein-Westfalen jedoch in den letzten Jahrzehnten tiefgreifenden Änderungen unterworfen. „Alte“ Industrien wie der Bergbau, die Stahl- oder die Textilindustrie verloren ihre beherrschende Stellung, andere (wie die Autoindustrie, die Umwelttechnik, die EDV-Industrie oder die Kunststoffverarbeitung) rückten nach. Und auch innerhalb einer Branche – siehe Stahlindustrie oder Chemie – war ein Übergang von der Massenfertigung zur Herstellung „intelligenterer“ hochwertiger Produkte zu beobachten. Das Schwergewicht verlagerte sich im Laufe dieser Entwicklung mehr und mehr von den Grundstoff- und Produktionsgüterindustrien zur Investitionsgüterindustrie.

Nordrhein-Westfalen ist das wirtschaftlich stärkste Land der Bundesrepublik Deutschland, da es mehr als ein Fünftel (22%) zur gesamten Produktionsleistung beiträgt. Die insgesamt immer noch hohe Arbeitslosigkeit liegt leicht über dem Bundesdurchschnitt. Wie im Bundesgebiet insgesamt gelingt es bisher in NRW nicht, die Arbeitslosigkeit wieder auf das Niveau zurückzuführen, auf dem sie sich vor dem Konjunktureinbruch bewegt hatte. Das Bundesland ist daher mit der Modernisierung seiner Wirtschaft noch nicht am Ziel, auch wenn Rückstände in der Investitionstätigkeit oder dem Produktivitätsfortschritt im Vergleich gegenüber der westdeutschen Wirtschaft in den letzten Jahren wieder aufgeholt werden konnten. Der notwendige Strukturwandel in Nordrhein-Westfalen wird dabei weiter voranschreiten, mit anderen Worten der sekundäre Sektor wird anteilsmäßig weiter abnehmen und dagegen Branchen des tertiären Sektors (aller Voraussicht nach insbesondere Telekommunikation und Umweltschutz) kräftig zulegen. Das Wirtschaftspotenzial dazu ist vorhanden: Fast die Hälfte der 100 größten deutschen Unternehmen haben ihren Sitz in NRW und gleichzeitig sind über 600.000 kleine und mittlere Unternehmen angesiedelt.

Verwaltungsgliederung

In Nordrhein-Westfalen erbringt die öffentliche Verwaltung eine Vielzahl von Ordnungsfunktionen und Dienstleistungen, die sie im Rahmen von Gesetzen und Entscheidungen des Bundes, der Europäischen Union, des Landes, der Kreise und der Gemeinden zu erfüllen hat. Zwei organisatorische Gruppen kristallisieren sich in Form der Landesverwaltung und den Verwaltungen der Kreise und Gemeinden dabei heraus, welche die Landesgesetze ausführen und auch einen großen Teil der bundesgesetzlichen Verwaltungsaufgaben mit bewältigen.

Im Landesbereich gliedert sich die allgemeine Verwaltung in mehrere Behördenstufen. An der Spitze fungieren die *Landesregierung* bzw. die *Obersten Landesbehörden* (Staatskanzlei und Ministerien), die jeweils für einen bestimmten Aufgabenbereich zuständig und verantwortlich sind. Ihnen sind wiederum die Ober- und Mittelbehörden unterstellt. Während die *Landesoberbehörden* (z.B. Landesamt für Besoldung und Versorgung, Landeskriminalamt) jedoch zentrale Aufgaben für das ganze Bundesland wahrnehmen, erstreckt sich die Zuständigkeit der *Landesmittelbehörden* (fünf Bezirksregierungen, Oberfinanzdirektionen u.a.) nur auf einzelne Landesteile. Auf der mittleren Stufe der staatlichen Verwaltung kommt den Bezirksregierungen in Düsseldorf, Köln, Münster, Detmold und Arnsberg eine besondere Bedeutung zu, da sie in ihrem Territorium für alle Verwaltungsaufgaben zuständig sind, die nicht ausdrücklich auf besondere Behörden übertragen werden. Sie unterstehen dem Innenminister und üben die Aufsicht über die Kreise und Gemeinden aus. Unterstehen heißt im übrigen, dass bei sachlichen Entscheidungen wie bei behördeninternen Organisations- und Personalangelegenheiten die Weisungen der übergeordneten Instanz bindend sind. Den beiden letzten Behördengruppen sind schließlich die *unteren Landesbehörden* (z.B. Oberkreisdirektoren der Landkreise, Finanzämter, Kreispolizeien, Schulämter, Bergämter, Gewerbeaufsichtsämter) unterstellt.

Da das Land selbst nur in einigen bestimmten Bereichen (siehe Lehrer, Polizisten, Justizbedienstete) über eigene Unterbehörden verfügt, werden die meisten Verwaltungsaufgaben von Kreisen und Gemeinden wahrgenommen. Es existiert aber eine allgemeine Weisungskette vom Ministerium über den Regierungspräsidenten zu den hauptamtlichen Bürgermeistern und Landräten und von dort in den kommunalen Bereich hinein. So kann bei den Aufgaben einerseits zwischen staatlichen Auftragsangelegenheiten (z.B. Durchführung der Landtagswahlen) und andererseits den eigentlichen kommunalen Angelegenheiten mit freier Entscheidungsverfügung (freiwillige Selbstverwaltungsaufgaben wie Theater, Sportplätze, Jugendzentren) oder staatlich verordneten kommunalen Aufgaben (Pflichtaufgaben der Selbstverwaltung wie Bau und Unterhaltung von Schulen, Sozialhilfe, Straßenreinigung) bzw. die Bindung an enge staatliche Vorgaben (Pflichtaufgaben zur Erfüllung nach Weisung wie Bauaufsicht, Gesundheitsämter, Zahlung von Wohngeld) unterschieden werden. Schließlich gibt es im sozialen[3] und kulturellen Bereich sowie dem Straßenwesen noch gemeinsame regionale Aufgaben, die bisher durch die beiden Landschaftsverbände Rheinland und Westfalen-Lippe abgedeckt werden, in denen die Kreise und Kreisfreien Städte zusammengeschlossen sind.

3 Hierbei handelt es sich in erster Linie um Spezialkrankenanstalten.

Die Gebietsreformen in der Vergangenheit haben in Nordrhein-Westfalen größere Gemeinden und Kreise geschaffen, um deren Verwaltungskraft zu stärken. Diese Reformen blieben nie ganz unumstritten, doch zielen derzeitige organisatorische Reformversuche vor allem darauf die Effizienz und die Flexibilität der öffentlichen Verwaltung zu erhöhen, da Aufbau und Verfahrensweise der traditionellen Verwaltung oft nicht mehr den Erfordernissen der heutigen Zeit entsprechen. Diese Bemühungen spiegeln sich beispielsweiseim 2. Modernisierungsgesetz der Landesregierung wider. Es enthält vor allem umfassende Änderungen der Struktur und Organisation der staatlichen Mittelebene. So wurden u.a. das Landesamt für Datenverarbeitung und Statistik, das Landesvermessungsamt, der Geologische Dienst und die staatliche Eichverwaltung in Landesbetriebe umgewandelt. Ferner wurden Aufgaben der Landschaftsverbände auf die Kommunen verlagert. Den staatlichen Regionaldirektionen wurden Regionalräte zugeordnet, deren Mitglieder von den kommunalen Vertretungen entsandt werden und die Aufgaben der bisherigen Bezirksplanungsräte übernehmen sowie zusätzlich der regionalen Strukturpolitik und einer integrierten Verkehrspolitik. Zur Zeit werden auch Pläne der Landesregierung diskutiert, die Zahl der Bezirksregierungen von fünf auf drei zu reduzieren (Rheinland, Westfalen, Ruhrgebiet). Die schwierige Finanzlage des Landes macht es erforderlich, weitere Stellen im öffentlichen Dienst (sozialverträglich) über kw-Vermerke[4] abzubauen Daneben will sich die Landesregierung der so genannten Binnenmodernisierung der Landesverwaltung widmen. Ziel dieser Strukturmaßnahmen ist eine Verwaltung, die nach modernen Management-Grundsätzen geführt wird und in der Steuerungselemente wie z.B. strategisches Controlling, Personalbudgetierung sowie Kosten- und Leistungsrechnung zum Allgemeingut gehören sollen.

Besonderheiten des politischen Systems

Spezifischer Ausgangspunkt des politischen Systems ist in Nordrhein-Westfalen die Landesverfassung,[5] die am 11.7.1950 in Kraft trat – also erst nach Gründung der Bundesrepublik Deutschland. Sie ist auch vom Geist des Grundgesetzes beeinflusst und orientiert sich an den Grundsätzen eines republikanischen, demokratischen und sozialen Rechtsstaats. Ein ausführlicher Grundrechtskatalog existiert in der Landesverfassung nicht, sondern stützt sich auf die im Grundgesetz verankerten Grundrechte und staatsbürgerlichen Rechte, die durch eigene Rechtsgarantien und Staatszielbestimmungen (z.B. zum Datenschutz, zur Arbeits- und Sozialordnung, zum Schutz der natürli-

---

4 kw = künftig wegfallend

5 Es ist in diesem Zusammenhang durchaus interessant, dass die Bevölkerung sich in einem Volksentscheid mit 3,6 Mio. gegen 2,2 Mio. Stimmen für die Verfassung aussprach und damit unmittelbar an diesem Einführungsprozess beteiligt war.

chen Lebensgrundlagen) ergänzt werden. Ausführliche Bestimmungen liegen über das Kultur- und Sozialwesen vor, da Nordrhein-Westfalen hierzu die alleinige Zuständigkeit besitzt.

Nach dem Prinzip der Gewaltenteilung werden auch in der nordrhein-westfälischen Landesverfassung der Aufbau und die Aufgaben der politischen Organe festgelegt. Die Gesetzgebung (Legislative) liegt beim Volk und dem Landtag, der als Volksvertretung fungiert. Die Verwaltung (Exekutive) wird von der Landesregierung ausgeübt und schließlich die Rechtsprechung (Jurisdiktion) von unabhängigen Richtern wahrgenommen.

Vergleichbar mit den Wahlprinzipien des Bundes wählen die Bürger die Abgeordneten des *Landtags* in allgemeiner, gleicher, unmittelbarer, geheimer und freier Wahl (allerdings seit 1975 für eine Wahlperiode von fünf Jahren). Er steht im Zentrum der politischen Willensbildung und berät und beschließt die Landesgesetze (vor allem die Verabschiedung des Landeshaushalts), wählt den Ministerpräsidenten, soll die Regierung kontrollieren sowie die politischen Probleme Nordrhein-Westfalens vor der Öffentlichkeit artikulieren. Die Abgeordneten wählen zu Beginn jeder Sitzungsperiode ein Präsidium, einen Ältestenrat und besetzen Ausschüsse, die für die Dauer der Wahlperiode annähernd spiegelbildlich zu den Regierungsressorts eingerichtet werden und in denen die Parteifraktionen je nach ihrer Abgeordnetenzahl vertreten sind. Der Bevölkerung (auch der Landesregierung) steht sogar die Möglichkeit zu, durch *Volksbegehren* und *Volksentscheid* unmittelbar in die Gesetzgebung einzugreifen. Dieser Vorgang wurde aber bisher nur ein Mal genutzt und ist aufgrund struktureller Zulässigkeitsvoraussetzungen nicht einfach zu realisieren. Die Landesregierung, namentlich der *Ministerpräsident*, erhält durch die Verfassung eine relativ starke Stellung, wobei das Recht, Gesetzentwürfe einzubringen, besonders praktische Auswirkungen hat. Der Ministerpräsident als oberster Vertreter der Exekutive bestimmt die Richtlinien der Politik und ernennt die Minister. Dennoch kann der Landtag mit dem Haushaltsbewilligungsrecht, verschiedenen Informations- und Kontrollrechten die Politik der Landesregierung beeinflussen und quasi kritisch begleiten.

Erwähnenswert als unabhängige Kontrollinstanzen sind noch der *Landesrechnungshof* (externe Finanzkontrolle des Staates, hier insbesondere Prüfung des Haushalts) und der *Landesbeauftragte für Datenschutz* (vor allem Einhaltung des Datenschutzes, Beanstandung nicht abgestellter Verstöße und Verbesserungsvorschläge). Die Klärung verfassungsrechtlicher Streitfragen obliegt dem *Landesverfassungsgerichtshof* mit Sitz in Münster.

Ein spezifisch nordrhein-westfälisches Parteiensystem

Von 1947 bis 2000 fanden in Nordrhein-Westfalen 13 Landtagswahlen statt. Dabei hat sich ein spezifisches nordrhein-westfälisches Parteiensystem herausgebildet, das sich vom bundesrepublikanischen Parteiensystem unterscheidet. Folgende allgemeine Erkenntnisse lassen sich konstatieren, so z.B. dass insgesamt die Wahlbeteiligung sich bei Bundestagswahlen in NRW verstärkt, eine Konzentration auf die großen Parteien CDU und SPD bei Wahlen auf allen Ebenen in NRW besonders stark ist (Höhepunkte lagen in den 1960er und 1970er Jahren) und die SPD in NRW bei Bundestagswahlen konstant bessere Ergebnisse erzielt als im Bund. Insgesamt ist das Wahlverhalten in NRW für die Bundesrepublik von besonderem Interesse, da die NRW-Wähler einen Anteil von ca. 21% der Gesamtwählerschaft ausmachen (vor der deutschen Einheit sogar knapp 30%).

Tabelle: Landtagswahlergebnisse (in Prozent) und Regierungen in Nordrhein-Westfalen

Jahr	Wahlbet.	SPD	CDU	FDP	Grüne	Sonst.	Reg.parteien	Ministerpräsident
							SPD/FDP/Zentrum/KPD	Amelunxen[1] 1946
							CDU/SPD/FDP/ Zentrum/KPD[3]	Amelunxen[1] 1946-47
1947	67,3	32,0	37,6	5,9	–	24,5[2]	CDU/SPD/ Zentrum/KPD	Arnold/CDU 1947-50
1950	72,2	32,3	36,9	12,1	–	18,7[4]	CDU	Arnold/CDU[5] 1950
							CDU/Zentrum	Arnold/CDU 1950-54
1954	72,6	34,5	41,3	11,5	–	12,7[6]	CDU/FDP	Arnold/CDU 1954-56
							SPD/FDP/Zentrum	Steinhoff/SPD 1956-58
1958	76,6	39,2	50,5	7,1	–	3,2	CDU	Meyers/CDU 1958-62
1962	73,4	43,3	46,4	6,8	–	3,5	CDU/FDP	Meyers/CDU 1962-66
1966	76,5	49,5	42,8	7,4	–	0,3	CDU/FDP	Meyers/CDU 1966
							SPD/FDP	Kühn/SPD 1966-70
1970	73,5	46,1	46,3	5,5	–	2,1	SPD/FDP	Kühn/SPD 1970-75
1975	86,1	45,1	47,1	6,7	–	1,1	SPD/FDP	Kühn/SPD 1975-78
							SPD/FDP	Rau/SPD 1978-80
1980	80,1	48,4	43,2	4,9	3,0[7]	0,5	SPD	Rau/SPD 1980-85
1985	75,3	52,1	36,5	6,0	4,6[7]	0,8	SPD	Rau/SPD 1985-90
1990	71,8	50,0	36,7	5,8	5,0[7]	2,5	SPD	Rau/SPD 1990-95
1995	64,0	46,0	37,7	4,0	10,0	2,3	SPD/B 90/Grüne	Rau/SPD 1995-98
							SPD/B 90/Grüne	Clement/SPD 1998-2000
2000	56,7	42,8	37,0	9,8	7,1	3,3	SPD/B 90/Grüne	Clement/SPD 2000-2002
							SPD/B 90/Grüne	Steinbrück/SPD seit 2002

1 Amelunxen war zunächst parteilos und wurde 1947 Zentrumsmitglied. Seine Regierung wurde von der Militärregierung ernannt.
2 Davon: KPD 14,0%; Zentrum 9,8%
3 KPD bis 1948
4 Davon: KPD 5,5%; Zentrum 7,5%
5 Übergangsregierung – Davon: Zentrum 4,0%
7 Bis einschließlich 1990: Die Grünen

Quellen: W. Woyke, Stichwort: Wahlen. Wähler – Parteien – Wahlverfahren, Opladen 1998 und K. Schubert/M. Klein, Das Politiklexikon, Bonn 2003

Das Wahlverhalten der Bürger ist durchaus von regionalen Unterschieden gekennzeichnet. Die SPD erzielte bei Landtagswahlen ihre besten Ergebnisse im

Ruhrgebiet, in den überwiegend evangelischen Städten des Rheinlands und im nördlichen Ostwestfalen. Die CDU hat dagegen ihre eher ländlichen Hochburgen im östlichen Westfalen, im Sauerland, im Münsterland sowie im westlichen und südlichen Teil des Rheinlands. Obwohl die beiden großen Parteien in den letzten beiden Jahrzehnten „Abschmelzungsprozesse" bis zu 20% hinnehmen mussten, verfügen sie weiterhin über jeweilige Mehrheiten. Die FDP hatte in den Dienstleistungszentren Erfolg, büßte diesen jedoch in den letzten Jahren zunehmend ein (Ausnahme Landtagswahl 2000). Die Grünen erhalten eine überdurchschnittliche Unterstützung aus den Universitäts- und Großstädten.

Kommunalpolitik im Umbruch

Die innere Organisation der Gemeinden wird im wesentlichen durch die jeweilige spezifische Gemeindeordnung in einem Bundesland festgelegt. Besonderes Kennzeichen für die nach dem Zweiten Weltkrieg unter britischem Einfluss installierten Gemeindeordnung war in Nordrhein-Westfalen die doppelte Verwaltungsspitze. Sie sah einen ehrenamtlichen Bürgermeister vor, der vom Rat gewählt wurde und einen Gemeinde- bzw. Stadtdirektor, der die Verwaltung leitete. Dieses Organisationsmodell hatte den Nachteil, dass es häufig zu unklaren Machtverhältnissen zwischen Bürgermeister, Rat und Verwaltung kam und eine mangelnde Transparenz der Entscheidungsstrukturen die Bürger teilweise verwirrte. Nach langjähriger Kritik und vielen Diskussionen von und zwischen Wissenschaftlern, Politikern und kommunalpolitischen Praktikern am Typus der so genannten *Norddeutschen Ratsverfassung*, dem diese Strukturen immanent sind, gilt nach der Reform der Gemeindeordnung von 1994 (und der Beendigung einiger Übergangsregelungen 1999) eine „eingleisige" Kommunalverfassung. Die Aufgaben und die Funktionen der bisherigen „Doppelspitze" gehen auf den hauptamtlichen Bürgermeister über, der im September 1999 auch erstmalig von den Bürgern für fünf Jahre direkt gewählt wurde. Zeitgleich, für dieselbe Amtsperiode, finden auch die Ratswahlen statt. Der Bürgermeister vertritt gemeinsam mit dem Rat die Bürgerschaft und führt mit eigenem Stimmrecht den Vorsitz im Rat und im Hauptausschuss. Zusätzlich bereitet er/sie die Sitzungen des Rates vor und führt dessen Beschlüsse aus. In größeren Kommunen wird der hauptamtliche Bürgermeister durch vom Rat auf acht Jahre gewählte Beigeordnete unterstützt, die mit ihm und dem Kämmerer zusammen einen Verwaltungsvorstand bilden.

Der Rat bleibt aber auf jeden Fall in allen Gemeindeangelegenheiten oberstes Beschlussorgan und kann dabei bestimmte Aufgaben auf andere Organe oder Gremien der Kommune übertragen. Seine alleinige Entscheidungsbefugnis über die Haushaltssatzung und den gemeindlichen Stellenplan dokumentiert seine besondere Bedeutung. Über das Rückholrecht kann er sogar Geschäfte der laufenden Verwaltung, die üblicherweise vom Bürgermeister getätigt werden, wieder an sich ziehen.

Erstmalig erlaubt die reformierte Gemeindeordnung in NRW den Bürgern auch eine stärkere und effektivere Mitwirkung an der Kommunalpolitik. Hervorzuheben sind hierbei insbesondere der Einwohnerantrag, mit dem der Rat gezwungen werden kann, über bestimmte Fragen zu beraten und zu entscheiden sowie die Partizipationsinstrumente Bürgerbegehren und Bürgerentscheid, mit denen die Bürgerschaft selbst unmittelbare Sachentscheidungen (allerdings unter Ausschluss verschiedener kommunaler Sachthemen und mit Anbindung an spezifische Quoren) herbeiführen kann. Die Gemeinden Nordrhein-Westfalens befinden sich zur Zeit eigentlich in einer Umbruchphase, da die Maßnahmen der einschneidenden Kommunalverfassungsreform zwar erste Auswirkungen zeigen, aber noch nicht genau bestimmbar sind. Beispielsweise lässt jedoch die recht intensive Nutzung der Experimentierklausel aus der Gemeindeordnung erkennen, dass die Kommunen ernsthafte Verwaltungsreformen mit dem Ziel eines Dienstleistungszentrums „Rathaus" planen und mittlerweile auch durchführen. Die Änderungen der nordrhein-westfälischen Gemeindeordnung werden voraussichtlich das politische Klima in den Kommunen (und Kreisen) des bevölkerungsreichsten Bundeslandes nachhaltig beeinflussen.

Schule, Wissenschaft und Forschung

Nordrhein-Westfalen beherbergt eine vielfältige Schullandschaft, die sieben verschiedene Schulformen (z.T. mit Unterformen) integriert. Dazu gehören die Grundschule, die Hauptschule, die Realschule, das Gymnasium, die Integrierte Gesamtschule, die Sonderschule und das Berufskolleg. In NRW gibt es ca. 2,3 Mio. Schülerinnen und Schüler an 6.392 allgemein bildenden Schulen und 362 Berufskollegs mit insgesamt 547.000 Schülerinnen und Schülern. Die Schülerzahl an den allgemein bildenden Schulen erreichte damit ihren höchsten Stand seit 1983. Um dem weiteren Zuwachs der Schülerzahlen gerecht zu werden und außerdem neue Angebote schaffen zu können (Englischunterricht ab Klasse 3, Einführung des Fachs Praktische Philosophie, Förderprogramme für benachteiligte Schüler), will das Land bis 2005 rund 6.100 zusätzliche Lehrkräfte einstellen. Darüber hinaus soll eine verlässliche Nachmittagsbetreuung an Grundschulen eingeführt werden. Mit seinem vielspurigen und gleichzeitig durchlässigen Schulsystem will Nordrhein-Westfalen möglichst allen Kindern und Jugendlichen zu einer qualifizierten Bildung und Ausbildung verhelfen. Tatsächlich ist der Anteil der Jugendlichen, die die Schule ohne Abschluss verlassen, in NRW mit 6% niedriger als in allen anderen Bundesländern; 26% eines Abschlussjahrgangs erreichen einen Hauptschulabschluss, 48% einen mittleren Abschluss, 16% die Fachhochschulreife und fast 30% die allgemeine Hochschulreife. Die negativen Ergebnisse der internationalen PISA-Bildungsstudie (für die ganze Bundesrepublik) zwingen aber die Verantwortlichen zu weiteren schulischen Reformmaßnahmen, um den Rückstand bei der Lernfähigkeit gegenüber ausländischen Schülern wieder besser aufholen zu können. Das Politikfeld Bildung ist dabei zumindest in NRW keinen Haushaltskürzungen unterworfen. Nordrhein-Westfalen setzt in seiner Bildungs- und Wissenschaftspolitik auf das Prinzip der sozialen und regionalen Öffnung und verfügt über 54 Hochschulen mit ca. 495.000 Studierenden. Das sind mit 28% aller Studierenden in Deutschland mehr als in Bayern und Baden-Württemberg zusammen. Einrichtungen der Max-Planck-Gesellschaft, Institute der Fraunhofer-Gesellschaft, Großforschungseinrichtungen, weitere außeruniversitäre Forschungseinrichtungen und verschiedene DFG-Sonderforschungsbereiche beleben die Forschungslandschaft in NRW und pflegen (vor allem) Kontakt zur (mittelständischen) Wirtschaft. Dabei hat sich NRW zusätzlich mit der Nordrhein-Westfälischen Akademie der Wissenschaften und dem Wissenschaftszentrum Nordrhein-Westfalen zur dichtesten Wissenschaftslandschaft Europas entwickelt. Dennoch gibt es finanzielle und personelle Strukturprobleme, die Wissenschaft und Forschung belasten. Die Wissenschaftspolitik des Landes zielt daher darauf ab, Wettbewerbsfähigkeit und Innovationskraft der Hochschulen zu stärken. Die Modernisierung des Studiums und die Entwicklung neuer Studienangebote wird dabei angestrebt wie auch die Steigerung der Forschungsqualität und die zügigere Verwertung von Forschungsergebnissen. Dazu sollen die Hochschulen einen größeren Gestaltungsspielraum für Reformen und mehr finanzielle Eigenverantwortung erhalten. Grundlage für die angestrebte Erneuerung der Hochschullandschaft ist das im Jahr 2000 verabschiedete Hochschulgesetz.

Medien, Kultur und Freizeit

„Nordrhein-Westfalen ist ein Medienland" – dieser Spruch lässt sich tatsächlich an zahlreichen Beispielen belegen. Der Westdeutsche Rundfunk (WDR), beheimatet in Köln, ist die größte Landesrundfunkanstalt in Deutschland und leistet mit seinen Hörfunkprogrammen einen wichtigen Beitrag für die Identität Nordrhein-Westfalens und im Verbund mit der ARD einen wesentlichen Anteil an der Gestaltung des öffentlichen Fernsehprogramms. Köln ist mittlerweile überhaupt zum Mittelpunkt der elektronischen Medien geworden, denn auch das größte kommerzielle TV-Programm RTL sowie die Fernsehsender VOX und VIVA und zahlreiche Produktionsbetriebe haben ihren Sitz in der Domstadt. In ganz NRW kommt ein dichtes Netz von Lokalradioprogrammen hinzu. In Düsseldorf ist der Sitz des *Europäischen Medieninstituts* und der *Filmstiftung NRW*, und Oberhausen entwickelt sich zum Zentrum für neue Medientechnologie. Bei den Printmedien spielen die Regional- und Großstadtzeitungen im gesamten Bundesland immer noch eine herausragende Rolle. So lassen sich bei den Abonnementszeitungen 22 Zeitungsgruppen identifizieren, zu denen bis zu neun verschiedene Titel und bis zu 30 verschiedene (Lokal-)Ausgaben gehören. Mit 3,9 Mio. Exemplaren erreichen neben den Abonnementszeitungen auch noch die Boulevardzeitungen hohe Auflagen (fast 1,3 Mio. Exemplare) und buhlen um die Gunst der Leser Nordrhein-Westfalens. Ungefähr 650 Presseverlage, darunter viele Zeitschriften- und Buchverlage, komplettieren diese Medienvielfalt. In der westfälischen Provinz, in Gütersloh, ist schließlich das größte europäische Multimedia-Unternehmen, der *Bertelsmann-Konzern*, angesiedelt.

Nach einer Studie der UNESCO gehört Nordrhein-Westfalen zu den fünf bedeutendsten Kulturregionen der Welt, in denen sich neben Theaterbühnen, Opernhäusern, unzähligen Kirchen, Messen, Kunstausstellungen und -sammlungen auch Filmtage, Literaturbüros und Rockfestivals etabliert haben. Baudenkmäler und Kunstschätze wie bspw. der Kölner Dom, der Dom zu Aachen mit seinem Domschatz, das Rathaus zu Münster, das Kloster Corvey, Schloß Augustusburg bei Brühl oder die Essener Villa Hügel haben zu diesem Ruf beigetragen. Rund 600 Museen, darunter 225 Volks- und Heimatkundemuseen, 31 historische und archäologische Museen, 94 naturwissenschaftliche und technische Museen und 94 Kunstmuseen sowie 11 größere Museumskomplexe repräsentieren eine kulturelle Vielfalt im Land. Herausragende Kunstsammlungen sind das Wallraff-Richartz-Museum und das Museum Ludwig in Köln, die Kunstsammlung Nordrhein-Westfalen, das Kunstmuseum und die Kunsthalle in Düsseldorf, das Wilhelm-Lehmbruck-Museum in Duisburg und das Museum Folkwang in Essen. Jährlich ziehen die Museen rund 13 Mio. Besucher an. Auch Theater und Opernhäuser haben sich in der Kulturszene einen Namen gemacht, wobei in 34 Städten Nordrhein-Westfalens ständig Theater gespielt wird. 105 öffentliche und 47 private Bühnen (Spielzeit 1998/99) können vom interessierten Publikum besucht werden. Beispielhaft seien dafür das Bochumer Schauspielhaus, die Bühnen in Köln, Bonn und Düsseldorf sowie das legendäre Tanztheater von Pina Bausch in Wuppertal genannt, die weit über die Landesgrenzen hinaus bekannt sind. Ein wichtiger Bestandteil des kulturellen Lebens sind auch die rund 2.440 Bibliotheken in Nordrhein-Westfalen, deren Literatur- und Informationsangebot intensiv genutzt wird und in denen fast 29 Mio. Bücher sowie andere Medien bereitstehen und oft auch mit Internet-Arbeitsplätzen ausgestattet sind. Sie betreuen jährlich mehr als 2 Mio. aktive Benutzer. So hat sich in NRW ferner auch eine Freizeit- und Erlebnisindustrie herausgebildet, deren Bedeutung ständig zunimmt (Ferienzentren, Multiplexkinos, Spaßbäder, Sportzentren, naturnahe Einrichtungen usw.). Allerdings ist Nordrhein-Westfalen kein klassisches Tourismusland und liegt mit einer Reise- und Übernachtungsintensität von 2,8 Übernachtungen je 1.000 Einwohner unter dem Durchschnitt der Bundesländer. Bevorzugte Regionen, im Rahmen eines beliebter werdenden Kurzzeitourismus (ca. 14,4 Mio. Fremdenverkehrsgäste für eine durchschnittliche Aufenthaltsdauer von drei bis vier Tagen), sind die Regionen Niederrhein/Ruhrgebiet, der Teutoburger Wald und das Sauerland. Starke Anziehungskraft haben auch die Kongresse und die jährlich rund 70 Messen und Ausstellungen in Köln, Düsseldorf, Essen,

Dortmund und anderen Städten. Auch Vereine gehören in den Freizeitbereich hinein, von denen in NRW rund 29.000 existieren. Die Sportvereine dominieren dabei mit einer Anzahl von etwas über 20.000 (4,9 Mio. Mitglieder). Den größten Anteil davon nehmen die knapp 4.000 Fußballvereine ein, gefolgt von Schützen- und Tennisvereinen. Im übrigen Vereinsbereich ragen die Taubenzuchtvereine (ca. 3.000), die freiwilligen Feuerwehren (ca. 1.700) und die Gesangvereine (ca. 1.600) heraus. Die gesellschaftlichen Entwicklungen, wie der Trend zu mehr Markt und zum Rückzug ins Private, bergen auch für den Freizeitbereich in Nordrhein-Westfalen Chancen (zusätzliche Arbeitsplätze) und Risiken („Freizeit-Umwelt-Konflikt", „Freizeitstress" usw.).

Ausblick und Perspektiven

Im Zusammenhang mit der politischen Kultur eines Landes oder einer Region spielt die „Lage" eine bedeutende Rolle. Wird dieser Umstand etwas näher betrachtet, kommt man für NRW abschließend noch zu einigen interessanten Sichtweisen. Seit den 1990er Jahren nimmt Nordrhein-Westfalen eine zentrale Position im nordwestlichen Europa ein, denn das Land liegt auf der sog. „Blauen Banane", d.h. dem europäischen Rückgrat London – Rheinachse – Norditalien. Außerdem kreuzt NRW seit der deutschen Einheit die neu belebte Ost-West-Achse Paris/London – Brüssel – NRW – Berlin – Warschau. Kleiner Nebenaspekt einer solchen Betrachtungsweise: Von Köln aus liegt Berlin ungefähr so weit wie Paris (Brüssel und Amsterdam gar nur halb so weit). Nach der deutschen und europäischen Integration ist eine weit reichende Umwertung der Lagebeziehungen eingetreten. NRW gehört heute (gemeinsam mit den Niederlanden und Belgien) zur nordwesteuropäischen „Megalopolis". Dadurch ist eine neue geopolitische und -ökonomische Lage mit allen Perspektiven und Schwierigkeiten jenseits der nationalstaatlichen Territorien entstanden. Es zeigt auch, dass „Lage" nicht etwas Unabänderliches ist, sondern durch die wandelbaren historischen, politischen und wirtschaftlichen Kontexte geprägt wird. Und es lässt die Vermutung zu, dass auch Identitäten und Bewusstsein der Menschen sich zukünftig weiter wandeln.

Das Wappen

Das Wappen Nordrhein-Westfalen zeigt die es konstituierenden Landesteile Rheinland, Westfalen und Lippe.

Der silberne Rhein war Wappen des preußischen Rheinlandes. Das steigende silberne Westfalenross wurde vom Herzogtum Westfalen geführt. Es ist dem springenden Sachsenross nachempfunden, da das westfälische Gebiet aus dem Erbe Heinrich des Löwen stammte. Im unteren Wappenfeld ist die lippische Rose zu sehen – das älteste Wappenbild im Landeswappen, denn es wird seit 1218 geführt.

Literaturhinweise

Alemann, Ulrich von/Patrick Brandenburg 2000: Nordrhein-Westfalen. Ein Land entdeckt sich neu, Köln

Andersen, Uwe (Hrsg.) 1998: Kommunalpolitik in Nordrhein-Westfalen im Umbruch, Köln

Angermund, Ralph/Edmund Budrich/Andreas Kost (Konzeption) 2000: NRW-Lexikon. Politik. Gesellschaft. Wirtschaft. Recht. Kultur, Opladen, 2. Aufl.

Briesen, Detlef/Gerhard Brunn/Rainer S. Elkar/Jürgen Reulecke 1995: Gesellschafts- und Wirtschaftsgeschichte Rheinlands und Westfalens, Köln

Brunn, Gerhard/Jürgen Reulecke 1996: Kleine Geschichte von Nordrhein-Westfalen. 1946-1996, Köln

Canaris, Ute/Rüsen, Jörn (Hrsg.) 2001: Kultur in Nordrhein-Westfalen. Zwischen Kirchturm, Förderturm und Fernsehturm, Stuttgart u.a.

Dästner, Christian 2002: Die Verfassung des Landes Nordrhein-Westfalen. Kommentar, Köln, 2. Aufl.

Grunow, Dieter (Hrsg.) 2003: Verwaltung in Nordrhein-Westfalen. Zwischen Ärmelschoner und E-Government, Münster

Rheinland-Pfalz

Vom armen Retortenbaby zum selbstbewussten Mittelland

Dieter Gube

Von den Franzosen verfügt

Das nach dem Kriege neu geschaffene Land Rheinland-Pfalz ist aus ehemals ganz heterogenen Teilen zusammengefügt worden. Der Norden des von der französischen Besatzungsmacht verfügten „rheinpfälzischen" Staates gehörte ursprünglich zur preußischen Rheinprovinz und war sehr stark nach Köln und Düsseldorf hin orientiert. Rheinhessen in der Mitte des Landes wurde vom hessischen Gebiet abgetrennt, was z.B. zur Folge hat, dass die rechtsrheinischen Stadtteile der Landeshauptstadt Mainz bis zum heutigen Tage abgetrennt sind und von rheinland-pfälzischer Seite von Zeit zu Zeit um eine „Wiedervereinigung" gerungen wird. Im Süden war die bayerische Rheinpfalz territorial mit München und gefühlsmäßig
noch eher mit der benachbarten Kurpfalz verbunden. Starke bayerische Bestrebungen zielten in den ersten Jahren des Landes auf eine Wiedereingliederung der Pfalz in Bayern.

So ist es nicht verwunderlich, dass man dem so genannten „Retortenbaby" Rheinland-Pfalz, das zudem in wirtschaftlicher Hinsicht zum Schlusslicht der deutschen Länder zählte, keine lange Lebensdauer vorhersagte. In den fünf Jahrzehnten seiner Existenz ist das Land mit seinen fast 20.000 qkm und über 4 Mio. Einwohnern inzwischen zu einer Einheit zusammengewachsen und hat seine unverwechselbare Eigenständigkeit gefunden. Auch wirtschaftlich hat sich Rheinland-Pfalz mit einem Bruttoinlandsprodukt von 93,3 Mrd. € einen guten Mittelplatz gesichert.

Grenzland in der Mitte Europas

Schon ein kurzer Blick auf die Landkarte zeigt, dass Rheinland-Pfalz zwar am westlichen Rand der Bundesrepublik liegt, im Hinblick auf seine gesamteuropäische Lage aber einen Platz in der ersten Reihe einnimmt. Mit gleich drei angrenzenden europäischen Nachbarn (Frankreich, Luxemburg und Belgien) ist das Land durch Versöhnung und Verständigung aus der Randlage eines „Grenzlandes“ in eine europäische Zentrallage hineingewachsen – für das stark exportorientierte Rheinland-Pfalz eine Grundvoraussetzung für den Aufschwung. Schon in früheren Zeiten wurden die wirtschaftliche Entwicklung und der Wohlstand durch wichtige, sich hier kreuzende europäische Handelsrouten bestimmt.

Im Westen grenzt Rheinland-Pfalz an Belgien, mit dem es 57 km gemeinsame Grenze hat, sowie an das Großherzogtum Luxemburg (125 km) und an das Saarland (203 km). Im Süden grenzt Rheinland-Pfalz an Frankreich (108 km), im Norden an Nordrhein-Westfalen mit 305 km gemeinsamer Grenze. Im Osten bildet zum größten Teil der Flusslauf des Rheins die Grenze zu den Nachbarländern Hessen (266 km) und Baden-Württemberg (94 km). Kein anderes Bundesland hat so viele europäische Nachbarn; dem entspricht auch eine gewisse Offenheit seiner Bevölkerung zu ausländischen Mitbürgern.

Die Landschaft: Rheinisches Mittelgebirge...

Die Landschaft von Rheinland-Pfalz ist geprägt von den vier rheinischen Mittelgebirgen Eifel, Westerwald, Hunsrück und Taunus im Norden, dem Pfälzer Wald und dem Oberrheinischen Tiefland im Süden des Landes sowie den großen Flussläufen von Rhein, Mosel, Nahe und Lahn.

Die Unterschiede der Regionen haben auch Auswirkungen auf das *Klima*. Es schwankt zwischen den warmen, windgeschützten, tiefergelegenen Landesteilen (z.B. die Flusstäler oder weite Gebiete Rheinhessens) und den Berg- und Hügelgebieten mit weitaus rauerem Klima. Das ausgesprochen milde Klima in den Tallagen begünstigt den Weinbau, der das Land in starkem Maße prägt; in den Höhenlagen der Mittelgebirgsgegenden ist wegen der klimatisch schlechten Bedingungen der Anbau von Getreide und vor allem Zuckerrüben verbreitet. Sehr schnell war so das Wort vom „Land der Rüben und Reben“ entstanden. Die wirtschaftliche und industrielle Entwicklung in den Ballungsräumen – vor allem entlang der Binnenwasserwege – hat dieses landwirtschaftliche Image des Landes überwinden helfen.

Die *Eifel* erstreckt sich zwischen Mosel und Kölner Bucht und erreicht bei einer durchschnittlichen Höhe von 450 bis 600 Metern auch Spitzenhöhen um 700 Metern, so in der Schnee-Eifel und in der Hohen Acht, mit 747 m dem höchsten Berg der Eifel. Sie ist vorwiegend als Hochfläche ausgebildet und – trotz ihres rauen und vor allem niederschlagsreichen Klimas – stark gerodet und dadurch agrarisch genutzt. Charakteristisch für die Eifel sind die vulkanischen Berge aus dem Tertiär und die jüngeren Maare im weiteren Umkreis von Daun.

Wie die Eifel ist auch der *Westerwald* vulkanisch geprägt, aber durchweg durch die Basaltdecken, deren Gesteine weithin auch die Grundlage für wirtschaftliche Entwicklungen bildeten. Begrenzt wird der Westerwald durch die Flüsse Rhein, Lahn, Dill und Sieg. Höhenstufungen führen zur räumlichen Untergliederung in „Niederwesterwald", „Oberwesterwald" und „Hoher Westerwald". Die Gebirgshochfläche ist nur noch auf kleinen Flächen mit Wald bedeckt; Windschutzpflanzungen sind notwendig geworden, um die landwirtschaftlich besonders genutzten Flächen vor Ausblasungen (und vor Schneeverwehungen) zu schützen.

Der *Hunsrück* ist einer der kleineren Gebirgsteile des rheinischen Schiefergebirges. Er erstreckt sich südlich der Mosel zwischen Rhein, Nahe und Saar, fällt fast traufartig nach Süden ab und weist eine deutliche Gliederung in Hochmulden und Höhenrücken auf. Die wichtigsten Erhebungen des Hunsrücks liegen innerhalb der Höhenrücken: als höchster der Erbeskopf mit 816 m, auch der höchste Berg in Rheinland-Pfalz, ferner der Idarkopf und der Rösterkopf, um nur einige zu nennen. Die Höhenrücken und die „Köpfe" sind bewaldet, die Hochflächen und vor allem die Mulden hingegen noch sehr intensiv agrarisch genutzt.

Nur gering ist der Anteil des Landes am *Taunus*. Er beschränkt sich auf den nördlichen Teil des so genannten „Westlichen Hintertaunus." Es ist eine wellige bis leicht kuppige Gebirgshochfläche zwischen Rhein, Lahn und Aar, im Süden etwa am Taleinschnitt der Wisper endend. Sie liegt im Durchschnitt unterhalb der 400-Meter-Grenze, ragt aber stellenweise bis 450 Meter auf. Der größte Teil des Westlichen Hintertaunus ist von Wald bedeckt; die gerodeten Flächen des Kulturlandes liefern wegen ungünstiger Bodenverhältnisse nur magere wirtschaftliche Erträge.

Wichtige landschaftliche Bestandteile des Rheinischen Schiefergebirges sind das Mittelrheingebiet mit dem Rheintal als Hauptverkehrsachse sowie die Talzüge von Mosel und Lahn. Hier ist die Besiedlung relativ dicht und der landwirtschaftliche Anbau konzentriert sich auf Spezialkulturen, je nach Lage und Lokalklima auf Reb- und Obstanbau oder auf Beeren- und Gemüsezucht.

Die südlich an das Rheinische Schiefergebirge anschließenden Landschaften besitzen einen völlig andersartigen Charakter. Herausragende Landmarke ist der 687 Meter hohe Donnersberg, ein porphyrisches Bergmassiv, das auch für die frühe Besiedlung dieses Raumes eine Rolle spielte und eine keltische Fliehburg trug. Das *Rheinhessische Tafel- und Hügelland* war frühzeitig besiedelt und landwirtschaftlich genutzt. Boden- und Klimagunst haben dies möglich gemacht. Es versteht sich von selbst, dass in diesem Raum dem Rebbau und einem intensiv betriebenem Obstbau sowie dem Ackerbau die besten Chancen geboten werden. Durch diese Intensivwirtschaft verschwand allerdings der ohnehin schwache Wald fast ganz; lediglich eine Gemeinde Rheinhessens besitzt noch Wald auf seiner Wirtschaftsfläche.

... Pfälzerwald und Oberrheinisches Tiefland

Die Landschaft im südlichen Rheinland-Pfalz ist geprägt vom *Pfälzerwald*, der aus Buntsandstein aufgebaut ist. Das bewaldete Mittelgebirge ist ein Teil der westlichen Gebirgsumrahmung des Oberrheinischen Tieflandes. Seine natürlichen Grenzen sind im Westen das Ende der geschlossenen Waldbedeckung, im Süden die leichte Einsenkung des Wasgaus und im Osten ist es der Steilabfall zum Rheintal, auch als „Haardt" bezeichnet und bekannt. Das Gebirge ist im Unterschied zum Rheinischen Schiefergebirge sehr dünn besiedelt; Verkehr und Wirtschaft sind auf die zahlreichen Täler beschränkt, wo in kleinen Standorten die traditionelle Holzverarbeitung erhalten blieb.

Das *Oberrheinische Tiefland* ist sowohl historisch als auch wirtschaftlich eine Kernlandschaft von Rheinland-Pfalz. Es ist ein Teil der „Pfaffengasse" des ehemaligen *Heiligen Römischen Reiches Deutscher Nation* zwischen Basel und Köln: Speyer, Worms und Mainz führen die Tradition geistlicher Schwerpunkte fort. Es ist – ebenfalls traditionell – ein Gebiet intensiver landwirtschaftlicher Nutzung. Es ist aber auch ein hervorragendes Durchgangsgebiet, welches die Verkehrsträger im Wasser, auf der Schiene und auf der Straße intensiv nutzen und natürlich erwuchs hier eine Stadt- und Industriegasse, deren Charakteristikum es ist, dass die einzelnen Standorte auch über Strom- und Landesgrenzen hinaus wirksam werden – das Oberrheinische Tiefland wird hier zum Brückenland.

Die Nutzung der Landschaftsräume von Rheinland-Pfalz geht auf vor- und frühgeschichtliche Zeiten zurück. Spätestens mit der Römerzeit begann die Landerschließung durch Verkehrswege und die Anlage von Städten als Schwerpunkte kultivatorischer und wirtschaftlicher Aktivitäten. Die räumliche Verteilung der Städte heute lässt erkennen, dass bestimmte Strukturlinien bevorzugt wurden, so z.B. die „Rheinlinie" mit insgesamt 28 Städten. In den Talzügen des Landes liegen, die Rheinlinie eingeschlossen, 45 Städte oder gut 42% aller städtischen Siedlungen des Landes. Eine andere wichtige Strukturlinie ist der Haardtrand mit der *Deutschen Weinstraße* und dem Westrand der Vorderpfalz: dort reihen sich über ein halbes Dutzend kleinerer und mittlerer Städte aneinander.

Kernland des „Heiligen Römischen Reiches"

Viele Zeugnisse und Geschichtsdenkmäler in Rheinland-Pfalz spiegeln auch heute noch gut sichtbar die Geschichte wider.

So verbindet man mit der Stadt Trier, der ältesten Stadt Deutschlands, die vielen noch gut erhaltenen Bauwerke der alten Residenzstadt der *Römer*. Porta Nigra, Konstantin-Basilika oder die Kaiserthermen sind Zeugnisse der 500-jährigen Herrschaft der Römer, zu deren Ende Trier, neben Rom und

Konstantinopel, eine der drei Hauptstädte des Reiches war. Auch Mainz diente den Römern schon als wichtiger Knotenpunkt an Rhein und Main.

Von nur kurzer Dauer war die Herrschaft der Burgunder in dem Gebiet um Worms ab dem Jahr 420 n. Chr., da sie bereits nach knapp zwanzig Jahren von den Hunnen vertrieben wurden. Doch trotz der kurzen Zeitspanne erhielt das Burgunderreich durch die *Nibelungensage* eine bis heute nachwirkende Faszination.

Im Mittelalter erlebte das Gebiet des heutigen Rheinland-Pfalz seine politische und kulturelle Blütezeit. Die Lande am Rhein waren das Kernland des Heiligen Römischen Reiches deutscher Nation. Drei der sieben Kurfürsten waren in den Städten und Territorien des heutigen Rheinland-Pfalz beheimatet: Die Kurpfalz und die Bischofsitze Mainz und Trier, deren Wappenbilder heute das Wappen von Rheinland-Pfalz bilden. Die prägende Kraft der Kirche in dieser Zeit wird dokumentiert durch die Kaiserdome in Speyer, Worms und Mainz oder durch die Abteikirche in Maria Laach. Besonders die Bischöfe von Mainz gelangten zu herausragender Macht, war doch der Kurfürstentitel mit der Erzkanzlerschaft des Reiches verbunden. Über die weltliche Macht hinaus war Mainz auch die größte Kirchenprovinz nördlich der Alpen. Der Papst verlieh dem Bischofsitz den Ehrentitel „Heiliger Stuhl", um auch somit sichtbar zu machen, dass Mainz, neben Rom das Zentrum des katholischen Glaubens war. Im Kleinen wirkte die heiliggesprochene *Hildegard von Bingen* (geb. 1098), die durch ihre mystischen und naturwissenschaftlichen Schriften, ihre musikalischen Kompositionen sowie ihre Koch- und Heilrezepte eine überragende geistige Autorität ihrer Zeit war.

Steinerne Dokumente des Mittelalters sind auch die vielen mächtigen Burganlagen, die das Landschaftsbild an Rhein und Mosel prägen und die heute Symbole für das historische Rheinland-Pfalz sind. Für lange Zeit befanden sich die Reichskleinodien auf der pfälzischen Burg Trifels.

Ab dem Ende des 15. Jahrhunderts ging der politische Einfluss der Kurfürsten zurück. Im kulturellen Bereich suchten sie jedoch den Anschluss an die europäische Entwicklung der Renaissance im Geist des Humanismus. Schon 1473 wurde in Trier, vier Jahre später in Mainz eine Universität gegründet. Eine prägende Gestalt dieser Umbruchszeit war der Universalgelehrte und Kardinal *Nikolaus von Kues*.

Auch die Reformation hat in Rheinland-Pfalz ihre Wurzeln, gab doch der Mainzer Kurfürst *Albrecht von Brandenburg* und sein „Ablassgeschäft", den Anstoß zu *Martin Luthers* Thesen. Dieser bekannte sich auf dem Wormser Reichstag von 1521 endgültig zu seinem reformatorischen Prinzip und damit zur Abspaltung von der katholischen Kirche. Gerade durch die Erfindung der Buchdruckkunst des Mainzers *Johannes Gutenberg* konnten die Schriften der Reformation schnell Verbreitung finden.

Das Erbe der Franzosenzeit

Am Übergang zur Moderne breiteten sich die Ideen und Wirkungen der Französischen Revolution auch in ganz Deutschland aus. Mit dem Vorstoßen der französischen Revolutionstruppen, wurde in *Mainz 1793 die erste Republik* auf deutschem Boden gegründet. Einer Koalitionsarmee der Reichsfürsten gelang es zwar, Mainz zurückzuerobern, aber mit dem *Frieden von Lunéville* 1801 wurden die linksrheinischen Gebiete dem französischen Staat eingegliedert. Die französische Herrschaft bewirkte eine völlige Neugestaltung des gesamten öffentlichen Lebens. Durch die Neuordnung des Wiener Kongresses 1814/15 fielen die ehedem französischen Territorien im Rheinland an Preußen und die Gebiete um Mainz an das Großherzogtum Hessen, die seither Rheinhessen heißen. Die Pfalz wurde wieder Bayern zugesprochen.

Verlief das politische Leben in diesen Gebieten zunächst in ruhigen Bahnen, so schlug die politische Erregung im Nachgang zur französischen Julirevolution 1830 auch in Deutschland hohe Wellen. In der bayerischen Pfalz trafen sich am 27. Mai 1832 auf dem Hambacher Schloss etwa 30.000 Menschen zur damaligen größten Protestkundgebung auf deutschem Boden, auf der vehement Pressefreiheit, ein konföderiertes Europa, die nationale deutsche Einheit und Freiheit eingefordert wurden. Das *Hambacher Fest* war somit auch ein Vorbote für die Revolution von 1848/49, die mit Mainz eines ihrer demokratischen Zentren hatte und vor allem in der Pfalz blutig niedergeschlagen wurde.

Die wachsende *Industrialisierung* in diesem Jahrhundert warf neue soziale Fragen auf. Antworten auf die brennenden sozialen Probleme suchten vor allem der aus Trier stammende *Karl Marx*, der in Mainz wirkende Bischof *Wilhelm Emmanuel von Ketteler* und der in Hamm an der Sieg geborene *Friedrich Raiffeisen* zu geben. Seit der Mitte des 19. Jahrhunderts gerieten die Gebiete am Rhein und in der Pfalz wirtschaftlich und politisch mehr und mehr ins Abseits. 1870/71, 1914/18 und 1939/40 wurden sie zu militärischen Aufmarschgebieten für die Kriege gegen Frankreich. Die Zeit des *Nationalsozialismus* hat auch in Rheinland-Pfalz seine schrecklichen Spuren hinterlassen. Die im Mittelalter blühenden *jüdischen Gemeinden*, die bereits seit römischer Zeit in Städten wie Mainz, Trier, Worms und Speyer existierten, wurden völlig vernichtet. Blieben die linksrheinischen Gebiete im Ersten Weltkrieg noch verschont, so machte die Zerstörung auch hier nicht halt.

Nach der Kapitulation am 8. Mai 1945 war das Gebiet des heutigen Bundeslandes von amerikanischen Truppen besetzt.

Kreisfreie Städte und Landkreise in Rheinland-Pfalz

Statistisches Landesamt Rheinland-Pfalz

Das Land Rheinland-Pfalz entsteht

Beim Vollzug der in Potsdam beschlossenen Besatzungszonen übernahmen französische Truppen zwischen dem 10. und 15. Juli 1945 nacheinander die Pfalz, Rheinhessen und die nördlichen Landesteile von den amerikanischen Truppen.

Als letzte der drei westalliierten Besatzungsmächte verfügte Frankreich im August 1946 die Errichtung eines politischen Gebildes, nämlich eines „rheinpfälzischen Landes". Es sollte die Pfalz, die Regierungsbezirke Trier, Koblenz, Mainz und Montabaur umfassen.

Der Neuaufbau der demokratischen Ordnung sollte von unten nach oben erfolgen: Die ersten Wahlen zu den kommunalen Gebietskörperschaften in den Gemeinden, Städten und Kreisen fanden im Herbst 1946 statt. Vier daraus gebildete Wahlkörper ermittelten die 127 Mitglieder einer Beratenden Landesversammlung, die eine Verfassung ausarbeiten sollten. Bei der Sitzverteilung entfielen 70 auf die CDU/CDP, 41 auf die SPD, 9 auf die KPD und auf die beiden liberalen Parteien 5 und 2 Sitze.

Zur konstituierenden Sitzung trat die Beratende Landesversammlung am 22. November 1946 in Koblenz, im Stadttheater, zusammen. Am 29. November wurde *Dr. Wilhelm Boden* zum vorläufigen Ministerpräsidenten berufen. Die von ihm geführte Landesregierung sollte das Land bis zur ersten Landtagswahl „treuhänderisch verwalten".

Die Beratende Landesversammlung verabschiedete am 25. April 1947 im Hotel „Rittersturz", auf den Rheinhöhen bei Koblenz, den Entwurf der Landesverfassung und empfahl der Bevölkerung die Annahme im Volksentscheid. Bei der namentlichen Schlussabstimmung über den Verfassungsentwurf stimmten von 127 Mitgliedern der Beratenden Landesversammlung 70 mit Ja, 31 mit Nein, 26 Abgeordnete waren bei dieser Sitzung nicht anwesend.

In der *Volksabstimmung am 18. Mai 1947* folgte die Bevölkerung mit einer Mehrheit von 53% gegenüber 47% der Empfehlung der Beratenden Landesversammlung. Das Land Rheinland-Pfalz war somit durch den Willen der Bevölkerung konstituiert.

Über die *Schulartikel*, die bei der Ausarbeitung der Verfassung besonders umstritten waren, wurde gesondert abgestimmt. Hier entschieden sich 52,4% für und 47,6% gegen die entsprechenden Artikel 27 bis 40 der Landesversammlung.

Im Unterschied zum späteren Grundgesetz sieht die Landesverfassung auch die Möglichkeit der direkten Einflussnahme der Bürger auf die Gesetzgebung in Form des *Volksbegehrens* und des *Volksentscheides* vor. Somit können Gesetzesvorlagen nicht nur aus der Mitte des Parlaments oder durch die Landesregierung, sondern auch durch ein Volksbegehren in die parlamentarische Beratung eingebracht werden. Das Volksbegehren richtet sich zunächst an die Landesregierung, die eine entsprechende Gesetzesvorlage mit einer eigenen Stellungnahme dann dem Landtag unterbreitet. Volksbegehren müssen von mindestens einem Fünftel der Wahlberechtigten unterstützt werden. Folgt der Landtag einem Volksbegehren nicht, so findet ein Volksentscheid statt. Die Mehrheit der abgegebenen gültigen Stimmen entscheidet dann über Annahme oder Ablehnung.

Am 19. Januar 1975 haben in drei Abstimmungsgebieten der früheren Regierungsbezirke Koblenz, Trier, Montabaur und Rheinhessen Volksentscheide stattgefunden, bei denen es um die Angliederung der betreffenden Regionen an Hessen bzw. Nordrhein-Westfalen ging. Die Bürger der betroffenen Regionen bekannten sich eindeutig zum Land Rheinland-Pfalz. Ein Schlussstrich unter eine jahrzehntelange Diskussion war gezogen.

Die Landtagswahlen und ihre Ergebnisse

Gleichzeitig mit der Volksabstimmung über die Annahme der Landesverfassung und die Schulartikel fanden Wahlen zum ersten rheinland-pfälzischen Landtag statt. Die Abgeordneten des Landtags in Rheinland-Pfalz wurden in der Zeit von 1947 bis 1987 nach der Verhältniswahl mit starren Listen in Wahlkreisen gewählt. Die Landesverfassung hatte bis dahin dem Gesetzgeber verwehrt, das Landeswahlrecht stärker zu personalisieren; der wechselnde Zuschnitt der Wahlkreise führte immer wieder zu einer Benachteiligung der kleineren Parteien. Im Jahre 1972 erklärte das Bundesverfassungsgericht das rheinland-pfälzische Wahlsystem für verfassungswidrig, was zu einer nachträglichen Korrektur der Ergebnisse der Landtagswahl 1971 führte. Die Landtagswahl 1971 wurde nach einem – noch vor dem Urteil des Bundesverfassungsgerichts geänderten – neuen Wahlgesetz durchgeführt. Die Zahl der Wahlkreise wurde auf vier gleich große reduziert. Durch diese Veränderungen wurden die Benachteiligungen der kleineren Parteien weitgehend beseitigt. Dies zeigen auch die Ergebnisse der Landtagswahlen 1975 bis 1983.

Im November 1989 wurde schließlich die Landesverfassung geändert. Dem Landesgesetzgeber wurde jetzt ermöglicht, ein dem Bundeswahlrecht angenähertes personalisiertes Verhältniswahlrecht einzuführen. Gleichzeitig wurde die Wahlperiode ab 1991 von vier auf fünf Jahre verlängert.

Der Landtag besteht im Regelfall aus 101 Abgeordneten, von denen 51 nach Wahlkreisvorschlägen in Wahlkreisen, die übrigen nach Landeswahlvorschlägen (Landeslisten) oder Bezirkswahlvorschlägen (Bezirkslisten) gewählt werden. Zur Durchführung der Wahl ist das Land in vier Bezirke mit insgesamt 51 Wahlkreisen eingeteilt. Jeder Wahlberechtigte hat zwei Stimmen, eine für die Wahl einer oder eines Wahlkreisabgeordneten (Wahlkreisstimme) und eine Stimme für die Wahl einer Landes- oder Bezirksliste (Landesstimme). Mit den Landesstimmen entscheiden die Wählerinnen und Wähler über die zahlenmäßige Zusammensetzung des Landtags nach Parteien und Wählervereinigungen, mit den Wahlkreisstimmen, welche Abgeordneten direkt in den Landtag gewählt werden.

Die Ergebnisse der Wahlen zum rheinland-pfälzischen Landtag zeigen von 1947 bis 1987 eine gewisse Gesetzmäßigkeit. Die *Christlich Demokratische Union* (CDU) konnte bei allen Wahlen die meisten Stimmen auf sich vereinigen und war stärkste politische Kraft im Lande. Bei sechs Landtagswahlen errang die CDU die absolute Mehrheit der Mandate. Dreimal sogar die der abgegebenen gültigen Stimmen.

Die zweitstärkste Partei, die *Sozialdemokratische Partei Deutschlands* (SPD), hatte trotz eines langfristig zu beobachtenden, von kleineren Rückschlägen begleiteten Aufwärtstrends offenbar keine Mehrheitschancen. Für viele daher überraschend drehte die SPD bei der Landtagswahl 1991 die scheinbar unabänderlichen Kräfteverhältnisse um, errang mit einem Plus von 7 Mandaten 47 Sitze im Landtag und verwies die CDU auf den zweiten Platz. Die Christdemokraten verloren 8 Mandate und entsandten in den 12. Landtag nur noch 40 Abgeordnete. Bei der Wahl eines Koalitionspartners entschieden sich die Sozialdemokraten für die *Freie Demokratische Partei* (F.D.P.). Diese hatte, ebenso wie *DIE GRÜNEN*, 7 Sitze errungen.

Die Wählerstimmen konzentrierten sich seit Bestehen des Landes auf CDU, SPD und F.D.P. Seit 1987 ist mit den GRÜNEN eine weitere Partei im rheinland-pfälzischen Landtag vertreten, der seither zwei Koalitions- und zwei Oppositionsfraktionen umfasst .

Andere Parteien waren nur bei drei Landtagswahlen erfolgreich. 1947 die *Kommunistische Partei Deutschlands* (KPD), 1959 die *Deutsche Reichspartei* (DRP) und 1967 die *Nationaldemokratische Partei Deutschlands* (NPD).

Mainz als Sitz der Landesregierungen

Sitz des Landtags und der Landesregierung war zunächst Koblenz, bis der Landtag 1950 mit 49 gegen 32 Stimmen (bei drei Enthaltungen) beschloss, den Sitz der Legislative und Exekutive nach Mainz zu verlegen.

Vom 13. Juni bis zum 9. Juli 1947 war *Dr. Wilhelm Boden* Ministerpräsident einer aus CDU-Mitgliedern gebildeten Regierung. Am 9. Juli 1947 wurde er von *Dr. h.c. Peter Altmeier* abgelöst, der ein Allparteienkabinett unter Einschluss der KPD bildete. Ab Dezember 1949 wurde eine große Koalition zwischen CDU und SPD geschlossen, die bis zum Ablauf der ersten Wahlperiode des Landtages 1951 Bestand hatte. Zwischen der 2. und 6. Wahlperiode, von 1951 bis 1971, bildeten CDU und FDP jeweils Koalitionsregierungen. Seit der Landtagswahl 1971 verfügte die CDU im rheinland-pfälzischen Landtag über die absolute Mehrheit der Mandate und stellte allein die Landesregierung.

Im Mai 1969 gab *Peter Altmeier*, nach 22 Jahren, in denen er das neue Land als „Landesvater" geprägt hatte, seinen Rücktritt als Ministerpräsident bekannt. Zum Nachfolger wurde *Dr. Helmut Kohl* gewählt, der nach den Aufbaujahren eine Reformpolitik einleitete.

Nach den Bundestagswahlen 1976 ging Ministerpräsident *Kohl* als Oppositionsführer nach Bonn. Zu seinem Nachfolger wählte der Landtag den damaligen Kultusminister *Dr. Bernhard Vogel* zum neuen Ministerpräsidenten, der das Amt zwölf Jahre lang innehatte.

In der 10. Wahlperiode von 1983-1987 waren im rheinland-pfälzischen Parlament nur zwei Parteien vertreten: die CDU und die SPD. Die Regierungspartei CDU verfügte mit 57 von 100 Mandaten über die absolute Mehrheit.

Mit der Landtagswahl 1987 hatte sich das Bild grundlegend verändert. Im Parlament waren nun mit den Liberalen und Grünen vier Parteien präsent. Eine Koalition zwischen CDU und FDP ermöglichte die Regierungsbildung mit *Dr. Bernhard Vogel* als Ministerpräsident bis zu dessen Rücktritt im Dezember 1988. Die Koalition von CDU und FDP wählte 1988 *Dr. Carl-Ludwig Wagner* (CDU) zum Nachfolger. Zum ersten Mal seit 1947 errang die Sozialdemokratische Partei Deutschlands bei der Wahl zum 12. Landtag von Rheinland-Pfalz 1991 die Mehrheit. Die SPD bildete gemeinsam mit der FDP eine Koalitionsregierung und wählte *Rudolf Scharping* (SPD) zum Ministerpräsidenten. Bedingt durch seinen Wechsel nach Bonn wurde im Oktober 1994 *Kurt Beck* (SPD) zum Nachfolger gewählt, der auch die Wahlen zum 13. Landtag 1996 und zum 14. Landtag 2001 gewinnen konnte und die sozialliberale Koalitionsregierung seither fortführt.

Der Ministerpräsident bestimmt die Richtlinien dieser Politik, er ist dafür dem Landtag verantwortlich. Innerhalb dieser Richtlinien verwaltet jeder Minister seinen Geschäftsbereich selbständig und verantwortet seine Entscheidungen auch gegenüber dem Landtag. Der Ministerpräsident ist nicht nur Regierungschef, sondern hat auch die Stellung eines Staatsoberhauptes – er vertritt das Land Rheinland-Pfalz nach außen, ernennt und entlässt die Staatsbeamten und übt das Gnadenrecht bei rechtskräftig Verurteilten aus.

Die Landesregierung bestimmt auch die Organisation der Verwaltung im Lande, die immer wieder Reformen und Modernisierungen unterworfen ist. So hat die SPD/FDP-Koalitionsregierung die bisherigen drei Regierungsbezirke Koblenz, Rheinhessen-Pfalz und Trier als staatliche Mittelinstanzen aufgelöst. An die Stelle der Bezirksregierungen sind zum 1.1.2000 Mittelbehörden mit neuem Aufgabenprofil getreten: die Struktur- und Genehmigungsdirektionen Nord in Koblenz und Süd in Neustadt a.d.W., die Aufsichts- und Dienstleistungsdirektion in Trier sowie das Landesuntersuchungsamt in Koblenz. Diese Neuorganisation der Landesverwaltung soll den Weg von der Obrigkeitsverwaltung hin zur Verwaltung mit Servicecharakter eröffnen.

Kommunalverfassung Rheinland-Pfalz

Die derzeit gültige Kommunalverfassung wurde 1993 vom Landtag verabschiedet. Damit konnten erstmals 1994 Bürgermeister und Landräte *direkt* gewählt werden. Für die Wahlen zu Kreistagen, Stadt-, Gemeinde- und Verbandsgemeinderäten gilt der Grundsatz der Verhältniswahl mit Kumulieren und Panaschieren; die Wählerinnen und Wähler haben die Möglichkeit, den auf einer Liste benannten Personen bis zu je drei Stimmen zu geben (kumulieren). Insgesamt können sie so viele Stimmen verteilen, wie Ratsmandate zu vergeben sind. Zusätzlich darf man seine Gesamtstimmen zwischen den Kandidatinnen und Kandidaten aller Listen aufteilen (Panaschieren).

In Rheinland-Pfalz gibt es 24 *Landkreise*, deren Aufgabe es ist, alle Selbstverwaltungsaufgaben dieser Gebietskörperschaft z.B. im schulischen und kulturellen Bereich, im Sozialwesen, in der Jugendhilfe und in der Abfallwirtschaft wahrzunehmen. Unterhalb der Ebene der Landkreise gibt es in Rheinland-Pfalz 200 hauptamtlich verwaltete kommunale Gebietskörperschaften (163 *Verbandsgemeinden* und 37 *verbandsfreie* Gemeinden). Die Gebiets- und Verwaltungsreform zwischen 1965 und 1972 hat die Zahl der Gemeinden von 2912 auf 2305 verringert. Kernstück der Reform war aber die Schaffung der Verbandsgemeinden, deren Hauptaufgabe es ist, die Verwaltungs- und Kassengeschäfte der verbandsangehörigen Gemeinden wahrzunehmen sowie staatliche Auftragsangelegenheiten zu erfüllen. Neben Landkreisen, Verbandsgemeinden und Gemeinden hat Rheinland-Pfalz 12 *kreisfreie* Städte, deren größten Mainz, Ludwigshafen und Koblenz sind.

Als Besonderheit besteht in der Pfalz, dem ehemals bayerischen Landesteil, als Kommunalverband höherer Ordnung der *Bezirksverband Pfalz*. Mit dem Bezirksverband, dessen Grundlagen im ersten Drittel des 19. Jahrhunderts gelegt wurden, nimmt die Pfalz eine Sonderstellung ein. Der Bezirksverband ist eine Körperschaft des öffentlichen Rechts mit dem Recht der Selbstverwaltung. Er hat vor allem die Aufgabe, die von ihm unterhaltenen Einrichtungen im klinischen, schulischen und kulturellen Bereich zu verwalten. Die Mitglieder des Bezirkstages werden nach dem Verhältniswahlrecht bestimmt.

Inzwischen haben auch Formen der *direkten Demokratie* in die Kommunalverfassung Einzug gehalten. So sind nun auch Bürgerbegehren und Bürgerentscheide möglich. Daneben haben Bürgerinnen und Bürger die Möglichkeit von Einwohnerfragestunden und ihrem kommunalen Petitionsrecht Gebrauch zu machen. Gemeinden über 1000 und Landkreise über 5000 Einwohner müssen Ausländerbeiräte wählen lassen, welche sich besonders um die Selbstverwaltungsangelegenheiten der ausländischen Mitbürgerinnen und Mitbürger kümmern und die Räte und Kreistage beraten.

Wirtschaftsstrukturen im Wandel

Rheinland-Pfalz war in seinen Anfangsjahren ein vor allem landwirtschaftlich geprägtes Land, es gehörte zu den wirtschaftlich schwächsten Bundesländern. Inzwischen spiegelt die Unternehmenslandschaft eine ausgewogene Wirtschaftsstruktur wider. Demzufolge findet sich das Land Rheinland-Pfalz nach dem Bruttoinlandsprodukt (BIP) heute auf einem guten sechsten Platz. Die rheinland-pfälzischen Produkte erfreuen sich einer regen Nachfrage auf den Märkten der ganzen Welt, mit einer *Exportquote* von rund 40 Prozent. Rheinland-Pfalz ist zugleich ein Zentrum der Chemie und des Weinbaus, ein bedeutender Holzproduzent und Automobilzulieferer. Es beherbergt Spezialitäten wie die Edelsteinindustrie in Idar-Oberstein, die Keramikindustrie im Westerwald oder die Schuhindustrie in der Pfalz, traditionsreiche Maschinenbauer ebenso wie Unternehmen der Informations- und Kommunikationstechnik und Rundfunkanstalten. So haben weltbekannte Unternehmen, wie die *BASF* in Ludwigshafen, *Boehringer* in Ingelheim, die *Schott Glaswerke* in Mainz, *Pfaff* in Kaiserslautern oder die *Bitburger Brauerei* ihren Sitz in Rheinland-Pfalz. Andere inländische und ausländische Firmen haben hier Zweitniederlassungen und -werke gegründet, so z.B. *Daimler* in Wörth, *Opel* in Kaiserslautern und *IBM* in Mainz. Darüber hinaus ist der Mittelstand ein starker Pfeiler und Rückgrat der rheinland-pfälzischen Wirtschaft.

In den ländlichen Gebieten ist nach wie vor die *Landwirtschaft* vorherrschend, wobei in rund der Hälfte aller Betriebe des Landes – in über 28.000 Betrieben – Reben kultiviert werden. In den sechs Anbaugebieten des Landes stehen 61.251 Hektar Rebflächen im Ertrag. Rheinhessen ist mit knapp 23.000 Hektar größtes Anbaugebiet, gefolgt von der Rheinpfalz mit 20.754 Hektar und Mosel-Saar-Ruwer mit 12.368 Hektar. Bekannt für gute Weine sind auch die Regionen an Ahr, Mittelrhein und Nahe.

Zwar erwirtschaftet das produzierende Gewerbe in Rheinland-Pfalz noch den Hauptteil des BIP, doch gewinnt auch der tertiäre Sektor immer stärker an Bedeutung. Gerade der *Fremdenverkehr* hat daran einen großen Anteil, da Rheinland-Pfalz aufgrund seiner zentralen Lage sein Einzugsgebiet in ganz Deutschland und Europa findet. Besonders der Rhein mit seinen Burgen und Schlössern und der weltbekannten sagenumwobenen Loreley ist ein großer Anziehungspunkt. Darüber hinaus hat aber jeder Landesteil seine touristischen Attraktionen. Besonders die „Themenstraßen", wie z.B. die *Weinstraße*, die *Vulkanstraße*, die *Edelsteinstraße* oder die *Kannebäckerstraße* gelten als besonders sehenswert.

Einen großen Anteil an dem wirtschaftlichen Erfolg in Rheinland-Pfalz haben auch die mittlerweile gut ausgebauten *Verkehrswege*, so z.B. die Wasserstraßen Rhein und Mosel oder die Nord-Süd-Verbindung der Autobahn A 61. Sorge bereitet dem Land zur Zeit der Abzug der französischen und amerikanischen Truppen. Rheinland-Pfalz war in der Vergangenheit das Land mit der größten Truppenkonzentration in Deutschland. Seitdem gingen 100.000

militärische und zivile Stellen verloren; 60% der durch die Streitkräfte geleisteten Bruttowertschöpfung in Höhe von ca. 3,2 Mrd. DM blieben aus. Um die Folgen dieser Entwicklung abzumildern, hat das Land und die Europäische Union in öffentliche und private Konversionsprojekte mehrere Milliarden DM investiert. Bekanntestes Projekt ist hier der Flughafen Hahn im Hunsrück.

Hochschullandschaft Rheinland-Pfalz

Rohstoffe gibt es in Rheinland-Pfalz nicht viele, deshalb wird „dem Rohstoff in den Köpfen der Rheinland-Pfälzerinnen und Rheinland-Pfälzer“ durch ein breites Bildungsangebot Rechnung getragen. Deswegen gibt es in Rheinland-Pfalz 16 Hochschulen und Hochschuleinrichtungen, die mehr als 300 Studiengänge aller Wissenschaftsbereiche anbieten. Es sind die Universitäten Mainz, Kaiserslautern, Trier und Koblenz-Landau, die *Hochschule für Verwaltungswissenschaften* Speyer, *Theologische Hochschulen* in Trier und Vallendar, die private *Wissenschaftliche Hochschule für Unternehmensführung* Koblenz sowie die Fachhochschule Rheinland-Pfalz mit ihren zehn Standorten. Neben den Hochschulen existieren in Rheinland-Pfalz eine Reihe weiterer wissenschaftlicher Einrichtungen, wie z.B. die *Max-Planck-Institute für Chemie und Polymerforschung*, die *Akademie der Wissenschaften und Literatur* oder das *Deutsche Forschungszentrum für Künstliche Intelligenz.*

Medienstandort Rheinland-Pfalz

Von den Leistungen des Mainzers Gutenberg profitieren auch heute noch die rheinland-pfälzischen Verlagshäuser. 95 Prozent der Gesamtauflage rheinland-pfälzischer Tageszeitungen (rund 750.000) kommen aus den vier großen Verlagshäusern in Ludwigshafen, Koblenz, Mainz und Trier. Darunter sind die größten die *Mainzer Allgemeine Zeitung*, die *Rhein-Zeitung*, der *Trierer Volksfreund*, die *Rheinpfalz* und die *Pirmasenser Zeitung*. Über die Grenzen hinaus ist Rheinland-Pfalz als Standort für Funk und Fernsehen bekannt. So hat nicht nur die größte Sendeanstalt Europas ihren Sitz in Mainz, das *ZDF*, sondern auch der *Südwestrundfunk* und die Geschäftsführung von *SAT.1*. In Ludwigshafen wurde vor mehr als zehn Jahren der private Rundfunk aus der Taufe gehoben. Dort hat auch der private Hörfunksender *RPR* seinen Standort. Schließlich darf die Dichte der „*Offenen Kanäle*“ in Rheinland-Pfalz mit ihrer unmittelbaren Bürgerbeteiligung nicht vergessen werden.

Kulturvielfalt in Geschichte und Gegenwart

Der Vielfalt und Unterschiedlichkeit der Regionen des Landes entspricht die Fülle und Lebendigkeit seines Kulturlebens. Aufgrund der Vielzahl bedeutender historischer Orte verfügt das Land über eine große Anzahl bedeutender kirchlicher und profaner *Bauwerke*. Hier sind die Dome am Rhein in Mainz, Worms und Speyer, der Trierer Dom an der Mosel sowie zahlreiche Klöster zu nennen. In allen Landesteilen finden sich Burgen, Festungsanlagen und Schlösser.

Des weiteren besitzt das Land über 220 *Museen*, zahlreiche *Archive* und *Bibliotheken*. Die Museen stellen aber nicht nur Exponate vergangener Zeit aus, sondern sind auch Orte wissenschaftlicher Forschung. Hierbei ist besonders das *Römisch-Germanische Zentralmuseum* in Mainz und das *Rheinische Landesmuseum* in Trier zu nennen. Rheinland-Pfalz hat aber auch bedeutende zeitgenössische Kunstsammlungen, wie z.B. die *Sammlung Heyl* in Worms, das Ludwig-Museum in Koblenz oder die *Hans-Arp-Stiftung* in Rolandseck. Bedeutende *Theater*, die über ein komplettes Repertoire vom Schauspiel bis zur Oper verfügen, gibt es neben dem Staatstheater in Mainz auch in Koblenz, Trier und Kaiserslautern. Daneben gibt es Spielstätten ohne eigenes Ensemble, wie den Pfalzbau in Ludwigshafen oder die Landesbühne, die neben ihrem Standort im Neuwieder Schlosstheater im ganzen Land auf Reisen geht. Überregional bekannt geworden sind auch Freilichtbühnen wie z.B. die Burgfestspiele in Mayen oder die Nibelungen-Festspiele in Worms.

Auch Kleinkunst und Kabarett haben eine lange Tradition in Rheinland-Pfalz, wo sich auch in Mainz das erste *Deutsche Kabarettarchiv* befindet.

Inzwischen eine eigene Landesidentität

Das Land „aus der Retorte", dem anfangs wenig Überlebenschancen eingeräumt wurden, hat sich im Laufe der Jahrzehnte gemausert. Eine eigene Landesidentität und ein Zusammengehörigkeitsgefühl haben sich kontinuierlich entwickelt. Dazu beigetragen haben sicherlich der *Südwestfunk* (heute SWR) mit seiner täglichen Landesschau, der Bau der *Nord-Süd-Autobahn*, die Traditionen des *Karnevals* und des *Weinbaus* (nirgendwo gibt es so viele gekrönte Häupter = Weinköniginnen) oder die seit den achtziger Jahren bestehenden *Rheinland-Pfalz-Tage*. Aber auch sportliche Größen wie *Nürburgring* und *1. FC Kaiserslautern* mit seinem bekanntesten Spieler Fritz Walter haben zweifelsohne dazu beigetragen. Die Partnerschaften des Landes und seiner Menschen – wie z.B. mit Burgund – haben den regionalen Gesichtskreis aber auch europaweit geöffnet. In einem ‚Europa der Regionen' findet Rheinland-Pfalz, das in viele grenzüberschreitende Projekte eingebunden ist, einen selbständigen und selbstbewussten Platz.

Das Wappen

Die wichtigsten historischen Territorien des heutigen Landes Rheinland-Pfalz sind in seinem dreigeteilten Wappen vertreten. Das rote Kreuz steht für das Erzbistum und Kurfürstentum Trier, während das Mainzer Rad das Wappenbild des Erzbistums und Kurfürstentums Mainz ist. Der Pfälzer Löwe schließlich repräsentiert die Kurpfalz.

Literaturhinweise

Statistisches Landesamt: Rheinland-Pfalz wird 50. Ein „zahlenreicher" Lebenslauf. Bad Ems, 1997.

Heinz-Günther Borck (Hrsg.) / Dieter Kerber: Beiträge zu 50 Jahren Geschichte des Landes Rheinland-Pfalz, Veröffentlichungen der Landesarchivverwaltung Rheinland-Pfalz, Koblenz 1997.

Landeszentrale für politische Bildung Rheinland-Pfalz: Rheinland-Pfalz – Unser Land. Eine kleine politische Landeskunde. Mainz.

Landeszentrale für politische Bildung Rheinland-Pfalz: Blätter zum Land – Informationsblätter zu landeskundlichen Themen, Mainz 1999ff.

Landesbank Rheinland-Pfalz (Hrsg.): Ein Land mit Perspektive. Zweitausend und Fünfzig Jahre Rheinland-Pfalz, Mainz 1997.

Das Saarland

Burkhard Jellonnek

Vorbemerkung/Allgemeines

Nach wechselvoller Geschichte wurde das Saarland 1957 als elftes Bundesland in die Bundesrepublik Deutschland eingegliedert. Mit einer Fläche von 2570 qkm ist es das kleinste Flächenland und grenzt im Norden und Osten an Rheinland-Pfalz, im Süden und Westen an Frankreich und im Nordwesten an Luxemburg. Hat das Saarland somit in der Bundesrepublik Deutschland eine eindeutig randständige Position inne, liegt es bezogen auf die Europäische Union zentral „im Herzen Europas". Die aktuelle Einwohnerzahl (2003) beträgt 1.063.767. Das entspricht einem Anteil an der Bevölkerung Deutschlands von 1,3%. Mit einer Bevölkerungsdichte von 414 Personen pro qkm gehört das Saarland zu den dichtbesiedeltsten Regionen Europas. Zweimal wurde das Saarland im 20. Jahrhundert von Deutschland getrennt und damit politisch wie auch wirtschaftlich von der Entwicklung im restlichen Deutschland abgekoppelt. Bis heute ist die Region kulturell stärker als jede andere Gegend in Deutschland französisch beeinflusst.

Grundzüge der historischen Entwicklung

Das Saarland stellt weder eine geographische Einheit noch einen alten historischen Raum dar – es ist zunächst als Wirtschaftsraum ein Produkt des Aufblühens seiner Schwerindustrie seit dem 19. Jahrhundert. Am Ende des Ancien régime waren die Saarlande territorial zersplittert mit einer schwachen Grafschaft Hessen-Nassau und dem späteren Fürstentum Saarbrücken in der Mitte. Auch in der Epoche der Französischen Revolution gelang keine Konzentration: die Saarlande wurden in die drei Departements Mosel, Saar und Donnersberg aufgeteilt. Im Wiener Kongress fiel der größte Teil der Saarlande an die preußische Rheinprovinz, der östliche Teil an die bayerische Rheinpfalz. Mit der um die Mitte des 19. Jahrhunderts rasch voranschreitenden Expansion der Kohle- und Stahlindustrie formte sich die Region zu einem einheitlichen Wirtschaftsraum, dem so genannten „Saarrevier“, das sich nach der Annexion von Elsass-Lothringen 1871 zunehmend mit Lothringen verflochten hat.

Durch den Versailler Vertrag vom 28. Juni 1919 wurde das so genannte „Saargebiet“ aus dem deutschen Reich herausgelöst und der Verwaltung des neugegründeten Völkerbundes unterstellt. Mit dieser Entscheidung der Alliierten bildete das Gebiet um die Saar erstmals eine verwaltungsmäßige und politische Einheit. Frankreich erhielt das Eigentum an den Kohlegruben, durfte das Land seinem Zollgebiet anschließen und konnte es später schrittweise in seinen Wirtschaftsraum integrieren. Deutschland verzichtete zugunsten des Völkerbundes auf die Regierung des Gebietes, die Bevölkerung sollte sich nach Ablauf von 15 Jahren für die Beibehaltung der Völkerbundsverwaltung (Status quo) oder die Rückkehr zu Deutschland bzw. die Vereinigung mit Frankreich entscheiden.

Jener Abstimmungskampf fiel zusammen mit der Auseinandersetzung der Parteien mit dem Nationalsozialismus. Der NSDAP-Saar gelang es, sich mit einem bürgerlichen Parteienspektrum zur „Deutschen Front“ zusammenzuschließen und sich die Stimmung in der breiten Bevölkerung für eine Rückkehr zum angestammten Vaterland zunutze zu machen. In der international kontrollierten Volksabstimmung am 13. Januar 1935 sprachen sich 90,76% der Bevölkerung für die Rückkehr nach Deutschland aus. Am 1. März 1935 wurde das Saargebiet in das Deutsche Reich rückgegliedert. Die in Versailles geschaffene Verwaltungseinheit „Saargebiet“ wurde dabei nicht aufgelöst, sondern am 30. Januar 1935 im „Gesetz über die vorläufige Verwaltung des Saarlandes“ unter der Bezeichnung „Saarland“ einem Reichskommissar unterstellt.

Am Ende des Zweiten Weltkriegs von amerikanischen Truppen besetzt, ging das Saarland mit dem 10. Juli 1945 in die französische Besatzungszone über. Da Frankreichs Versuche einer Annexion des Saarlands schnell am Widerstand der anderen Siegermächte scheiterten, beschränkte sich die französische Saarpolitik auf die Unterstellung der Saargruben unter französische Verwaltung, die Errichtung einer Zoll- und Währungsunion und die Gewährung einer beschränkten Autonomie. Am 17. Dezember 1947 trat die saarländische Verfassung in Kraft, die in der Präambel den wirtschaftlichen Anschluss an Frankreich und die Trennung von Deutschland festschrieb. Am 18. Dezember nahm die erste saarländische Regierung unter Johannes Hoffmann (Christliche Volkspartei) die Amtsgeschäfte auf. Der frühere Militärgouverneur Oberst Gilbert Grandval erhielt das Amt eines französischen Hohen Kommissars, 1952 das eines Botschafters.

Der Status des Gebiets blieb jedoch ungeklärt. Ab 1950 begann die „Saarfrage“ die westeuropäische und atlantische Integration zu stören. Frankreichs Außenminister Schumann hatte, um die unter dem Zankapfel „Saarland“ leidende deutsch-französische Verständigung in Gang zu bringen, 1952 eine Europäisierung der Saar ins Gespräch gebracht. Das 1954 zwischen dem französischen Ministerpräsidenten Mendès France und Bundeskanzler Adenauer im Rahmen der Pariser Verträge ausgehandelte „Saarstatut“ sah bis zum Abschluss eines Friedensvertrages mit Deutschland eine Unterstellung des Saarlandes unter einen Kommissar der Westeuropäischen Union vor. In einer Volksabstimmung am 23. Oktober 1955 bekundeten jedoch nach erbitterten, emotional geführten Auseinandersetzungen 67,7% der gültig abstimmenden saarländischen Bürger – bei einer Abstimmungsbeteiligung von 96,6% – mit der Ablehnung des „Saarstatuts“ ihren Willen zur erneuten Rückkehr nach Deutschland und zur Angliederung an die Bundesrepublik Deutschland.

Der deutsch-französische Vertrag von 1954 enthielt keine Regelungen für den Fall einer Ablehnung des Saarstatuts. Erneute Verhandlungen führten zum Luxemburger Vertrag vom 27. Oktober 1956, in dem Frankreich der Rückgliederung des Saarlandes unter deutsche Hoheit zum 1. Januar 1957 zustimmte. Die Wirtschafts- und Währungsunion mit Frankreich sollte jedoch noch bis Juli 1959 bestehen bleiben. Am 14. Dezember 1956 erklärte der saarländische Landtag gem. Art. 23 GG a.V. den förmlichen Beitritt zum Geltungsbereich des bundesdeutschen Grundgesetzes. Durch das Gesetz über die Eingliederung des Saarlandes vom 23. Dezember 1956 wurde das Saarland am 1. Januar 1957 als elftes Bundesland in die Bundesrepublik Deutschland eingegliedert. Mit dem wirtschaftlichen Anschluss am 6. Juli 1959 war die „Kleine Wiedervereinigung“ perfekt. Damit endete nach 14 Jahren der zweite saarländische Sonderweg.

Besonderheiten der politischen Kultur

Zwei Bestimmungsfaktoren sind es, die die politische Kultur des Saarlandes entscheidend beeinflussten: die Industriekultur und die europäische Tradition. Ein grundlegendes Phänomen, das die saarländische Mentalität im Zusammenhang mit der Industriekultur geprägt hat, ist die Erfahrung preußischer, später französischer Fremdherrschaft. „Von außen importierte Eliten“ bestimmten das politische, sozio-kulturelle und ökonomische Leben an der Saar. Von wenigen alteingesessenen Industriellenfamilien abgesehen, war in der preußischen Zeit der Verwaltungs- und Staatsapparat der Bergwerksdirektion fest in fremder, meist in protestantisch-preußischer Hand. 1918/19 waren es französische Truppen, die die Demokratisierungsversuche an der Saar zwangsweise beendeten. Das Statut über das Industrierevier, das am 10. Januar 1920 in Kraft trat, sah eine politische Mitwirkung der saarländischen Bevölkerung nicht vor. Auch die Zeit nach dem Zweiten Weltkrieg wurde trotz der zumindest partiell von einheimischen Eliten getragenen Gestaltung des politischen Lebens von der Bevölkerung zum Teil als fremdnational, d.h. französisch bestimmt begriffen. Politische Kultur im Saarland kann deshalb historisch betrachtet als öffentliche Anpassungsleistung an wechselnde Herren und wechselnde Systeme bei gleichzeitigem verstohlenem Widerstand beschrieben werden. Das Ergebnis dieser peripheren Stellung gegenüber wechselnden Machtzentren ist erstens ein starkes Gefühl der Zusammengehörigkeit und der Heimatverbundenheit, zweitens die Bevorzugung von Konfliktlösungsstrategien, die auf Konsens zielen und drittens die Entwicklung von persönlichen Beziehungsnetzwerken und informellen Wegen neben dem „Dienstweg". Die lange Tradition des Zusammenhaltens in Solidargemeinschaften zeigt sich z.B. in der Vereinsdichte. Sie ist die höchste bundesweit. Allein im Landessportverband mit seinen 2915 Vereinen sind Anfang 2001 447.446 Sporttreibende organisiert. Über 65.000 Saarländer und Saarländerinnen engagieren sich in kulturtreibenden Vereinen. 70.000 Bürgerinnen und Bürger sind in Natur- und Umweltschutzvereinen und -verbänden organisiert. Zweiter wichtiger Bestimmungsfaktor der politischen Kultur des Saarlandes ist seine europäische Tradition. Die schwierigen und konfliktreichen Erfahrungen als Grenzland (allein seit 1870 hat sich der Grenzverlauf sechsmal geändert) haben sowohl zur Verbindung verschiedener Kultureinflüsse geführt als auch zur Entstehung eines außerordentlichen Kapitals an Weltoffenheit und an internationaler bzw. europäischer Kompetenz in Politik und Verwaltung, in Industrie und Handel, in Kultur und Wissenschaft. Den stärksten Einfluss auf das saarländische Bewusstsein hatte zweifellos die Zeit nach dem Zweiten Weltkrieg, die Zeit des „autonomen Saarstaates". Hier trat der Gedanke in den Vordergrund, das Saarland könne eine Brücke der Verständigung zwischen den europäischen Nationen und insbesondere zwischen Frankreich und Deutschland sein. Dementsprechend übernahm das Saarland in der frühen europäischen Integration eine Pionierrolle. Was waren nun die Auswirkungen dieser europapolitischen Komponente? Zum einen bildete die Europaidee ein Einfallstor für westliche Ideen und kulturelle Prägungen, von denen sich Deutschland in der Zeit des Kampfes gegen die vermeintliche „Entartung" verstärkt abgeschottet hatte. Das französische Hochkommissariat förderte vor allem die Kultur- und Bildungseinrichtungen wie z.B. den Aufbau der Universität, der Musikhochschule und der „Schule für Kunst und Handwerk". Schul- und insbesondere die Hochschulpolitik waren auf internationale Kooperation ausgerichtet. International führende Künstler wie Hermann Henry Gowa, Frans Masereel, Boris Kleint, Otto Steinert und andere waren bemüht, die „Schule für Kunst und Handwerk" zu einer internationalen Akademie zu entwickeln. Das Stadtplanungskonzept des Le Corbusier-Schülers Georges-Henri Pingusson für den Wiederaufbau Saarbrückens konfrontierte die saarländische Bevölkerung mit moderner funktionaler Architektur.

Zum anderen führte die Europaidee bei einem großen Teil der nachwachsenden Generation zur Herausbildung einer europäischen Identität, dies auch, weil der nationale Bezugsrahmen fehlte und der Legitimationsdruck entsprechend größer war als in der beginnenden Bundesrepublik. Junge Menschen wurden für ihr gesamtes Leben geprägt durch die für die Nachkriegszeit außergewöhnlichen Chancen internationaler Erfahrung, die der saarländisch-französische Weg bot.

Wirtschaftsstruktur

Die wesentliche Weichenstellung für die heutigen Strukturprobleme des Saarlandes wurde in der frühen Nachkriegszeit gelegt. Da der wirtschaftliche Anschluss an die Bundesrepublik Deutschland erst 1959 erfolgte, konnte das Saarland erst spät an der wirtschaftlichen Entwicklung der Bundesrepublik partizipieren. Der verschleppte Strukturwandel, die Bergbau- und Stahlkrise der 60er und 70er Jahre, die wachsende Arbeitslosigkeit und die daraus resultierende Überbeanspruchung des Landeshaushaltes führten das Land in eine existenzbedrohende Krise, deren Lasten auch heute noch spürbar bleiben.
Die traditionellen Industrien: Das Strukturgewicht der Montanindustrie an der saarländischen Wertschöpfung ist zwischen 1960 und 1996 von 55,9% auf 23,6% zurückgegangen. In diesem Zeitraum hat der Bergbau als größter Arbeitgeber die Zahl seiner Beschäftigten um fast 75% auf 14.500 verringert. Zugleich fiel der Beschäftigungsstand in der saarländischen Stahlindustrie um ebenfalls nahezu 75% auf 10.731 (2002). Die Rohstahlerzeugung lag 1994 bei 4,5 Mio. Tonnen und ging 2001 auf 2,4 Mio. Tonnen zurück. Nach dem Konkurs der Völklinger Saarstahl AG im Mai 1993 stand zunächst die Sicherung eines wettbewerbsfähigen Kerns des Unternehmens im Vordergrund. Im Zuge des Konkursverfahrens ging die Saarstahl AG in den Besitz des Landes über und wurde aus öffentlichen Mitteln saniert. Vor dem Hintergrund einer konjunkturellen Erholung der Stahlbranche setzt die Landesregierung nun auf die Gründung einer gemeinsamen Stahlstiftung von Saarstahl AG und Dillinger Hütte. Nach der Zustimmung der beiden Aufsichtsräte muss nun der Konkursrichter sein Einverständnis zu dem Verfahren erteilen – für diesen Fall könne das Land seine Beteiligungen an beiden Unternehmen abgeben.

Einschneidend gewandelt haben sich die Vorzeichen auch beim Bergbau. Setzte die frühere SPD-geführte Landesregierung trotz allen Personal- und Förderabbaus auf eine moderne, leistungsfähige Kohlebasis, bekräftigte die von Ministerpräsident Peter Müller geführte neue CDU-Landesregierung mehrfach ihre Pläne eines langfristigen, sozialverträglichen Ausstiegs aus dem Steinkohlebergbau. Zuvor hatten sich seit März 1997 die Rahmenbedingungen für den Steinkohlebergbau durch das Artikelgesetz und den Kohlekompromiss (sukzessiver Abbau der Kohlesubventionen von jährlich rund 10 Mrd. DM auf 5,5 Mrd. DM bis zum Jahr 2005) massiv verändert. Die Reduktion der Absatzmengen der Saarbergwerke und der Abbau der Steinkohlehilfen schlug sich in einem Verlust von 5.000 Arbeitsplätzen bei den Saarbergwerken (2002: 9070 Bergleute) und – nach Angaben des Unternehmens – etwa 6.000 Arbeitsplätzen bei den vor- und nachgelagerten Betrieben nieder. Zur Stabilisierung der Haushalte des Landes und der Kommunen wurde im so genannten Saar-Memorandum, das an die Adresse der Bundesregierung gerichtet ist, Ausgleichsmaßnahmen mit einem Volumen von insgesamt rund 2,6 Mrd. DM im Zeitraum bis 2005 aufgelistet. Mit Hilfe dieser Ausgleichszahlungen sollen neue zukunftssichere Arbeitsplätze geschaffen werden.

Eine weitere einschneidende Veränderung im saarländischen Bergbau ergab sich durch die Zusammenfassung des deutschen Steinkohlebergbaus in einer Einheitsgesellschaft. Nachdem im Juli 1998 die EU-Kommission die Fusion der Saarbergwerke AG und der Ruhrkohle AG genehmigt hatte, konnte rückwirkend zum 1. Januar 1998 die Deutsche Steinkohle AG gegründet werden. Als Gegenleistung dafür, dass das Land seine Saarberg-Anteile (26%) für eine symbolische Mark an den RAG-Konzern abgab, wurden u.a. die Beibehaltung von 2 Förderstandorten (1997: 3, ehemals 18) mit einer jährlichen Kapazität von 5 Mio. Tonnen Steinkohleeinheiten (1995: 8,2 Mio. Tonnen) bis zum Jahre 2005 vereinbart. Neben dem Kohlebereich wird mit Saarberg (neu) ein eigenständiger Teilkonzern mit Sitz in Saarbrücken gegründet, der als Kerngeschäft die Energiewirtschaft und Umwelttechnologie und -dienstleistungen umfassen wird.

Für weitere Unruhe sorgten zwischenzeitlich die Absichtserklärungen der Brüsseler EU-Kommission, die staatlichen Beihilfen für die Kohleindustrie ab 2002 schrittweise zu reduzieren und bis 2010 ganz auslaufen zu lassen. Der totale Stopp ist nach einem Beschluss der EU-Kommission „vom Tisch“, – erst im Jahre 2007 sollen die Kohlebeihilfen heruntergefahren werden und dann grundsätzlich über die Zukunft des Bergbaus entschieden werden.

Einen Ausweg aus der lang andauernden Kohle und Stahl-Abhängigkeit der Region bot der Mitte der 80er Jahre eingeleitete *Strukturwandel.* Neben dem alten Montankern sind in den Bereichen Energietechnik, Lebensmitteltechnologie, Fahrzeugbau, Informationstechnik und Tourismus inzwischen neue Wachstumsbranchen entstanden. In der Aufteilung der Beschäftigten auf die Wirtschaftssektoren zeigen sich die Krise, aber auch bereits erzielte Erfolge beim Wandel der saarländischen Wirtschaft zu einer modernen europäischen Industrie- und Dienstleistungsregion. Die massiven Arbeitsplatzverluste zunächst im Bergbau (1957-1973 Rückgang der Belegschaft von 64.961 auf 21.326, Ende 1997: 13.350, 2002: 9070), später in der Eisen- und Stahlerzeugung (1970-1987: von 42.000 auf 28.700, Ende 2002: 10.731) konnten zum Teil durch neue industrielle Arbeitsplätze, außer in der Stahlbearbeitung (2000: 15.166) insbesondere im Maschinen- und Fahrzeugbau ausgeglichen werden (2002: Maschinenbau 12.925; Fahrzeugbau 25.007; Investitionsgüterproduzenten 27.817; Verbrauchsgüterproduzenten 10.980 Beschäftigte). Mittlerweile gehören rund zwei Drittel der Arbeitsplätze im Saarland zum Dienstleistungssektor, der damit an der Saar fast den gleichen Anteil hat wie im Bundesgebiet (West). Auch dadurch konnte das Wirtschaftswachstum im Saarland in den letzten Jahren seine positive Entwicklung fortsetzen. Mit einem realen Wirtschaftswachstum von 0,9% im Jahr 2002 belegte das Saarland hinter Rheinland – Pfalz (1,0%) den 2. Platz. Damit wuchs die saarländische Wirtschaft stärker als im Bundesdurchschnitt (0,2% bundesweit, 0,2% alte Bundesländer). Auch beim Zuwachs an Unternehmensgründungen hat sich das Saarland inzwischen an die Spitze der Bundesländer gearbeitet. 1997 war das Saarland Spitzenreiter aller Länder beim Saldo der Gewerbeanmeldungen, von Januar bis April 2001 hat sich die Zahl der Gewerbeanmeldungen um 5,7% gegenüber dem Vorjahreszeitraum erhöht. Die Inanspruchnahme von Finanzierungshilfen für Existenzgründer hat sich seit 1995 verdreifacht.

Eine besonders wichtige Komponente des Strukturwandels ist der Forschungsausbau und der Technologietransfer. Seit 1985 wurden mit erheblicher Förderung durch das Land moderne Forschungseinrichtungen von Weltrang angesiedelt. Gleichzeitig wurde die wirtschaftsnahe Forschung an den wissenschaftlichen Hochschulen ausgebaut. Eine wachsende Anzahl von Kooperationsprojekten zwischen Betrieben und Forschungsinstituten dokumentiert den Erfolg dieses Wissenstransfers. So weist das Saarland für das Jahr 1997 mit 6% einen über dem Bundesdurchschnitt liegenden Anteil an originären Betriebsgründungen auf, die als Spin-Offs direkt aus Universitäten und Forschungseinrichtungen entstanden sind. Eine weitere Folge dieses Technologietransfers ist, dass das Saarland bei Produkt- und Prozessinnovationen über dem Bundesdurchschnitt liegt.

Im Bereich der *Infrastruktur* wurden die stark auf die Ost-West-Achse Mannheim-Metz ausgerichteten Verkehrswege durch ein Autobahnnetz im Raum Saar-Lor-Lux-Trier und den Ausbau der Saar zu einer europäischen Wasserstraße verbessert. Mit dem jüngst in Angriff genommenen Lückenschluss auf der A 8 nach Luxemburg sowie der Aufnahme der Hochgeschwindigkeitsverbindung Paris – Ostfrankreich – Süddeutschland mit ihrem nördlichen Ast über Saarbrücken und Kaiserslautern nach Mannheim in die Liste der wichtigsten Verkehrsprojekte der Europäischen Union wird die Anbindung des Saarlandes an die großen europäischen Magistralen komplettiert. Auch die Auf- und Abwärtsentwicklung auf dem *Arbeitsmarkt* reflektiert Strukturkrise und -wandel der Saarwirtschaft. 1972 betrug die Arbeitslosigkeit im Saarland 1,5%. Sie stieg über 6,1% (1975) auf 13,4% (1985), ging danach bis auf 9% (1992) zurück, stieg anschließend erneut und lag 1997 bei 13,6%. 1999 zeichnete sich wieder eine positive Trendwende auf dem Arbeitsmarkt ab. Der Arbeitslosenbestand lag im August 2003 bei 47.323 Erwerbslosen, die Arbeitslosenquote betrug 9,2%. Es gab 5.439 offene Stellen. Dabei ist strukturell von Bedeutung, dass sich neben dem Dienstleistungsbereich (1999: Zuwachs von 6.000 Arbeitsplätzen) auch im verarbeitenden Gewerbe, wo bundesweit seit vielen Jahren eine rückläufige Entwicklung festzustellen ist, mit 2.000 neuen Beschäftigten eine positive Entwicklung eingestellt hat. Eine Besonderheit des saarländischen Arbeitsmarktes ist seine hohe Quote an Arbeits- und Ausbildungspendlern. Knapp 6% aller Beschäftigten im Saarland kommen täglich über die Grenze aus Frankreich und Luxemburg. Die Einpendlerquote liegt damit weit über der Quote in den Grenzländern Nordrhein-Westfalen und Baden-Württemberg. Ein weiterer Aktivposten des saarländischen Arbeitsmarktes ist die Ausbildungsplatzsituation. Im Saarland war das Angebot bei den Ausbildungsstellen in den letzten Jahren stets höher als die Nachfrage. Im Jahr 1999 wurden im Saarland 8860 Jugendliche in neue Ausbildungsverhältnisse vermittelt, was einer Steigerung von 3,8% gegenüber dem Vorjahr entsprach. Bis Ende Dezember 2002 konnten 8465 neue Ausbildungsverträge geschlossen werden.

Der Haushalt: Entschuldung, Sparen und Länderfinanzausgleich

Der saarländische *Landeshaushalt* sieht in seinem Entwurf 2004 ein Volumen von 3.340,9 Mio. Euro vor. Die Ausgabenverringerung um 1,4% gegenüber dem Haushalt 2003 mit 3.387,6 Mio. Euro belegt den konsequenten Sparkurs der Landesregierung. Der Ausgabenanstieg des Saarlandes seit 1990 ist mit 17,98% der niedrigste aller Bundesländer. Zum Vergleich: Baden-Württemberg erhöhte seine Ausgaben im Zeitraum 1990-1997 um 20%, Bayern um 31%. Der Spielraum für weitere Einsparungen wird jedoch immer enger. 1996 lagen die Leistungsausgaben – Ausgaben ohne Zinsausgaben – des Saarlandes und seiner Kommunen je Einwohner schon um rund 5,5% unter dem Durchschnitt der alten Bundesländer.

Trotz dieser angespannten Haushaltslage und der Sanierung der Landesfinanzen als oberstem Ziel sieht auch die neue Landesregierung im Sparkurs nicht das Allheilmittel, sondern setzt auf Investitionen zur Stärkung der Wirtschafts- und Finanzkraft des Landes. 2002 sollen die Mittel zur Wirtschaftsförderung auf eine Größenordnung von 207,5 Mio. DM (ein Plus von 42,8 Mio. DM gegenüber 1999) angehoben werden. Die Investitionsquote liegt bei 13,2% (1999: 11,6), was einen Mittelplatz unter den Ländern bei den Investitionsausgaben bedeutet.

Der Haushalt für 2004 ist der sechste nach der 1. Phase der *Teilentschuldung*, in deren Rahmen das Saarland von 1994 bis 1998 insgesamt acht Milliarden Mark zur Sanierung seines Haushalts (zulässige Verwendung Schuldenabbau und Investitionen) vom Bund und den finanzstärkeren Ländern erhalten hat. Dem Sanierungsziel, die Deckung aller laufenden Ausgaben durch laufende Einnahmen und den finanzwirtschaftlichen Anschluss an die nächstschwächsten alten Bundesländer, ist das Saarland im vorgegebenen Sanierungszeitraum dank der Einhaltung aller Auflagen nähergekommen, konnte es aber wegen unkalkulierbarer Ausfälle beim Steueraufkommen nicht abschließend erreichen. Immerhin wurde zwischen Ende 1993 und Juni 2000 der Schuldenstand des Saarlandes von 14,6 Mrd. DM auf 12,1 Mrd. DM abgebaut, konnte die Pro-Kopf-Verschuldung um über 1.500 DM auf 11.359 DM verringert werden. Die Zins-Steuer-Quote von 26,2% im Jahr 1994 hat sich auf 17,4% im Jahr 2001 reduziert. Darüber hinaus hat das Saarland bei der Wirtschafts- und Finanzkraft seinen Abstand zu den westdeutschen Flächenländern seit der Teilentschuldung deutlich verringern können. Das Bruttoinlandsprodukt pro Einwohner ist im Saarland seit den neunziger Jahren überdurchschnittlich gewachsen. Lag es 1991 bei 39.895 Mio. DM, so stieg es über 44.437 Mio. DM (1995), 48.100 Mio. DM (2000) auf 25.432 Mio € in 2002.

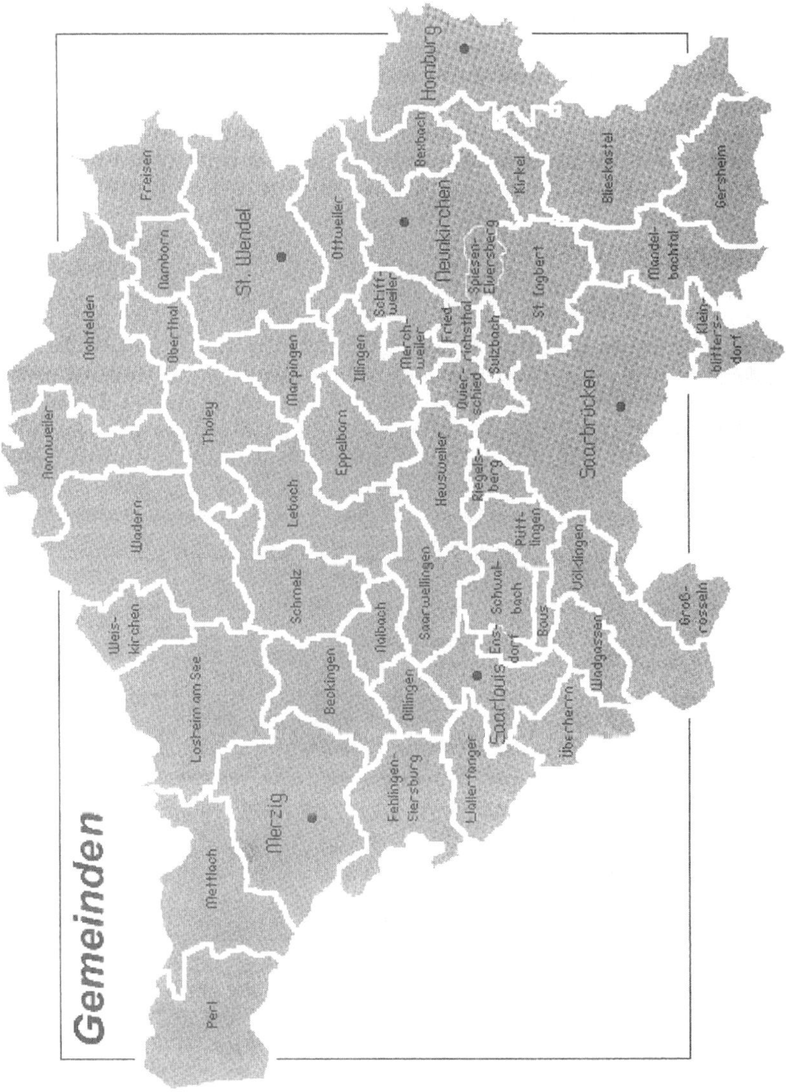
Gemeinden
Homburg
Bexbach
Kirkel
Blieskastel
Gersheim
Freisen
St. Wendel
Ottweiler
Neunkirchen
Spiesen-Elversberg
St. Ingbert
Mandelbachtal
Nohfelden
Namborn
Oberthal
Schiffweiler
Merchweiler
Friedrichsthal
Sulzbach
Quierschied
Illingen
Marpingen
Tholey
Kleinblittersdorf
Saarbrücken
Nonnweiler
Eppelborn
Lebach
Heusweiler
Riegelsberg
Püttlingen
Völklingen
Wadern
Schmelz
Saarwellingen
Schwalbach
Bous
Ensdorf
Großrosseln
Weiskirchen
Nalbach
Wadgassen
Losheim am See
Beckingen
Dillingen
Saarlouis
Überherrn
Wallerfangen
Rehlingen-Siersburg
Merzig
Mettlach
Perl

Massiv beeinträchtigt wurde gleichzeitig die Politik der Hauhaltskonsolidierung durch die bundesweit registrierten Ausfälle bei den Steuereinnahmen. So sind die erwarteten Steuereinnahmen von 1994 bis 1998 um insgesamt drei Milliarden Mark geringer ausgefallen, als 1993 von Bund, Ländern und Forschungsinstituten geschätzt worden war. Allein für 1999 fehlten gegenüber den Prognosen des Jahres 1993 weitere 1,1 Mrd. DM. Angesichts dieser Steuermindereinnahmen kann das Saarland den Spar-Kraftakt nicht allein schultern, sondern ist auf weitere Sanierungshilfen angewiesen. Die Notwendigkeit einer Fortführung der Teilentschuldung hat auch die vom Finanzplanungsrat eingesetzte Bund-Länder-Arbeitsgruppe in ihrem Abschlussbericht vom 11. Februar 1998 einmütig festgestellt. Dieser Notwendigkeit hat das Bundeskabinett am 13. Januar 1999 mit seiner Entscheidung zur Fortsetzung der Teilentschuldung des Saarlandes Rechnung getragen. Bis zum Jahr 2005 sind weitere 5 Milliarden DM Finanzhilfe zur Teilentschuldung vorgesehen.

Das Saarland gehört zu den Empfängern von Zahlungen aus dem *Länderfinanzausgleich* und von Ergänzungszuweisungen des Bundes. Im Jahr 2000 betrug der Anteil am Länderfinanzausgleich 329 Mio. DM. Auch nach der wiedervereinigungsbedingten Neuordnung der Finanzbeziehungen zwischen Bund und Ländern bezieht das Saarland darüber hinaus wegen seiner unterdurchschnittlichen Finanzkraft und überproportionalen Kosten politischer Führung Fehlbetrags-, Sonderbedarfs- sowie seit 1995 auf zehn Jahre befristet, degressiv ausgestaltete Übergangs-Bundesergänzungszuweisungen in einem Gesamtvolumen von 224 Mio. DM (2000). Zwischenzeitlich beigelegt werden konnte auch der jahrelange Streit um den Länderfinanzausgleich, der aus einem Urteil des Bundesverfassungsgerichtes vom 11. November 1999 resultierte, dem Länderfinanzausgleich bis 2005 neu zu regeln. Nach der Zusage des Bundes, 2.5 Milliarden DM zusätzlich für das Ausgleichssystem zur Verfügung zu stellen, gelang den Verhandlungspartnern am 6. Juli 2001 die Einigung, den Finanzausgleich in den Jahren 2005 bis 2019 fortzuführen und via Solidarpakt II weitere Sonderzahlungen in Höhe von 306 Milliarden DM nach Ostdeutschland fließen zu lassen. Das Saarland wird 2005 beispielsweise Mehreinnahmen von 50 Millionen DM verzeichnen können, so dass die erzielte Regelung als Erfolg gewertet wurde. Denn für die saarländische Landesregierung, die im Landtag vertretenen Parteien und weite Teile der Bevölkerung sind der Erhalt der Eigenständigkeit des Landes unter den Rahmenbedingungen eines kooperativen Föderalismus auch weiterhin ein herausgehobenes Ziel.

Die finanzielle Lage der saarländischen Gemeinden und Gemeindeverbände ist trotz Schuldenabbau und Einnahmensteigerung nach wie vor schlecht. Der Schuldenstand der saarländischen Gemeinden und Gemeindeverbände betrug im Jahr 1999 insgesamt 1,07 Mrd. €, sank im Jahr 2002 leicht auf 0,94 Mrd. €. Im Gegensatz zu einigen anderen Bundesländern versucht die saarländische Landesregierung nicht, auf Kosten der Kommunen zu sparen, sondern sieht in den Kommunen einen wichtigen Partner. Die Zahlungen im kommunalen Finanzausgleich betragen im Haushaltsentwurf 2002 885,8 Mio. DM. Sie steigen damit gegenüber dem Vorjahr um 62,9 Mio. DM. Außerdem fließen weitere 372,2 Mio. DM an die Kommunen, so dass sich die Gesamtzahlung an die Städte und Gemeinden um 2,3% auf ca. 1,19 Mrd. DM erhöht. Auf der Ausgabenseite ist ein leichter Rückgang zu verzeichnen. Im Jahr 2002 betrugen die bereinigten Ausgaben rund 1,56 Mrd. € (1997: 3,07 Mrd. DM).

Wirtschafts- und Kulturraum Saar-Lor-Lux

Da interregionale und transnationale Kooperationen im zusammenwachsenden Europa eine zentrale Rolle einnehmen, wurde schon frühzeitig die Großregion Saarland-Lothringen-Luxemburg entwickelt, in die auch die Westpfalz und der Regierungsbezirk Trier eingeschlossen sind. Grenzüberschreitende Kooperationen und Austauschbeziehungen erstrecken sich nicht nur auf Schulen, Verbände und Kultureinrichtungen, sondern auch auf Forschung, Technologie, Infrastruktur, Telekommunikation bis hin zu einem gemeinsamen Flächenmanagement der Grenzräume. Vorbildcharakter haben die jährlichen Gipfeltreffen in der Saar-Lor-Lux-Region, bei denen die Spitzenpolitiker der Großregion sich treffen, um die weitere Zusammenarbeit abzustimmen.

Von europäischem Geist und zugleich regionalem Bewusstsein zeugt auch, dass das Saarland als erstes deutsches Bundesland 1992 den Europagedanken in der saarländischen Verfassung verankert hat. Und es war auch das Saarland, das im gleichen Jahr den Anstoß gab für eine Ergänzung des Artikels 24 des Grundgesetzes der Bundesrepublik Deutschland. Diese Reform ist Grundlage für die Übertragung von Hoheitsrechten auf grenznachbarschaftliche Einrichtungen. Diesem Ziel dient auch das deutsch-französische Abkommen vom Januar 1996 über die regionale und kommunale Zusammenarbeit in der Saar-Lor-Lux-Region.

Vorreiter war das Saarland bei der Gründung von Institutionen wie dem Interregionalen Parlamentarierrat, dem deutsch-französischen Bankenkonsortium oder der Charte de Coopération der Hochschulen in der Saar-Lor-Lux-Region. Zahlreiche Organisationen im Saarland sichern den Dialog mit den Nachbarn. Beispielhaft dafür ist die Europäische Akademie in Otzenhausen, die in ihrem „Europaeum" den Europa-Gedanken bürgernah vermittelt und weiterträgt. Der „Sprachenrat Saar" verfolgt das Ziel, die Sprachlernangebote im Saarland zu bündeln und ein stärkeres Bewusstsein für die Notwendigkeit des Erlernens von Fremdsprachen zu schaffen. So wird z.B. seit September 1998 in nunmehr 29 saarländischen Kindergärten zweisprachig gearbeitet. Französisch ist mittlerweile als Pflichtfach bereits ab Klassenstufe 3 der Grundschule eingeführt, modellhaft wird gerade an acht saarländischen Grundschulen Französisch ab der Eingangsklasse erprobt.

Dieses Engagement beim Aufbau grenzüberschreitender Institutionen und Kooperationen hat auch finanziell Früchte getragen. Das Saarland partizipiert seit Mitte der 80er Jahre an verschiedenen Programmen der Europäischen Union. Im Rahmen der EU-Förderprogramme hat das Saarland von 1994 bis 1999 Mittel von der Europäischen Union in Höhe von insgesamt 217 Mio. DM erhalten. Zur finanziellen Unterstützung der grenzüberschreitenden Zusammenarbeit mit den Nachbarn ist das Förderprogramm *Interreg* von herausragender Bedeutung. So konnten in den Jahren 1991 bis 1996 an der deutsch-französischen Grenze insgesamt 46 Projekte mit einem Gesamtvolumen von knapp 50 Mio. DM verwirklicht werden. Bei der Fortschreibung dieses Programms kamen bis zum Jahr 1999 dem saarländisch-lothringischen Grenzraum weitere 90 Mio. DM an Zuschüssen zugute. Zu den dadurch ermöglichten Zukunftsprojekten gehören beispielsweise die gemeinsame Flächenplanung für Gewerbeansiedlungen im Grenzgebiet. So z.B. das Projekt „Eurozone", das gemeinsame Industrie- und Gewerbeflächen zwischen dem Raum Saarbrücken-Saarlouis auf saarländischer und Moselle-Est auf lothringischer Seite schafft. Als kulturelles Projekt sei stellvertretend die saarländisch-lothringische Kooperation bei den archäologischen Ausgrabungen im Europäischen Kulturpark Reinheim-Bliesbruck genannt.

Regierungssystem: Verfassung, Landesregierung

1947 war der Regelfall der Ausarbeitung einer *Verfassung* in den deutschen Westzonen zunächst einmal die indirekte Wahl einer Beratenden Landesversammlung. Diese Versammlungen haben die Länderverfassungen geschrieben, in Volksabstimmungen wurden sie angenommen, danach wurden die Landtage gewählt. Im Saarland war das anders. Auf Anweisung des Militärgouverneurs wurde im Februar 1947 aus 19 Parteivertretern und einem „Treuhänder" der Militärregierung eine Verfassungskommission gebildet (nicht gewählt!), die nach französischen Vorgaben im September einen Verfassungsentwurf vorlegte. Dieser wurde von dem am 5. Oktober gewählten Landtag als verfassungsgebende Versammlung beraten und verabschiedet. Ohne Volksabstimmung trat die Verfassung am 17. Dezember 1947 in Kraft. In deutlichem Gegensatz zu allen anderen deutschen Landesverfassungen der Nachkriegszeit verkündete die saarländische Verfassung in ihrer Präambel die Separation vom Deutschen Reich. „Das Volk an der Saar (...) gründet seine Zukunft auf den wirtschaftlichen Anschluss des Saarlandes an die französische Republik (...)" und erklärt „die politische Unabhängigkeit (...) vom Deutschen Reich." Obwohl sich die saarländischen Verfassungsväter bei dem Entwurf der Landesverfassung an deutschen Verfassungsprinzipien orientierten, bedeutete die Eingliederung in die Bundesrepublik für das Verfassungsrecht des Saarlandes eine scharfe Zäsur. Durch das verfassungsändernde Gesetz Nr. 548 vom 20. Dezember 1956 wurden insgesamt 46 Bestimmungen in 43 Artikeln aufgehoben oder abgeändert. Die Präambel wurde gänzlich gestrichen, ebenso alle Bezugnahmen auf das „internationale Statut" und auf die „saarländische Staatsangehörigkeit". Die meisten anderen Änderungen galten Angleichungen an das Grundgesetz. Natürlich wurden in der Folge auch eine Reihe von einfachen Gesetzen entweder aufgehoben oder abgeändert, vor allem im Sozialbereich.

Wie das Grundgesetz enthält die saarländische Verfassung einen Grundrechtskatalog, der die allgemeinen Persönlichkeitsrechte und politischen Bürgerrechte aufzählt. Hervorzuheben ist der Grundsatz, dass Geschichte und politische Entwicklung des Saarlandes alle Schulen zur Pflege des Geistes der Völkerversöhnung verpflichten (Art. 30 SV). Darüber hinaus wurden als Staatszielbestimmungen 1985 der Schutz der natürlichen Lebensgrundlage (Art. 59a) und 1992 der Europagedanke (Art. 60 II SV) in die Verfassung aufgenommen.

Der Organisationsteil der saarländischen Verfassung wird durch die grundlegende Bestimmung des Artikel 60 eingeleitet: „Das Saarland ist eine freiheitliche Demokratie und ein sozialer Rechtsstaat in der Bundesrepublik Deutschland." Organ des Volkswillens ist der *Saarländische Landtag*, der aus 51 Abgeordneten besteht. Im Unterschied zu den anderen westdeutschen Landesparlamenten konnte der saarländische Landtag nicht an Traditionen des demokratischen Parlamentarismus aus der Weimarer Epoche anknüpfen. Gesetzgebende und vollziehende Gewalt hatten im Saargebiet, das am 10. Januar 1920 aus der ersten deutschen Republik ausgeschieden war, bis 1935 einer fünfköpfigen Regierungskommission des Völkerbundes zugestanden, der jeweils nur ein Saarländer hatte angehören dürfen. Der 1922 eingerichtete „Landesrat" war ein bloßes Anhörungsorgan ohne Befugnis zur Zustimmung seiner Tagesordnung.

Hinsichtlich der Größe des Parlaments hatte die Besatzungsmacht 1947 die Vorstellung durchgesetzt, dass der Landtag aus nicht mehr als 50 Abgeordneten bestehen soll. Als sich 1975 eine Patt-Situation zwischen der zuvor allein regierenden CDU und den damaligen Bonner Koalitionsparteien SPD und FDP ergeben hatte, wurde zur Vermeidung künftiger Mandatsgleichstände die Anzahl der Sitze im Landtag um lediglich einen auf 51 erhöht (Art. 66 SV). Damit besitzt das Saarland nach wie vor das kleinste unter den deutschen Landesparlamenten.

In Bezug auf die parlamentarische Arbeit besteht die Besonderheit, dass beschlossene Gesetze nach französischem Vorbild fortlaufende Nummern erhalten. Ein besonderer Akzent wurde auch bei der Einsetzung parlamentarischer Untersuchungsausschüsse gesetzt. 1962 wurde ein Ausschuss für Grubensicherheit verfassungsmäßig verankert, dem nach einem schweren Grubenunglück das Recht gegeben wurde, auf Antrag eines Viertels seiner Mitglieder parlamentarische Untersuchungen durchzuführen. 1979 wurde als weitere Besonderheit erstmals die Möglichkeit eröffnet, durch Mehrheitsbeschluss des Landtages Enquete-Kommissionen einzusetzen. Darüber hinaus ist seit 1993 der Landesbeauftragte für den Datenschutz dem Landtag angegliedert.

Von der aus Ministerpräsident und Ministern gebildeten *Landesregierung* wird allein der Regierungschef vom Landtag mit der Mehrheit seiner Abgeordneten gewählt; die Ernennung und Entlassung der Minister bedarf der Zustimmung des Parlaments. Die Verfassung bekennt sich zum parlamentarischen Repräsentativsystem, d.h. die Regierung ist vom Vertrauen des Parlaments abhängig. Es gibt zwei Optionen, die zum Rücktritt der Regierung führen können: das konstruktive Misstrauensvotum und die Vertrauensfrage. Als Besonderheit besteht daneben die Möglichkeit, dass durch den Beschluss von einer Zweidrittelmehrheit der Landtagsabgeordneten gegen den Ministerpräsidenten oder Minister vor dem Verfassungsgerichtshof aufgrund von vorsätzlichen Gesetzes- oder Verfassungsverstößen Anklage erhoben wird (Art. 94 SV). Seit der Verfassungsreform von 1979 hat der Ministerpräsident gegenüber seinen Kabinettskollegen eine stärkere Stellung. Er hat das Recht zur Festlegung der Geschäftsbereiche der Minister und zur Übertragung der Kompetenz zur eigenverantwortlichen Leitung der Ressorts. Ebenfalls neu in die Verfassung aufgenommen wurde der Grundsatz, dass das Amt des Ministerpräsidenten und seiner Regierung mit dem Zusammentritt eines neu gewählten Landtages endet. Obwohl die Größe der Landesregierung verfassungsrechtlich nicht fixiert ist, lag die Zahl der Ministerien in der Regel bei sieben. Oskar Lafontaine reduzierte zu Beginn seiner dritten Amtszeit (1994) durch Zusammenlegung des Kultur- und Bildungsministeriums sowie des Wirtschafts- und Finanzministeriums die Regierung auf sechs Ministerposten. Peter Müller trennte 1999 das Wirtschafts- und Finanzressort.

Wahlsystem und Volksbeteiligung: Alle fünf Jahre entscheiden die Bürger und Bürgerinnen des Saarlandes über die Zusammensetzung des Landtages. 41 der insgesamt 51 Abgeordneten werden nach Kreisvorschlägen und 10 nach Landesvorschlägen gewählt. Das Saarland ist in die drei Wahlkreise Saarbrücken, Saarlouis und Neunkirchen eingeteilt. Gewählt wird nach Verhältniswahlrecht. Die Verteilung der Sitze erfolgt nach dem Höchstzahlverfahren von d'Hondt. Seit 1979 ist als plebiszitäres Element das Volksbegehren eingeführt worden. Entspricht der Landtag dem Begehren nicht, findet ein Volksentscheid statt. Verfassungsänderungen sind vom Volksentscheid, „finanzwirksame Gesetze" vom Volksbegehren ausgenommen (Art. 99 I, Art. 100 IV SV). Seit dieser Verfassungsänderung hat es jedoch in der Praxis keine Volksabstimmung gegeben.

Die *Rechtsprechung*, das *Finanzwesen*, die *Verwaltung* und *Selbstverwaltung* sind im wesentlichen in gleicher Weise geordnet wie in den übrigen deutschen Ländern. Als „kleines Flächenland" weist das Saarland in seinem Verwaltungsaufbau jedoch keine Mittelinstanz der allgemeinen Verwaltung auf. Für die Verwirklichung des Grundsatzes der „Einheit der Verwaltung" kommt daher dem Kreis als der unteren staatlichen Ebene eine besondere Bedeutung zu. Das Fehlen eines behördlichen Mittelbaus hat aber durchaus auch Vorteile. Notwendige Entscheidungen können auch dann zügig getroffen werden, wenn die obersten Landesbehörden eingeschaltet werden müssen. Die Modernisierung der Verwaltung bildet einen wichtigen Schwerpunkt in der saarländischen Landespolitik. Um sowohl Qualität als auch Effizienz der Verwaltung zu verbessern, wurde beispielsweise von 1994 bis 1996 im Rahmen eines Wettbewerbs der Kommunen „Modern und Bürgernah" eine Personalqualifizierungsmaßnahme in neuen Steuerungstechniken durchgeführt. In wichtigen bürgernahen Bereichen werden derzeit durch eine moderne Ausstattung mit informationstechnologischen Geräten Bearbeitungszeiten und Verwaltungsaufwand verringert. Einsparungsmöglichkeiten sollen Modellprojekte – u.a. beim Statistischen Landesamt und bei der Hochschule für Technik und Wirtschaft – aufzeigen, die eine flexible Haushaltswirtschaft erprobt.

Von den ehemals sieben *Landkreisen* hat die Territorialreform fünf bestehen lassen. Daneben existiert der Stadtverband Saarbrücken. Unter den *Gemeinden* ist durch die territoriale Neugliederung eine Reduzierung von 345 (1972) auf 52 Gemeinden erfolgt. Organe des Landkreises sind der Landrat, der seit 1994 auf acht Jahre direkt gewählt wird und der auf fünf Jahre gewählte Kreistag mit 27 bis 45 Abgeordneten. Organe der Gemeinden sind der Gemeinde- bzw. Stadtrat und der Bürgermeister, der ebenfalls seit 1994 in absoluter Mehrheitswahl auf acht Jahre zu bestimmen ist. Ein weiteres Novum neben der Direktwahl von Landräten und Bürgermeistern ist, dass seit 1995 die Kandidaten und Kandidatinnen bei kommunalen Wahlen nicht mehr unbedingt deutsche Staatsangehörige sein müssen. Angehörige von Staaten der Europäischen Union sind deutschen Bürgerinnen und Bürgern gleichgestellt.

Parteien und parteipolitische Sonderentwicklung

Obwohl das Saarland die eigenständige politische Gestalt seiner Bedeutung als Industrierevier verdankt, hat es niemals eine absolute Stimmenmehrheit für reine Arbeiterparteien hervorgebracht. Drei Faktoren sind für dieses Phänomen verantwortlich: erstens der weit überwiegende katholische Anteil der Arbeiterschaft, zweitens die dörfliche Siedlungsstruktur und drittens das repressive Verhalten der größten regionalen Arbeitgeber, die verhinderten, dass die SPD vor dem ersten Weltkrieg an der Saar Fuß fassen konnte. Bedeutendste Partei während der Völkerbundszeit war dann auch das Zentrum. Die NSDAP konnte sich in diesem Zeitraum nicht etablieren (1932: 6,7%). Nach dem Zweiten Weltkrieg entstanden zwischen 1946 und 1947 die Christliche Volkspartei (CVP), die Sozialdemokratische Partei Saar (SPS), die Kommunistische Partei, Landesverband Saar (KPS) und die Demokratische Vereinigung des Saarlandes (DPS). Während sich die drei demokratischen Parteien zu dem separatistischen Konzept der saarländischen Verfassung bekannten, vertrat die KPS eine gesamtdeutsche Orientierung. Bis 1955 dominierte die CVP unter Johannes Hoffmann das Parteiensystem. Die SPS übernahm zeitweise die Rolle eines „Juniorpartners“. Parteien, die gegen den autonomistisch-frankophilen Kurs der Hoffmann-Regierung opponierten, wurden verboten. 1951 traf das Parteienverbot die DPS, die ihren separatistischen Kurs zugunsten einer „westdeutschen Option“ aufgegeben hatte. Ebenso verboten wurden die 1952 neu gegründete CDU-Saar und die Deutsche Sozialdemokratische Partei (DSP). Beide Parteien unterschieden sich von CVP und DPS hauptsächlich durch ihre prodeutsche Ausrichtung. Erst nach Einführung der Parteiengründungsfreiheit 1955 (deutsch-französischer Vertrag über das Saarstatut) konnte der Konflikt um die künftige nationale Zuordnung des Landes im Parteiensystem Ausdruck finden. Er führte kurzfristig zu einer Verdoppelung der Zahl der im Landtag vertretenen Parteien und konnte erst im Laufe der V. Wahlperiode (1965-1970) durch Fraktionsübertritte der Abgeordneten der CVP-Nachfolgeorganisation „Saarländische Volkspartei“ (SVP) beigelegt werden. Insgesamt hatte das saarländische Parteiensystem bis zum Abtreten der „alten Garden“ einen deutlich konsensualen Charakter. Ministerpräsident war zur Zeit der Rückgliederung (seit April 1959) Dr. Franz-Josef Röder (CDU), der dieses Amt bis zu seinem Tod 1979 innehatte. Ihm folgte Werner Zeyer (CDU); der 1985, nachdem es der SPD erstmals im Saarland gelungen war, die absolute Mehrheit zu gewinnen, von Oskar Lafontaine (SPD) abgelöst wurde. Die Wahlniederlage von 1985, der Rückzug ihres letzten Ministerpräsidenten, Zeyer, aus der Politik und der Tod des ehemaligen „Kronprinzen“ der Partei, Werner Scherer, stürzte die CDU in eine tiefgreifende Strukturkrise. Die Nominierung des damaligen Bundes-Umweltministers Klaus Töpfer als Herausforderer Lafontaines brachte 1990 keinen sichtbaren Wandel. 1995 übernahm der Vorsitzende der CDU-Landtagsfraktion, Peter Müller, mit dem Image des Erneuerers den Vorsitz der CDU Saar und profilierte sich mit seiner Kritik an Bundeskanzler Kohl bundesweit als „Junger Wilder“.

Oskar Lafontaine, der schon als früherer Saarbrücker Oberbürgermeister etwa durch sein Engagement in der Friedensbewegung bundesweite Bekanntheit erreicht hatte, gelang es, nach dem Regierungswechsel 1985 auch die Landtagswahlen von 1990 und 1994 mit absoluter Mehrheit zu gewinnen. Nach seiner Wahl zum SPD-Bundesvorsitzenden auf dem Mannheimer Parteitag 1995 wurde der Vorsitzende der SPD-Landtagsfraktion, Reinhard Klimmt, im Frühjahr 1996 zum neuen Landesvorsitzenden gewählt. Nach Lafontaines Ernennung zum Bundesminister der Finanzen wurde Reinhard Klimmt am 10. November 1998 zum neuen Ministerpräsidenten des Saarlandes gewählt. Der schwache Start der rot-grünen Bundesregierung und Oskar Lafontaines Rücktritt als Bundes-Finanzminister am 11. März 1999 sorgten bei den Landtagswahlen am 5. September 1999 für einen unerwarteten Machtwechsel: Die CDU mit Herausforderer Peter Müller erhielt 45,5 Prozent der Stimmen und sicherte sich gegenüber 44,4 Prozent die absolute Mehrheit, da die anderen Parteien an der 5-Prozent-Hürde scheiterten.

Bündnis 90/Die Grünen, denen erst 1994 im vierten Versuch der Einzug in den Saarländischen Landtag gelungen war, wurden nach internen Kontroversen und handfesten Skandalen um den Partei- und Fraktionsvorsitzenden Hubert Ulrich von den Wählerinnen und Wählern mit 3,2 Prozent „abgestraft".

Aber auch die FDP, bereits 1994 aus dem Landtag katapultiert, schaffte trotz der Reaktivierung des einstigen saarländischen Wirtschaftsministers Werner Klumpp als Parteivorsitzenden nicht das langersehnte Comeback: Die Liberalen erzielten bei der Landtagswahl 1999 enttäuschende 2,6 Prozent.

Am 28. September 1999 wurde Peter Müller mit der 26:25 Stimmenmehrheit der CDU-Landtagsfraktion zum neuen saarländischen Ministerpräsidenten gewählt.

Medien

Die „Saarbrücker Zeitung" ist mit einer verkauften Auflage von rund 179.000 Exemplaren (Stand 2002) die einzige Tageszeitung im Saarland; ihre marktbeherrschende Stellung konnte in der Vergangenheit durch keine Konkurrenzgründungen erschüttert werden. Das zur Stuttgarter Holtzbrinck-Gruppe gehörende Blatt erscheint mit neun Lokal- und Regionalausgaben im gesamten Saarland, erreicht dabei 560.000 Menschen täglich.

Nach kriegsbedingter Zerstörung des Reichssenders Saarbrücken startete Radio Saarbrücken am 17. März 1946 mit der Marseillaise mit Genehmigung der Militärregierung sein Programm – unter französischer Kontrolle. Aus ihm entwickelte sich der Saarländische Rundfunk (SR), der im November 1957 Anstalt des öffentlichen Rechts und Mitglied der ARD wurde. Bei der Besetzung des Rundfunkrates des SR wählen die gesetzlich bestimmten Gruppen ihre Vertreter selbst aus, wobei die Arbeitnehmer durch Arbeitskammer, DGB und DAG, die Unternehmer durch ihre Kammern vertreten werden.

Wie der Länderfinanzausgleich war auch der interne Finanzausgleich der ARD lange Zeit umstritten. Daran änderte auch die Tatsache nichts, dass die zwischen den Landesanstalten verschobene Summe von insgesamt deutlich unter 200 Mio. DM bei Einnahmen von insgesamt fast 10 Mrd. DM kaum ins Gewicht fiel. Die großen Anstalten drängten auf einen Abbau des Finanzausgleiches, und auch in der Politik wurde der Ruf nach weiteren Einsparungen und Fusionen in der ARD immer lauter. Der SR, der seit Jahren einen konsequenten Sparkurs verfolgt, im ARD-Vergleich auf niedrigem Kosten-Niveau Sendungen produziert und sein Personal von 823 (1993) auf zuletzt 740 Mitarbeiter (2000) abbaute, erhielt zuletzt 94,7 Mio. DM aus dem ARD-Finanzausgleich. Die Ministerpräsidenten der Länder haben im November 1999 einstimmig dem Vorschlag der Rundfunkkommission zugestimmt, die Ausgleichszahlungen an den Saarländischen Rundfunk, Radio Bremen und den Sender Freies Berlin deutlich zu verringern. Danach soll 2001 die Finanzausgleichssumme 1,9% des Netto-Gebührenaufkommens, sprich 175 Mio. DM, betragen und bis zum 1.1.2006 in fünf gleichen prozentualen Schritten auf 1% der Rundfunkgebühren reduziert werden. Wenn auch die ursprünglich anvisierte Gesamtsumme von 160 Mio. DM in den Verhandlungen „verbessert“ werden konnte, sieht SR-Intendant Fritz Raff den „Druck auf die kleinen Anstalten weiter wachsen“. Vor diesem Hintergrund halten Landesregierung und die beiden im Landtag vertretenen Parteien weiterhin am Fortbestand des SR im föderalen System fest – nicht zuletzt weil er für die Bürgerinnen und Bürger des Landes unverzichtbar geworden ist und auch in der ARD besondere Akzente setzt.

Seit der Zulassung des Privatfunks 1984 haben sich im Saarland private Rundfunkanbieter etabliert. „Euro Radio Saar“ ist der zur Zeit einzige lizensierte, landesweite private Hörfunkanbieter mit seinem Programm „Radio Salü“. Mit „Saar TV“ folgte 1996 die Zulassung eines privaten Fernsehsenders mit regionalem Vollprogramm. Daneben existiert seit 1989/90 als nicht kommerzielles, aus Rundfunkgebühren finanziertes Hörfunk- und Fernsehprogramm der „Offene Kanal“, der als Kultur- und Kommunikationszentrum für Bürger und Bürgerinnen im Saarland und in den benachbarten Regionen Westpfalz, Lothringen und Luxemburg dient. Für die Produktionen der Beiträge stellt der „Offene Kanal“ Studios, Aufnahmegeräte, technische Einweisung und Beratung zur Verfügung.

Bildung und Wissenschaft: Schulen, Hochschulen und Forschungsinstitute

1947 wurde auf Betreiben der CVP die „Bekenntnisschule“ als einzige staatliche Form der Volksschule eingeführt (Art. 27 II SV a.F.). Damit hatte das saarländische Bildungswesen einen betont katholisch-konservativen Charakter. Erst 1969 wurde auf Drängen von SPD und FDP die Verfassung zugunsten der Einführung christlicher Gemeinschaftsschulen geändert. Eine weitere Neuerung im Bildungswesen gab es 1986 mit der gesetzlichen Gleichstellung von integrierter Gesamtschule und gegliedertem Schulwesen. In der Folge fand eine deutliche Reduzierung des Bestandes an Grund- und Hauptschulen – bei sukzessiver Erhöhung der Zahl der Gesamtschulen auf 15 (Schuljahr 1997/98) statt. Anfang 1992 wurde weiterhin die gesetzliche Möglichkeit geschaffen, Haupt- und Realschüler in Sekundarschulen zu gemeinsamen Unterrichtsveranstaltungen zusammenzufassen. 1996 wurden die entsprechenden Verfassungsbestimmungen dahingehend neuformuliert, dass Hauptschulen zugunsten der sog. „Erweiterten Realschulen“ für den Sekundarbereich I entfallen und neben diesen sowie den Gymnasien auch die Gesamtschulen eine verfassungsrechtliche Institutionengarantie erhalten haben (Art. 27-29 SV). Von den 119.460 Schülerinnen und Schülern allgemeinbildender Schulen befanden sich im Schuljahr 2002/03 z.B. 41.402 auf Grundschulen, 29.339 auf Erweiterten Realschulen, 1.405 auf Realschulen, 30.468 auf Gymnasien und 10.612 auf Gesamtschulen.

Als erstes westdeutsches Bundesland senkte das Saarland die Schulzeit bis zum Abitur von 13 auf 12 Jahre. Im Beisein von Bundespräsident a. D. Roman Herzog und Ministerpräsident Peter Müller gab der saarländische Bildungsminister Jürgen Schreier am 1. August 2001 in Merzig den Startschuss für das „G 8"-Projekt, das für alle Schülerinnen und Schüler gilt, die im Schuljahr 2001/2002 erstmals ein Gymnasium besuchen.

Einen besonderen Stellenwert misst das Saarland auch der beruflichen Bildung bei. Insgesamt befanden sich im Schuljahr 2002/03 in den 235 beruflichen Schulen und Berufsbildungszentren 38.683 Auszubildende. Um die Gleichwertigkeit von allgemeiner und beruflicher Bildung zu unterstreichen, besteht z.B. seit 1995 für besonders befähigte Berufstätige unter bestimmten Voraussetzungen die Möglichkeit, auch ohne Abitur zu studieren.

Auch im Bereich der Schulen trifft man auf das französische Erbe. So befindet sich in Saarbrücken eines von insgesamt nur zwei Deutsch-Französischen Gymnasien in Deutschland. Europäische Impulse hat das Saarland auch in der grenzüberschreitenden beruflichen Bildung gesetzt. Über das Saarländisch-Lothringische Büro für den Austausch in der beruflichen Bildung werden Auslandsaufenthalte im Rahmen grenzüberschreitender Qualifizierungsmaßnahmen gefördert.

Die Universität des Saarlandes ist mit der Medizinischen, der Rechts- und Wirtschaftswissenschaftlichen, der Philosophischen, der Mathematisch-Naturwissenschaftlichen und der 1990 gegründeten Technischen Fakultät mit 16.115 Studierenden (WS 2002/03) die größte Hochschule des Saarlandes. Sie nahm nach der Gründung am 9. April 1948 in Paris als selbständige Universität unter dem Rektorat des Physikers Prof. Jean Barriol am 15. November 1948 in der einstigen Below-Kaserne im Saarbrücker Stadtwald den Lehrbetrieb auf. Bis 1957 fußte sie auf der Gründungsidee, eine deutsch – französische, alsbald auch eine gemeinsame europäische Universität zu sein. Wenn auch die Rückgliederung an die Bundesrepublik zunächst eine deutliche Orientierung nach Deutschland zur Folge hatte, – der Großteil der französischen Professoren verließ die Universität – so besinnt sich die Hochschule seit vielen Jahren zunehmend auf seinen französischen Ursprung und die Nähe zu Frankreich, aber auch auf seine wichtige Rolle in der europaorientierten Forschung und Ausbildung. Durch eine Hochschulcharta institutionalisiert, kooperiert die Universität des Saarlandes über die deutsch-französische Grenze hinweg mit Metz und Nancy. Als einzige deutsche Universität ist sie berechtigt, in bestimmten Studiengängen französische Diplome zu verleihen. Sie ist auch die einzige Hochschule in der Bundesrepublik, an der französisches Recht studiert werden kann.

Auf das Anforderungsprofil von Wissenschaftlern und von Personen in Wirtschaft und Verwaltung des gemeinsamen Europa bereiten rechts- und wirtschaftswissenschaftliche Aufbaustudiengänge am Europa-Institut vor. Aufgrund ihrer europäischen Tradition hält die Universität des Saarlandes bis heute – obwohl sie eine mittelgroße Universität ist – im Bundesgebiet eine Spitzenstellung, so in den weltweiten Kooperationsbeziehungen oder in der Zahl der Studierenden, die ins Ausland gehen und bei denen die Fernziel-Vorgaben der Europäischen Union bereits erreicht sind. In großem Umfang ist die Universität auch an den akademischen Austauschprogrammen der Europäischen Union beteiligt, was 1990 zur Verleihung des Erasmus-Preises führte.

Jüngster Erfolg der europäischen Ausrichtung der Saar-Universität ist die Entscheidung des deutsch-französischen Gipfeltreffens vom 30. November 1998 in Weimar, Saarbrücken als Standort für die zwischenzeitlich errichtete deutsch-französische Hochschule auszuwählen, die sämtliche grenzüberschreitenden Studienprojekte zwischen den beiden Nachbarländern koordinieren soll.

Mit der soeben abgeschlossenen Universitäts-Strukturreform sind die Weichen für eine im nächsten Jahrhundert tragfähige Hochschullandschaft an der Saar gestellt worden. Das Reformpaket der Landesregierung führt zu einem Verzicht auf wenig genutzte bzw. kaum ausgebaute Studienangebote, setzt statt dessen auf eine Konzentration und Interdisziplinarität der Fachbereiche. Die Universität des Saarlandes soll künftig noch stärker mit den benachbarten Hochschulen kooperieren und mehr Eigenverantwortung erhalten. Mit sieben Fachbereichen (Elektrotechnik, Informatik und Strahlenschutz, Maschinenbau, Architektur, Bauingenieurwesen, Betriebswirtschaft und Wirtschaftsingenieurwesen) und 2.866 Studierenden ist die Hochschule für Technik und Wirtschaft die zweitgrößte Hochschule des Saarlandes. Neben der Akzentsetzung auf anwendungsbezogener Ausbildung, praxisnaher Forschung und Entwicklung sowie Wissens- und Technologietransfer liegt ein weiterer Schwerpunkt bei der Vermittlung europäischer Kompetenz. In insgesamt fünf deutsch-französischen, integrierten Studiengängen bietet das Deutsch-Französische Hochschulinstitut (DFHI) als Hochschulkooperation mit der Universität Metz Studierenden die Möglichkeit zu länderübergreifend anerkannten Abschlüssen: Das Diplom der Hochschule für Technik und Wirtschaft des Saarlandes und die französische Maitrise.

Seit 1985 wurden im Saarland neue hochschulnahe Forschungseinrichtungen etabliert, die dem Land entscheidende Impulse für seine wirtschaftliche Entwicklung gegeben haben. Einige dieser Institute sind: Das Deutsche Forschungszentrum für künstliche Intelligenz (DFKI), das Max-Planck-Institut für Informatik (MPI), das Zentrum für innovative Produktion (ZIP), das Institut für Neue Materialien (INM), das Fraunhofer-Institut für Biomedizinische Technik (IBMT), die Gesellschaft für umweltkompatible Prozesstechnik (upt), das Fraunhofer Institut für zerstörungsfreie Prüfverfahren (IzfP), das Institut der Gesellschaft zur Förderung der angewandten Informationsforschung (IAI) und das Institut für Wirtschaftsinformatik (IWI). Um einen intensiven Austausch zwischen Wissenschaft und Wirtschaft zu ermöglichen, wurden an den wissenschaftlichen Hochschulen Technologietransferstellen eingerichtet. Neueste Errungenschaft in diesem Zusammenhang ist ein „Science-Park" mit angegliedertem Business-Center. Seit Sommer 1998 werden auf dem Campus der Universität des Saarlandes Gebäude, Labors und Dienstleistungseinrichtungen gebaut – für innovative Entwickler und Technologiefirmen.

Neben der Universität unterhält das Land eine Hochschule für Musik und Theater (314 Studierende) und die Hochschule der Bildenden Künste Saar (282 Studierende). Außerdem bestehen öffentliche und private Fachhochschulen.

Kultur

Kulturelles Engagement wird im Saarland sowohl für den Bereich der professionellen Spitzenkultur wie auch der kulturellen Breitenarbeit groß geschrieben. Das Saarländische Staatstheater hat sich unter der Generalintendanz von Kurt Josef Schildknecht seit Beginn der 90er Jahre bundesweit einen guten Ruf erarbeitet und bespielt neben dem 1938 erbauten Staatstheater die „Alte Feuerwache" und das „Theater St. Arnual" mit Oper, Operette, Tanztheater, Musical, Konzerten und Schauspiel. Auf Festivals wie „Perspectives", das einzige Treffen französischsprachiger Theaterkunst in Deutschland, oder den „Max-Ophüls-Preis" als Leistungsschau des deutschsprachigen Nachwuchsfilms richten alljährlich die bundesdeutschen Feuilletons ihr Augenmerk. Etabliert haben sich inzwischen auch die „Musikfestspiele Saar" unter der Leitung von Prof. Robert Leonardy, die im Zwei-Jahres-Rhythmus sich mit einer nicht nur klassischen Werkschau musikalisch einem Nachbarland (2001: Frankreich; 2003: Russland) widmen.

Wichtige Impulse für die saarländische Kulturlandschaft gehen auch von der Hochschule für Musik und Theater und der Hochschule der Bildenden Künste Saar aus. Erstere kooperiert erfolgreich mit dem Staatstheater, während die HBK Saar durch ihre Zusammenarbeit mit der Industrie- und Handelskammer, der Handwerkskammer und Wirtschaftsbetrieben einen fruchtbaren Dialog zwischen Kultur und Wirtschaft begonnen hat.

Unter dem Dach der „Stiftung Saarländischer Kulturbesitz" präsentiert sich eine reichhaltige Museumslandschaft. Das Saarland Museum leistet in seiner Ständigen Sammlung einen repräsentativen Querschnitt der Kunst des 20. Jahrhunderts, hat sich zudem durch Sonderausstellungen von der Renaissance-Kunst über Paul Klee bis hin zu Soutine und Morandi in der Kunstkritik einen Namen gemacht. Die Stadtgalerie Saarbrücken gilt ob ihres Einsatzes für die Avantgarde international als gewichtiger Ausstellungsort. Nicht zu vergessen sind auch das Museum für Vor- und Frühgeschichte und das Historische Museum am Schlossplatz, das neben ständig wechselnden Sonderausstellungen eine eindrucksvolle Schau saarländischer Zeitgeschichte präsentiert.

Eine überragende Bedeutung kommt der „Alten Völklinger Hütte" zu, die mit ihrem Hochofen-Ensemble 1994 als erstes Monument der Industriekultur von der UNESCO in die Liste des Weltkulturerbes aufgenommen wurde. Im Saarland ist man sich darüber im Klaren, hier mehr als nur ein Relikt einer vergangenen Industrieepoche zu konservieren, sondern mit der Hütte eine gigantische Stahlskulptur, ein Denkmal in technischer, sozialer und historischer Hinsicht und einen Veranstaltungsort par excellence anzubieten. Welch gigantische Kulisse gerade die Gasgebläsehalle darstellt, konnten annähernd 200.000 Besucher bei der Menschenbilder-Schau „Prometheus" im Jahr 1999 bestaunen.

Mit über 900 Vereinen und Chören der volkskulturellen Verbände weist das Saarland eine beeindruckende Organisationsfreudigkeit auch im Bereich der Breitenkultur auf. Durch die Novellierung des Sportwettengesetzes gelang der Landesregierung eine finanzielle Stärkung dieses Engagements.

Literatur

Das Saarland. Politische, wirtschaftliche und kulturelle Entwicklung, hg. von der Landeszentrale für politische Bildung, Saarbrücken 1991

Hudemann, Rainer u.a. (Hg.): Grenzfall. Das Saarland zwischen Frankreich und Deutschland 1945-1960, St. Ingbert 1997

Landtag des Saarlandes. 12. Wahlperiode, hg. vom Landtag des Saarlandes, 1. Auflage, Saarbrücken 2000

Die Saarländische Landeszentrale für politische Bildung, Beethovenstr. 26, 66125 Saarbrükken, Tel. 06897/7908-104, Fax. 06897/7908-177 ist montags von 10-12 Uhr, dienstags und donnerstags von 14-16 Uhr sowie mittwochs und freitags von 10-12 Uhr geöffnet.

Freistaat Sachsen

Werner Rellecke

Das bedeutsamste unter den östlichen Bundesländern

Der Freistaat Sachsen ist hinsichtlich seiner Bevölkerungszahl und Wirtschaftskraft das bedeutsamste unter den fünf neuen Bundesländern. In Deutschland steht Sachsen mit ca. 4,35 Mio. Einwohnern an sechster Stelle und mit einer Fläche von 18.413 Quadratkilometern an zehnter Stelle im Ländervergleich.

Die Geographic Sachsens ist sehr abwechslungsreich: Im Nordwesten erstreckt sich das Leipziger Land mit der Leipziger Tieflandsbucht sowie Dübener und Dahlener Heide. Südlich davon, im mittelsächsischen Raum dehnt sich das Sächsische Hügelland von der thüringisch-sächsischen Landesgrenze bis an die Elbe aus. Im Südwesten Sachsens, an den Landesgrenzen zu Thüringen, Bayern und Böhmen befindet sich das Sächsische Vogtland, östlich anschließend dann das Erzgebirge als typische Mittelgebirgslandschaft. In der Nähe des Wintersportortes Oberwiesenthal erhebt sich der Fichtelberg, mit 1214 m der höchste Punkt Sachsens. Die Sächsische Schweiz (auch Elbsandsteingebirge genannt) – rund um den oberen Elblauf – mit der berühmten Bastei und ihren eindrucksvollen Tafelbergen (z.B. Lilienstein und Königstein) dient den Dresdnern als Ausflugsziel wie den Touristen als Erholungsgebiet. Von Dresden elbaufwärts Richtung Osten dehnt sich das Lausitzer Bergland aus, das nach Tschechien zu in das Lausitzer Gebirge übergeht. Und im südöstlichen Zipfel des Landes – im Dreiländereck zu Polen und Tschechischer Republik – liegt das kleine Zittauer Gebirge. Nördlich des Berglandes markieren die Städte Bautzen, Hoyerswerda, Weißwasser und Görlitz den äußeren Rahmen der Oberlausitzer Teich- und Heidelandschaft, von der die östlichen Gebiete zum niederschlesischen Landesteil zählen.

Die größten Städte in Sachsen sind Leipzig mit 495.000 Einwohnern, die Hauptstadt Dresden mit 475.000 Einwohnern und Chemnitz mit 253.000 Einwohnern. Die sächsischen Landesgrenzen zu Bayern, Thüringen, Sachsen-Anhalt und Brandenburg umfassen insgesamt etwa 660 km. Die gleichzeitige Außengrenze der Europäischen Union zur Tschechischen Republik und zu Polen weist eine Länge von beinahe 530 km auf. Entlang der Grenze zu Polen verläuft die Lausitzer Neiße, entlang der Grenze zu Tschechien die Kämme von Erzgebirge und Zittauer Gebirge.

Anfänge einer tausendjährigen Geschichte

Die Sachsen waren ein germanischer Stamm, der schriftlich erstmals für etwa 150 n. Chr. überliefert ist und sich vom heutigen Schleswig-Holstein her ausbreitete. Ihr Name lässt sich – nach Widukind von Corvey – auf das für den Stamm typische Kurzschwert (Sax) zurückführen. Die ethnische und politische Bezeichnung Sachsen entsprach bis ins 15. Jahrhundert hinein geographisch dem nordwestdeutschen Raum (etwa Niedersachsen, Westfalen, Teile Sachsen-Anhalts).

Die historische Tradition des heutigen Freistaates gründet sich demgegenüber auf die Mark Meißen. In Meißen ließ König Heinrich I. im Jahre 929 eine Burg anlegen. Kaiser Otto der Große bewirkte die Erhebung Meißens zum Bistum und seine Einbindung in das junge römisch-deutsche Reich. Mit dieser Ostexpansion des Reichs ging der Niedergang der seit weit über dreihundert Jahren ansässigen verschiedenen slawischen Völker einher. Diese waren nach der westwärts gerichteten germanischen Völkerwanderung im sechsten Jahrhundert von Osten in diejenigen Regionen bis zur Elbe nachgezogen, die zuvor etwa 1000 Jahre lang germanisch besiedelt gewesen waren. Zu den entsprechenden slawischen Völkern zählten unter anderen die noch heute ansässigen Sorben, oder die Milzener, Lusizer und Daleminzer. Viele heutige Ortsnamen und Landschaftsbezeichnungen haben slawische Wurzeln, wie die Lausitz, oder tragen allein slawische Namen, wie die zwei südlich von Bautzen sich erhebenden Berge Czorneboh („schwarzer Gott") und Bieleboh („weißer Gott").

Die germanisch-deutsche Rückbesiedlung und dauerhafte Prägung des Meißner Landes setzte mit erheblicher zeitlicher Verzögerung zur politischen Eroberung des 10. Jahrhunderts ein. Im 12. und 13. Jahrhundert wurde der Grundstock für eine anhaltende wirtschaftliche Prosperität des Landes gelegt, als sich der Silberbergbau in der Mark Meißen entwickelte. Dies geschah maßgeblich unter Otto dem Reichen, der 1186 dem neuen Ort Freiberg die Stadtrechte verlieh und dadurch ein lange dominierendes Wirtschaftszentrum etablierte. Es war jedermann erlaubt, Schürf- und Abbaurechte frei zu erwerben, wenn der zehnte Teil der beförderten Edelmetalle als Abgabe entrichtet wurde. Auf diese Art und Weise stieg Meißen in den folgenden Jahrhunderten zum wohlhabendsten unter den deutschen Herrschaften auf.

Aufstieg und Blüte unter den Wettinern

Vor diesem wirtschaftlich günstigen Hintergrund gelang es den Wettinern sich mit einer zumeist reichstreuen, häufig recht gewagten Koalitionspolitik auch als eines der mächtigsten Länder des Deutschen Reiches zu etablieren.

Das Geschlecht der Wettiner geht namentlich auf die Burg Wettin an der Saale, nördlich von Halle, zurück. Im Jahre 1089 wurde erstmals ein Wettiner (Heinrich I. von Eilenburg) mit der Markgrafschaft Meißen belehnt. Seit 1124 (Konrad der Große) regierten sie ununterbrochen in der Mark Meißen, in Kursachsen und im Königreich Sachsen bis 1918. Eine erstmalige Verbindung des sächsischen Namens mit dem Gebiet des heutigen Freistaates ergab sich im Zusammenhang mit dem Tode des Herzogs von Sachsen-Wittenberg. Sein politisches Erbe trat Markgraf Friedrich von Meißen (aufgrund seiner Verdienste im Kampf gegen die böhmischen Hussiten) im Jahre 1423 an. Hiermit ging auch die Kurwürde an die Wettiner. In den folgenden Jahrzehnten setzte sich der Name Sachsen gegen den der Markgrafschaft Meißen durch. Seit dieser Zeit erbte der jeweils älteste Nachkomme aus dem Geschlecht der Wettiner die Kurwürde, und die Besitzungen von Sachsen-Wittenberg zählten als kursächsische Lande zum Herrschaftsgebiet.

Im Jahre 1465 übernahmen die Brüder Kurfürst Ernst und Herzog Albrecht gemeinsam die Leitung der sächsischen Regierungsgeschäfte. Als 1482 ihr Onkel Wilhelm III., der Tapfere, verstarb, hinterließ er ihnen seine umfangreichen thüringischen Besitzungen. Zusammen mit weiteren territorialen Zugewinnen aus der zweiten Hälfte des 16. Jahrhunderts bestand für Sachsen nun die Möglichkeit, dauerhaft eine Stellung unter den großen Mächten des Reiches einzunehmen. Im Jahre 1485 entschlossen sich die wettinischen Brüder allerdings zu einer Teilung der sächsischen Territorien. Es entwickelte sich hieraus auch eine dynastische Trennung in die ernestinische und die albertinische Linie, wovon die Albertiner die Traditionslinie zum modernen Sachsen verkörpern. Diese so genannte Leipziger Teilung markiert einen großen Einschnitt in der sächsischen Territorialgeschichte, denn entgegen der ursprünglichen Absicht verfestigte sich die Landesteilung. Vom meißnischen Kerngebiet aus mit Dresden als neuer Residenzstadt herrschten nun die Albertiner als Herzöge von Sachsen. Diese verhinderten zukünftige Landesteilungen durch die Einführung der Primogenitur (1499). Im ernestinischen Kurfürstentum Sachsen blieb das Prinzip der Erbteilung bestehen und führte langfristig zu einer Zersplitterung des Herrschaftsraumes.

Unterhalb der Landesherrschaft entwickelten sich einflussreiche Wirtschafts- und Handelszentren, wozu besonders Leipzig zu zählen ist: Die Stadt Leipzig erhielt 1497 das kaiserliche Messeprivileg, das sie als privilegierten Handelsplatz auswies. Es entstand ein bedeutender wirtschaftlicher Knotenpunkt mit Ausstrahlung auf den gesamten deutschen und europäischen Raum. Und Leipzig war bereits damals zu Messezeiten „die Welt in einer Nuss", wie Goethe später schrieb.

Die Reformation wurde im albertinischen Herzogtum Sachsen 1539 eingeführt. Während des Schmalkaldischen Krieges (1546/47) zwischen der Mehrzahl der protestantischen Reichsstände und Kaiser Karl V. zählte der albertinische Herzog Moritz von Sachsen jedoch zu den Parteigängern des Kaisers. Im Jahre 1547 zog er mit kaiserlicher Unterstützung gegen seinen Vetter zweiten Grades Kurfürst Johann Friedrich (Ernestiner), um die Leipziger Teilung rückgängig zu machen. Nach der Schlacht bei Mühlberg (1547) und der Kapitulation des Schmalkaldischen Bundes wurde Moritz vom Kaiser die sächsische Kurwürde mitsamt umfangreicher Territorien des bisher ernestinischen Gebietes übertragen. Das albertinische Sachsen behielt seit dieser Zeit den Status des Kurfürstentums.

Zwischen Preußen und Habsburgern

Auch der Dreißigjährige Krieg brachte einschneidende politische Veränderungen mit sich. Nach anfänglicher Neutralität unterstützte das sächsische Kurfürstentum 1620 offen die Partei der Habsburger und besetzte im Herbst Schlesien und die beiden Lausitzen. Die beiden Lausitzen erhielt Sachsen anschließend zum Pfand. Im Jahre 1635 wurden sie bleibend als sächsische Landesteile etabliert. Obwohl Sachsen somit territorial erheblich gestärkt aus dem Kriege hervorging, war die Bevölkerung durch die Kriegseinwirkungen um etwa die Hälfte dezimiert worden. Zudem wurde langsam erkennbar, dass es in eine politisch nachteilige Mittelposition zwischen Brandenburg-Preußen und dem Habsburgerreich geriet, aus der es sich bis ins 19. Jahrhundert hinein nicht zu befreien vermochte. Vorerst jedoch nahm die wirtschaftliche Genesung des Landes – nicht zuletzt durch die Mitwirkung böhmischer Exulanten (Glaubensflüchtlinge), die sich in Sachsen niederließen – einen raschen Verlauf. Hierdurch ergab sich eine günstige Grundlage für die Regierungszeit Augusts des Starken (1694-1733).

1670 geboren, erlangte Friedrich August I. im Jahre 1694 die sächsische Kurwürde. Friedrich August war auch von seiner Körperfülle her eine eindrucksvolle Gestalt, was ihm zu seinem Beinamen „der Starke“ verhalf. Schon 1696 hatte er die Gelegenheit, seinen Geltungsdrang und sein Machtstreben unter Beweis zu stellen: Die polnische Königskrone wurde vakant und ihm gelang es im darauf folgenden Jahr, seine Kandidatur durchzusetzen. Kurfürst Friedrich August I. von Sachsen konnte als König August II. von Polen den königlichen Glanz auch in Dresden erstrahlen lassen. Rauschende Feste, prunkvolle Bauten, ein großer Hofstaat, eine königliche Zahl von Mätressen und Kindern prägten seine Regentschaft. So erfreut er sich noch heute in ganz Sachsen und besonders in Dresden volkstümlicher Beliebtheit; und die wichtigsten noch heute dominierenden barocken Bauwerke der Dresdener Altstadt (z.B. Zwinger, Kathedrale, Frauenkirche) gehen auf seine und seines Sohnes Regierungszeit zurück. Ein Reiterstandbild Augusts des Starken

(„Goldener Reiter") in der Dresdner Innenstadt erinnert an den bekannten König. Es soll zu Zeiten der sowjetischen Besatzung und der DDR nicht selten vorgekommen sein, dass Dresdner Bürger zu Füßen des Goldenen Reiters Zettel niederlegten mit der Aufschrift: „Lieber August, steig' hernieder, regiere deine Sachsen wieder!"

Die sächsisch-polnische Union unter August II. (August der Starke) und seinem Sohn als August III. von Polen dauerte mit Unterbrechungen bis zum Jahre 1763.

Industrieller Aufstieg im 19. Jahrhundert

Erst 1806 durften sich die sächsischen Kurfürsten wieder Könige nennen, und zwar vorerst von Napoleons Gnaden. Durch eine glücklose Koalitionspolitik an der Seite Frankreichs stand die staatliche Existenz Sachsens 1815 im Rahmen des Wiener Kongresses zur Disposition. Im Mächtespiel zwischen Preußen und Österreich durfte das Königreich Sachsen als Mittelmacht schließlich zwar bestehen bleiben, büßte jedoch hinsichtlich der Bevölkerungszahl etwa 40% und geographisch etwa 60% seines Umfanges ein. Unter anderem wurden Teile der Oberlausitz mit Görlitz (nun als neue niederschlesische Gebiete) und die Niederlausitz Preußen zugeschlagen.

Im weiteren Verlauf des 19. Jahrhunderts gelang es, Sachsen zum modernsten und innovativsten Wirtschaftsraum Deutschlands zu entwickeln. Ein Umstand, der bis heute z. B. im wirtschaftlichen Stellenwert der industriellen Produktion und im Erscheinungsbild sächsischer Städte und Dörfer erkennbar geblieben ist. Als wichtigste Triebfeder der Industrialisierung fungierte die Textilindustrie im Vogtland, im Erzgebirge mit Chemnitz als „sächsischem Manchester" und in der Oberlausitz. Diese wirtschaftliche Entwicklung wurde gefördert durch den Ausbau eines weit verzweigtes Eisenbahnnetzes, das zu den dichtesten in Europa zählte.

Im Deutschen Kaiserreich nach 1871 prägte der politische Dualismus zwischen Konservativen und Sozialdemokraten das politische Leben in Sachsen: Während die Konservativen die Regierungsgeschäfte leiteten, besaßen die Sozialdemokraten den größten politischen Rückhalt in der Bevölkerung. Letztere blieben zwar aus Gründen des Wahlsystems (Zensuswahlrecht) in Sachsen von der Macht weitgehend ausgeschlossen, gingen jedoch aus den Reichstagswahlen (Gleichheitsprinzip) fast immer als stärkste sächsische Partei hervor. So sprach man denn auch vom „roten Königreich".

Vom ersten Freistaat zum Freistaat von 1990

Am 9. November 1918 verließ König Friedrich August III. von Sachsen das Land. Er soll damals geäußert haben: „Dann machd doch Eiern Dregg alleene!“ Am 13. November dankte er offiziell ab. Damit endete nicht nur die Herrschaft des traditionsreichen Geschlechts der Wettiner, sondern auch die Monarchie als solche.

Bereits am 10. November übernahm ein Arbeiter- und Soldatenrat in Dresden die Macht und proklamierte die Republik Sachsen. Am 2. Februar 1919 fanden freie Wahlen statt. In die Volksvertretung wurden 42 Sozialdemokraten (41,6%), 22 Mitglieder der Demokratischen Partei (22,9%), 15 Vertreter der Unabhängigen Sozialdemokraten (16,3%), 13 Deutschnationale (14,3%) und vier Volksparteiler (3,9%) entsandt. Damit war Sachsen als traditionelle Hochburg der Sozialdemokratie behauptet. Am 28. Februar beschloss die sächsische Volkskammer ein „Vorläufiges Grundgesetz für den Freistaat Sachsen“, aus dem die – nach 1831 – zweite sächsische Verfassung von 1920 hervorging. (Freistaat bedeutet Republik im Sinne von nichtmonarchischer Herrschaft.)

In den Anfangsjahren der Weimarer Republik gewann die KPD an politischem Gewicht. 1920 und 1921 hatten sich einige Anschläge der revolutionären Linken unter Leitung des Vogtländers Max Hölz im mitteldeutschen Raum ereignet. Im Krisenjahr 1923 konzentrierte sich die Gefahr eines Umsturzversuches in Sachsen, wo KPD-Funktionäre, nach einer Anweisung der Komintern, als Minister in die Landesregierung Zeigner (SPD) eintraten. Um einer Bedrohung der inneren Sicherheit für das Reich entgegenzuwirken, rückten im Oktober mehrere Regimenter der Reichswehr in sächsische Städte ein. Anschließend kam es zur Reichsexekution gegen Sachsen auf Grund des Art. 48 der Weimarer Reichsverfassung. Ein Reichskommissar wurde eingesetzt und die Reichswehr zwang die sächsischen Minister aus ihren Ämtern. Unter diesem Druck trat die Regierung Zeigner zurück; und die Bildung einer neuen SPD-Minderheitsregierung ohne kommunistische Beteiligung führte zu einer Normalisierung der Lage.

Gegen Ende der 20er Jahre gewann die NSDAP auch in Sachsen zunehmend an Stimmen und wurde bis zur Kanzlerschaft Hitlers zur stärksten Partei. Im Zuge der Machtergreifung und der „Gleichschaltung der Länder“ verlor Sachsen – nunmehr als „Reichsgau“ – praktisch seine staatliche Existenz.

Aus der bitteren Bilanz der nationalsozialistischen rassistischen Tyrannei seien drei Beispiele hervorgehoben: Die jüdischen Gemeinden, die u.a. in Dresden, Görlitz und Leipzig einen großen Anteil an der wirtschaftlichen und kulturellen Entwicklung der Städte gehabt hatten, wurden durch Verfolgung und Vernichtung ausgelöscht. In Pirna bei Dresden wurden zwischen 12.000 und 15.000 psychisch Kranke vergast oder zu Tode gespritzt.

Als wichtige Industriestandorte blieben sächsische Städte auch von den Luftangriffen der Feindmächte in den 40er Jahren nicht verschont. Außergewöhnlich grausam war die Zerstörung der mit Flüchtlingen überfüllten Innenstadt von Dresden am 13. und 14. Februar 1945, die tausende von Todesopfern forderte. Die Bomben legten den barocken Glanz von Dresden in Trümmer, so dass er heute nur noch in wenigen Gebäuden zu erahnen ist.

Der Schriftsteller Gerhart Hauptmann (1862-1946) erlebte die Bombennächte von Dresden und schrieb in einem Rückblick: „Wer das Weinen verlernt hat, der lernt es wieder beim Untergang Dresdens."

Nach dem Zweiten Weltkrieg, im Juli 1945, ließ die Sowjetische Militäradministration wieder eine sächsische Landesverwaltung einrichten, die zusammen mit den anderen Ländern der SBZ bis in die DDR-Zeit hinein bestand. 1947 erhielt Sachsen seine dritte Landesverfassung im Laufe der Geschichte.

Im Zuge der zentralistischen Vorstellungen, Bestrebungen und Notwendigkeiten einer kommunistischen Diktatur hob die DDR 1952 die Länderstrukturen auf und ersetzte sie durch Bezirke (in Sachsen: Chemnitz/Karl-Marx-Stadt, Leipzig und Dresden). Der sächsische Schriftsteller Erich Loest schrieb über das damalige (zweite) Ende Sachsens: „Unter den historischen Begriff Sachsen wurde 1952 ein Schlusspunkt gesetzt, die Akte geschlossen und im Keller, Abteilung Tote Staaten, unfeierlich beigesetzt. Lange Jahre senkte sich Staub darauf, Flugasche, Braunkohlendreck." Während der Jahrzehnte der deutschen Teilung galt das historisch bedeutsame und gemütliche Bautzen wegen seines Zuchthauses für politische Häftlinge als Inbegriff des unmenschlichen SED-Regimes. Der Volksaufstand vom 17. Juni 1953 fand durch eindrucksvolle Demonstrationen auch in Sachsen großen Rückhalt. Mehr als 30 Jahre später spielten die sächsischen Schauplätze dann eine führende Rolle beim Niedergang der SED-Herrschaft.

Die friedliche Revolution im Jahre 1989 und der Weg zur Wiedervereinigung wurden maßgeblich von sächsischen Personen und Ereignissen mitgeprägt. Die Leipziger Montagsdemonstrationen trugen der Messestadt den Beinamen „Heldenstadt" ein. Die ersten Montagsdemonstrationen waren 1982 in Form von Friedensgebeten in der Leipziger Nicolai-Kirche entstanden. In den entscheidenden Monaten des Oktober und November 1989 fanden sich oftmals mehrere 100.000 Menschen ein, um gegen das DDR-Regime und später für die Wiedervereinigung einzutreten. Nach allzu langer Zeit wurden wieder weiß-grüne Flaggen mitgeführt, lebte auch der Wunsch zur Neubegründung sächsischer Landesstaatlichkeit neu auf.

Am 3. Oktober 1990, dem Tag des Vollzugs der Wiedervereinigung, wurde auf der Albrechtsburg in Meißen der sächsische Staat neu gegründet. Der Ort der Neugründung, die alte Residenz der Mark Meißen, knüpfte an uralte historische Bindungen an. Der Sächsische Landtag beschloss in seiner konstituierenden Sitzung am 27. Oktober 1990 die Namengebung „Freistaat Sachsen" und verwies damit auf die lange politische Tradition des Landes.

Die Sorben

Seit über 1000 Jahren leben die slawischen Sorben in Dörfern und Kleinstädten im Raum zwischen Spree und Oder, von Bautzen bis Lübben, in der Ober- und Niederlausitz. Trotz vielfacher Bedrängung und so genannten „Germanisierungsversuchen" im 19. und 20. Jahrhundert konnte sich das etwa 60.000 Menschen umfassende kleine Volk bis heute behaupten. Die Sächsische Verfassung (Art. 6) – und für die niederlausitzer Sorben die brandenburgische entsprechend – sichert der sorbischen Volksgruppe Gewährleistung und Schutz ihres Rechtes auf Sprach- und Kulturpflege „insbesondere durch Schulen, vorschulische und kulturelle Einrichtungen" zu.

Besonders typisch für das sorbische Volk ist eine sehr enge Verknüpfung von Sprach-, Kultur- und Religionsgemeinschaft (evangelisch wie katholisch), die allen historischen Widrigkeiten zum Trotz bis heute bestehen blieb. Viele Einrichtungen, wie die Domowina als kultureller Dachverband oder das Sorbische Institut mit der Sorbischen Zentralbibliothek in Bautzen, erhalten nach wie vor ihre finanzielle Absicherung durch staatliche Mittel. Die eigentliche Gefahr für das Sorbentum scheint nach 1989 die zumeist berufsbedingte höhere Mobilität, sinkende Geburtenziffern und die Strukturschwäche des ländlichen Raumes zu sein. Ohne ausreichende Arbeitsplätze in der näheren Umgebung der sorbischen Dörfer ist der Wegzug junger Leute kaum vermeidbar. Hieraus resultieren existenzielle Probleme der Pflege und Weitergabe von Sprache und Brauchtum.

Die Verfassung des Freistaates Sachsen

Die Sächsische Verfassung (die vierte Landesverfassung in der Geschichte) trat am 6. Juni 1992 in Kraft. Sie war die erste Verfassung, die in den neuen Bundesländern verabschiedet wurde. Die Präambel betont die historische Tradition Sachsens und grenzt diese zu den vorhergehenden Jahrzehnten der Diktatur ab. Dort heißt es: „Anknüpfend an die Geschichte der Mark Meißen, des sächsischen Staates und des niederschlesischen Gebietes, ... ausgehend von den leidvollen Erfahrungen nationalsozialistischer und kommunistischer Gewaltherrschaft, ... hat sich das Volk im Freistaat Sachsen dank der friedlichen Revolution des Oktober 1989 diese Verfassung gegeben."

Die sächsische Verfassung enthält einen kompletten Grundrechte-Katalog in Entsprechung zum Grundgesetz und zur Beteuerung ihrer Aufgabenstellung für staatliches Handeln. Besondere Ergänzungen zum Grundgesetz wurden zumeist aufgrund leidvoller Erfahrungen der DDR-Zeit vorgenommen. So umfasst der Grundrechte-Katalog eingedenk der Verbrechen der Staatssicherheit gegen politisch Oppositionelle eine besondere Betonung des Datenschutzes (Art. 33) oder die ausführliche Bestimmung aus dem Katalog allgemeiner Menschenrechte: „Niemand darf grausamer, unmenschlicher oder erniedrigender Behandlung oder Strafe und ohne seine freiwillige und ausdrückliche Zustimmung wissenschaftlichen oder anderen Experimenten unterworfen werden" (Art. 16,2).

An direktdemokratischen Elementen in der Sächsischen Verfassung sind Volksantrag, Volksbegehren und Volksentscheid zu nennen. So ist es entsprechend Art. 3,2 der Sächsischen Verfassung („Die Gesetzgebung steht dem Landtag oder unmittelbar dem Volk zu.") möglich, über einen Volksantrag ein Gesetzesvorhaben in den Landtag einzubringen und bei Ablehnung durch den Landtag auch einen Gesetzesentwurf als Volksbegehren zum Volksentscheid zu bringen und bei mehrheitlicher Zustimmung gegen die Landtagsposition durchzusetzen (Art. 70ff.). In Entsprechung zur Bundesebene sitzt in Leipzig ein Verfassungsgerichtshof des Freistaates Sachsen als unabhängiges Entscheidungsorgan in Grundsatzfragen.

Verwaltungsstruktur in Sachsen

Die ersten Landtagswahlen (14.10.1990) nach der friedlichen Revolution ergaben eine stabile CDU-Mehrheit im Parlament. Zum Ministerpräsidenten wurde Prof. Kurt Biedenkopf gewählt. Er brachte langjährige bundes- und landespolitische Erfahrungen (Nordrhein-Westfalen) in die anstehenden Aufgaben ein.

Der Aufbau der Landesverwaltung stand unter den Einflüssen der Diskussionen und Ergebnisse der Runden Tische sowie der politischen Vorstellungen und Erfahrungen der Verwaltungsfachleute, die hauptsächlich aus den Partnerländern Bayern und Baden-Württemberg nach Sachsen berufen wurden. Es galt, trotz des immensen Zeitdrucks, eine effektive Landesverwaltung aufzubauen, die dem Rahmen von Grundgesetz und Einigungsvertrag entsprach, aber auch die Eigenarten Sachsens berücksichtigte. Umfangreiche theoretisch-konzeptionelle Überlegungen mussten vorerst auf zentrale Aufgabenstellungen beschränkt werden. Wegen des hohen Regelungsbedarfes im gesamten Prozess des Umbaus von Verwaltungs- und Rechtsordnung konnte vielen weiteren Problemen vorerst nur durch Übernahme bestehender Gesetze und Verordnungen aus den alten Bundesländern begegnet werden.

Bei der Diskussion um die Einrichtung von Mittelbehörden in Form von Regierungspräsidien spielte die Erinnerung an die politisch sehr „berlinhörigen" Bezirke der DDR (Karl-Marx-Stadt/Chemnitz, Leipzig und Dresden) eine große Rolle. Letztendlich setzte sich jedoch das Argument durch, dass die Kreise und Kreisfreien Städte ohne Mittelbehörden allzu schwer ihre Anliegen mit der Landesebene koordinieren könnten. Anstelle der ursprünglich geplanten fünf wurden dann drei Regierungspräsidien geschaffen, und zwar den vormaligen Bezirken geographisch sehr ähnlich. Die dreigliedrige Struktur der Regierungspräsidien als Mittelbehörden ist in einigen Bereichen nachträglich durchbrochen worden, wie z.B. durch die Bildung von Kulturräumen und die Zusammenfassung von Oberschul- und Schulämtern in fünf Regionalschulämter.

Auf kommunaler Ebene wurde durch eine Kreisgebietsreform (1995/1996) die Anzahl von 48 Landkreisen und Kreisfreien Städten verringert, um überschaubarere Verwaltungsstrukturen zu schaffen. So gibt es derzeit in Sachsen 22 Landkreise und sieben Kreisfreie Städte (Chemnitz, Dresden, Görlitz, Hoyerswerda, Leipzig, Plauen und Zwickau). Daneben ermöglicht die Sächsische Gemeindeordnung auf Antrag die Etablierung von so genannten Großen Kreisstädten (Voraussetzung: über 20.000 Einwohner) mit speziellen zusätzlichen Kompetenzen gegenüber anderen Städten. 1998 verabschiedete der Sächsische Landtag eine Gemeindegebietsreform, die eine Anzahl von 1.626 Städten und Gemeinden auf nunmehr 540 reduzierte. Zudem werden nach und nach Verwaltungsgemeinschaften mit einem Verwaltungszentrum für benachbarte selbständige Gemeinden und Verwaltungsverbände als Zusammenschlüsse selbständiger Gemeinden ohne ein Verwaltungszentrum eingerichtet. Des Weiteren befreite man die sächsischen größeren und Großstädte durch erhebliche Eingemeindungen weitgehend von den so genannten Speckgürteln.

Das sächsische Bildungswesen

Das sächsische Bildungswesen steht in einer langen und verpflichtenden Tradition. Theodor Fontane schrieb über die Sachsen im Vergleich zu den übrigen deutschen Landsmannschaften: „Sie sind die Überlegenen, und ihre Kulturüberlegenheit wurzelt in ihrer Bildungsüberlegenheit, die nicht vom neuesten Datum, sondern fast vierhundert Jahre alt ist." So ging man nach der friedlichen Revolution sehr ambitioniert an die Chance des Bildungsum- und -neuaufbaus. Das Schulsystem wurde mit zwei markanten Besonderheiten im Vergleich zu den meisten anderen Bundesländern ausgestattet. Einerseits dauert die Schulzeit bis zum Abitur lediglich zwölf Jahre, andererseits stellt die Mittelschule einen neuen allgemein bildenden Schultypus neben dem Gymnasium dar. In der Mittelschule können die Schüler einen Hauptschul- oder Realschulabschluss erlangen. Auch im Bereich der Schulverwaltung geht man in Sachsen neue Wege. So wurden zum 1. Januar 1999 die an der Landkreisstruktur angelehnten vorherigen 20 Schulämter und drei – entsprechend den Regierungsbezirken – Oberschulämter aufgelöst und an deren Stelle fünf Regionalschulämter eingerichtet (mit Sitz in Bautzen, Dresden, Leipzig, Chemnitz und Zwickau).

Das Hochschulwesen wurde den Strukturen der alten Länder angepasst, z.B. durch Auflösung der ehemaligen Pädagogischen Hochschulen. Besonders einschneidend waren die personellen Abwicklungen von belasteten Hochschullehrern. Heute ist Sachsen ein bedeutender Hochschulstandort mit über 96.000 Studenten. Die Technische Universität Dresden (ca. 26.500 Studenten) wurde mit der Ausweitung um geisteswissenschaftliche Fakultäten zur Volluniversität. Sie lief der Leipziger Universität bezüglich der Immatrikulationen den ersten Rang ab. In Sachsen werden vier Universitäten, vier Kunsthochschulen und fünf Fachhochschulen als Hochschulen für Technik und Wirtschaft unterhalten. Hinzu kommen Sondereinrichtungen wie das Internationale Hochschulinstitut in Zittau und die Akademie für Künstlerischen Tanz (Palucca-Schule Dresden) sowie die private Handelshochschule Leipzig (als Universität).

Auf das baden-württembergische Vorbild zurückgreifend wurde zudem 1991 eine Berufsakademie als Staatliche Studienakademie Sachsen gegründet. An sechs Standorten absolvieren etwa 4.400 Studenten ein „duales Studium", das zur Hälfte nichtstaatlich durch so genannte Praxispartner organisiert wird.

Politische Wahlen in Sachsen

Das sächsische Wahlsystem orientiert sich bei den Landtagswahlen am Wahlrecht zum Deutschen Bundestag und bei den Kommunalwahlen an den Regelungen in Baden-Württemberg und Bayern. Die Sächsische Verfassung bestimmt eine ordentliche Legislaturperiode des Sächsischen Landtages von fünf Jahren. Die 120 Parlamentssitze werden zur Hälfte über 60 Direktmandate (in 60 Wahlkreisen) und zur Hälfte über 60 Listenplätze bestimmt. Die Wähler haben somit je eine Stimme für einen Wahlkreiskandidaten und eine Parteiliste zu vergeben. Der Landtag wird nach dem Verhältnis der Zweitstimmenanteile der Parteien besetzt, wobei allerdings die 5-%-Hürde zu überwinden ist. Kommt es durch das Ungleichgewicht von Erst- und Zweitstimmenanteilen zu Überhangmandaten, so werden diese im Unterschied zum Wahlrecht des Bundestages ausgeglichen.

Der erste Sächsische Landtag wurde am 14. Oktober 1990 – also vor In-Kraft-Treten der Sächsischen Verfassung – nach dem „Gesetz über die Wahlen zu Landtagen in der DDR" vom August 1990 gewählt. Er besaß eine Legislaturperiode von vier Jahren und setzte sich aus 160 Abgeordneten zusammen.

In sächsischen Kreisen, Städten und Gemeinden gilt der Verwaltungsaufbau nach dem Muster der süddeutschen Ratsverfassung. Hiernach werden Landräte als Leiter der Kreisverwaltung und Vorsitzende der Kreistage direkt für sieben Jahre gewählt. Ebenso werden die Oberbürgermeister und Bürgermeister als Vorsitzende des Stadt- oder Gemeinderates und als Leiter der Stadt- oder Gemeindeverwaltung gewählt. Landräte und Bürgermeister in Gemeinden mit über 3.000 Einwohnern sind hauptamtliche Beamte auf Zeit. Organe des Landkreises sind der Kreistag und der Landrat, Behörde des Landkreises ist das Landratsamt. Mitglieder der Kreistage sind Kreisräte und jeweils ein Landrat als Vorsitzender. Die Wahlen zu Kreistagen, Stadt- und Gemeinderäten werden nach dem Prinzip der Verhältniswahl für eine Amtszeit von fünf Jahren durchgeführt. Jeder Wahlberechtigte hat drei Stimmen, die er auf einen Bewerber konzentrieren (kumulieren) oder aber auf mehrere Bewerber verteilen kann (panaschieren).

Die Stärke der Kreistage variiert von 50 Sitzen in Kreisen mit weniger als 100.000 Einwohnern bis zu 70 Sitzen in Kreisen mit mehr als 175.000 Einwohnern. Die Sitzstärke der Stadt- und Gemeinderäte richtet sich entsprechend nach der jeweiligen Bevölkerungszahl, so werden z.B. acht Gemeinderäte bei bis zu 500 Einwohnern oder 60 bei Städten mit über 400.000 Einwohnern gewählt. Für Ortschaften einer Stadt oder Gemeinde mit einem Ortsvorsteher an der Spitze wird nach den Grundsätzen der Gemeinderatswahlen ein Ortschaftsrat gewählt.

Ähnlich wie auf der Landesebene besteht auch auf Gemeinde- und Kreisebene die Möglichkeit zur direkten politischen Einflussnahme der Wahlbevölkerung über Bürgerbegehren und Bürgerentscheid.

Vom „roten Königreich" zur „CDU-Hochburg"

Die CDU avancierte nach der friedlichen Revolution zur dominierenden politischen Partei in Sachsen. Dies geschah wohl vorrangig, weil sie als Partei der zügigen Wiedervereinigung und der schnellen Eingliederung in die Bundesrepublik wahrgenommen wurde und dies den Wählerinteressen entsprach. Zudem engagierten sich zahlreiche Spitzenpolitiker der sächsischen CDU maßgeblich als Bürgerrechtler in der DDR-Opposition und trugen zur Entwicklung 1989 mit bei. Die SPD konnte somit – vor dem Hintergrund des CDU-Wahlerfolges – nicht an ihre Erfolge aus der Zeit von 1871 bis 1933 anknüpfen.Bei den Landtagswahlen 1990, 1994 und 1999 erreichte die CDU absolute Mehrheiten (53,8%, 58,1%, 56,9% der Zweitstimmen). Somit regiert seit 1990 die CDU ohne Koalitionspartner. Am 18. April 2002 wurde Prof. Biedenkopf nach zwölfjähriger Amtszeit vom ehemaligen sächsischen Finanzminister Prof. Georg Milbradt als Ministerpräsident abgelöst. Die SPD verlor bei den Landtagswahlen 1999 ihre vorherige Position als zweitstärkste Partei mit einem Ergebnis von 10,7% der Zweitstimmen. Die PDS konnte sich hingegen auf 22,2% Stimmenanteil verbessern und bildet damit die zweitstärkste Fraktion des dritten Sächsischen Landtags. Bündnis 90/Die Grünen (2,6%) und FDP (1,1%) sind bereits seit der zweiten Legislaturperiode nicht mehr im Parlament, nachdem sie 1990 die 5-%-Hürde noch hatten überspringen können.

Eine Besonderheit der politischen Verhältnisse in Sachsen stellen die recht abweichenden Wahlergebnisse der Regierungspartei bei Landtags-, Bundestags- und Europawahlen dar. Bei den Bundestagswahlen 1998 und 2002 errang die CDU 32,7% und 33,6% der Stimmen, bei den Wahlen zum Europäischen Parlament 1999 erhielt sie 45,9% und bei den Landtagswahlen desselben Jahres 56,9% (jeweils Zweitstimmenanteil).

Die überwiegende Mehrheit der sächsischen Gemeinden und Städte wird von CDU-Bürgermeistern geführt. In größeren Städten gibt es jedoch einige Ausnahmen: Der langjährige CDU-Oberbürgermeister von Dresden musste 2001 sein Amt an einen FDP-Politiker abtreten. Die SPD stellt in Leipzig und Chemnitz die Oberbürgermeister; in Hoyerswerda regiert ein PDS-Politiker. Erhebliche Abweichungen vom durchschnittlichen Landesergebnis der Parteien CDU, SPD und PDS bei den Landtagswahlen von 1999 entsprechen typischen Erkenntnissen der Wahlanalyse. So errang die CDU in den kleinen Gemeinden des katholischen Sorbenlandes (z.B. im Wallfahrtsort Ralbitz-Rosenthal 87,3%) und in den katholisch geprägten Städten Wittichenau (76,9%) und Schirgiswalde (77,3%) sowie in Erzgebirgsgemeinden mit einer vergleichsweise hohen Kirchenbindung unter der protestantischen Bevölkerung einen Zweitstimmenanteil, der gegenüber dem Landesdurchschnitt von 56,9% deutlich abweicht. Die Stadt Hoyerswerda, die ihr Gesicht zu DDR-Zeiten vollständig verwandelte und zu einer Industriearbeiterstadt im Herzen des Braunkohlebergbaus wurde, stellt heute eine Hochburg der PDS dar mit einem Zweitstimmenanteil von 34,5%. Die SPD erhielt in einigen traditionellen Hochburgen (z.B. im Raum Leipzig und in Chemnitz) überdurchschnittliche Werte zwischen 15 und 18 Prozent.

Wahlergebnisse in Sachsen 1990-1999 zum Deutschen Bundestag (BT) und zum Sächsischen Landtag (LT) nach Zweitstimmen in %

	BT 90	LT 90	BT 94	LT 94	BT 98	LT 99	BT 02
CDU	49,5	(54,4)	48,0	58,1	32,7	56,9	33,6
SPD	18,2	(19,1)	24,3	16,6	20,1	10,7	33,3
PDS	9,0	(10,2)	16,7	16,5	20,0	22,2	16,2
FDP	12,4	(5,3)	3,8	1,7	3,6	1,1	7,3
B90/Grüne	5,9	(5,6)	4,8	4,1	4,4	2,6	4,6

(PDS – LT 1990: „Linke Liste – PDS“; B90/Grü. 1990: „Neues Forum – Bündnis-Grüne“)

Quelle: Statistisches Landesamt des Freistaates Sachsen

„Was in Chemnitz erarbeitet wird, wird in Leipzig gehandelt und in Dresden verprasst“

Das Städtedreieck Dresden-Leipzig-Chemnitz stellte vor dem Zweiten Weltkrieg das industrielle Herz Deutschlands dar. Damals trugen besonders Unternehmen mittelständischer Größe zur Blüte der heimischen Wirtschaft bei. Zu DDR-Zeiten erwirtschafteten die sächsischen Bezirke etwa 40% der gesamten Industrieproduktion der DDR. Der Anteil an Beschäftigten im produzierenden Gewerbe betrug noch 1989 ca. 54%. Das Bruttoinlandsprodukt (BIP) des Freistaates Sachsen belief sich nach jeweiligen Preisen 2002 auf 75,8 Mrd. Euro. Dies entspricht etwa 33% der Wirtschaftsleistung der neuen

Bundesländer und einem Anteil von 3,6% des deutschen BIP insgesamt. Das sächsische BIP liegt damit im Vergleich zwischen den Ländern Hamburg und Berlin. Das Wirtschaftswachstum der letzten Jahre verlangsamte sich seit 1995 mit 8,2% bis auf 2,1% im Jahre 2002 und wird mittlerweile allein vom verarbeitenden Gewerbe und der Dienstleistungsbranche getragen, wohingegen Energieversorgung und Baugewerbe massive Einbußen verzeichneten. Dies ist ein bedrückendes Ergebnis im Hinblick auf das Ziel der wirtschaftlichen Angleichung zwischen alten und neuen Bundesländern, denn bei beinahe gleichen Wachstumsraten kommt der Aufholprozess zum Erliegen.

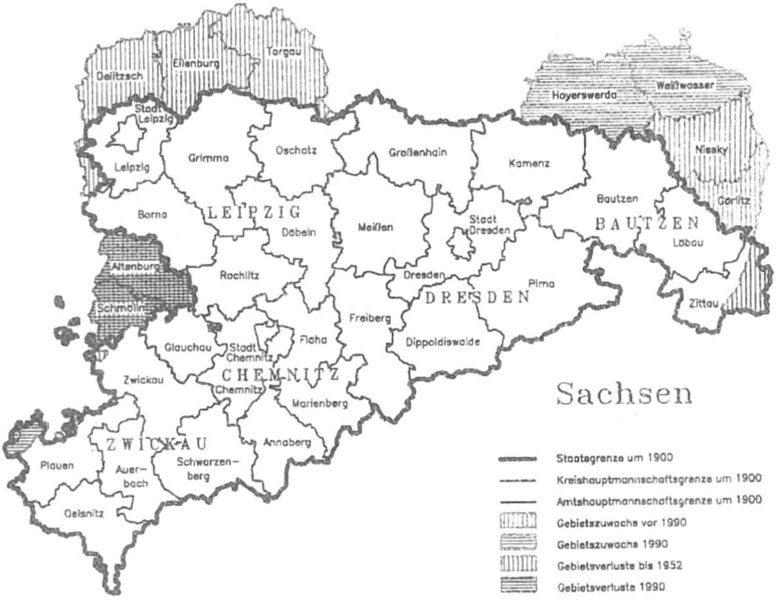

Ein altes Sprichwort, das bis heute gewisse Gültigkeit besitzt, besagt: „Was in Chemnitz erarbeitet wird, wird in Leipzig gehandelt und in Dresden verprasst." Der Raum Chemnitz/Zwickau verfügt über eine vorrangig mittelständisch und industriell geprägte Wirtschaftsstruktur mit dem Schwerpunkt des Fahrzeugbaus und der Metallverarbeitung (z.B. Volkswagen). Leipzig ist der infrastrukturelle Knotenpunkt der neuen Bundesländer mit den Schwerpunkten Handel (Leipziger Messe, Flughafen Leipzig-Halle, Bankenstandort), polygraphische Industrie und neuerdings auch Automobilbau (Porsche/ BMW). In und um Dresden konzentrieren sich Unternehmen der Elektrotechnik und elektronischen Hochtechnologie (z.B. Siemens, AMD). Die wichtigsten Wirtschaftszweige des produzierenden Gewerbes in Sachsen sind der Maschinenbau, die Metallverarbeitung, die Elektro- und Elektronikindustrie sowie das Ernährungs-, Textil- und Papiergewerbe. Außerhalb der Oberzentren gelang es bisher kaum, vorhandene Arbeitsplätze zu sichern oder neu zu schaffen. Der Braunkohletagebau in der Lausitz oder Waggonbau in Görlitz, der Instrumentenbau und die Spitzenproduktion im Vogtland, die Spielzeugherstellung im Erzgebirge sowie die Stahlproduktion in Riesa haben – soweit sie den Wirtschaftswandel überhaupt als Unternehmen überstehen konnten – bei weitem nicht mehr das Beschäftigungsgewicht wie zu DDR-Zeiten.

An seine traditionelle Wirtschaftsstruktur der Vergangenheit konnte Sachsen nach der Revolution von 1989 im Großen und Ganzen wieder anschließen. Besonders weil die Neuansiedlung bzw. Umstrukturierung großer Industrieunternehmen nicht mehr den überragenden Stellenwert in der Erwerbsstruktur verzeichnen kann, ist die Förderung der Entstehung und Etablierung von Kleinunternehmen ein wichtiges Anliegen der sächsischen Staatsregierung. Hiermit wird an die Traditionen der Gründerzeit und der Weimarer Republik angeknüpft.

In den Jahren 1990 bis 2000 ist die Zahl der Gewerbe in Sachsen um weit über 200.000 Betriebe gewachsen. Die Betriebsdichte in Sachsen und die Anzahl der Handelsregistereintragungen liegt signifikant höher als im Bundesdurchschnitt. Entgegen den ersten Jahren nach 1989 verlagert sich das Branchengewicht der Gewerbeneuanmeldungen von Handel und Handwerk zunehmend in Richtung Industrieproduktion. Mittlerweile entfallen mehr als zwei Drittel der sächsischen Industrieproduktion auf den mittelständischen Bereich. Damit behauptet sich Sachsen als dynamischer und besonders mittelständisch geprägter Wirtschaftsstandort. In den sächsischen Wachstumszentren um Leipzig und Dresden befinden sich die Werte wiederum auf einem bedeutend günstigeren Niveau als in ländlichen Räumen. Allerdings weisen die Regionen Zwickau, Bautzen und Riesa die höchste Dichte an Industriearbeitsplätzen auf, während in den Ballungszentren der Dienstleistungsanteil stärker ins Gewicht fällt.

Die Arbeitslosigkeit stellt in Sachsen – wie in den neuen Bundesländern allgemein – das größte wirtschafts- und sozialpolitische Problem dar. Gab es 1989 noch 2,8 Mio. Erwerbstätige, so schrumpfte diese Zahl auf etwa 1,8 Mio. bis 1992 und befindet sich seitdem auf vergleichbarem Niveau. Die Arbeitslosenquote in Sachsen betrug in den vergangenen Jahren zwischen 14 und 19 Prozent (2002: 19,4%) und lag damit jeweils etwas günstiger als in den neuen Bundesländern insgesamt. Die regionalen Unterschiede sind gravierend (z.B. im Jahresdurchschnitt 2001: 15,8% im Raum Dresden und 22,4% im Raum Bautzen).

Mit hohen Steigerungsraten (2000 plus 11,7%, 2001 plus 23%) entwickelt sich der sächsische Außenhandel zum Motor der wirtschaftlichen Entwicklung, wobei Kraftfahrzeuge und elektrotechnische Produkte besonders positiv herausragen.

Der Ausfuhranteil Sachsens beträgt in Bezug auf die gesamten Ausfuhren der neuen Länder etwa 43% und übersteigt damit deutlich den entsprechenden sächsischen Anteilswert am Bruttoinlandsprodukt der neuen Länder.

Der Organisationsgrad der Gewerkschaften liegt in Sachsen auf leicht unterdurchschnittlichem Niveau gegenüber dem Bundesgebiet. Dem Deutschen Gewerkschaftsbund als größtem sächsischen Verband gehörten 2001 (mit fallender Tendenz) etwa 338.000 Mitglieder an.

Kirchen und Glaubensgemeinschaften

Sachsen galt seit 1539 als protestantisches Land, auch wenn das Herrscherhaus seit August dem Starken der katholischen Kirche angehörte. Durch die kirchenfeindliche Politik und materialistische Ideologie des Marxismus-Leninismus zu DDR-Zeiten und eine erhebliche Zahl von Kirchenaustritten beider großer christlicher Konfessionen auch nach der friedlichen Revolution ging der Anteil an Kirchenmitgliedern nach dem Zweiten Weltkrieg von über 90% auf heute unter 30% der Bevölkerung zurück.

22,9 % der sächsischen Bevölkerung gehören (mit leicht fallender Tendenz) Gliedkirchen der Evangelischen Kirche in Deutschland (EKD) an. Die Evangelisch-Lutherische Landeskirche Sachsen stellt mit ca. 916.000 Mitgliedern die größte Gemeinschaft dar, gefolgt von der Evangelischen Kirche der schlesischen Oberlausitz mit ca. 58.000 Mitgliedern und der Evangelischen Kirche der Kirchenprovinz Sachsen mit ca. 31.000 Mitgliedern im sächsischen Teil.

Etwa 4,4% der Bevölkerung (auf gleich bleibendem Niveau) sind römisch-katholischen Bekenntnisses. Sie gehören zu den sächsischen Teilen der Bistümer Dresden-Meißen (ca. 164.000 Seelen), Görlitz (ca. 21.000 Seelen) und Magdeburg (ca. 7.500 Seelen). Besonders die katholischen Sorben in ihren Dörfern im Großraum Bautzen und die Städte Wittichenau und Schirgiswalde stellen durch frühere böhmisch-habsburgische Sonderrechte immer noch katholische Enklaven dar.

Die drei jüdischen Gemeinden in Sachsen konnten zwar seit 1989 einen erheblichen Zuwachs erzielen – was durch den Neubau einer Synagoge in Dresden auch äußerlich verdeutlicht wird –, stellen jedoch mit insgesamt ca. 1500 Mitgliedern (2001) eine sehr kleine Glaubensgemeinschaft dar.

Land der Kultur

Das Kulturland Sachsen in Kürze und ausgewogen vorzustellen ist ein Unterfangen, das einem Dialog Heinrich von Kleists ähnelt, den er auf einer Reise durch Sachsen niederschrieb: „Sind Sie in Dresden gewesen?“ – „Ja, durchgereist.“ – „Haben Sie das Grüne Gewölbe gesehen?“ – „Nein.“ – „Das Schloss?“ – „Von außen.“ – „Königstein?“ – „Von weitem.“ – „Pillnitz, Moritzburg?" – „Gar nicht." – „Mein Gott, wie ist das möglich?" – „Möglich? Mein Freund, das war notwendig.

„Die kulturellen Besonderheiten Sachsens sind eng mit der Geschichte der einzelnen Regionen verflochten. Zur gezielten finanziellen Unterstützung und zur besseren Koordination der kulturellen Aktivitäten in Sachsen schuf man die acht ländlichen Kulturräume Vogtland, Zwickauer Raum, Erzgebirge, Mittelsachsen, Leipziger Raum, Elbtal, Sächsische Schweiz/Osterzgebirge, und Oberlausitz-Niederschlesien sowie die drei urbanen Kulturräume Chemnitz, Leipzig und Dresden. Die Kulturstätten internationalen Ranges konzentrieren sich in Leipzig und Dresden: So stehen die Knaben vom Thomanerchor Leipzig in stetem Wettbewerb mit dem Dresdner Kreuzchor. Das Leipziger Gewandhausorchester, die Leipziger Oper und die Deutsche Bücherei als Teil der Nationalbibliothek sind weitere Säulen der Kulturpflege. Und die Neue Messe beherbergt nicht nur die Frühjahrsbuchmesse, sonder ist auch Veranstaltungsort sportlicher und musikalischer Großereignisse. Die Bewerbung Leipzigs für die Sommerolympiade 2012 ist ein äußeres Zeichen für den hohen Stellenwert des Sportes in Sachsen, der auch das internationale Image der Kleinstadt Riesa prägt.

In Dresden sind die Semperoper mit der Staatskapelle, die Dresdner Philharmonie, die Gemäldegalerie alter Meister mit Raffaels Sixtinischer Madonna oder das Hygiene-Museum herausragende Publikumsmagneten. Außerhalb der Zentren existiert selbstverständlich auch ein weit verzweigtes und tiefschichtiges Kulturangebot in allen größeren Städten und Regionen, das neben traditionellen Schwerpunkten mit zahlreichen Theatern und Orchestern auch moderne Ansätze berücksichtigt, wie z.B. soziokulturelle Zentren.

Zur Kulturpflege zählen insbesondere auch die weltbekannten erzgebirgischen Weihnachtsbräuche oder die Osterbräuche der Sorben

Presse und Rundfunk

Das Angebot an regionalen Tageszeitungen in Sachsen ist sehr beschränkt. In den meisten Regionen dominiert eine Zeitung den Markt. Die Freie Presse mit Sitz in Chemnitz legt täglich ca. 370.000 Expl. auf, die Sächsische Zeitung mit Sitz in Dresden ca. 340.000 Expl. und die Leipziger Volkszeitung mit Sitz in Leipzig ca. 286.000 Expl. Durch die sehr konzentrierte Presselandschaft zählen die drei großen sächsischen Tageszeitungen zu den auflagenstärksten in ganz Deutschland. Die großen nationalen Tageszeitungen und Wochenmagazine (z.B. Frankfurter Allgemeine oder Der Spiegel) finden im Vergleich zu den alten Bundesländern einen schlechten Absatz. Eine Besonderheit stellen sorbischsprachige Publikationen dar, wovon die Tageszeitung Serbske Noviny aus Bautzen mit etwa 1.500 Exemplaren Auflage das Angebot der großen deutschsprachigen Organe gezielt ergänzt.

Im Bereich des Fernsehkonsums existieren erhebliche Unterschiede zu den alten Bundesländern. So steht in Sachsen in der Rangfolge der beliebtesten Fernsehsender zumeist ein privater Anbieter an der Spitze. Der Mitteldeutsche Rundfunk als gemeinsame Anstalt der Länder Thüringen, Sachsen-Anhalt und Sachsen hat sich seit seinem Sendestart 1992 zu einer der wichtigsten öffentlich-rechtlichen Fernseh- und Radioanstalten in Deutschland entwickelt. Das Rundfunkangebot in Sachsen gestaltet sich sehr vielseitig. Unter den öffentlich-rechtlichen Anbietern erfreuen sich neben dem MDR auch die nationalen Programme des Deutschlandradios Berlin (mit dem Deutschlandfunk Köln) besonderen Zuspruchs. Zudem strahlen eine Vielzahl von kleinen Sendern über UKW aus, wovon sich die meisten allerdings auf leichte Unterhaltung konzentrieren.

Insbesondere die Regionalsender vermitteln einen Eindruck, wie sehr die Vielfältigkeit sächsischer Regionen nach 1989 wieder selbstbewusst zum Ausdruck gebracht wird; und nicht zuletzt auch in sprachlicher Hinsicht.

Das sächsische Landeswappen

Die schwarz-goldenen Balken im sächsischen Landeswappen gehen auf das hochadelige Geschlecht der Askanier im 12. Jahrhundert zurück. Zur Unterscheidung von der anhaltinischen Linie der Askanier ergänzten die Herzöge von Sachsen-Wittenberg im 13. Jahrhundert einen Rautenkranz. Das sächsische Landeswappen wird neben der am rechten und linken Fußrand abgerundeten Schildform (Staatsregierung) auch in einer an den Rändern durch Bögen und Spitzen verschnörkelten Schildform (Landtag) geführt.

Literatur

Blaschke, Karlheinz: Geschichte Sachsens im Mittelalter. Leipzig 1990.

Drehwald, Suzanne und Jestaedt, Christoph: Sachsen als Verfassungsstaat. Hrsg. von Thomas Pfeiffer. Leipzig 1998.

Gerlach, Siegfried (Hrsg.): Sachsen. Eine politische Landeskunde. Stuttgart 1993.

Groß, Reiner: Geschichte Sachsens. 2. Aufl., Leipzig 2002.Handbuch der Historischen Stätten Deutschlands, Bd. 8: Sachsen. Hrsg. von Walter Schlesinger. (Neudruck der 1. Aufl. 1965) Stuttgart 1990.

Kaemmel, Otto: Sächsische Geschichte. In der Überarbeitung von Manfred Kobuch und Weiterführung von Agatha Kobuch. 6. Aufl., Dresden 1999.

Keller, Katrin: Landesgeschichte Sachsen. Stuttgart 2002.

Kötzschke, Rudolf und Kretzschmar, Hellmut: Sächsische Geschichte. Neudruck der 2. Aufl. 1965 (1. Aufl. 1935), Augsburg 1995.

Musall, Peter und Schifferdecker, Christiane (Hrsg.): Landesrecht Sachsen. 8. Aufl., Baden-Baden 2001.

Sachsen-Anhalt

Das Land „mittendrin“

Wilfried Welz

Eine geschichtsträchtige Region und ein junges Land

Eine Ausstellung in dem ehemaligen, nach der Wende stillgelegten Kraftwerk Vockerode stellte 1998 unter dem programatischen Titel „mittendrin“ die lange Geschichte des Raumes dar, der heute im wesentlichen das Bundesland Sachsen-Anhalt bildet. Und in der Tat, seit dem Fall der Mauer liegt Sachsen-Anhalt wieder mitten in Deutschland und Europa, und dies nicht nur geographisch, sondern auch historisch, haben doch zentrale Entwicklungen deutscher wie europäischer Geschichte – an dieser Stelle sei nur die Reformation genannt – hier ihren Ausgangspunkt gehabt. Erst die Überwindung der deutschen Teilung läßt langsam wieder ins Bewußtsein dringen, daß diese Region zum gemeinsamen kulturellen Erbe aller Deutschen gehört.

Im Gegensatz zu der mehr als tausendjährigen Geschichte der Region kann Sachsen-Anhalt nur auf eine vergleichsweise kurze landeseinheitliche historische Tradition zurückblicken. 1945 wurde es auf Anordnung der sowjetischen Besatzungsmacht aus der ehemaligen preußischen Provinz Sachsen, dem Freistaat Anhalt und kleineren Gebietsteilen Braunschweigs und Thüringens zusammengefügt. Bis 1947 lautete die Bezeichnung „Provinz“, danach bis zur Auflösung der Länder in der DDR 1952 „Land Sachsen-Anhalt“. Mit dem 3. Oktober 1990 wurde das Land Sachsen-Anhalt neu gebildet, zur Landeshauptstadt wurde mit Mehrheitsbeschluß des neu gewählten Landtages Magdeburg bestimmt. Mit 20.447 qkm ist es flächenmäßig das achtgrößte, nach der Einwohnerzahl (knapp 2,63 Mio.) das neuntgrößte Land der Bundesrepublik Deutschland.

Die ehemalige innerdeutsche Grenze bildet heute die Landesgrenze zu Niedersachsen – die frühere Grenzübergangsstelle Marienborn wird auf Beschluß des Landtages von Sachsen-Anhalt als „Gedenkstätte Deutsche Teilung Marienborn“ erhalten. Brandenburg, Sachsen und Thüringen sind die weiteren Nachbarländer. Werden die nördlichen Landesteile mit der Altmark und der Magdeburger Börde – die Böden hier gehören zu den fruchtbarsten in ganz Deutschland – überwiegend landwirtschaftlich genutzt, ist der Süden mit dem länderübergreifenden Chemiedreieck Halle – Bitterfeld – Leipzig von der Industrie geprägt. Dazwischen liegen die ehemaligen anhaltischen Gebiete, die sich vom Harz bis zum Fläming erstrecken.

Vielgestaltige Landschaft

So wechselvoll wie die Geschichte Sachsen-Anhalts, so vielgestaltig und abwechslungsreich ist auch die landschaftliche Gliederung. Im Norden ist es die Altmark, die über die Jahrhunderte hinweg ein stärkeres Eigenleben als andere Landstriche Sachsen-Anhalts behaupten konnte. Die natürlichen Grenzen bilden im Osten die Elbe, im Süden die Ohre und der Mittellandkanal. Die „Wiege" Preußens ist überwiegend eben, Wiesen und Weiden, Äcker und Sümpfe und der größte See Sachsen-Anhalts, der Arendsee sowie die Colbitz-Letzlinger Heide machen den Reiz dieser Region aus. Südlich davon schließt sich die Magdeburger Börde an. Mit ihrem fruchtbaren Lößboden ist sie Ackerland seit Jahrtausenden. Der Anbau und die Verarbeitung der Zuckerrüben in der ersten Hälfte des vorigen Jahrhunderts wurde zum Motor der Industrialisierung Mitteldeutschlands. Der Harz ist das am weitesten nach Norden vorgeschobene deutsche Mittelgebirge. Von dem vom Teufels- und Hexenspuk sagenumwobenen Brocken, mit 1142 m höchste Erhebung des Landes, bietet sich bei gutem Wetter ein weiter Blick auf das sich zu seinen Füßen ausbreitende Sachsen-Anhalt. Die Saale-Unstrut-Region zählt zu den nördlichsten Weinanbaugebieten Europas und zu den ältesten in Deutschland. „An der Saale hellem Strande" liegt auch Halle, die größte Stadt Sachsen-Anhalts, für die der Salzhandel jahrhundertelang die Hauptquelle ihres Wohlstandes war.

Anhalt-Wittenberg schließlich ist die Region, in der Kultur und Natur – stellvertretend sei hier nur das Wörlitzer Gartenreich erwähnt – eine einzigartige Verbindung eingegangen sind.

Territoriale Zersplitterung

Der mitteldeutsche Raum und mit ihm das heutige Sachsen-Anhalt war bis in das 19. Jahrhundert hinein gekennzeichnet durch eine territoriale Zersplitterung, wie sie auf diese Weise nur noch im Südwesten Deutschlands anzutreffen war. Daraus wurde oftmals die Schlußfolgerung gezogen, daß es sich bei dem Land Sachsen-Anhalt um ein eher „künstliches" oder „unhistorisches" Land handele. Dem ist entgegenzuhalten, daß Sachsen-Anhalt in seinen Kerngebieten als zusammenhängender historischer Raum, als eine gemeinsame Geschichts- und Kulturlandschaft betrachtet werden kann und muß. Bereits das Bistum Halberstadt, 804 von *Karl dem Großen* gegründet, umfaßte entscheidende Teile des heutigen Sachsen-Anhalts. In den folgenden Jahrhunderten entwickelte sich der Raum an der Mittelelbe, der unteren Saale und dem Harz zum Zentrum des entstehenden Deutschen Reiches. Der Sachsenherzog *Heinrich* wurde 919 – der Sage nach beim Vogelfang – in Quedlinburg zum ersten deutschen König berufen. Sein Sohn *Otto I.*, nach seinem Sieg über die Ungarn 955 auf dem Lechfeld auch Otto der Große genannt, ließ sich im Jahre 962 zum ersten deutschen Kaiser der westlichen Christenheit in Rom krönen. Unter seiner Herrschaft wurde Magdeburg zum Erzbistum erhoben. Der erste Magdeburger Dom wurde errichtet, in ihm fand *Otto* nach seinem Tod im Jahr 973 seine letzte Ruhestätte. Die Stadt blieb auch in den nachfolgenden Jahrhunderten lange Zeit ein Zentrum des gesamten Raumes. Das Magdeburger Stadtrecht – 1118 eingeführt – wurde von vielen Städten Mittel- und Osteuropas übernommen. Vielfach ging es mit dem um 1230 von *Eike von Repgow* aufgezeichneten *Sachsenspiegel* – eine Zusammenstellung traditionellen Rechts – eine Verbindung ein. 1209 wurde mit dem Wiederaufbau des Magdeburger Doms, dessen Vorgänger bei einem Stadtbrand zwei Jahre zuvor vernichtet worden war, begonnen. Das Wahrzeichen der Stadt ist der erste nach französischem Vorbild geplante gotische Kathedralenbau in Deutschland.

Während sich im Zuge der Ostkolonisation ab dem 12. Jahrhundert langsam großflächige Territorien wie Mecklenburg, Brandenburg oder Meißen (das heutige Sachsen) herausbildeten, blieb die Region an der mittleren Saale weitgehend territorial zersplittert. Zu den Kerngebieten, die von besonderer Bedeutung für die Geschichte Sachsen-Anhalts sind, gehörten vor allem das Erzbistum Magdeburg und die Bistümer Halberstadt, Merseburg und Naumburg sowie die anhaltischen Gebiete. Neben den genannten Bischofssitzen waren es die Städte Quedlinburg, Aschersleben, Stendal, Tangermünde oder Salzwedel, die die wirtschaftliche und politische Entwicklung prägten. Oftmals schlossen sie sich zu Bündnissen – wie dem *Sächsischen Städtebund* – zusammen oder traten der *Hanse* bei. Bis in das ausgehende 15. Jahrhundert erfüllten diese Bündnisse ihren Zweck, die Unabhängigkeit der Städte gegenüber den Landesherren zu wahren.

Ausgangsland der Reformation

Im 16. Jahrhundert erlangte das Land als Zentrum der Reformation herausragende historische Bedeutung. 1502 hatte der sächsische *Kurfürst Friedrich III.* in Wittenberg eine Universität gegründet, sechs Jahre später kam *Martin Luther* als Lektor für Philosophie an die neue Universität. Mit seinen 95 Thesen, 1517 – angeblich – an die Wittenberger Schloßkirche angeschlagen, erschütterte er das christliche Abendland in seinen Grundfesten. Der Protestantismus fand mit der Gründung der Universität und der Einrichtung der *Franckeschen Stiftungen* am Ende des 17. Jahrhunderts in Halle einen dauerhaftigen geistigen Mittelpunkt. Mit dem *Westfälischen Frieden* von 1648 wurde die Mark Brandenburg unter dem Großen Kurfürsten zur beherrschenden Macht in der Region des heutigen Sachsen-Anhalts. Die geistlichen Fürstentümer Magdeburg – die Stadt selbst war während des Dreißigjährigen Krieges völlig zerstört worden – und Halberstadt gelangten in kurbrandenburgischen Besitz. Die anhaltischen Fürstentümer konnten ihre Unabhängigkeit bewahren. 1815 wurde nach den Befreiungskriegen gegen die napoleonische Herrschaft die preußische *Provinz Sachsen* gebildet. Aufgrund der reichhaltigen Braunkohle- und Kalivorräte erlebte die Provinz im 19. Jahrhundert einen gewaltigen Aufschwung der Industrie. Magdeburg entwickelte sich zu einem Zentrum des Maschinenbaus, zwischen Halle und Bitterfeld entstand die chemische Industrie.

Die drei anhaltischen Fürstentümer wurden 1863 vereinigt, nach der Revolution von 1918 bestand die Region als *Freistaat Anhalt* fort. Die Bemühungen um eine föderale Neugliederung Mitteldeutschlands und der Schaffung eines Landes Sachsen-Anhalts zu Zeiten der Weimarer Republik scheiterten schließlich. Während des Dritten Reiches wurden die Provinz Sachsen und der Freistaat Anhalt mittels verschiedener Verwaltungsänderungen und -verschiebungen „gleichgeschaltet".

Im Zweiten Weltkrieg wurde die Region aufgrund seiner industriellen Basis und seiner Lage im Innern des Reiches zu einem Zentrum der kriegswirtschaftlichen Produktion und damit zum Ziel der Alliierten Luftangriffe. Magdeburg, Halberstadt, Dessau, Zerbst und Merseburg wurden noch in den letzten Kriegsmonaten schwer zerstört. Am 25. April 1945 trafen bei Torgau an der Elbe die amerikanischen und sowjetischen Truppen aufeinander. Bis zum Frühsommer 1945 zogen sich dann die Amerikaner vereinbarungsgemäß aus den westlich der Elbe von ihnen besetzten Gebieten zurück, am 5. Juli wurden die Provinz Sachsen und Anhalt von der sowjetischen Militäradministration übernommen. Mit der Auflösung der Länder 1952 in der DDR und der Bildung der Bezirke Halle und Magdeburg schien die Geschichte des Landes Sachsen-Anhalt ihr Ende gefunden zu haben.

Das Land wurde 1990 neu gebildet

Mit der Vereinigung der beiden deutschen Staaten am 3. Oktober 1990 wurde auch das Land Sachsen-Anhalt neu gebildet. Vorangegangen waren zum Teil heftige und kontroverse Diskussionen, da es im Gegensatz zu Thüringen, Sachsen, Brandenburg und Mecklenburg-Vorpommern kaum ein aus der historischen Entwicklung heraus zu aktivierendes Landesbewußtsein gab. Dies zeigte sich auch in dem lang anhaltenden Streit um die künftige Landeshauptstadt, der erst durch die Entscheidung des am 14. Oktober 1990 gewählten Landtages zugunsten von Magdeburg entschieden wurde. Das Land umfaßt den ehemaligen Bezirk Magdeburg und den ehemaligen Bezirk Halle ohne den Kreis Artern (heute Thüringen), aber zuzüglich des Kreises Jessen (vorher Bezirk Cottbus). Sachsen-Anhalt gliedert sich in drei *Regierungsbezirke*, die sich wiederum in drei *kreisfreie Städte* (Magdeburg, Halle, Dessau) und nach dem Inkrafttreten der Kreisgebietsreform am 1. 7. 1994 in 21 (statt vorher 37) *Landkreise* unterteilen. Von den rund 1300 *Gemeinden* besitzen 128 das Stadtrecht.

Wie in allen „neuen" Bundesländern standen die politisch Verantwortlichen auf allen Ebenen vor eine Fülle von Aufgaben und Problemen. Jahrzehnte des ökonomischen und ökologischen Raubbaus hatten die Region an den Rand des Ruins gebracht. Die Umstrukturierung der Wirtschaft, die Neuordnung der Verwaltung, Schulen und Hochschulen, die Reorganisation einer unabhängigen Gerichtsbarkeit, die Schaffung einer modernen Infrastruktur und vieles andere mehr mußten in Angriff genommen werden. Die Fortschritte, die bei der Bewältigung dieser Aufgaben erzielt wurden, sind unübersehbar. Größtes und vorrangiges Problem bleibt aber weiterhin die Schaffung von neuen und zukunftssicheren Arbeitsplätzen.

Politik in Sachsen-Anhalt

Am 14. Oktober 1990 fanden nach über 40 Jahren erstmals wieder freie und geheime Wahlen für einen Landtag des Landes Sachsen-Anhalt statt. Aus ihnen ging die CDU als eindeutiger Sieger hervor. Gemeinsam mit der FDP konnte sie die erste Landesregierung bilden. Doch schon im Juli 1991 erfolgte ein Wechsel im Amt des Ministerpräsidenten, ein weiterer im Spätherbst 1993. Von 1994 bis 2002 stand *Dr. Reinhard Höppner* (SPD) an der Spitze der Landesregierung. In der 2. Legislaturperiode bildeten SPD und *Bündnis 90/Die Grünen* eine Minderheitsregierung, toleriert von der PDS. Nach den Landtagswahlen von 1998, die vom unerwarteten Wahlerfolg der rechtsextremen DVU (12,9%) überschattet wurden, übernahmen die Sozialdemokraten alleine die Regierungsverantwortung, wiederum von der PDS toleriert. Die Christdemokraten mußten 1998 mit dem Verlust eines Drittels ihrer Wählerstimmen gegenüber 1994 eine verheerende Niederlage einstekken. Bei den Landtagswahlen von 2002 kehrten sich die politischen Machtverhältnisse wiederum völlig um. Die CDU erreichte nunmehr über 37% der Wählerstimmen, die SPD fiel mit knapp 20% noch hinter die PDS zurück und die FDP kehrte mit über 13% der Zweitstimmen in den Landtag zurück,in dem sie seit 1994 nicht mehr vertreten gewesen war. *Bündnis 90/Die Grünen* scheiterten 2002 ebenso wie 1998 an der 5%-Hürde. Die PDS erreichte bei den Landtagswahlen 1994,1998 und 2002 jeweils knapp 20% der Zweitstimmen. Die neue Landesregierung, getragen von einer Koalition von CDU und FDP, wird von Ministerpräsident *Prof. Dr. Wolfgang Böhmer* angeführt. Zu ihren vorrangigen Aufgaben gehören die Sanierung des Landeshaushaltes, die Umstrukturierung der Landesverwaltung und auch weiterhin die Ansiedlung von zukunftssicheren Arbeitsplätzen.

Der *Landtag* von Sachsen-Anhalt besteht aus mindestens 99 Abgeordneten, von denen in jedem der 49 Wahlkreise, in die das Land eingeteilt ist, ein Abgeordneter durch direkte Wahl bestimmt wird. Im derzeitigen Landtag sind aufgrund von Ausgleichsmandaten 115 Abgeordnete vertreten. Die Geschäftsordnung und die *Verfassung* des Landes legen die üblichen Befugnisse und Aufgaben des Landesparlaments fest. So können Gesetzesentwürfe von der Landesregierung, einer Fraktion, von mindestens 8 Mitgliedern des

Landtages oder durch Volksbegehren eingebracht werden. Zur parlamentarischen Kontrolle der Landesregierung nennt die Geschäftsordnung die Einrichtungen der Großen und Kleinen Anfrage, der Fragestunde und der Aktuellen Debatte. Der Ministerpräsident wird vom Landtag in geheimer Wahl ohne Aussprache gewählt.

Zu den wichtigsten Aufgaben des ersten Landtages von Sachsen-Anhalt gehörte natürlich die Ausarbeitung einer Landesverfassung. Sie wurde am 15. Juli 1992 mit 80 Stimmen der damaligen Regierungsfraktionen CDU und FDP sowie der Mehrzahl der SPD-Fraktion verabschiedet. Eine Volksabstimmung über die Verfassung fand nicht statt. Die 101 Artikel umfassende Vollverfassung enthält im ersten Teil einen Katalog von Grundrechten, von Einrichtungsgarantien und Staatszielen. Als Staatsziele werden u.a. der Umweltschutz, die Gleichstellung von Mann und Frau sowie der Minderheitenschutz genannt. Im Hauptteil Staatsorganisation folgt die Verfassung den Richtlinien parlamentarischer Demokratie im modernen Bundesstaat. Erwähnenswert ist, daß die Fraktionen als „selbständige und unabhängige Gliederungen des Landtages" (Art. 47) ebenso Verfassungsrang erhalten wie die Opposition (Art. 48). Den Forderungen nach politischer Machtkontrolle und Bürgernähe trägt die Landesverfassung durch die direktdemokratischen Instrumente der Volksinitiative, des Volksbegehrens und des Volksentscheids Rechnung.

Die am 1. Juli 1994 in Kraft getretene *Kommunalverfassung* des Landes Sachsen-Anhalts orientiert sich am Modell der süddeutschen Ratsverfassung. Landräte und Bürgermeister werden direkt auf die Dauer von sieben Jahren gewählt, sie können aber vorzeitig abgewählt werden. Elemente direkter Bürgerbeteiligungen wie Einwohnerantrag, Bürgerinitiative und Bürgerbegehren sind in der Kommunalverfassung enthalten. Mit dem Kommunalrechtsänderungsgesetz von 1997 wurde das Wahlrecht bei Kommunalwahlen auf 16 Jahre abgesenkt.

Neustrukturierung von Wirtschaft und Arbeitsmarkt

Sachsen-Anhalt befindet sich wie die übrigen neuen Bundesländer in einer tiefgreifenden Neustrukturierung des Arbeitsmarktes und der Wirtschaft. Zu Zeiten der DDR produzierte die *Landwirtschaft* des Landes knapp 20% der gesamten Getreideproduktion, ca. 24% der in der DDR angebauten Gemüse und ein Viertel der gesamten DDR-Obstproduktion. Die Landwirtschaft prägte vor allem den nördlichen Landesteil um die Altmark und die Börderegion südwestlich von Magdeburg. Die Standorte der *Industrie* (Chemie, Metallurgie, Maschinen- und Anlagenbau) konzentrierten sich dagegen vor allem in der Region Halle – Merseburg – Bitterfeld. Auf 6% der Landesfläche wurden über 40% der Industrieproduktion erbracht. Diese Konzentration der industriellen Aktivitäten sowie der Energiewirtschaft und des Bergbaus führten zu einer ökologischen Belastung der Region, wie sie wohl einmalig in Deutschland ist. Die Beseitigung der Schäden und die Sanierung der betroffenen Gebiete wird noch viele Jahre in Anspruch nehmen.

Die Wirtschaftspolitik war seit 1990 zunächst vor allem auf die Verbesserung der wirtschaftlichen Rahmenbedingungen ausgerichtet. Ihre Schwerpunkte lagen im Aufbau der wirtschaftsnahen Infrastruktur, der Förderung unternehmerischer Investitionen sowie von Forschung und Entwicklung und der Unternehmensprivatisierung. Trotz aller Erfolge, die dabei erzielt werden konnten, bleibt die wirtschaftliche Situation Sachsen-Anhalts weiterhin schwierig. Die ausgeprägte Exportschwäche, die Eigenkapitalsschwäche vie--ler Unternehmen sowie die höchste Arbeitslosenquote in Deutschland lassen noch einen langen Zeitraum bis zur Angleichung an das Niveau der alten Bundesländer erwarten. Gerade im Bereich des Arbeitsmarktes spiegelt sich die schwierige gesamtwirtschaftliche Lage des Landes wider. Zwar ist der rasante Arbeitsplatzabbau in den ersten Jahren nach der Wende inzwischen zum Stillstand gekommen, zu einer wirksamen Entspannung am Arbeitsmarkt hat aber das wirtschaftliche Wachstum der zurückliegenden Jahre nicht ausgereicht. Wurden 1991 noch mehr als 1.27 Mio. Erwerbstätige gezählt, so waren es Ende 2002 rund 1,02 Mio. Die Schaffung wettbewerbsfähiger Arbeitsplätze muß deshalb auch in den kommenden Jahren das vorrangige Ziel aller Bemühungen bleiben.

Bedeutende kulturelle Vergangenheit ...

Überall in Sachsen-Anhalt stößt der Besucher auf die Zeugnisse der Vergangenheit. Insbesondere die Romanik hat ihre Spuren hinterlassen. Seit 1993 können auf einer *Straße der Romanik* die 72 bedeutendsten Bauwerke dieser Epoche wie das Kloster Unserer Lieben Frauen in Magdeburg oder die unterirdische Krypta in Memleben besichtigt werden. Aber das Land ist auch reich an *gotischen* Domen – Magdeburg, Halberstadt, Merseburg. Sachsen-Anhalt ist das Kernland der Reformation mit den Geburts- und Wirkungsstätten der großen Reformatoren. Komponisten wie *Johann Sebastian Bach, Georg Friedrich Händel, Georg Philipp Telemann* oder *Heinrich Schütz* haben hier gelebt und gearbeitet. In *Wörlitz* entstand zwischen 1764 und 1800 nach den Plänen *Friedrich Wilhelm von Erdmannsdorf* der erste und bis heute zu den bedeutendsten zählende Landschaftspark nach englischem Vorbild auf dem Kontinent. Ebenfalls ein Kleinod der deutschen Kulturgeschichte ist das nach den Plänen von Goethe errichtete Theatergebäude in Bad Lauchstädt. Quedlinburg mit seinem weltberühmten Dom-Schatz und seinen vielen Fachwerkhäusern gehört zum UNESCO-Weltkulturerbe. Dessau steht für *Bauhaus* und *Hugo Junkers*. In Schulpforta gingen *Fichte, Klopstock* und *Nietzsche* zur Schule. Die Aufzählung der Namen und Orte ließe sich noch lange fortsetzen. Halle als Zentrum der Aufklärung, die Hanse-Städte Tangermünde, Salzwedel, Stendal und Gardelegen mit ihren prachtvollen Rathäusern, Stadttoren und Kirchen.

Dieses reiche kulturelle Erbe, das z.T. erst wiederentdeckt und wiederbelebt werden muß, bedarf der Pflege und Bewahrung. Es werden in den kommenden Jahren noch erhebliche finanzielle Mittel von staatlicher wie privater Seite aufzubringen sein, um die unzähligen Baudenkmale zu restaurieren und zu sanieren.

... und wissenschaftliche Tradition

Das Land kann auf eine lange wissenschaftliche Tradition zurückblicken. Dafür stehen Namen wie *Otto von Guericke, Christian Thomasius* oder *Christian Wolff*. In Halle erlangte mit *Dorothea Christiane Erxleben* 1754 erstmals eine Frau in Deutschland einen Doktorgrad. Die älteste deutsche wissenschaftliche Akademie, die Akademie der Naturforscher Leopoldina hat ihren Sitz in Halle. In Alexisbad im Harz wurde 1856 der *Verein Deutscher Ingenieure* gegründet. Am *Bauhaus* Dessau lehrten neben den Architekten *Walter Gropius* und *Ludwig Mies van der Rohe* die Maler *Paul Klee, Lyonel Feininger* und *Wassily Kandinsky*. In der Filmfabrik Wolfen wurde in diesem Jahrhundert der erste Farbfilm *agfa-color* entwickelt. Heute besitzt das Land zwei Universitäten, die *Martin-Luther-Universität Halle-Wittenberg* und die *Otto-von-Guericke-Universität* in Magdeburg. Hinzu kommen fünf Fachhochschulen, die *Hochschule für Kunst und Design* Burg Giebichenstein sowie in freier Trägerschaft die *Theologische Hochschule* Friedensau und die *Evangelische Hochschule für Kirchenmusik* in Halle, Ende 2002 waren über 43.000 Studentinnen und Studenten in Sachsen-Anhalt immatrikuliert.

Medienlandschaft

Die Presselandschaft in Sachsen-Anhalt ist seit 1990, als zunächst fast 20 Tageszeitungen erschienen, Schritt für Schritt farbloser geworden. Heute teilen sich die *Mitteldeutsche Zeitung* in Halle und die *Magdeburger Volksstimme* im wesentlichen den Regionalmarkt. Der *Mitteldeutsche Rundfunk* (MDR) nahm im Sommer 1991 seinen Sendebetrieb auf. Die öffentlich-rechtliche Dreiländeranstalt – Sachsen, Sachsen-Anhalt und Thüringen – mit Hauptsitz in Leipzig unterhält in Magdeburg ein Landesfunkhaus. Hier werden das Hörfunk-Vollprogramm *Radio Sachsen-Anhalt* und Beiträge für das gemeinsame Fernsehprogramm produziert. Zwei private Rundfunksender haben sich ebenfalls etabliert.

Das Wappen

Das Wappen des Landes Sachsen-Anhalt knüpft an die Wappen der ehemaligen preußischen Provinz Sachsen und des Freistaates Anhalt an und symbolisiert so in seiner Gestaltung die historischen und territorialen Entwicklungslinien, die dieses Gebiet im Laufe seiner Geschichte bestimmten.

Literaturhinweise

Holtmann, Everhard, Boll, Bernhard: Sachsen-Anhalt. Eine politische Landeskunde. 2. Auflage, Magdeburg 1997

Tullner, Mathias: Geschichte des Landes Sachsen-Anhalt. 3. Auflage, Magdeburg 2001

Oelke, Eckehard (Hrsg.): Sachsen-Anhalt mit einem Anhang – Fakten – Zahlen – Übersichten, Gotha 1997

Brüggemeier Franz-Josef u.a. (Hrsg.): mittendrin, Sachsen-Anhalt in der Geschichte (Katalog zur Ausstellung im stillgelegten Kraftwerk Vockerode), Dessau 1998

Schleswig-Holstein

„Op ewig ungedeelt“

Klaus Kellmann

Landbrücke zwischen Kontinent und Skandinavien

Schleswig-Holstein ist die Landbrücke zwischen Mittel- und Nordeuropa, zwischen dem Kontinent und seiner skandinavischen Halbinsel. In dieser geographischen Gegebenheit und Funktion ist es das natürliche Bindeglied zwischen nord- und mitteleuropäischen Kulturen, Sprachen und Nationen.

„Schleswig-Holstein, meerumschlungen“, wie es in seiner 1844 entstandenen Landeshymne heißt, ist im Osten und Westen, wie auch im Süden durch die Elbe, natürlich begrenzt. Lediglich die von Lauenburg bis Lübeck reichende Landesgrenze zu Mecklenburg-Vorpommern ist das Ergebnis politischer Entwicklungen, weit mehr aber noch die nördlich von Flensburg bis südlich von Tondern verlaufende Staatsgrenze zu Dänemark, die nach einer über tausend Jahre währenden, oft kriegerischen und blutigen Konfrontation ihre endgültige Fixierung erst in der durch den Versailler Vertrag verfügten Volksabstimmung von 1920 erhielt. Seither lebt nördlich der Grenze eine deutsche und südlich von ihr eine dänische Minderheit.

Von Kiel, der Landeshauptstadt, bis nach Brunsbüttelkoog wird Schleswig-Holstein durch den Nord-Ostsee-Kanal, immer noch die am meisten befahrene künstliche Wasserstraße der Welt, zweigeteilt, die das kaiserliche Deutschland 1895 nicht primär zu Handelszwecken, sondern als nasse Aufmarschstraße nach England anlegen ließ.

Marsch, Geest und Hügelland

Typisch für das Land ist seine geomorphologische Dreigliederung in Marsch, Geest und östliches Hügelland, der siedlungsgeographisch drei unterschiedliche, ja gegensätzliche Stile in der Hof- und Dorfanlage wie auch in der Ackerbaukultur entsprechen. In dem breiten, an die Nordsee grenzenden Küstensaum der Marschen, in der Regel dem Meer abgewonnenes Koogland, leben Dithmarscher und Friesen. Letztere bewohnen auch die dem Festland vorgelagerte einzigartige und deshalb weitgehend unter Naturschutz stehende Insel- und Halligwelt. Der Marsch nach Osten folgen die karge schleswigsche Geest und der dünn besiedelte mittelholsteinische Landrücken. Das östliche Hügelland, von Jungmoränen geprägt, ist ursprünglich von slawischen Bevölkerungsgruppen kultiviert worden. Hier entwickelten sich gutsherrschaftliche Strukturen, es ist die eigentliche Wiege des schleswig-holsteinischen Adels.

Die Kreise Schleswig-Holsteins

109601 Stat LA S-H

Schleswig-Holstein ist mit einer Ausdehnung von 15.770 qkm das zweitkleinste deutsche Flächenland. Es hatte am 31.12.2000 2,79 Millionen Einwohner.

Zankapfel zwischen Dänemark und Deutschland

Die Landbrücke zwischen den Meeren muß schon früh attraktiv gewesen sein. Sachsen und Franken, Friesen, Dänen und Slawen kämpften seit dem 8. Jahrhundert um ihren Besitz.

Karl der Große wagt den Sprung über die Elbe und gliedert Holstein, Stormarn und Dithmarschen als Gaue ins Frankenreich ein. An der Alster läßt er die Hammaburg anlegen. Die Dänen schützen sich mit dem südlich von Schleswig verlaufenden Danewerk. 811 kommt es zwischen dem römisch-christlichen Frankenreich und der heidnisch-nordischen Wikingerwelt zur offenen Konfrontation. Als Ergebnis und Kompromiß wird die Eider zur Trennlinie erklärt, die nunmehr bis 1864, also über 1000 Jahre, die Grenze zwischen Deutschland und Dänemark bildet.

In der Folge – dieses ist und bleibt die eigentliche Besonderheit des Landes – bildeten sich nördlich und südlich dieser Linie die Herzogtümer Schleswig und Holstein heraus, die nach und nach ein gemeinsames Landesbewußtsein entwickeln. So wählen die Stände beider Herzogtümer zwar 1460 den dänischen König zu ihrem Landesherrn, lassen sich im Ripener Freiheitsbrief aber gleichzeitig garantieren, *dat se bliven ewich tosamende ungedeelt*. Er ist staatsrechtlich die Geburtsurkunde Schleswig-Holsteins, eines eigenartigen Gebildes, das als Realunion halb unter deutscher und halb unter dänischer Lehnshoheit steht. Zu den daraus resultierenden Absonderlichkeiten zählt, daß der dänische König ab 1815 als Vertreter Holsteins Sitz und Stimme im Deutschen Bund in Frankfurt hat.

Das überall auf dem Kontinent erwachende Nationalbewußtsein bewirkt in Schleswig-Holstein den großen europäischen Krieg. Revolutionäre, auch getragen vom Geist der Paulskirche, wollen die Herauslösung der Herzogtümer aus dem dänischen Gesamtstaat, auf der anderen Seite verlangt die Partei der „Eiderdänen" die endgültige Angliederung Schleswigs an die dänische Krone. Preußen, zunächst noch mit Österreich verbündet, tritt als europäische Ordnungsmacht auf den Plan und besiegt die dänischen Truppen 1864 bei Düppel. Das Ergebnis: die Herzogtümer werden nicht geteilt, aber auch nicht unabhängig, so wie es Revolutionäre wie *Uwe Jens Lornsen* gewollt hatten, sondern preußische Oberprovinz und als solche ab 1871 Teil des Deutschen Reichs. Berlin war an die Stelle von Kopenhagen getreten.

Die neuen Herrscher hatten aber die Grenze nördlich von Hadersleben fixiert, wodurch das mehrheitlich eindeutig dänischsprachige und -gesonnene Nordschleswig annektiert und ein neues Konfliktpotential geschaffen wurde. Es war erst die deutsche Niederlage im Ersten Weltkrieg und die erwähnte

Volksabstimmung von 1920 mit der Verschiebung der Grenze bis vor die Tore Flensburgs, durch die eine beidseitig und dauerhaft anerkannte Trennlinie zwischen Deutschland und Dänemark geschaffen wurde.

Schleswig-Holstein erlangte durch die Kapitulation des nationalsozialistischen Deutschland nach dem Zweiten Weltkrieg, die Auflösung Preußens durch die Alliierten und die Begründung der Bundesrepublik Deutschland 1949 seine föderale Selbständigkeit als eigenes Bundesland.

Akzeptiert und integriert: die Minderheiten Dänen und Friesen

Die eigentliche Besonderheit in der politischen Kultur des Landes bildeten seine beiden Minderheiten, die Dänen und die Friesen. Zur dänischen Minderheit werden heute etwa 50.000 Personen gerechnet, die fast ausschließlich im Landesteil Schleswig wohnen. Ihre politischen Rechte und ihre kulturelle Eigenständigkeit sind in der *Kieler Erklärung* von 1949 und in den Bonn-Kopenhagener Abmachungen von 1955 festgelegt, die dem Grundsatz „Däne ist, wer will" folgen. Bemerkenswert ist in diesem Zusammenhang die neue Landesverfassung von 1990, in deren Artikel 5 sich das Land ausdrücklich zu „Schutz und Förderung" der Minderheit verpflichtet. Schleswig-Holstein hat hiermit auch europaweit eine Vorreiterfunktion hinsichtlich der Integration von nationalen Minderheiten eingenommen.

Die Dänen verfügen über ein in seiner Effektivität und Leistungsfähigkeit allseits anerkanntes Schul-, Verbands-, Presse-, Kultur-, Sport- und Gesundheitswesen mit eigenen Krankenhäusern, Kirchen, Theatern und Bibliotheken sowie einem dänischen Gymnasium in Flensburg, dessen Abschluß den Hochschulzugang sowohl in Deutschland wie auch in Dänemark gewährleistet. Da der *Südschleswigsche Wählerverband* (SSW), die politische Vertretung der Minderheit, von der Fünfprozentklausel befreit ist, konnte er seit 1946 in jeder Legislaturperiode (bis auf 1954 bis 1958) mindestens eine/n Abgeordnete/n in den Kieler Landtag entsenden.

Als Friesen verstehen sich von den 160.000 Einwohnern des Kreises Nordfriesland kaum mehr als ein Drittel, friesisch sprechen können hiervon allerdings höchstens 10.000 Menschen. Diese aber betrachten ihr Kommunikationsmedium nicht als Mundart oder Dialekt, etwa des Plattdeutschen, sondern als völlig eigenständige europäische Sprache, was inzwischen auch linguistisch-wissenschaftlich nachgewiesen ist. Anders als die Dänen hat diese Minderheit kein eigenes Schul- oder Gesundheitswesen, doch ein relativ dichtes Netz von friesischen Vereinen, Tanz- und Trachtengruppen überzieht Städte und Dörfer des Kreisgebiets. Das Nordfriesische Institut in Bredstedt entfaltet zudem rege kulturelle und wissenschaftliche Vortrags- und Publikationstätigkeiten. Im Zuge der Volksabstimmung von 1920 führte der lange schwelende Streit innerhalb der friesischen Bewegung über die politische Ausrichtung nach Deutschland oder Dänemark zum offenen Bruch. Der größere Teil brachte in den *Bohmstedter Richtlinien* seine deutsche Gesinnung zum Ausdruck, der kleinere, die *nationale Friiske*, sieht noch heute in den SSW-Landtagsabgeordneten seinen verlängerten politischen Arm. Die Gegensätze zwischen beiden Gruppierungen sind aber längst geglättet, und ihre Vertreter arbeiten im Friesenrat konstruktiv zusammen.

Starker Zuzug von Heimatvertriebenen

Weit mehr als durch alles andere in seiner Geschichte sind Politik, Kultur und Gesellschaft Schleswig-Holsteins durch eine Invasion durcheinandergeschüttelt worden, die sich 1945 in den letzten Kriegsmonaten zu Lande und zu Wasser vom Osten her regelrecht über das Land ergoß. Die Rede ist von den Flüchtlingen und Vertriebenen, die bei ihrer Ankunft neben einem bißchen Handgepäck meist nicht mehr als das nackte Leben gerettet hatten. Hatte die Bevölkerungszahl Schleswig-Holsteins 1939 noch 1,6 Millionen Einwohner betragen, so erhöhte sie sich bis 1946 um eine volle Million Menschen, die meisten von ihnen aus Pommern und Ostpreußen. Auch sie brachten eine bewahrenswerte Kultur mit, auch sie sprachen einzigartige Mundarten und Dialekte, und auch sie entwickelten mit dem *Bund der Heimatvertriebenen und Entrechteten* (BHE) eine eigene politische Vertretung, aber geblieben ist von alledem nicht viel. Der BHE, der im politischen Geschehen neben CDU und SPD zunächst eine tonangebende Rolle spielte, wurde auch dadurch diskreditiert, daß alte Nazis ihn als Herbergspartei zur Fortsetzung ihrer Karriere im demokratischen Gemeinwesen nutzten. Die Vertriebenen, die inzwischen in zweiter und dritter Generation im nördlichsten Bundesland ansässig sind, haben sich vollständig integriert, aus ihnen sind kaum mehr unterscheidbare Schleswig-Holsteiner und Bundesrepublikaner geworden.

Die Impulse für Handel und Wandel kamen von der Küste

Schleswig-Holstein galt noch bis weit ins 20. Jahrhundert hinein als das geradezu klassische Agrarland schlechthin. In der Tat hat der Dreiklang aus Landwirtschaft, Fischerei und Schiffahrt die Wirtschaftsgeschichte der Herzogtümer über tausend Jahre geprägt. Heute liegt der Beitrag der Land- und Forstwirtschaft zum Bruttoinlandsprodukt noch bei ganzen zwei Prozent. Dienstleistungen (42%), Verarbeitendes Gewerbe (16%) sowie Handel und Verkehr (19%) machen längst den Löwenanteil in der volkswirtschaftlichen Gesamtrechnung aus – die großen Strukturbrüche und Umschichtungen sind auch am Land zwischen den Meeren nicht vorbeigegangen.

Dennoch ist ein Blick in seine Wirtschaftsgeschichte und Wirtschaftsgeographie reizvoll und aufschlußreich. Die Impulse für Handel und Wandel kamen seit jeher immer von den Küsten und nicht aus dem notorisch strukturschwachen Binnenland. Die Ochsenwege, historisch gewachsene Handelsadern, auf denen das Vieh hoch von der jütländischen Halbinsel bis vor die Tore Hamburgs getrieben und zum Verkauf angeboten wurde, verliefen nicht an, wohl aber in der Nähe von Nord- und Ostsee.

Die Rolle und das Gewicht der Häfen und Umschlagsplätze an der Ostküste waren und sind für die maritime Wirtschaft weit prägender als der Beitrag der Westküste mit seinen genauso liebenswerten wie verschlafenen Fischerstädtchen Husum, Büsum oder Tönning. Folgt man dem geographischen Profil der Ostseeküste, dann haben hier im letzten Jahrtausend je nach Tiefe und Beschaffenheit der Förden und Meeresbuchten Handelsstädte zentrale, ja dominierende Funktionen weit über das Mare Balticum hinaus nach Nord-, Ost- und Kontinentaleuropa gehabt.

Die Wikinger legten im Frühmittelalter nahe des heutigen Schleswig und der seichten Schlei ihren Handelsplatz Haithabu an, über den sie Waren von Skandinavien in den Süden transportierten. Lübeck erwuchs als Königin der Hanse im Hoch- und Spätmittelalter nicht nur zu einem ökonomischen, sondern auch politischen Machtfaktor im gesamten Norden Europas. Flensburg entfaltete in seiner Blütezeit des 18. Jahrhunderts mit seiner hochseetauglichen Seglerflotte einen lukrativen Überseeimport von Spirituosen und Gewürzen aus der Neuen Welt, und Kiel wurde im 19. und beginnenden 20. Jahrhundert – auch als Ausdruck wilhelminischer Großmannssucht – systematisch zum Reichskriegs- und Marinehafen ausgebaut.

Heute, nach dem Umbruch und der politischen Öffnung in Osteuropa, kann praktisch jeder Hafen rund um die Baltic Sea frei angelaufen werden, was die Bedeutung von Kiel und Lübeck als Fährhafen und als Handelsmetropole noch vergrößern könnte. Schon jetzt jedenfalls vergeht kein Tag, ohne daß die riesigen Pötte Richtung Oslo, Göteborg, Helsinki, Kaliningrad, Riga, Tallinn oder Klaipeda ablegen.

Hinsichtlich des Güterumschlags erreicht Lübeck mit 18,2 Millionen Tonnen pro Jahr die Spitzenstellung.

Die Werftenindustrie, der andere große maritime Wirtschaftszweig mit einer jahrhundertelangen Tradition, ist durch die japanische und südkoreanische Konkurrenz arg gebeutelt worden, die zehn Schiffswerften des Landes haben sich aber auf einem unteren Level stabilisiert und geben heute noch 7000 Menschen Arbeit und Brot, vor allem im Container-, Spezialschiff- und U-Boot-Bau. Daß Wohl und Wehe der größeren Hafenstädte aber von der Auftragslage ihrer Werft abhängen, gehört durch vielfältige ökonomische Diversifizierungen längst der Vergangenheit an, und niemand kann heute noch sagen „wenn Howaldt hustet, hat Kiel Lungenentzündung“.

Die hohe Bedeutung des Tourismus

Fremdenverkehr und Tourismus spielen im Wirtschaftsleben des Landes nach wie vor eine gewichtige Rolle, 200.000 Menschen finden in der Branche ganz oder saisonal ihre wirtschaftliche Existenz.

In Travemünde, Westerland und Glücksburg reicht die Bäder- und Heilkultur bis ins 19. Jahrhundert zurück. Bezogen auf die Zahl der Einwohner machen in keinem anderen Bundesland so viele Personen Urlaub wie in Schleswig-Holstein, allerdings ist die Zahl der jährlich in das Land führenden Urlaubsreisen unter die 3-Millionen-Grenze gesunken, über 25 Prozent hiervon kamen und kommen aus Nordrhein-Westfalen.

Zirka ein Drittel des im Fremdenverkehr erzielten Gesamtumsatzes von 4 Milliarden Euro werden durch den Tagestourismus erwirtschaftet (Gesamt-Bruttoinlandsprodukt 2002: 63 Mrd. Euro).

In den letzten Jahrzehnten hat sich die Wirtschaftsstruktur des Landes rasant geändert. Schleswig-Holstein ist von einem Agrar- und Schiffbauland zu einem Standort von *High-Tech*-Industrien geworden. Im verarbeitenden Gewerbe dominiert dieser Bereich bei Umsatz und Beschäftigten mit über 20 Prozent. Gleichzeitig aber hielt die Umschichtung vom sekundären Sektor (produzierendes Gewerbe) zum tertiären Sektor (Handel, Verkehr, Dienstleistungen, öffentlicher Sektor) an, der Ende der neunziger Jahre bereits zwei Drittel der Bruttowertschöpfung des Landes ausmachte. Industrie und Handwerk erwirtschafteten weniger als ein Drittel, die Land- und Forstwirtschaft noch zwei Prozent.

Hinsichtlich seiner volkswirtschaftlichen Gesamtrechnung ist Schleswig-Holstein im alten Bundesgebiet das Land mit dem niedrigsten Anteil des produzierenden Gewerbes und dem höchsten Anteil des öffentlichen Sektors, und der Strukturwandel dauert an.

Verwaltungsgliederung

Die Verwaltungsgliederung und Kreiseinteilung hat, lange bevor ein eigenes Bundesland Schleswig-Holstein entstand, einen oft unübersehbaren, ja zum Teil verworrenen Weg genommen. Die Auseinandersetzungen zwischen Germanen und Slawen, Deutschen und Dänen sowie Adel und freiem Bauernstand haben auch hier ihre Spuren hinterlassen. Die dadurch nach und nach entstandenen Verwaltungseinheiten waren deshalb oft das Ergebnis eines mühsamen, nicht selten hart umkämpften Interessenausgleichs, der eine rationale und sinnvolle Administration meist eher behinderte, statt sie zu ermöglichen. Es war *Bismarcks* Verordnung „die Organisation der Kreis- und Distriktbehörden sowie die Kreisvertretung in der Provinz Schleswig-Holstein betreffend“, durch die die beiden Herzogtümer im Jahre 1867 in 20 Kreise neu aufgegliedert wurden. Die Reform bewährte sich. Nur selten mußten in der Folgezeit Neuformationen vorgenommen werden (Auflösung des Kreises Bordesholm 1932, Verlust der Reichsfreiheit Lübecks im Zuge des *Groß-Hamburg-Gesetzes* 1937), und es war dann erst die große Gebietsreform der Jahre 1969/1970, mit der die Einteilung der heute elf Landkreise ihre wohl auf unabsehbare Zeit gültige Gestaltung gefunden hat. Pinneberg ist der kleinste und gleichzeitig bevölkerungsdichteste, Rendsburg-Eckernförde, fast so groß wie das Saarland, ist der flächenmäßig größte. In allen elf befinden sich insgesamt 1.130 Landgemeinden und 58 kreisangehörige Städte, die größte von ihnen ist Norderstedt vor den Toren Hamburgs mit 70.000 Einwohnern, ein Kunstprodukt, das erst in den sechziger Jahren das Stadtrecht erhielt. Die Verwaltungsgliederung des Landes wird abgerundet durch seine vier kreisfreien Städte Neumünster, Flensburg, Lübeck und Kiel. Letztere sind mit 213.000 bzw. 232.000 Einwohnern die einzigen Großstädte und urbanen Verdichtungszentren des Landes.

Von der Landessatzung zur Landesverfassung

Die erste Landessatzung für Schleswig-Holstein wurde am 13. Dezember 1949 vom Landtag angenommen. Der Terminus „Satzung", der juristisch ja eine weit geringere Qualität hat als der Begriff „Verfassung", erklärt sich daraus, daß die Gründungsmütter und -väter ihrem von Flüchtlingselend, wirtschaftlicher Not und hoher Arbeitslosigkeit geprägten neuen Bundesland nur wenige Überlebenschancen einräumten und deshalb auf Dokumente mit quasi „endgültigem" Charakter bewußt verzichteten. Die (sozialdemokratische) Regierung selbst war es, die davon ausging, daß das Provisorium Schleswig-Holstein bald einer Neugliederung der Länder zum Opfer fallen würde. Es sollte über vierzig Jahre dauern, bis im August 1990 – unter der nächsten sozialdemokratischen Regierung – aus der Landessatzung eine Landesverfassung wurde.

Die Satzung von 1949 stellte im wesentlichen ein kurzes, knappes Organisationsstatut dar, das auf die Formulierung von programmatischen Staatszielen verzichtete. Bemerkenswert ist, wohl auch aufgrund von Weimarer Erfahrungen, die starke Stellung, die dem Ministerpräsidenten zugewiesen wird, der sein Amt nur durch freiwilligen oder erzwungenen Rücktritt verlieren kann, nicht aber automatisch mit dem Zusammentreten eines neuen Landtages nach Wahlen. Machtfülle und Kontinuität sollten im höchsten Regierungsrepräsentanten verkörpert sein. Unter dem Eindruck, oder genauer, unter dem Schock der so genannten *Barschel-Pfeiffer-Affäre* beschloß der Landtag am 29. Juni 1988 die Einsetzung einer Enquête-Kommission mit der Aufgabe, „auf der Grundlage neuerer verfassungsrechtlicher und verfassungspolitischer Erkenntnisse Möglichkeiten zur wirksameren Kontrolle der Regierung, zur verstärkten Beteiligung der Bürgerinnen und Bürger, zur Stärkung des Landtags sowie zur Verbesserung seiner Arbeitsbedingungen und seiner Arbeitsweise zu prüfen und

Anregungen für entsprechende Änderungen der Landessatzung ... zu geben". Während die Satzung von 1949 nur mit der einfachen Mehrheit der SPD-Abgeordneten verabschiedet worden war, wurde die Arbeit der Enquête-Kommission, die wenig später in die *Verfassung des Landes Schleswig-Holstein* einmündete, am 30. Mai 1990 einstimmig vom Parlament angenommen und bestätigt. War in der alten Satzung noch die Formulierung fixiert, daß Schleswig-Holstein eine Neugliederung des Bundesgebiets anstrebe, so sind derartige Erklärungen in der neuen Verfassung bewußt weggelassen.

Als wesentlich muß angesehen werden, daß die repräsentativen Strukturen der politischen Willensbildung nunmehr durch Formen unmittelbarer Demokratie, d.h. durch Gesetzesinitiativen, Volksbegehren und Volksentscheide ergänzt werden können. „Wir sind das Volk", der Ruf der DDR-Bürgerrechtsbewegung, der zeitlich gleichlaufend zu den kontroversen Beratungen der Kommission immer lauter erscholl, war für ihre Ergebnisfindung „von vielleicht ausschlaggebender Bedeutung" (*von Mutius*).

In Artikel 6 der Verfassung wird die „Förderung der Gleichstellung von Frauen und Männern" zum Staatsziel erklärt. Bei der Besetzung öffentlich-rechtlicher Beschluß- und Beratungsorgane soll dahingehend entschieden werden, daß in solchen Organen Frauen und Männer möglichst „zu gleichen Anteilen vertreten" sein sollen. Auch der „Schutz der natürlichen Grundlagen des Lebens" (Artikel 7) wird zum Staatsziel deklariert.

Da es in Schleswig-Holstein ein Landesverfassungsgericht nicht gibt, schreibt die Verfassung nur zwei Staatsorgane fest: den Landtag und die Landesregierung. Die Zahl der Abgeordneten wird auf 75 fixiert, um Manipulationen der jeweiligen Parlamentsmehrheit unmöglich zu machen. „Die Landesregierung ist im Bereich der vollziehenden Gewalt oberstes Leitungs-, Entscheidungs- und Vollzugsorgan." (Artikel 26) An ihrer Spitze steht die Ministerpräsidentin oder der Ministerpräsident, deren bzw. dessen Amtszeit nunmehr strikt an die Dauer der Wahlperiode gebunden ist. Er oder sie kann innerhalb dieses Zeitraums nur durch das konstruktive Mißtrauensvotum gestürzt werden (Artikel 35).

Schleswig-Holstein ist und bleibt das einzige Bundesland, in dem der Vorsitzende der „stärksten die Regierung nicht tragenden Fraktion", mithin der Oppositionsführer, in der Verfassung verankert ist (Artikel 12), was seine Position stärkt und seine Besoldung erhöht.

In Funktion und Kompetenzen außerordentlich gestärkt wird der Landesrechnungshof, dem in den Artikeln 55 und 56 nicht nur die haushaltsbegleitende Finanzkontrolle der Regierung auferlegt wird, sondern auch die Kontrolle aller Einrichtungen und kommunalen Körperschaften bis hin zu privaten Personen, sofern sie Zuwendungen aus dem Landeshaushalt erhalten oder Landesvermögen verwalten.

Die Schleswig-Holsteinische Verfassung kann, zumindest in ihrem organisationsrechtlichen Teil, als die modernste aller deutschen Landesverfassungen angesehen werden, was sich auch daran zeigte, daß sie bei der Verfassungsentwicklung in den neuen Bundesländern mehrfach zum Vorbild genommen wurde.

Wechselvolle politische Mehrheitsverhältnisse

Die britische Militärregierung begann vom Herbst 1945 an mit dem Aufbau demokratisch legitimierter Institutionen und Strukturen. Im September ließ sie politische Parteien wieder zu, im November ernannte sie den ehemaligen Rendsburger Landrat *Theodor Steltzer*, einen aktiven Gegner des Nationalsozialismus und Mitbegründer der CDU, zum Oberpräsidenten der Noch-Provinz. Aber die ersten Landtagswahlen im April 1947 gewann die SPD, und zwar mit deutlichem Vorsprung. In zwei kurzlebigen Kabinetten stellte sie den Ministerpräsidenten bis zu den nächsten Wahlen vom Juli 1950, die sie erneut gewann, mangels Koalitionspartner aber in die Opposition gehen mußte – für 38 Jahre. Die Flüchtlinge und Heimatvertriebenen hatten den BHE, ihre Partei, mit 23,4 Prozent zur zweitstärksten Kraft des Landes gemacht, ganze vier Prozentpunkte hinter der SPD, aber noch vier vor der CDU. Hinzu traten die ähnlich orientierte *Deutsche Partei* mit fast zehn Prozent sowie die FDP mit sieben und der SSW mit gut fünf Prozent. Zusammen mit BHE, DP und FDP bildete die CDU die Regierung und stellte, auch diesmal in zwei kurzlebigen Kabinetten, den Ministerpräsidenten.

„Die Mutter aller Nachkriegsskandale“

In den Landtagswahlen vom September 1954 kam es zu einem Kopf-an-Kopf-Rennen zwischen SPD und CDU, das die SPD immer noch knapp für sich entschied, aber die machtpolitischen Konstellationen hatten sich inzwischen so formiert, daß von nun an bis weit in die achtziger Jahre hinein vier CDU-Ministerpräsidenten die Geschicke des Landes lenkten, mit allseits anerkannten Leistungen und Bilanzen: *Kai-Uwe von Hassel* (1954-1963) in einer Koalition mit dem BHE und der FDP, ab 1958 nur noch mit der FDP, *Helmut Lemke* (1963-1971) in einer Koalition mit der FDP, *Gerhard Stoltenberg* (1971-1982) und *Uwe Barschel* (1982-1987) jeweils in CDU-Alleinregierungen.

Stoltenberg hatte sich bei seinem Wechsel ins Bonner Bundesfinanzministerium wohl schon mit einigen inneren Barrieren für den erst 38jährigen *Barschel* als Nachfolger entschieden, aber dieser legte sich mit der Förderung von (bis heute erfolgreichen) Industrieansiedlungen und Technologiezentren zunächst mächtig ins Zeug. Bald war es ein offenes Geheimnis, daß er im Haus an der Förde nicht die letzte Station seiner politischen Karriere sah. Der Landtagswahlkampf von 1987, für den er aus dem Hamburger Springerkonzern eigens einen „Medienberater“ in seine Staatskanzlei einstellte, sollte ihn bundesweit für höhere Aufgaben empfehlen. Das „Ergebnis“, die so genannte

Barschel-Pfeiffer-Affäre, die von einem deutschen Nachrichtenmagazin als die „Mutter aller Nachkriegsskandale“ bezeichnet wurde, konnte auch nach Abschluß der Arbeit von zwei parlamentarischen Untersuchungsausschüssen in seinen Unrechtsdimensionen nicht vollständig ausgeleuchtet werden. Fest steht, daß *Uwe Barschel Pfeiffer* beauftragte, Schmutzkampagnen gegen seinen damaligen Kontrahenten, den Oppositionsführer *Björn Engholm* zu entfachen. Fest steht aber genauso, daß *Engholm* – nicht zuletzt über *Pfeiffer* selbst – von einem frühen Zeitpunkt an hiervon wußte, dies willentlich mit sich geschehen ließ und wahltaktisch ausnutzte. *Uwe Barschel* starb 1987 in einem Genfer Hotel. *Björn Engholm* – der in den Landtagswahlen von 1988 mit 54,8 Prozent der Stimmen einen erdrutschartigen Sieg davongetragen hatte und sich vier Jahre später erneut an die Spitze einer SPD-Alleinregierung stellen konnte, mußte 1993, nachdem sein Mitwissen bekanntgeworden war, von den Ämtern des Ministerpräsidenten und des SPD-Bundesvorsitzenden sowie als Kanzlerkandidat zurücktreten.

Ob sich das Land und vor allem die beiden großen Parteien bis heute von der Affäre ganz erholt haben, steht dahin. Immerhin sind die Lähmungen gewichen und die langen Schatten kürzer geworden. Vielleicht verkörperte deshalb erst der Regierungsantritt von *Heide Simonis*, die 1993 als erste Frau in der deutschen Geschichte Ministerpräsidentin wurde, den ein halbes Jahrzehnt zuvor versprochenen Neuanfang. Sie bildete nach den Wahlen vom März 1996, in denen der Abstand zwischen SPD (39,8 Prozent) und CDU (37,2 Prozent) merklich verkürzt wurde, mit dem Bündnis 90/Die Grünen (8,1 Prozent) eine rot-grüne Koalition. Diese Partei hatte 1996 nach fünf vergeblichen Anläufen den sechsten Versuch unternommen, in den Landtag zu gelangen.1992 war sie mit 4,97 Prozent nur um wenige hundert Stimmen gescheitert. Diesmal schaffte sie es – ins Parlament und gleich auf die Regierungsbank. Erneut sind auch die FDP (5,7 Prozent) und der SSW (2,5 Prozent, was zwei Mandaten entspricht) in den Kieler Landtag eingezogen.

In den Februarwahlen des Jahres 2000 erzielten die SPD 43,1%, die CDU 35,2%, die FDP 7,6%, Bündnis 90/Die Grünen 6,2% und der SSW 4,1% der Stimmen, so dass Heide Simonis ihre Koalition mit den Grünen fortsetzen konnte.

Die Medienlandschaft

Die *Barschel-Pfeiffer-Affäre* hatte einmal mehr gezeigt, welche Rolle die Massenmedien in der modernen Demokratie spielen. In Schleswig-Holstein ist die Medienszene, wie überall in Deutschland, in einen privat- und in einen öffentlich-rechtlichen Sektor zweigespalten. Letzterer wird durch die Landesstudios von NDR und ZDF verkörpert, im ersteren finden sich die Zeitungsverlage und die privaten Hörfunk- und Fernsehanbieter wieder; in ihm sind also sowohl elektronische wie auch Printmedien beheimatet.

42 verschiedene Zeitungstitel aus sechs Vollredaktionen mit insgesamt 560.000 Exemplaren erscheinen jeden Tag im Land zwischen den Meeren. Bis an die Schwelle der achtziger Jahre konkurrierten diese privatwirtschaftlich organisierten Informationsträger mit dem öffentlich-rechtlichen Hörfunk und Fernsehen, aber dann kam Bewegung in die Medienlandschaft. Zunächst erzwangen *Gerhard Stoltenberg* und *Ernst Albrecht*, die Ministerpräsidenten von Schleswig-Holstein und Niedersachsen, daß das Sendemonopol der in Hamburg ansässigen NDR-Zentrale aufgehoben und die Landesfunkhäuser deutlich aufgewertet wurden (*Welle Nord, Schleswig-Holstein-Magazin*). Richtig Schwung in den Äther kam aber erst in der zweiten Hälfte der achtziger Jahre, als 1986 *mit Radio-Schleswig-Holstein* (RSH) der erste privatwirtschaftlich betriebene Sender der Bundesrepublik Deutschland seine Tätigkeit aufnahm. Da RSH den Zeitungsverlagen im Lande gehört, hat das Haus *Springer* dadurch einen nachweisbaren Einfluß auf die Hörfunkszene in Schleswig-Holstein, denn beispielsweise an den *Lübecker Nachrichten* (Auflage: 120.000) ist der Hamburger Konzern maßgeblich beteiligt, in geringerem Maße auch an den *Kieler Nachrichten* (Auflage: 120.000), mehrere Zeitungen im Hamburger Randgebiet gehören ihm ganz. Als die bis dahin selbständige *Schleswig-Holsteinische Landeszeitung* deshalb mit dem *Flensburger Tageblatt* fusionierte und zum größten Zeitungsverlag des Landes wurde (Auflage: 160.000), geschah dies ausdrücklich, um eine marktbeherrschende Stellung des Springer-Verlages im nördlichsten Bundesland zu verhindern, bei den Printmedien wie auch bei RSH.

Die Rechts- wie auch die Programmaufsicht über RSH und weitere, zwischenzeitlich neu entstandene Privatsender (*NORA, Delta Radio*) übt die „*Unabhängige Landesanstalt für Rundfunk und neue Medieen*" (ULR) aus, in der alle gesellschaftlich relevanten Gruppen Schleswig-Holsteins vertreten sind. Sie ist zuständig für die Vergabe von privaten Hörfunk- und Fernsehfrequenzen und für deren mediale Kontrolle.

Kommunalpolitik

Die in der Kommunalpolitik Schleswig-Holsteins zu bewältigenden Aufgaben unterscheiden sich nicht von denen anderer Bundesländer: öffentliche Sicherheit, Schule, Kultur, Gesundheit, Sport, Straßenbau, Energie, Sozialfürsorge, Kindergärten. Die Kreistage sowie die Stadt- und Gemeindevertretungen werden auf fünf Jahre, die Landräte und die hauptamtlichen Bürgermeister auf sechs oder acht Jahre gewählt.

Die letzten Kommunalwahlen, in denen sich ein Erdrutsch, vergleichbar nur mit den Landtagswahlen von 1988, ereignete, fanden am 2. März 2003 statt. Sie erbrachten das folgende Ergebnis: CDU 50,8; SPD 29,3; Bündnis 90/Die Grünen 8,4; FDP 5,7; SSW 2,5 und Sonstige 3,3 Prozent. Die Wahlbeteiligung lag bei 54,5 Prozent. Im Stimmenanteil der „Sonstigen" sind auch die *Freien Wählergemeinschaften* enthalten, die jahrzehntelang in der Kommunalpolitik des Landes eine gewichtige Rolle gespielt hatten. Ihre Bedeutung ist heute aber verblaßt.

Sowohl in der Kommunalverfassung wie auch im Kommunalwahlrecht Schleswig-Holsteins sind seit 1990 mehrere Novellierungen vorgenommen worden, die auf die verstärkte Einführung von Elementen unmittelbarer Demokratie abzielen. So sind die informellen Mitwirkungsrechte der Bevölkerung durch Einwohnerfragestunden und durch die Öffentlichkeit von Ausschußsitzungen verbessert worden. Wichtiger noch sind die Formen der Mitwirkung, mit denen die Bevölkerung nunmehr direkt an Entscheidungen beteiligt ist: auf Antrag von mindestens 15 Prozent der Stimmberechtigten einer Gemeinde oder Stadt müssen Bürgerbegehren bzw. Bürgerentscheide vorgenommen werden. Hiervon ist innerhalb weniger Jahre weit mehr Gebrauch gemacht worden als ursprünglich vermutet. In erster Linie wurden sie dazu genutzt, um Entscheidungen von Gemeindevertretern rückgängig zu machen, die die Bürger als belastend oder als falsch empfanden. Dies hatte aber auch zur Folge, daß die Beschlüsse von demokratisch legitimierten Volksvertretern durch die unmittelbare Entscheidung von Bürgerinnen und Bürgern wieder aufgehoben wurden. Durch dieses – vom Gesetzgeber gewollte – Spannungsverhältnis zwischen repräsentativer und direkter Demokratie ist die Gemeindevertretung eher geschwächt worden.

Eine weitere Stärkung der unmittelbaren Demokratie sollte durch die Einführung der Direktwahl von Landräten, hauptamtlichen Oberbürgermeistern und Bürgermeistern der Städte bzw. amtsfreien Gemeinden mit mehr als 2.000 Einwohnern erreicht werden. Ob dies gelungen ist, steht dahin. So lag die Beteiligung bei der ersten unmittelbaren Oberbürgermeisterwahl, die 1997 in Kiel durchgeführt wurde, bei nur 46 Prozent, obwohl mit dem gewählten Kandidaten Norbert Gansel ein bundesweit profilierter und bis in die letzten Haushalte bekannter Politiker zur Wahl stand. Auch wenn 60 Prozent der abgegebenen Stimmen auf ihn entfielen, kann dies nicht darüber hinwegtäuschen, daß nur 25 Prozent der stimmberechtigten Bevölkerung ihn auch gewählt haben. Noch krasser war der Abstand in Neumünster, wo bei einer Wahlbeteiligung von 40 Prozent im Ergebnis weniger als 20 Prozent der Bürgerinnen und Bürger für den neuen Oberbürgermeister votiert haben. In Kiel ist die Christdemokratin Angelika Volquartz 2003 nach einem überzeugenden Erfolgen an die Stelle von Norbert Gansel getreten.

Bildung, Wissenschaft, Kultur und Freizeit

Wie die anderen Bundesländer, so verfügt auch Schleswig-Holstein über ein nach Schularten und Schulstufen gegliedertes, differenziertes Schulwesen. Neben den 581 Grundschulen gab es 2002 205 Hauptschulen mit 42.000 Schüler/innen sowie 161 Realschulen mit 60.000, 99 Gymnasien mit 66.000,

139 Förderschulen mit 12.000 und 22 Integrierte Gesamtschulen mit 16.000 Schüler/innen. Bis zur politischen Wende von 1988 hatte es nur je zwei Kooperative und Integrierte Gesamtschulen gegeben, durch das novellierte Schulgesetz von 1990 ist diese nunmehr als Regelschule gleichrangig neben den anderen anerkannt. 5.800 Schüler/innen besuchen die Schulen der dänischen Minderheit.

Der außerordentlich stark gegliederte Berufsbildungsbereich (Berufsschule, -fachschule, -aufbauschule, Fach- und Fachoberschule, Fachgymnasium, Wirtschaftsakademie) umfaßt 351 Schulen mit 88.000 Schüler/innen. In ihnen wird ein breites Spektrum von Bildungabschlüssen vermittelt, das von der traditionellen Lehre im Rahmen des dualen Ausbildungssystems bis zur allgemeinen Hochschulreife reicht. Insgesamt ist die Schullandschaft zwischen Nord- und Ostsee auch nach 1988 von Kontinuität und moderater Weiterentwicklung, nicht aber von innovativen Sprüngen und Brüchen gekennzeichnet.

Kern- und Kristallisationspunkt aller Hochschulen des Landes ist und bleibt die 1665 gegründete *Christian-Albrechts-Universität* in Kiel. 2000 waren allein 20.000 der insgesamt 41.500 in Schleswig-Holstein Studierenden hier eingeschrieben. Da sie zusätzlich fast 6000 Bediensteten, davon 400 Professoren, Arbeit gibt, ist sie für die Stadt von nicht geringerer wirtschaftlicher Bedeutung als beispielsweise die *Howaldt-Werft*. Mit dem bereits 1914 gegründeten *Institut für Weltwirtschaft*, dem *Forschungszentrum für marine Geowissenschaften*, der *Muthesius-Kunsthochschule* und der *Verwaltungsfachhochschule* in Altenholz verfügt die Landeshauptstadt zudem über weitere namhafte, weit über die Region hinaus anerkannte Forschungs- und Ausbildungsstätten. In Lübeck sind die *Medizinische Universität* und die *Musikhochschule* beheimatet, in Flensburg ist aus der ehemaligen Pädagogischen Hochschule eine *Bildungswissenschaftliche Hochschule/Universität* erwachsen. *Fachhochschulen* gibt es außer an den genannten Orten in Wedel, Heide, Rendsburg und Pinneberg.

Daß Kunst und Kultur in dem kargen, von Wind und Wetter geplagten Land nördlich der Elbe nicht gedeihen können, ist ein von alters her genährtes (Vor)Urteil. *Frisia non cantat*, wer kennt nicht diese berühmten Worte aus *Tacitus'* „Germania", mit denen ja nicht nur zum Ausdruck gebracht werden sollte, daß die rauhen Kehlen dieses Menschenschlages sangesunkundig seien, sondern daß sie auch sonst Barbaren waren.

Bleiben wir deshalb einmal bei (Nord) Friesland. Hier, zwischen Kühen und Marschen, wuchsen mit dem Lyriker *Theodor Storm*, dem Historiker *Theodor Mommsen*, der für seine Römische Geschichte den Nobelpreis erhielt, mit dem Soziologen *Ferdinand Tönnies* und dem Pädagogen *Friedrich Paulsen* Talente und Geister von Weltruf heran, hier fand der Expressionist *Emil Nolde* seine Heimat und sein Refugium vor den Nazis – *Tacitus* müßte eigentlich noch nachträglich in Achtung erstarren.

Gleichwohl hat es *ein* kulturelles Zentrum im Lande nie gegeben. Für das hanseatische Lübeck mit seiner ausgeprägten Stadtkultur waren London,

Nowgorod oder Brügge näher als irgendein Ort in Schleswig-Holstein. Auch die Residenz der Gottorfer Herzöge in Schleswig, ein monumentaler Renaissancebau aus dem 17. Jahrhundert, strahlte mehr auf Nordeuropa als auf die engere Nachbarschaft aus. Eutin wurde im 18. Jahrhundert das „Weimar des Nordens" genannt, aber landesweit prägend war dies nicht. Auch die Kieler Universität hat diese Rolle nie einnehmen können. So blieb des Land Heimstatt einzelner großer Dichter, Literaten und Kunstschaffender wie *Friedrich Hebbel* in Dithmarschen, *Heinrich* und *Thomas Mann* in Lübeck, *Ernst Barlach* und *A. Paul Weber* in Ratzeburg. *Siegfried Lenz, Günter Grass* und *Sarah Kirsch* leben und arbeiten seit langem in Schleswig-Holstein.

Die Versuche, ein wirklich umfassendes, bis in Dörfer, Kirchen und Scheunen reichendes kulturelles Netz zu schaffen, stammen erst aus jüngster Zeit. Sie verbinden sich mit dem Namen des *Schleswig-Holstein-Musik-Festivals*, das sogar über eine eigene Orchesterakademie verfügt, in der kein Geringerer als *Leonard Bernstein* bis kurz vor seinem Tode den Nachwuchs schulte. Sie verbinden sich aber auch mit dem *Ars-Baltica*-Projekt *Björn Engholms*, in dem die künstlerische Einheit und Vielfalt aller Ostseeanrainerländer dokumentiert und gefördert werden soll.

Ein Kulturzweig allerdings darf nicht unerwähnt bleiben, weil er sich nach wie vor einer ungebrochenen Beliebtheit erfreut: wenn *De Plattdütsche Speldeel* derbe Szenen und Döntjes auf die Bretter bringt, dann sind die Säle und Dorfgasthöfe landauf, landab bis auf den letzten Platz besetzt.

Dominanz der Protestanten

In Anwesenheit des Reformators *Johannes Bugenhagen* beschloß der Rendsburger Landtag 1542 die Einführung der Reformation in Schleswig-Holstein. Seine Kirchenordnung bildete fortan die Grundlage für das theologische und rechtliche kirchliche Handeln.

Aus historischen Gründen war Schleswig-Holstein in hohem Maße protestantisch ausgerichtet. Vor 100 Jahren lag der evangelische Bevölkerungsanteil bei über 99 Prozent, um danach allerdings stetig zu sinken.

Heute umfaßt die Nordelbische evangelisch-lutherische Kirche mit ihren drei Bischofssprengeln Hamburg – geleitet von der ersten deutschen, 1992 ordinierten Bischöfin *Maria Jepsen* –, Holstein-Lübeck und Schleswig 27 Kirchenkreise mit 678 Gemeinden für die 2,25 Millionen Gemeindemitglieder.

Mit 80 Pfarreien und rund 170.000 Angehörigen ist die römisch-katholische Kirche wesentlich kleiner. Sie gehören zum Erzbistum Hamburg.

Etwa gleich groß ist die Zahl der Mitglieder der islamischen Religionsgemeinschaft und die anderer Religionsgemeinschaften mit je ca. 25000. Zu den evangelischen Freikirchen bekennen sich 15.000 Mitglieder.

Die nationalsozialistische Gewaltherrschaft hatte in den Jahren 1933-1945 das jüdische Leben und die jüdische Kultur nahezu restlos ausgelöscht.

Erst in den letzten Jahren bildeten sich durch Zuzug, vornehmlich in die größeren Städte, neue Gemeinden, die alle zur jüdischen Gemeinde Hamburg gehören.

Keiner Religionsgesellschaft zugehörig sind fast 30 Prozent aller Schleswig-Holsteiner, und ihre Zahl nimmt zu.

Das Wappen

Das schleswig-holsteinische Wappen zeigt die Wappen seiner beiden Landesteile. Die zwei übereinanderschreitenden Löwen waren seit 1232 Wappentiere der Herzöge Schleswigs. Die schauenburgischen Grafen von Holstein führten das „Nesselblatt“ seit 1229/38. Die erste Zusammenstellung der beiden Wappenbilder ist im 14. Jahrhundert belegt.

Literaturhinweise

Wewer, Göttrik (Hrsg.), Demokratie in Schleswig-Holstein – Historische Aspekte und aktuelle Fragen, Opladen 1998

Landeszentrale für politische Bildung (Hrsg.), Schleswig-Holstein – Eine politische Landeskunde, Kiel 1992

Landeszentrale für politische Bildung (Hrsg.), Eine neue Verfassung für Schleswig-Holstein, Kiel 1990.

Landeszentrale für politische Bildung (Hrsg.), Schleswig-Holstein – Kurze politische Landeskunde, Bearb.: Rüdiger Wenzel, Kiel 2002.

Degn, Christian, Schleswig-Holstein – Eine Landesgeschichte, Neumünster 1994

Thüringen

Im Herzen Deutschlands

Antonio Peter

Der Freistaat Thüringen ist mit 16.171 qkm eines der kleineren Flächenstaaten der Bundesrepublik Deutschland. Auch die Bevölkerungsdichte (gesamt 2,449 Millionen) liegt mit 152 Einwohnern pro qkm (1999) deutlich niedriger als zum Beispiel in den Flächenstaaten im Westen der Bundesrepublik (zum Vergleich: Baden-Württemberg 292 pro qkm). Die Wirtschaftsleistung (Bruttoinlandsprodukt) des Freistaats betrug 1999 76,2 Milliarden DM (zum Vergleich: Baden-Württemberg 546,3 Milliarden DM im Jahr 1998).

Im Nordwesten grenzt Thüringen an Niedersachsen, im Norden an Sachsen-Anhalt, im Osten an Sachsen, im Süden an Bayern und im Westen an Hessen. Die Oberflächengestalt des Landes ist vielgestaltig. Während die Gebirge im Norden und Süden des Freistaats eine Höhe von über 600 m erreichen (der Große Beerberg ist mit 982 m ü.NN. die höchste Erhebung) werden an der Grenze zu Sachsen-Anhalt lediglich noch 119 m ü. NN gemessen. Umgrenzt von der „buckligen Welt" des Eichsfeldes im Nordwesten, den Hügelländern im Osten und den Erhebungen im Süden liegt das fruchtbare Thüringer Bekken, ein Raum vergleichbar mit einer riesigen Schüssel, das durch verschiedene kleinere Heraushebungen gekennzeichnet ist. Eines der bekanntesten Mittelgebirge in Deutschland ist der Thüringer Wald. Keilförmig erstreckt er sich beginnend im Gebiet um Eisenach in südöstlicher Richtung bis etwa zur Linie Gehren-Schleusingen und geht dort in das Thüringer Schiefergebirge über. Der auf den Kammlagen des Thüringer Waldes von Hörschel nach Blankenstein verlaufende Rennsteig ist einer der populärsten Wanderwege Deutschlands. Dabei kann das Gebiet auf eine lange touristische Tradition zurückblicken. Schon Mitte des 19. Jahrhunderts entdeckten Reisende die landschaftlichen Reize dieser Gegend, und der Thüringer Wald entwickelte sich zu einem der beliebtesten Feriengebiete. Als besonders mondän galt der Wintersportort Oberhof.

Thüringen gehört zu den waldreichsten Bundesländern in Deutschland. Etwa ein Drittel der Fläche (537.400 Hektar) ist mit Wald bewachsen. Daher wird das Land auch oft „Das grüne Herz Deutschlands“ genannt. Eine Bezeichnung, die bereits im 19. Jahrhundert entstand, und die immer wieder gern in Reiseführern Aufnahme findet. Die Länge des Gewässernetzes beträgt für Thüringen 15.400 km. Besonderen Anteil haben daran die Flüsse Werra (200 km), Saale (196 km), Unstrut (150) km und Ilm (120 km).

Kleinstaaten

Thüringen ist oft in negativem Sinn als das Musterland deutscher Kleinstaaterei bezeichnet worden. Im 18. und 19. Jahrhundert als Territorialstaaten allgemein als „modern“ galten, sprach man despektierlich von der Flickenkarte Thüringen. Tatsächlich bestand das Gebiet, das wir heute als Thüringen kennen, über lange Zeit aus vielen Kleinststaaten. Immer wieder durchgeführte Erbteilungen, Kriege und territoriale Entschädigungen führten zu einem kaum überschaubaren Gewirr von Klein- und Kleinststaaten. Um 1700, dem Höhepunkt der territorialen Zersplitterung, bestand Thüringen aus zehn Herzogtümern, zehn Herrschaften, vier Grafschaften, einem erzbischöflichen Besitz sowie zwei Reichsstädten. Dies war aber nicht immer so. Im Mittelalter stellte das Gebiet eine recht geschlossene Herrschaft dar. Die Landgrafen von Thüringen zählten sich im 12. und 13. Jahrhundert zu den mächtigsten Fürstengeschlechtern des Reiches. Ihr Stammsitz, die Wartburg in Eisenach, ist heute noch eine der bekanntesten Burgen in Deutschland. Ebenso populär ist die heilig gesprochene Elisabeth (1207-1231) als mildtätige Landgräfin.

Als Beginn der neuzeitlichen Staatengeschichte Thüringens gilt allgemein die Landesteilung von 1485. Die Brüder Kurfürst Ernst und Herzog Albrecht (Albert) beschlossen, ihre gemeinsame Regierung zu beenden und den Wettinischen Staat aufzuteilen. Mit der Leipziger Teilung entstand ein „ernestinischer" und ein „albertinischer" Staat. Den Ernestinern genannten Wettiner blieb der Kurkreis Wittenberg neben großen Gebieten im mittleren und südlichen Thüringen. Die Albertiner erhielten die Mark Meißen und neben anderen Territorien die Gebiete von Naumburg bis Weißensee. Diese Gebiete führten den Namen „Herzogtum Sachsen" mit Dresden als Mittelpunkt. Im Verlauf der Geschichte agierten die Ernestiner zum Teil unglücklich. Zum Beispiel befand sich Kurfürst Johann Friedrich der Großmütige auf Seiten der Verlierer in der Schlacht bei Mühlberg 1547 gegen den Kaiser. Infolge dessen verlor das Haus die Kurwürde und die Kurlande an den Albertiner Moritz von Sachsen. Aber noch weitreichendere Auswirkungen hatte das Erbrecht. Es gelang den Ernestinern nicht, die Erbfolge im Sinne der Primogenitur (Erbrecht des erstgeborenen Sohnes) zu regeln. Vielmehr blieben alle männlichen Mitglieder einer Dynastie erbberechtigt. Das war die wesentliche Ursache der Landesteilungen. Viele der entstandenen Kleinstaaten trugen noch die Bezeichnung „Sachsen" im Namen, obwohl sie kaum noch etwas mit dem Kurfürstentum zu tun hatten. So auch im Fall des berühmtesten deutschen Kleinstaates Sachsen-Weimar-Eisenach, dessen Herzog Carl August (1775-1828) als Mäzen das schriftstellerische Wirken Johann Wolfgang Goethes und Friedrich Schillers mit ermöglichte. Weiterhin besaßen die Erzbischöfe von Mainz umfangreiche Territorien in Thüringen. Seit dem Mittelalter bis Anfang des 19. Jahrhunderts gehörten Erfurt und das Eichsfeld den Mainzern. Wichtige kulturelle und staatliche Entwicklungen ergaben sich daraus. Während die thüringischen Kleinstaaten sich im 16. Jahrhundert zu einem Zentrum der Reformation entwickelten, konnten die Mainzer Erzbischöfe im Eichsfeld erfolgreich die Gegenreformation vorantreiben. Noch heute sind die Unterschiede zwischen dem Eichsfeld und anderen Regionen Thüringens in Bezug auf die Konfessionszugehörigkeit deutlich messbar.

Die Landesgründung 1920

Um die Jahrhundertwende flammte die Diskussion um ein einheitliches Thüringen wieder auf. Vor allem in der exportorientierten Wirtschaft galt die kleingliedrige Struktur vielen als überholt. Doch was wirtschaftlich gewünscht und verwaltungstechnisch möglich war, stieß in kultureller Hinsicht auf Vorbehalte. Zwar hatte sich im Laufe des 19. Jahrhunderts die Zahl der thüringischen Kleinstaaten auf acht verringert – vier ernestinische: Großherzogtum Sachsen-Weimar-Eisenach, Herzogtümer Sachsen-Coburg und Gotha, Sachsen-Meiningen, Sachsen-Altenburg; zwei Schwarzburgische: Fürstentümer Schwarzburg-Rudolstadt und Schwarzburg-Sondershausen; zwei Reußische: Fürstentümer Reuß älterer Linie (Greiz) und Reuß jüngerer Linie (Gera). Nicht zu Thüringen im politischen Sinne zählte der 1816 entstandene Regierungsbezirk Erfurt, der mit der Stadt Erfurt, dem Eichsfeld und den Reichsstädten Mühlhausen und Nordhausen zu Preußen gehörte. 1920 kam es schließlich zur maßgeblichen Territorialreform. Denn erst mit der Abdankung aller regierenden Fürsten 1918 waren die radikalen Veränderungen gegeben, unter denen dieser Schritt hin zur Vereinheitlichung des Staatswesens unternommen werden konnte. Nach den Landtagswahlen von 1919 entstand durch Zusammenlegung der Kleinstaaten das Land Thüringen mit Hauptstadt Weimar. Die Befürworter einer großthüringischen Lösung unter Einbeziehung des Regierungsbezirks Erfurt setzten sich nicht durch. Mit erheblichen innenpolitischen Konsequenzen. Während das preußische Innenministerium z.B. einzelne Nationalsozialisten in Erfurt mit Redeverbot belegte, konnten dieselben in Weimar unbehelligt Veranstaltungen durchführen. Erst 1944 wurde Erfurt mit weiteren preußischen Gebieten in das Land Thüringen eingegliedert. Die von den Nationalsozialisten durchgeführte Gebietsreform wurde nach Kriegsende bestätigt. Nach 1945 konnte sich Erfurt als Hauptstadt des Landes gegenüber Weimar durchsetzen. Allerdings endete die Geschichte Thüringens als Staats- und Verwaltungsgebilde wenige Jahre später. Im Rahmen der Aufgliederung der Länder der DDR in Bezirke wurde 1952 auch das Land Thüringen in die Bezirke Erfurt, Gera und Suhl unterteilt. Die Landesvertretung wurde aufgelöst, ihre Kompetenzen und Aufgaben von der Zentralregierung in Berlin und den einzelnen Bezirksverwaltungen wahrgenommen. Dies war lediglich der Schlussakt eines seit 1946 zu beobachtenden Prozesses. Die Bedeutung des Landes und seiner Vertretung wurde auf Initiative der Sowjetischen Militäradministration und später der SED ausgehöhlt und untergraben.

Thüringen als kultureller Mittelpunkt

Die Einschätzung der Bedeutung Thüringens hat sich in den letzten Jahren radikal gewandelt. Wurde früher oft von einem „Musterland deutscher Kleinstaaterei" mit provinzieller Größe gesprochen, dessen einzelne Bestandteile der Modernisierung und kulturellen Entfaltung eher begrenzend als fördernd entgegenstanden, so weisen neue Studien darauf hin, dass sich hier wie in kaum einer anderen kulturellen Landschaft Deutschlands die jeweilig aktuellen politischen und kulturellen Strömungen gebündelt hätten; hierzu habe die zentrale Lage, aber eben auch die Kleinstaaterei beigetragen. Denn es gab ideale Möglichkeiten, kulturelle Modelle und Gegenmodelle auf kleinstem

Raum aufzubauen. Thüringen ist als Experimentierfeld gesellschaftspolitischer Visionen immer wieder in Erscheinung getreten. Der Ruf der Landgrafen als Mäzene von Kunst und Kultur war im Mittelalter schon so groß, dass der legendäre „Sängerkrieg" auf die Wartburg verlegt wurde. In Thüringen hielten sich die wichtigsten Sänger und Poeten des 13. Jahrhunderts auf. Von hier gingen kulturelle Impulse für ganz Deutschland aus. Doch erst im 16. Jahrhundert meldete sich Thüringen als religiöser und politischer Impulsgeber zurück. Die Landschaft wurde zum Zentrum der Reformation. Auf der Wartburg übersetzte Martin Luther die Bibel und schuf damit die Norm für die von uns heute gebräuchliche Sprache. Mit Kurfürst Friedrich dem Weisen hatte der Reformer einen Partner innerhalb der Reichsfürstenschaft gewonnen. Daraus entwickelten sich auch die frühen und später traditionell engen Beziehungen zwischen den Reformatoren und Teilen der Reichsfürstenschaft. Die politischen und gesellschaftlichen Friktionen, die sich auch aus der neuen Lehre ergaben, wurden ebenfalls in Thüringen ausgetragen. Thomas Müntzer verband religiöse mit sozialrefomatorischen Ideen. Von hier aus verbreiteten sich Müntzers Thesen im ganzen Reich. Das Territorium wurde zu einem der Zentren des Bauernkrieges in Deutschland. In der Schlacht bei Frankenhausen schlugen die Fürsten dann den Aufstand nieder. Doch um das Gebiet dauerhaft zu befrieden reichten repressive Maßnahmen allein nicht aus. Die Obrigkeit unternahm große Anstrengungen um Bildung und Erziehung nicht nur der Geistlichen. Von hier aus reicht eine Linie bis hin zur pädagogischen Vorreiterrolle, die das Herzogtum Sachsen-Gotha-Altenburg im 17. Jahrhundert spielte.

In den letzten Jahren ist verstärkt deutlich geworden, dass die thüringische Kleinstaaterei eine Fülle von kulturellen Experimenten förderte. In jedem Territorium bestand ein Fürstenhaus, das als Mäzen fungieren konnte. Dank des Mäzenatentums eines Fürsten gelang es Johann Wolfgang Goethe und Friedrich Schiller Weimar zur impulsgebenden Stadt für die – wie sie später genannt wurde – deutsche Klassik zu entwickeln. Außerhalb Thüringens weniger bekannt, aber trotzdem nicht minder wichtig, sind die schulischen und pädagogischen Experimente Herzog Ernst des Frommen von Sachsen-Gotha-Altenburg (1601-1675) der erstmals in Deutschland eine allgemeine Schulpflicht für Kinder einführte. Einige Fürsten legten aber auch selbst Hand an. So schrieb Georg II. (1866-1914) von Sachsen-Meiningen mit seinen werkgetreuen Aufführungen Theatergeschichte. Der Herzog wirkte sowohl als Mäzen wie auch als Künstler. Im 19. Jahrhundert galten Teile des kleinstaatlichen Thüringens als mit zu den liberalsten Gebieten Deutschlands. Nicht von ungefähr wurde 1815 in Jena die erste Burschenschaft gegründet, die sich der Vereinigung Deutschlands unter liberalem Vorzeichen verpflichtet fühlte. 1817 entlud sich der Unmut über die reaktionären politischen Verhältnisse in den deutschen Einzelstaaten auf dem Wartburgfest. Und immer wieder gelang es, im kleingliedrigen Thüringen, die rigide Zensur und Verbote der politischen Betätigung zu mildern bzw. zu umgehen. Die politische Atmosphäre trug dazu bei, dass die Auseinandersetzungen in Folge der Revolution von 1848 weitgehend unblutig verliefen. In den folgenden Jahren lavierte das kleinstaatliche Thüringen – immer um seine Existenz besorgt – zwischen Preußen und Österreich. Erst die Reichseinigung von 1871 schuf insofern Fakten, als dass es nicht zu der befürchteten territorialen Neugliederung kam.

Politische und künstlerische Konzepte verdichteten sich erst wieder im 20. Jahrhundert. Am bekanntesten ist das Bauhaus (1919-1925 in Weimar) als Werkstatt für moderne Gestaltung. Schon 1903 war Harry Graf Kessler nach Weimar gekommen und bemühte sich dort um eine Modernisierung des Ausstellungs- und Kunstgewerbes. 1919 tagte im Weimarer Theater die verfassunggebende Nationalversammlung. Auch wenn Weimar lediglich wegen seiner politisch ruhigen Lage und der guten Unterbringungsmöglichkeiten für die Abgeordneten gewählt worden war, so bekannten sich die demokratischen Parteien gerne zum humanistisch weltoffenen „Geist von Weimar“. 1921 setzte die SPD/ USPD-Landesregierung unter August Frölich an, das Land radikal zu modernisieren. Die Schul- und Kulturpolitik nahmen geradezu kulturkämpferische Züge an und liefen doch an den Interessen großer Teile der Bevölkerung vorbei. Mit dem „Sprung in die Moderne“ setzte die Landesregierung modernistische Strömungen der Weimarer Republik in politisches Handeln um, aber gleichzeitig überforderte sie damit die thüringische Bevölkerung. 1924 kam es zum politischen und damit auch zum kulturellen Umschwung. Der aus den Landtagswahlen als Sieger hervorgegangene „Thüringer Ordnungsbund“ rechnete mit der vorhergehenden Reformperiode ab. Künstlerische Experimente wurden abgebrochen, das Bauhaus nach Dessau vertrieben.

Das Gebiet des Thüringer Waldes und der Rhön galt deutsch-völkischen Gruppen als eine der letzten Bastionen „deutschen Wesens“. Mit den instrumentalisierten Bezügen zu Weimar und zur Wartburg entwickelten Schriftsteller wie Adolf Bartels (1862-1945) ihre literarischen und politischen Konzepte gegen die Moderne. Deutsch-völkische Gruppierungen und die Nationalsozialisten erhielten in den 20er Jahren weiteren Zulauf. In den Weimarer Zirkeln trafen sich Nationalkonservative, die die Demokratie von Weimar ablehnten, mit den jüngeren radikale Veränderungen anstrebenden Nationalsozialisten. 1926 fand in Weimar der erste Parteitag der NSDAP statt. Adolf Hitler fand hier ein tolerantes zum Teil auch wohlwollendes politisches Klima vor. Auf Landesebene entwickelte sich die NSDAP zu einer politischen Macht und nahm damit die Entwicklung auf Reichsebene in gewissem Maße voraus. Am 23. Januar 1930 übernahm Wilhelm Frick (NSDAP) die Ministerien Inneres und Volksbildung in einer Koalitionsregierung. Drei Jahre vor der Machtergreifung Hitlers zeigte Fricks Vorgehen, wozu die Nationalsozialisten fähig waren. Als Innenminister betrieb er die konsequente Durchsetzung der Polizei mit Gleichgesinnten. Als Kultusminister führte er Schulgebete mit nationalsozialistischen Inhalten ein. Es erging ein Verbot der Mitgliedschaft in kommunistischen Organisationen für alle Landes- und Kommunalbeamten. Im Juli 1932 erhielten die Nationalsozialisten 42,5 Prozent der Stimmen bei den Landtagswahlen. Fritz Sauckel übernahm den Vorsitz des Staatsministeriums und benannte als Schwerpunkte seiner Arbeit: „Rasse und Volkstum, nationaler Lebens- Aufbau- und Wehrwille". Für Thüringen hieß dies uneingeschränkte Willkürherrschaft, Ermordung der jüdischen Mitbewohner, Einweisungen in Konzentrationslager. Mit dem Konzentrationslager Buchenwald entstand in unmittelbarer Nähe Weimars eines der größten Lager in Deutschland. Die klassische Kultur Thüringens wurde in NS-Sinne instrumentalisiert, Kunst- und Literatursammlungen „gesäubert". Besondere Bedeutung kam hier den „Weimar-Festspielen der deutschen Jugend" zu, die unter der Schirmherrschaft des „Reichsjugendführers" durchgeführt wurden. Überregionale Bedeutung hatte ebenfalls die „Woche des deutschen Buches", die Joseph Goebbels besonders förderte, denn die „Plattform Weimar" sollte auch international dem Nationalsozialismus zum Transport seiner Ideologie dienen.

Mit dem Einmarsch der Amerikaner 1945 und später der sowjetischen Streitkräfte setzte eine Neubesinnung auf die kulturellen und politischen Traditionen Thüringens ein, die allerdings nicht lange Anhielt. Recht schnell instrumentalisierte die DDR die kulturellen Traditionen Thüringens. In den 60-er Jahren nannten sich die wichtigsten Veranstaltungen „Weimartage der Jugend", in den 80-ern „Weimartage der FDJ", die bis 1989 durchgeführt wurden – sie sollten Jugendlichen ein „Weimarerlebnis" vermitteln und an die „Klassiker" heranführen. Eine selbstständige kulturelle Entfaltung blieb dem Land ebenso verwehrt wie ein eigenes politisches Profil an der Nahtstelle zwischen West- und Ostdeutschland. Zwischen 1949 und 1989 unterbanden die Sowjetische Militaradministration und KPD – später die SED – nach Kräften alle kulturellen oder politischen „Sonderwege". Vereinfacht wurde dieses Bestreben durch die Einführung der Bezirke. Thüringen versank weitgehend im politischen und kulturellen Mittelmaß.

Auch wenn es an der Universität Jena schon vor 1989 oppositionelle Kreise gab, so spielte Thüringen in der friedlichen Revolution von 1989 keine herausragende Rolle. Erste Demonstrationen fanden Ende Oktober (am 26. in Erfurt, am 25. in Jena, am 30. in Eisenach) statt. Die Öffnung der Grenze und die mit der Nähe zu den Bundesländern Bayern, Hessen und Niedersachsen verbundene Einfachheit des Reisens beschleunigte den Niedergang der DDR-Strukturen.

Nach dem Beitritt zur Bundesrepublik Deutschland und der Wiedererlangung der staatlichen Souveränität bemühen sich kulturelle Institutionen, an die vielfältigen Traditionen des Landes anzuknüpfen. Nicht immer leicht, bei einer konsequenten Missachtung innovativen Potenzials in den Jahrzehnten zuvor.

Das Land Thüringen 1990

Unmittelbar nach der politischen Wende 1989 wurde auch in Thüringen der Wunsch nach Bildung eines eigenen Landes laut. Die aus dem Wahlen am 18. März 1990 hervorgegangene 10. Volkskammer kam dem Wunsch der Bevölkerung nach regionaler Selbstverwaltung nach. Zunächst aber fanden am 6. Mai 1990 Kommunalwahlen statt, denn es galt, auf kommunaler Ebene frei gewählte und demokratisch legitimierte Vertretungen aufzubauen. In einem zweiten Schritt erließ das frei gewählte Parlament in Berlin am 22. Juli 1990 das Ländereinführungsgesetz. Damit wurden die fünf ostdeutschen Länder, darunter auch Thüringen, gebildet. Die erste Landtagswahl in Thüringen fand am 14. Oktober statt. Nach den rasanten Umbrüchen der Zeit zwischen 1989 und Sommer 1990 verlief die Landtagswahl relativ ruhig. Bei einer recht niedrigen Wahlbeteiligung von 70,5 Prozent errang die CDU mit 45,4 Prozent gefolgt von der SPD 22,8 Prozent einen Erfolg (PDS 9,7 Prozent, FDP 9,3 Prozent, Grüne 6,5 Prozent). Am 25.10.1990 konstituierte sich der Thüringer Landtag. Zum Ministerpräsidenten einer CDU-FDP-Koalitionsregierung wurde Josef Duchač (CDU) gewählt. Allerdings blieb Duchač nicht lange im Amt. Schon im Januar 1992 trat er zurück, nachdem er sich des Vertrauens seiner eigenen Fraktion nicht mehr sicher sein konnte. Die Koalitionsfraktionen CDU und FDP wählten daraufhin Bernhard Vogel (ehemals Ministerpräsident in Rheinland-Pfalz) zum neuen Ministerpräsidenten. Bernhard Vogel blieb auch nach der Landtagswahl von 1994 in einer Koalitionsregierung mit der SPD Ministerpräsident. Seit 1999 stand er einer ausschließlich von der CDU getragenen Regierung vor. Im Juni 2003 trat Bernhard Vogel aus Altersgründen zurück. Zu seinem Nachfolger wurde der aus dem Eichsfeld stammende Dieter Althaus (CDU) gewählt.

Die Verfassung

Thüringen kann auf ruhmvolle Traditionen als Rechtsstaat zurückblicken. Schon das am 5. Mai 1816 verkündete „Grundgesetz einer Landständischen Verfassung für das Großherzogtum Sachsen-Weimar-Eisenach“ enthielt zwar noch keinen Grundrechtekatalog doch garantierte der Text dank ordentlicher Gerichtsbarkeit und Hinweis auf die Pressefreiheit weit gehende Grundrechte. Die Thüringer Verfassung wurde am 25. Oktober 1993 verkündet und lehnt sich in ihren Grundzügen an das Grundgesetz für die Bundesrepublik Deutschland an. Am 16. Oktober 1994 fand ein Volksentscheid über die Verfassung statt. Mit 70,1 Prozent der abgegebenen gültigen Stimmen stimmten die Bürgerinnen und Bürger zu. Diesem Ergebnis gingen intensive Beratungen voraus. Die Phase der Verfassunggebung zwischen 1991 und 1993 verlief zunächst weitgehend ohne Beteiligung der Öffentlichkeit. Im Sommer 1993 wurde der Entwurf der Bevölkerung vorgestellt und diese zu Stellungnahmen eingeladen.

Erst nach Kenntnisnahme der Änderungsvorschläge der Bürgerinnen und Bürger und nochmaligen Beratungen stand der endgültige und dann verabschiedete Text fest. Die Verfassung entstand aus dem Wissen um die Gefahren die Diktaturen für das demokratische Staatswesen bergen. In der Präambel wird unmittelbar auf die „leidvollen Erfahrungen mit überstandenen Diktaturen" und auf die „friedlichen Veränderungen im Herbst 1989" hingewiesen. Darüber hinaus werden eindeutige Bezüge zur weltoffenen kulturellen Tradition Thüringens hergestellt. In der Präambel heißt es „Thüringen ist ein Freistaat". Hiermit wird an den 1921 in der ersten demokratischen Verfassung benutzen Begriff angeknüpft. Im Gegensatz zu oft geäußerten Vermutungen hat dieser Begriff aber keinerlei verfassungsrechtliche Auswirkungen. In Rechten und Pflichten ist der Freistaat den anderen Ländern der Bundesrepublik Deutschland gleichgestellt. Die Grundrechte stehen an erster Stelle in der Verfassung. Dies zeigt, welch hohe Bedeutung der Würde und der Selbstbestbestimmung des Menschen beigemessen wird. Hier decken sich Verfassung des Freistaats und Grundgesetz weitgehend. Aber anders als das Grundgesetz formuliert die Thüringer Verfassung in ausführlicher Form Ziele staatlichen Handelns. Dazu zählen unter anderen: die Sozialstaatlichkeit, der Schutz für Menschen mit Behinderung, der Schutz der natürlichen Lebensgrundlagen des Menschen, die Möglichkeiten, durch frei gewählte und dauerhafte Arbeit den eigenen Lebensunterhalt zu verdienen, der Tierschutz, das Angebot angemessenen Wohnraums.

Der Landtag

Der Thüringer Landtag ist das vom Volk gewählte oberste Organ der demokratischen Willensbildung und übt die gesetzgebende Gewalt aus. Der Landtag bestand in der Wahlperiode 1990-94 aus 89 Abgeordneten und besteht in der laufenden Wahlperiode aus 88 Abgeordneten. Die Zahl der im Landtag vertretenen Fraktionen sank vom ersten auf den zweiten Landtag von fünf auf drei. Waren in der ersten Wahlperiode noch CDU (44 Sitze), SPD (21), NF/GR/ DJ (6), LL-PDS (9), FDP (9) vertreten, so verblieben in der Wahlperiode 1994-1999 CDU (42), SPD (29), PDS (17). Daran änderte sich auch mit der Wahl zum dritten Landtag (12.9.1999) nichts: CDU (49), PDS (21), SPD (18).

Bezüglich der Sozialstruktur des Landtages lassen sich im 2. Thüringer Landtag einige ostdeutsche Besonderheiten erkennen. Neben den acht Abgeordneten, die auch Minister sind, üben nur elf der 88 Abgeordneten neben ihrem Mandat einen weiteren Beruf aus. Auf das Erbe der DDR ist der geringe Anteil an Beamten und selbstständigen Abgeordneten zurückzuführen. Während die erste Berufsgruppe in der DDR nicht existierte wurde die Zweite aus politischen Gründen möglichst klein gehalten. Die geringere konfessionelle Bindung. in Ost- gemessen an Westdeutschland spiegelt sich auch bei den Parlamentariern. So wird der Anteil der sich als konfessionslos bekennenden Abgeordneten mit fast 35 Prozent angegeben. Während sich die parlamentarische Arbeit im 3. Landtag in strukturierten Bahnen verläuft, war die Arbeit im 1. Landtag von Intensität bestimmt. Galt es doch innerhalb kürzester Zeit die Gesetzgebung dem westdeutschen Niveau anzugleichen, um so die Voraussetzungen für ähnliche Lebensumstände in Ost- und Westdeutschland zu schaffen. Die Aufgaben des Landtages unterschieden sich nicht nennenswert von denen der anderen föderalen Parlamente in Deutschland. Zu den wichtigsten Aufgaben gehören die Gesetzgebung, die Wahl des Ministerpräsidenten und die Kontrolle der vollziehenden Gewalt.

Nach kaum drei Wahlperioden ist es noch zu früh, langfristige Trends erkennen zu können. Die politische Landschaft einerseits und das milieubedingte Wahlverhalten andererseits sind in Thüringen noch nicht so fest gefügt, als dass gesicherte Aussagen gemacht werden könnten. Mit Interesse wurde daher die für den 12. September 1999 terminierte Landtagswahl erwartet. Tatsächlich brachte die Landtagswahl Ergebnisse, die geradezu radikal genannt werden können. Einem Plus von 8,4 Prozent der Landesstimmen für die CDU im Vergleich zur Landtagswahl 1994 stand ein Minus von 11,1 Prozent bei der SPD entgegen. Der PDS gelang es, ihr Ergebnis gegenüber der Landtagswahl von 1994 um 4,8 Prozent zu verbessern. Der Schluss liegt nahe, dass es den Parteien bisher nur begrenzt gelungen ist, eine fest gefügte Stammwählerschaft an sich zu binden. Vielmehr scheint ein großer Teil der Wählerinnen und Wähler ihre Präferenz bei jedem Urnengang neu zu vergeben.

Regierung und Verwaltung

Die Landesregierung ist ein Kollegialorgan und bildet das „oberste Organ der vollziehenden Gewalt". Die Landesregierung entscheidet als ganze über die Einbringung von Gesetzesentwürfen im Landtag, den Abschluss von Staatsverträgen und bei Stimmabgabe im Bundesrat. Seit 1999 stand Bernhard Vogel als Ministerpräsident einer ausschließlich von der CDU-Fraktion im Thüringer Landtag getragenen Regierung vor. Mit der Wahl von Dieter Althaus zum Ministerpräsidenten kam es auch zu einer Kabinettsumbildung: Prof. Dr. Dagmar Schipanski – Ministerin für Wissenschaft, Forschung und Kunst, Birgit Diezel – Finanzministerin, Andreas Trautvetter – Innenminister, Dr. Volker Sklenar – Minister für Landwirtschaft, Naturschutz und Umwelt, Dr. Michael Krapp – Kultusminister, Dr. Karl Heinz Gasser – Justizminister, Dr. Klaus Zeh – Minister für Soziales, Familie und Gesundheit, Jürgen Reinholz – Minister für Wirtschaft, Arbeit und Infrastruktur, Hans Kaiser – Minister für Bundes- und Europaangelegenheiten in der Staatskanzlei.

Die Verfassung gewährt dem Ministerpräsidenten eine durchaus starke Position. Nur er wird vom Parlament direkt gewählt und nur er kann von diesem Parlament durch ein „konstruktives Misstrauensvotum“ gestürzt werden. Der Ministerpräsident ernennt und entlässt die Minister und hat die Richtlinienkompetenz in der Politik. Alle Minister müssen ihn über Angelegenheiten von besonderer politischer Bedeutung informieren.

Der Verwaltungsaufbau des Freistaats ähnelt dem anderer Flächenstaaten der Bundesrepublik, weist aber eine Besonderheit auf. Zu den Obersten Landesbehörden gehören die Ministerien sowie der Präsident des Landtags, der an der Spitze der Landtagsverwaltung steht. Die wichtigste Mittelbehörde ist das Landesverwaltungsamt in Weimar. Seine Stellung und Aufgaben sind mit den Regierungspräsidien bzw. Bezirksregierungen in anderen Ländern vergleichbar. Das heißt, dass es in Thüringen keine Regierungsbezirke gibt! Dem Landesverwaltungsamt sind als untere Landesbehörden die Landratsämter der Kreise und die Stadtverwaltungen der kreisfreien Städte unterstellt.

Die Kommunen

Seit 16. August 1993 gilt die Thüringer Kommunalordnung. Hier wird die Selbstverwaltung der Kommunen garantiert. Das Bestreben des Gesetzgebers war es, die Voraussetzungen zu schaffen, dass möglichst alle Angelegenheiten der örtlichen Gemeinschaft auch vor Ort geklärt werden können. Mit der Thüringer Kommunalordnung hat sich der Freistaat für die Einführung der süddeutschen Ratsverfassung entschieden. Dies heißt, dass Gemeinderat und Bürgermeister per Urwahl durch das Volk gewählt werden. Der kommunale Bereich wurde als Erster nach der Wende von 1989 durch die freie Kommunalwahl vom 6. Mai 1990 demokratisch legitimiert. In den zurückliegenden Jahren haben die Kommunen den größten Teil der personellen, städtebaulichen und infrastruktur-technischen Konversion tragen müssen. Galt es doch durch personelle Erneuerung wieder an Glaubwürdigkeit vor den Wählerinnen und Wählern zu gewinnen. Darüber hinaus musste in erheblichem Maß Personal abgebaut werden. Die verrottete Infrastruktur, die darniederliegenden Innenstädte verlangten nach schneller und umfassender Sanierung. Mit der zügigen Erschließung von Gewerbegebieten sollten die Voraussetzungen für die Ansiedlung neuer Unternehmen geschaffen werden. In den dieser Gründungsphase folgenden Jahren kam es zu einer scharfen öffentlichen Diskussion um Auslastung der Gewerbegebiete und um den Verbrauch von Fördermitteln. Dabei muss aber bedacht werden, dass die Nachfrage durch ansiedlungswillige Unternehmen oft nur sehr ungenau eingeschätzt werden konnte.

Die wirtschaftliche Entwicklung

Wie kaum ein anderer Bereich erfährt die wirtschaftliche Entwicklung Thüringens öffentliche Aufmerksamkeit. Nach wie vor liegt die Arbeitslosenquote mit 16,5 Prozent (1999) deutlich höher als im Westen der Bundesrepublik. Dabei verfügt der Freistaat über eine Wirtschaftsstruktur, die von Experten als günstig eingeschätzt wird. Große Unternehmen haben sich in Eisenach (GM, BMW) und in Jena (Jenoptik, Schott) angesiedelt bzw. konnten nach 1990 weitergeführt werden. Im übrige Thüringen sind von einzelnen Ausnahmen abgesehen (z. B. Computer und Mikroelektronik in Sömmerda sowie Erfurt) vorwiegend Klein- und mittelständische Unternehmen vertreten. Die Palette der hergestellten Produkte reicht dabei von der Glasproduktion im Thüringer Wald bis hin zur Biotechnologie. Wie anderenorts auch konnte der beschleunigte Abbau von Arbeitsplätzen in der Industrie nicht durch den expandierenden Markt für Dienstleistungen ausgeglichen werden. Städte wie Weimar sowie das Gebiet des Thüringer Waldes sind stark auf den Fremdenverkehr hin orientiert. Der Neubau von Hotels und die Wiederherstellung von Sehenswürdigkeiten eröffnete für viele, aber eben doch nicht für alle Menschen neue Berufsperspektiven. Dank erheblicher steuerlicher Begünstigungen für Investoren ist die verkommene Bausubstanz in Rekordzeit renoviert worden. In einigen Gemeinden hat sich der gravierende Wohnungsmangel ins Gegenteil gekehrt – ausreichend Wohnungen und gewerblich nutzbare Immobilien sind vorhanden. Der Trend im Baugewerbe ist nach dem Boom der 90er Jahre klar rückläufig. Dafür zeichnet sich ein konjunktureller Aufschwung im industriellen Bereich ab. Trotzdem wird die Bilanz der in der Industrie hinzugewonnenen Arbeitsplätze durch die konjunkturell bedingten Arbeitsplatzverluste im Baugewerbe mehr als ausgeglichen.

Wie in den anderen der so genannten neuen Ländern tut sich die Wirtschaft nach wie vor schwer, den Anschluss an das „Westniveau" zu halten. Die Gründe dafür sind vielfältig und werden allenthalben breit diskutiert. Ermutigend ist, dass in der verarbeitenden Industrie die Produktivität weiter zunimmt und in einigen Bereichen eben jenes geforderte „Westniveau" bereits erreicht worden ist. Demgegenüber stehen heute noch zum Teil höhere Lohnstückkosten in Thüringen als im Westen der Republik. Neue Entwicklungen und Aufsehen erregende erfolgreiche Börsengänge (Jenoptik, Mühl) zeigen allerdings, dass die wirtschaftliche Entwicklung sehr differenziert zu betrachten ist. Es bestehen in Thüringen Unternehmen, die fit für den Weltmarkt sind und die sich auf diesem behaupten werden. Es ist bereits vermutet worden, dass es in den nächsten Jahren zu einer zweiten „Gründerwelle" wie zu Beginn der 90er Jahre kommen könnte. Diesmal scheinen die Voraussetzungen dafür dank der guten Infrastruktur, der Verfügbarkeit von Ressourcen und den gezielten Föderinstrumentarien noch besser als zu Beginn der 90er bestellt.

In der Landwirtschaft haben sich nach der Wende aus den Landwirtschaftlichen Produktionsgenossenschaften (LPG) der DDR Betriebe unterschiedlicher Rechtsform gebildet. Neben Einzelbetrieben durch Wiedereinrichtung und Personengesellschaften haben sich mit eingetragenen Agrargenossenschaften und Agrar-GmbH als Nachfolgebetriebe der LPG wie in den anderen neuen Bundesländern große Betriebsstrukturen erhalten, die etwa 68 Prozent der landwirtschaftlich genutzten Fläche bewirtschaften. Stark gestiegene Hektarerträge und Leistungen in der Tierproduktion führen bei drastischer Verringerung der Arbeitskräfte zu einer beachtlichen Produktivität. Günstige natürliche Voraussetzungen für eine landwirtschaftliche Produktion bieten sich vor allem im Thüringer Becken, wo u.a. die Erzeugung von Braugerste Tradition hat.

Das Land hat große Anstrengungen unternommen, um Hochschulen und wissenschaftliche Einrichtungen auf den neuesten Stand zu bringen. Mit der Technischen Universität in Ilmenau besteht eine Bildungsstätte, die sich bewusst von den großen Massenhochschulen abhebt und ihr Profil im Bereich Maschinenbau und Mikroelektronik weiter schärft. Die große „Landesuniversität" in Jena kann auf eine Ruhmreiche Tradition zurückblicken. Anwendungsorientierte Forschung gibt es hier seit 100 Jahren. Die Beziehungen zu den Firmen Carl Zeiss und Schott waren seit jeher besonders eng und bildeten eine der Voraussetzungen für den weltweiten Erfolg beider Unternehmen. In engen „Forschungsverbünden" zwischen Hochschulen und Unternehmen soll der technologische Sprung gelingen, der für das rohstoffarme Thüringen von zentraler Bedeutung ist. Für dieses Konzept spricht, dass sich Ilmenau und Jena zu Standorten von – zunächst noch kleineren Unternehmen – entwickelt haben, die Spitzentechnologie im Bereich der Materialbearbeitung, der Biotechnologie oder der Informatik anbieten. 1999 begann die neu gegründete Universität Erfurt mit dem Lehrbetrieb. Sie will an den im Mittelalter über die Region hinaus berühmten Ruf der Erfurter Hochschule anknüpfen.

Alle Bemühungen sind darauf gerichtet, Thüringen als Arbeits- und Ausbildungsstandort sowie als Wohnort attraktiv zu erhalten. In letzter Zeit ist die Abwanderung in die öffentliche Diskussion gerückt. In Thüringen hat der Bevölkerungsbestand von 1989 bis 1998 um über 220.000 Personen abgenommen (das entspricht 8,2%). Diese Zahl setzt sich vor allem aus der gesunkenen Geburtenrate und der Abwanderung in andere Bundesländer zusammen. Prognosen gehen von einer weiterhin starken Abwanderung aus, die nicht ausgeglichen wird. Der Befund ist insofern beunruhigend, weil vor allem junge, gut ausgebildete Thüringer das Land auf der Suche nach besserer beruflicher Entfaltung verlassen. Hier könnte eine der Herausforderungen der nächsten Jahre für Politik und Wirtschaft liegen.

Weiterführende Literatur finden Sie im Internet unter

http://www.thueringen.de/de/lzt

Der Föderalismus auf dem Prüfstand

Von der öffentlichen Reform-Debatte in den 1990er Jahren zur Bundesstaats-Kommission 2003/04

Martin Große Hüttmann

Der deutsche Föderalismus ist ins Gerede gekommen. Dabei setzt die Kritik weniger am föderalen Charakter der Bundesrepublik an, sondern an der Realität des deutschen föderalistischen Systems mit seinen ihm eigenen Nachteilen, die mit dem Begriff Politikverflechtung beschrieben werden.

Wenn die Debatte um den deutschen Föderalismus auch vor dem Hintergrund knapper Kassen und eines kostspieligen Länderfinanzausgleichs geführt wird, so ist sie nicht allein als Verteilungskampf zu sehen. Vielmehr stehen sich hier unterschiedliche Leitbilder gegenüber: das herkömmliche Konzept des kooperativen Föderalismus und die Idee des Wettbewerbsföderalismus, die die ganze Diskussion ausgelöst hat.

Doch bei aller offensichtlichen Reformbedürftigkeit des deutschen Föderalismus sollten sich die Reformvorschläge nicht zu sehr an bestimmten Modellen orientieren und auf sie fixieren. Damit wird der Blickwinkel eingeengt und das Gespür für Durchfuhrbarkeit geht hierbei verloren.

Der Herausgeber

Die „Reformfähigkeit" und internationale Wettbewerbsfähigkeit Deutschlands stehen zur Debatte

Für den Deutschland-Chef der Unternehmensberatung McKinsey, Jürgen Kluge, liegt der Fall klar auf der Hand: Deutschland sei ein „Sanierungsfall". Schuld daran seien die Struktur des deutschen Föderalismus und die unterschiedliche Leistungsfähigkeit der deutschen Länder. Eine Neugliederung und Zusammenlegung der Länder sei notwendig, um die bestehenden Ineffizienzen abbauen zu können. Das Modell von McKinsey sieht so aus: „Der Aufbau sollte dreischichtig sein: Die zentralen Spielregeln müssen auf europäischer Ebene gesetzt werden. Das ist die erste Schicht. Die zweite und kleinste Schicht sollte der klassische Nationalstaat sein, die größte Schicht aber die sieben oder acht Bundesländer. (...) Die Länder müssen unabhängiger werden und miteinander in Wettbewerb treten".[1] Eine differenziertere Analyse des deutschen Föderalismus zeigt, dass dieser Vorschlag theoretisch plausibel erscheinen mag, eine praktische Umsetzung mit politischen Schwierigkeiten und Beharrungskräften konfrontiert ist, die einem voluntaristischen Reformansatz entgegenstehen. Der vorliegende Beitrag will auf diese Probleme, die einer grundlegenden Reform des deutschen Föderalismus in der Vergangenheit im Wege standen, eingehen. Dabei soll gezeigt werden, wie und weshalb der Föderalismus in die öffentliche Kritik geraten ist und wie die Politik auf diese Kritik reagiert hat. Dabei soll auch erklärt werden, weshalb die öffentliche Debatte um eine Reform des Bundesstaates erst 2003/04 zu einem konkreten Reformanlauf geführt hat.

Vor allem zwei politische Ereignisse, die in der Öffentlich sehr breite Aufmerksamkeit erfahren haben, haben wesentlich dazu beigetragen, dass eine Reform des Föderalismus schließlich auf die politische Tagesordnung gekommen ist. Zum einen der Politkrimi, der in den Tagen und Stunden vor der Abstimmung über die Steuerreform im Bundesrat am 14. Juli 2000 zu verfolgen war. Bis ganz zum Schluss war bei dieser wichtigen politischen Entscheidung offen geblieben, welche Bundesländer zu welchen Konditionen der Gesetzesvorlage der rot-grünen Koalition ihre Zustimmung geben würden.[2] Die Tatsache, dass eine Einigung erst durch einige Korrekturen am Gesetzesentwurf und vor allem durch finanzielle Zusagen für Länder wie Berlin, Brandenburg, Bremen und Mecklenburg-Vorpommern möglich geworden war, führte in der Öffentlichkeit zu teilweise heftiger Kritik an diesem, wie es in einem Kommentar hieß, „Zuckerbrot-Föderalismus der maghrebinischen Art".[3] Kritisiert wurde vor allem, dass dieses Verfahren von Geben und Nehmen in der Verfassung nicht vorgesehen sei, das Grundgesetz keine „Wohlverhaltensprämie für regierungsnahes Abstimmungsgebaren" kenne und zudem die Gefahr bestehe, dass die Bundesrepublik, wenn dieses Beispiel Schule machte, „reformunfähig" oder gar „unregierbar" würde – so der ehemalige Bundesverfassungsrichter Paul Kirchhof in einem Zeitungsinterview.[4] Die Verabschiedung der Steuerreform sei deshalb, so eine andere Kritik, als „Machtausübung außerhalb der verfassungsrechtlich vorgesehenen Formen und Finanzierungsvorschriften" zu beurteilen.[5] Gleichzeitig wurde aber dieser „föderale Kuhhandel" und die Empörung über den Stil, der bei diesem „Schauspiel" an den Tag gelegt worden sei, dazu genutzt, um erneut und gerade jetzt für eine durchgreifende institutionelle Neuordnung des deut-

---

1 Bild am Sonntag, 26.01.2003.

2 Vgl. Der Tagesspiegel vom 14.07.2000 („Spannung bis zur letzten Minute vor der Abstimmung im Bundesrat") und FAZ vom 15.07.2000 („Mehrheit für die Steuerreform in letzter Minute").

3 Die Welt vom 14.07.2000 („Das große Steuerduell").

4 FAZ vom 24.07.2000.

5 Christian Starck: „Ein schwarzer Tag für das bundesstaatliche System geregelter Zuständigkeiten", in: FAZ vom 19.07.2000, S. 8.

schen Bundesstaates zu werben: „Die Föderalismusreform gehört mehr denn je auf die Agenda“[6], so der ehemalige Wirtschaftsminister und FDP-Vorsitzende Otto Graf Lambsdorff, der hier, wie schon in der Vergangenheit, als Anwalt für einen „echten Wettbewerbsföderalismus“ auftrat. Das zweite Ereignis war das „politische Theater“ im Zusammenhang mit der Abstimmung im Bundesrat um das Zuwanderungsgesetz im März 2002. Die sogenannte „uneinheitliche Stimmabgabe“ des Landes Brandenburg und die Wertung des Bundesratsvorsitzenden Klaus Wowereit dieses Votums als Zustimmung haben zu einem bislang unerhörten Tumult im Bundesrat geführt. Der Verlauf und die juristische wie politische Interpretation dieses Verfahrens hat sowohl die Öffentlichkeit wie auch die Rechtswissenschaft wochenlang beschäftigt – bis das Bundesverfassungsgericht den Klägern im Dezember 2002 Recht gegeben hat und das Vorgehen Wowereits als unzulässig bezeichnet hat.[7] Beide Ereignisse haben die Reformbedürftigkeit des Föderalismus einem breiten Publikum vor Augen geführt und das Dilemma deutscher Politik anschaulich gemacht – wie groß ist die Handlungsfähigkeit einer Bundesregierung, wenn im Bundesrat andere parteipolitischen Mehrheiten herrschen als im Bundestag? Damit zusammen hängt die Frage nach der Zukunftsfähigkeit des Bundes und seiner Gliedstaaten im europäischen wie auch globalen Wettbewerb, konkret um die Fairness des föderalen Länderfinanzausgleichs und um die „richtige“ Verteilung von Kompetenzen und Ressourcen. Im Kern geht es also um die Frage nach *‚cheques' und balances* im Bundesstaat.

Ehe sich im Herbst 2003 eine von Bundestag und Bundesrat eingesetzte Reformkommission mit diesen Fragen konkret beschäftigte, gab es eine breite öffentliche Debatte um die Prämissen und die Notwendigkeit einer solchen Reform. Im Sommer 1997 begann diese Diskussion. Damals standen der Bundesrat und der Vermittlungsausschuss in der öffentlichen Kritik, da die SPD-Mehrheit in der Länderkammer eine von der Regierung *Kohl* vorgelegte Steuerreform blockierte und schließlich zum Scheitern brachte. Der Vorwurf der konservativ-liberalen Koalition an die SPD lautete, dass sie in „unzulässiger Weise“ den Bundesrat als parteipolitisches „Blockadeinstrument“ missbrauche und dringend notwendige Gesetzesinitiativen verhindere.[8]

Während diese Diskussion als erstes Anzeichen des kommenden Wahlkampfes zum Bundestag verstanden werden konnte, waren in der öffentlichen Debatte parallel dazu und unabhängig davon Stimmen von einzelnen Ländern zu vernehmen, die mit Blick auf die Sozialversicherungssysteme und das System des Länderfinanzausgleichs für einen „Wettbewerbsföderalismus“ war-

---

6 Otto Graf Lambsdorff: „Föderaler Kuhhandel verdirbt die Sitten“, in: FAZ vom 19.07.2000, S. 8.

7 Vgl. dazu FAZ vom 21.12.2002 („Konsequenzen eines Tumultes? Vorschläge nach dem Urteil des Bundesverfassungsgerichts zum Zuwanderungsgesetz“), DIE ZEIT vom 23.12.2002 („Sieg der Rituale“), sowie Gröschner (2002).

8 Vgl. dazu allgemein König (1997), Lhotta (1998) und Sturm (2003).

ben, der die geltende komplexe Konstruktion des Ausgleichs und der Umverteilung ändern sollte. Ein dritter Punkt, der im Zusammenhang mit der Diskussion um die Leistungsfähigkeit des föderalen Systems in der Bundesrepublik Deutschland in dieser Diskussion der Jahre 1997 und folgende aufgegriffen wurde, waren Forderungen nach einer Länderneugliederung.

Während noch anläßlich des 40. Jahrestages der Gründung der Bundesrepublik dem Föderalismus von politischer Seite hohe Verdienste u.a. für die Stabilität der Nachkriegs-Demokratie in Deutschland und das hohe Maß an gesellschaftlicher und ökonomischer Homogenität zugeschrieben wurden, scheint der deutsche Bundesstaat knapp zehn Jahre später schon Anlass zu breiter Kritik zu geben.[9] Diese Kritik zielt auf die angebliche Unbeweglichkeit und mangelnde Effizienz des auf Konsens orientierten Entscheidungsprozesses in Deutschland, in dem sowohl Bund als auch Länder die Möglichkeiten haben, sich gegenseitig zu blockieren. So wurde gefragt, welchen Wert ein Föderalismus überhaupt noch haben kann, der „seine Energie darauf konzentriert, in Bonn und Brüssel Entscheidungen zu verhindern, aber nichts dafür tut, dass die Länder selbst sich durch Vielfalt und Ideen auszeichnen" (*Dettling* 1997). Da die Föderalismus-Kritik gerade aus dem liberalen Umfeld und von Verfechtern des Wettbewerbs auf die politische Agenda gesetzt wurde und im Zusammenhang mit der Debatte um den „Standort Deutschland" zu sehen ist, schien die Diskussion auf die von dem Bremer Föderalismusforscher *Roland Lhotta* überspitzt formulierte Frage abzuzielen: „Brauchen wir im Zuge der (...) Globalisierung und des dräuenden Turbo-Kapitalismus jetzt den Turbo-Föderalismus, um den Standort Deutschland auf Vordermann zu bringen?" (*Lhotta* 1998: 86). Im Vorfeld der Einsetzung der Bundesstaats-Kommission erfuhr die Diskussion um die „blockierte Republik" (FAZ vom 17.07.2003) und eine „verstaubte Verfassung" (Der Spiegel vom 19.05.2003) einen neuen Höhepunkt (vgl. dazu auch Hrbek/Eppler 2003).

Die Konkurrenz unterschiedlicher Leitbilder

Dass ein politisch eher schwer zu vermittelndes Thema wie eine Föderalismusreform die Schlagzeilen und politischen Kommentare dominieren kann, lässt ganz verschiedene Erklärungen zu. In diesem Beitrag soll die These vertreten werden, dass die in der Öffentlichkeit und von politischer und wissenschaftlicher Seite geführte Diskussion um die „Verfassung" des deutschen Bundesstaates primär Ausdruck einer Konkurrenz unterschiedlicher *Leitbil-*

9 Vgl. stellvertretend für die insgesamt positive Würdigung des Föderalismus anläßlich der 40-Jahrfeier der Verabschiedung des Grundgesetzes durch den Beitrag des nordrhein-westfälischen Ministerpräsidenten Rau (1989: 148), der einer Würdigung des deutschen Föderalismus durch den Politikwissenschaftler Kurt Sontheimer zustimmt: „Billig ist der deutsche Föderalismus nicht, aber der Preis, den wir für ihn entrichten, ist gewiß nicht zu hoch, mißt man ihn an den Kosten einer zentralistischen Ordnung."

der des Föderalismus ist. In der Hauptsache ging und geht es zunächst darum, dem bislang vorherrschenden Konzept eines „kooperativen Föderalismus" eine Alternative gegenüberzustellen – das Leitbild eines „Wettbewerbs-" oder „Konkurrenzföderalismus".

Die Mitte der 1990er Jahre einsetzende öffentliche Föderalismusdiskussion in Deutschland ist nur dann zu verstehen, wenn nicht nur die materiellen und politischen Interessen der beteiligten Akteure und Länder in den Blick genommen werden, sondern auch und vor allem die Ideen, Leitbilder und „Philosophien" des Föderalismus, die hinter den entsprechenden Reformvorschlägen und Kritiken am bestehenden System des Föderalismus und seinen Institutionen stehen. Es geht zwar in der Tat um viel Geld im Rahmen des Finanzausgleichs, denn es werden viele Milliarden jährlich zwischen dem Bund und den Ländern hin- und herbewegt. Die Finanzministerin von Brandenburg, *Wilma Simon*, hat in einem Papier einmal anschaulich gemacht, was das heißt: „Für die gleiche Summe müsste ein Lottospieler 630 Jahre lang jedes Wochenende 1 Mio. DM gewinnen."[10] Angesichts der angespannten Haushaltslage in allen Bundesländern konnte es daher kaum überraschen, dass die sogenannten „Geberländer" in den 1990er Jahren eine Debatte um Zweck und Umfang des Länderfinanzausgleichs eröffnet haben. In diesem Beitrag soll die Debatte um den Föderalismus und den Finanzausgleich nicht allein als politischer Kampf um knappe Güter dargestellt werden, sondern als normativer Ideenwettstreit, als Konkurrenz von „Überzeugungssystemen" (*belief systems*) und als Auseinandersetzung um das „richtige" Verständnis des Föderalismus (vgl. auch *Münch* 2001).

In einer vielbeachteten und heftig diskutieren Analyse des deutschen Föderalismus, dem eine Entwicklung hin zum „verkappten Einheitsstaat" (so der Titel der Arbeit) bescheinigt wurde, konnte die Politikwissenschaftlerin *Heidrun Abromeit* damals noch zu Recht darauf hinweisen, dass es in der Bundesrepublik keinen „Hüter" für das Konzept des Konkurrenzföderalismus gebe (*Abromeit* 1992: 131, 143). Gerade einmal fünf Jahre später ist der Begriff „Konkurrenzföderalismus" oder „Wettbewerbsföderalismus" aus keiner öffentlichen Rede oder wissenschaftlichem Kommentar mehr wegzudenken. Das Leitbild des Wettbewerbsföderalismus wird dabei in der Regel als Orientierungspunkt und Maßstab für eine grundlegende Reform des bestehenden Systems diskutiert und zum Lackmustest für die Überlebensfähigkeit des deutschen Bundesstaates im europäischen und globalen Wettbewerb gemacht. Doch zunächst einige Sätze zum theoretischen Hintergrund dieses Beitrages.

---

10 Papier „Finanzausgleich mittelfristig reformieren, aber nicht zerschlagen" von Dr. Wilma Simon, Ministerin der Finanzen des Landes Brandenburg unter Mitarbeit von Ministerialdirigentin Angela Nottelmann und Ministerialrat Martin Braun, März 1998 (in Auszügen veröffentlicht in Frankfurter Rundschau vom 12. 03. 1998).

Eine Neubewertung von Ideen und Leitbildern in der Politik

In der neueren politikwissenschaftlichen Literatur wird die Bedeutung von Ideen, Weltbildern oder Leitbildern in der Politik wieder verstärkt in den Blick genommen.[11] Dabei gehen die Ideen-Ansätze davon aus, dass – ganz allgemein gesprochen – politisches Handeln nicht in erster Linie von Interessen und ihrem Austausch geprägt sei, sondern von *Ideen*. Ideen und Vorstellungen („Philosophien") darüber, wie die politische, ökonomische oder soziale „Welt" sei bzw. sein sollte, werden hier den Interessen vorangestellt. Interessen, so die Argumentation, entstehen erst auf der Basis von bestimmten Vorstellungen und Ideen über die „Welt". Ideen werden dabei verstanden als „Wissen über die Wirklichkeit (...), wobei der Begriff ‚Wissen' nicht nur harte Daten einschließt, sondern auch Normen und ästhetische Urteile und Vorstellungen über die Identität des Akteurs im Verhältnis zu anderen Akteuren" (*Jachtenfuchs* 1995: 428). Das bedeutet, dass die Analyse von Interessen immer auch die Ideen und Leitbilder untersuchen muss, da nur so das Verhalten von politischen Akteuren zu erklären ist. Die Ideen sind sozusagen die „Brille", durch die einzelne Akteure – in unserem Fall etwa die Länder – die politische „Wirklichkeit" wahrnehmen und darauf basierend ihre Interessen definieren und artikulieren. So betont *Heinrich Schneider* (1992: 4), Leitbilder seien „nicht nur Zielvorstellungen, sondern auch *Wahrnehmungs- und Deutungsmuster* der je gegebenen Situation, und beide Dimensionen sind dialektisch aufeinander bezogen."[12] Diese Definition von Leitbild kann uns helfen, die teilweise sehr unterschiedliche Wahrnehmung und Deutung eines politischen Zustandes (hier: des Bundesstaates) plausibel zu machen (vgl. dazu ausführlich *Fischer/Große Hüttmann* 2001).

Warum überhaupt Föderalismus?

In rechts- und politikwissenschaftlichen Hand- und Lehrbüchern und auch in der öffentlichen Diskussion werden dem Föderalismus als politisches Organisationsprinzip eine Reihe von Eigenschaften und Besonderheiten zugeschrieben, die aus der politischen Praxis in föderal organisierten Staaten abgeleitet wurden. Diese Besonderheiten dienen der *Rechtfertigung* bzw. der *Legitimation* des Föderalismus. In diesem Zusammenhang wird von einem „Tugendkatalog" des Föderalismus gesprochen (vgl. *Kisker* 1985).

Eine Liste mit solchen Rechtfertigungsgründen für den Föderalismus haben *Kilper/ Lhotta* (1996: 58-61) zusammengestellt: Danach erlaubt der Föde-

---

11 Die folgenden Ausführungen beziehen sich auf die instruktiven Arbeiten von Braun (1998), Jachtenfuchs (1993, 1995) und Schneider (1992), mit jeweils zahlreichen weiterführenden Literaturangaben.

12 Meine Hervorhebung.

ralismus sachgerechte, an den Verhältnissen „vor Ort" orientierte Problemlösungen und Entscheidungen; die Teilung von Aufgaben und politischer Verantwortung zwischen verschiedenen Ebenen entlastet die Zentrale; Föderalismus erhöht die Möglichkeiten, sich demokratisch zu engagieren (*territorial democracy*); er ermöglicht einen Minderheitenschutz; er fördert den ökonomischen, kulturellen und politischen Wettbewerb; er erleichtert die Integration von Gesellschaften, die durch konfessionelle, sprachlich-kulturelle, sozio-ökonomische und politische Heterogenität gekennzeichnet sind; er bietet Schutz vor Zentralismus und ergänzt die in liberalen Demokratien klassische *horizontale* Gewaltenteilung zwischen Legislative, Exekutive und Judikative durch eine *vertikale* Trennung bzw. Verschränkung der Gewalten zwischen dem Zentralstaat und den territorialen Untereinheiten.

Neben diesem „theoretischen" Föderalismus gibt es aber auch einen – von diesem häufig abweichenden – „real existierenden" Föderalismus, der deshalb entsprechender Kritik von politischer und vor allem von wissenschaftlicher Seite ausgesetzt ist: „Der Bundesstaat wird allgemein akzeptiert – allerdings nicht so, wie er praktisch verwirklicht ist" (*Benz* 1989: 181). In der Kritik steht vor allem die Ausprägung des deutschen Föderalismus als „kooperativer Bundesstaat", und die damit zusammenhängende Politik- und Verwaltungsverflechtung, das hohe Maß an Interdependenz zwischen Bund und Ländern bei der Planung, Entscheidung und Umsetzung von politischen Maßnahmen.

Das Stichwort, das hier eine zentrale Rolle spielt und die Eigenheiten der deutschen Fassung des kooperativen Föderalismus auf den Punkt bringt, ist das der „Politikverflechtung".[13] Der von *Scharpf*, *Reissert* und *Schnabel* (1976) eingeführte Begriff soll die im deutschen Föderalismus der Nachkriegszeit vorherrschende Entscheidungsstruktur veranschaulichen, wonach die Mehrzahl der öffentlichen Aufgaben nicht durch getrennte Entscheidungen des Bundes oder der Länder, sondern durch das enge Zusammenwirken von Bund und Ländern bzw. durch die Kooperation zwischen Ländern wahrgenommen wird („kooperativer Föderalismus"). Die Formen und die Intensität der Zusammenarbeit und der Politikverflechtung haben in der Vergangenheit stetig zugenommen. Verantwortlich gemacht wird dafür die auf politische und gesellschaftliche Homogenität und „Einheitlichkeit der Lebensverhältnisse" ausgerichtete politische Kultur in Deutschland. Gerade aber die kleinen und finanzschwächeren Länder konnten einzelne Aufgaben allein nicht bewältigen. Durch die deutsche Einheit und die Erweiterung der Bundesrepublik um fünf kleinere und im Vergleich zu den „alten" Ländern extrem finanzschwache Länder ist der Druck auf den Bund, sich finanziell zu engagieren, noch gewachsen. Weitere Entwicklungen, die den Grad der Politikverflechtung in den letzten Jahrzehnten erhöhten bzw. ihn verfestigten,

---

13 Vgl. zum folgenden Reissert (1995).

waren u.a. der Wandel der Staatsaufgaben und die „Europäisierung" des deutschen Föderalismus.[14]

Die Einmischung des Bundes in ursprünglich den Ländern vorbehaltenen Aufgaben kann auch als Versuch angesehen werden, dem Bund unter den Bedingungen abnehmender Gestaltungsmöglichkeiten den Einfluss auf gesamtstaatliche Aufgaben wie etwa Konjunktur- und Raumordnungspolitik zurückzugeben. Ein letzter Punkt, der genannt werden muss, um die Entwicklung und Robustheit der Politikverflechtung zu erklären, ist, dass sie häufig im Interesse der Akteure in den Regierungen und Verwaltungen von Bund und Ländern liegt. Denn die Politikverflechtung „entschädigt" in einem politischen Tauschgeschäft den Verlust der Länder, eigenständig handeln zu können, durch die im Gegenzug gestattete Möglichkeit, an der Bundesgesetzgebung und an *gesamtstaatlicher* Koordination mitzuwirken; zudem erlaubt die Politikverflechtung, dass sich Bundes- und Landespolitiker die Erfolge teilen und Misserfolge gegenseitig zuschieben können (*blame avoidance*), und schließlich können Fachpolitiker und Verwaltungen auf Bundes- wie Länderebene die Durchsetzung von Programmen häufig erst durch den Hinweis erreichen, die jeweils andere Ebene würde die Ausgaben mitfinanzieren. Diese Entwicklung des deutschen Föderalismus hat eine Reihe von Kritikern auf den Plan gerufen.

Der Vorwurf von Zentralisierung und Trägheit

Eine Konstante in der wissenschaftlichen Föderalismus-Kritik stellt die Frage dar, ob der deutsche Bundesstaat zu politischer Steuerung „in sachlich-zeitlicher, sozial anspruchsvoller, längerfristig konzipierter und in einer zur Umverteilung fähigen Weise" in der Lage sei (*Schmidt* 1994: 77). Viele Analysen aus den letzten Jahrzehnten sind zu dem Ergebnis gekommen, dass der deutsche Föderalismus zu politischer Steuerung nur unter einem (im Vergleich zu anderen Staaten) erhöhten Preis in der Lage sei.[15] Die Debatte um die Problemlösungskapazität und die politischen Probleme im deutschen Föderalismus kreisen um mehrere Fragen, die teilweise eng miteinander verflochten sind.

1. Ein Vorwurf an den deutschen Föderalismus ist, dass die Politikverflechtung zu einer Zentralisierung führe. „Zentralisierung" wird in dem Sinne wahrgenommen, dass immer mehr Kompetenzen und Steuerungskapazitäten von den unteren Einheiten (Länder und Kommunen) auf die Ebene des Zentralstaates übertragen werden und damit das Prinzip der Subsidiarität und der

---

14 Vgl. zum ersten Punkt ausführlich Grimm (1996) und zu den Auswirkungen der europäischen Integration Fischer (2003), Große Hüttmann/Knodt (2000; 2003), Hrbek (1997) und Knodt (2000).

15 Vgl. zum folgenden Kapitel 4.2 bei Schmidt (1994) und die entsprechenden Verweise auf weitere Literatur und auch den Beitrag von Wachendorfer-Schmidt (2003).

regionalen und lokalen Autonomie verletzt wird. Gegen diese These kann eingewandt werden, dass diese Tendenz zur *Zentralisierung* kompensiert wurde durch eine wachsende Beteiligung und Einbindung der Länder in die Bundespolitik. Das Ergebnis war weniger ein zentralistischer Staat als vielmehr der „unitarische Bundesstaat" (*Hesse* 1962). Die „Verlierer" dieser Entwicklung waren weniger die Länder und noch weniger die Landesregierungen als vielmehr die Landesparlamente, die eine „Entwertung" (*Schmidt* 1994: 77) ihrer Rolle zusätzlich im Bereich der europäischen Integration erfuhren, welche sie in jüngster Zeit durch institutionelle Vorkehrungen teilweise wieder gutmachen konnten.[16]

2. Die *Trägheit und Langsamkeit* des politischen Entscheidungsprozesses im Bundesstaat gehört gewissermaßen zum Standardrepertoire der Föderalismuskritik. Die große Zahl der am Willensbildungsprozess beteiligten Akteure und Gremien, der Zwang zu Konsens und Konkordanz sowie komplizierte Verfahren machen unmittelbare Reaktionen auf veränderte Situationen im Innern wie im Äußern gar nicht oder nur unter erheblichem Kostenaufwand möglich. Das heißt – positiv gewendet – natürlich auch, dass sich die Politik in Deutschland durch ein hohes Maß an Stabilität und Erwartungssicherheit auszeichnet und manche Probleme (z.B. Preisstabilitätspolitik) dadurch gut gelöst werden, andere dagegen aber weniger gut angepackt werden können (etwa Fragen der Umverteilung und des Ausgleichs). Das Argument, der Staatsaufbau in einem Bundesstaat mit 16 Landesregierungen, Landesverwaltungen und Parlamenten komme den Steuerzahler um vieles teurer als ein Zentralstaat mit *einer* Regierung, *einem* Parlament und *einer* zentralen Verwaltung, ist immer wieder zu hören, besonders im Zusammenhang mit der Frage, ob nicht eine Länderneugliederung und die Zusammenlegung zu fünf oder sechs etwa gleich starken Länder aus politischen und wirtschaftlichen Gründen sinnvoll sei.

Demokratiedefizit und Strukturbruch

3. Durch die dem deutschen Föderalismus eigene Politikverflechtung sind im politischen Entscheidungsprozess nicht die Parlamente die zentralen Akteure, sondern die Ministerialbürokratien von Bund und Ländern und die Verwaltung in den Gemeinden. Dies führt zu dem Vorwurf, die Politikverflechtung führe zu einem *Demokratiedefizit* im deutschen Föderalismus. Entscheidungen können kaum oder gar nicht einzelnen Akteuren zugerechnet werden, da die Zusammenarbeit zwischen Fachbürokratien und Fachpolitikern in den unzähligen Ausschüssen und Bund-Länder-Gremien, den sogenannten „Fachbruderschaften", einer direkten demokratischen Kontrolle weitgehend

---

16 Vgl. dazu ausführlich Johne (2000).

entzogen sei. Diesen Schaltzentralen in der Politikverflechtung muss unter bestimmten demokratietheoretischen Gesichtspunkten ein „Legitimationsdefizit" bescheinigt werden. Die Akzeptanz des kooperativen Staates wird aber nicht nur durch eine Beteiligung entsprechend demokratisch legitimierter Akteure und Organe gesichert, sondern auch mittels einer „Legitimation durch Effektivität", da häufig erst eine intensive Kooperation und Abstimmung auf allen Ebenen effektive und effiziente Problemlösungen ermöglicht. Diese Form von „Output"-Legitimation ist angesichts der zu lösenden Aufgaben im nationalen und europäischen Rahmen nicht geringzuschätzen, es wird aber wiederholt darauf verwiesen, dass eine solchermaßen „halbierte" Legitimationsbasis auf Dauer unzureichend sei (vgl. Benz 1998: 207).

4. In seiner 1976 veröffentlichten Analyse zum „Parteienwettbewerb im Bundesstaat" vertrat *Gerhard Lehmbruch* die These, das politische System der Bundesrepublik Deutschland sei durch einen historisch bedingten *Strukturbruch* gekennzeichnet. Diesen „Strukturbruch" sieht *Lehmbruch* in den tendenziell sich ausschließenden Entscheidungsregeln, die im Bundesstaat einerseits und im Parteiensystem andererseits vorherrschen: Während im Parteiensystem der politische Wettbewerb und die Mehrheitsregel zentral seien, bildeten im Bundesstaat dagegen Kooperation, Konsens und wechselseitige Vetomöglichkeiten die Rahmenbedingungen des Entscheidungsprozesses. Die Konsequenz dieses Strukturbruchs sei, dass sich beide Konfliktregelungsprinzipien wechselseitig blockierten. „Entweder läuft der Parteienwettbewerb infolge der zunehmend erforderlich werdenden ‚Politikverflechtung' leer, oder aber er blockiert das Funktionieren der bundesstaatlichen Institutionen" (*Lehmbruch* 1976: 124).[17]

Aufgrund der politischen Situation in den 1970er Jahren, mit einer sozial-liberalen Regierung in Bonn und einer christdemokratischen Mehrheit im Bundesrat, wurde der klassische Parteienwettbewerb durch eine Art „Allparteienkoalition" ersetzt, da die Mehrheitsverhältnisse in der Länderkammer und die gewachsene Bedeutung des Bundesrates im Entscheidungsprozess eine intensive Zusammenarbeit und Abstimmung mit dem „politischen Gegner" notwendig machten, um politische Programme (die der Zustimmung des Bundesrates bedurften) realisieren zu können. Solche Allparteienkompromisse waren nur zu erreichen, wenn Konsens und Konkordanz an die Stelle von Konflikt und Mehrheitsregel traten.

Die „Politikverflechtungs-Falle"

5. In einem vielbeachteten Beitrag, in dem der deutsche Föderalismus und das System der Europäischen Gemeinschaft verglichen und strukturelle Ähn-

17 Lehmbruch hat 1998 eine stark überarbeitete Fassung dieser Schrift vorgelegt, die an der ursprünglichen These aber weitgehend festhält; vgl. Lehmbruch (1998).

lichkeiten herausgearbeitet wurden, formulierte *Fritz Scharpf* die These von der „Politikverflechtungs-Falle“ (*Scharpf* 1985). Die Beobachtung, dass beide untersuchten Systeme, EG wie Föderalismus in Deutschland, häufig suboptimale Politikergebnisse hervorbringen, wurde mit der Politikverflechtung erklärt, für die *Scharpf* zwei institutionelle Bedingungen verantwortlich machte: erstens die Tatsache, dass die Entscheidungen auf der höheren Ebene von der Zustimmung von Regierungen der unteren Ebene abhängig sind, und zweitens, dass diese Zustimmung einstimmig oder beinahe einstimmig erfolgen muss. In der Anwendung der „Theorie der Politikverflechtung“ auf das Beispiel der EG wird der Anspruch erhoben, mit den gleichen Hypothesen, die die Analyse des deutschen Modells des Verbundföderalismus geleitet haben, den „europäischen“ Fall zu erklären. Die „Politikverflechtungs-Falle“, die die Situation der EG in den achtziger Jahren charakterisieren soll, beschreibt Scharpf als „eine zwei oder mehr Ebenen verbindende Entscheidungsstruktur, die aus ihrer institutionellen Logik heraus systematisch (...) ineffiziente und problem-unangemessene Entscheidungen erzeugt, und die gleichzeitig unfähig ist, die institutionellen Bedingungen ihrer Entscheidungslogik zu verändern“.[18]

Die Kritik am Föderalismus, wie sie von wissenschaftlicher Seite in den vergangenen Jahrzehnten geübt wurde, fand Mitte der 1990er Jahre in der öffentlichen Debatte ein bemerkenswertes Comeback. Bemerkenswert deshalb, weil so ziemlich alle aufgelisteten „Schwachpunkte“ des real existierenden deutschen Föderalismus (Immobilität, verkappter Zentralismus, etc.), in der Debatte um eine Reform des Föderalismus aufgegriffen und unter einem neuen Schlagwort diskutiert wurden. Als Ziel und Mittel einer mehrheitlich als notwendig erachteten Bundesstaatsreform wurde von unterschiedlichster Seite das Leitbild eines „Wettbewerbs-“ oder „Konkurrenzföderalismus“ gesehen.

Vom „kooperativen“ Föderalismus zum „Wettbewerbsföderalismus“?

Dem medizinischen Sprachgebrauch folgend wird unter Krise die Phase eines Krankheitsprozesses verstanden, in dem sich entscheidet, ob die Selbstheilungskräfte des Organismus ausreichen, um eine Genesung des Patienten herbeizuführen.[19] In den Sozialwissenschaften dominiert allerdings bis heute ein systemtheoretisch gefasster Krisenbegriff, wie er von Habermas angelegt wurde. Krisen entstehen demzufolge dann, wenn „die Struktur eines Gesellschaftssystems weniger Möglichkeiten der Problemlösung zulässt, als zur Bestandserhaltung des Systems in Anspruch genommen werden müssten. In

18 Kritisch zur These von der „Politikverflechtungs-Falle“ vgl. Schmid (1987).
19 Vgl. dazu und zum folgenden Habermas (1973) und Sturm/Billing (1994).

diesem Sinne sind Krisen anhaltende Störungen der *Systemintegration* (*Habermas* 1973: 11).[20] Übertragen auf unsere Fragestellung heißt dies, dass von einer „Krise des Föderalismus" erst dann gesprochen werden kann, wenn dieser systemnotwendige Steuerungsleistungen des Gesamtstaates oder der Länder (also die „Systemintegration") permanent, d.h. strukturell bedingt, erschwert oder gar unmöglich macht. Viele Beiträge zur Föderalismusdebatte und Vorschläge einer Reform, die seit Mitte der 1990er Jahre die öffentliche Diskussion bestimmen, gehen explizit oder implizit davon aus, dass der Bundesstaat und seine Institutionen sich nach dieser Definition in der Krise befinden. Betrachtet man die einzelnen Beiträge zur Diskussion genauer, dann lassen sich auf der Basis unterschiedlicher föderaler Leitbilder verschiedene Reformstrategien identifizieren (vgl. auch Sturm 1999).

Die föderalen Leitbilder oder die „bundesstaatspolitischen Grundanschauungen über Inhalt und Funktion der Bundesstaatlichkeit", wie *Kesper* (1998: 131) sie umschreibt, sind offensichtlich einem Wandel bzw. einem „Paradigmenwechsel" unterworfen. Die Bestrebungen zur Reform der Finanzordnung zeigen deutlich eine Abkehr von dem bislang dominierenden Verständnis oder Leitbild eines „kooperativen Föderalismus" hin zur Betonung von Autonomie der Länder und des föderalen Wettbewerbs. Diesen Wandel des Bundesstaatsverständnisses herauszustellen und zu erklären, scheint in unserem Zusammenhang von zentraler Bedeutung, da das jeweilige Leitbild „die Problemwahrnehmung und -bewertung beeinflusst (und) einen wichtigen Faktor bei den Reformüberlegungen" darstellt (*Kesper* 1998: 131). Das Leitbild eines kooperativen Föderalismus bestimmte die wissenschaftliche und politische Diskussion seit 1969 bis in die jüngste Zeit. Die Finanzreform von 1969 wird als „Geburtsstunde des kooperativen Föderalismus" (*Henke/Schuppert* 1993: 31) bezeichnet. Die Kommission, die diese Reform begründete, formulierte damals den berühmten Satz, dass der „Föderalismus unserer Zeit nur ein kooperativer Föderalismus sein" könne.[21] Diese spezifische Form des Föderalismus versteht sich – kurz gesagt – als ein System der Zusammenarbeit zwischen Bund und Ländern und den Ländern untereinander zur Verfolgung des Gesamtwohls. Einzelne Institutionen wie vor allem die Gemeinschaftsaufgaben nach Art. 91a, 91b

---

20 Zur Unterscheidung von „Sozialintegration" und „Systemintegration" vgl. Habermas (1973: 14): „Von sozialer Integration sprechen wir im Hinblick auf Institutionensysteme, in denen sprechende und handelnde Subjekte vergesellschaftet sind; Gesellschaftssysteme erscheinen hier unter dem Aspekt einer Lebenswelt, die symbolisch strukturiert ist. Von Systemintegration sprechen wir im Hinblick auf die spezifischen Steuerungsleistungen eines selbstgeregelten Systems." – Dies macht deutlich, daß bei der aktuellen Diskussion um die „Krise des Föderalismus" von den Befürwortern einer weitreichenden Reform der Bundesstaat vor allem unter steuerungstheoretischen Aspekten der Systemintegration betrachtet wird und weniger oder gar nicht unter Aspekten der Sozialintegration (symbolische Bedeutung des Föderalismus); zu diesem „Problemlösungsbias" der öffentlichen und steuerungstheoretischen Diskussion allgemein vgl. Mayntz (2001).

21 Zitiert nach Kesper (1998: 132), dort weitere Literaturnachweise.

GG und die Investitionshilfen des Bundes nach Art. 104a GG, der Steuerverbund und die Regelung der Verteilung des Umsatzsteuerertrages (Art. 106 III, IV GG) können als Ausdruck des kooperativen Bundesstaatsverständnisses verstanden werden (vgl. *Kesper* 1998: 132).

„Konkurrenz-" oder „Wettbewerbsföderalismus" als Gegenentwurf zum „kooperativen Föderalismus" kann in Anlehnung an *Hartmut Klatt*, der sich vor vielen Jahren schon mit diesem Begriff auseinandergesetzt hat, so verstanden werden, dass „im Bund-Länder-Verhältnis sowie im Verhältnis der Länder untereinander grundsätzlich bei der Wahrnehmung öffentlicher Aufgaben und der Lösung von Problemen Konkurrenz und Wettbewerb gelten" (*Klatt* 1982: 22). Das heißt konkret, dass in der Beziehung von Bund und Ländern die Möglichkeiten der Dezentralisierung geprüft werden müssen, die Verflechtung der Ebenen reduziert, die Verpflichtungen zur Solidarität abgebaut und generell den Ländern mehr Eigenständigkeit eröffnet wird.[22] Eine solche Umorientierung von Kooperation hin zu stärkerer Konkurrenz zwischen den Ländern hat Konsequenzen für die bundesstaatliche Ordnung insgesamt und das Finanzsystem. Mitverantwortlich für diesen Wandel des föderalen Leitbildes ist die Tatsache, dass in der Diskussion in den 1990er Jahren die Finanzwissenschaft und ökonomische Theorien des Föderalismus der Politik wichtige Impulse gaben, im Unterschied zu den sechziger Jahren, als die Diskussion um den „kooperativen Föderalismus" vorwiegend von rechtswissenschaftlicher Seite geprägt war (vgl. *Korioth* 1997: 439).[23] Einen Anstoß zur Reform des föderalen Finanzsystems hat der Sachverständigenrat zur Begutachtung der gesamtwirtschaftlichen Lage mit seinem Jahresgutachten 1990/91 gegeben. Die aus der ökonomischen Theorie entlehnten Begriffe der Allokation, Distribution und Stabilisierung dienten dem Sachverständigenrat als „maßgebliches Raster zur Überprüfung des Finanzausgleichs – allerdings mit deutlicher Betonung der allokativen Aspekte und der diesen eigenen Effizienzgesichtspunkten" (*Korioth* 1997: 439). Damit war ein zentrales Argument der Debatte um den Finanzausgleich, wie er seit 1997 in der politischen Öffentlichkeit geführt wird, formuliert: Das System des föderalen Ausgleichs soll nicht primär der Umverteilung zwischen finanzstarken und finanzschwachen Ländern dienen, sondern es sollen angesichts eines globalen Wettbewerbs mit anderen Regionen den starken Ländern, die ihre Ressourcen effizient nutzen, ein möglichst großer Teil der eigenen Mittel verbleiben, damit diese Länder und damit das Gesamtsystem in der internationalen Konkurrenz bestehen können. In einer Beilage des *Handelsblattes* zum *Föderalis-*

22 Vgl. dazu Korioth (1997: 438) und den Beitrag von Klatt in diesem Band.

23 Die ökonomische Theorie des Föderalismus beschäftigt sich primär mit der Frage, wie aus ökonomischer Sicht eine „optimale" Kollektivgröße zur Herstellung und Verteilung öffentlicher Güter bestimmt werden kann. Vgl. dazu ausführlich Korioth (1997: 2. Kapitel, V.2.c) und Postlep/Döring (1996) mit entsprechenden Literaturnachweisen.

mus in Deutschland im Frühjahr 1996 stellte *Renate Merklein*, Mitglied im Herausgeberrat von *Handelsblatt* und *Wirtschaftswoche*, noch verwundert fest, dass der Föderalismus deutscher Prägung „in den allerorten angestimmten Abgesängen auf den Wohlstand der Nation bislang noch nicht der Mitschuld an dem Übel angeklagt“ werde. Ganz im Gegenteil: „Die Institutionen und Personen, die das föderale Prinzip in der Bundesrepublik kenntlich und greifbar machen, sind sogar erstaunlich angesehen“ – obwohl die Bundesrepublik Deutschland sich vom „Idealtypus des föderal verfassten Staates sich (...) so weit entfernt (habe), dass ihre föderalen Elemente nur noch folkloristisch anmuten“.[24]

Der Vorstoß aus Baden-Württemberg und Bayern

Etwa ein halbes Jahr später wurde der Zusammenhang von globalem Standortwettbewerb und Föderalismus – freilich nicht in dieser Grundsätzlichkeit – von politischer Seite an einem dafür prädestinierten Ort thematisiert. Beim routinemäßigen Wechsel im Amt des Präsidenten des Bundesrates im Oktober 1996 vom bayerischen Ministerpräsidenten *Edmund Stoiber* zu seinem Kollegen aus Baden-Württemberg, *Erwin Teufel*, wurde einer breiteren Öffentlichkeit deutlich gemacht, dass die beiden „Südländer“ angesichts des globalen Wandels und der damit verbundenen Herausforderungen den Wettbewerb auch in Wirtschaft, Staat und Gesellschaft stärken wollten. Der deutsche Bundesstaat, so das Argument, bringe für einen nationalen und globalen Wettbewerb gute Voraussetzungen mit. Denn der Föderalismus, so der bayerische Regierungschef, mobilisiere „durch den Wettstreit der Länder untereinander ein erhebliches Potential an Innovation für die Entwicklung unseres Landes. Das ist eine wesentliche Dimension des Föderalismus, die heute immer bedeutsamer wird.“ Und *Stoiber* weiter: „In Zeiten eher gesättigten Wohlstandes konnten wir mehr über Umverteilung räsonieren. Heute müssen wir mehr als bisher vor allem unsere Leistungspotentiale im gesunden und kreativen Wettbewerb ausschöpfen (...). Der Wettbewerb fördert die Innovation. Regionalismus und Globalisierung sind nicht Gegensätze, sondern bedingen sich gegenseitig. Zentralismus lähmt; der Föderalismus sollte beflügeln.“[25]

Auch in der Antrittsansprache des baden-württembergischen Ministerpräsidenten spielte das Stichwort „Wettbewerb“ im Zusammenhang mit der internationalen Konkurrenz um Wirtschaftsstandorte eine zentrale Rolle. Eine hochentwickelte Wirtschaftsregion wie Deutschland könne nur bestehen, wenn sie die eigenen Stärken und Ressourcen effektiv nutze. Das Wichtigste seien Bil-

24 Renate Merklein: Föderalismus in Deutschland: Nur noch eine sehr teure Folklore?, in: Handelsblatt-Analyse vom 21.03.1996.

25 Bulletin des Presse- und Informationsamtes der Bundesregierung, Nr. 91 vom 14.11.1996, S. 990.

dung, Qualifikation und Kreativität; diese Themen gehören in den ureigenen Kompetenzbereich der Länder, da diese für Schule, Hochschule, Bildung und Forschung zuständig seien: „Es darf auch ruhig mehr Wettbewerb unter den deutschen Ländern sein; Wettbewerb der politischen Ideen, mehr Wettbewerb der Universitäten, Wettbewerb der Forscher und der Forschungseinrichtungen, Wettbewerb im Beseitigen von überholten Vorschriften und Investitionshemmnissen, Wettbewerb in der kulturellen Vielfalt.“ Ähnlich wie Stoiber wies auch Teufel darauf hin, dass dieses Plädoyer für mehr Wettbewerb zwischen den Ländern „keine Absage an Gemeinsamkeit, an Chancengerechtigkeit, an Gleichwertigkeit der Lebensverhältnisse, an einen gerechten Finanzausgleich“ sei, sondern ein Plädoyer für „mehr Vielfalt in der Einheit“.[26] Diese ersten Hinweise von politischer Seite auf eine Neuorientierung des föderalen Leitbildes wurden von den Ministerpräsidenten *Stoiber* und *Teufel* und ihren Regierungen in der Folgezeit immer wieder aufgegriffen und präzisiert.[27]

Die Klagen gegen den Finanzausgleich

Auch eine Reform des Länderfinanzausgleichs wurde angemahnt. Der Finanzausgleich „Hilfe zur Selbsthilfe“ sein und nicht eine „Beihilfe zur Konkursverschleppung“.[28] Im Dezember 1996 wurde auf einer gemeinsamen Sitzung des bayerischen und baden-württembergischen Kabinetts der Regierungen Stoiber und Teufel vereinbart, gemeinsam für eine Änderung des Länderfinanzausgleichs einzutreten. Kritisiert wurde, dass das geltende System des Länderfinanzausgleichs dazu führe, dass die Empfängerländer nach dem horizontalen (zwischen den Ländern) und vertikalen (zwischen Bund und einzelnen Ländern) Ausgleich finanziell besser gestellt seien als die Geberländer.[29] Es wurde deshalb beschlossen, ein Gutachten in Auftrag zu geben, das die Verfassungsmäßigkeit der geltenden Regelungen untersuchen sollte. Am 14. Oktober 1997 wurde die von dem Mannheimer Professor *Hans-Wolfgang Arndt* (1997) erstellte Expertise *Finanzausgleich und Verfassungsrecht* der Öffentlichkeit vorgestellt. Im Kern stellte das Gutachten fest, dass das seit 1995 geltende Aus-

26 Bulletin des Presse- und Informationsamtes der Bundesregierung, Nr. 91 vom 14.11.1996, S. 991-992.

27 Vgl. dazu etwa die Interviews mit Erwin Teufel in der Südwest Presse vom 07.11.1996 („Das Hausgut des Föderalismus wahren“) und mit der Süddeutschen Zeitung vom 17.03.1998 („Wir zahlen, zahlen, zahlen“) sowie die Regierungserklärung des bayerischen Ministerpräsidenten Edmund Stoiber im Bayerischen Landtag am 04.02.1998: „Föderaler Wettbewerb: Deutschlands Stärke – Bayerns Chance“ (Manuskriptfassung) und Berliner Zeitung vom 27.11.1997 („Die Lega Süd gibt sich geizig“).

28 Edmund Stoiber, zitiert nach Frankfurter Allgemeine Zeitung vom 29.11.1996, S. 5.

29 Zu den Einzelheiten des Länderfinanzausgleichs siehe den Beitrag von Wolfgang Renzsch in diesem Band und Hidien (1999).

gleichssystem zu einer „massiven Veränderung der Finanzkraftreihenfolge" unter den Ländern führe und deshalb verfassungswidrig sei.[30]

Mit der Einreichung von *Organklagen* beim Bundesverfassungsgericht Ende Juli 1998 durch Baden-Württemberg und Bayern hat die Reformdiskussion einen ersten Höhepunkt erreicht. Diesem Schritt gingen mehrere Versuche voraus, das Thema Finanzreform zwischen den Ländern zu regeln.[31]

Die „Systemdebatte" oder ist der deutsche Föderalismus noch wettbewerbsfähig?

Die Diskussion um den Länderfinanzausgleich, wie sie von Bayern und Baden-Württemberg angestoßen wurde, fand in der politischen und publizistischen Öffentlichkeit Unterstützung von verschiedenen Seiten, ebenso aber auch Kritik. Eine breiter und an die Grundfesten des Bundesstaates gehende Debatte um die Reformbedürftigkeit und Leistungsfähigkeit des politischen Systems insgesamt lösten die Einlassungen des Präsidenten des *Bundesverbandes der Deutschen Industrie* (BDI), *Hans-Olaf Henkel*, im Sommer 1997 aus. Im Anschluss an die „Berliner Rede" des damaligen Bundespräsidenten *Herzog* vom April 1997 („Durch Deutschland muss ein Ruck gehen"), gab der BDI-Präsident seinen Anstoß für die „Systemdebatte". Unter dem Titel *Für eine Reform des politischen Systems* forderte *Henkel* dazu auf, sich mit der Frage zu befassen, ob „ein Land mit unserer föderalen Struktur, mit sechzehn Bundesländern, einem Verhältniswahlrecht überhaupt eine Chance hat, sich so schnell zu verändern wie andere. Wenn man sich auf Neuseeland, Holland oder Schweden beruft, ist das Gegenargument schnell bei der Hand: ‚Keine Kunst' sagen viele, ‚dort ist das politische System eben anders'. Wenn es aber so ist, dass der Wettbewerb zwischen Standorten eine relative Veranstaltung ist, und dass wir selbst bei eigener Bewegung zurückfallen, wenn andere schneller auf die Herausforderungen der Globalisierung reagieren als wir, dann müssen wir uns fragen, ob unser politisches System überhaupt noch wettbewerbsfähig ist. (...) Jemand muss beginnen, über die Fähigkeit unseres politischen Systems im Wettbewerb mit anderen zu sprechen. Dazu gehört unsere Verfassung. (...) Ich bin davon überzeugt, dass es bald an der Zeit ist, auch bei uns die Systemdebatte auf höchster und vor allem kompetentester Stelle anzustoßen. Wer wäre da geeigneter als Bundespräsident Roman Herzog!" (*Henkel* 1997: 89-90).

Die Mehrzahl der ersten Reaktionen auf diese Auslassungen *Henkels* in Medien und Öffentlichkeit war eindeutig ablehnend.[32] Auch von politischer

---

30 Vgl. zum folgenden auch Homeyer (1998).

31 „Der gegenwärtige Finanzausgleich pervertiert den Föderalismus: Gleichmacherei statt Solidarität" von Erwin Teufel in der FAZ vom 19.12.1997, S. 5.

32 Vgl. etwa Günter Frankenberg: „Verfassung als Standortnachteil. Soll jetzt auch noch das Grundgesetz verschlankt werden?", in: Die Zeit vom 18.07.1997, S. 8 und Süddeutsche Zeitung vom 11.07.1997, S. 4 („Der Staat als Beute").

Seite wurde *Henkel* nur von wenigen, etwa dem ehemaligen Hamburger Bürgermeister *Klaus von Dohnanyi*, unterstützt. Eine Mehrzahl von Politikerinnen und Politiker, die nach der Wünschbarkeit und Notwendigkeit einer grundlegenden Reform des Föderalismus gefragt wurde, lehnte es ab, die „Systemfrage“ zu stellen.[33] Parallel zur bzw. im Anschluss an die Diskussion, die sich an den Vorschlägen von *Henkel* entzündet hatten, wurden aber konkretere Reformüberlegungen in die öffentliche Debatte eingebracht, die die Auseinandersetzung um Leistungsfähigkeit und Reformbedürftigkeit des Föderalismus nachhaltiger geprägt haben als die polemischen und wenig differenzierten Beiträge in der Diskussion des Sommers 1997.

In einem Zeitungsbeitrag lieferte *Otto Graf Lambsdorff* ein umfangreiches „Plädoyer für einen echten Föderalismus“.[34] Das deutsche System könne allenfalls als „Scheinföderalismus“ bezeichnet werden. Zwei scheinbar gegenläufige Entwicklungen (Verlagerung der Kompetenzen auf den Bund und verstärkte Mitwirkung der Länder an der Bundesgesetzgebung über den Bundesrat) hätten zu diesem „unechten Föderalismus“ geführt. Eine Reform des föderalen System müsse sich von zwei Grundsätzen leiten lassen: Verantwortung von Aufgaben, Einnahmen und Ausgaben seien in einer Hand zu vereinigen, und zweitens müsse das Prinzip eines föderalen Wettbewerbs gelten. Das erstgenannte Prinzip habe sich in den USA und in der Schweiz bewährt. Eine Vielfalt der Länder und die Unterschiedlichkeit der Lebensverhältnisse würden in diesen Systemen als „föderale Tugend“ angesehen. Das deutsche Modell dagegen folge dem „Leitbild der Gleichheit“. Der zweite Grundsatz, das Prinzip eines föderalen Wettbewerbs, der einer Föderalismusreform zugrunde liegen solle, würde dazu führen, so *Lambsdorff*, dass die verschiedenen Bundesländer die unterschiedlichen Vorstellungen ihrer Einwohner stärker berücksichtigen würden. Ein föderaler Wettbewerb als „Entdeckungs-Verfahren“ ermögliche, die neue, überlegene Wirtschaftspolitik einzelner Bundesländer festzustellen, erfolgreiche Aufgabenlösungen nach-

---

33 Vgl. den Bericht im Nachrichtenmagazin Der Spiegel Nr. 30/1997 („Der Rambo von Bonn“) und den Beitrag von Rita Süssmuth in der Frankfurter Allgemeinen Zeitung vom 05.08.1997, S. 8 („Verhandeln, aushandeln – Pflicht der Politik“).

34 Süddeutsche Zeitung vom 01.09.1997. Ähnliche Argumentationsgänge finden sich in folgenden Beiträgen und Reformvorschlägen: Dieter Puchta: Mehr Autonomie für Länder und Gemeinden, in: FAZ vom 28.06.1997; Thilo Sarrazin: Zum Leichtsinn verführt: Der Finanzausgleich bedarf einer grundlegenden Reform, in: DIE ZEIT vom 11.07.1997; Rolf Peffekoven: Die deutschen Länder am kollektiven Tropf, in: FAZ vom 18.04.1998; das Positionspapier von Walter Döring (FDP): „Wie die Krise des Föderalismus überwunden werden kann“ vom 12.06.1998; das Papier der Reformkommission Soziale Marktwirtschaft „Reform der Finanzverfassung“ der Bertelsmann, Heinz Nixdorf und Ludwig-Erhard-Stiftung vom Juli 1998; Stefan Homburg: Im Gewirr der Kompetenzen: Der Finanzausgleich ist das Ergebnis fauler Kompromisse, in: FAZ vom 31.10.1998 und kritisch zu dieser Reformdiskussion der Vizepräsident des Bundesverfassungsgerichts, Hans-Jürgen Papier: Der unitarische Bundesstaat. Einer Reföderalisierung der Bundesrepublik sind Grenzen gesetzt, in: FAZ vom 05.11.1998.

zuahmen, aber auch Folgewirkungen von Fehlschlägen zu begrenzen. Dadurch könnten „ähnliche Lebensverhältnisse“ herbeigeführt werden – und nicht durch einen „nivellierenden Finanzausgleich“. Dies lieferte das Stichwort für eine nächste Etappe in der Auseinandersetzung um Sinn und Zweck des bestehenden Systems des Ausgleichs.

Vor dem Bundesverfassungsgericht

Ende Juli 1998 haben Baden-Württemberg und Bayern Organklagen beim Bundesverfassungsgericht eingereicht, mit denen das Gesetz über den Finanzausgleich zwischen Bund und Ländern aufgrund seiner überzogenen Ausgleichswirkung als Verstoß gegen das im Grundgesetz festgeschriebene Gebot eines „angemessenen Ausgleichs“ gesehen wurde. Die beiden Ministerpräsidenten *Stoiber* und *Teufel* betonten, dass neben der Klage in Karlsruhe die Anstrengungen für eine „politische Lösung“ weiterverfolgt würden. Der Gang nach Karlsruhe sei auch keine Absage an das Prinzip der Solidarität im Bundesstaat[35], genau dies aber wurde ihnen von Kritikern unterstellt.[36]

Zu Beginn des Jahres 1999 legte auch das Land Hessen eine Normenkontrollklage in Karlsruhe vor, in der Hessen sich nicht wie Baden-Württemberg und Bayern auf den sogenannten Halbteilungsgrundsatz beruft und ihn auf das System des Finanzausgleichs überträgt, sondern versuchte, die Verfassungswidrigkeit des bestehenden Ausgleichssystems auf der Basis der vom Bundesverfassungsgericht selbst aufgestellten Anforderungen an einen verfassungsgemäßen Ausgleich zu begründen.

Am 11. November 1999 erging das Urteil des Bundesverfassungsgerichtes aus Karlsruhe und läutete damit „einen neuen Abschnitt in dem so schwierigen und konfliktreichen Verhältnis zwischen Verfassungsgericht und Politik“ ein (*Bull/ Mehde* 2000: 305). Das BVerfG erteilte der Politik mit diesem Urteil die Aufgabe, in einem mehrstufigen Verfahren das bisherige System des Finanzausgleichs durch eine klarere und auf Dauer angelegte Ordnung der Umverteilung zwischen den einzelnen Gebietskörperschaften zu ersetzen.[37]

---

35 Vgl. das Positionspapier des Landes Baden-Württemberg und des Freistaats Bayern „Stärkung der Eigenverantwortung der Länder – Reform der Finanzverfassung“, 25.06.1998 und Staatsanzeiger für Baden-Württemberg vom 29.06.1998.

36 Vgl. dazu etwa Pressemitteilung der AG Finanzen der SPD-Fraktion im Bundestag vom 21.09.1998.

37 Vgl. dazu ausführlich Adamski (2000), Bull/Mehde (2000) und Kirchhoff (2001) bzw. das Urteil des Zweiten Senats vom 11. November 1999 (2 BvF 2/98 – 2 BvF 3/98 – 2 BvF 1/99 – 2 BvF 2/99).

Korrekturen sind normal und unausweichlich – mehr nicht

Nach *Max Weber* (1988: 480) sind „die Finanzverhältnisse (...) in einem Bundesstaat das, was die wirkliche Struktur am entscheidensten bestimmt". Wenn man die öffentliche Diskussion um den Länderfinanzausgleich und den Föderalismus insgesamt verfolgt hat, wird man sich fragen müssen, ob die von einzelnen Ländern angestrebte Veränderung der föderalen Finanzbeziehungen in diesem Sinne auch zu einem Wandel der „wirklichen Struktur" des deutschen Bundesstaates führen wird. Die Mehrzahl der Experten war da zunächst eher skeptisch (*Lehmbruch* 2000). Denn ob eine weitreichende Reform des Föderalismus in Richtung „Trennsystem" und „Wettbewerbsföderalismus" zu verwirklichen ist, hängt von Bedingungen ab, die sich der Disposition der politisch Verantwortlichen teilweise entziehen. So wird von Kritikern eingewandt, die der ökonomischen Theorie des Föderalismus oder dem US-amerikanischen Modell des „dual federalism" entlehnten Prämissen vieler Reformansätze seien nicht auf die politische und rechtliche Situation des deutschen Bundesstaates übertragbar (vgl. *Fischer/Große Hüttmann* 2001). Die Kritik an der Ausrichtung der Reformdebatte wird etwa von dem Rechtswissenschaftler *Stefan Korioth* (1997: 444) so formuliert:

> „Die Diskussion um die Zukunft des Bundesstaates legt einen teils modelltheoretisch, teils ideologisch verfügten Bundesstaatsbegriff zugrunde, der die unitarische Anlage des grundgesetzlichen Bundesstaates als pathologischen Zustand der Verfassungswirklichkeit vorführt."

Was bleibt dann aber, wenn andere Modelle des Föderalismus offensichtlich nur bedingt taugen für eine Übertragung auf die hiesigen Verhältnisse? Es bleibt die Beobachtung, dass institutionellen Reformen in modernen Industriestaaten prinzipiell Grenzen gesetzt sind – dies gilt auch und gerade für den deutschen Föderalismus, weil hier ja genau die politischen Einheiten, also die Länder, einer Reform zustimmen müssen, deren institutionelle und finanzielle Eigeninteressen durch eine solche Reform des Länderfinanzausgleichs beeinträchtigt würden (vgl. *Scharpf* 1987: 124). Dieses Dilemma zeigte sich wieder bei den schwierigen Beratungen zwischen Bund und Ländern zum Maßstäbegesetz in der ersten Jahreshälfte 2001. Auch hier war allen Beteiligten und Beobachtern klar, dass eine Einigung beim Thema Länderfinanzausgleich und Solidarpakt II zwischen Bund bzw. zwischen Geber- und Nehmerländern nur auf der Basis eines politischen Tausch- und Aushandlungsprozesses und eines für alle akzeptablen Interessenausgleichs gefunden werden konnte (Jeffery 2003). Wenn auch viele Beobachter statt einer grundlegenden Reform nur „fragwürdige Änderungen im Detail" (*Peffekoven* 2001: 427) entdecken konnten, hat nach Aussage der politisch Beteiligten der Föderalismus hier eine „Probe bestanden" – zumindest konnten sich alle Länder nach eigener Überzeugung als „Gewinner" fühlen (FAZ vom 25.06. 2001). Der im Sommer 2001 gefundene und bis 2019 terminierte Kompromiss und die Regelungen im Maßstäbegesetz können als Beispiel dafür genommen werden, dass der Föderalismus keine zementierte politische Ordnung darstellt, sondern jeweils nur „zeit-räumlich begrenzt die jeweils akzeptierte Machtbalance unterschiedlicher intra- oder interstaatlicher Beziehungen“ (*Schubert* 1994: 42) reflektiert. Begreift man den Föderalismus und die bundesstaatliche Ordnung in diesem Sinne als „dynamisches System“ (*Benz* 1985), so sind Korrekturen und Veränderungen institutioneller und ideeller Art normal und unausweichlich. Die „föderale Balance“ zu suchen und auf begrenzte Zeit zu institutionalisieren, gehört zur Geschichte des deutschen Bundesstaates seit eh und je, ebenso wie die Auseinandersetzung um die „richtige“ Aufteilung von Kompetenzen und Ressourcen und die „Angemessenheit“ des finanziellen Ausgleichs zwischen Bund und Ländern.

Reformbedürftigkeit und ein inhärentes Spannungsverhältnis sind also zentrale Wesensmerkmale des Bundesstaates.[38]

Diese Prämisse gibt allen beteiligten Akteuren Gelegenheit, mögliche Reformschritte zu diskutieren und vor allem auf ihre politische Realisierbarkeit hin zu überprüfen – denn wenn es stimmt, dass der Wettbewerbsföderalismus langfristig eine „institutionelle Totalreform“ (*Klatt* in diesem Band) voraussetzt, dann werden Fragen der Machbarkeit konkreter Veränderungen im Bundesstaat eine größere Rolle spielen als dies in der öffentlichen Debatte unmittelbar vor und nach dem BVerfG-Urteil geschah. Welche Veränderungen die im Sommer 2001 vereinbarten Regelungen im Länderfinanzausgleich tatsächlich bringen und ob sie zu einer Korrektur der „wirklichen Struktur“ des deutschen Bundesstaates führen werden, wie dies viele zur Hochphase der öffentlichen Debatte um Sinn und Zweck des Föderalismus gehofft bzw. befürchtet hatten, lässt sich im Moment noch nicht abschließend sagen. Was sich aber sagen lässt, ist dass substantielle Strukturreformen „vor allem“ von der Überprüfung des „föderalen Selbstverständnisses“ (*Ottnad/Linnartz* 1997: 17) abhängig sind, wie dies die Autoren einer für die Debatte wichtigen IWG-Studie angemerkt hatten. Die breite öffentliche und politische Auseinandersetzung um die Chancen eines „Wettbewerbsföderalismus“ seit Mitte der 1990er Jahre über ein – wie manche meinen – eher sprödes Thema hat gezeigt, dass die Reichweite von Reformen und Veränderungen im politischen System zwar wesentlich, aber nicht nur vom Ausgleich (partei-)politischer und wirtschaftlicher Interessen abhängt, sondern auch und vor allem von der Glaubwürdigkeit und Überzeugungskraft bestimmter Schlagworte und politischer Leitbilder.

Die „Kommission von Bundestag und Bundesrat zur Modernisierung der bundesstaatlichen Ordnung“, die sich im November 2003 zu ihrer konstituierenden Sitzung versammelte, war der Ort, an dem die in den Jahren davor abstrakt geführten Reformdebatten in konkrete und politisch realisierbare Reformansätze übersetzt werden mussten. Die Kommission setzte sich zusam-

38 Vgl. dazu etwa Korioth (1996: 258).

men aus je 16 Vertretern von Bundestag und Bundesrat, an den Beratungen waren auch Sachverständige beteiligt. Den Vorsitz haben mit Edmund Stoiber, dem bayerischen Ministerpräsidenten und CSU-Vorsitzenden, und Franz Müntefering, dem SPD-Fraktionsvorsitzenden und SPD-Parteichef, sehr prominente Politiker übernommen. Dies ließ bei Beobachtern die Hoffnung keimen, dass sowohl Regierung wie Opposition ein echtes Interesse an einer Einigung haben würden. Der Beschluss zur Einsetzung der Kommission legte eine Klärung in drei Fragen nahe. Die Gruppe wird aufgefordert, „insbesondere die Zuordnung von Gesetzgebungszuständigkeiten auf Bund und Länder, die Zuständigkeiten und Mitwirkungsrechte der Länder in der Bundesgesetzgebung und die Finanzbeziehungen (insbesondere Gemeinschaftsaufgaben und Mischfinanzierungen) zwischen Bund und Ländern [zu] überprüfen“.[39] Die ersten Beratungen innerhalb der Kommission haben deutlich gemacht, dass – trotz der Annäherung in einigen Bereichen – die grundlegenden Konfliktlinien zwischen Bund und Ländern und vor allem auch zwischen den Ländern, eine Einigung erschweren und sich die Hoffnungen und Befürchtungen, der deutsche Bundesstaat würde nun eine Generalüberholung oder gar einen Systemwechsel vom kooperativen zum „Wettbewerbsföderalismus“ erfahren, als unbegründet erweisen sollten.[40]

Literaturhinweise

Abromeit, Heidrun, 1992: Der verkappte Einheitsstaat, Opladen.

Adamski, Heiner, 2000: Die Regelung des Finanzausgleichs ab 2005. Das Urteil des Bundesverfassungsgerichts vom November 1999, in: Gegenwartskunde H. I, 71-78.

Arndt, Hans-Wolfgang, 1997: Finanzausgleich und Verfassungsrecht; Gutachten für das Land Baden-Württemberg und den Freistaat Bayern, unveröffentlichtes Manuskript, Mannheim.

Benz, Arthur, 1985: Föderalismus als dynamisches System. Zentralisierung und Dezentralisierung im föderativen Staat, Opladen.

Benz, Arthur, 1989: Regierbarkeit im kooperativen Bundesstaat. Eine Bilanz der Föderalismusforschung, in: Stephan von Bandemer und Göttrik Wewer (Hrsg.), Regierungssystem und Regierungslehre, Opladen, 181-192.

Benz, Arthur, 1998: Postparlamentarische Demokratie? Demokratische Legitimation im kooperativen Staat, in: Michael Greven (Hrsg.), Demokratie – eine Kultur des Westens?, Opladen, 201-222.

Boldt, Hans, 2003: Die Wiederaufnahme der deutschen föderativen Tradition im Parlamentarischen Rat 1948/49, in: Zeitschrift für Staats- und Europawissenschaften, 1. Jg., H. 4, 505-526.

---

39 Beschluss des Bundesrates: Einsetzung einer gemeinsamen Kommission von Bundestag und Bundesrat zur Modernisierung der bundesstaatlichen Ordnung, Drs. 750/03, 17.10.2003 (abgedruckt in Hrbek/Eppler (2003: 147-149)).

40 Vgl. dazu u.a. Hrbek (2004), Lehmbruch (2004) und Renzsch (2004) sowie FAZ vom 29.03.2004 („Föderaler Bumerang“).

Braun, Dietmar, 1998: Der Einfluß von Ideen und Überzeugungssystemen auf die politische Problemlösung, in: Politische Vierteljahresschrift, 39. Jg., H. 4, 797-818.

Braun, Dietmar, 2004: Föderalismus, in: Helms, Ludger/Jun, Uwe (Hrsg.), Politische Theorie und Regierungslehre. Eine Einführung in die politikwissenschaftliche Institutionenforschung, Frankfurt/New York, 130-162.

Bull, Hans-Peter/Mehde, Veit, 2000: Der rationale Finanzausgleich – ein Gesetzgebungsauftrag ohnegleichen, in: Die Öffentliche Verwaltung, H. 8, 305-314.

Das Parlament 2003: Thema „Zukunft des Föderalismus„ 29.12.2003.

Dettling, Warnfried, 1997: Und die Deutschen bewegen sich doch, in: Die Zeit vom 03.10.1997.

Fischer, Thomas, 2003: Zur Europatauglichkeit des deutschen Föderalismus – Anspruch und Wirklichkeit der aktuellen Modernisierungsdebatte, in: Chardon, Matthias/Göth, Ursula/Große Hüttmann, Martin/Probst-Dobler, Christine (Hrsg.), Regieren unter neuen Herausforderungen: Deutschland und Europa im 21. Jahrhundert. Festschrift für Rudolf Hrbek, Baden-Baden, 83-96.

Fischer, Thomas/Große Hüttmann, Martin, 2001: Aktuelle Diskussionsbeiträge zur Reform des deutschen Föderalismus – Modelle, Leitbilder und die Chancen ihrer Übertragbarkeit, in: Europäisches Zentrum für Föderalismus-Forschung (Hrsg.), Jahrbuch des Föderalismus 2001, Baden-Baden, 128-142.

Grimm, Dieter, 1996: Der Wandel der Staatsaufgaben und die Zukunft der Verfassung (1990), in: ders. (Hrsg.), Staatsaufgaben, Baden-Baden, 613-646.

Gröschner, Rolf, 2002: Das Zuwanderungsgesetz im Bundesrat, in: Juristen-Zeitung, 57. Jg., H. 13, 621-627.

Große Hüttmann, Martin/Knodt, Michèle 2003: „Gelegentlich die Notbremse ziehen...“: Die deutschen Länder als politische Teilhaber und Ideengeber im europäischen Mehrebenensystem, in: Österreichische Zeitschrift für Politikwissenschaft, 32. Jg., H. 3, S. 285-302.

Große Hüttmann, Martin/Knodt, Michèle, 2000: Die Europäisierung des deutschen Föderalismus, in: Aus Politik und Zeitgeschichte, B 52-53/2000, 31-38.

Habermas, Jürgen, 1973: Legitimationsprobleme im Spätkapitalismus, Frankfurt am Main.

Henke, Klaus-Dirk/Schuppert, Gunnar Folke, 1993: Rechtliche und finanzwissenschaftliche Probleme der Neuordnung der Finanzbeziehungen von Bund und Ländern im vereinten Deutschland, Baden-Baden.

Henkel, Hans-Olaf, 1997: Für eine Reform des politischen Systems, in: Manfred Bissinger (Hrsg.), Stimmen gegen den Stillstand. Roman Herzogs „Berliner Rede“ und 33 Antworten, Hamburg, 87-90.

Hesse, Joachim Jens, 1998: Die bundesstaatliche Ordnung zwischen Vereinigung und Europäisierung – Thesen in: Ursula Männle (Hrsg.) 1998, 41-47.

Hesse, Konrad, 1962: Der unitarische Bundesstaat, Karlsruhe.

Hidien, Jürgen W., 1999: Der bundesstaatliche Finanzausgleich in Deutschland. Geschichtliche und staatsrechtliche Grundlagen, Baden-Baden.

Hrbek, Rudolf, 1997: Die Auswirkungen der EU-Integration auf den Föderalismus in Deutschland, in: Aus Politik und Zeitgeschichte, B 24/97, 12-21.

Hrbek, Rudolf, 2001: Die föderale Ordnung – Anspruch und Wirklichkeit, in: Marie-Luise Recker u.a. (Hrsg.), Bilanz: 50 Jahre Bundesrepublik Deutschland, Sankt Ingbert, 53-68.

Hrbek, Rudolf, 2004: Auf dem Weg zur Föderalismusreform: die Kommission zur Modernisierung der bundesstaatlichen Ordnung, in: Europäisches Zentrum für Föderalismus-Forschung (Hrsg.), Jahrbuch des Föderalismus 2004, Baden-Baden, 147-162.

Hrbek, Rudolf/Eppler, Annegret (Hrsg.), 2003: Deutschland vor der Föderalismus-Reform – Eine Dokumentation; Europäisches Zentrum für Föderalismus-Forschung, Occasional Papers Nr. 28, Tübingen.

Huber, Bernd, 1997: Der Finanzausgleich im deutschen Föderalismus, in: Aus Politik und Zeitgeschichte, B 24/97, 22-30.
Jachtenfuchs, Markus, 1993: Weltbilder als Kategorie der politischen Analyse; MZES Arbeitspapier AB lll, Nr. 2, Mannheim.
Jachtenfuchs, Markus, 1995: Ideen und internationale Beziehungen, in: Zeitschrift für Internationale Beziehungen, 2. Jg., H. 2, 417-442.
Jeffery, Charlie, 1999: From Cooperative Federalism to a „Sinatra Doctrine" of the Länder, in: Charlie Jeffery (Hrsg.), Recasting Federalism: The Legacies of Unification, London, 329-342.
Jeffery, Charlie, 2003: Cycles of Conflict: Fiscal Equalization in Germany, in: Regional and Federal Studies, 13. Jg., H. 4, 22-40.
Johne, Roland, 2000: Die deutschen Landtage im Entscheidungsprozeß der Europäischen Union, Baden-Baden.
Kesper, Irene, 1998: Bundesstaatliche Finanzordnung. Grundlagen, Bestand, Reform, Baden-Baden.
Kilper, Heiderose/Lhotta, Roland, 1996: Föderalismus in der Bundesrepublik Deutschland, Opladen.
Kirchhof, Ferdinand, 2001: Neue Wege durch ein Maßstäbegesetz? Die Entscheidungen des Bundesverfassungsgerichts zum Finanzausgleich zwischen Bund und Ländern, in: Europäisches Zentrum für Föderalismus-Forschung (Hrsg.), Jahrbuch des Föderalismus 2001, Baden-Baden, 143-153.
Kisker, Günter, 1985: Ideologische und theoretische Grundlagen der bundesstaatlichen Ordnung in der Bundesrepublik Deutschland – Zur Rechtfertigung des Föderalismus, in: Probleme des Föderalismus. Deutsch-jugoslawisches Symposium vom 19.-21. 03. 1984 in Belgrad, Tübingen, 23-37.
Klatt, Hartmut, 1982: Parlamentarisches System und bundesstaatliche Ordnung: Konkurrenzföderalismus als Alternative zum kooperativen Bundesstaat, in: Aus Politik und Zeitgeschichte, B 31/82, 3-24.
Knodt, Michèle, 2000: Europäisierung à la Sinatra: Deutsche Länder im europäischen Mehrebenensystem, in: Michèle Knodt/Beate Kohler-Koch (Hrsg.), Deutschland zwischen Europäisierung und Selbstbehauptung, Frankfurt, New York, 237-264.
König, Thomas, 1997: Politikverflechtungsfalle oder Parteiblockade? Das Potential für politischen Wandel im deutschen Zweikammersystem, in: Staatswissenschaften und Staatspraxis, 8. Jg., H. 2, 135-159.
Korioth, Stefan, 1997: Der Finanzausgleich zwischen Bund und Ländern, Tübingen.
Laufer, Heinz/Münch, Ursula, 1997: Das föderative System der Bundesrepublik Deutschland (Bundeszentrale für politische Bildung), Bonn.
Lehmbruch, Gerhard, 1976: Parteienwettbewerb im Bundesstaat, Stuttgart u.a.
Lehmbruch, Gerhard, 1998: Parteienwettbewerb im Bundesstaat. Regierungssysteme und Spannungslagen im Institutionengefüge der Bundesrepublik Deutschland, 2., erweiterte Auflage, Wiesbaden/Opladen.
Lehmbruch, Gerhard, 2000: Bundesstaatsreform als Sozialtechnologie? Pfadabhängigkeit und Veränderungsspielräume im deutschen Föderalismus, in: Europäisches Zentrum für Föderalismus-Forschung Tübingen (Hrsg.), Jahrbuch des Föderalismus. Baden-Baden, 71-93.
Lehmbruch, Gerhard, 2004: Strategische Alternativen und Spielräume bei der Reform des Bundesstaates, in: Zeitschrift für Staats- und Europawissenschaften, 2. Jg., H. 1, 82-93.
Lhotta, Roland, 1998: Der „lästige" Föderalismus: Überlegungen zum konsensuellen „dead-lock" am Beispiel von Bundesstaat und Vermittlungsausschuß, in: Ursula Männle (Hrsg.) 1998, 79-91.
Männle, Ursula (Hrsg.), 1998: Föderalismus zwischen Konsens und Konkurrenz. Tagungs- und Materialienband zur Fortentwicklung des deutschen Föderalismus, Baden-Baden.

Margedant, Udo, 2003: Die Föderalismusdiskussion in Deutschland, in: Aus Politik und Zeitgeschichte, B 29-30/2003, 6-13.

Mayntz, Renate, 2001: Zur Selektivität der steuerungstheoretischen Perspektive; MPIfG Working Paper 01/2 (Mai 2001), Köln.

Münch, Ursula, 2001: Konkurrenzföderalismus für die Bundesrepublik: Eine Reformdebatte zwischen Wunschdenken und politischer Machbarkeit, in: Europäisches Zentrum für Föderalismus-Forschung (Hrsg.), Jahrbuch des Föderalismus 2001, Baden-Baden, 115-127.

Ottnad, Adrian/Linnartz, Edith, 1997: Föderaler Wettbewerb statt Verteilungsstreit. Vorschläge zur Neugliederung der Bundesländer und zur Reform des Finanzausgleichs, Frankfurt, New York.

Peffekoven, Rolf, 2001: Reform des Länderfinanzausgleichs und des Solidarpakts II, in: Wirtschaftsdienst, H. VIII, 427-434.

Postlep, Rolf-Dieter/Döring, Thomas, 1996: Entwicklungen in der ökonomischen Föderalismusdiskussion und im föderativen System der Bundesrepublik Deutschland, in: Rolf-Dieter Postlep (Hrsg.), Aktuelle Fragen zum Föderalismus. Ausgewählte Probleme aus Theorie und Praxis des Föderalismus, Marburg, 7-44.

Rau, Johannes, 1989: Der Föderalismus in der Bewährung, in: Wilhelm Bleek und Hanns Maull (Hrsg.), Ein ganz normaler Staat? Perspektiven nach 40 Jahren Bundesrepublik, München, Zürich, 128-151.

Reissert, Bernd, 1995: Artikel „Politikverflechtung", in: Dieter Nohlen (Hrsg.), Wörterbuch Staat und Politik Neuausgabe, Bonn (Bundeszentrale für politische Bildung), 555-557.

Renzsch, Wolfgang, 2004: Was kann und soll die Föderalismuskommission?, in: Zeitschrift für Staats- und Europawissenschaften, 2. Jg., H. 1, 94-105.

Scharpf, Fritz W., 1985: Die Politikverflechtungs-Falle: Europäische Integration und deutscher Föderalismus im Vergleich, in: PVS, 26. Jg., H. 4, 323-356.

Scharpf, Fritz W., 1987: Grenzen der institutionellen Reform, in: Thomas Ellwein u.a. (Hrsg.) Jahrbuch zur Staats- und Verwaltungswissenschaft, Band 1, Baden-Baden, 111-151.

Scharpf, Fritz W., 1999: Föderale Politikverflechtung: Was muß man ertragen – was kann man ändern?; MPIfG Working Paper 99/3 (April 1999), Köln.

Scharpf, Fritz W./Reissert, Bernd/Schnabel, Fritz, 1976: Politikverflechtung: Theorie und Empirie des kooperativen Bundesstaates in der Bundesrepublik, Kronberg/Ts.

Schmid, Josef, 1987: Wo schnappt die Politikverflechtungsfalle eigentlich zu? Kritische Anmerkungen zu einer These von F.W. Scharpf, in: PVS, Jg. 28, 446-452.

Schmid, Josef/Blancke, Susanne, 2001: Arbeitsmarktpolitik der Bundesländer. Chancen und Restriktionen einer aktiven Arbeitsmarkt- und Strukturpolitik im Föderalismus, Berlin.

Schmidt, Manfred G., 1994: Politikverflechtung zwischen Bund, Ländern und Gemeinden (Fernuniversität Hagen).

Schneider, Heinrich, 1992: Europäische Integration – die Leitbilder und die Politik, in: Michael Kreile (Hrsg.), Die Integration Europas (PVS-Sonderheft 23), Opladen, 3-35.

Schubert, Klaus, 1994: Föderalismus im Spannungsfeld von Politik und Wissenschaft, in: Tilman Evers (Hrsg.), Chancen des Föderalismus in Deutschland und Europa, Baden-Baden, 33-44.

Sturm, Roland, 1999: Das Selbstverständnis des deutschen Föderalismus im Wandel: Eine Betrachtung in vergleichender Perspektive, in: Reinhard C. Meier-Walser und Gerhard Hirscher (Hrsg.), Krise und Reform des Föderalismus. München, 111-118.

Sturm, Roland, 2001: Föderalismus in Deutschland, Opladen.

Sturm, Roland, 2003: Zur Reform des Bundesrates: Lehren eines internationalen Vergleiches der Zweiten Kammern, in: Aus Politik und Zeitgeschichte, B 29-30/2003, 24-31.

Sturm, Roland/Billing, Peter, 1994: Art. „Krisentheoretische Ansätze", in: Lexikon der Politik, Band 2, Politikwissenschaftliche Methoden, hrsg. von Jürgen Kriz, Dieter Nohlen und Rainer-Olaf Schultze, München, 227-229.

Thaysen, Uwe, 2003: Der deutsche Föderalismus zwischen zwei Konventen: Zur Reform des deutschen Bundesstaates um die Jahrtausendwende, in: Aus Politik und Zeitgeschichte, B 29-30/2003, 14-23.

Wachendorfer-Schmidt, Ute, 2003: Politikverflechtung im vereinigten Deutschland, Wiesbaden.

Weber, Max, 1988: Deutschlands künftige Staatsform (1919), in: ders., Gesammelte Politische Schriften, 5. Aufl., Tübingen, 448-483.

Wehling, Hans-Georg, 1997: Ist der Föderalismus reparaturbedürftig?, in: Das Parlament, Nr. 38, 12. 09. 1997, 13.

Föderalismus als entwicklungsgeschichtlich geronnene Verteilungsentscheidungen

„History matters“

Gerhard Lehmbruch

Der real existierende deutsche Bundesstaat als Produkt der Geschichte

Der folgende Aufsatz will zeigen, dass den neuen Leitvorstellungen in der Föderalismusdiskussion, die um den Begriff des „Wettbewerbsföderalismus“ und um das Postulat der Entflechtung von Bundes- und Länderkompetenzen wie auch von Bundes- und Länderfinanzen kreisen, eine Föderalismusutopie zugrunde liegt. Diese Utopie hat zwar gravierende Funktionsschwächen des deutschen Bundesstaats aufgedeckt und ins Bewusstsein der Öffentlichkeit gerückt. Aber daraus folgt noch nicht, es ließe sich einfach dadurch Abhilfe schaffen, dass man die bundesstaatlichen Institutionen sozusagen im ingenieursmäßigen Zugriff umbaut. Denn bei dieser neuen Themenkonjunktur in der Föderalismusdiskussion wird übersehen, dass der real existierende deutsche Bundesstaat das Ergebnis überaus komplexer Aushandlungsprozesse und Kompromisse ist, und dass auch Veränderungen nur auf diesem Wege möglich sind. Infolgedessen ist der deutsche Föderalismus durch eine ausgeprägte „Pfadabhängigkeit“ gekennzeichnet: einmal eingeschlagene Entwicklungspfade lassen sich in der späteren geschichtlichen Entwicklung nur sehr schwer korrigieren.

Von der Vorstellung einer „föderalen Gewaltenteilung“ zum Programm des „Wettbewerbsföderalismus“

Im Föderalismusdiskurs der „alten“ Bundesrepublik – also in den leitenden Ideen, um die sich das Reden vom Föderalismus drehte – dominierte die Vorstellung, dass Föderalismus eine Form der Gewaltentrennung und wechselseitigen Gewaltenhemmung sei. Der Staatsrechtslehrer *Rudolf Smend* hatte noch 1916 die Rechtfertigung des Bundesstaates darin gesehen, dass sich die deutschen Einzelstaaten „mit der ganzen Irrationalität ihrer geschichtlich-politischen Eigenart im Leben des Reiches auswirken und zur Geltung bringen“ sollten. Diese Zeit aber sei vorbei, schrieb 1962 der Verfassungsrechtler (und spätere Bundesverfassungsrichter) *Konrad Hesse* in seiner viel beachteten und einflussreichen Broschüre „Der unitarische Bundesstaat“: Die Einzelstaaten der Zeit nach 1871 seien noch „echte, historisch gewachsene Staatswesen mit je eigener, durch Geschichte, Stammesbewusstsein und angestammtes Herrscherhaus geprägter Individualität", doch den meisten heutigen Bundesländern fehle es „an aller Tradition und prägenden Kraft", weil sie nach dem Zweiten Weltkrieg von den Besatzungsmächten errichtet worden seien, und damit hätten wichtige Grundideen der älteren Vorstellungen von Bundesstaat ihre Begründung verloren. Mittlerweile verlangten die gewachsenen Verflechtungen und Interdependenzen des wirtschaftlichen und sozialen Lebens und die dadurch gestiegenen Planungs-, Lenkungs- und Verteilungsaufgaben des Staates nach „Einheitlichkeit und Gleichmäßigkeit", und deshalb müsse der Sozialstaat zu einer weitgehenden *Unitarisierung* führen. Dem habe einerseits die weitgehende Konzentration von Aufgaben beim Bund Rechnung getragen, andererseits aber auch – in den Bereichen, wo den Ländern eigene Gestaltungsmöglichkeiten verblieben seien – die *Selbstkoordinierung der Länder*. Dies bedeute aber, dass dank der fortbestehenden bundesstaatlichen Struktur die unvermeidlich gewordene sachliche Unitarisierung nicht auch zur Zentralisierung geführt habe. Vielmehr bleibe der gewaltenteilige Effekt der bundesstaatlichen Ordnung erhalten und würde durch das Zusammenwirken der Länder sogar noch verstärkt. Damit werde „das staatliche Leben weithin durch Formen der Verständigung bestimmt, die einer freiheitlichen Gesamtordnung sehr viel gemäßer seien als „Anordnungen der Zentrale und damit Formen straffer Über- und Unterordnung" (*Hesse* 1962, S. 21).

Dabei sei nicht mehr so sehr an die „vertikale" Gewaltenteilung zwischen Bund und Ländern zu denken, weil deren Wirkungen durch die Unitarisierung wesentlich abgeschwächt seien. Vielmehr trete nun eben die horizontale Gewaltenteilung zwischen Regierung und Regierungsmehrheit einerseits, parlamentarischer Opposition andererseits diejenige zwischen Bundestag und Bundesregierung einerseits, Bundesrat andererseits, wobei sich im Bundesrat „weniger das spezifisch föderalistische Element der Länder als Individualitäten als das Element der Landesministerialbürokratien" zur Geltung bringe (S. 27). Eben darin, dass die Länder über den Bundesrat „das spezifische Element der Verwaltung zur Geltung bringen", liege aber auch die Legitimation ihrer Selbständigkeit und ihrer weitgehenden Befugnisse. Eine Prämisse dieser Interpretation war damals freilich noch Hesses Annahme, die „wohl kaum praktische Möglichkeit einer Oppositionsmehrheit im Bundesrat" könne vernachlässigt werden.

Dass diese Prognose voreilig war, sollte sich schon am Ende der sechziger Jahre zeigen, als die neu gebildete sozialliberale Regierung sich einer Oppositionsmehrheit im Bundesrat konfrontiert sah. *Konrad Hesse* hat denn auch seine These von der Funktion der Länderverwaltungen als Gegengewicht damals stark abgeschwächt. Bezeichnend für die Dominanz der Gewaltenteilungsidee im Föderalismusdiskurs wurde dann aber, dass manche Verfassungsrechtler sogar diese veränderte Konstellation noch mit solchen Vorstellungen interpretierten und rechtfertigten: Die föderative Ordnung sei heute „die wirksamste aller checks and balances of powers", denn „an die

Stelle des zunehmend ineffektiv werdenden Kontrollmechanismus von Parlament und Regierung tritt im Bund weitgehend derjenige von Regierung und Bundestagsmehrheit auf der einen Seite und Bundestagsopposition und Bundesratsmehrheit auf der anderen Seite" (*Stern* 1975, S. 25, 32). Als es nun aber seit 1990/1991 zu einer Wiederholung dieser Konstellation mit umgekehrten Vorzeichen kam, nämlich einer CDU-geführten Bundesregierung und einem von der SPD beherrschten Bundesrat, hörte man nichts dergleichen mehr aus dem Lager der konservativen Staatsrechtslehre. Es wäre aber wohl zu kurz gegriffen, wollte man das bloß auf vordergründige politische Sympathien zurückführen. Denn inzwischen begann sich eine neue Themenkonjunktur im Föderalismusdiskurs durchzusetzen. Hatte *Klaus Stern* 1975 die föderative Ordnung des Grundgesetzes noch in durchaus beifälligen Wendungen beschrieben als „von Anfang an nicht separativ, wie etwa in den USA, also als Trennsystem, angelegt, sondern tendenziell kooperativ, also als Verbundsystem" (*Stern* 1975, S. 33), so wird eben dies heute als ein „Geburtsfehler" des Bundesstaates bezeichnet (*Abromeit* 1992; *Färber* 1998, S. 2). Sowohl der über die Bundesratskonstruktion bewirkte Aufgabenverbund als auch der finanzwirtschaftliche Verbund sind zunehmend zum Gegenstand grundsätzlicher Kritik geworden, und die Schlüsselbegriffe des neuen Föderalismusdiskurses lauten „Wettbewerbsföderalismus" und „Entflechtung".

Man könnte versucht sein, dieses Umschlagen der Themenkonjunktur aus veränderten politischen Interessenlagen zu erklären: Die konservativen Verteidiger des bundesstaatlichen Status quo wurden der Kehrseite des Kooperations- und Verhandlungszwanges gewahr, seitdem sich die SPD dank der Bundesratsmehrheit dieses Instruments bedienen konnte, um der Regierung *Kohl* weitreichende Zugeständnisse abzufordern. Und als nach der deutschen Vereinigung die Aufmerksamkeit jäh auf die neuen Unterschiede zwischen den Ländern und ihrer Finanzkraft gelenkt wurde, als vor allem die Legitimationsprobleme der Vereinigung beispiellose Umverteilungsaktionen von West nach Ost erforderlich machten, entdeckten viele (in den finanzstarken Ländern ebenso wie bei den Steuerzahlern) den „Wettbewerbsföderalismus" und die Vorzüge der „Regionalisierung" (beispielsweise in derSozialversicherung). In der Tat mögen diese Umstände manchen Meinungswandel befördert haben. Aber die Kritik am Verbundföderalismus war schon länger vorbereitet. Einerseits hat die politikwissenschaftliche Forschung über die „Politikverflechtung" seit der zweiten Hälfte der siebziger Jahre die Aufmerksamkeit auf die Defizite des Verbundföderalismus gelenkt (*Scharpf* u.a. 1976; 1977). Und später richtete sich im Zusammenhang mit der wirtschaftspolitischen „Wende" der achtziger Jahre das Augenmerk auch auf den „neuen Föderalismus" seit der Präsidentschaft *Ronald Reagans*, und bescherte dann im Wege des Theorieimports auch der ökonomischen Theorie des „Finanzföderalismus" zunehmende Aufmerksamkeit (vgl. schon die Textsammlung in: *Kirsch* 1977).

Ein Mechanismus, den man einfach umkonstruieren kann?

In der neuen Föderalismusreformdiskussion spielen sozialtechnologische Vorstellungen eine beherrschende Rolle. Föderalismus wird verstanden als ein Mechanismus, den man umkonstruieren kann. Das ist eine spezifisch deutsche Perspektive in der Föderalismusdiskussion. Reform wird hier sozusagen als ein ingenieurwissenschaftliches Problem gesehen, und das wird man in anderen Bundesstaaten in dieser ausgeprägten Weise nicht finden. Erklären lässt sich diese sozialtechnologische Schlagseite vor dem Hintergrund der spezifisch deutschen Erfahrungen mit der Föderalismusentwicklung. Die Struktur des deutschen Bundesstaates war in der Vergangenheit (bis 1867) in wechselndem Maße gesteuert von den Interessen der herrschenden Dynastien, die sich der militärischen Gewalt aber auch der Familienpolitik bedienen konnten. Und seither haben noch grosse kriegerische Machtverschiebungen eine erhebliche Rolle gespielt, bis hin zu der großen Reorganisation des deutschen Staates durch die Besatzungsmächte nach dem Zweiten Weltkrieg. Ein oberflächlicher Blick auf die Geschichte kann hier also der Machbarkeitsperspektive Vorschub leisten. Bei genauerer historischer Betrachtung kommt man freilich zu ganz anderen Einsichten.

Föderalismus als pfadabhängige Struktur

Betrachtet man die Entwicklung des deutschen Föderalismus, dann stößt man auf ein Phänomen, das Sozialwissenschaftler als „Pfadabhängigkeit" bezeichnen. Pfadabhängigkeit ist zuerst von Wirtschaftshistorikern entdeckt worden, die sich mit der Durchsetzung neuer Technologien beschäftigen. Sie sprechen von einer „pfadabhängigen" Entwicklung, wenn eine einmal eingeführte Technologie nicht mehr von überlegenen Alternativen verdrängt werden kann, weil die zuerst getroffene Option die weitere Entwicklung gewissermaßen „einsperrt" (*Lock-in-Effekt*). Das berühmt gewordene Musterbeispiel ist die Schreibmaschinentastatur, bei der die Tastenfolge in der oberen Buchstabenreihe mit QWERTZ (oder bei der amerikanischen Tastatur mit QWERTY) beginnt (*David* 1985). Sie wurde um 1870 nach langen Versuchen eingeführt, weil sich bei den frühen mechanischen Schreibmaschinen mit dieser Anordnung am ehesten das lästige Verhaken der Typenhebel vermeiden ließ. Seither konnte zwar einerseits die Mechanik der Schreibmaschinen erheblich verbessert (und schließlich durch Elektrik und Elektronik ersetzt) werden, andererseits wurden Tastaturschemata erfunden, die ergonomisch weit überlegen waren und sehr viel schnelleres Schreiben ermöglichten. Aber zu jener Zeit, als Schreibmaschinen vor allem in Büros standen, konnten sich diese überlegenen Alternativen nicht durchsetzen, weil inzwischen ein Millionenheer von Angestellten das Schreiben mit der alten QWERTY-Tastatur erlernt hatte – ein Arbeitgeber, der das neue System beschaffen wollte, hätte zuerst alle seine Angestellten umschulen müssen. Als sich dann Schreibmaschinen auch für den Privatgebrauch einbürgerten, hat das die inzwischen entstandenen Marktstrukturen nicht mehr aufgelockert, und bezeichnenderweise basieren ja selbst die heutigen Computertastaturen noch auf dem altehrwürdigen System. Durch die weite Verbreitung des frühen, technisch unvollkommenen Systems wurden also spätere überlegene Technologien gleichsam ausgesperrt.

Beispiele dieser Art hat man seither auch bei zahlreichen anderen technologischen Entwicklungen entdeckt, bis hin zur industriellen Kernkraftnutzung (*David* 1997). Wohlgemerkt, hier bedeutet Pfadabhängigkeit nicht einfach eine streng deterministisch festgelegte Entwicklung. Vielmehr engen vorangegangene Entscheidungen die Optionsräume für spätere Entscheidungen ein, die Veränderungsspielräume sind also zwar gegeben, aber nur unter Berücksichtigung des *Lock-in-Effektes. History matters*, wie *Paul David* dazu gesagt hat: Die Geschichte einer Technologie ist es, die über ihre Zukunft mit entscheidet. Und aus diesen Untersuchungen kann man für andere gesellschaftliche Bereiche in gleicher Weise folgern, dass sich manche Entwicklungen auch dann nicht mehr entscheidend korrigieren lassen, wenn später überlegene Alternativen sichtbar werden. Denn inzwischen haben sich komplexe Interdependenzen zwischen Heerscharen autonomer Akteure ausgebildet, die sich auf dem einmal eingeschlagenen Entwicklungspfad häuslich eingerichtet haben. Viele – wenn nicht gar die meisten – von ihnen müssten mit erheblichen Umstellungskosten rechnen, wenn sie mit einer einschneidenden Änderung dieses Pfades konfrontiert würden, und so lange man sie dafür nicht spürbar entschädigt, werden sie am Status quo festhalten.

Die angedeuteten Probleme begegnen uns mit besonderer Schärfe, wo wir es mit grundlegenden Entscheidungen über den institutionellen Bauplan eines Nationalstaates zu tun haben, und hier insbesondere mit der Machtverteilung zwischen dem Zentrum und der Peripherie eines Landes. Strukturen wie Föderalismus und Einheitsstaat sind das Ergebnis von historischen Auseinandersetzungen – von Kämpfen oder Aushandlungsprozessen, Diktaten oder Kompromissen über die Verteilung von Macht und den Zugang zu Ressourcen. Wenn hier einmal eine stabile Verteilung erreicht ist, dann tendiert sie zur Dauerhaftigkeit, womöglich über Jahrhunderte. Das gilt bekanntermaßen für die zentralisierte Organisation des französischen Staates, erst recht für den englischen Einheitsstaat, wie andererseits für den schweizerischen Föderalismus. Auch die französische Dezentralisierung der letzten zwei Jahrzehnte oder die geplante *devolution* für Schottland und Wales stellen den grundlegenden Bauplan des französischen bzw. britischen Gemeinwesens nicht in Frage. Dies alles sind entwicklungsgeschichtlich geronnene Verteilungsentscheidungen, die sich nicht mehr prinzipiell korrigieren lassen, weil sich inzwischen so viele Akteure auf diese Strukturen eingestellt haben, dass man sich allenfalls über Korrekturen zweiter Ordnung innerhalb des pfadabhängigen Gesamtrahmens verständigen kann. Bezogen auf das Verhältnis von Föderalismus und Parteienwettbewerb habe ich das an anderer Stelle gezeigt (*Lehmbruch* 2000), aber es gilt auch für die aktuelle Forderung nach einer „Entflechtung" des deutschen Föderalismus.

Die Bereitschaft, tiefgreifende Strukturveränderungen hinzunehmen, setzt in der Regel eine Krisensituation voraus, die für sicher gehaltene Besitzstände erschüttert und gewohnte Handlungsroutinen in Frage stellt, und solche Situationen sind seltene Ausnahmen. Es ist kein Zufall, dass es grundlegende Reformen des deutschen Föderalismus immer nur nach kriegerischen Auseinandersetzungen gegeben hat, wenn die Sieger eine Neuordnung durchzusetzen oder in einem großen Prozess des Gebens und Nehmens auszuhandeln vermochten: so *Napoleon* zu Beginn des 19. Jahrhunderts, so der *Wiener Kongreß* 1815, *Bismarck* 1866/1871, oder die alliierten Sieger von 1945. Ansonsten setzen, wie im folgenden gezeigt werden soll, die *Lock-in-Effekte* einer pfadabhängigen Entwicklung dem Wunsch nach gesteuerten Veränderungen enge Grenzen.

Schranken einer Föderalismusreform in Deutschland

In den alten demokratischen Bundesstaaten sind sich die politischen Akteure durchweg dieser Grenzen bewusst, und deshalb ist es höchst selten, dass es dort zu einer ernsthaften Diskussion über grundlegende Veränderungen des bundesstaatlichen Gefüges kommt. Nur Deutschland macht hier eine Ausnahme: In unserer politischen Diskussion tun nicht wenige Akteure so, als könne Bundesstaatsreform als eine ingenieurwissenschaftliche Aufgabe betrieben werden, als zielgerichtete Suche nach der zweckmäßigsten organisatorischen Lösung. Dass Föderalismusreformen bei uns nun schon seit dem 19. Jahrhundert immer wieder – und ohne nennenswerte Ergebnisse – diskutiert werden, lässt sich wiederum nur auf dem Hintergrund eigentümlicher historischer Erfahrungen verstehen. Dem deutschen liberalen Bürgertum begegnete die föderale Organisation in Gestalt einer Vielzahl von größeren und kleineren Herrscherhäusern, und die Buntscheckigkeit der deutschen Landkarte verstand es als Ergebnis von Jahrhunderten dynastischer Politik, die es oft auch als dynastische Willkür deutete. Wenn aber in der Vergangenheit Hausmachtpolitik der Fürsten über das Schicksal von Territorien entscheiden konnte, dann lag die Forderung nahe, dass nun die selbstbestimmte Nation mit gleichem Gutdünken die Reorganisation in die Hand nehmen sollte. Mit einer solchen Vorstellung ging insbesondere *Hugo Preuß* ans Werk, der erste Innenminister der Weimarer Republik, als er 1919 die Vorentwürfe zur Verfassung ausarbeitete. Dieser liberale Neuerer stieß schnell an seine Grenzen, aber auch später haben viele Autoren von Reformvorschlägen nicht sehen wollen, dass es oft gerade die Wesensmerkmale demokratischer Selbstbestimmung sind, an denen sich die reformerische Ermessensfreiheit bricht.

Der Bundesrat als Ausdruck einer außerordentlichen historischen Kontinuität

Keine von Deutschlands politischen Institutionen kann auf eine so lange Vorgeschichte zurückblicken wie der Bundesrat. Er geht bekanntlich – über den Reichsrat der Weimarer Republik – auf den Bundesrat der Bismarckverfassung zurück. Der wiederum hatte, was schon *Heinrich Treitschke* betont hat, seine Wurzeln im Alten Reich, in der Nachfolge des *Immerwährenden Reichstags*, der von 1663 bis 1806 seinen Sitz in Regensburg hatte. Diese außerordentliche institutionelle Kontinuität ist aber das Ergebnis von immer wiederholten Auseinandersetzungen, in denen sich jedesmal das *Bundesratsprinzip* gegen das konkurrierende *Senatsprinzip* behauptet hat.

Der *Immerwährende Reichstag* war bekanntlich eine Versammlung von Abgesandten der Territorien, und als institutionelles Konstruktionsprinzip überdauerte er den Untergang des Reiches, denn dessen staatenbündischen Nachfolgeorganisationen griffen auf die überlieferte Institution zurück: Schon in dem von *Napoleon* installierten *Rheinbund* (der freilich nie funktioniert hat) sollte ein in Frankfurt am Main anzusiedelnder *Bundesrat* – als eine Neuauflage des Regensburger Reichstags – die Spitze des Bundes bilden. Als dann der *Wiener Kongreß* 1815 den *Deutschen Bund* als Nachfolger des untergegangenen Reiches einrichtete, wurde wiederum der Bundesrat in Frankfurt sein oberstes Beschlussorgan. Auch er war dem Immerwährenden Reichstag nachgebildet und stellte, wie jener, einen Kongress von weisungsgebundenen Gesandten der Mitgliedsstaaten dar. Für *Otto von Bismarck*, der seine Diplomatenkarriere von 1851 bis 1859 als preußischer Bundestagsgesandter begann, wurden diese Frankfurter Jahre zu einer wichtigen Erfahrung.

Inzwischen war die Institution freilich durch die *Revolution von 1848* grundsätzlich in Frage gestellt worden. Als die verfassunggebende Nationalversammlung in der Frankfurter Paulskirche zusammentrat, orientierte sie sich stark am Föderalismusmodell der Vereinigten Staaten von Amerika. Ebenso wie die Schweiz, die sich nach einem kurzen Bürgerkrieg im selben Jahr eine moderne bundesstaatliche Verfassung mit einem *Ständerat* gab, wollte sie das Vorbild des amerikanischen Kongresses aufnehmen: Das Parlament (genannt *Reichstag*) sollte aus dem *Staatenhaus* und dem *Volkshaus* bestehen. Das Staatenhaus wäre – analog zum amerikanischen Senat – aus Vertretern der deutschen Staaten gebildet worden, und zwar sollten diese zur Hälfte von den Landtagen gewählt, zur anderen Hälfte von den Länderregierungen enstandt werden. Letzteres war als Kompromiss mit der hergebrachten Lösung gedacht, und das zeigt die starke Beharrungskraft des alten Exekutivföderalismus an. Allerdings sollten die Mitglieder des Staatenhauses ein freies Mandat haben, also an Weisungen nicht gebunden sein, andernfalls hätte man nicht von einem Parlament im Sinne einer modernen Repräsentativverfassung sprechen können.

Ein „Kartell der Fürsten und Bürokratien“: Bismarcks Verfassungskonstruktion

Bekanntlich ist das Verfassungswerk der Paulskirche gescheitert, nicht zuletzt am Widerstande Preußens. Als *Bismarck* dann in zwei großen Schritten 1867 (Gründung des *Norddeutschen Bundes*) und 1871 (Gründung des *Deutschen Reiches*) die deutsche Einheit unter preußischer Führung durchsetzte, hat er dieses Element der Paulskirchenverfassung ignoriert und statt dessen an den Bundestag des Deutschen Bundes angeknüpft. Wie jener hatte der Bundesrat des 1867 gegründeten Norddeutschen Bundes und des hier anknüpfenden Deutschen Reiches von 1871 die Form eines Gesandtenkongresses, durch den die Regierungen der Einzelstaaten an der politischen Führung beteiligt wurden. Ideologisch drapiert wurde dieser „Exekutivföderalismus“ mit der Vorstellung vom Reich als einem Bündnis der Fürsten, aber im wesentlichen konnte *Bismarck* damit zwei Absichten gleichzeitig verfolgen: Auf der einen Seite schuf er ein Gegengewicht gegen den Reichstag und damit eine Barriere gegen die von den Liberalen erstrebte Parlamentarisierung der Regierung und sicherte zugleich die Vorherrschaft Preußens. Und auf der anderen Seite konnte er auf diese Weise die Ministerialbürokratien der mittelgroßen deutschen Länder mit ins Boot holen, die – zumal seit den großen Verwaltungsreformen der napoleonischen Ära – zu mächtigen politischen Akteuren geworden waren und sich nicht ohne weiteres hätten beiseite schieben lassen. Den diplomatischen Umgangsstil, den er in seinen Jahren als Bundestagsgesandter kennengelernt hatte, praktizierte er nun auch im Verkehr mit den Länderregierungen. Zwar hatte die Hegemonialmacht Preußen im bundesstaatlichen Gefüge ohnehin eine dominierende Position, aber indem *Bismarck* und seine Nachfolger die Regierungen der Mittelstaaten im Rechtssetzungsprozess konsultierten, konnten sie sich das Regierungsgeschäft erheblich erleichtern. So konnte der oben schon *zitierte Rudolf Smend* in seinem Aufsatz aus dem Jahre 1916 denn auch den deutschen Bundesstaat als ein „Kartell der Fürsten und Bürokratien“ charakterisieren.

In *Bismarcks* Konstruktion steckte viel an zielgerichteter Verfassungsarchitektur, und dazu gehörte insbesondere die Erfindung des modernen deutschen „Exekutivföderalismus“, der die Länder nicht – wie im amerikanischen Bundesstaat – durch gewählte Repräsentanten in die Willensbildung des Bundes einbezieht, sondern durch ihre Regierungen. Gleichwohl begegnen wir beim Bundesrat schon einem Stück „Pfadabhängigkeit“ in dem oben beschriebenen Sinne, denn die überlieferte Institution hatte jedenfalls den Vorteil, dass sie dank der schon vorliegenden Vergangenheitserfahrungen einigermaßen berechenbar erschien. Insbesondere mussten die Länderregierungen, die ja die entscheidenden Akteure waren, nicht mit jenem scharfen Bruch in ihrer bisherigen Regierungsweise rechnen, den ein Systemwechsel hin zu einer parlamentarisierten Ländervertretung gebracht hätte. In der bürokratischen Organisationsperspektive konnten ihnen also die Kosten vergleichsweise überschaubar erscheinen.

In der Verfassungspraxis des folgenden halben Jahrhunderts bildete sich auf dieser Basis allmählich eine bundesstaatliche Gleichgewichtslage aus, und deren *Lock-in-Effekte* führten dazu, dass *Bismarcks* institutionelle Konstruktion in einer eigentümlichen Ironie der Geschichte den Sturz der Fürsten überdauerte. Als *Hugo Preuß* Anfang 1919 den ersten Entwurf für die Weimarer Verfassung schrieb, war der noch bewusst als Bruch mit dem Bismarckschen Modell konzipiert. *Preuß* wollte unter anderem an das Senatsprinzip von 1848 anknüpfen und den Bundesrat durch ein Staatenhaus ersetzen, dessen Mitglieder von den Landtagen zu wählen wären. Er musste seine Pläne aber sehr schnell aufgeben, denn er konnte den Widerstand der Länderregierungen nicht überwinden, die ja inzwischen alle von den politischen Parteien beherrscht wurden. Die Parteien in den Ländern wollten natürlich die institutionellen Einflusshebel nicht aus der Hand geben, die ihnen durch die Parlamentarisierung zugefallen hatten. Zwar wurden die Kompetenzen der nun *Reichsrat* genannten Vertretung der Länder im Vergleich zu ihrer Vorgängerin reduziert, aber entscheidend war, dass das institutionelle Konstruktionsprinzip des Exekutivföderalismus erhalten blieb. Übrigens war der Weimarer Reichsrat auch keineswegs so einflusslos, wie man heute gelegentlich lesen kann. Seinen Einspruch konnte der Reichstag nur mit einer Zweidrittelmehrheit überstimmen, und die war nicht leicht auf die Beine zu bringen; deshalb zog man es meistens vor, sich im Vorfeld zu einigen.[1] Vor allem in der Endphase der Republik, als der Reichstag zunehmend unfähig zur konstruktiven Mehrheitsbildung wurde, erwarb sich der Reichsrat den Ruf eines letzten Horts der Stabilität, und davon zehrte er auch noch in den Jahren 1948-1949, als es um die institutionellen Grundentscheidungen für die westdeutsche Nachkriegsdemokratie ging.

Die Frage Bundesrat oder Senat stellte sich 1949 neu – und wurde im Sinne der Tradition beantwortet

Denn ebenso wie 1919 stand der Verfassunggeber auch bei der Gründung der Bundesrepublik vor der Wahl zwischen dem überlieferten Bundesratsmodell und der Alternative des Senatsmodells. Diesmal mochte man die Optionsspielräume insofern größer einschätzen, als seit der Beseitigung des Reichsrates 1933 ein Vakuum entstanden war. Andererseits hatten die Länder gegenüber dem neu zu gründenden Bund einen Organisationsvorsprung von mehreren Jahren, und sie konnten sich vom Bundesratsmodell natürlich versprechen, dass sie damit ihre organisatorische Autonomie am ehesten be-

1 Zum Vergleich sei daran erinnert, daß der Bundestag heute einen Einspruch des Bundesrates schon mit der einfachen Mehrheit überstimmen kann – es sei denn, der Bundesrat habe seinerseits den Einspruch mit Zweidrittelmehrheit beschlossen. Übrigens konnte der Einspruch des Reichsrates theoretisch auch mit einer Volksabstimmung überstimmt werden; dazu ist es aber niemals gekommen.

haupten würden. Im *Herrenchiemseer Verfassungskonvent* neigten Politiker wie *Carlo Schmid* dem Senatsprinzip zu, während die süddeutschen Konservativen und die Ministerialbeamten aus den Staatskanzleien, die einen nicht geringen Teil der Mitglieder dieses Beratungsgremiums stellten, am Bundesratsmodell festhalten wollten. Auch im Parlamentarischen Rat gingen die Fronten quer durch die Parteien. Die süddeutschen Föderalisten forderten einen Bundesrat, der mit dem Bundestag gleichberechtigt sein sollte. *Adenauer*, der wie andere nord- und westdeutsche CDU-Politiker nie besonders große Sympathien für den Föderalismus aufbrachte, gehörte zu den Anhängern des Senatsprinzips. Aber die wurden ausmanövriert, als sich bei einem berühmt gewordenen Mittagessen der bayerische Ministerpräsident *Hans Ehard* und der Innenminister von Nordrhein-Westfalen, der Sozialdemokrat *Walter Menzel*, darauf einigten, ihren Parteien als Kompromiss einen Bundesrat mit reduzierten Kompetenzen vorzuschlagen. *Ehard* und *Menzel* kam wohl nicht nur zu statten, dass sie zugleich die Regierungen der beiden größten Länder repräsentierten – oft hat ja auch derjenige besonders gute Karten, der in einer schwierigen Konfliktsituation einen Kompromiss vorschlagen kann.

Der Bundesrat als wichtige Rückzugsbasis für die jeweilige Opposition

Wir haben gesehen, dass die Anhänger des Bundesrates zunächst vor allem in Süddeutschland, bei den Konservativen und Föderalisten zu finden waren. Aber im Laufe der langen Dominanz einer CDU-geführten Bundesregierung gegenüber einer sozialdemokratischen Bundestagsopposition musste er auch für die Sozialdemokraten immer attraktiver werden, weil sie zumindest über die von ihnen beherrschten Länderregierungen im Bundesrat einen Zugang zu den Entscheidungsprozessen hatten. Nach der Bildung einer sozialliberalen Bundesregierung diente dann der Bundesrat seit 1969 der CDU-Opposition dreizehn Jahre lang als Hebel, um der Bundestagsmehrheit ihre Schranken zu zeigen und den erneuten Machtwechsel vorzubereiten, und die SPD konnte dieselbe Erfahrung, nur mit umgekehrten Vorzeichen, in den neunziger Jahren machen. Nach der hessischen Landtagswahl 1999 haben CDU und CSU im Bundesrat zwar nur eine Sperrminorität bei Zustimmungsgesetzen, aber auch das ist eine nicht zu verachtende Machtposition, verglichen mit der Rolle einer bloßen Bundestagsopposition. Die Parteien, zumal die beiden großen, haben also im Laufe eines halben Jahrhunderts gelernt, dass der Bundesrat eine wichtige Rückzugsbastion bilden kann, wie sie sich beim Senatsmodell schwer vorstellen ließen.

Worin sollte man denn auch die Vorteile einer Senatslösung in Deutschland suchen? 1949 mochten ihre Anhänger noch argumentieren, dass ein Senat einen unabhängigen Politikertypus hervorbringe, der als Gegengewicht zu straffer geführten Bundestagsfraktionen dienen könnte. Aber wenn zum Beleg dafür auf den amerikanischen Senat oder den Schweizer Ständerat verwiesen wurde, dann hätte die sehr viel lockerere Parteienstruktur dieser Länder mit in Rechnung gestellt werden müssen. Weit besser vergleichbar ist Österreich, mit seinem *Bundesrat*, der entsprechend dem Senatsprinzip aus von den Landtagen gewählten Repräsentanten besteht. Weil Österreich aber ähnlich stark disziplinierte Parteien kennt wie die Bundesrepublik Deutschland, schlagen die Parteibindungen dort im Bundesrat ähnlich stark durch wie im Nationalrat. Nur sind die Kompetenzen des Gremiums geringere als die der ersten Kammer, und da sich zudem die Nationalratsabgeordneten aus Kärnten oder Vorarlberg im informellen Einsatz für ihre Länder von den Bundesratsmitgliedern kaum übertreffen lassen, muss es dem Bundesrat schwerfallen, noch ein eigenes Profil zu gewinnen. Extrapoliert man von diesen Erfahrungen, dann könnte sich bei uns kaum jemand einen Gewinn davon erwarten, dass etwa der deutsche Bundesrat durch einen Senat ersetzt würde. Man kann also diese Reformdiskussion getrost als ziemlich müßig abhaken.

Die oft beklagte Unitarisierung ist von Anfang an im deutschen Föderalismus angelegt

Ein weiteres kommt hinzu, was die Pfadabhängigkeit der Entwicklung weiter verstärkt und potenziert hat. Das sind die Zusammenhänge zwischen dem System des Exekutivföderalismus einerseits, den Veränderungen in der Aufgabenverteilung zwischen Bund und Ländern andererseits. Schon von der Reichsgründung an konnte der Zentralstaat auf dem Wege der sogenannten konkurrierenden Gesetzgebung umfangreiche Materien an sich ziehen, und das hat er sehr früh und auch sehr weitgehend getan.[2] Die großen Kodifikationen des bürgerlichen Rechts, des Strafrechts und der Gerichtsverfassung brachten schon in den ersten Jahrzehnten des Bismarckreiches ein Maß an Vereinheitlichung, wie es die USA niemals erreicht haben. Seit der napoleonischen Zeit war ja das unitarische Frankreich durchaus ein wirkungsmächtiges Modell, und vor allem das nationalliberale Bürgertum neigte dazu, föderative Vielfalt mit dem dynastischen Obrigkeitsstaat zu assoziieren, Unitarisierung hingegen mit Fortschritt. Die oft beklagte Unitarisierung ist also im deutschen Föderalismus von Anfang an angelegt. Aber für den Verlust an eigenständiger Gestaltungsmöglichkeit wurden die Länder dadurch entschädigt, dass ihnen die meisten Ausführungskompetenzen verblieben. Das war, ebenso wie die Bundesratskonstruktion, ein Teil des Kompromisspakets, mit dem *Bismarck* die Länderverwaltungen in das neue Reich einband. Immer, wenn das Reich neue Materien als Gesetzgeber an sich zog, erweiterte sich

2 Der Begriff „konkurrierende Gesetzgebung“ wurde von der Rechtswissenschaft des Kaiserreiches eingeführt, die Reichsverfassung von 1871 kannte ihn noch nicht. Aber in der Sache sind das die Materien, die der Artikel 4 der Verfassung aufführte.

damit auch der Bereich, in dem die Länder mitzureden hatten. Das änderte sich auch unter der Weimarer Verfassung nicht grundsätzlich, weil sie dem Reichsrat ja ein starkes Einspruchsrecht einräumte.

Als aber im Grundgesetz die Kompetenzen des Bundesrats im Gesetzgebungsprozess differenziert wurden, nämlich mit der neu eingeführten Unterscheidung zwischen *Einspruchs-* und *Zustimmungsgesetzen*, da war das mit einer Schwächung der Länderposition bei der Einspruchsgesetzgebung verbunden.[3] Es war deshalb nicht verwunderlich, dass die Länder seither ihre Zustimmung zur Ausweitung der Bundesgesetzgebung oft daran knüpften, dass der Bundesrat nicht überstimmt werden könne, dass also m.a.W. die gesetzlichen Regelungen zustimmungspflichtig wurden. Das ist mithin keine systemwidrige Erscheinung, sondern liegt in der Entwicklungslogik des deutschen Föderalismus seit der Gründung des Bismarckreiches. Und wenn heute vielfach beklagt wird, dass durch dieses Einfallstor der Einfluss des Bundesrates stark zugenommen habe (während in den Anfängen der Bundesrepublik nur etwas mehr als ein Drittel der Gesetze zustimmungspflichtig war, so ist es heute über die Hälfte!), dann spiegelt das eben die unitarisierende Ausdehnung der Bundeskompetenzen wider. Wer also den starken Einigungszwang beklagt, der durch die Ausweitung der zustimmungspflichtigen Gesetzgebung entstanden ist, der müsste, wenn er das korrigieren wollte, dafür auch den Preis zu zahlen bereit sein, nämlich die Rückführung umfangreicher Regelungskompetenzen vom Bund an die Länder.

Hier zeigt sich wieder die ausgeprägte Pfadabhängigkeit des deutschen Föderalismus. Sie kommt indes nicht so sehr im Zentralisierungs- und Unitarisierungstrend als solchem zum Ausdruck, sondern in der Interdependenz zwischen Kompetenzverteilung und Einfluss des Bundesrates. Wofern es einen Bereich gibt, in dem Reformen nicht von vornherein durch die *Lock-in-Effekte* der geschichtlichen Entwicklung blockiert werden, dann dürfte das die Unitarisierung als solche sein. Wenn 1999 in Berlin oder Leipzig die geltende Ladenschlussgesetzgebung mit Ausnahmeregelungen der Länderregierungen massiv unterlaufen wurde, dann spricht ja vieles für die Anregung, doch gleich die gesetzgeberische Regelungszuständigkeit an die Länder zurückzugeben. Aber wie wenig sich selbst in diesem Bereich bewegt, haben 1993 die mageren Ergebnisse der *Gemeinsamen Verfassungskommission vom Bundestag und Bundesrat* gezeigt, die nach der deutschen Vereinigung eingesetzt worden war: Es erwies sich damals, dass sowohl die Bundesregierung als auch große Teile des Bundestages einem solchen Verzicht auf Kompetenzen wenig geneigt waren. Die Änderungen des Art. 72 Abs. 2 GG, die eine künftige Inanspruchnahme der konkurrierenden Gesetzgebungskompetenz

---

3 Vgl. Anm. 1. Man ging 1949 von der Erwartung aus, die Zustimmungspflichtigkeit werde nur für einen relativ geringen Anteil der Bundesgesetzgebung eine Rolle spielen. Diese Erwartung wurde aber schon früh durch die Rechtsprechung des Bundesverfassungsgerichts durchkreuzt.

nur unter restriktiver formulierten Voraussetzungen gestatten wollen, werden sich als ein stumpfes Schwert erweisen. Selbst die relativ bescheidene Vorstellung, dass die Länder das Recht zur „Rückholung" einzelner Materien aus dem Bereich der vom Bund schon in Anspruch genommenen konkurrierenden Zuständigkeit bekommen sollten, stieß in der CDU/CSU-Fraktion auf entschiedenen Widerstand. Man einigte sich schließlich, in den Worten des Kommissionsberichts, „auf eine *von der Bundesregierung eingebrachte*, deutlich abgeschwächte Form der Rückholklausel, die es *aus Gründen der Rechtssicherheit und Konfliktvermeidung* dem Bund überlässt, zu bestimmen, dass eine bundesgesetzliche Regelung durch Landesrecht ersetzt werden kann, wenn ein Bedürfnis im Sinne von Artikel 72 Abs. 2 GG nicht mehr besteht" (Hervorhebungen von mir, GL.). Es sind übrigens auch erhebliche Zweifel erlaubt, ob die Länder wirklich bereit wären, sich verlorene Regelungsbefugnisse zurückzuholen und die damit gewonnen Spielräume in Anspruch zu nehmen.

Eine Rückkehr zum Trennsystem in der Finanzverfassung?

Nun wird heute nicht nur die *Entflechtung der Gesetzgebungskompetenz* gefordert, sondern sehr viel mehr noch die *Entflechtung der bundesstaatlichen Finanzbeziehungen*: Das finanzwirtschaftliche Verbundsystem soll durch ein Trennsystem ersetzt werden, das sehr viel mehr Ähnlichkeit mit dem amerikanischen Föderalismus hätte. Eine der zentralen theoretischen Begründungen dieser Forderung, wie sie in der orthodoxen Finanzwissenschaft begegnen, ist das Prinzip der „fiskalischen Äquivalenz" (*Olson* 1977): Es fordert „für jedes Kollektivgut mit spezifischem Wirkungsbereich eine separate Regierungsinstitution ..., so daß sichergestellt werden kann, daß jene, die aus dem öffentlichen Gut einen Nutzen erhalten, auch die sind, die dafür bezahlen". Daraus folgt für die finanzwirtschaftlichen Beziehungen zwischen Bund und Ländern und im Verhältnis der Länder untereinander, daß sie ihre jeweiligen Aufgaben aus eigenen Steuerquellen finanzieren und dafür auch ein autonomes Besteuerungsrecht in Anspruch nehmen sollten. Finanztransfers zwischen diesen Einheiten sind dann zwar insoweit erforderlich und gerechtfertigt, als sie „externe Effekte" ausgleichen (also beispielsweise die Aufwendungen, die dem Stadtstaat Hamburg für Schüler aus dem schleswig-holsteinischen Umland entstehen). Doch das heute geltende System des Steuerverbunds zwischen Bund und Ländern ist mit dem Äquivalenzprinzip offensichtlich ebenso schwer vereinbar wie der Länderfinanzausgleich.

Nun war zwar auch die Finanzverfassung des Bismarckschen Reiches ursprünglich am Trennsystem orientiert: Die Länder finanzierten ihre Ausgaben mit Steuern, die sie selbst erhoben, und dem Reich verlieh die Verfassung ein eigenes Besteuerungsrecht. Aber dieses autonome Besteuerungsrecht des Zentralstaates ließ sich nicht ohne weiteres auch politisch durchsetzen, und die Entwicklungslogik des deutschen Föderalismus hat allmählich eine ganz andere

Richtung genommen. Ursprünglich waren die wichtigste eigene Einnahmequelle des Reiches die Zölle und Verbrauchssteuern. Weil das nicht ausreichte, erhob es von den Ländern eine Umlage, die „Matrikularbeiträge“, die nach der Bevölkerungszahl kalkuliert wurden und ursprünglich nur als Übergangslösung bis zur Einführung von Reichssteuern gedacht waren. Das Reich war somit „Kostgänger der Länder“. Aus dieser Lage hoffte Bismarck es durch die 1879 eingeleitete Schutzzollpolitik zu befreien, aber die föderalistischen Kräfte im Reichstag machten ihm einen Strich durch die Rechnung: Auf Antrag des streng föderalistischen bayerischen Zentrumsabgeordneten *Freiherr von Franckenstein* wurde in das Zollgesetz eine Klausel aufgenommen, die dem Reich die Zolleinnahmen nur bis zu einer Obergrenze von jährlich 130 Millionen Mark beließ und den Überschuss den Ländern zusprach. Infolgedessen blieb das Reich aber auf Matrikularbeiträge angewiesen, und damit hatte *Franckenstein* erreicht, dass den Ländern und dem Reichstag (der die Matrikularbeiträge festzusetzen hatte) ein fortdauernder Einfluss auf die Einnahmen des Reiches blieb. Und wenn das Reich neue Steuern einführte, setzten die Länder im Bundesrat und die Föderalisten im Reichstag durch, dass die Erträge ganz oder teilweise den Ländern zuflossen. Als dann mit der Finanzreform von 1904 die *Franckensteinsche Klausel* aufgehoben wurde, tauchte mit der neu eingeführten Erbschaftssteuer die erste große gemeinschaftliche Steuer auf, deren Ertrag mit festgelegten Quoten auf Reich und Länder aufzuteilen war. Wir verdanken also schon dem Föderalismus des Kaiserreiches mit seinen politischen Tauschgeschäften die ersten Ansätze einer finanzwirtschaftlichen Verflechtung, die man (mit einer Anleihe beim Vokabular der Organisationstheorie) als „Prinzip der wechselseitigen Ressourcenabhängigkeit“ charakterisieren könnte.

Für eine Abkehr vom Verbundsystem fehlen wichtige Voraussetzungen

Nach dem verlorenen Ersten Weltkrieg wurden dann die enormen Kriegsfolgelasten Anlass zu tiefgreifenden Veränderungen: Unter dem schockartigen Eindruck dieser Krise konnte der Reichsfinanzminister Erzberger 1919 eine tiefgreifende Reichsfinanzreform durchsetzen, mit der Finanzverfassung und Finanzverwaltung weitgehend zentralisiert wurden. Die Länder wurden jetzt zu Kostgängern des Reiches, und das nationalsozialistische Regime trieb die Zentralisierung noch weiter voran. Dieses Vierteljahrhundert eines hochgradig zentralisierten Finanzsystems hinterließ aber ein dauerhaftes Erbe: Es setzte sich weithin die Vorstellung durch, dass sich die Finanzverfassung an den Bedürfnissen eines einheitlichen Wirtschaftsgebiets ausrichten müsse. Sie beherrschte zunächst auch die Beratungen des Parlamentarischen Rates.[4] Für die

4 Die Entwicklung des vertikalen und horizontalen Finanzausgelichs hat Wolfgang Renzsch (1991) im einzelnen dargestellt.

ertragreichen großen Steuerarten, nämlich die Umsatzsteuer sowie die Einkommens- und Körperschaftssteuer, strebte man einen Steuerverbund zwischen Bund und Ländern mit einer bedarfsorientierten Aufteilung an, während die anderen Steuerarten jeweils Bund oder Ländern zufallen sollten. Demgegenüber beharrten aber die westlichen Besatzungsmächte unter dem Einfluss amerikanischer Föderalismusvorstellungen auf einer konsequenten Steuertrennung, und so wies das Grundgesetz in seiner Endfassung die Umsatzsteuer dem Bund, die Einkommens- und Körperschaftssteuer den Ländern zu. Indes sollte der Bund Teile der Einkommens- und Körperschaftssteuer für Bundeszwecke in Anspruch nehmen dürfen, wenn die ihm vom Grundgesetz zugewiesenen Steuern nicht zur Deckung der notwendigen Ausgaben ausreichten. Dank dieser Klausel, die das Trennsystem durchbrach, wurde aus der Einkommens- und Körperschaftssteuer unter der Hand eine Verbundsteuer mit jährlich auszuhandelnder Aufteilung. Die Finanzreform von 1955 brachte dann die verfassungsrechtliche Besiegelung dieses „kleinen Steuerverbunds" und machte aus der Einkommens- und Körperschaftssteuer eine Verbundsteuer, deren Ertrag zwischen Bund und Ländern aufzuteilen war. Mit der Finanzreform der Großen Koalition wurde dann auch die Umsatzsteuer in den Verbund einbezogen. Dahinter stand nicht zuletzt die Überlegung, dass das Aufkommen der verschiedenen Steuerarten auf die Konjunkturentwicklung unterschiedlich stark reagierte; Bund und Länder sollten sich also das Konjunkturrisiko teilen. Eine stabile, auf Dauerhaftigkeit angelegte Finanzverfassung hat sich in der Bundesrepublik nicht ausgebildet, weil einerseits keiner der beteiligten Akteure die Prämisse der Interdependenz von Bundes- und Länderinteressen in Frage stellen wollte, andererseits aber die verteilungspolitischen Interessengegensätze immer nur für begrenzte Zeiträume im Wege des Kompromisses ausgeglichen werden konnten. An das Prinzip der Verflechtung ist nie ernsthaft gerührt worden, und im Bereich der Mitfinanzierung von Länderaufgaben durch das Reich und später den Bund – eine Praxis, die weit ins Kaiserreich zurückreichte und in der Weimarer Republik unter der Bezeichnung *Fondswirtschaft* diskutiert wurde – hat die Verflechtung durch die Einführung der Gemeinschaftsaufgaben an Intensität und institutioneller Verdichtung noch erheblich zugelegt.

Diese Entwicklung zeigt, dass für einen Systemwechsel hin zu einem Trennsystem alle Voraussetzungen fehlen. Die theoretischen Gründe für eine radikale Dezentralisierung der Finanzverfassung mögen noch so bestechend klingen, aber es gibt in Deutschland so gut wie keine Erfahrungen mit einer Kultur des finanzwirtschaftlichen Wettbewerbs, die den Akteuren dazu Mut machen könnte. Vor allem könnte ein Systemwechsel selbstverständlich nur im Konsens aller beteiligten Akteure geschehen, und der ist nur vorstellbar, wenn sich dabei niemand im Ergebnis schlechter stellen würde. Jede Systemveränderung müsste also mit Kompensationen für die eventuellen Verlierer erkauft werden, und wo die herkommen sollten, das kann man sich insbesondere im Zeichen fiskalischer Austeritätspolitik nicht recht vorstellen. Wenn man es irgendwo mit ausgeprägten *Lock-in-Effekten* als Ergebnis einer pfadabhängigen Entwicklung zu tun hat, dann bei der Finanzverfassung. Es lässt sich deshalb leicht vorhersagen, dass die Auseinandersetzungen über Anpassungen des Finanzausgleichs periodisch immer wieder kommen werden. Ähnlich wie Arbeitskämpfe von Streikritualen begleitet werden, so gehört auch zu diesen Verteilungskämpfen eine gehörige Portion Theaterdonner, Verfassungsklagen einzelner Länder inbegriffen. Das sind unvermeidliche Begleiterscheinungen der immer wieder neu zu führenden Aushandlungsprozesse im Rahmen eines Verbundsystems, zu dem eine realistische Alternative nicht in Sicht ist.

Länderneugliederung: ein illusorischer Ausweg

Die Reformbefürworter wollen deshalb auch den Zuschnitt der Ländern, weil sich unter den nun einmal gegebenen Bedingungen dominierend unitarischer Wertvorstellungen aus dem finanzwirtschaftlichen Gefälle zwischen armen und reichen Ländern das Erfordernis eines komplizierten Umverteilungsprozesses durch den Länderfinanzausgleich ergibt. Aber die Paradoxie der Neugliederungsdiskussion liegt darin, dass sie selbst zutiefst der unitarischen Denktradition verhaftet bleibt. Die Animosität gegen die so viel beklagte Ineffizienz des Zuschnitts der Ländergrenzen ist letztlich ein historisches Erbe der Kritik des bürgerlichen Liberalismus an der deutschen „Kleinstaaterei", in der man (natürlich ganz zu Recht) ein historisches Erbe des dynastischen Prinzips erblickte. Als Versatzstück der Föderalismusdiskussion begegnet uns der Neugliederungs-Topos samt der Kritik an der geringen Leistungsfähigkeit der kleinen Länder schon in der Mitte des 19. Jahrhunderts, so beim frühen Treitschke (*Treitschke* 1886, S. 86, 150ff.). Und die sozialtechnologische Vorstellung, die dahinter steckt, reflektiert ihrerseits die historische Erfahrung der großen Korrekturen am territorialen Zuschnitt des Alten Reiches, mit denen *Napoleon I.* 1803-1806 begonnen hatte und die dann 1815, 1866 und wieder 1945/1946 (mit der Auflösung Preußens) weitergeführt wurden.

Doch schon dieser geschichtliche Rückblick sollte eigentlich ausreichend klar machen, dass eine solche Länderreform immer nur nach einer militärischen Auseinandersetzung von siegreichen Mächten durchgesetzt werden konnte. 1867/71 aber wurden mit der Konstituierung des deutschen Nationalstaates als Bundesstaat die Ländergrenzen prinzipiell unantastbar, und selbst die Weimarer Republik, die ansonsten die Länderautonomie durchaus einzuschränken in der Lage war, hat nur in einigen wenigen Extremfällen (von denen der Zusammenschluss der thüringischen Kleinstaaten der wichtigste war) den territorialen Zuschnitt zu ändern vermocht. Wenn vergleichbare Neugliederungspläne weder in den USA noch und er Schweiz je ernsthaft erwogen werden, dann hat das seinen Grund darin, dass hier der Föderalismus demokratische Ursprünge hat – auch das hat schon *Treitschke* gesehen (Treitschke 886,

S.159ff., 190). In der Schweiz scheiterte sogar die Wiedervereinigung des Kantons Basel, der 1830 durch eine demokratische Revolte der Landschaft gegen die patrizische Oligarchie geteilt worden war, obwohl die Ursachen der Teilung längst obsolet sind und raumordnerische Rationalität es zweifellos geboten hätte, dieses eng verflochtene Ballungsgebiet wieder zusammenzuführen.

Zu verkennen, dass im demokratischen Föderalismus die Selbstbestimmung der Länder eine äußerst schwer überwindbare Schranke für territoriale Eingriffe darstellt, ist der gemeinsame Denkfehler aller Projektemacher, die sich seit *Hugo Preuß* daran versucht haben. Es mag ja geschehen, dass die – zweifellos wünschenswerte – Vereinigung von Berlin und Brandenburg schließlich doch gelingt oder dass der Stadtstaat Bremen angesichts seiner Finanznöte eines Tages die weiße Fahne aufzieht. Aber große Neugliederungsprojekte von der Art, wie sie 1972 von der *Ernst-Kommission* vorgestellt wurden, ermangeln ebenso wie die zuvor erwähnten Vorschläge zur finanzwirtschaftlichen Entflechtung einer realistischen Einschätzung der strategischen Spielräume für die Neutralisierung der Vetokoalitionen, mit denen es jedes demokratische Gemeinwesen nun einmal zu tun hat.

Literaturhinweise

Abromeit, Heidrun, 1992: Der verkappte Einheitsstaat, Opladen.

David, Paul A., 1985: Clio and the economics of QWERTY, in: American Economic Review, Spapers and Proceedings 75, 332-337.

David, Paul A., 1997: Path dependence and the quest for historical economics: One more chorus of the ballad of QWERTY, Discussion Papers in Economic and Social History 20, University of Oxford, Oxford.

Färber, Gisela, 1998: Finanzverfassung: Unbestrittener Reformbedarf – divergierende Reformvorstellungen. In: 50 Jahre Herrenchiemseer Verfassungskonvent – „Zur Struktur des deutschen Föderalismus“, , hrsg. vom Bundesrat.

Hesse, Konrad, 1962: Der unitarische Bundesstaat, Karlsruhe

Kirsch, Guy (Hrsg.), 1977: Föderalismus, Stuttgart.

Lehmbruch, Gerhard, 2000: Parteienwettbewerb im Bundesstaat: Regelsysteme und Spannungslagen im Institutionengefüge der Bundesrepublik Deutschland, 3. ergänzte Aufl., Opladen.

Olson Mancur, 1977: Das Prinzip „fiskalischer Gleichheit“: Die Aufteilung der Verantwortung zwischen verschiedenen Regierungsebenen, in: Kirsch, Guy (Hrsg.), Föderalismus, Stuttgart, 66-76.

Renzsch, Wolfgang, 1991: Finanzverfassung und Finanzausgleich: die Auseinandersetzungen um ihre politische Gestaltung in der Bundesrepublik Deutschland zwischen Währungsreform und deutscher Vereinigung (1948 bis 1990), Bonn.

Scharpf, Fritz W./Bernd Reissert/Fritz Schnabel, 1976: Politikverflechtung: Theorie und Empirie des kooperativen Föderalismus in der Bundesrepubli, Kronberg/Ts.

Scharpf, Fritz W./Bernd Reissert/Fritz Schnabel, 1977: Politikverflechtung II: Kritik und Berichte aus der Praxis, Kronberg/Ts.

Stern, Klaus, 1975: Die föderative Ordnung im Spannungsfeld der Gegenwart: Politische Gestaltung im Miteinander, Nebeneinander und Gegeneinander von Bund und Ländern, in: Speyer, Hochschule für Verwaltungswissenschaften (Hrsg.), Politikverflechtung

zwischen Bund, Ländern und Gemeinden: Vorträge und Diskussionsbeiträge der 42. Staatswissenschaftlichen Fortbildungstagung 1974, Berlin, 15-40.
Treitschke, Heinrich von, 1886: Historische und Politische Aufsätze. Zweiter Band: Die Einheitsbestrebungen zertheilter Völker, Fünfte vermehrte Aufl., Leipzig.

Vom Gestaltungsföderalismus zum Beteiligungsföderalismus

Die Mitwirkung der Länder an der Bundespolitik

Ursula Münch

In allen Bundesstaaten ist das Verhältnis von Bund und Einzelstaaten zu regeln, wozu auch die Mitwirkung der Einzelstaaten an der Politik des Bundes gehört. In Deutschland geschieht das in einzigartiger Weise: auf dem Wege über den Bundesrat als Vertretung der Länder. Mindestens genau so wichtig ist, dass die Länder die Gesetze des Bundes ausführen – ein System des Vollzugsföderalismus also. Beides ist die Domäne der Landesexekutiven, die allzu gerne bundeseinheitliche Lösungen anstreben. An die Stelle des Gestaltungsföderalismus ist somit der Beteiligungsföderalismus der Landesexekutiven getreten. Im Endeffekt hat das zu gewaltenteiligen, konsensorientierten Konfliktlösungsmustern geführt, über die Parteigrenzen hinweg, durchaus mit Hilfe der bundesweit operierenden Parteien. Aufgrund der vorliegenden Fakten wird man über die Jahre hinweg kaum von einer Blockadepolitik des Bundesrats sprechen können, schon gar nicht vom Bundesrat als Nebenregierung. Der Herausgeber

Zwar wirken auch in anderen Bundesstaaten die Gliedstaaten an der Willensbildung des Gesamtstaates mit...

Jedes föderative System kennt Institutionen und Verfahren, durch die die Gliedstaaten an der Willensbildung des Gesamtstaates beteiligt sind. Mit ihrer Hilfe wirken die Einzelstaaten, die Länder oder die Kantone z.B. bei der Verabschiedung von Gesetzen des Bundes mit, oder sie bemühen sich, sonstige Entscheidungen des Bundes zu beeinflussen. Welche Form und Intensität diese Einwirkung auf das Zustandekommen des Bundeswillens im einzelnen Bundesstaat einnimmt, hängt maßgeblich vom jeweiligen Typ von Föderalismus ab. Obwohl in allen föderativen Systemen Zweite Kammern arbeiten, zeigt deren genauere Analyse, dass diese häufig nur eines von mehreren föderativen Elementen bei der Bildung des Bundeswillens sind und zudem eines, das nicht von vornherein auch wirksam sein muss.[1]

---

1 Vgl. Bothe, Michael: Die Kompetenzstruktur des modernen Bundesstaates in rechtsvergleichender Sicht. Berlin u.a.: Springer 1977 (= Beiträge zum ausländischen öffentlichen Recht und Völkerrecht Band 69), S. 84ff.

Um den hohen Stellenwert nachzuvollziehen, den die Mitwirkung an der Bundespolitik für die deutschen Länder besitzt, ist es hilfreich, zunächst einen kurzen Blick auf andere Bundesstaaten zu werfen. Er macht die Zusammenhänge zwischen der Kompetenzverteilung im Bundesstaat und den Institutionen und Praktiken der Einflussnahme sichtbar.

... doch in einem Trennsystem wie den USA oder der Schweiz deutlich anders und geringer

Für bundesstaatliche Systeme wie die USA oder auch Australien, in denen erstens die Zuständigkeiten zwischen den politischen Ebenen relativ klar voneinander getrennt sind und in denen zweitens die Gliedstaaten selbst relevante eigene Gesetzgebungskompetenzen besitzen (sog. Trennsystem), lässt sich feststellen, dass hier die Notwendigkeit zu Kooperation und inhaltlicher Abstimmung eine völlig andere ist als etwa in der Bundesrepublik Deutschland. Obwohl auch in den USA die verfassungsrechtlich klare Trennung der Kompetenzen des Bundes und der Einzelstaaten seit den 30er Jahren durch ein System des kooperativen Föderalismus überlagert wird, erhebt die Politik auf Staatenebene in den USA dennoch nicht den Anspruch, Bundespolitik mitgestalten zu wollen.[2] Da den amerikanischen Einzelstaaten nach wie vor relevante Politikfelder zur eigenen Gestaltung bleiben und sie auch nicht die Pflicht haben, mit ihrer eigenen Verwaltung Bundesgesetze zu vollziehen, drängt sich ihnen weder der Wunsch noch die Notwendigkeit, die politischen Entscheidungsprozesse des Zentralstaats zu beeinflussen, in einem Maße auf, wie wir das aus der Bundesrepublik kennen. Des weiteren trägt bereits der Bestellungsmodus für den US-Senat dazu bei, dass die Senatoren nicht die jeweilige Regierung oder das Parlament des Einzelstaates, sondern vielmehr ihre Wählerinnen und Wähler repräsentieren. Gleichzeitig verhindert jedoch die relative Schwäche der US-amerikanischen Parteien im präsidentiellen Regierungssystem, dass sich der US-Senat selbst nach der Einführung der unmittelbaren Senatorenwahl durch das Volk im Jahr 1913 als bloße „Verdoppelung“ der Ersten Kammer (Repräsentantenhaus) darstellt, wie dies in anderen (Bundes-)Staaten mit direkter Wahl der Mitglieder der Zweiten Kammer häufig der Fall ist. Der US-Senat enthält seine Bedeutung für die gesamte bundesstaatliche Ordnung dadurch, dass der einzelne Senator als

2 Vgl. Sturm, Roland: Föderalismus in Deutschland und in den USA – Tendenzen der Angleichung? In: Zeitschrift für Parlamentsfragen 28 (1997), S. 335-345, hier: S. 339.

„politischer Unternehmer“ in eigener Sache auftritt und zugleich danach beurteilt wird, was er für seinen Staat in Washington erreicht.[3]

Wie stark die Notwendigkeit von Instanzen der gliedstaatlichen Mitwirkung vom jeweiligen Typ von Bundesstaat abhängig ist, zeigt auch das Beispiel Schweiz. Nachdem die Schweizer Kantone zusätzlich zu ihren nach wie vor relevanten eigenen Gestaltungsbefugnissen auch mit der Ausführung der Bundesgesetze betraut sind,[4] wird immer wieder überlegt, ob es nicht funktionaler wäre, den Ständerat, der nach dem Vorbild des US-Senats zusammengesetzt ist und funktioniert, in Richtung auf das deutsche Bundesratsmodell umzugestalten. Dennoch ist der entsprechende politische Druck zugunsten einer stärkeren institutionellen Verschränkung der Kantons- mit der Bundesebene in der Schweiz nicht so groß, wie dies die dort bestehenden Elemente eines Vollzugsföderalismus ansonsten erwarten ließen. Dies dürfte vor allem darauf zurückzuführen sein, dass in der Schweiz die Funktionen, die in der Bundesrepublik Deutschland vor allem vom Bundesrat erbracht werden, auf andere Weise – z.B. über die Anhörung der Kantone im sog. Vernehmlassungsverfahren[5] – vonstatten gehen, an dem auch die Kantone beteiligt sind. Während alle föderativen Systeme unabhängig davon, ob es sich dabei tendenziell um Trenn- oder um Verbundsysteme handelt,[6] Zweite Kammern kennen, sind die informellen Praktiken der Beteiligung von Gliedstaaten an der Willensbildung des Bundes noch stärker davon abhängig, um welchen Typ von Bundesstaat es sich handelt. Im Unterschied zur Bundesrepublik Deutschland, wo die Landesexekutiven allein schon über die Struktur des Bundesrates, aber auch über die intensive Praxis des kooperativen Föderalismus eine herausgehobene Position besitzen, haben es die Regierungen der Gliedstaaten in den USA oder der Schweiz deutlich schwerer, gezielt Einfluss auf gesamtstaatliche Entscheidungen zu nehmen. So genießen weder die Konferenz der US-Gouverneure noch die Direktorenkonferenz der kantonalen Exekutiven in der Schweiz Privilegien, wenn es darum geht, ihre Interes-

3 Vgl. Schüttemeyer, Suzanne S./Sturm, Roland: Wozu Zweite Kammern? Zur Repräsentation und Funktionalität Zweiter Kammern in westlichen Demokratien. In: Zeitschrift für Parlamentsfragen 23 (1992), S. 517-536, hier: S. 532f.

4 Vgl. dazu Weber, Karl: Kriterien des Bundesstaates. Eine systematische, historische und rechtsvergleichende Untersuchung der Bundesstaatlichkeit der Schweiz, der Bundesrepublik Deutschland und Österreichs. Wien: Braumüller 1980 (= Schriftenreihe des Instituts für Föderalismusforschung Band 18).

5 Darunter versteht man die Praxis der schweizerischen Regierung (Bundesrat), z.B. Gesetzentwürfe vor der parlamentarischen Einbringung zunächst betroffenen Verbänden, Organisationen und den Parteien zur Stellungnahme zuzuleiten. Die Kantone sind an dieser vorparlamentarischen Willensbildung beteiligt.

6 Zur Unterscheidung vgl. Schultze, Rainer-Olaf: Art. Föderalismus. In: Schmidt, Manfred G. (Hrsg.): Die westlichen Länder. Lexikon der Politik. Band 3. Hrsg. von Dieter Nohlen. München: Beck 1992, S. 95-110. Vgl. Laufer, Heinz/Münch, Ursula: Das föderative System der Bundesrepublik Deutschland. Opladen: Leske + Budrich 1998, S. 23ff.

sen im Wettbewerb mit Interessengruppen gegenüber der Bundesregierung vorzubringen. Beide müssen sich gegenüber ihrer jeweiligen Bundesregierung bis heute auf Lobbying beschränken, also auf eine Form der Einflussnahme, die auch allen anderen organisierten Interessen offen steht.

Der Vollzug von Bundesgesetzen als Ansatzpunkt

Ganz anders stellt sich die Routine gliedstaatlicher Beteiligung im deutschen Verbundmodell dar: Die Bundesrepublik hat die Formen der Kooperation in den verschiedensten Gremien in einer Weise perfektioniert, dass kritische Beobachter bereits von einem „konzertierten Föderalismus" sprechen.[7] Diese Ausprägung deutscher Bundesstaatlichkeit ist ursächlich darauf zurückzuführen, dass die Hauptaufgabe der Länder darin besteht, die Gesetze des Bundes zu vollziehen. Dieser Umstand erklärt, dass die Länder ein spezifisches Interesse daran besitzen, wie ein Bundesgesetz in Hinblick auf seinen verwaltungstechnischen Vollzug ausgestaltet sein sollte. Um dieses Interesse wirksam umsetzen zu können, sind Institutionen und Prozesse unabdingbar, mittels derer die inhaltliche und verfahrensmäßige Abstimmung zwischen Bund und Ländern erzielt werden muss. Eine besondere Rolle nimmt dabei der Bundesrat ein.

Aufgaben, Zusammensetzung und Arbeitsweise dieses föderativen Bundesorgans sind im IV. Abschnitt des Grundgesetzes (Art. 50 bis Art. 53) sowie in der Geschäftsordnung des Bundesrates geregelt.[8] Durch den Bundesrat wirken die Länder an der Gesetzgebung und Verwaltung des Bundes sowie in Angelegenheiten der Europäischen Union mit (Art. 50 GG). Das Gewicht des Bundesrates im föderativen wie im gesamten politischen System der Bundesrepublik Deutschland ist dabei aber keine statische Größe. Vielmehr hat es als Folge der Dynamik der Aufgabenverteilung im Bundesstaat im Laufe der Entwicklung der föderalen Beziehungen zwischen Bund und Ländern immer mehr zugenommen. Ausgangspunkt dieses Prozesses war die im Grundgesetz von vornherein angelegte Dominanz des Bundes in der Gesetzgebung, die sich nach 1949 u.a. deshalb noch verstärkte, weil der Staat neue Aufgaben übernahm, die im wesentlichen gesamtstaatlichen Charakter hatten (Wehrverfassung, Notstandsverfassung, Kernenergie etc.). Gleichzeitig wurde dem

---

7 Ottnad, Adrian/Linnartz, Edith: Föderaler Wettbewerb statt Verteilungsstreit. Vorschläge zur Neugliederung der Bundesländer und zur Reform des Finanzausgleichs. Eine Studie des IWG Bonn. Frankfurt a.M. New York: Campus 1997, S. 126ff.

8 Die Geschäftsordnung ist abgedruckt in: Bundesrat (Hrsg.): Handbuch des Bundesrates für das Geschäftsjahr 1999/2000. Baden-Baden: Nomos 2000 bzw. bei Laufer, Heinz/ Münch, Ursula (Anm. 6). Ausführlich erläutert wird sie z.B. von Ziller, Gebhard/Oschatz, Georg-Berndt: Der Bundesrat. Düsseldorf: Droste 1998 (10. Aufl.) (= Ämter und Organisationen der Bundesrepublik Deutschland Band 6).

Bedürfnis nach einer einheitlichen Regelung der Lebensverhältnisse[9] dadurch Rechnung gezollt, dass bisherige Länderkompetenzen auf den Bund übertragen wurden.[10] Zu grundlegenden Veränderungen im föderativen System führten die sog. Gemeinschaftsaufgaben (Art. 91 a, b GG). Sie wurden im Zuge der Großen Finanzreform von 1969 noch unter der Großen Koalition von CDU/CSU und SPD in das Grundgesetz aufgenommen und überführten bisherige Landesaufgaben in die gemeinsame Verantwortung von Bund und Ländern. Dieser Schritt hatte zwar zunächst das von den Ländern erwünschte Ergebnis, von den hohen Kosten verschiedener grundlegender Aufgaben wie dem Hochschulbau und der regionalen Wirtschaftsförderung teilweise entlastet zu werden, brachte zwangsläufig aber auch den Verlust der bisherigen alleinigen Entscheidungskompetenz der Länder mit sich. An deren Stelle trat die gemeinsame Rahmenplanung und die gemeinsame Finanzierung dieser Aufgaben durch Bund und Länder. Jede dieser Verschiebungen der ohnehin unitarisch angelegten Aufgabenverteilung verfestigte den Mangel an eigenständigen Gestaltungsmöglichkeiten der Länder. In der Folge konzentrierten sich deren politischen Akteure immer noch stärker darauf, ihre Einflussmöglichkeiten auf die Politik der übergeordneten Ebenen im Bund und in Europa gezielt auszuschöpfen.

Trotz des Unitarisierungsschubs, der sich vor allem ab Mitte der 60er Jahre bis in die 70er Jahre hinein feststellen lässt, sollte man bei der Beurteilung der Entwicklungstendenzen des deutschen Bundesstaates in Rechnung stellen, dass der kooperative Föderalismus in Deutschland keine völlige Neuausrichtung der Staatsorganisation darstellt. Anders als in den USA oder auch in der Schweiz, wo die Verschränkung von Zentralstaat und Gliedstaaten bzw. deren Kooperation erst infolge der verstärkten sozialpolitischen Intervention des Zentralstaates wirksam wurde, kannte bereits die Verfassung des Deutschen Reichs von 1871 ein Zusammenwirken von Reich und Gliedstaaten.[11] Solche historischen Entwicklungslinien rechtfertigen es zwar nicht, wenn heutzutage die Verflechtung der Politikebenen im Föderalismus zu Fehlentwicklungen wie Intransparenz, Unverantwortlichkeit, Konfliktvermeidung und Innovationsfeindlichkeit

---

9 Vgl. Münch, Ursula: Sozialpolitik und Föderalismus. Zur Dynamik der Aufgabenverteilung im sozialen Bundesstaat. Opladen: Leske + Budrich 1997, S. 143ff.

10 So z.B. die Kompetenz für die wirtschaftliche Sicherung der Krankenhäuser und die Regelung der Krankenhauspflegesätze (Art. 74 Nr. 19 a GG), die Abfallbeseitigung, Luftreinhaltung und Lärmbekämpfung (Art. 74 Nr. 24 GG), die künstliche Befruchtung beim Menschen und die Organtransplantation (Art. 74 Nr. 26 GG) oder die Besoldung und Versorgung der Beamten und Richter (Art. 74 a GG). Sehr aufschlußreich hierzu die Synopse der Textfassungen des Grundgesetzes von 1949 im Vergleich zu heute; vgl. Bauer, Angela/Jestaedt, Matthias: Das Grundgesetz im Wortlaut. Änderungsgesetze, Synopse, Textstufen und Vokabular zum Grundgesetz. Müller: Heidelberg 1997 (= Motive – Texte – Materialien Band 78).

11 Vgl. Lehmbruch, Gerhard: Parteienwettbewerb im Bundesstaat. Stuttgart u.a.: Kohlhammer 1976, S. 45 (Neuauflage 1998). Vgl. dazu auch den Beitrag von Gerhard Lehmbruch im vorliegenden Band.

führt. Nichtsdestotrotz müssen aber auch kritische Beobachter der aktuellen Situation des deutschen Föderalismus zur Kenntnis nehmen, dass mit bestimmten verfassungsrechtlichen Grundentscheidungen dafür zumindest eine Basis geschaffen worden ist.

Die Entscheidung der Verfassunggeber für das Bundesrats-Modell ist bis heute nicht unumstritten

Als die Mitglieder des Parlamentarischen Rats im September 1948 mit den Beratungen über Gestalt und Kompetenz einer künftigen Zweiten Kammer begannen, waren sich die verschiedenen Fraktionen lediglich darin einig, dass auf jeden Fall neben dem Parlament eine weitere Kammer bestehen sollte, durch die „das Element Land" zur Geltung kommen sollte.[12] Ob sich in diesem zweiten Organ gemäß dem für die deutsche Verfassungsgeschichte charakteristischen „Bundesrats-Modell" die weisungsgebundenen Vertreter der Landesregierungen zusammenfinden sollten oder aber in Anlehnung an das aus den USA und der Schweiz bekannte „Senats-Modell" die von der Bevölkerung in den Ländern gewählten Senatoren, war zwischen den Parteien sehr umstritten. Dem bayerischen Ministerpräsidenten Hans Ehard (1946-1954) gelang es, gegen die ursprünglichen Intentionen vor allem der SPD und von Teilen der CDU, zumindest die sog. abgeschwächte Bundesratslösung durchzusetzen.

Während einige Beobachter die Absage an das klassische Bundesratsmodell beklagen und im damaligen Kompromiss den „Keim für die Entwicklung der bundesstaatlichen Ordnung von 1949 zum unitarischen Bundesstaat" sehen,[13] gilt der Bundesrat anderen als „kapitale Fehlkonstruktion" und „Systemfehler".[14] Tatsächlich fällt eine Beurteilung der damaligen Entscheidung zugunsten des Bundesratsmodells durchaus ambivalent aus. Einerseits kann man dem Bundesrat bescheinigen, trotz der Bedeutung der Parteipolitik „auf eine besondere Weise die Vertretung regionaler Interessen"[15] wahrzunehmen und ihn damit zu den erfolgreichen und wirksamen Zweiten Kammern zählen. Andererseits ist aber nicht zu übersehen, dass seine Konstruktion und Funktionsweise auf den deutschen Föderalismus ebenso wie auf den gesam-

---

12 Der Parlamentarische Rat 1948-1949. Band 2: Der Verfassungskonvent auf Herrenchiemsee. Bearbeitet von Peter Bucher. Boppard: Boldt 1981, S. 37ff.

13 So die Einschätzung von Heinz Laufer; ders.: Das föderative System der Bundesrepublik Deutschland. München: Bayerische Landeszentrale für politische Bildungsarbeit. 1. Aufl. 1973 bis 6. Aufl. 1991, jeweils unter Gliederungspunkt 4.1.3. In der überarbeiteten Neuauflage Laufer/Münch (Anm. 6) wird diese Einschätzung nicht mehr vertreten.

14 Wilhelm Hennis: Am Föderalismus lieg es nicht. In: FAZ vom 14. 8. 1997, Nr. 189, S. 31.

15 Schüttemeyer/Sturm (Anm. 3), S. 530.

ten politischen Entscheidungsprozess zugleich problematische Auswirkungen besaß. Diese äußern sich z.B. im Schlagwort vom „Exekutivföderalismus“ und der Klage über den weitgehenden Substanzverlust des Landesparlamentarismus.[16]

Die Verteilung der Gewichte im Bundesrat

Die „Abschwächung“ des Bundesratsmodells im Grundgesetz ergibt sich im Vergleich zu seinem historischen Vorläufer in der Reichsverfassung von 1871 in zweierlei Hinsicht. Neben der Tatsache, dass der Bundesrat bei einem Teil der Bundesgesetze nur ein aufschiebendes Veto besitzt, also dem Bundestag nicht als wirklich gleichberechtigte Zweite Kammer entgegentritt, stellt auch seine Zusammensetzung eine gewisse Modifikation des ursprünglichen Gepräges dar. Im Bundesrat des Deutschen Reichs von 1871 wurde durch das Prinzip der Stimmenwägung eine sehr differenzierte Gewichtung der einzelnen Staaten und ihrer Interessen herbeigeführt.[17] Dagegen entschieden sich die Verfassunggeber 1948/49 für einen Kompromiss: Anders als beim sog. arithmetischen Prinzip des Senatsmodells, dem der Grundgedanke der föderalen Gleichordnung aller Gliedstaaten zugrunde liegt, ist nicht jedes Land mit der gleichen Stimmenzahl vertreten. Aber auch das sog. geometrische Prinzip, bei dem die Sitzverteilung konsequent im Verhältnis zur Bevölkerungszahl erfolgt und damit das demokratische Element betont, wurde nicht gewählt. Statt dessen entschied man sich, zwar nach der Bevölkerungszahl abzustufen und damit eine mechanische Gleichstellung aller Länder zu verhindern, gleichzeitig aber die Einwohnerzahl auch nur teilweise zur Grundlage der Stimmverteilung zu machen, um so die Gefahr der Majorisierung durch sehr wenige große Länder auszuschalten. Während ursprunglich die 3-4-5-Staffelung der Stimmen festgelegt war, drangen die großen Flächenstaaten im Zuge der Grundgesetzänderung, die infolge der Deutschen Vereinigung am 3. Oktober 1990 notwendig wurde, darauf, eine weitere Stufe einzuführen. Um ihren Einfluss auch im größeren Bundesstaat zu bewahren, führen die vier größten Länder seither nicht mehr fünf, sondern sechs Stimmen im Bundesrat. Damit konnten sie auch ihre bisherige Sperrminorität gegen Verfassungsänderungen von einem Drittel der Stimmen (derzeit 24 Stimmen) wahren.[18]

---

16 Vgl. dazu die Beiträge von Gerhard Lehmbruch und Hartmut Klatt im vorliegenden Band.

17 Während Preußen 17 Stimmen führte, erhielten nächstgrößere Staaten wie z.B. Bayern (6), Württemberg (4) und Baden (3) deutlich weniger Stimmen. 11 der damaligen Einzelstaaten hatten so wenig Einwohner, daß sie jeweils nur über 1 Stimme im Bundesrat verfügten.

18 Vgl. Ziller/Oschatz (Anm. 8), S. 62f.

Keine symmetrische Zweite Kammer

Neben der Zusammensetzung sind es vor allem die gegenüber dem Bundestag eingeschränkten Kompetenzen, durch die das historische Bundesratsmodell im Grundgesetz „abgeschwächt" wurde. So stellt der Bundesrat keine symmetrische Zweite Kammer dar, sondern ist der Kategorie der leicht asymmetrischen Kammern zuzuordnen.[19] Diese Asymmetrie in der Kompetenz ist das Ergebnis des Kalküls des damaligen bayerischen Ministerpräsidenten Hans Ehard, dass die Zusammensetzung des föderativen Organs für dessen Bedeutung im zu errichtenden politischen System wichtiger sei als die Gleichberechtigung bei der Gesetzgebung. Zum Ausdruck kommt sie in der Unterscheidung zwischen „Einspruchsgesetzen", bei denen der Bundesrat lediglich ein aufschiebendes Vetorecht besitzt, und „Zustimmungsgesetzen", bei denen er dem Bundestag gleichberechtigt gegenübertritt (vgl. dazu die Übersicht zu den formellen Befugnissen des Bundesrates im Gesetzgebungsverfahren).

Bei der Diskussion um die Mitwirkungsrechte des Bundesrates an der Bundesgesetzgebung wird häufig übersehen, dass die Kompetenzen des föderativen Organs bei der Verwaltung des Bundes noch bedeutender sind. So verfügt der Bundesrat bei den Rechtsverordnungen des Bundes ebenso wie bei dessen Allgemeinen Verwaltungsvorschriften über ganz erhebliche Einflussmöglichkeiten. Die besondere Stellung des Bundesrates ergibt sich hierbei daraus, dass beide Rechts normen von der Bundesregierung bzw. dem zuständigen Bundesminister aufgrund gesetzlicher Ermächtigung, in der Inhalt, Zweck und Ausmaß der Rechtsverordnung festgelegt werden, ohne Beteiligung des Bundestages erlassen werden. Dagegen muss der Bundesrat gemäß Art. 80 GG mit der Mehrheit zustimmen und verfügt damit über erhebliche Einflussmöglichkeiten.

---

19 Zur Unterscheidung verschiedener Zweikammer-Systeme nach ihren Kompetenzen im Verhältnis zur Ersten Kammer und nach ihrer Zusammensetzung vgl. Arend Lijphart: Democracies. Patterns of Majoritarian and Consensus Government in Twenty-One Countries. New Haven u.a.: Yale U. P. 1984, S. 95ff.

Die formellen Befugnisse des Bundesrates im Gesetzgebungsverfahren

Der Bundesrat ist am Zustandekommen aller Gesetze beteiligt, die in die Gesetzgebungskompetenz des Bundes fallen – unabhängig davon, ob der Bund das Gesetz aufgrund seiner ausschließlichen, seiner konkurrierenden oder seiner Zuständigkeit für die Rahmengesetzgebung erläßt. Dabei kann er Gesetzesbeschlüssen des Bundestages nicht nur zustimmen oder sie zu ändern bzw. sogar zu verhindern versuchen, er hat auch die Möglichkeit, selbst initiativ zu werden.

Das Initiativrecht des Bundesrates:
Ebenso wie der Bundestag und die Bundesregierung hat der Bundesrat bei allen Gesetzesarten gemäß Art. 76 Abs. 1 GG das Recht zur Gesetzesinitiative. Die Mehrheit des Bundesrates kann im Plenum – meist auf Antrag von einer oder mehreren Landesregierungen – beschließen, beim Bundestag eine Gesetzesvorlage einzubringen. Zwischen der Behandlung des Gesetzentwurfs im Bundesrat und im Bundestag ist jedoch die Bundesregierung eingeschaltet. Ein Entwurf des Bundesrates ist zunächst an sie zu leiten. Die Bundesregierung versieht den Entwurf in der Regel mit einer Stellungnahme, in der sie entweder ihre grundsätzliche Zustimmung oder auch ihre Ablehnung zum Ausdruck bringt und häufig Änderungen vorschlägt. Innerhalb von sechs Wochen soll die Bundesregierung den Entwurf des Bundesrates und ihre Stellungnahme dazu an den Bundestag weiterleiten. Von dieser Frist kann nur in besonderen Fällen abgewichen werden.

Das Recht des Bundesrates, zu Gesetzentwürfen der Bundesregierung Stellung zu nehmen:
Nicht nur der Bundesrat ist daran gehindert, seine Gesetzesentwürfe unmittelbar dem Bundestag zuzuleiten. Auch die Bundesregierung kann dies nicht. Nach Art. 76 Abs. 2 GG muß sie ihre Gesetzesvorlagen zunächst an den Bundesrat senden, der dazu innerhalb von sechs Wochen Stellung nehmen kann.

Die Mitentscheidungsbefugnisse des Bundesrates im weiteren Gesetzgebungsverfahren:
Das weitere Vorgehen im Bundestag gestaltet sich unabhängig davon, welche der berechtigten Institutionen den Gesetzentwurf eingebracht hat. Wie wirksam die Mitwirkung des Bundesrates dabei letztendlich ist, hängt davon ab, ob der Gesetzesbeschluß des Bundestages die Belange der Länder in besonderem Maße berührt oder nicht.

a) Zustimmungsbedürftige Gesetze:
Neben den verfassungsändernden Gesetzen, die eine Zwei-Drittel-Mehrheit in Bundestag und Bundesrat benötigen, sind solche Gesetze zustimmungsbedürftig, die entweder das Finanzaufkommen der Länder berühren oder in ihre Verwaltungshoheit eingreifen.[20] Damit sie zustande kommen, muß der Bundesrat mit absoluter Stimmenmehrheit, gegenwärtig sind das 35 von insgesamt 69 Stimmen, zustimmen. Bei zustimmungspflichtigen Gesetzen können alle drei am Gesetzgebungsverfahren beteiligten Institutionen jeweils einmal den Vermittlungsausschuß anrufen, der sich aus Mitgliedern des Bundestages und des Bundesrates zusammensetzt (Art. 77 Abs. 2 Satz 1 GG). Bei diesen Gesetzen ist der Bundesrat dem Bundestag völlig ebenbürtig und gleichberechtigt: Er besitzt ein absolutes Veto, d.h. er kann das Gesetz endgültig scheitern lassen.

b) Nicht zustimmungsbedürftige Gesetze:
Bei allen anderen Gesetzen ist die Position des Bundesrates deutlich schwächer – daß der Bundesrat dem Bundestag gegenüber nachrangige Kompetenzen besitzt, zeigt sich daran, daß er gegen diese Gesetzesbeschlüsse des Bundestages zwar mit seiner Mehrheit (35 Stimmen) Einspruch einlegen kann. Dieser Einspruch kann jedoch durch einen nachfolgenden Beschluß des Bundestages mit absoluter Mehrheit zurückgewiesen werden (vgl. Art. 77 Abs. 4 GG); diese Art von Gesetzen werden daher auch als Einspruchsgesetze bezeichnet.

---

20 Vgl. den Katalog von zustimmungspflichtigen Gesetzen bei Reuter, Konrad: Praxishandbuch Bundesrat. Verfassungsrechtliche Grundlagen, Kommentar zur Geschäftsordnung, Praxis des Bundesrates. Heidelberg: Müller 1991, S. 160ff.

Die historischen Wurzeln reichen weit zurück

Während der Bundesrat im internationalen Vergleich im Grunde einzigartig ist und sich ganz maßgeblich von den Zweiten Kammern anderer Bundesstaaten unterscheidet,[21] reichen seine historischen Wurzeln weit zurück. Er steht nicht nur in direkter Traditionslinie zum Bundesrat des Norddeutschen Bundes von 1867 und dem der Reichsverfassung von 1871,[22] sondern lässt sich sogar in Zusammenhang zum Immerwährenden Reichstag bringen, der seit 1663 in Regensburg als Versammlung von weisungsgebundenen Bevollmächtigten der Reichsstände tagte.[23] Mit diesen verschiedenen Ausprägungen hat der Bundesrat bis heute sein grundlegendes Charakteristikum gemein: Die Vertretung der föderativen Interessen bei der Bildung des Bundeswillens ist in Deutschland den Exekutiven der Länder übertragen. Die Mitglieder des Bundesrates müssen den Landesregierungen angehören – als Regierungschef, Landesminister bzw. in landesverfassungsrechtlich festgelegten Ausnahmefällen u.U. auch als Staatssekretär. Da die Mitglieder des Bundesrates durch Mehrheitsbeschluss der Landesregierungen in der Regel für die Dauer ihrer Zugehörigkeit zur Regierung bestellt werden, verfügen sie zumindest über eine mittelbare demokratische Legitimation. Scheiden sie aus der Landesregierung aus, erlischt gleichzeitig ihre Mitgliedschaft im Bundesrat. Da nach jeder Wahl eines Landesparlaments die neugebildete Regierung auch die Bundesratsmitglieder dieses Landes neu bestellt, hat dies für den Bundesrat zur Folge, dass er sich kontinuierlich erneuert.

In den Ausschüssen kommt das bürokratische Element voll zum Tragen

Aufgrund der Weisungsgebundenheit der Bundesratsmitglieder sowie der Festlegung, dass die Stimmen eines Landes ohnehin nur einheitlich und nur durch anwesende Mitglieder oder deren Vertreter abgegeben werden können (Art. 51 Abs. 3 GG), ist die jeweilige Entscheidung der Landeskabinette, wer das Land im Bundesrat formell vertritt, ohne nennenswerte politische Bedeutung. Wichtiger für die Ausprägung der gesamten Arbeit des Bundesrates erscheint dagegen, dass die Hauptarbeit des Bundesrates noch mehr als die

---

21 Einige Anlehnungen an das Bundesratsmodell lassen sich beim 1997 geschaffenen National Council of Provinces der Republik Südafrika feststellen. Der Nationalrat der Provinzen setzt sich aus 90 Delegierten (10 aus jeder Provinz) zusammen. Bei Gesetzentwürfen des Zentralstaates, die die Provinzen betreffen, stimmen die Provinzdelegationen aufgrund vorheriger Instruktion durch die Provinzparlamente mit einer Stimme pro Delegation ab. Ansonsten erfolgt die Abgabe der dann einzelnen Delegiertenstimmen nach parteipolitischer Orientierung.

22 Vgl. dazu den Beitrag von Gerhard Lehmbruch im vorliegenden Band.

23 Vgl. Reuter (Anm.20), S. 52f.

des Bundestages in den Ausschüssen geleistet wird, wo jedes Land im Unterschied zum Bundesratsplenum eine Stimme führt (§ 11 Geschäftsordnung Bundesrat). Mit Ausnahme der „politischen Ausschüsse", wie etwa dem Ausschuss für Auswärtige Angelegenheiten, kommen in diesen Ausschüssen des Bundesrates in erster Linie Vertreter der Ministerialbürokratien aus den Ländern zusammen. Sie leisten hier die zeitaufwendige fachliche Detailarbeit und erlauben es damit den Politikern, sich auf die Behandlung besonders strittiger und politisch wichtiger Fragen zu konzentrieren. Dieses „bürokratische" Element des Bundesrates – von Theodor Heuss zum Anlass genommen, über das „Parlament der Oberregierungsräte" zu spotten – wird unterschiedlich bewertet. Der damalige Bundespräsident Roman Herzog lobte die effiziente Kontrolle, die die Landesministerialbürokratien gegenüber der Ministerialbürokratie des Bundes auszuüben in der Lage seien.[24] Zu Recht wies er darauf hin, dass eine solch effiziente Kontrolle der überall mächtig gewordenen Verwaltung in allen anderen Staaten schon daran scheitern muss, dass es dort immer nur Parlamentarier mit ihren eingeschränkten Kontrollmöglichkeiten sind, die sich meist vergeblich bemühen, dem Sachverstand und der Ressourcenkraft der Exekutive etwas entgegenzusetzen.

Dabei spielen Bundes- und Länderbürokratien recht gut zusammen

Doch es gibt durchaus Anlass, diese positive Einschätzung der Wirkung des Bundesrates zu relativieren.[25] Schließlich zeigt sich in der Praxis des Bundesrates, dass die Ministerialbürokratien des Bundes und der Länder gemeinsam dazu neigen, einer Ausweitung der Kompetenzen des Bundesrates den Vorzug zu geben vor einer Bewahrung oder gar Stärkung der Spielräume der Landesgesetzgebung. Die Motive für solche Präferenzen sind leicht zu erklären: Die Ministerialverwaltungen der Länder schätzen ihre eigene Rolle und Bedeutung bei der Mitwirkung ihres Landes an bundesgesetzlichen Regelungen hoch ein und verlieren diese Möglichkeit, an der Bundespolitik beteiligt zu sein, ungern. Gleichzeitig haben sie aber auch sachliche Gründe, sich kaum für landespolitische Regelungen zu engagieren, schließlich kennen sie die Hemmnisse der landespolitischen Regelung eines Sachverhaltes recht genau: Da gibt es nicht nur die unliebsame Erfahrung, durch das eigene Landesparlament, dem man nicht immer Sachkunde zu attestieren bereit ist, in der eigenen Arbeit „gestört" zu werden, sondern man weiß aus Erfahrung,

---

24 In seiner Rede zum 50. Jahrestag der Verfassung des Landes Nordrhein-Westfalen und zum Föderalismus am 2.10.1996 in Düsseldorf.

25 Vgl. den Erfahrungsbericht des Chefs der Hessischen Staatskanzlei, Hans Joachim Suchan: Warum der Bundesrat so mächtig geworden ist. In: Frankfurter Rundschau vom 27.7.1998.

wie mühsam es häufig ist, eine landesrechtliche Regelung in die engen Vorgaben des Bundesrechts einzupassen und wie schnell ein Gesetz am Urteil der jeweiligen Landesverfassungsgerichtsbarkeit scheitern kann. Allein die Tatsache, dass gesetzliche Regelungen im Normalfall Kosten nach sich ziehen, spricht zumindest aus der Sicht der finanzschwächeren Ländern häufig gegen eine landesrechtliche Regelung.

Das entsprechende Verhalten der Ministerialbürokratie der Länder in den Ausschüssen des Bundesrates wird von der Bundesverwaltung tendenziell unterstützt. Sie ist von Haus aus zugunsten bundesrechtlicher Regelungen eingestellt und nimmt den Wunsch der Länder nach einer Ausweitung der Zustimmungspflichtigkeit der Bundesgesetze dafür in Kauf. Diese Einigung wird schon dadurch erleichtert, dass man sich die Zusammenarbeit zwischen den Ministerialbürokratien der Länder und des Bundes im Vorfeld und im Rahmen der Bundesratsarbeit nicht so vorstellen darf, als träfen hier „feindliche Lager“ aufeinander, die sich gegenseitig in Schach zu halten versuchen. Tatsächlich begegnen sich die jeweiligen Fachverwaltungen von Bund und Ländern, die häufig auch als „Fachbruderschaften“ gekennzeichnet werden. Das heißt, die inhaltlichen Trennungslinien verlaufen nicht nach der institutionellen Verortung auf den politischen Ebenen, sondern in erster Linie nach den Fachressorts, die vertreten werden: hier stehen also z.B. die Vertreter der Sozial- oder Arbeitsressorts den Finanzfachleuten gegenüber.

Dass der Anteil der Zustimmungsgesetze inzwischen bei 63 Prozent liegt, ist sicher problematisch

Die bereits angeführte Unterscheidung zwischen den beiden Typen von Bundesgesetzen und die Kenntnis ihres jeweiligen quantitativen Anteils ist nicht nur zum Verständnis des Gesetzgebungsverfahrens notwendig. Sie ist darüber hinaus auch Voraussetzung, um die aktuelle Diskussion über eine mögliche Reform des deutschen Föderalismus nachvollziehen zu können. Ein Großteil der Kritik am Bundesrat entzündet sich daran, dass der Anteil der zustimmungspflichtigen Gesetze mit 41,8 % bereits in der ersten Wahlperiode des Bundestages (1949-1953) um ein Vielfaches höher lag, als dies der Parlamentarische Rat ursprünglich angenommen hatte, und in den Folgejahren sukzessive auf derzeit 63 % anstieg.

Diese Entwicklung wird aus unterschiedlichen Motiven für problematisch erachtet. Die eine Sichtweise ist vor allem parteipolitisch begründet und hängt von den Mehrheitsverhältnissen zwischen Bund und Ländern ab. Sofern diese divergieren, werden die Kompetenzen des Bundesrates von der Bundestagsmehrheit und der von ihr getragenen Regierung als potentielle Bedrohung der eigenen inhaltlichen Gestaltungsmöglichkeiten und damit ihrer politischen Handlungsfähigkeit empfunden und kritisiert. Solche Phasen gab es in der Bundesrepublik bereits zweimal. In den 70er Jahren fiel es der damaligen „aufbruchbereiten" Bundesregierung ausgesprochen schwer, mit dem Zustand gegenläufiger Mehrheiten, der von der Union bewusst ausgenutzt wurde, umzugehen. Da sie sich selbst und die eigenen Reformvorhaben durch den Ausgang der Bundestagswahlen legitimiert sah, machte die sozialliberale Bundesregierung der Union den Vorwurf, den Bundesrat zum Obstruktionsorgan bzw. sogar zu einer „Gegenregierung" umzugestalten. Diesem Vorwurf traten die Unionsparteien damals mit dem Hinweis entgegen, dass im föderativen Staat eben die Mehrheit beider gesetzgebender Körperschaften notwendig sei. Dass das Urteil darüber, ob im föderativen Organ Bundesrat parteipolitische Erwägungen eine Rolle spielen dürfen, weniger von tieferen verfassungsrechtlichen Erkenntnissen als von den aktuellen Mehrheitsverhältnissen abhängt, zeigte spätestens die Umkehrung der Konstellation in den 90er Jahren. Nun waren es die SPD-regierten Länder, die unter Hinweis auf die machtteilende Wirkung von Föderalismus den Vorwurf der CDU/CSU/FDP-Bundesregierung zurückwiesen, den Bundesrat und den Vermittlungsausschuss als Spielfeld parteipolitischer Rivalitäten zu missbrauchen. Dieses Beispiel zeigt, dass der jeweilige Standort entscheidet, ob man die Auffassung vertritt, dass der Bundesrat generell frei sein sollte von parteipolitischen Überlegungen oder ob man dafür plädiert, dass die Ländermehrheit im Bundesrat ihre Position nutzen darf, um Entscheidungen des Bundestages zu korrigieren oder sogar aufzuheben.

Gegenüber den Parteiinteressen gehen die Länderinteressen keinesfalls unter

Gewisse Veränderungen kann man dennoch feststellen: So spiegelt sich das in den letzten Jahren gewachsene Selbstbewusstsein der Länder gegenüber dem Bund darin wider, dass es im Bundesrat selbst bei abweichenden Mehrheitskonstellationen relativ häufig um den Ausgleich von Länderinteressen mit dem Bund geht und nicht allein um die Durchsetzung von Oppositionsforderungen. Insgesamt kann man demnach feststellen, dass das Bild vom einem durch die Entscheidungsmechanismen des Parteienwettbewerbs blokkierten Bundesrat so pauschal nicht zutrifft. Empirische Untersuchungen zeigen,[26] dass es immer wieder gerade das Wirken der ebenenübergreifenden politischen Parteien ist, das die Kompromissfindung erleichtern kann. Ungeachtet gegenteiliger Einzelbeispiele (z.B. das Scheitern der Steuerreform 1997), die vor allem in Wahlkampfzeiten zum Thema gemacht werden, zeigt sich insgesamt die Neigung zu einer auf Kooperation angelegten, parteiübergreifenden Mehrheitsbildung.

Doch es ist nicht allein die jeweilige Bundestagsmehrheit, die gegebenenfalls die Macht des Bundesrates beklagt und vom föderativen Organ eine Selbstbeschränkung fordert. In der aktuellen Debatte über die innovationsfeindlichen Aushandlungsmechanismen, die das politische System der Bundesrepublik prägen, wird sehr kritisch auf den Zusammenhang zwischen der Aufgabenverteilung im deutschen Bundesstaat und den Kompetenzen des Bundesrates hingewiesen.[27] Kritiker mahnen eine Reform der bundesstaatlichen Ordnung in der Weise an, dass die Verhinderungsrechte des Bundesrates im System des Beteiligungsföderalismus eingeschränkt werden zugunsten einer Stärkung des Gestaltungsföderalismus: Statt die Landesregierungen über den Bundesrat in Bonn (bzw. künftig in Berlin) die Bundespolitik mitgestalten zu lassen, sollen die Landesparlamente in Stuttgart, München, Hannover oder Erfurt wieder mehr eigene landespolitische Aufgaben selbst erledigen können. Doch ein solcher Wechsel vom Beteiligungsföderalismus zu einem Gestaltungsföderalismus mit der Möglichkeit, die einzelnen Länder auch in den Wettbewerb untereinander um die bessere Lösung für politische Probleme und die Versorgung der Bürger und der Unternehmen mit Leistun-

---

26 Vgl. Renzsch, Wolfgang: Föderalstaatliche Konfliktlösung durch parteipolitische Kartellbildung? Unveröffentlichtes Manuskript 1998.

27 Vgl. den Beitrag des Chefs der Hessischen Staatskanzlei, Hans Joachim Suchan: Warum der Bundesrat so mächtig geworden ist. In: Frankfurter Rundschau vom 27.7.1998. Vgl. auch Lambsdorff, Otto Graf: Plädoyer für einen echten Föderalismus. In: Süddeutsche Zeitung vom 1.9.1997; vgl. das Interview mit Lambsdorff: Die Länder stoppen – weg mit der Macht des Bundesrats! In: Süddeutsche Zeitung vom 8.8.1997.

gen und Infrastruktur treten zu lassen,[28] würde so viele grundlegende Reformen erfordern, dass seine Realisierungschancen derzeit sehr gering erscheinen.

Auch andere Formen der bundespolitischen Einwirkungsmöglichkeiten sind ein Privileg der Landesexekutiven

Die Möglichkeiten der deutschen Länder, ihre Interessen auf Bundesebene zu vertreten und Einfluss auf die Bundespolitik zu nehmen, sind nicht auf ihre Mitgliedschaft im föderativen Organ Bundesrat beschränkt. Daneben gibt es noch zahlreiche andere, überwiegend informelle Institutionen und Verfahren, mittels derer die Länder den Kontakt zu den verschiedenen Einrichtungen des Bundes pflegen. Diese Einwirkungsmöglichkeiten stellen insgesamt ein Privileg der Landesexekutiven dar. Obwohl es ebenfalls institutionalisierte Bemühungen etwa der Landtagspräsidenten gibt, auch die Belange der Landesparlamente gegenüber der Bundesebene zu vertreten, kommt diesen Bemühungen im Vergleich zu den Kontakten zwischen Exekutiven und Verwaltungen wenig Bedeutung zu. Dieser Tatbestand ist nicht nur eine Folge des bundesdeutschen Exekutivföderalismus, sondern ergibt sich zudem aus der strukturell bedingten Schwierigkeit, parlamentarische Interessenlagen in zielgerichtetes Handeln umzusetzen.

Die Rolle der Landesvertretungen

Zu den besonders markanten Beispielen der institutionellen Verflechtung von Bund und Ländern gehören die sogenannten Landesvertretungen.[29] Jedes deutsche Land unterhält in Berlin eine Landesvertretung, an deren Spitze immer ein sog. Bevollmächtigter steht – entweder als Minister, der normalerweise auch dem Landeskabinett angehört, oder als Beamter, der dann meist den Rang eines (beamteten) Staatssekretärs inne hat.[30] Generell besteht die Aufgabe von Landesvertretungen darin, die Interessen des Landes beim Bund wahrzunehmen und auf diese Weise dazu beizutragen, die Stellung des

28 Vgl. Männle, Ursula (Hrsg.): Föderalismus zwischen Konsens und Konkurrenz. Tagungs- und Materialienband zur Fortentwicklung des deutschen Föderalismus. Baden-Baden: Nomos 1998 (= Schriftenreihe des Europäischen Zentrums für Föderalismus-Forschung Band 15).

29 Vgl. dazu den Abschnitt über die Vertretung des Freistaates Bayern in: Münch, Ursula: Freistaat im Bundesstaat. Bayerns Politik in 50 Jahren Bundesrepublik Deutschland. München: Olzog 1999.

30 Beamtete Staatssekretäre als Bevollmächtigte der Länder gibt es in Hessen, Mecklenburg-Vorpommern, Niedersachsen, Nordrhein-Westfalen, Rheinland-Pfalz, dem Saarland und Sachsen-Anhalt. In Bremen ist der Bevollmächtigte Staatsrat.

jeweiligen Landes im föderativen Aufbau der Bundesrepublik zu pflegen. Da eine wirksame Interessenvertretung voraussetzt, dass die Landespolitiker auch über alles informiert sind, was für ihr Land von Bedeutung sein könnte, müssen die Landesvertretungen die Entwicklungen in den verschiedenen Bundesorganen aufmerksam beobachten. Die besondere Qualität der dort Tätigen sollte darin bestehen, persönliche Kontakte in alle Bundesorgane hinein zu besitzen und diese vorteilhaft nutzen zu können. Nur dann ist es möglich, die Interessen des eigenen Landes schon im Vorfeld der politischen Diskussion zu wahren – also bevor sich inhaltliche und parteipolitische Positionen zu sehr verfestigen. Diese recht aufwendige Kontaktpflege und Interessenwahrnehmung werden von einer Landesregierung selten zweckfrei betrieben. Zumeist zielen die entsprechenden Aktivitäten zumindest mittelfristig darauf ab, die Landesinteressen vor allem im Rahmen der Gesetzgebung wahrzunehmen – sowohl gegenüber dem Bund als auch gegenüber den anderen Ländern, die ja ebenfalls bemüht sind, auf die Bundesgesetzgebung einzuwirken. Die Tätigkeit der Landesvertretungen ist demnach dem Gesamtkomplex des sog. kooperativen Föderalismus zuzurechnen, der sich sowohl als Zusammenarbeit zwischen den Ländern selbst – der Kooperation auf der sogenannten „dritten Ebene“ – als auch vor allem in Form des intensiven Zusammenwirkens von Bund und Ländern präsentiert.[31]

Insgesamt wird das politische Alltagsgeschäft von Kooperation und Koordination der Verwaltungen betrieben

Insgesamt wird das politische Alltagsgeschäft im deutschen Bundesstaat von der Kooperation und Koordination der Verwaltungen von Bund und Ländern bestimmt. Die meisten dieser Bund-Länder-Kommissionen, deren Zahl in die Hunderte geht, klären gemeinsam Fragen von Politik und Verwaltung, die in sämtlichen Fachministerien in Bund und Ländern auftauchen, und koordinieren gegebenenfalls die notwendigen Maßnahmen und Regelungen. Da sich die Ministerialbürokraten von Bund und Ländern in diesen Gremien normalerweise als gleichberechtigte Partner begegnen, die beidseitig aufeinander angewiesen sind, kann man in diesem Zusammenhang kaum davon sprechen, dass hier allein die Länder die Mitwirkung an der Bundespolitik suchen. Auch bei den Besprechungen des Bundeskanzlers mit den Regierungschefs der Länder liegt keine einseitige Einflussnahme vor. Zu diesen Treffen reisen die Regierungschefs der Länder mit Positionspapieren und Stellungnahmen an, in denen sie die Eigeninteressen des Landes ebenso präsentieren wie ihre Sichtweise der Bundespolitik. Gleichzeitig ist aber gerade auch der Bundeskanzler daran interessiert, dieses in § 31 der Geschäftsordnung der Bundesre-

31 Vgl. Kilper, Heiderose/Lhotta, Roland: Föderalismus in der Bundesrepublik Deutschland. Opladen: Leske + Budrich 1996 (Grundwissen Politik 15), S. 131ff.

gierung geregelte Instrument dazu zu nutzen, die Landeschefs für bestimmte politische Absichten zu gewinnen. Diese Notwendigkeit ist naturgemäß dann besonders groß, wenn die Bundesregierung und die Bundestagsmehrheit sich einer Konstellation im Bundesrat gegenübersehen, die entweder aufgrund der parteipolitischen Mehrheitsverhältnisse oder aufgrund dezidiert föderativer Konfliktlinien, wie dies häufig bei Fragen der Lasten- und Finanzverteilung der Fall ist, nicht von vornherein bereit ist, die Politik der Bundesregierung mitzutragen.

Diese Beispiele werfen ein Licht auf die Funktionsweise des bundesdeutschen Verbundsystems. Die weitreichenden Mitwirkungsbefugnisse der deutschen Länder an der Gesetzgebung des Bundes sowie das Angewiesensein des Bundes auf die Vollzugstätigkeit der Länder haben zur Folge, dass beide politischen Ebenen im deutschen Bundesstaat wesentlich enger aufeinander angewiesen sind, als dies in anderen föderativen Systemen der Fall ist. Die formalen Mitwirkungsbefugnisse der Länder an der Bundespolitik haben nicht nur zur Konsequenz, dass sich die politischen Akteure auf Landesebene häufig stärker auf bundespolitische als auf landespolitische Themen konzentrieren. Denn umgekehrt bedeutet die häufige Abhängigkeit des Bundes von der Zustimmung der Mehrheit der Länder, dass auch sein Entscheidungsspielraum unter Umständen entscheidend von der Landesebene eingeengt wird. Die Mitwirkungsbefugnisse der Länder an der Bundespolitik korrespondieren demnach zwangsläufig mit der Verpflichtung des Bundes, diese Einwirkungsmöglichkeiten vor allem der Landesexekutiven nicht nur bereits frühzeitig einzuplanen, sondern sie auch als legitime Kompetenz der Länder zu akzeptieren. Auf diese Weise schaffen die Akteure auf der Bundesebene die notwendige Voraussetzung dafür, dass die Mitwirkung der Länder an der Bundespolitik nicht in politischem Stillstand und Reformstau mündet, sondern in einer gewaltenteiligen, konsensorientierten Konfliktlösung.

Der Streit um den Finanzausgleich

Die Finanzverfassung als Problem des Bundesstaates

Wolfgang Renzsch

Ein föderalistisch organisiertes Staatswesen wie das der Bundesrepublik Deutschland benötigt eine klare Verteilung der Aufgaben und der damit verbundenen Ausgaben, für die wiederum entsprechende Einnahmen erforderlich sind. Da sich diese verschiedenen Bereiche aber unterschiedlich entwickeln, sind Anpassungs- und Ausgleichsregelungen erforderlich, die sich in der jeweiligen Finanzverfassung niederschlagen.

Traditionell liegt in Deutschland die Gesetzgebungskompetenz weitgehend beim Bund – mit im Laufe der Zeit steigender Tendenz – die Ausführung mit Hilfe der Verwaltung jedoch bei den Ländern. Dementsprechend sollte die Aufteilung der Einnahmen bedarfsorientiert, nicht aufkommensorientiert erfolgen.

Die Dominanz des Bundes im Bereich der Gesetzgebung dient der Herstellung gleicher oder doch zumindest gleichwertiger Lebensverhältnisse überall in der Bundesrepublik. Das hat aber notwendigerweise einen Finanzausgleich zwischen den Ländern zur Folge – durch Finanzhilfen des Bundes und durch den Ausgleich der Länder untereinander. Denn die Leistungsansprüche, die aus Bundesgesetzen folgen, sind überall gleich.

So mag es nicht verwundern, dass die Geschichte der Bundesrepublik auch eine Geschichte immer neuer Auseinandersetzungen zwischen Bund und Ländern über die Aufteilung der Finanzen war und nach wie vor ist. Denn schließlich geht es um die Verteilung politischer Handlungschancen.

Der Herausgeber

Die Aufteilung der Staatsaufgaben hat die Verteilung der Lasten zur Folge

Die Bundesrepublik Deutschland ist ein Bundesstaat (Art. 20 Abs. 1 GG). Bundesstaaten setzen sich aus den sie konstituierenden Gliedstaaten (in Deutschland werden sie „Länder“ genannt) zusammen und teilen sich mit dem Bund die staatlichen Hoheitsfunktionen, die sie jeweils eigenständig, d.h. auch in eigener finanzieller Verantwortung, wahrnehmen. In den Verfassungsurkunden von Bundesstaaten ist niedergelegt, welche staatliche Ebene – Bund oder Gliedstaaten – für welche Aufgaben zuständig ist. Im Regelfall wird von einer Zuständigkeitsvermutung zugunsten der Länder ausgegangen (z.B. in Art. 30 GG), die Kompetenzen des Bundes werden einzeln, „enumerativ" aufgeführt. Ferner wird bestimmt, in welcher Weise die Gliedstaaten an der Politik des Bundes mitwirken (Art. 50ff. GG).

Die Wahrnehmung staatlicher Aufgaben – sei es die Gesetzgebung oder die Ausführung von Gesetzen – kostet Geld und bürdet den jeweils zuständigen Gebietskörperschaften finanzielle Lasten auf. Die Aufteilung der staatlichen Aufgaben auf den Bund und seine Glieder wäre daher unvollständig, wenn nicht zugleich auch die Verteilung der staatlichen Lasten geregelt würde. Aufgabe der Finanzverfassung ist hierbei, nicht nur die Lastenverteilung (Art. 104a GG) zu regeln, sondern insbesondere auch für eine Aufteilung der Steuerquellen und Steuererträge (Art. 105-107 GG) zu sorgen. Idealerweise korrespondieren Lasten- und Finanzverteilung: jede Gebietskörperschaft partizipiert in der Weise an den Steuererträgen, dass sie selbständig in der Lage ist, Einnahmen und Ausgaben zur Deckung zu bringen.

Die Verteilung der Einnahmen ist verständlicherweise konfliktreich

Das Herstellen einer Konkordanz von Steuereinnahmen und öffentlichen Lasten ist in der Bundesrepublik äußerst schwierig. In der Regel sind die Auseinandersetzungen um die Aufteilung der staatlichen Einnahmen zwischen Bund und Ländern konfliktreich und langwierig. Davon zeugten zuletzt die Klagen der Länder Baden-Württemberg, Bayern und Hessen vor dem Bundesverfassungsgericht. Die Konfliktintensität erklärt sich daraus, dass aufgrund der „funktionalen Aufgabenteilung" und der daraus erwachsenen „Politikverflechtung" Bund und Länder nicht oder nur begrenzt in der Lage sind, jeweils für sich ihre Einnahmen und Ausgaben zu bestimmen. Angesichts knapper Kassen und stagnierender Steuerzuwächse, die faktisch keine Konfliktbefriedung durch Zuwächse erlauben, gleicht die Aufteilung der Steuererträge einem „Null-Summen-Spiel": was eine Gebietskörperschaft gewinnt, verliert eine andere. Da die knappe Ressource „Geld" entscheidend für politische Gestaltungsmöglichkeiten ist, kann die Gebietskörperschaft, die das Geld in ihrer Kasse hat, damit politisch handeln; die, der es fehlt, hat diese Möglichkeit nicht. Deshalb geht es beim Finanzausgleich letztlich um die Verteilung der entscheidenden Ressource von Politik, von politischen Handlungschancen.

Für die Bundesrepublik typisch ist die „funktionale Aufgabenteilung“

„Funktionale Aufgabenteilung“ heißt konkret, dass Gesetzgebung und Vollzug in weiten Bereichen der Innen- und Finanzpolitik nicht nach Politikfeldern oder Aufgabenbereichen, wie z.B. Sozial- oder Forschungspolitik, sondern nach Funktionen aufgeteilt sind. Der Bund ist sehr weitgehend zuständig für die Gesetzgebung, den Ländern obliegt in erheblichem Umfang der Vollzug der Bundesgesetze: Die Zuständigkeiten und Tätigkeit der Landesverwaltungen werden damit zu einem sehr großen Teil durch die Beschlüsse des Bundesgesetzgebers bestimmt.

Der Bund hat seine überlieferten umfangreichen Zuständigkeiten im Bereich der konkurrierenden Gesetzgebung und Rahmengesetzgebung (Art. 74-75, 105 GG) seit 1949 – teilweise erst auf Drängen, aber immer mit Zustimmung der Länder – kontinuierlich erweitert und extensiv ausgeschöpft. Die den Ländern verbliebene Gesetzgebung beschränkt sich auf wenige Bereiche. Für diese, zumindest soweit es sich um Pflichtaufgaben handelt (z.B. weite Teile der Bildungspolitik und der inneren Sicherheit), haben sie sich – teilweise unter Beteiligung des Bundes – auf einheitliche Standards, z.B. beim Abitur, verständigt.

Der Vollzug von Bundesgesetzen liegt, von bestimmten Ausnahmen abgesehen (Art 86ff. GG), entweder als „eigene Angelegenheit“ (Art. 83f. GG) oder als Bundesauftragsverwaltung (Art. 85 GG) in der Hand der Länder (für die Finanzverwaltung vgl. Art. 108 GG). Mit der Zuständigkeit für die Ausführung von Bundesgesetzen fällt den Ländern im Regelfall (Art. 104 a GG, Ausnahmen Art. 104 a Abs. 2-4 GG) auch die Finanzverantwortung zu. Die Finanzverantwortung folgt in der Bundesrepublik damit nicht der „Gesetzes-“, sondern der „Vollzugskausalität“. Ein Beispiel: Aufgrund eines Bundesgesetzes hat jeder Dreijährige in Deutschland einen Rechtsanspruch auf einen Kindergartenplatz. Kindergartenplätze werden aber nicht vom Bund, sondern von den Kommunen (die Teil der Länder sind) geschaffen und unterhalten. Damit obliegt die Finanzierung dieser Aufgabe den Gemeinden (und damit indirekt den Ländern); der Bund, der die Kosten veranlasst hat, trägt keinen Anteil daran.

Durch die Bundesgesetzgebung werden damit das Handeln und die Ausgaben der Länder in erheblichem Umfang, ihre steuerlichen Einnahmen wegen des hier gegebenen Gesetzgebungsmonopols des Bundes (Art. 105 GG) ausschließlich bundesgesetzlich festgelegt. Die Gleichheit vor dem Gesetz (Art. 3 Abs. 1 GG) und das Sozialstaatsgebot (Art. 20 Abs. 1 GG) gebieten, gegenüber den Bürgern Bundesgesetze in gleicher Weise zu vollziehen. Die weitgehende Angleichung der Lebensverhältnisse in den verschiedenen Teilen der (alten) Bundesrepublik ist deshalb weniger eine Folge der vielfach diskutierten Verfassungssätze, die die „Herstellung gleichwertiger Lebensverhältnisse“ (Art. 72 Abs. 2 GG) oder die Wahrung der „Einheitlichkeit der

Lebensverhältnisse im Bundesgebiet“ (Art. 106 Abs. 3 Ziff. 2 GG) postulieren, oder gar Folge bewusster politischer Entscheidungen als vielmehr Konsequenz der funktionalen Aufgabenteilung: je mehr und je detaillierter die Lebensverhältnisse vom Bund reguliert werden, desto einheitlicher werden sie.

Der Finanzausgleich als notwendige Folge

Aus dieser Form der föderalen Aufgabenteilung folgt die Notwendigkeit, die Länder finanziell in die Lage zu versetzen, die ihnen obliegenden Aufgaben wirksam zu erfüllen. Das Verfassungsgebot, die Finanzkraft der Länder „angemessen“ auszugleichen (Art. 107 Abs. 2 GG), folgt aus der funktionalen Aufgabenteilung und ist sinnvollerweise im Hinblick auf die Lasten der Länder auszulegen. Den Bund und die Länder – jedes für sich – in die Lage zu versetzen, ihre Aufgaben wirksam zu erfüllen, ist der zentrale Auftrag an die Finanzverfassung und an den Finanzausgleich. Weil die originäre Verteilung der Steuern unter den Ländern stark variiert, ungleichmäßig und nicht aufgabengerecht ist, wird ein Finanzausgleich benötigt, der es den Ländern unabhängig von ihrer originären Finanzkraft ermöglicht, ihren verfassungsmäßigen Aufgaben hinreichend gerecht zu werden. Das gegenwärtig praktizierte und vielfach kritisierte Finanzausgleichsverfahren mit einer hohen Angleichung der Finanzkraft der Länder ergibt sich aus dem Gebot der gleichmäßigen Aufgabenwahrnehmung durch die Länder.

Die Gestaltung der föderalen Finanzbeziehungen war und ist in der Bundesrepublik sehr schwierig, konfliktreich und langwierig. Nahezu jede bundesgesetzliche Regelung, die Auswirkungen auf die Lasten- und Steuerverteilung zwischen Bund und Länder hat, ist im Bundesrat *zustimmungspflichtig* und kann daher nur in Übereinstimmung von Bund und Ländern geregelt werden. Die Zustimmungspflichtigkeit von Gesetzen, die in die Verwaltung der Länder (Art. 84 Abs. 1 und 2 GG) oder deren Finanzen (s. dazu die Spezialbestimmungen in Art. 91 a, 104 ff. GG) eingreifen, ist unabdingbar. Ohne sie wäre der Bund nicht gehindert, seine politischen Interessen und Ziele ohne Rücksicht auf die Leistungsfähigkeit und Interessen der Länder durchzusetzen. Die Länder würden zu bloßen Vollzugsorganen des Bundes ohne föderatives Eigenleben.

Allein die Verflechtung zwischen den staatlichen Ebenen und ihre Abhängigkeit voneinander erklärt bereits zu einem erheblichen Teil die Konfliktintensität dieser Materie.

Die Dynamik des Bundesstaates erfordert immer neue Anpassungen

So haben die im Vermittlungsausschuss verhandelten Gesetze fast alle in irgendeiner Weise mit der Lasten- und Finanzverteilung zwischen den Ebenen zu tun. Eine „parteipolitische Instrumentalisierung" ist selten. Es gibt allerdings eine Reihe von Gesetzen, mit denen eine Bundesregierung ihre (partei-)politischen Ziele verfolgt, die Länder aber die Lasten tragen sollen. Die Bereitschaft der einzelnen Landesregierungen, in diesen Fällen Lasten zu übernehmen, hängt auch von der parteipolitischen Übereinstimmung mit der Bundesregierung ab.

Verschärft werden die Konflikte durch die dem Bundesstaat innewohnende Dynamik: die Belastungen der einzelnen staatlichen Ebenen verändern sich teils durch externe Ereignisse, teils durch politisch gewollte Entwicklungen im Laufe der Zeit. Beispielhaft hierfür ist die Entwicklung seit 1989. Aufgrund des Zusammenbruchs des kommunistischen Herrschaftssystems und der dadurch veränderten sicherheitspolitischen Lage konnten im letzten Jahrzehnt erstmals in der Geschichte der Bundesrepublik die Verteidigungsausgaben (Bundesausgaben) real und nominal gesenkt werden. Auf der anderen Seite wurden die Länder und Gemeinden infolge der nun offenen Grenzen und der Zuwanderung in die Bundesrepublik mit dramatisch erhöhten Sozialhilfelasten, z.B. für Asylbewerber, zusätzlich belastet. Dazu kamen erhebliche Aufwendungen für den Aufbau in den neuen Ländern. Wegen dieser Umstände, aber auch wegen der extremen Finanzschwäche der neuen Länder mussten die bestehenden Verteilungsregeln an die veränderten Bedingungen angepasst werden. – Diese Dynamik des Bundesstaates, sei sie extern oder intern verursacht, erfordert von Zeit zu Zeit Anpassungen in der Balance zwischen Bund und Ländern, damit die einzelnen Ebenen des Staates ihren Aufgaben auch weiterhin gerecht werden können. Gerade unter Bedingungen knapper Kassen erweisen sich diese Anpassungsprozesse meist als äußerst schwierig und konfliktreich.

Die Finanzordnung des Grundgesetzes von 1949 war zunächst ein Provisorium

Die „funktionale" Aufgabenteilung", wie wir sie heute kennen, gewann ihre heutige Ausprägung im wesentlichen in den 50er und 60er Jahren. Diese Entwicklungstendenz war jedoch bereits bei der Gründung des föderal verfassten *Deutschen Reiches* von 1871 angelegt worden. Bei der Reichsgründung ging es den deutschen Einzelstaaten darum, einen gemeinsamen Wirtschafts- und Rechtsraum zu schaffen, also Regelungen zu vereinheitlichen, nicht jedoch darum, den Einzelstaaten den Vollzug und damit die öffentliche Verwaltung aus der Hand zu nehmen. Die Ausführung von Reichsgesetzen – darüber bestand Einigkeit – blieb den Verwaltungen der Einzelstaaten vorbehalten. Die *Weimarer Reichsverfassung* hielt trotz ihrer unitarischen Anlage (vor allem in Folge der *Erzberger*'schen Finanzreform) im Grundsatz daran fest. Eine Ausnahme bildete die Reichsfinanzverwaltung.

Durch das Grundgesetz von 1949 wurden das hergebrachte Prinzip der funktionalen Aufgabenteilung bestätigt und gestärkt, das Bund-Länder-Verhältnis gegenüber der Weimarer Reichsverfassung dezentralisiert (z.B. durch die Aufteilung der Finanzverwaltung auf Bund und Länder), und dem Bund im Bereich der Innenpolitik im wesentlichen nur die regulativen Aufgaben, den Ländern in weitem Umfang der Vollzug von Bundesgesetzen übertragen. Von dieser Form der föderalen Aufgabenteilung wandte man sich lediglich während der beiden deutschen Diktaturen 1933-1945 („Drittes Reich") und 1949-1989 (DDR) ab.

In Übereinstimmung mit früheren Bestimmungen wies das Grundgesetz seit 1949 die Lasten für die Ausführung von Bundesgesetzen im Regelfall nicht der *veranlassenden*, sondern der *ausführenden* staatlichen Ebene zu. Ursprünglich folgte dieses Prinzip implizit aus den Bestimmungen der Art. 30 und 83 GG, seit 1955 bestimmt der Verfassungstext explizit: „Der Bund und die Länder tragen gesondert die Ausgaben, die sich aus der Wahrnehmung ihrer Aufgaben ergeben..." (Art. 106 Abs. 4 Ziff. 1 GG i.d.F. 23.12. 1955; Art. 104 a Abs. 1 GG i.d.F. 12.5.1969).

Bereits bei der Verabschiedung des Grundgesetzes waren – trotz Art. 70 Abs. 1 GG[1] – weite Teile der der konkurrierenden Gesetzgebung unterworfenen Materien bereits faktisch durch bundesgesetzliche Regelungen normiert, denn das Grundgesetz bestimmte, „Recht aus der Zeit vor dem Zusammentritt des Bundestages gilt fort, soweit es dem Grundgesetz nicht widerspricht" (Art. 123 Abs. 1 GG). Außerdem wurde Recht, das Gegenstände der konkurrierenden Gesetzgebung des Bundes betraf, Bundesrecht, soweit es innerhalb einer oder mehrerer Besatzungszonen einheitlich galt oder soweit es sich um Recht handelte, durch das nach dem 8. Mai 1945 früheres Reichsrecht abgeändert wurde (Art. 125 GG). Damit wurde faktisch der Bestand an Reichsrecht und zonalem Recht, soweit es mit dem Grundgesetz in Einklang stand, Bundesrecht.

Nahezu die gesamte Steuergesetzgebung in der Hand des Bundes

Das galt auch für die Steuergesetzgebung, in deren Bereich die Autoren des Grundgesetzes nennenswerte Landeskompetenzen ablehnten. Im Interesse der Wirtschaftseinheit und zur Vermeidung eines Steuergefälles in der Bundesrepublik wurde die Steuergesetzgebung, teils als ausschließliche, teils als

1 „Die Länder haben das Recht der Gesetzgebung, soweit dieses Grundgesetz nicht dem Bunde Gesetzgebungsbefugnisse verleiht."

konkurrierende, dem Bund zugewiesen (Art. 105 GG). Ähnlich wie bereits in der Weimarer Republik befindet sich seit 1949 nahezu die gesamte Steuergesetzgebung in der Hand des Bundes.

Die *Verteilung der Steuererträge* sollte nach den Vorstellungen des Parlamentarischen Rates *bedarfsorientiert*, nicht *aufkommensorientiert* angelegt werden. Dessen ursprüngliches Konzept wies mit der heutigen Verfassungslage einige bemerkenswerte Ähnlichkeiten auf: In einem großen *Steuerverbund* sollten die Einkommen- und Körperschaftsteuer sowie die Umsatzsteuer zusammengefasst und durch ein Finanzausgleichsgesetz zwischen Bund und Ländern aufgeteilt werden. Im übrigen sollten die *Länder* im wesentlichen die Erträge der *direkten*, der *Bund* die der *Verkehrs- und Verbrauchssteuern* erhalten. Für bestimmte den Ländern zufließende Steuern oder Steueranteile waren Bedarfsschlüssel wie Zahl der Einwohner oder die Straßenlänge vorgesehen. Dieses Konzept scheiterte allerdings am Widerstand der Alliierten, die für eine Trennung und Aufteilung der Steuerquellen auf Bund und Länder (*Trennsystem*) eintraten. Weil wegen dieser deutsch-alliierten Kontroverse keine abschließende Regelung möglich war, beauftragte das Grundgesetz den Bundesgesetzgeber, bis zum 31. Dezember 1952 die „endgültige Verteilung der der konkurrierenden Gesetzgebung unterliegenden Steuern auf Bund und Länder" vorzunehmen (Art. 107 GG i.d.F. 1949). Das geschah dann – für einen Zeitraum von 14 Jahren – im Zuge der Finanzreform von 1955.

Von Anfang an faktisch ein Steuerverbund

Dass die Grundgesetzfassung von 1949 die Steuererträge nach einem Trennsystem verteilen wollte, wie oftmals behauptet wird, ist nur sehr vordergründig richtig. Nachdem im Streit mit den Alliierten der große Steuerverbund nicht verwirklicht werden konnte, wurde zwar formal ein Trennsystem eingeführt, aber Art. 106 Abs. 3 GG i.d.F. 1949 erlaubte dem Bund, durch zustimmungspflichtiges Bundesgesetz einen Teil der Einkommen- und Körperschaftsteuer in Anspruch zu nehmen und damit faktisch einen kleinen Steuerverbund zu schaffen. Seit 1951 machte der Bund von dieser Klausel Gebrauch, 1955 wurde der Steuerverbund dann verfassungsrechtlich vorgeschrieben.

Diese „Inanspruchnahmeregelung" der Jahre 1951 bis 1955 war ambivalent. Einerseits erwies es sich als vorteilhaft, eine solche Klausel zur Flexibilisierung des vertikalen Finanzausgleichs zu haben, denn sonst hätte der Bund insbesondere die *Kriegsfolgelasten* und seine sozialpolitischen Aufgaben nicht finanzieren können. Andererseits war aber das Verfahren der Inanspruchnahme von Teilen der Einkommen- und Körperschaftsteuer sehr aufwendig und kompliziert: Der Bund musste den Ländern seinen Ausgabebedarf belegen und begründen, denn er benötigte die Zustimmung der Länder, um seine Ansprüche durchzusetzen. Die Regelungen erfolgten in Jahresgesetzen, die Auseinandersetzungen um die konkrete Höhe waren langwierig und intensiv, im Regelfall wurden die Inanspruchnahmegesetze erst nach Ende des Haushaltsjahres, also nachträglich, verabschiedet. Die erst nachträglichen Regelungen erschwerten sowohl dem Bund wie auch den Ländern die Haushaltsaufstellung ganz erheblich, denn keine Seite konnte mit Gewissheit ihre Steuereinnahmen kalkulieren.

Bei der Gestaltung des Grundgesetzes bestand nicht nur im Hinblick auf den vertikalen Finanzausgleich große Unsicherheit, sondern auch hinsichtlich der Steuerverteilung unter den Ländern, also des *horizontalen Finanzausgleichs*. Die Lasten- und Finanzverteilung unter den Ländern schwankte vor der Gründung der Bundesrepublik sehr. Die *ungleichmäßig streuenden Steuern* wie Zölle und bestimmte Verbrauchssteuern flossen nur einigen wenigen Ländern zu, die *Lasten*, insbesondere die Kriegsfolgelasten (Flüchtlinge aus den ehemals deutschen Ostgebieten) fielen in anderen Ländern an. In der Konsequenz hatten einige Länder vergleichsweise hohe, teilweise sehr hohe Steuereinnahmen, andere, insbesondere die „ärmeren“, bei geringen Einnahmen überproportional hohe Lasten zu tragen: Im Jahr 1947 hatte Hamburg (als „reichstes“ Land) pro Kopf Steuereinnahmen in Höhe von 1078 RM, Schleswig-Holstein (als „ärmstes“ Land) nur 223 RM. Von der Übertragung der ungleichmäßig streuenden Steuern und der gesamtstaatlichen Lasten (vor allem Kriegsfolgelasten und Besatzungskosten) auf den Bund erhoffte man sich einen erheblichen Ausgleich unter den Ländern. Kaum zu beantworten war für den Parlamentarischen Rat die Frage, ob ein solcher „Lastenausgleich“ hinreichend sein würde.

Zwei Varianten: Zuweisungen des Bundes und Ausgleichszahlungen der Länder

Mit den Absätzen 3 und 4 des Art. 106 GG in der Fassung von 1949 ermöglichte der Verfassungsgeber zwei verschiedene Varianten eines horizontalen Finanzausgleichs, nämlich Zuweisungen des Bundes an die Länder zur Erfüllung von Landesaufgaben (Abs. 3) sowie einen Länderfinanzausgleich durch Ausgleichszahlungen der Länder untereinander (Abs. 4). Diese beiden Möglichkeiten und die teilweise schwer verständlichen Formulierungen des Art. 106 Abs. 4 GG (1949) gehen auf einen *Kompromiss mit den Alliierten* zurück, die das Grundgesetz genehmigen mussten. Auf deutscher Seite, insbesondere unter den Ländern, favorisierte man einen Länderfinanzausgleich (Ausgleichszahlungen der Länder untereinander), der eine reine Angelegenheit der Länder bleiben sollte. Lediglich zur Vermeidung des Einstimmigkeitsprinzips sollte er bundesgesetzlich, nicht staatsvertraglich geregelt werden. Die Alliierten, vor allem die Amerikaner (General *Clay*) lehnten dieses Konzept ab, denn mit den amerikanischen Föderalismusvorstellungen war es nicht vereinbar, durch ein Bundesgesetz in die Haushalte der Länder für Ausgleichszahlungen untereinander einzugreifen. Sie befürworteten dem gegenüber ein Modell nach den *grants-in-aid*, das dem Bund erlaubt hätte, den finanzschwachen oder überlasteten Ländern direkte Zuschüsse zu gewähren. Diese Variante wiederum wurde insbesondere von den deutschen Ländern entschieden abgelehnt, denn sie fürchteten, auf diese Weise in die finanzielle Abhängigkeit des Bundes zu geraten.

Nach dem Inkrafttreten des Grundgesetzes und bei dessen institutioneller Umsetzung (Wahl des Bundestages und der Bundesregierung, Einrichtung der Bundesbehörden etc.) spielte diese Auseinandersetzung keine Rolle mehr. In der Staatspraxis wurde das von den Deutschen bevorzugte Modell eines Länderfinanzausgleichs verwirklicht. Er litt allerdings, wie auch der vertikale Ausgleich, während der frühen Jahren der Bundesrepublik unter der Kurzfristigkeit und der Nachträglichkeit der Regelungen. Zudem waren die Ausgleichszahlungen anfangs vergleichsweise gering und gaben Anlass zu permanenten Auseinandersetzungen um ihre Höhe. Die Finanzkraft der finanzschwächsten Länder wurde auf nur etwa 75 Prozent pro Einwohner des Länderdurchschnitts[2] angehoben, eine garantierte Mindestausstattung war nicht vorgesehen.
Im Grundsatz erwiesen sich sowohl die Verfahren als auch die finanziellen Leistungen im horizontalen Finanzausgleich der frühen 50er Jahre als unbefriedigend.

Die Finanzreform von 1955 sollte der Verstetigung der föderalen Finanzbeziehungen dienen

Die Ziele der Finanzreform von 1955 folgten aus den Problemen der unübersichtlichen Jahre zuvor. Es galt, dauerhafte und verlässliche Regelungen zu schaffen und damit die permanenten Auseinandersetzungen um die Finanzverteilung im Bundesstaat zu entschärfen, und es galt, die finanzielle Ausstattung von Bund und Ländern sicherzustellen.

Im Bereich der vertikalen Steuerverteilung wurde als neues Element eine *Gemeinschaft-* oder *Verbundsteuer* geschaffen: Dem Bund wurde verfassungsrechtlich ein Anteil an der Einkommen- und Körperschaftsteuer zugebilligt, für

2 Die Angaben in Prozent des Durchschnitts der Finanzkraft in Abgrenzung des Finanzausgleichsgesetzes sind nicht gleichzusetzen mit den realen Steuereinnahmen der Länder – auch wenn in der öffentlichen Diskussion immer wieder so getan wird. In den Finanzkraftzahlen der Länder wurden bis 1955 die Steuereinnahmen der Gemeinden gar nicht, seit dem zur Hälfte berücksichtigt. Außerdem wird die Zahl der Einwohner der Stadtstaaten mit 135% gewichtet („veredelt") und werden bestimmte Lasten (heute nur noch Lasten für Seehäfen) von den Steuereinnahmen der Länder abgezogen. In der Tendenz kommen diese Modifikationen eher den finanzstarken als finanzschwachen Ländern zugute.

den Zeitraum bis 1958 wurde der Bundesanteil sogar im Grundgesetz fixiert, danach konnte er im Zweijahresrhythmus durch einfaches Bundesgesetz mit Zustimmung des Bundesrates verändert werden. Der verfassungsrechtliche Anspruch des Bundes auf einen Teil der Einkommen- und Körperschaftsteuer und die mehrjährige, nun auf kommende Haushaltsjahre bezogene Regelung ersparten dem Bund das jährliche nachträgliche Aushandeln von Anteilen und erhöhten damit seine Planungssicherheit erheblich. Wegen des Widerstandes der Länder vermied man zwar den Begriff „Gemeinschaft-" oder „Verbundsteuer", aber der Sache nach war damit der „kleine Steuerverbund" verfassungsrechtlich abgesichert.

Zugleich wurde auch der horizontale Ausgleich auf eine dauerhafte Grundlage gestellt und deutlich intensiviert. Ein *unbefristetes Finanzausgleichsgesetz* anstelle der früheren mit ein- oder zweijähriger Geltungsdauer reduzierte die Unsicherheiten über die Finanzentwicklung und ermöglichte den Ländern eine stetigere Haushaltsplanung. Zugleich wurde der Länderfinanzausgleich deutlich intensiviert (Anhebung der Finanzkraft der finanzschwachen Länder auf mindestens 88,75% des Durchschnitts je Einwohner). Dieser Schritt erschien unabweisbar, weil der Bund seine konkurrierende Gesetzgebungskompetenz sehr umfänglich ausschöpfte und zudem die Länder zur Einhaltung bundesweit einheitlich anzuwendender Maßstäbe für die öffentliche Aufgabenwahrnehmung drängte.[3]

Doch die überlegene Finanzmacht erlaubte es dem Bund, in die Länder hineinzuregieren

Die Finanzreform von 1955 erfüllte allerdings viele der in sie gesetzten Erwartungen nicht. Das Verhältnis von Einnahmen und Ausgaben der beiden staatlichen Ebenen entwickelte sich nicht mit der erhofften Gleichmäßigkeit. Daher waren deutliche Verwerfungen bei der Wahrnehmung öffentlicher Aufgaben zu verzeichnen. Die Ursachen dafür lagen sowohl in der Zuordnung der Steuerquellen als auch in der föderativen Aufgabenteilung. Die *Länder* erhielten vornehmlich die Erträge der stark von der Wirtschaftsentwicklung abhängigen Einkommen- und Körperschaftsteuer, sie hatten jedoch die dauerhaften und vergleichsweise wenig beeinflussbaren Lasten, insbesondere die Personalkosten für die öffentliche Verwaltung, Hochschulen und Schulen, die Polizei und Justiz zu tragen. Dem *Bund* floss die wesentlich stabilere Umsatzsteuer zu, seine Haushalte waren jedoch in deutlich geringerem

3 Der Bundesinnenminister strebte zu Beginn der 50er Jahre sogar eine Verfassungsänderung an, die es dem Bund erlaubt hätte, eine bundeseinheitliche Gemeindeordnung durch Bundesgesetz zu schaffen. Begründet wurde diese Initiative damit, dass nur so eine einheitliche Ausführung von Bundesgesetzen gewährleistet werden könne. Die Initiative scheiterte frühzeitig am sich abzeichnenden Widerstand der Länder.

Maß durch rechtliche und faktische Verpflichtungen gebunden und damit sehr viel flexibler als die der Länder. Eine gleichmäßige Erfüllung der öffentlichen Aufgaben war daher nicht gewährleistet. Für die Länder, insbesondere die schwächeren unter ihnen, wurde es immer schwieriger, den ihnen obliegenden Aufgaben ohne unvertretbare Verschuldung angemessen nachzukommen, der Bund hingegen konnte seine nun überlegene Finanzmacht nutzen, um nach seinen politischen Vorstellungen Aufgaben der Länder teilweise zu finanzieren: Typische Landesaufgaben wie die Agrar- oder Sportförderung wurden abseits von der Verfassung vom Bund alimentiert. Im Einzelfall gab es für jede Mitfinanzierung des Bundes triftige Gründe, im Gesamtbild jedoch regierte der Bund in schwer erträglicher Weise in die Länder und deren Haushalte hinein und steuerte damit die Landespolitik (Goldener Zügel). Zugleich wurden tendenziell Aufgaben, deren Erfüllung der Bund nicht förderte, vernachlässigt.

Die angestrebte Vereinfachung der föderalen Finanzbezeichnungen und dadurch eine Reduzierung ihrer Konfliktträchtigkeit wurde durch die Finanzreform 1955 in einem nur geringen Maß erreicht. Gerade die unterschiedliche Entwicklung sowohl von Einnahmen als auch Ausgaben bei Bund und Ländern ließ insbesondere die Auseinandersetzungen um die vertikale Steuerverteilung zunehmend schwieriger und konfliktreicher werden.

Die Installierung des „kooperativen Föderalismus" durch die Finanzreform von 1969

Aus den dargestellten Problemen der bundesstaatlichen Finanzordnung der späten 50er und frühen 60er Jahre ergaben sich die Ziele der Finanzreform von 1969. Es galt

- die problematische Finanzierung von Landesaufgaben durch den Bund zu beseitigen und durch klar geregelte und überschaubare Gemeinschaftsaufgaben und finanzielle Beteiligungen des Bundes an bestimmten Landesaufgaben zu ersetzen,
- die Steuerentwicklung bei Bund und Ländern durch einen „großen Steuerverbund" gleichmäßiger zu gestalten,
- und schließlich die Leistungsfähigkeit der finanzschwachen Länder durch einen intensivierten Finanzausgleich besser zu sichern und das System zu vereinfachen.

Unter dem Stichwort „kooperativer Föderalismus" strebte die Reform ein verstärktes Zusammenwirken von Bund und Ländern bei ihrer Aufgabenwahrnehmung an. Konkret hieß das, dass Landesaufgaben, bei denen ein bundesstaatliches Interesse an einer gleichmäßigen Wahrnehmung bestand und die die Länder überforderten, zukünftig gemeinschaftlich geplant und finanziert werden sollten. Die Umsetzung blieb den Ländern vorbehalten. Erreicht werden sollten sowohl eine effizientere staatliche Aufgabenwahrnehmung als auch ein interregionaler Ausgleich zugunsten der schwächeren Länder über den Länderfinanzausgleich hinaus.

Bund und Länder verständigten sich darauf, den Neu- und Ausbau von Hochschulen einschließlich der Hochschulkliniken, die Verbesserung der regionalen Wirtschaftsstruktur sowie der Agrarstruktur und des Küstenschutzes nach bestimmten Regeln gemeinschaftlich vorzunehmen (Art. 91a GG). Außerdem wurde der gemeinschaftlichen Planung und Förderung von wissenschaftlichen Forschungseinrichtungen und von Forschungsvorhaben von überregionaler Bedeutung eine verfassungsrechtliche Grundlage gegeben (Art. 91b GG).

Die *finanzielle Beteiligung des Bundes* an weiteren Landesaufgaben – hier ohne Beteiligung an der Planung dieser Aufgaben – wurde zudem aus der rechtlichen Grauzone herausgeführt und auf eine verfassungsmäßige Grundlage gestellt. Bestimmt wurde, dass *Geldleistungsgesetze* des Bundes, die von den Ländern ausgeführt werden, vom Bund ganz oder teilweise finanziert werden können (Art. 104a Abs. 3 GG). Außerdem wurde die Möglichkeit geschaffen, dass sich der Bund unter bestimmten, allerdings sehr weit definierten Voraussetzungen an bedeutsamen *Investitionen der Länder und Gemeinden* (z.B. Krankenhausbau, öffentlicher Personennahverkehr usw.) beteiligen kann (Art. 104a Abs. 4 GG). Auch hier standen sowohl Effizienz- als auch Ausgleichsgedanken im Vordergrund der Überlegungen. Bei den in vielen Fällen sozialpolitisch motivierten Geldleistungsgesetzen (Art. 104a Abs. 3 GG) ging es darum, durch die Beteiligung des Bundes die negative Belastungswirkung abzumildern. In der Regel sind gerade die Sozialausgaben in den wirtschaftlich schwächeren Ländern höher als in den stärkeren, wodurch tendenziell das interregionale Gefälle verstärkt wird. Die Investitionshilfen des Bundes (Art. 104a Abs. 4 GG) sollten der Sicherung des gesamtwirtschaftlichen Gleichgewichts und der Förderung des wirtschaftlichen Wachstums, konkret der Konjunktursteuerung, wie auch dem Ausgleich unterschiedlicher Wirtschaftskraft unter den Regionen dienen. Die Länder und Gemeinden, in deren Kompetenz der weitaus größte Teil der öffentlichen Investitionen fällt, waren insbesondere während Rezessionen kaum in der Lage, die damals angestrebte *antizyklische Finanz- und Haushaltspolitik* zu betreiben. Daher erschien eine finanzpolitische Bundeskompetenz notwendig, um insbesondere auch die finanzschwachen Länder an einer „konzertierten“, d.h. zwischen Bund und Ländern abgestimmten Finanz- und Wirtschaftspolitik teilnehmen zu lassen. Im Sinne des *Ausgleichsgedankens* sollte es dem Bund gestattet sein, strukturschwache oder andere Problemregionen, z.B. mit hoher Arbeitslosigkeit oder unterdurchschnittlichem Wirtschaftswachstum, besonders zu fördern.

Der große Steuerverbund

Im Bereich der vertikalen Steuerverteilung wurde der große Steuerverbund geschaffen. Die *Einkommen- und Körperschaftsteuer*, die bereits seit der Finanzreform von 1955 faktisch eine Verbundsteuer war, und die *Umsatzsteuer* wurden Gemeinschaftsteuern, die Bund und Ländern gemeinsam zustanden, soweit sie nicht den Gemeinden zugewiesen wurden. Für die übrigen Steuern wurde im wesentlichen das hergebrachte Trennsystem beibehalten. Die Einkommen- und Körperschaftsteuer teilen sich aufgrund der Vorschriften des Grundgesetzes (Art. 106 Abs. 3 GG) Bund und Länder – nach Abzug des Gemeindeanteils an der Einkommensteuer in Höhe von z.Zt. 15% des Aufkommens – hälftig. Die *Umsatzsteuer* wurde das *variable Element* im Rahmen der Steuerverteilung. Die Aufteilung erfolgt nach der Grundsätzen einer gleichmäßigen Deckung der notwendigen Ausgaben von Bund und Ländern, eines angemessenen Ausgleichs, der Vermeidung einer Überlastung der Steuerpflichtigen und unter Wahrung der Einheitlichkeit der Lebensverhältnisse im Bundesgebiet (Art. 106 Abs. 3 GG). Bis zur Eingliederung der neuen Länder in das Finanzausgleichssystem des Grundgesetzes 1995 erhielt der Bund etwa zwei Drittel des Umsatzsteueraufkommens, die Länder ein Drittel. Aufgrund der besonderen Finanzschwäche der ostdeutschen Länder und einer Veränderung des Verfahrens der Kindergeldzahlungen beläuft sich seit 1996 der Länderanteil auf knapp die Hälfte (49,5%) des Umsatzsteueraufkommens.

Im bundesstaatlichen Finanzausgleichssystem wird zudem die *Gewerbesteuer* (eine Realsteuer) teilweise ähnlich wie eine Gemeinschaftsteuer behandelt. Zur Stabilisierung und zum Ausgleich des Gemeindesteueraufkommens wurden im Rahmen der Gemeindefinanzreform von 1969 Bund und Länder durch die Gewerbesteuerumlage an deren Aufkommen beteiligt, die Gemeinden erhielten als Ausgleich den bereits erwähnten 15-prozentigen Anteil an der Einkommen- und Körperschaftsteuer.

Durch den großen Steuerverbund – die Gemeinschaftsteuern umfassen etwa 75% des gesamten Steueraufkommens –, durch die Beteiligung von beiden staatlichen Ebene an den zwei großen, jedoch unterschiedlich auf wirtschaftliche Entwicklungen reagierenden Steuern sollte eine gleichmäßige Steuerentwicklung bei Bund und Ländern erreicht werden. Zugleich sollte durch die Einbeziehung der Umsatzsteuer in den Steuerverbund, die Zuweisung von bis zu einem Viertel des Länderanteils an die besonders finanzschwachen Länder (Art. 107 Abs. 1 Satz 4, 2. Halbsatz GG) und die Verteilung des übrigen Länderanteils nach Einwohnern bereits im Rahmen der vertikalen Steuerverteilung der Ausgleich unter den Länder befördert werden.

Das Prinzip des örtlichen Aufkommens wurde beibehalten

Bei der Steuerverteilung unter den Ländern wurde – mit der erwähnten Ausnahme des Länderanteils an der Umsatzsteuer – das hergebrachte Prinzip des örtlichen Aufkommens beibehalten: die Länder erhielten die Erträge der Landessteuern und des Länderanteils der Einkommen- und Körperschaftsteuer, die von ihren jeweiligen Finanzbehörden eingenommen wurden. Um Verzerrungen durch die Erhebungsverfahren zu korrigieren, wurde eine *Steuerzerlegung* eingeführt. Der Landesanteil an der Lohnsteuer wird generell dem Land zugewiesen, in dem der steuerpflichtige Arbeitnehmer wohnt. Relevant wird diese Bestimmung im Fall von Arbeitnehmern, die in einem anderen Land wohnen als sie arbeiten (Pendler), sowie in Fällen von zentraler Lohnabrechnung und Lohnsteuerabführung bei großen Unternehmen und Behörden. Zerlegt wird auch der Länderanteil der *Körperschaftsteuer* großer Unternehmen, die in mehreren Ländern Niederlassungen unterhalten. Die Steuerzerlegung ist damit keine Maßnahme, die die Steuerverteilung nach dem örtlichen Aufkommen modifiziert, sondern lediglich eine, die erhebungstechnische Fehlleitungen korrigiert.

Die Lohnsteuer ist Bestandteil der Einkommensteuer, sie wird vom Arbeitgeber an sein zuständiges Finanzamt abgeführt. Lohnsteuerpflichtig ist jedoch der Arbeitnehmer, dessen Steuerpflicht an seinem Wohnort entsteht. Deshalb muss dafür Sorge getragen werden, dass der Landesanteil der Lohnsteuer dem Wohnsitzland des Arbeitnehmers, der kommunale Anteil seinem Wohnort zufließt. Dieses geschieht durch pauschalierte Verrechnungen zwischen den Finanzverwaltungen.

Diese Bestimmung ist nicht unproblematisch: Die Einkommensteuer von Personen, die in einem Land arbeiten und dessen öffentliche Einrichtungen nutzen, aber in einem anderen wohnen, fließt ausschließlich in das Wohnsitzland. Besondere Relevanz hat dieses Problem bei den Stadtstaaten.

Große Unternehmen, die in mehreren Ländern Niederlassungen betreiben, wie die Großbanken, Automobilhersteller oder Chemiekonzerne, aber auch öffentliche Einrichtungen wie die Bundeswehr, haben oftmals eine zentrale Lohnabrechnung und führen die Lohnsteuer am Ort der Abrechnung ab.

Modifiziert wird die originäre Verteilung des Steueraufkommens durch den horizontalen Finanzausgleich. Durch die Regelungen der Finanzreform 1969 wurde der horizontale Ausgleich insgesamt intensiviert, zugleich aber auch der Länderfinanzausgleich im engeren Sinn entlastet. Durch den großen Steuerverbund wurden die Finanzkraftunterschiede unter den Ländern vermindert, weil sie einen größeren Teil der regional unterschiedlich streuenden Einkommen- und Körperschaftsteuer an den Bund abtraten, weil für den Länderanteil eine Steuerzerlegung eingeführt wurde und weil die Länder an der Umsatzsteuer, die im wesentlichen nach Einwohnern verteilt wurde, partizipierten. Zudem wurde der Länderfinanzausgleich durch Umsatzsteuerausgleich nach Art. 107 Abs. 1 Satz 4, 2. Halbsatz GG entlastet. Danach erhalten diejenigen Länder, deren Steueraufkommen aus den Landessteuern und dem Länderanteil an der Einkommen- und Körperschaftsteuer unter 92% des Durchschnitts je Einwohner liegt, Zuschüsse in Höhe der Fehlbeträge an 92% des Durchschnitts.[4] Zugleich wurde er intensiviert, indem durch ihn die Finanzkraft der finanzschwachen Länder auf mindestens 95% des Durchschnitts je Einwohner aufgefüllt wurde.[5] Zusätzlich konnten 1970 die schwachen Länder durchsetzen, dass ihnen der Bund (wieder)[6] *Bundesergänzungszuweisungen* (Art 107 Abs. 2 Satz 3 GG) gewährt. Im Grundsatz hatte der Bund seit 1949 (Art. 106 Abs. 3 GG i.d.F. 23. 5. 1949) diese Möglichkeit, jedoch betrachteten Bund Länder den horizontalen Ausgleich lange als ausschließliche Angelegenheit der Länder, an der sich der Bund nicht beteiligte.

> Der Länderanteil der Körperschaftsteuer großer Unternehmen, die in mehreren Ländern Niederlassungen betreiben, wird nach Maßgabe der Wertschöpfung auf die einzelnen Länder verteilt.

Die Ergänzungszuweisungen des Bundes belaufen sich inzwischen auf 25 Mrd. DM

Die Bundesergänzungszuweisungen gewannen eine unerwartete Dynamik. 1970 und 1971 belief sich ihr Volumen auf lediglich jeweils 100 Millionen DM, 1972 und 1973 bereits auf 550 Millionen DM. 1974 wurden sie dynamisiert und auf 1,5% des Umsatzsteueraufkommens festgeschrieben, für die Jahre 1988 bis 1994 wurden sie auf 2% des Umsatzsteueraufkommens, jeweils zahlbar aus dem Anteil des Bundes, erhöht. Seit 1995 sind sie vom Umsatzsteueraufkommen abgekoppelt und an die Fehlbeträge der finanzschwachen Länder an den Durchschnitt gebunden. Die ausgleichsberechtigten Länder erhalten 90% der an den Durchschnitt fehlenden Finanzkraft, wodurch den finanz-

4 Diese Bestimmung hatte vor der deutschen Einheit und der Einbeziehung der neuen Länder in die Finanzverfassung des GG zum 1.1.1995 eine eher untergeordnete Bedeutung. Seit 1995 wird diese „Schiene" genutzt, um den vereinbarten Bundesanteil zur Hebung der Finanzkraft der neuen Länder (7 Prozentpunkte des Umsatzsteueraufkommens) in die Kassen der neuen Länder zu transferieren.

5 Die Berechnungen des Umsatzsteuerausgleichs erfolgt auf einer anderen Grundlage als die des Länderfinanzausgleichs, deshalb sind die Zahlen „92%" und „95%" nicht ohne weiteres vergleichbar. Beim Umsatzsteuerausgleich wird mit realen Einwohnern und nur den genannten Steuereinnahmen gerechnet, bei dem Länderfinanzausgleich werden „veredelte" Einwohner der Stadtstaaten, die Hälfte der Gemeindesteuern, weitere Einnahmen und die Lasten für Seehäfen berücksichtigt.

6 Bereits 1968 und 1969 gewährte der Bund Bundesergänzungszuweisungen, lehnte es aber ursprünglich ab, sie nach der Finanzreform zu verlängern.

schwachen Ländern eine Mindestausstattung von 99,5% des Durchschnitts[7] garantiert ist. Außerdem wurden Bundesergänzungszuweisungen für verschiedenartige Belastungen – überproportionale Kosten der politischen Führung in kleinen Ländern, teilungsbedingte Sonderlasten der neuen Länder, Sanierungshilfen für die Haushalte von Bremen und Saarland – gewährt. Ihre Gesamtsumme stieg von 100 Millionen DM 1970 auf 750 Millionen DM 1974 und weiter bis auf 2,7 Mrd. DM 1989.[8] Im Jahre 1995 stiegen die Ergänzungszuweisungen im wesentlichen aufgrund der Einbeziehung der neuen Länder und wegen der Sonderzuweisungen an sie auf gut 25 Mrd. DM, dazu kamen weitere Finanzhilfen an die ostdeutschen Länder in Höhe von 6,6 Mrd. DM.

Eine Verlagerung vom horizontalen Finanzausgleich zu den vertikalen Leistungen des Bundes

Der Länderfinanzausgleich, das eigentliche Kernstück des horizontalen Ausgleichs, nahm von 1970 bis 1989 von 1,2 Mrd. DM auf 3,5 Mrd. DM zu. 1995 erreichte er dann die Summe von 11,2 Mrd. DM, von denen rund 9,7 Mrd. DM den neuen und 1,5 Mrd. DM den finanzschwachen alten Ländern zugute kamen. Diese Zahlen, in welcher Abgrenzung sie auch immer genommen werden, belegen im Hinblick auf die alten Länder zweierlei: nämlich – gemessen an der Steuerentwicklung von Ländern (und Gemeinden) – ein relatives Schrumpfen der Transferleistungen im Länderfinanzausgleich und eine Verlagerung der Ausgleichsfunktionen vom traditionellen Länderfinanzausgleich hin zu vertikalen Leistungen des Bundes. Die von Politik und Wissenschaft vielfach kritisierte Aufblähung des Finanzausgleichs hat – wie hier zu erkennen ist – wenig mit der wirtschaftlichen Entwicklung in den alten Ländern, sehr viel aber mit der deutschen Einheit zu tun. Angesichts dieser Entwicklung stellt sich die Frage, ob es sinnvoll ist, an dem tradierten Leitbild des Länderfinanzausgleichs festzuhalten, oder ob man sich – auch im Interesse der „Zahlerländer" – nicht stärker auf einen vertikalen Ausgleich mit horizontalen Effekten hin orientieren sollte.

---

7 Nach Berechnungen des DIW (Berlin) bedeuten diese 99,5 % der Finanzkraftmeßzahl im Fall der finanzschwächsten Länder, d.h. der ostdeutschen, real etwa 95% der durchschnittlichen Steuereinnahmen pro Einwohner (vgl. Anm. 2).

8 Zu den Referenzjahren: 1970 war das erste Haushaltsjahr nach der Finanzreform von 1969, 1989 das letzte vor der deutschen Wiedervereinigung. Die Zahlen ab 1990 sind mit den vorherigen wegen der Übergangsregelungen bis 1994, die teilweise Verfassungsbestimmungen befristet außer Kraft setzten, und der Auswirkung der Lasten der Einheit auf die Finanzen von Bund und Ländern mit den Vorjahren nicht zu vergleichen. Die neuen Länder wurden zum 1. 1. 1995 in den bundesstaatlichen Finanzausgleich einbezogen.

Eine vorläufige Bilanz nach sechs Jahren deutscher Einheit fällt ambivalent aus

Eine Bilanz des bundesstaatlichen Finanzausgleichs aus heutiger Sicht fällt ambivalent aus. Die Auseinandersetzungen um Finanzverfassung und Finanzausgleich waren immer heftig und langwierig. Der Parlamentarische Rat hinterließ ein Provisorium. In den 50er Jahren konnten Finanzausgleichsregelungen meist erst nach Abschluss des Haushaltsjahres verabschiedet werden. Die Finanzreform von 1955 erfüllte die in sie gesetzten Erwartungen nicht. Eine neue Finanzreform kündigte Bundeskanzler *Adenauer* in seiner letzten Regierungserklärung 1961 an, 1969 wurde sie verabschiedet. Beide Finanzreformen sanktionierten und systematisierten eher längerfristige Entwicklungen, als dass sie Weichen neu gestellt hätten: Wesentliche Kehrtwenden haben bisher nicht stattgefunden, auch in der Zukunft sind sie eher unwahrscheinlich. Nimmt man die Auseinandersetzungen und Entwicklungstendenzen der 80er und 90er Jahre hinzu, so sind zwei Feststellungen sicherlich nicht ganz falsch: erstens, es gibt kaum ein konfliktreicheres und schwieriger zu befriedendes Politikfeld in der deutschen Innenpolitik, und zweitens, trotz hoher Konfliktintensität und trotz zahlreicher Anpassungsleistungen ist die Entwicklung insgesamt durch hohe Kontinuität geprägt.

Trotz konfliktreicher Auseinandersetzungen und wenig struktureller Änderung wird man der Finanzverfassung und dem Finanzausgleichssystem Erfolge nicht absprechen können. Vor der deutschen Einheit hatte die Bundesrepublik als Bundesstaat einen Grad an Homogenität der Versorgung mit öffentlichen Gütern erreicht wie wenige vergleichbare unitarische Staaten. Durch die Instrumente der Finanzverfassung wurde verhindert, dass schwache Regionen wirklich arm und von der wirtschaftlichen Entwicklung abgekoppelt wurden. Auch beim Aufbau der neuen Länder hat sie sich im wesentlichen bewährt. Die Finanzverfassungsreform von 1969 hat sich entgegen vielfach anderen Erwartungen als geeignete Grundlage zur Einbeziehung der neuen Länder in die Finanzverfassung des Grundgesetzes erwiesen. Lässt man einmal die politischen Ankündigungen während des Vereinigungsprozesses außer acht, erinnert sich statt dessen an die reale Ausgangslage 1990, dann hat sich angesichts des Erreichten – bei allen Problemen und Fehlern im Detail – die föderative Strategie vermutlich als effizienter erwiesen als mögliche zentralistische Alternativen. Die politische Stabilität der Bundesrepublik ist zu einem nicht geringen Teil auf die Leistungen der Finanzverfassung zurückzuführen.

Schuldenmachen wird prämiert

Gleichwohl hat das System falsche Anreize entwickelt. Die Umsatzsteuerverteilung zwischen Bund und Ländern nach dem Deckungsquotenverfahren prämiert das Schuldenmachen, die Abschöpfungs- und Auffüllungsquoten im horizontalen Ausgleich bieten wenig Anlass, sich um eine Erhöhung der Steuererträge zu bemühen, und schließlich hat man in einem der östlichen Bundesländer aus den Ausführungen des Bundesverfassungsgerichts in seinem Urteil von 1992 zur extremen Haushaltsnotlage von Bremen und dem Saarland den Schluss gezogen, dass die Grundsätze, die diese Finanzhilfen begründen, „in noch viel größerem Maße für die neuen Länder“ gelten. Im Verhältnis der Länder untereinander bestehen insbesondere für die kleineren und – gemessen an den Maßstäben des Finanzausgleichssystems – schwächeren Länder Anreize zum „Trittbrettfahren“. Die Geschichte des bundesstaatlichen Finanzausgleichs kennt zahlreiche Beispiele, in denen kleine und schwache Länder ihre Stimmen im Bundesrat regelrecht „verkauften“. Der Modernisierungsdruck ist für kleine Länder, deren Finanzkraft in erster Linie von ihrer Stellung im Finanzausgleichssystem abhängt, geringer als für andere Länder. Trotz dieser berechtigten Kritik an den Strukturen der Finanzverfassung darf allerdings nicht übersehen werden, dass im Regelfall andere Gesichtspunkte, z.B. erfolgreiche Industrieansiedlungen und Schaffung von Arbeitsplätzen, politische Entscheidungen sehr viel stärker beeinflussen als (falsche) Anreize im Finanzausgleichssystem.

Gegen das bestehende Finanzausgleichssystem wird zudem eingewandt, dass sich infolge mangelnder ökonomischer Anreize die Strukturen zwischen armen und reichen Ländern kaum verändert hätten. Tatsächlich konnten nur drei Länder während der letzten 50 Jahre eine deutliche Positionsverbesserung erzielen: Bayern, das in den 50er und 60er Jahren das „reichste“ unter den armen Ländern war, stieg in die Liga der „reichen“ Länder auf. Schleswig-Holstein, in den 50er Jahren das mit weitem Abstand schwächste Land, hat heute etwa den Durchschnitt erreicht. Unter den besser gestellten hat sich Hessen merklich verbessert und ist heute das „reichste“ Land.

Die Ursachen unterschiedlicher Leistungskraft durch den Finanzausgleich nicht behoben

Mit dieser Entwicklung ging die Konzentration der Lasten des Länderfinanzausgleich auf immer weniger Länder einher. Im Jahr 1970, als die Finanzreform von 1969 in Kraft trat, teilten sich vier Länder – Baden-Württemberg, Hamburg, Hessen und Nordrhein-Westfalen – die Einzahlungen relativ gleichmäßig, zum Ende der alten Bundesrepublik waren es im wesentlichen noch zwei: Baden-Württemberg und Hessen. In der neuen Bundesrepublik sind es fünf von nun sechzehn, die seit 1995 regelmäßig Beiträge leisten. Es sind die vier, die sich bereits 1970 die Lasten des Länderfinanzausgleichs teilten, hinzugetreten ist Bayern: die Strukturen haben sich in den letzten 30 Jahren also kaum verändert. Damit wurde eines der Ziele der Finanzreform von 1969, nämlich eine Angleichung der Leistungsfähigkeit der Länder, nur sehr bedingt erreicht. Angesichts des Verhältnisses von fünf Zahler- und zehn

Empfängerländern besteht heute die Gefahr, dass auf Dauer die Balance zwischen zahlenden und empfangenden Ländern gestört wird: Durch ein Verteilungssystem, das von einer Seite dominiert wird, könnten sich unerwünschte Schieflagen zu Lasten der Minderheit herausbilden. Denn die Leistungen, die die ausgleichspflichtigen Länder im Länderfinanzausgleich zu erbringen haben, werden nicht nach deren Leistungsfähigkeit, sondern in erster Linie durch die Fehlbeträge der ausgleichsberechtigten Länder bestimmt.

Strategisch steckt der Finanzausgleich in einem Dilemma: Einerseits soll er die negativen Folgen unterschiedlicher Leistungskraft abfedern, andererseits aber ist er nicht in der Lage, deren Ursachen hinreichend zu beheben. Tendenziell steigt der notwendige finanzielle Einsatz, um die Kluft zwischen den leistungsstarken und leistungsschwachen Ländern zu schließen. Die starken Länder haben vergleichsweise günstige Möglichkeiten, ihre Positionen durch öffentliche Investitionen zu verbessern. Für die schwachen Länder wird es hingegen immer schwieriger, wenn nicht unmöglich, ihren Aufgaben ohne eine übermäßige Verschuldung gerecht zu werden.[9]

Modernisierung des Bundesstaates: Was könnte kommen?

Die permanenten Auseinandersetzungen um den Finanzausgleich, aber auch die bundesstaatliche Finanzverfassung selbst, geben vielerlei Anlass zu Kritik aus Wissenschaft und Politik. Auf der politischen Ebene verlangten kurz vor der deutschen Einheit die (westdeutschen) Ministerpräsidenten eine Überprüfung und Revision der Finanzverfassung mit dem Ziel einer Stärkung der Länder. Dieses wurde zwar als Auftrag in den Einigungsvertrag übernommen, jedoch wurde er weder von der Gemeinsamen Verfassungsreformkommission von Bundestag und Bundesrat noch bei den Verhandlungen über den Solidarpakt I 1992/93 von den Finanzministern umgesetzt.

Ein neuer Anstoß für die Reformdiskussion ging von Klagen der Länder Baden-Württemberg, Bayern und Hessen vor dem Bundesverfassungsgericht aus. Ihr Ziel war in erster Linie ein verbesserter Schutz der Zahlerländer vor einer Überlastung durch die Ansprüche der Empfängerländer. Bayern plädierte für eine Begrenzung der Zahlungspflichten auf die Hälfte der über dem Durchschnitt liegenden Finanzkraft. In seinem Urteil vom 11. November 1999 folgte das Bundesverfassungsgericht zwar diesem Anliegen nicht, ver-

---

9 Die unterschiedlichen Möglichkeiten von „armen" und „reichen" Ländern zu wirtschaftsfördernden Investitionen werden deutlich, wenn man die Einnahmen in Relation zu den Ausgabeverpflichtungen setzt: Unterstellt man eine reale Spanne der Steuerkraft (Länder und Gemeinden) von ca. 95 bis 104% des Durchschnitts sowie eine Bindung der Landeshaushalte von ca. 90 bis 95% ihrer Einnahmen durch Gehälter, Zinsen, Leistungsgesetze etc., dann ist zu erkennen, dass die nach Finanzausgleich verbleibenden Steuerkraftunterschiede im Hinblick auf eigenfinanzierte öffentliche Investitionen erheblich sind.

langte aber, dass das Finanzausgleichsgesetz in zwei Schritten bis Ende des Jahres 2002 bzw. 2004 grundlegend überprüft wird.

Nach dem Ende des Streits vor dem Bundesverfassungsgericht begann die politische Debatte erneut. Bereits bei den Koalitionsverhandlungen 1998 war vereinbart worden, eine Enquetekommission einzuberufen, die Vorschläge für eine Revision der Finanzverfassung und des Finanzausgleichs erarbeiten sollte. Die Ministerpräsidenten der Länder verlangten auf ihrer Jahreskonferenz vom 2. bis 4. Dezember 1998 ebenfalls eine Bund-Länder-Arbeitsgruppe, die Vorschläge zur Modernisierung der bundesstaatlichen Ordnung insgesamt entwickeln sollte. Auf der Konferenz der Regierungschefs von Bund und Ländern am 17. Dezember 1998 wurde die Einrichtung eines gemeinsamen Ausschusses von Bund und Ländern vereinbart, der die Möglichkeiten einer Reform der Finanzverfassung aufzeigen sollte. Sofern in diesem Ausschuss eine Verständigung über gemeinsame Ziele erreicht würde, sollte von Bundestag und Bundesrat eine gemeinsame Verfassungskommission eingesetzt werden, die die nötigen Grundgesetzänderungen vorbereitete. Dieses aufwändige Verfahren wurde gewählt, weil unter den Ministerpräsidenten keine oder nur wenig Übereinstimmung über die Ziele einer Finanzverfassungsreform bestand.

Wegen des ausstehenden Urteils aus Karlsruhe passierte aber erst einmal wenig. Nach dem Urteil vom 11. November 1999 entwickelten Bund und Länder jeweils für ihre Positionen und der Bundestag richtete einen Sonderausschuss ein, um vor allem die Auflagen des Bundesverfassungsgerichtes umzusetzen. In Bund-Länder-Verhandlungen, die mit einer Konferenz des Bundeskanzlers mit den Ministerpräsidenten am 23. Juni 2001 abgeschlossen wurden, konnte eine Verständigung über das vom Bundesverfassungsgericht geforderte „Maßstäbegesetz" zum Finanzausgleich, das am 5. bzw. 13. Juli 2001 von Bundestag und Bundesrat verabschiedet wurde (Bundestags-Drucksache 14/6533; Bundesrats-Drucksache 485/01 – Beschluss) sowie die Eckpunkte eines neuen Finanzausgleichsgesetze und des Solidarpaktes II gefunden werden.

Im einzelnen wurden eine Reihe allgemeiner Grundsätze über den Finanzausgleich ab 2005 vereinbart, die insbesondere das Interesse der Länder an der Pflege ihrer Steuerkraft stärken sollen, und die Vorgaben für Bundesergänzungszuweisungen konkretisiert. Nicht im neuen Maßstäbegesetz, sondern als politische Eckpunkte für die nun anstehende Novellierung des Finanzausgleichgesetzes wurde eine Reihe von Modifikationen, wie beispielsweise eine höhere Berücksichtigung der Kommunalsteuern (64% statt 50%), eine kommunale Einwohnerwertung für sehr dünn besiedelte Länder, abgeflachte Tarife für Zahler und Empfänger und eine Deckelung der Leistungen der Zahlerländer beschlossen. In der Tendenz wird damit die Grundlage des Länderfinanzausgleichs verbreitetet und die Tarife werden reduziert. Durch einen Bundesbeitrag von ca. 2,5 Mrd. DM (1,28 Mrd. €) wurde eine Gestaltung möglich, nach der sich auf der Basis der gegenwärtigen Steuerschätzung im Jahr 2005 kein Land verschlechtern wird. Finanziert wird dieser Kompromiss durch einen teilweisen Verzicht des Bundes auf die Länderbeiträge zu den Annuitäten zum Fonds „Deutsche Einheit“ und eine Tilgungsstrekkung. In der Folge wird der Fonds nicht bis zum Jahr 2015 abfinanziert, sondern im Jahr 2019 wird noch eine Restschuld von 12,8 Mrd. DM (6,54 Mrd. €) bestehen, die der Bund am 31.12.2019 übernehmen wird.

Für den Solidarpakt II – die weitere Förderung der ostdeutschen Länder – wurde vereinbart, dass den Ländern bis zum Jahr 2019 weitere 206 Mrd. DM (105,3 Mrd. €) als Sonderbedarf-Bundesergänzungszuweisungen zur Verfügung gestellt werden. Diese Zahlungen sind degressiv gestaltet. Darüber hinaus leistet der Bund bis 2019 – als „Zielgröße“ – weitere 100 Mrd. DM (51,1 Mrd. €) als überproportionale Leistungen für Bundesaufgaben in den neuen Ländern. Bund und Länder gehen davon aus, dass 2020 der Aufbauprozess in Ostdeutschland abgeschlossen ist und keine weitere Sonderförderung mehr stattfindet.

Schließlich ist man auch übereingekommen, das mehr oder weniger brachliegende Projekt „Modernisierung des Bundesstaates“ wieder in Angriff zu nehmen und hierbei mit der Entflechtung der Gemeinschaftsaufgaben und Mischfinanzierungen zu beginnen. Bis zum Abschluss der Europäischen Regierungskonferenz 2004 sollen die Verhandlungen abgeschlossen sein.

Der kritische Betrachter wird kaum der geradezu euphorischen Zustimmung der politischen Klasse folgen können. Wenn 17 Akteure – der Bund und 16 Länder – sich um eine begrenzte Finanzmasse streiten und alle gewinnen, fragt man sich, wer zahlt. In diesem Fall sind es zukünftige Generationen, denn die Streckung der Tilgung des Fonds „Deutsche Einheit“ kommt faktisch eine Neuverschuldung gleich. Die Lasten werden in die Zukunft verschoben. Nach den Erfahrungen mit dem Solidarpakt I, der bis 2004 stabile Verhältnisse schaffen sollte, fällt es schwer zu glauben, die neue Vereinbarung halte bis 2019. Im Gegenteil, bereits jetzt lassen sich in den vereinbarten Regelungen Ansätze für neue Klagen in Karlsruhe finden. Die noch ausstehenden Detailregelungen des Finanzausgleichsgesetzes werden die potentielle Klagegründe eher vermehren. Ob die weitere Förderung der neuen Länder zu den erhofften Ergebnissen führen werden, muss dahingestellt bleiben. Im Unterschied zur bisherigen Regelung unterliegen die Transferzahlungen keinen Bindungen mehr. Ob die vereinbarte Berichtspflicht hinreichend sein wird, dafür zu sorgen, dass die Mittel zukunftsorientiert verwandt werden, erscheint fraglich.

Kaum vorangekommen ist bisher die Modernisierung der bundesstaatlichen Ordnung. Notwendig wäre eine grundlegende Überprüfung der Aufgabenverteilung im Bundesstaat, eine Definition dessen, was unter sozialstaatlichen Gesichtspunkten bundeseinheitlich wahrgenommen und finanziert werden sollte, und der Bereiche, die Handlungsspielräume und damit unterschiedliche Lösungen der Länder erlauben. Denn erst eine Revision der Aufgabendefinition mit dem Ziel von mehr Handlungsspielräumen der Länder erlaubt eine grundlegende Finanzreform. Die Erfahrung zeigt jedoch, dass Aufgabenverlagerungen ausgesprochen schwierig sind. In ihren Sonntagsreden ist sich die politische Klasse der Bundesrepublik einig: die Rückverlagerung von Aufgaben ist sinnvoll und notwendig. Von Montag bis Freitag, wenn es um die Details geht, in denen bekanntlich der Teufel sitzt, scheitert fast jeder Versuch, den Landesgesetzgebern weitere Entscheidungsräume zu lassen. Vermutlich ist die Form der deutschen Parteiendemokratie ein wesentliches Hindernis für eine Dezentralisierung, denn alle Parteien streben eine ebenenübergreifend geschlossene Politik an, die keinen oder wenig Raum für regionale Differenzierungen lässt. Selbst in Bereichen, die die Verfassungsordnung eindeutig dem Landesgesetzgeber zuweist, streben die Parteien danach, relativ einheitlich Positionen zu vertreten. Tendenziell würde eine regionale Differenzierung den parteipolitischen „Schulterschluss" gefährden.

Denkbar wäre, einen in der Enquete-Kommission „Verfassungsreform" 1976 diskutierten Verschlag wieder aufzugreifen, der vorsah, dass die Länder im Bereich der konkurrierenden Gesetzgebung von der Bundesgesetzgebung abweichen könnten, solange der Bundesgesetzgeber dem nicht widerspricht. Die Bundesgesetzgebung gilt fort, die Länder hätten aber jeweils für sich die Möglichkeit eines „opting-out" für eine eigene Gesetzgebung. Anders als die Vorschriften des Art. 125 a Abs. 2 GG würde ein solcher Vorrang nicht in jedem Einzelfall von der vorherigen Zustimmung des Bundestages abhängen. – In Kanada hat man mit einer solchen Verfassungskonstruktion gute Erfahrungen gemacht.

Opting-out-Klauseln im Bereich der Bundesgesetzgebung hätten zudem den Charme, dass der Bund sich ohne großen Aufwand aus Streitigkeiten mit oder unter den Ländern zurückziehen könnte. Erinnert man sich an den Streit um die Wiedereinführung der Vermögensteuer, einer Landessteuer, oder den Streit um den Ladenschluss unter den Wirtschaftsministern der Ländern, dann fragt man sich vergebens, warum der Bund sich nicht zurückzieht und die entsprechende Gesetzgebung den Ländern überlässt. Der Bund wäre um diesen Streit entlastet, die Landesparlamente müssten dann ihre Entscheidungen gegenüber ihren Wählern vertreten.

Im europäischen Kontext werden sich ganz andere Fragen stellen

Obwohl erkennbar ist, dass trotz aller berechtigter Kritik an dem bestehenden System eine überzeugende Alternative derzeit nicht zu erkennen ist, zudem die politische Mehrheitsbildung vermutlich sehr schwierig werden wird, erscheint es denkbar, dass veränderte Rahmenbedingungen gleichsam auf einen *Paradigmenwechsel* drängen. Zur Zeit der drei wichtigsten Entscheidungssituationen – bei der Formulierung des Grundgesetzes 1948/49, bei der Finanzreform 1969 und bei den Verhandlungen über die Eingliederung der neuen Länder in die Finanzordnung des Grundgesetzes 1992/93 – standen Gesichtspunkte des interregionalen Ausgleichs im Vordergrund der Überlegungen. 1948/49 ging es um das gemeinsame Bewältigen der Nachkriegsnot, 1968/69 um die Konzertierung des Handelns von Bund und Ländern mit dem Ziel einer Angleichung der Lebensverhältnisse im Bundesgebiet und 1992/93 um den Anspruch der ostdeutschen Bürger auf eine Gleichstellung mit ihren westdeutschen Landsleuten. Soweit erkennbar, stellen sich in den nächsten Jahren andere Fragen. Die Herstellung der „inneren Einheit" bleibt zwar für die nächsten Jahre eine Aufgabe von außerordentlicher Priorität, darüber hinaus aber sind in einem Europa ohne Grenzen Einheitlichkeitsvorstellungen, die im geschlossenen Nationalstaat ihre Berechtigung haben mochten, kaum noch vermittelbar. Es fällt schwer zu begründen, warum Dinge von Flensburg bis Konstanz und Aachen bis Görlitz einheitlich geregelt werden sollen, wenn der Bezugspunkt für den Bürger und sein (wirtschaftliches) Handeln nicht mehr der nationale Rechtsrahmen ist, sondern der weitaus flexiblere europäische. Es wird kaum zu vermitteln sein, deutsche Standards als innerstaatlich verbindlich zu betrachten, wenn gleichzeitig andere europäische als gleichwertig anerkannt werden. Der Verzicht auf innerstaatlich verbindliche, im europäischen Kontext aber obsolet gewordene Normen heißt aber vor allem, dass der Bund auf seine politische Steuerungsmöglichkeit verzichtet oder sie nur zurückhaltend nutzt, damit das in der EU von deutsche Seite immer wieder betonte Subsidiaritätsprinzip auch innerstaatlich beachtet wird und den Ländern mehr Spielräume zur eigenständigen politischen Gestaltung überlassen bleiben. Ob der Bund und vor allem auch die politischen Parteien dazu bereit sind, bleibt abzuwarten.

Nicht nur im Hinblick auf die verfassungsrechtliche Stellung der Länder, sondern auch im Hinblick auf ihre Rolle als eigenständige subnationale Gebietskörperschaften in der EU bedarf die Aufgabenverteilung des Grundgesetzes einer Überprüfung. Mit dem faktischen Wegfall nationaler Grenzen und daraus erwachsener neuer Konkurrenzsituationen, die zwischen den deutschen Ländern und anderen Regionen in der EU mit anderen Regelungsregimen entstanden sind, ist das Bedürfnis an einer Stärkung der Regelungszuständigkeiten der Länder gestiegen. Auf die Länder sind bereits neue Verantwortlichkeiten zugekommen, weiter werden hinzutreten, jedoch sind ihre autonomen Regelungsmöglichkeiten sehr begrenzt.

Die Autorinnen und Autoren

Elisabeth Abendroth, 1947 in Potsdam-Babelsberg geboren, studierte Politologie, Soziologie, Pädagogik und Kunst in Marburg, London und Gießen. Sie arbeitet im hessischen Ministerium für Wissenschaft und Kunst in Wiesbaden. Buch- und Zeitschriftenpublikationen.

Klaus Böhme, geb. 1948 in Bickenbach/Bergstraße, Studium der Geschichte, Politologie, Anglistik und Philosophie in Mannheim, Heidelberg und Oxford. Direktor der Hessischen Landeszentrale für politische Bildung. Veröffentlichungen zur hessischen Zeitgeschichte.

Martin Große Hüttmann, Dr. des., Akademischer Rat, Institut für Politikwissenschaft, Eberhard-Karls-Universität Tübingen.

Dieter Gube studierte Rechtswissenschaft, Geschichte und Kunstgeschichte. Erste berufliche Erfahrungen sammelte er beim Europaparlament und beim Landtag Rheinland-Pfalz bevor er Landesgeschäftsführer beim Kuratorium Unteilbares Deutschland in Rheinland-Pfalz wurde. Nach der Vollendung der staatlichen Einheit Deutschlands kam er 1991 zur Landeszentrale für politische Bildung Rheinland-Pfalz, wo er seither in verschiedenen Funktionen tätig ist.

Hansjoachim Hoffmann ist Leitender Oberschulrat i. R. des Landes Berlin.

Peter Hoffmann, Jahrg. 1943, Diplomsoziologe, Referatsleiter in der Niedersächsischen Landeszentrale für Politische Bildung.

Dr. *Burkhard Jellonnek* ist Leiter der Landeszentrale für politische Bildung des Saarlandes, Saarbrücken.

Klaus Kellmann, Dr. phil., geb. 1951 in Langenhorn/Nordfriesland, 1981 bis 1985 wiss. Mitarbeiter am Historischen Seminar der Universität zu Kiel, seit 1985 Dezernent der Landeszentrale für Politische Bildung Schleswig-Holstein.

Prof. Dr. *Hartmut Klatt* war bis zu seinem Tode 1998 in der Verwaltung des Deutschen Bundestags tätig und lehrte Politikwissenschaft an der Universität Tübingen.

Dipl. Soziologe Dr. *Andreas Kost* ist Referent im Referat Print-Medien der Landeszentrale für politische Bildung Nordrhein-Westfalen in Düsseldorf und Lehrbeauftragter für Politikwissenschaft an der Gerhard-Mercator-Universität Duisburg.

Dr. *Werner Künzel*, Jg. 1944, Diplom-Historiker, Leiter des Fachbereichs Publikationen an der Brandenburgischen Landeszentrale für politische Bildung.

Heinrich-Christian Kuhn ist Publikationsreferent der Landeszentrale für politische Bildung des Landes Mecklenburg-Vorpommern, Schwerin.

Prof. Dr. *Gerhard Lehmbruch* ist em. Professor für Politik- und Verwaltungswissenschaft an der Universität Konstanz.

Peter März, Dr. phil., geb. 1952, stellvertretender Leiter der Bayerischen Landeszentrale für politische Bildungsarbeit, zahlreiche Buch- und Zeitschriftenveröffentlichungen zu zeitgeschichtlichen Themen, insbesondere zur Deutschen Frage; 1978-2002 Stadtrat in Herzogenaurach, Mittelfranken.

Prof. Dr. *Ursula Münch*, geb. 1961, seit 1999 Universitätsprofessorin für Politikwissenschaft unter besonderer Berücksichtigung der Innenpolitik und der Vergleichenden Regierungslehre an der Universität der Bundeswehr München in Neubiberg. Schwerpunkte in Forschung und Lehre u.a.: Politische Strukturen und Prozesse in westlichen Industriestaaten; Vergleichende Staatstätigkeit- und Föderalismusforschung; Politik in der Bundesrepublik Deutschland. Mitglied in der Enquete-Kommission des Bayerischen Landtags „Reform des Föderalismus – Stärkung der Landesparlamente".

Dr. *Antonio Peter* ist Referatsleiter Publikationen der Landeszentrale für politische Bildung Thüringen, Erfurt.

Werner Rellecke, M. A., geb. 1964 in Belecke/Sauerland, Studium der Neueren Geschichte, Philosophie und Politikwissenschaften in Bonn und Münster, Referatsleiter Publikationen/Bildungsservice in der Sächsischen Landeszentrale für politische Bildung, Dresden.

Wolfgang Renzsch, Professor für Politikwissenschaft an der Otto von Guericke-Universität Magdeburg, zuvor Mitarbeiter im Finanzministerium des Landes Brandenburg, Potsdam und des Forschungsinstituts der Friedrich-Ebert-Stiftung, Bonn.

Michael Scherer ist Historiker und als Wissenschaftlicher Mitarbeiter der Bremer Landeszentrale für politische Bildung zuständig für die Referate Geschichte, Politik und Publikationen.

Dr. *Daniel Tilgner* (geb. 1965, Historiker), Autor und Herausgeber zahlreicher Veröffentlichungen zur Norddeutschen Landesgeschichte, insbesondere zu Hamburg

Prof. Dr. *Hans-Georg Wehling* ist Leiter der Abteilung Publikationen der Landeszentrale für politische Bildung Baden-Württemberg in Stuttgart und lehrt Politikwissenschaft an der Universität Tübingen.

Wilfried Welz, M.A., ist Leiter des Referats Medien- und Bildungsservice der Landeszentrale für politische Bildung Sachsen-Anhalt, Magdeburg.

Notizen

Notizen

Notizen

Notizen

Notizen